Les droits de l'homme et les libertés fondamentales à l'épreuve de la dualité de juridictions

Logiques Juridiques

Collection dirigée par Gérard Marcou

Le droit n'est pas seulement un savoir, il est d'abord un ensemble de rapports et pratiques que l'on rencontre dans presque toutes les formes de sociétés. C'est pourquoi il a toujours donné lieu à la fois à une littérature de juristes professionnels, produisant le savoir juridique, et à une littérature sur le droit, produite par des philosophes, des sociologues ou des économistes notamment.

Parce que le domaine du droit s'étend sans cesse et rend de plus en plus souvent nécessaire le recours au savoir juridique spécialisé, même dans des matières où il n'avait jadis qu'une importance secondaire, les ouvrages juridiques à caractère professionnel ou pédagogique dominent l'édition, et ils tendent à réduire la recherche en droit à sa seule dimension positive. A l'inverse de cette tendance, la collection *Logiques juridiques* des Éditions L'Harmattan est ouverte à toutes les approches du droit. Tout en publiant aussi des ouvrages à vocation professionnelle ou pédagogique, elle se fixe avant tout pour but de contribuer à la publication et à la diffusion des recherches en droit, ainsi qu'au dialogue scientifique sur le droit. Comme son nom l'indique, elle se veut plurielle.

Déjà parus

Alexandra LANGLAIS, *Le droit et les déchets agricoles*, 2003.
Eléonore MAULEON, *Essai sur le fait juridique de la pollution des sols,* 2003.
Geneviève KOUBI et Gilles GUGLIEMI, *La gratuité, une question de droit ?,* 2003.
Marie-Pauline DESWARE, *Essai sur la nature juridique de la République*, 2003.
Anas BENSALAH ZEMRANI, *Les finances de l'Etat au Maroc. Tome 1 : politique financière et droit budgétaire, édition revue et augmentée*, 2003.
Deisy VENTURA, *Les asymétries entre le Mercosur et l'UNION Européenne. Les enjeux d'une association interrégionale*, 2003.
Michel FARGE, *Le statut familial des étrangers en France : de la loi national à la loi de la résidence habituelle*, 2003.
Placide MOUDOUDOU, *Droit administratif congolais*, 2003.
Sophie DOUAY, *Travail, avenir et génétique*, 2003.
Valérie MICHEL, *Recherches sur les compétences de la communauté européenne,* 2003.

Jean-Marc POISSON

Les droits de l'homme et les libertés fondamentales à l'épreuve de la dualité de juridictions

L'Harmattan
5-7, rue de l'École-Polytechnique
75005 Paris
FRANCE

L'Harmattan Hongrie
Hargita u. 3
1026 Budapest
HONGRIE

L'Harmattan Italia
Via Bava, 37
10214 Torino
ITALIE

ISBN : 2-7475-5438-4

Préface à l'ouvrage de Jean-Marc Poisson
« Les droits de l'homme et les libertés fondamentales à l'épreuve de la dualité de juridiction »

par François Julien-Laferrière,
Professeur à l'Université Paris-Sud,
Institut d'études de droit public.

La dualité de juridiction, ce joyau du système juridique français qui fait les délices de la doctrine, fait-il aussi le bonheur des justiciables ? Voici déjà quelques décennies que la question est posée et que les réponses qui y sont apportées varient d'un auteur à l'autre, d'une époque à l'autre, d'un domaine du droit à l'autre.

Jacques Robert a pu écrire : « Il n'est guère facile de parvenir à une certaine cohérence du droit – a fortiori à son unité – dans les Etats où les ordres juridictionnels se veulent multiples, où les juges s'affirment indépendants les uns des autres, où les règles de compétence se diversifient à l'infini, où les missions sont concurrentes, où chaque juridiction est tentée, soit de mordre sur l'autre, soit de se défausser sur elle... Et pourtant, sauf à se précipiter dans les impasses condamnables des vides juridiques ou des *dénis de justice*, il faut bien trouver des critères de répartition des rôles, ou des principes généraux reconnus et applicables par tous »[1]. Et le même auteur d'ajouter : « Si la jurisprudence et la doctrine ne parviennent point encore totalement à déterminer sur des bases claires et incontestables la compétence respective des deux ordres de juridiction, comment, de son côté, le justiciable pourrait-il s'y reconnaître ? Or n'était-ce point, à l'origine, pour une large part, à son profit que la dualité du juge – et par là même du droit – avait été voulue. A en juger par l'inextricable imbrication des compétences et des droits dans certaines matières, on doute un peu qu'aujourd'hui cet intérêt bien compris du justiciable continue à rester une préoccupation prioritaire du législateur et du juge »[2].

Le décor est ainsi planté. La dualité de juridiction semble avoir, pour le justiciable, plus d'inconvénients que d'avantages. Faut-il l'aménager, en repenser les modalités sur des bases qui ne soient pas purement théoriques et abstraites, issues de l'imagination des « faiseurs de systèmes »[3] ? Mais une telle entreprise a-t-elle quelque chance de succès ? Ou bien ne faut-il pas supprimer la dualité pour

---

[1] Jacques Robert, *Contrôle juridictionnel et règlement des litiges*, *in* L'Unité du droit - Mélanges en hommage à Roland Drago, Economica, 1996, p. 343.
[2] Jacques Robert, *op. cit.*, p. 345.
[3] L'expression est empruntée au célèbre article de Jean Rivero, *Apologie pour les faiseurs de systèmes*, D. 1951, chron. p. 99 et s.

« instituer en France l'unité de juridiction »[4], ce qui conduira alors à « brûler le tribunal des conflits »[5] ?

La question est d'une acuité toute particulière quand sont en cause les droits de l'homme et les libertés fondamentales car, en ce domaine, la protection juridictionnelle doit être plus effective encore qu'en tout autre, eu égard à l'enjeu de l'intervention du juge, qui a pour mission de sanctionner les atteintes que l'administration porte aux droits des administrés, reconnus et en principe garantis par le constituant ou le législateur. Intervention du juge, certes, mais de quel juge ? À quoi servent la reconnaissance et les garanties des droits si le justiciable n'a pas aisément accès au juge chargé de les mettre en œuvre, tout simplement parce qu'il ne sait pas à quel juge il doit s'adresser ?

*

Jean-Marc Poisson a eu l'audace et le courage de choisir pour sujet de thèse « *Les droits de l'homme et les libertés fondamentales à l'épreuve de la dualité de juridiction* »[6]. Grâce lui soit rendue d'avoir osé s'attaquer à cette question, d'une extrême complexité, sur laquelle n'existaient, avant qu'il s'en charge, aucune étude d'ensemble mais seulement des monographies relatives au régime juridique de telle ou telle liberté et aux inconvénients – car personne n'y a jamais réellement trouvé des avantages – de la dualité de juridiction pour son exercice effectif.

Le présent ouvrage est donc le fruit de cinq ans de recherches et de réflexions sur les mécanismes de la dualité de juridiction appliqués aux droits et libertés. Jean-Marc Poisson montre la complexité des critères de répartition des compétences entre les deux ordres de juridiction en la matière, leur manque de logique souvent et, presque toujours, les inconvénients qu'ils génèrent pour la garantie des droits et libertés. S'appuyant sur un vaste appareil documentaire – textuel, jurisprudentiel et doctrinal –, il ne se contente pas de décrire et critiquer ; il propose aussi des solutions.

L'historique, qui ouvre l'ouvrage, montre que l'état actuel des lieux, qui suit, n'était pas inéluctable. La double question se pose alors de savoir comment on en est arrivé là et s'il ne conviendrait pas de chercher à en sortir. Tout le monde

---

[4] Louis Fougère, *1790-1990 - Deux siècles de dualisme juridictionnel*, AJDA 1990 p. 579.

[5] Daniel Chabanol, *Dualité des ordres de juridiction : faut-il brûler le Tribunal des conflits*, AJDA 1988, p. 736.

[6] Cette thèse a été soutenue le 24 octobre 2001 devant un jury composé de : Pierre-Laurent Frier, professeur à l'Université Paris I (Panthéon-Sorbonne), rapporteur ; François Julien-Laferrière, professeur à l'Université Paris-Sud, directeur de thèse ; Jacques Robert, professeur émérite à l'Université Paris II (Panthéon-Assas) et ancien membre du Conseil constitutionnel, rapporteur ; Philippe Waquet, doyen de la chambre sociale de la Cour de cassation et vice-président du Tribunal des conflits ; Catherine Teitgen-Colly, professeur à l'Université Paris-Sud.

semble s'être ligué pour rendre la situation complexe, voire confuse : le constituant, en posant le principe que l'autorité judiciaire est gardienne de *la liberté individuelle* ; le juge judiciaire, en interprétant ce principe comme lui attribuant compétence exclusive pour garantir *les libertés* ; le juge administratif, pour conserver un rôle dans le contrôle des atteintes portées aux libertés, y compris à la liberté individuelle, par l'administration ; le Tribunal des conflits et le Conseil constitutionnel pour préserver le « pré carré » du juge administratif. Il en résulte certaines constructions, fort attrayantes intellectuellement, mais dont la sophistication le dispute à l'obscurité, voire à l'inefficacité.

Car la dualité est « un principe contraignant », du fait de la difficulté de définir un critère général de compétence : les divers critères retenus par les juges administratifs, judiciaire et des conflits – puis constitutionnel – ou proposés par la doctrine n'ont jamais été unanimement admis ni appliqués ; d'ailleurs, l'eussent-ils été qu'ils ne se seraient pas nécessairement révélés opérationnels. Et les tentatives de créer des blocs de compétence n'ont pas donné de meilleurs résultats ; ni la protection de la propriété privée, ni celle de la liberté individuelle, ni le contrôle des activités de police n'ont jamais été confiées à un seul et même ordre juridictionnel. On peut en prendre pour preuve, parmi celles qu'avance Jean-Marc Poisson, les évolutions chaotiques de la théorie de la voie de fait.

Vidée d'une grande partie de son sens et de sa portée par la jurisprudence, de plus en plus favorable au juge administratif, du Tribunal des conflits– qui n'admet pas que l'exécution forcée irrégulière d'une décision administrative illégale attentatoire à une liberté fondamentale soit constitutive de voie de fait si le législateur a autorisé administration à exécuter d'office ce type de décision et qui réduit le champ de l'article 136 du code de procédure pénale[7] au seul contentieux indemnitaire[8] –, rendue beaucoup moins utile au justiciable par l'instauration du référé administratif – véritable procédure d'extrême urgence accompagnée de pouvoirs d'injonction –, la théorie de la voie de fait résiste pourtant, même là où on ne l'attendait pas (ou plus)[9]. Et, si elle ne sert plus guère l'administré – qui

---

[7] Code de procédure pénale, article 136, alinéas 3 et 4 : « [...] Dans *tous les cas* d'atteinte à la liberté individuelle, le conflit ne peut *jamais* être élevé par l'autorité administrative et les tribunaux de l'ordre judiciaire sont *toujours exclusivement* compétents.– Il en est de même dans *toute instance civile* fondée sur des faits constitutifs d'une atteinte à la liberté individuelle ou à l'inviolabilité du domicile [...], qu'elle soit dirigée contre la collectivité publique ou contre ses agents ».

[8] V., sur ces deux points : TC 12 mai 1997, *Préfet de police de Paris c/ TGI de Paris (MM. Ben Salem et Taznaret)*, Rec. p. 528 ; GP 19/20 décembre 1997, rapp. Sargos (favorable à la compétence judiciaire) ; RFDA 1997 p. 514, concl. Arrighi de Casanova (favorable à la compétence judiciaire).

[9] Par ex. : TC 19 novembre 2001, *Mlle Mohamed c/ Min. de l'Intérieur*, AJDA 2002 p. 234, note Serge Petit ; LPA 2002 n° 146, note A. Bories : constitue une voie de fait la conservation, par la police aux frontières, du passeport d'une personne suspectée de falsification d'identité, alors qu'aucune procédure pénale n'a été engagée contre elle ni qu'aucun refus d'entrer en France ne lui a été opposé.

dispose désormais devant le « juge naturel » de l'administration des moyens d'obtenir que cessent les atteintes portées à ses droits et libertés par les personnes publiques et qu'en soient réparées les conséquences dommageables –, la théorie de la voie de fait, en revanche, le dessert : d'abord parce qu'elle donne lieu à des solutions aléatoires et ne lui permet donc pas de saisir à coup sûr le juge à qui sera attribué compétence pour connaître de ses difficultés avec l'administration ; ensuite parce qu'elle reporte après l'achèvement de la procédure de conflit la date à laquelle il sera remplie de ses droits. Que vaut donc encore cette théorie, qui repose sur l'idée reçue que le juge judiciaire est un meilleur protecteur de la liberté que le juge administratif, bien que l'expérience semble au contraire établir que juge judiciaire, ou du moins le juge civil, n'a pas vraiment la culture de la défense des libertés, tandis que le juge administratif l'a acquise depuis longtemps[10] ?

Parmi les domaines du contentieux dans lesquels les questions de compétence se posent fréquemment, Jean-Marc Poisson étudie encore celui de l'hospitalisation d'office. Jusqu'à une récente et toute relative simplification issue d'un revirement de jurisprudence du Tribunal des conflits en 1997[11], la personne qui estimait non fondé son placement et irrégulière la décision le prononçant, et qui demandait à la fois l'annulation de cette décision, la fin de son placement et la réparation du dommage ainsi doublement causé, devait engager quatre actions différentes devant deux juges distincts : le juge administratif pour obtenir la sanction de l'irrégularité formelle de la décision et la réparation du préjudice en résultant ; le juge judiciaire pour faire reconnaître le défaut de fondement du placement et demander les dommages-intérêts correspondants. Le Tribunal des conflits a unifié les contentieux de la responsabilité, mais il reste encore à engager trois actions pour obtenir pleinement satisfaction en cas de placement abusif et irrégulier. Si réellement l'état mental de la personne hospitalisée d'office ne justifiait pas son hospitalisation avant cette course d'obstacles juridictionnelle, ne risque-t-il pas de la justifier après ?

Et que penser de la triste aventure de la veuve Mazerand, engagée par une commune sur la base d'un contrat unique et ayant exercé deux fonctions successives – femme de service dans l'école, chargée du nettoyage des locaux et de l'entretien des appareils de chauffage, d'abord ; puis chargée du service de la garderie d'enfants – et considérée par le Tribunal des conflits comme agent de

[10] René Chapus écrit, non sans humour (Droit administratif général, tome I, n° 1078) : « Le fait que la juridiction administrative a cessé de pouvoir être suspectée de ne pas assurer une protection normale des droits et libertés des administrés est resté sans conséquence sur l'état du droit. Le principe de l'autorité judiciaire gardienne de la propriété privée et des libertés fondamentales continue à être bêtement illustré par diverses solutions législatives, ainsi que par deux jurisprudences importantes et traditionnelles, relatives l'une à l'emprise irrégulière et l'autre à la voie de fait ».

[11] TC 17 février 1997, *Préfet de Paris c/ Menvielle*, Rec. p. 524 ; JCP 1997, n° 22885, concl. Sainte-Rose.

droit privé dans ses premières fonctions, et agent de droit public dans les secondes. Ce qui l'a obligée, pour réclamer valablement à la commune les sommes qu'elle estimait lui être dues, de saisir les deux juridictions séparément[12]. Le Tribunal des conflits a récidivé, près d'un quart de siècles plus tard, à propos de la nature du contrat liant un hôpital public à M. Bungener, successivement chargé de donner des leçons de français et de mathématiques aux personnels paramédical et de ménage, dans un premier temps – fonctions dans l'exercice desquelles il a été considéré comme agent public –, puis au seul personnel de ménage, ce qui l'a métamorphosé en agent de droit privé. Car, comme chacun peut aisément le comprendre, la formation du personnel paramédical fait participer à l'exécution du service public, mais non la formation du personnel de ménage. On imagine comment fonctionnerait le service public hospitalier sans personnel de ménage... Toujours est-il que, tout comme Mme Mazerand, M. Bungener a dû s'adresser aux deux ordres de juridiction pour régler le litige qui l'opposait à l'hôpital pour le paiement de sa rémunération[13]. Et ce n'est qu'en 1996 que le Tribunal des conflits a mis fin à cette solution frisant l'absurde en posant le principe que « les personnels non statutaires travaillant pour le compte d'un service public à caractère administratif sont des agents contractuels de droit public quel que soit leur emploi »[14].

Autre exemple, confinant à la caricature, des problèmes posés par la dualité de juridiction : le contentieux de la reconduite à la frontière, qui mérite d'autant plus qu'on s'y arrête qu'il a représenté, en 2001, plus du sixième des affaires enregistrées au greffe du Conseil d'Etat. Ce contentieux fait, lui aussi, intervenir les deux ordres de juridiction. Car la procédure de reconduite ne se résume pas à la prise, par le préfet, de l'arrêté de reconduite à la frontière proprement dit, quand l'étranger se trouve dans l'un des cas de situation irrégulière prévus à l'article 22 de l'ordonnance du 2 novembre 1945 relative aux conditions d'entrée et de séjour des étrangers en France. Elle comprend également, pour que l'éloignement soit effectif, la désignation par le préfet du pays où l'étranger sera reconduit et, s'il ne peut quitter immédiatement la France, son placement en rétention administrative, « pendant le temps strictement nécessaire à son départ », en application de l'article 35 bis de l'ordonnance de 1945. La répartition des compétences est telle que le juge administratif a compétence exclusive pour connaître des recours contre l'arrêté de reconduite à la frontière, contre la décision fixant le pays de renvoi et contre la décision de placement en rétention, tandis que seul le juge des libertés et de la détention peut autoriser la prolongation de la rétention au-delà de quarante-huit heures, sans toutefois pouvoir se prononcer sur la légalité des diverses décisions du préfet, le juge civil étant incompétent – mais pourquoi, alors que le

---

[12] TC 25 novembre 1963, *Dame Vve Mazerand*, Rec. p. 792.
[13] TC 29 juin 1987, *Bungener*, Rec. p. 451.
[14] TC 25 mars 1996, *Berkani*, Rec. p. 535, concl. Martin.

juge pénal ne l'est pas ? – pour apprécier la légalité des actes administratifs, tant individuels que réglementaires[15]. Le juge judiciaire peut donc être conduit à prolonger une rétention illégale ; en quoi est-il alors « gardien de la liberté individuelle » ?

*

Le constat dressé par Jean-Marc Poisson l'amène évidemment, comme il amène aussi le lecteur, à s'interroger, non seulement sur le bien-fondé des solutions adoptées par le législateur et la jurisprudence, mais également sur les remèdes susceptibles d'apporter une amélioration à l'état du droit, dans l'intérêt du justiciable qui, après tout, est la principale victime des subtilités excessives des règles de compétence. Echaudé par les tentatives infructueuses de ceux qui l'ont précédé dans cette véritable « quête du Graal », Jean-Marc Poisson se montre prudent. Il ne prétend pas avoir trouvé la solution à tous les maux dont souffre notre système juridique, mais il propose certaines pistes dont la poursuite permettrait au moins d'atténuer les malheurs des plaideurs et qui s'articulent autour de deux idées ; rapprocher les deux ordres de juridiction, d'une part ; tendre vers leur fusion partielle, d'autre part. Ainsi commence-t-il par préconiser la prévention des divergences de jurisprudence. Est-il normal, par exemple, que le régime de responsabilité ne soit pas le même et que le droit à indemnisation varie en conséquence, selon qu'on a été opéré dans un hôpital public ou dans une clinique privée ? Doit-on admettre que le juge judiciaire déclare illégal un arrêté d'expulsion et, partant, relaxe l'étranger poursuivi pour s'y être soustrait, mais que le juge administratif rejette, une semaine plus tard seulement, le recours formé contre ce même arrêté[16] ? Pour reprendre les termes employés par Jean-Marc Poisson, « le système juridictionnel peut être dualiste mais la justice doit demeurer unitaire ».

Il envisage ensuite la reconnaissance de la compétence concurrente, qui permettrait que « les deux ordres de juridiction soient autorisés à traiter du même contentieux », ce qui « mettrait fin aux incertitudes du plaideur quant au choix du juge » et éviterait les pertes de temps, toujours gravement préjudiciables en cas d'atteinte à une liberté fondamentale.

Il s'aventure enfin à s'interroger sur les possibilités de réaliser une « unité de juridiction » ou, pour le moins, une « fusion partielle », la « fusion totale » lui paraissant irréaliste, compte tenu de l'état actuel des mentalités. Mais, quelle que soit la solution préconisée, elle se heurte à de multiples obstacles : quel juge serait sacrifié, le juge administratif ou le juge judiciaire ? Le juge judiciaire serait-il apte

---

[15] TC 16 juin 1923, *Septfonds*, Rec. p. 498.

[16] Pour un exemple de divergence de ce type, v. : Cass. crim. 7 février 1989, *Bouchareb*, Bull. crim. n° 50, et CE 15 février 1989, *Bouchareb*, req. n° 94014.

à juger les litiges relatifs à l'activité des services publics et à appliquer le droit public ? Le juge administratif serait-il considéré comme un défenseur crédible des libertés ? Comment pourrait être concrètement réalisée la réunion de la juridiction administrative et de la juridiction judiciaire en une seule et même structure ? L'unité ne sonnerait-elle pas le glas du droit administratif ?

Devant les impasses auxquelles mènent ces diverses interrogations, on peut explorer une autre voie : « la création d'un juge unique des libertés fondamentales » ; mais quel juge et quelles libertés ? Jean-Marc Poisson n'opte pas pour une réforme en ce sens. Plus prudemment, il appelle de ses vœux une nouvelle répartition du contentieux des libertés fondamentales entre les deux juges, fondée sur une clause générale de compétence. Après s'être demandé si celle-ci ne pourrait être issue sur la distinction entre le contentieux de l'excès de pouvoir, qui serait confié au juge administratif, et le contentieux subjectif, confié au juge judiciaire – comme c'est le cas chez certains de nos voisins –, Jean-Marc Poisson préfère retenir le critère organique : le contentieux des libertés relèverait du juge administratif, quand il y serait porté atteinte par l'administration, et du juge judiciaire en cas d'atteintes par les personnes privées.

Cet ouvrage pose un diagnostic sûr : la dualité de juridiction, telle qu'elle est conçue et mise en œuvre en France, ne permet pas de garantir les droits et libertés comme ils devraient l'être ; les juges, tant administratif que judiciaire, ne peuvent jouer leur rôle de protecteurs des administrés contre les abus de l'administration. Mais, à l'instar de ceux qui l'ont précédé dans la recherche d'un critère rationnel et fonctionnel de répartition des compétences, Jean-Marc Poisson aboutit au constat que, si divers traitements peuvent être tentés, aucun ne s'impose à l'évidence, car il n'en existe point dont l'efficacité serait certaine. On comprend ainsi pourquoi, si beaucoup d'Etats étrangers nous envient notre système, aucun ne l'imite.

INTRODUCTION

Il n'est pas de concept plus difficile à définir que celui de liberté. Montesquieu affirme lui-même qu'« il n'y a point de mot qui ait reçu plus de différentes significations...que celui de la liberté »[1]. Il est audacieux de vouloir trouver une définition universelle, tant son interprétation varie selon les professions : « Liberté : peut-être parce qu'il tient du mirage et du miracle, le mot se dérobe dès qu'on veut le cerner. A vrai dire, les horizons en sont immuables, mais la façon dont ils sont éclairés et appréhendés varie constamment...Ecrivains, penseurs, philosophes, sociologues, juristes, moralistes, poètes, peintres, musiciens, mystiques, révolutionnaires, hommes politiques, tous, lutteurs ou non violents, ont fait entendre à chaque époque la voie de la liberté »[2]. Dans le domaine juridique, la définition est d'autant plus complexe que d'autres notions viennent s'y greffer : « libertés publiques », « libertés individuelles », « droits individuels », « droits fondamentaux des individus » sont des formulations fréquemment utilisées sans que l'on sache toujours très bien à quoi elles correspondent.

Définir la notion de liberté se révèle ainsi un exercice périlleux. « Il est...très tentant de considérer que la liberté échappe à toute définition, à la fois précise, quant à la signification, et générale, quant au contenu, c'est-à-dire permettant de rendre compte de la diversité des situations du commerce juridique, et qu'il est donc vain de chercher à aller au-delà d'une simple acception du mot selon laquelle la liberté serait le pouvoir d'agir, au sein d'une société organisée, selon sa propre détermination, mais dans la limite de règles définies. Sans doute est-il difficile de prétendre faire mieux »[3]. Il est encore plus délicat de distinguer la liberté au sein des droits fondamentaux ; la liberté publique - probablement et généralement une composante des droits fondamentaux, parce que reconnue et aménagée par les pouvoirs publics - de la liberté publique fondamentale[4].

La liberté fondamentale peut être la liberté inscrite dans un texte de valeur constitutionnelle, ou celle qui s'est vu reconnaître une valeur constitutionnelle par le juge constitutionnel, ou encore la liberté inscrite et consacrée par un traité international. Il semble pourtant que la Constitution et les traités internationaux ne consacrent pas que des libertés fondamentales. La liberté, pour être fondamentale, doit principalement concerner les droits attachés à la personne, et elle doit bénéficier d'un régime juridique spécifique. Le degré de précision du principe invoqué, l'importance des dérogations consenties, l'attachement de l'opinion à son

---

[1] Montesquieu, *L'esprit des lois*, XI, II.
[2] M. Dran, *Le contrôle juridictionnel et la garantie des libertés publiques*, thèse, LGDJ, 1968, p. 1.
[3] M. Verpeaux, *La liberté*, AJDA 1998, spécial, p. 144.
[4] Voir L. Favoreu, P. Gaïa, R. Ghevontian, F. Mélin-Soucramanien, O. Pfersmann, J. Pini, A. Roux, G. Scoffoni, J. Tremeau, *Droit des libertés fondamentales*, Précis Dalloz, 1re éd. 2000, p. 101.

égard selon la période, l'étendue du contrôle du juge sur les actes qui y portent atteinte, sont autant d'indications sur le caractère fondamental de la liberté[5].

L'analyse se retrouve pour l'essentiel dans la jurisprudence du Conseil constitutionnel. Il estime ainsi que certaines libertés doivent bénéficier d'un traitement particulier compte tenu de leur importance. Dans sa décision des 10 et 11 octobre 1984, relative à la liberté de la presse, le Conseil constitutionnel réserve un traitement spécifique à la liberté de communication et d'expression au motif qu'il s'agit d'une « liberté fondamentale, d'autant plus précieuse que son existence est l'une des garanties essentielles du respect des autres droits et libertés et de la souveraineté nationale »[6]. La même analyse prévaut dans la décision du 18 janvier 1985 dans laquelle il considère que le principe constitutionnel de libre administration des collectivités locales ne peut « conduire à ce que les conditions essentielles d'application d'une loi relative à l'exercice de la liberté de l'enseignement dépendent de décisions des collectivités territoriales et, ainsi, ne puissent pas être les mêmes sur l'ensemble du territoire, méconnaissant le respect du principe d'égalité entre les établissements d'enseignement privé sous contrat dans des situations comparables »[7].

La doctrine a pu ainsi déduire de l'étude de la jurisprudence constitutionnelle que certaines libertés devaient pouvoir bénéficier d'une sauvegarde particulière. Selon J.-F. Lachaume, l'« interdiction de soumettre ces droits (fondamentaux) à un régime d'autorisation préalable, compétence exclusive du législateur pour les réglementer, soit pour en rendre l'exercice plus effectif, soit pour opérer une conciliation entre ces droits et d'autres règles ou principes ou objectifs de valeur constitutionnelle » sont des éléments spécifiques permettant de caractériser la fondamentalité d'une liberté. Par conséquent, « il est permis au minimum de considérer comme fondamentaux les droits consubstantiels aux libertés suivantes : individuelle, d'aller et venir, de pensée, de religion, de conscience, d'association, d'enseignement, de la presse, d'entreprendre… »[8].

Certaines libertés révèlent ainsi pour l'évidence un caractère fondamental. Pour d'autres, le doute est permis. Peut-être faut-il également considérer que toutes les libertés publiques sont des libertés fondamentales ? J. Robert n'affirme-t-il pas : « Pour qu'il y ait liberté publique, il faudrait, à notre sens, que l'on se trouve en présence de droits d'une certaine importance, de libertés fondamentales. Mais quel est le critère de ce caractère fondamental d'une liberté ? »[9].

---

[5] Voir E. Picard, *L'émergence des droits fondamentaux en France*, AJDA 1998, spécial, p. 6.

[6] Conseil constitutionnel, n° 84-181 DC des 10 et 11 octobre 1984, Entreprises de presse. Voir également la décision n° 94-345 DC du 29 juillet 1994 relative à la loi sur la langue française, p. 595.

[7] Conseil constitutionnel, n° 84-185 DC du 18 janvier 1985, p. 219. La même jurisprudence a été reprise dans la décision du 13 janvier 1994 relative à la révision de la loi Falloux : n° 93-329 DC du 13 janvier 1994, p. 562.

[8] J.-F. Lachaume, *Droits fondamentaux et droit administratif*, AJDA 1998, spécial, p. 94.

[9] J. Robert et J. Duffar, *Droits de l'homme et libertés fondamentales*, Montchrestien, 7e éd., 1999, p. 26.

De façon moins ambiguë encore, M. Waline estime que « toute liberté publique est ipso facto fondamentale »[10].

La hiérarchisation s'opère par la suite, sachant que celle-ci évolue selon les périodes. Le caractère fondamental se détermine alors plus par la nature de la reconnaissance de la liberté. « A l'évidence, les droits de l'homme et les libertés évoluent...avec les pays et avec les époques. On peut certes, sans risquer trop d'erreurs, avancer que, dans les grandes démocraties, les mêmes droits et libertés sont officiellement proclamés, à défaut, malheureusement, d'être toujours simplement respectés. Mais la tentation n'existe-t-elle pas, au sein de ces mêmes droits et libertés, d'opérer – sans toujours le dire franchement – une sorte de *hiérarchisation*, certains apparaissant plus *fondamentaux* que d'autres ? Ce choix implicite transparaît lorsque à l'occasion d'un contentieux particulier, deux libertés sont en présence, voire en opposition et qu'il faut bien, au bout du compte, parvenir à trancher en faisant nécessairement prévaloir l'une sur l'autre »[11]. Ce faisant, sans volontairement dresser une liste, le juge révèle clairement les libertés, qui plus que d'autres, doivent être considérées comme fondamentales. Des libertés qui supportent difficilement d'être limitées, et qui nécessitent une protection toute particulière. La restriction est certes possible, mais elle doit être entendue strictement, mise en place par une institution légitime, et contrôlée par un mécanisme juridictionnel efficace. « Le libéralisme politique exige que certains comportements, considérés comme le domaine de liberté des individus, ne puissent pas faire l'objet d'une réglementation restrictive »[12]. Trois éléments permettent ainsi de déduire le caractère fondamental d'une liberté : il existe une permission de faire, consacrée, au bénéfice de tous, au plus haut niveau de la hiérarchie juridique ; la norme, le plus souvent législative, qui réglemente cette permission ne peut aller au-delà de ce qui est nécessaire afin qu'elle bénéficie au plus grand nombre ; la restriction portée à cette permission doit être soumise à un organe juridictionnel de contrôle. Ce contrôle est plus ou moins strict selon l'appréciation par le juge de la « fondamentalité » de la liberté qu'il doit protéger[13].

Ainsi, la réglementation de la liberté, plus encore lorsqu'elle est considérée comme fondamentale, vise un objectif précis et elle s'opère dans des conditions bien spécifiques. Selon les rédacteurs de la déclaration des droits de l'homme et du citoyen de 1789, « la liberté consiste à pouvoir faire tout ce qui ne nuit pas à autrui. Ainsi, l'exercice des droits naturels de chaque homme n'a de bornes que celles qui assurent aux autres membres de la société la jouissance de ces mêmes droits ».

---

[10] M. Waline, note sous C.E. 10 octobre 1969, *Consorts Muselier*, RDP 1970, p. 779.

[11] J. Robert et J. Duffar, *op. cit.* p. 26.

[12] Droit des libertés fondamentales, *op. cit.* p. 101.

[13] Parmi ces normes qui, de façon certaine, bénéficient d'une permission de faire, ne peuvent être limitées que strictement et font l'objet d'un contrôle rigoureux de la part du juge, on retrouve la liberté individuelle, la liberté d'association, la liberté d'enseignement, la liberté de conscience et d'opinion, la liberté d'expression, le droit de propriété, la liberté d'entreprendre...

L'article 4 de la déclaration suggère l'existence du concept de liberté publique comme la faculté d'agir dans le respect des lois et donc d'autrui. Cette liberté pourrait restreindre nos libertés naturelles – les droits de l'homme - entendues comme la licence de faire tout ce que l'homme veut. Notre liberté n'est pas absolue. Les droits de l'homme, quête permanente de l'individu, doivent être limités pour que tous, dans le cadre d'une société organisée, puissent en bénéficier. La liberté publique concerne l'ensemble des individus, et l'Etat veille à ce qu'elle appartienne à tous, en soumettant chacun à des règles, expression de la volonté générale. Cette soumission n'est pas un abandon de liberté, elle en est le fondement intrinsèque qui caractérise tout Etat libéral. Il existe, en réalité, une sorte de dialectique entre la conquête de la liberté et la nécessité d'une organisation sociale. Cette dernière, par la mise en place d'une réglementation, garantit et limite en même temps la liberté.

L'Etat bénéficie, dans la société, du monopole de la violence légitime. Il lui appartient ainsi, par la mise en place d'un dispositif législatif efficace, de concilier le respect des droits des individus avec la mission d'intérêt général qui est la sienne. Selon Maurice Hauriou, « Toutes les libertés individuelles présentent le caractère commun d'être des formes de la liberté, laquelle consiste, d'après la Déclaration des droits de 1791, article 4 et 5, à pouvoir faire tout ce qui n'est pas défendu par la loi et à ne pouvoir être contraint de faire que ce que la loi ordonne. C'est donc la liberté selon la loi ; la loi seule peut défendre, la loi seule peut ordonner, la loi est la limite de la liberté en même temps qu'elle en est la garantie »[14]. Pour Léon Duguit, « on qualifie de lois sur les libertés publiques toutes celles qui ont le double but de déterminer les obligations de l'Etat et de fixer des garanties à leur accomplissement »[15].

La protection de la liberté nécessite cette garantie légale. Celle-ci ne saurait être pourtant suffisante. « Il faut organiser la liberté en elle-même et cela par la loi, mais prendre garde que cette même loi, expression de la volonté générale, n'annule, sous le prétexte de les réglementer, les droits primordiaux qui semblent attachés à la nature même de l'homme ou ne confie par le règlement à une autorité subordonnée, le soin de les violer. C'est dire qu'il faudra prévoir des garanties contre d'éventuels abus de l'Administration, sanctionner également les violations perpétrées par les magistrats. Dans un pays donné, l'existence des libertés publiques dépend autant du juge que du législateur »[16]. L'Etat de droit ne peut véritablement exister que dans un système où les violations de la légalité, quel qu'en soit l'auteur, peuvent être constatées et sanctionnées par un juge. « Leur fragilité étant extrême et constante leur évolution, on conçoit dès lors que les

[14] M. Hauriou, *Précis de droit constitutionnel*, 2e éd., Sirey, 1929, réédition CNRS, 1965, p. 650.

[15] L. Duguit, *Traité de droit constitutionnel*, 2e éd., tome V, Paris, 1925, p. 2.

[16] J. Robert, *Les violations de la liberté individuelle commises par les agents publics et le problème des responsabilités*, thèse Paris, LGDJ 1955, p. 9.

libertés publiques demandent pour s'exercer et s'épanouir non seulement un aménagement spécial, mais encore et surtout un système de protection particulièrement efficace. Car les libertés ne valent en pratique que ce que valent leurs garanties. Poser leur principe et organiser leur régime ne suffit pas : il faut que le titulaire de la liberté dispose de moyens pour la faire respecter, au cas où elle serait méconnue ou violée. Un régime de droit positif des libertés doit donc comporter des garanties et des sanctions efficaces, sous peine de demeurer théorique »[17].

Il n'y a pas de liberté sans la mise en place d'un mécanisme destiné à protéger les citoyens contre les éventuelles atteintes aux libertés, atteintes qui peuvent provenir d'un particulier, d'une organisation, et plus grave, de l'Etat lui-même. L'Etat de droit est celui dans lequel chaque organe est soumis au principe de légalité. « Il faut en particulier que soit assujetti au contrôle d'un juge, quel qu'il soit, celui des pouvoirs qui dans l'Etat est le plus redoutable, parce qu'il dispose de l'appareil administratif, de la force publique, qui peut agir par surprise et rapidement. Le pouvoir gouvernemental doit être limité, canalisé par la règle de droit et sa sanction juridictionnelle... Pour que le juge, sur qui tout repose, puisse veiller au respect du principe de légalité et garantir les citoyens contre les risques d'arbitraire, il doit pouvoir contrôler l'Etat jusque dans ses fonctions administratives. Un des éléments de l'Etat de droit, est qu'il existe un contrôle organisé des actes administratifs »[18].

Quand il s'agit de conflits entre deux personnes privées, c'est-à-dire lorsque survient un litige entre deux individus placés dans une position équivalente, la victime peut faire valoir ses droits devant les tribunaux judiciaires. Pour les litiges qui opposent le particulier à la puissance publique, les systèmes de garanties varient.

La protection des libertés repose, en France, sur deux ordres de juridictions distincts ayant, chacun dans leur domaine de compétence respectif, vocation à assurer le respect de la légalité. L'existence de cette dualité juridictionnelle est antérieure à la révolution française.

L'Ancien Régime avait déjà instauré, en plus des traditionnels parlements, des juridictions spécialisées, ayant pour fonction de traiter des litiges où l'administration était présente. Bien que voulant faire disparaître l'héritage de la monarchie, les révolutionnaires, essayant au travers de la loi des 16 et 24 août 1790 une réorganisation du système juridique, instituèrent, bien malgré eux, une structure dualiste qui perdure encore aujourd'hui.

D'une interdiction totale faite au juge, entendons à l'époque le seul juge judiciaire, de s'immiscer dans la sphère administrative, prohibant ainsi tout contrôle de l'administration, il va apparaître nécessaire de créer des institutions

---

[17] M. Dran, *op. cit.* p. 8.

[18] M. Gjidara, *La fonction administrative contentieuse*, thèse Paris, LGDJ 1972, p. 15.

permettant d'assurer un minimum de légalité au sein de l'administration active. L'administration elle-même va alors se juger et régler les litiges auxquels elle est partie. Les instances créées ne sont que de simples démembrements de l'administration.

L'héritage du contentieux des intendants va d'abord être dévolu au seul « ministre-juge », puis au Conseil d'Etat et aux Conseils de Préfectures, institués pour le premier par l'article 52 de la Constitution du 22 Frimaire An VIII, et par la loi du 28 Pluviôse An VIII pour les seconds. Peu à peu, ces organes se modifièrent, gagnèrent en indépendance, afin de devenir de vraies juridictions. Le système juridictionnel, tel qu'il existe aujourd'hui, était né.

Le contentieux administratif, exclu du domaine d'intervention de l'autorité judiciaire, allait échoir à un juge autonome et distinct : le juge administratif.

Le choix du juge administratif ne tombait cependant pas sous le sens. Tous les systèmes juridictionnels ne reposent pas nécessairement sur deux ordres de juridictions. De nombreux pays connaissent une justice unifiée : les Etats-Unis, le Canada, la Norvège, et la Grande-Bretagne notamment. Cette dernière s'est presque toujours montrée particulièrement hostile à l'égard de la dualité de juridictions française, qu'elle a pendant longtemps considérée comme le symbole de l'arbitraire. Le dualisme juridictionnel n'est donc pas inéluctable. « Selon qu'il s'agit de protéger les libertés contre les agents du pouvoir, ou contre les particuliers, deux solutions sont concevables : confier ces deux missions à un seul et même juge, ou les répartir entre deux ordres de juridictions, les unes compétentes dans les rapports entre particuliers, les autres, dans les rapports avec l'administration. Le problème déborde largement la seule protection des libertés, et s'étend à l'ensemble du contentieux. Mais c'est sur ce terrain particulier qu'il a été le plus débattu : l'unité de juridiction, solution du droit anglo-saxon, a longtemps été la solution préconisée par les libéraux. La dualité, solution française, est souvent présentée aujourd'hui comme une protection plus efficace de la liberté contre le pouvoir »[19].

Le principe de l'égalité de tous devant la loi suppose, en droit anglais, que l'administration et le particulier soient soumis aux mêmes règles. Un droit public spécifique risquerait d'aboutir à la mise en place d'un droit de privilèges au profit de la puissance publique. A l'inverse, la France a institué un système de droit public destiné à soustraire les droits des citoyens à l'arbitraire administratif, en établissant des juridictions spécifiques chargées de leur protection. La conception française du contrôle juridictionnel de l'administration vise essentiellement à sauvegarder les droits des administrés tout en tenant compte des particularismes de l'action de la puissance publique. La mission d'intérêt général de l'autorité administrative, qui privilégie l'activité collective sur l'action individuelle, justifie l'existence de règles dérogatoires au droit commun et un contrôle juridictionnel

---

[19] J. Rivero, *Les libertés publiques*, Paris, PUF, Collection Thémis, t. 1, *Les droits de l'Homme*, 1991, 6e éd., p. 207.

distinct. Puisque l'administration se différencie fondamentalement du particulier, il doit lui être appliqué un droit autonome, et elle doit être jugée par une institution capable de la comprendre.

Soumettre l'administration au contrôle de l'autorité judiciaire risquerait de nuire à sa mission d'intérêt général. Telle est l'interprétation française de la séparation des pouvoirs. Annulant ou réformant l'acte de la puissance publique, le juge deviendrait administrateur. Le législateur va ainsi instituer un système d'administrateur-juge qui va progressivement, sous la pression libérale, se transformer en une véritable juridiction administrative. A la fois proche et indépendant de l'administration, le juge revêt un double statut fort ambigu : il est légitimé par sa connaissance pointue du domaine administratif ; il se discrédite par sa trop forte proximité avec la puissance publique. La séparation au sein de l'administration des fonctions administratives et juridictionnelles, pleinement effective, n'a en rien affecté la dualité fonctionnelle du juge administratif. Il n'a jamais cessé d'être à la fois le conseiller de la puissance publique et le juge de ses actes.

D'un fondement purement politique - la crainte d'une emprise trop importante du pouvoir judiciaire sur l'exécutif et la volonté de ne pas entraver l'action de l'autorité administrative - la justification à l'existence d'un juge administratif va devenir d'ordre technique. Celui-ci connaît bien les nécessités et les difficultés inhérentes à la fonction d'administrer. Les membres de la juridiction administrative possèdent toutes les connaissances et l'expérience requise pour juger convenablement la puissance publique. Ils participent à l'élaboration des actes de puissance publique, ils ont une solide formation administrative, et ils sont même détachés pour un temps au sein de l'administration active. Garantie politique pour l'administration, compétence technique pour gérer efficacement les problèmes spécifiques de l'action administrative, seul le juge administratif pouvait arbitrer avec pertinence les nécessités de l'action administrative et la protection du citoyen contre le pouvoir, par une jurisprudence à la fois souple, audacieuse et adaptée. Les magistrats de l'ordre judiciaire n'auraient, paraît-il, pas pu prendre en compte les particularismes de l'activité publique.

Inversement, l'administration accepterait d'être contrôlée, d'être jugée, uniquement parce que la sanction émane de son juge. Le principe de séparation des autorités, sur lequel repose l'existence de la dualité de juridictions, s'est d'ailleurs longtemps accompagné d'un refus du juge administratif d'enjoindre l'administration.

Le Conseil d'Etat s'est cependant, peu à peu, détaché de l'administration active pour développer une jurisprudence visant à concilier, dans le cadre de l'Etat de droit, les intérêts des particuliers avec l'intérêt général. D'une tendance très nette à favoriser les desseins de l'autorité administrative au détriment des droits des administrés, le Conseil d'Etat a su se transformer pour devenir un gardien de la liberté.

Défenseur de la liberté, dotée progressivement des mécanismes traditionnels de protection habituellement dévolus à un juge[20], la juridiction administrative, consacrée par une grande partie de la doctrine et par le Conseil constitutionnel, doit encore convaincre le justiciable lui-même. Beaucoup de chemin a déjà été parcouru, mais la route reste encore longue. Le juge administratif, peu connu du non-initié, demeure souvent, dans l'imagerie populaire, une institution insuffisamment détachée de la puissance publique. Il est pourtant difficile d'affirmer l'inaptitude actuelle de celui-ci pour sauvegarder les libertés. L'élargissement des cas d'ouverture du recours pour excès de pouvoir, la limitation du pouvoir discrétionnaire de l'administration, l'incorporation dans l'ordre juridique de l'essentiel de la tradition libérale par la théorie des principes généraux du droit, sont des éléments favorables à la soumission toujours plus importante de la puissance publique au respect de la légalité, qui assurent à la juridiction administrative un rôle essentiel dans la défense des libertés publiques.

Ce n'est, dès lors, plus tout à fait le juge administratif qui est en cause, mais plutôt la difficile coexistence entre deux ordres juridictionnels aussi distincts et séparés que sont le juge judiciaire et le juge administratif.

L'avantage d'un juge spécialisé pour connaître du contentieux de la puissance publique est peu discutable. L'existence d'une juridiction administrative au côté du juge judiciaire présente-t-elle plus d'avantages que d'inconvénients pour le justiciable ? La réponse n'est pas évidente.

La dualité est souvent présentée comme plus favorable pour le justiciable. Est-ce véritablement le cas ? Le maintien de la dualité de juridictions, depuis la Révolution, est-il encore justifié ou relève-t-il d'une volonté farouche de préserver un système considéré comme profondément français ? Si cette originalité est nécessairement source d'émulation, elle engendre deux inconvénients majeurs.

- Le premier concerne le délicat problème de la répartition des compétences. Quel rôle est imparti à chaque juridiction ? A l'occasion de chaque litige, quel est le degré d'incertitude qui entoure la saisine du juge ? Peu importe le peu de cas où le Tribunal des conflits est saisi, beaucoup plus révélateur est le nombre des décisions d'incompétence et, plus encore, la fréquence des saisines des deux

---

[20] La loi du 24 mai 1972 donne au Conseil d'Etat le pouvoir de rendre définitivement ses arrêts sans qu'il soit nécessaire de recourir à l'approbation du chef de l'Etat. Le décret-loi du 30 septembre 1953 institue les tribunaux administratifs consacrant ainsi le double degré de juridiction de l'ordre administratif. La loi du 31 décembre 1987 crée des cours administratives d'appel. La loi du 6 janvier 1986 reconnaît l'inamovibilité des membres des tribunaux administratifs et des cours administratives d'appel. La loi du 16 juillet 1980 confère au juge administratif le pouvoir de condamner l'administration à des astreintes et la loi du 8 février 1995 l'investit du pouvoir d'assortir ses jugements d'injonctions expresses d'exécution dans un délai déterminé. Enfin, la loi du 30 juin 2000 met en place un véritable juge administratif des référés.

ordres pour un même contentieux, révélant les hésitations et les craintes des avocats à agir devant la mauvaise juridiction.
- Le second concerne les risques de contrariété de jurisprudences qui, même mineurs, méritent d'être évoqués. Est-il normal que la justice puisse placer deux individus, dans une situation de fait à peu près similaire, dans une position juridique différente voire totalement opposée ? N'y aurait-il pas rupture du principe d'égalité des usagers devant le service public de la justice ?

L'intervention du juge suppose une démarche personnelle de la victime, le juge ne peut statuer que s'il est saisi. L'imbrication fréquente des compétences administrative et judiciaire entraîne souvent incertitudes et hésitations pour les plaideurs à recourir à la protection du juge : méconnaissance de la procédure à suivre, crainte de délais trop longs, crainte de recours trop onéreux...

La critique vaut pour l'ensemble des litiges mais elle prend un sens tout particulier lorsque est en jeu une liberté fondamentale. Le contentieux des atteintes administratives aux droits fondamentaux est particulièrement complexe. C'est ici que les problèmes de répartition des compétences sont les plus obscurs, pour ne pas dire les plus incompréhensibles. Dans sa thèse sur « *L'autorité judiciaire gardienne des libertés essentielles et de la propriété privée* », Philippe Bretton évoquait l'existence de principes antagonistes en la matière, qui rendaient toutes solutions simples quasi-impossibles : « Parce que l'atteinte à un droit public fondamental émane de la puissance publique, est un acte ou une opération de l'administration, l'application du principe de la séparation des autorités le fait normalement déférer à la censure du juge administratif : la nature de l'acte exige la compétence administrative. Mais parce que l'objet de cet acte est un droit public fondamental, l'autorité judiciaire, présentée comme la gardienne des libertés essentielles et de la propriété privée, peut également en revendiquer la connaissance »[21].

Le juge judiciaire est compétent pour statuer sur les litiges opposant des personnes privées entre elles, mais il l'est également parfois en matière administrative. Le juge administratif est compétent pour traiter des litiges où l'administration est partie ; les exceptions sont cependant nombreuses. Les lois révolutionnaires, notamment des 16 et 24 août 1790, auraient pourtant consacré le principe de l'interdiction formelle de tout empiétement des autorités judiciaires dans les fonctions administratives : « les fonctions judiciaires sont et demeureront toujours séparées des fonctions administratives. Les juges ne pourront, à peine de forfaiture, troubler de quelque manière que ce soit les opérations des corps administratifs, ni citer devant eux les administrateurs pour raison de leurs

---

[21] P. Bretton, *Le principe de l'autorité judiciaire gardienne des libertés essentielles et de la propriété privée*, thèse Paris, LGDJ 1964, p. 17.

fonctions ». Malgré cette affirmation de principe, les assemblées révolutionnaires vont elles-mêmes attribuer compétence aux juridictions judiciaires pour connaître de certains litiges en matière administrative.

Le décret du 16 Fructidor An III, dans une rédaction moins catégorique, limite ce principe de séparation absolue. Il autorise une distinction entre les opérations de l'administration, véritables actes d'administration, échappant au contrôle des autorités judiciaires, et les autres qui, différemment qualifiées, pourraient leur être déférées.

Initialement, seul le juge judiciaire a pu se voir conférer le statut d'une véritable juridiction. Le juge administratif ne va se mettre en place que de façon empirique, par nécessité, dans un souci de respect minimum de la légalité administrative et plus généralement de l'Etat de droit, mais ses compétences et sa capacité à protéger sont bien moindres.

Pour pallier les inconvénients qui résultent du principe de séparation des autorités, on va recourir à un autre principe permettant de déroger au premier. Si le juge judiciaire ne peut s'immiscer dans la sphère administrative, le principe doit recevoir une exception. La protection de la liberté le commande et l'exige. Le législateur va donc pouvoir déroger à la séparation en vertu d'une simple et évidente raison de protection des droits de l'homme. L'autorité judiciaire va devenir, par nécessité, la principale, et quasi unique à l'époque, gardienne des libertés essentielles de l'individu tout simplement car elle seule dispose de moyens efficaces de protection. La dérogation sera d'autant plus aisée que les textes qui en sont à l'origine n'ont pas le sens et la portée que l'on aurait voulu leur donner[22].

La séparation stricte, impliquant une incompétence absolue du juge ordinaire pour connaître des litiges administratifs, va faire place à une séparation souple.

Rapidement, une tendance à confier aux tribunaux judiciaires les litiges administratifs relatifs à la propriété privée et aux droits fondamentaux se dessine, révélant peu à peu le caractère d'un juge judiciaire plus protecteur des libertés fondamentales. La loi des 16 et 24 août 1790 sur l'organisation judiciaire, dans ses articles 9 et 10 du titre III, et aux articles 4, 5 et 6 du titre IV, place l'ensemble des questions relatives aux droits civils attachés à la personnalité dans les attributions des tribunaux de l'ordre judiciaire.

La loi du 8 mars 1810 donne compétence au juge judiciaire pour procéder au transfert de propriété des biens expropriés et, en cas de litige, pour évaluer le

---

[22] L'article 13 de la loi des 16 et 24 août 1790, qui sépare les fonctions judiciaire et administrative, visait beaucoup plus certainement à interdire au juge judiciaire de s'immiscer dans l'exercice de la fonction administrative que de lui refuser tout contrôle de l'administration. Bien au contraire, le principe de séparation des pouvoirs commande que les juges connaissent de tous les contentieux. Ce principe tend à prohiber la confusion des pouvoirs. L'interprétation faite des textes révolutionnaires, qui a conduit, au moins au départ, l'administration à se juger elle-même, constitue la négation du principe de séparation des pouvoirs.

montant de l'indemnité d'expropriation[23]. L'autorité judiciaire intervient également en matière de détermination des indemnités de réquisition. La loi du 3 juillet 1877, modifiée et complétée par l'ordonnance du 7 janvier 1959, concerne le domaine des réquisitions militaires. La loi du 11 juillet 1938, modifiée par l'ordonnance du 6 janvier 1959, concerne le domaine des réquisitions civiles relatives aux biens et aux services. Enfin, les réquisitions de logement sont prévues par les articles 342 à 349 du Code de l'urbanisme et de l'habitation. Comme en matière d'expropriation, le contentieux de l'indemnisation va être soumis au juge judiciaire[24].

La loi du 30 juin 1838 sur les internements d'aliénés donne au juge judiciaire le pouvoir d'ordonner la libération immédiate de celui qui est arbitrairement détenu.

Le contentieux des atteintes administratives à la liberté individuelle va également être soumis à la compétence du juge judiciaire. Le principe, invoqué dès 1810 à l'article 117 du Code pénal et réaffirmé à de nombreuses reprises, se retrouve dans l'ancien article 112 du Code d'instruction criminelle modifié par la loi du 7 février 1933, puis dans l'article 136 du Code de procédure pénale issu de la loi du 31 décembre 1957 et enfin dans l'article 66 de la Constitution du 4 octobre 1958.

Plus encore, une nouvelle exception, en dehors des cas légaux, est très rapidement admise par la jurisprudence. Elle repousse les limites du domaine de la compétence juridictionnelle des tribunaux judiciaires et contribue un peu plus encore à renforcer le caractère paradoxal du principe de séparation des autorités. La voie de fait, théorie prétorienne, fonde la compétence du juge judiciaire lorsque l'administration porte atteinte à une liberté publique fondamentale et que l'irrégularité de son action dépasse les limites de la simple illégalité.

Ainsi, l'autorité judiciaire, indépendante, capable de faire face aux illégalités de la puissance publique, devient le rempart contre l'arbitraire administratif[25].

Cette extension de compétence, de plus en plus vaste, ne va pouvoir se faire que sous la couverture du principe faisant de l'autorité judiciaire la gardienne des libertés essentielles de l'individu. Cette idée ne vaut cependant qu'à partir du moment où le juge administratif ne présente pas des caractéristiques suffisamment

---

[23] Le régime légal de l'expropriation va faire l'objet de nouvelles législations qui, tout en apportant quelques modifications, confirment pour l'essentiel l'état du régime antérieur en préservant la compétence de principe de l'autorité judiciaire. Voir la loi du 7 juillet 1833, la loi du 3 mai 1841, le décret-loi du 8 août 1935, et enfin l'ordonnance du 23 octobre 1958 reprise par le Code de l'expropriation pour cause d'utilité publique de 1977.

[24] L'aspect le plus remarquable de cette dévolution de compétence est cependant d'origine jurisprudentielle. A partir de 1810, la jurisprudence va instituer des critères permettant aux justiciables victimes d'une atteinte à leur propriété privée, en dehors du cas spécifique de l'expropriation, d'accéder à la protection du juge judiciaire. Cette jurisprudence va donner naissance à la théorie du dommage permanent qui deviendra plus tard l'emprise irrégulière.

[25] Les raisons de cette dévolution de compétence sont nombreuses. Seule l'autorité judiciaire a, pendant longtemps, offert des garanties suffisantes de protection à l'égard des particuliers : tradition libérale, indépendance aussi bien historique que textuelle, pouvoirs d'urgence...

protectrices pour jouer efficacement le rôle qui est le sien. Dès l'instant où il se développe, devient plus indépendant, gagne en assurance, la dialectique « juge judiciaire gardien des libertés essentielles et séparation des autorités administrative et judiciaire » prend un tout autre sens. La nécessité de déroger à un principe tant de fois affirmé et défendu ne trouve plus autant d'écho auprès des défenseurs du juge judiciaire comme unique et véritable garant des libertés. La tendance va progressivement s'inverser et le juge administratif, fier de ses progrès, consent bien moins facilement à se dessaisir. De la compétence de principe du juge judiciaire sur le juge administratif, on est passé à la coexistence de deux, voire à l'émancipation de l'un au détriment de l'autre. D'une compétence résiduelle du juge administratif, on est passé à une compétence presque exceptionnelle du juge judiciaire en matière d'atteinte administrative aux droits fondamentaux ; et cette coexistence ne va pas sans heurts.

Le principe faisant du juge judiciaire le gardien des libertés essentielles de l'individu, malgré la transformation de la juridiction administrative, demeure. Les dérogations à la séparation des autorités également. Le juge administratif ne remet pas en cause le rôle traditionnel de l'autorité judiciaire, il ne rejette pas sa compétence dérogatoire, mais il en a une vision particulièrement restreinte. Deux principes contradictoires vont donc s'affronter car chacun des deux juges, en se fondant, pour l'autorité judiciaire, sur son rôle traditionnel de gardien des libertés, pour le juge administratif, sur le respect de la séparation des autorités, tente d'empiéter sur le domaine de l'autre. Le système dualiste perd alors en cohérence tout en gagnant en complexité.

Aucun des deux principes ne repose pourtant aujourd'hui sur des fondements solides :

- Le principe de séparation des autorités, distinct du principe de séparation des pouvoirs, qui n'entendait très certainement pas exclure le contentieux administratif des tribunaux judiciaires[26], n'a pas valeur constitutionnelle[27]. Le principe de séparation des pouvoirs n'impose d'ailleurs pas l'existence d'une juridiction administrative pour connaître des litiges administratifs. La séparation des autorités

[26] L'analyse théorique de la volonté des rédacteurs de la loi des 16 et 24 août 1790 nous montre qu'ils n'entendaient pas créer une dualité de juridictions. Pour preuve, la naissance de la juridiction administrative ne se fera que quelques années plus tard.

[27] Voir Conseil constitutionnel n°86-224 DC du 23 janvier 1987, p. 8. Le Conseil constitutionnel va cependant consacrer l'existence de la juridiction administrative comme découlant d'une tradition législative permettant de dégager un principe fondamental reconnu par les lois de la République. Un tel raisonnement, même inévitable, est tout aussi contestable que paradoxal. Comment nier toute valeur constitutionnelle au principe de séparation des autorités et, parallèlement, constitutionnaliser le juge administratif, alors qu'il ne doit son existence juridique qu'à ce seul principe de séparation des autorités dont l'origine est aussi trouble qu'incertaine. La persistance du principe de séparation des autorités révèle, en définitive, la volonté de préserver, en France, l'existence d'un juge administratif autonome et distinct du juge judiciaire.

trouverait donc son fondement dans la seule volonté de préserver la dualité de juridictions, système de protection efficace des droits fondamentaux. Plus qu'une conception française de la séparation des autorités administrative et judiciaire et de la séparation des pouvoirs, il y a une conception française de la justice administrative[28]. La dualité, qui repose sur des explications historiques contestables, n'est donc pas irréductible.

- le principe faisant de l'autorité judiciaire la gardienne des libertés essentielles ne se justifie plus tout à fait à une époque où le juge administratif se révèle presque aussi protecteur. Hier aisément justifiables, les dérogations, largement remises en cause, qui complexifient fortement et peut-être inutilement le fonctionnement du système juridictionnel de protection des droits, se révèlent aujourd'hui plus critiquables.

Pourtant, les deux ordres de juridictions, se fondant sur ces principes, s'estiment concurremment compétents pour connaître des atteintes administratives aux libertés fondamentales. Ce sont ces raisons qui vont être à la source des difficultés liées au dualisme.

Les défenseurs du dualisme tentent pourtant sans cesse de démontrer que les inconvénients dus à la dualité sont mineurs. Si l'on se réfère au peu de conflits qui résultent au total de la coexistence de deux ordres juridictionnels, l'argument vaut d'être cité. En réalité, la protection des libertés fondamentales ne peut se satisfaire d'un simple accessit. Dès lors qu'un droit essentiel de la personne est en jeu, les mécanismes de protection se doivent d'être le plus performant possible.

Le bon sens ou la fatalité nous oblige certainement à accepter un système juridique imparfait ; en revanche, rien ne nous impose de ne pas l'améliorer.

Par ailleurs, au-delà même du contentieux pouvant résulter d'une quelconque atteinte à une liberté fondamentale, le droit dont dispose chaque individu d'accéder à la justice n'est-il pas un droit fondamental ?

Si, au regard de la complexité des règles de répartition des compétences entre les deux ordres juridictionnels, l'accès à la justice devient impossible pour le particulier lésé, n'y a-t-il pas atteinte à un des droits essentiels dont chaque individu doit pouvoir disposer ? Le droit d'accéder à la justice est-il toutefois

[28] Il y a d'ailleurs peu d'intérêt à vouloir trouver une justification à un système qui donne entière satisfaction : soit la dualité française est performante et il n'y a aucune raison à rechercher sans cesse des arguments, souvent discutables, visant à la sauvegarder ; soit la dualité est contraignante et il devient alors impératif, pour la préserver, de lui conférer des fondements juridiques indestructibles. Cette volonté d'enraciner la justice française dualiste s'explique peut-être par la crainte de trouver des raisons pouvant justifier son abandon. Il est plus simple d'exciper des arguments légitimant une pratique ayant fait ses preuves, ou tout du moins existant de longue date, que de trouver des raisons pour la remettre en cause.

reconnu comme étant fondamental ? Que tout individu ait droit au juge en France relève de l'évidence, mais il n'est pas inutile de s'interroger sur sa portée.

La consécration du droit au juge en France n'est pas très nette. L'article 4 du Code civil dispose que « le juge qui refusera de juger, sous prétexte du silence, de l'obscurité ou de l'insuffisance de la loi, pourra être poursuivi comme coupable de déni de justice ». Le principe, extrait du code civil, de par la généralité de la règle énoncée, vaut pour l'ensemble du droit. « Le droit d'agir en justice n'est pas un droit privé, c'est un droit public, une liberté publique »[29]. La recommandation faite par le législateur au juge procède sans aucun doute du souci d'assurer au plaideur l'exercice de son droit au juge. Le législateur accepte même, afin de réaliser cet objectif, de perdre une partie de ses prérogatives au profit du juge : le pouvoir de faire le droit.

Le droit au juge a été clairement consacré dans l'article 11 du projet de Constitution d'avril 1946 selon lequel « la loi assure à tous les hommes le droit de se faire rendre justice et l'insuffisance des ressources ne saurait y faire obstacle ». Le projet n'a pas été retenu et le texte n'a pas été repris, mais l'affirmation est d'importance. Bien qu'aucun texte constitutionnel ne reconnaisse expressément « le droit à un juge », le principe va être reconnu par la jurisprudence. Dès 1950, le Conseil d'Etat, dans son arrêt Dame Lamotte[30], affirme que le recours pour excès de pouvoir est ouvert, même sans texte, contre tout acte administratif, afin d'assurer, conformément aux principes généraux du droit, le respect de la légalité.

Dans sa décision du 13 août 1993 relative à la maîtrise de l'immigration et aux conditions d'entrée, d'accueil et de séjour des étrangers, le Conseil constitutionnel a affirmé que ces derniers devaient « bénéficier de l'exercice de recours assurant la garantie des libertés et droits fondamentaux de valeur constitutionnelle reconnus à tous ceux qui résident sur le territoire de la République »[31].

Deux réflexions peuvent naître d'une telle décision :
- Si l'étranger se voit reconnaître, comme tout national, un droit au juge, n'est-ce pas parce que ce droit est considéré comme fondamental ?
- Si le recours à la justice est le seul moyen pour assurer une protection effective des droits fondamentaux, il est difficilement acceptable de ne pas envisager ce recours comme étant fondamental alors même que la protection des libertés découle de sa mise en œuvre.

---

[29] Glasson et Tissier, *Traité de procédure civile*, 3e éd., I, p. 417. Voir également sur le droit au juge de l'individu, L. Favoreu, *Le déni de justice en droit public*, thèse LGDJ 1962, p. 550 et s.

[30] C.E. 17 février 1950, *Dame Lamotte*, p. 110 ; RDP 1951.478, concl. J. Delvolvé, note M. Waline.

[31] Conseil constitutionnel, n° 93-325, DC du 13 août 1993, JORF 18-8-1993. Dans la décision Assemblée territoriale de la Polynésie française du 9 avril 1996, le Conseil constitutionnel consacre l'article 16 de la Déclaration des droits de l'homme et du citoyen comme fondement du droit de toute personne intéressée « d'exercer un recours effectif devant une juridiction ». Décision n° 96-373, RFDC 96-594.

Quelques textes proclament explicitement, par ailleurs, le caractère essentiel du recours juridictionnel.

L'article 6-1 de la Convention européenne de sauvegarde des droits de l'homme dispose que « toute personne a droit à ce que sa cause soit entendue équitablement, publiquement et dans un délai raisonnable... ».

L'article 13 précise que « Toute personne dont les droits et libertés reconnus dans la présente Convention ont été violés, a droit à l'octroi d'un recours effectif devant une instance nationale, alors même que la violation aurait été commise par des personnes agissant dans l'exercice de leurs fonctions officielles ».

L'article 8 de la Déclaration universelle des droits de l'homme et du citoyen énonce que toute personne a le « droit à un recours effectif devant les juridictions nationales compétentes contre les actes violant les droits fondamentaux qui lui sont reconnus par la Constitution ou par la loi ».

La Cour de justice des communautés européennes a, elle aussi, vu dans le contrôle juridictionnel, l'expression « d'un principe général du droit qui se trouve à la base des traditions constitutionnelles communes aux Etats membres »[32]. Dans une décision du 3 décembre 1992, Borelli, la Cour déclare que l'exigence d'un contrôle juridictionnel de toute décision d'une autorité nationale constitue « un principe général de droit communautaire »[33].

La Cour européenne des droits de l'homme, dans son arrêt Hornsby c/ Grèce du 19 mars 1997, a confirmé solennellement que la prééminence du droit impliquait pour les justiciables le droit à une décision juridictionnelle efficace. Le droit au juge, qui nécessite un recours efficace, est ainsi reconnu au plus haut niveau juridique.

De toute évidence, dans un Etat de droit, la liberté, prise au sens large, ne peut être protégée que dans la mesure où les pouvoirs publics organisent une justice accessible à tous. La justice française est accessible, mais l'est-elle à tous ?

Plus le droit est complexe et technique, plus il devient réservé à une élite, seule capable d'en comprendre les plus infimes subtilités. Or la dualité est source de complexité. Elle génère des compétences instables, fondées sur des critères flous et évolutifs. Le juge participe lui-même activement à cet imbroglio juridique.

Depuis plus de deux siècles, les deux juges ont tenté de réaliser la justice en imposant la règle de droit, mais « ils l'ont fait sans trop chercher à se rencontrer, par une démarche parallèle, exempte certes de tout antagonisme foncier, mais exclusive de toute volonté de gommer les divergences ou de consolider les convergences. Le justiciable, poussé dans une aventure, sur le chemin long et escarpé conduisant jusqu'au Tribunal des conflits, n'a qu'à bien se tenir... Comment s'étonner, dès lors, que ce qu'il est convenu d'appeler la crise de la justice s'applique à ces deux juges qui cheminent sans se croiser, qui souvent

---

[32] CJCE, 15 mai 1986, *Marguerite Johnston*, aff. 222/84, p. 1651 ; RFDA 1988.691, note Dubouis.

[33] CJCE, 3 décembre 1992, *Borelli*.

utilisent des outils sans jamais songer à les échanger ou, à tout le moins, à les comparer et pour qui, souvent, la chose jugée est seulement le fait de l'autre »[34]. Il ne suffit pas que le pouvoir se borne à reconnaître la liberté et garantisse certaines facultés d'agir en s'abstenant de les entraver, il faut aussi que les individus aient les moyens concrets d'exercer leurs libertés et d'en jouir, ce qui implique de pouvoir avoir recours à un système de protection efficace. Enoncer des règles, aussi fondamentales soient-elles, n'est pas suffisant. Il faut parallèlement mettre en place des procédures concrètes destinées à garantir effectivement les droits proclamés.

L'article 16 de la Déclaration des droits de l'homme et du citoyen dispose que « toute société dans laquelle la garantie des droits n'est pas assurée, ni la séparation des pouvoirs déterminée, n'a point de constitution ». Le troisième considérant du Préambule de la Déclaration universelle des droits de l'homme énonce « qu'il est essentiel que les droits de l'homme soient protégés par un régime de droit... ». Or un régime de droit se caractérise par le « degré de perfection des procédures qui l'assurent... »[35]. Toute violation des libertés doit pouvoir être efficacement condamnée par l'intervention du juge. Mais la qualité de la protection juridictionnelle peut-être mise en doute lorsque le recours au juge est rendu particulièrement difficile.

La double compétence du juge administratif et du juge judiciaire pour connaître des atteintes administratives aux droits fondamentaux rend très incertaine la détermination de la juridiction compétente. Cette double compétence impose parfois au plaideur de saisir à la fois les tribunaux judiciaires et les tribunaux administratifs. Il en résulte une perte de temps qui peut, si le justiciable n'a pas renoncé à faire valoir son droit, rendre impossible la préservation de la liberté. « L'avis semble largement partagé selon lequel le climat traditionnel de libéralisme rend les atteintes à la liberté rares en France mais quand toutefois elles ont lieu, l'individu ne trouve pas auprès du juge les moyens de défense efficaces »[36].

Pour autant, la réaction la plus naturelle d'un individu qui se voit privé de l'un de ses droits est la saisine de la justice, seule supposée capable de rétablir sa liberté. Cette démarche nécessite d'avoir résolu auparavant de nombreuses difficultés. Conscient de la complexité de sa mission, le justiciable sera-t-il capable de franchir les obstacles pour parvenir devant le juge et ainsi espérer que ce dernier le satisfasse dans ses demandes ?

---

[34] Pierre Drai, *Etre juge... et juger...*, RFDA 1990, p. 694.
[35] G. Burdeau, *Les libertés publiques*, Paris LGDJ, 1972, p. 78.
[36] Stavos Tsiklitiras, *La protection effective des libertés publiques*, thèse, LGDJ 1991, p. 2.

Telle est bien la question qui nous anime ici : le dualisme juridictionnel, source d'incertitudes et de complexités, favorise-t-il la protection des libertés fondamentales des individus ? Apporte-t-il plus ou moins de garanties ? Permet-il un plus grand respect de nos droits, et ce, dans de meilleures conditions ? Le maintien de la dualité de juridictions, issue de la loi de 1790, et façonnée depuis près de deux siècles, est-il encore justifié ? Au-delà d'une profonde remise en cause du dualisme, des progrès et des modifications ne pourraient-ils pas être envisagés ? La séparation est certes traditionnelle mais est-elle fonctionnelle ? C'est peu évident compte tenu de la difficile répartition des compétences juridictionnelles pour connaître du contentieux de la liberté fondamentale. Alors que « les conditions réciproques d'efficacité des deux ordres de juridiction devraient être les seuls critères d'appréciation, par delà les souvenirs historiques et la logique des principes juridiques », le partage des compétences entre les deux juges pour connaître du contentieux des droits fondamentaux reste conflictuel.

La protection des libertés par le juge administratif peut aujourd'hui être tout aussi efficace que celle émanant de l'autorité judiciaire. Le juge administratif demeure certes le juge de l'administration, il existe exclusivement pour elle, mais il est également le juge des libertés.

Gardien exclusif des libertés, certes non, gardien naturel des libertés, c'est incontestable. Non pas qu'il protège les libertés plus efficacement que le juge judiciaire, loin s'en faut, mais il y concourt également et de plus en plus. Le contentieux des atteintes administratives aux droits fondamentaux relève aujourd'hui pour l'essentiel du juge de la puissance publique.

La compétence de principe du juge judiciaire pour connaître du contentieux des libertés fondamentales doit-elle pour autant s'effacer devant le principe de séparation des autorités ? Dans l'hypothèse d'une juridiction administrative aussi performante que son homologue judiciaire, la solution ne fait guère de doute. Il convient de répondre par l'affirmative. Cette réponse positive est, en définitive, plus que souhaitable. Elle permettrait certainement de réduire au maximum les inconvénients générés par l'existence d'une justice dualiste. Peu importe que le contentieux concerné touche aux libertés fondamentales, il conviendrait simplement de déterminer l'auteur de l'atteinte pour délimiter la compétence juridictionnelle.

Cette répartition n'est pourtant pas aussi simple à mettre en œuvre. Il est tout d'abord difficile d'envisager une juridiction administrative aussi prompte à assurer une sauvegarde efficace de la liberté. Simplement par ce qu'elle demeure l'émanation de l'administration et qu'elle tire sa légitimité de cette dépendance. Il subsistera inévitablement des liens étroits entre eux ; s'ils devaient disparaître, l'essence même de l'existence de la juridiction administrative risquerait d'être remise en cause. Sur quel argument pourrait-on alors fonder l'existence d'un juge dont la présence n'apporte pas grand chose de plus ? On pourra toujours arguer du fait que le juge administratif connaît mieux l'administration que l'autorité judiciaire. Cet argument ne saurait suffire. Rien n'interdit au juge judiciaire d'apprendre à connaître l'administration, c'est d'ailleurs la méthode utilisée par les pays fonctionnant sur la base d'une justice unitaire, mais plus encore, on peut s'interroger sur l'intérêt qu'il y a à bien connaître la mission et le mode de fonctionnement de la machine administrative si cette connaissance ne doit pas déboucher sur un traitement spécifique.

Par ailleurs, il est difficile d'envisager un dessaisissement inconditionnel du juge judiciaire dans un domaine aussi ancien et traditionnel que celui des libertés fondamentales, d'autant plus que cette compétence de principe dispose d'une reconnaissance constitutionnelle.

Pourtant, il ne nous semble pas que cette dualité de compétence soit favorable aux administrés. Non qu'elle soit nécessairement une mauvaise chose, mais simplement qu'elle ne repose pas sur des critères stables ni mêmes acceptés par l'un ou l'autre juge. En définitive, le véritable problème du dualisme demeure : dans la théorie, le juge judiciaire est le gardien des libertés fondamentales. Dans les faits, c'est essentiellement le juge administratif. Luttant chacun avec leurs propres arguments pour amener vers eux un contentieux qu'ils croient leur appartenir, ils rendent la protection de la liberté souvent très complexe à obtenir. Et lorsque c'est le cas, c'est souvent pour le justiciable après un long et délicat parcours. Aussi se trouve-t-on aujourd'hui dans une situation dont il est difficile de sortir, sauf à modifier des principes très anciens dont la valeur, souvent très contestable, est reconnue au plus haut niveau juridique. Ils ne contribuent pourtant pas à rendre plus efficace notre système juridictionnel.

De ces multiples inconvénients nés de la présence de deux ordres de juridictions, il convient de s'interroger sur la pertinence de la persistance du dualisme et de la façon dont il s'organise aujourd'hui. Au-delà des principes, aussi anciens et vénérables soient-ils, il est impératif de regarder si le système est efficace, si la dualité est encore un principe fonctionnel offrant une protection plus grande des droits du justiciable ?

Indéniablement, ce dualisme génère de multiples interrogations intellectuellement très stimulantes pour le spécialiste. Il est moins sûr qu'elles passionnent le justiciable. Il est ainsi dommage qu'un système, fondé sur des contingences historiques et politiques, conduise à rendre éminemment difficile la fonction pour laquelle il est institué.

Doit-on pour autant considérer le dualisme comme un mauvais système ? Nous ne le pensons certes pas, exception faite du contentieux des libertés fondamentales. Reste alors à s'interroger sur ce qui peut être fait.

Avant d'envisager une très hypothétique remise en cause de la juridiction administrative, il demeure possible de faire évoluer la situation actuelle par l'assouplissement ou la simplification de certaines règles. Sans nécessairement faire table rase du passé et d'éléments dont l'efficacité est reconnue, il doit être possible de recourir à des aménagements susceptibles d'accroître la qualité du système. « Le bon fonctionnement de la justice...c'est d'abord la satisfaction du justiciable et le premier droit du justiciable, c'est de connaître les principes qui déterminent quel juge est compétent pour trancher son litige. Simplicité et stabilité sont donc les qualités nécessaires des règles de compétence. Trois moyens peuvent se conjuguer pour atteindre cet objectif : que tout juge ait cette préoccupation présente à l'esprit quand il est confronté à une question de compétence, afin de la résoudre de la façon la plus compréhensible et la plus fonctionnelle pour le justiciable ; que le législateur...mette davantage en œuvre la méthode des blocs de compétence, pour éviter les trop nombreuses parties de ping-pong entre les deux ordres de juridiction ; que la détermination du juge compétent soit autant que possible liée au droit applicable et que la compétence suive donc le fond... »[37]. Voici bien quelques propositions qui, mises en application, pourraient permettre de rendre notre système dualiste plus efficace pour assurer la sauvegarde des libertés essentielles de l'individu.

Les nombreuses difficultés nées de l'existence d'une justice dualiste en France nuisent sans aucun doute à la qualité de la protection des libertés fondamentales (Première partie). Ainsi, il doit être envisagé des solutions permettant de rendre cette protection plus efficace (Deuxième partie). Seule la simplification de notre système permettra d'aboutir à une protection effective et moderne des libertés les plus essentielles de l'individu. C'est à ce seul et unique prix que le dualisme juridictionnel pourra perdurer tout en conservant sa légitimité. Est-ce pour autant la meilleure solution ? Cela sera-t-il suffisant ?

---

[37] F. Julien-Laferrière, *La dualité de juridiction, un principe fonctionnel ?*, Mélanges Drago, 1996, p. 425.

PREMIERE PARTIE : LA COMPLEXITE DE LA PROTECTION DES DROITS FONDAMENTAUX DU JUSTICIABLE DANS « UN » SYSTEME JURIDICTIONNEL DUALISTE

L'effectivité de la protection des libertés publiques repose sur l'existence d'une justice indépendante, équitable, impartiale, capable de statuer dans les délais les plus brefs. Cette justice existe bien en France. Permet-elle pour autant de garantir efficacement la protection des libertés des individus ? La réponse n'est pas aussi évidente qu'il y paraît ou, au moins, doit-elle être nuancée.

Lorsqu'une atteinte a été portée à la liberté de l'individu par un simple particulier, la solution ne fait guère l'objet d'une contestation. Il existe bien un juge capable de faire cesser l'atteinte à l'aide de mécanismes de protection efficaces et reconnus : le juge judiciaire.

Lorsque l'atteinte émane de l'administration, hypothèse en définitive la plus fréquente et souvent la plus grave, la protection de la liberté s'avère difficile, non par insuffisance de l'appareil juridictionnel pour faire cesser et condamner la faute, mais du fait de la coexistence de deux juges pour rétablir l'administré dans l'exercice de son droit. Cette coexistence pourrait être bénéfique au justiciable si celle-ci était faite de bonne entente, logique, claire et cohérente. Malheureusement, cette entente a du mal à trouver aujourd'hui ce juste équilibre à son bon fonctionnement.

L'existence d'une justice dualiste, pour être parfaitement efficace et opérationnelle, doit reposer sur des mécanismes de répartition des compétences simples et compréhensibles. Les critères doivent être stables et constants afin de permettre au justiciable de choisir sans hésitation le juge devant lequel il va intenter son action. Celle-ci ne saurait être utile à la protection de son droit essentiel que si elle permet une cessation rapide de l'atteinte. Or la difficulté qu'il y a à connaître avec exactitude le juge devant lequel il convient de se présenter, sans oublier les éventuelles contrariétés de jurisprudences, aboutit à un résultat doublement négatif : en ce qui concerne les litiges touchant aux libertés publiques fondamentales, fréquents sont les cas où le juge saisi se déclare incompétent, même à tort ; et plus dommageables encore sont les cas où la compétence du juge judiciaire est simplement contestée. Face à tant d'incertitudes, le justiciable hésite à avoir recours au juge pour se défendre. Le recours au juge doit donc être rendu le plus simple et le plus accessible possible.

Notre système juridictionnel ne saurait être efficace que s'il peut être mis en mouvement par le plus grand nombre et pas seulement par des privilégiés seuls capables de triompher d'un parcours en justice lent et coûteux. Pour être véritablement performante, la justice doit être universelle, s'adresser à tous, et être accessible à tous. Il n'est pas certain que notre système dualiste concoure à cet universalisme car il est source d'incertitudes et de complications qui complexifient le recours au juge et la satisfaction juridictionnelle. « En présence de violations des libertés publiques commises par les autorités administratives...juge judiciaire et juge administratif peuvent être tour à tour concurremment ou simultanément saisis, en application des deux principes antagonistes, celui de la séparation des autorités judiciaires et administratives et celui de l'autorité judiciaire gardienne des libertés individuelles. L'existence de cette dualité de juridictions pose non seulement des problèmes juridiques, mais aussi des difficultés pratiques. La complexité des règles de procédure est telle...qu'il est très difficile, voire impossible, à la victime de savoir avec certitude quelle juridiction elle doit saisir »[1]. Cette complexité se justifie d'autant moins qu'elle touche une matière aussi sensible que celle des libertés fondamentales. C'est justement dans ce domaine que les règles sont les plus absurdes parce qu'elles reposent sur deux principes qui, bien que consacrés au plus haut niveau juridique, se révèlent particulièrement contestables.

Cette complexité des règles de compétence est connue de tous. Aucun auteur ne semble faire abstraction de l'importance du problème lié à l'existence d'une justice dualiste. « La coexistence de deux ordres juridictionnels...n'est pas invariablement pacifique. Elle est de nature à provoquer certaines complications... »[2]. Du point de vue « de la simplicité et de la commodité pratique pour le justiciable...il est certain que la dualité de juridictions présente l'inconvénient grave d'entraîner des incertitudes de compétence très fâcheuse pour le plaideur. Il est parfois difficile pour celui-ci de savoir avec certitude devant quel juge il doit porter son procès parce que...le partage des compétences est devenu aujourd'hui très compliqué et très confus »[3]. Moins nombreux en revanche sont les auteurs qui insistent sur le développement actuel de ses inconvénients. Plus que dans n'importe quel autre domaine, les règles de répartition en matière d'atteinte aux libertés fondamentales se sont complexifiées. Si les problèmes ont presque toujours existé, ils se sont amplifiés au fur et à mesure de l'évolution libérale amorcée par la juridiction administrative. Ils se sont également amplifiés du fait d'une jurisprudence des organes traditionnels de régulation des compétences pas toujours compréhensible.

L'accroissement qualitatif des inconvénients de procédure liés au dualisme ne doit pas pour autant conduire à rejeter la question qui, en définitive, est la plus essentielle : combien comptabilise-t-on de cas où la protection n'a pu être accordée du fait du mauvais fonctionnement de la justice ? La critique ne vaut que si elle correspond à une réalité tangible. A quoi servirait-il de contester notre système juridictionnel si les hypothèses de dysfonctionnements sont mineures ou quantitativement négligeables ? A cela nous répondrons par trois arguments.

S'il est vrai que ces hypothèses ne sont pas légions, on ne peut nier qu'elles soient en constante augmentation. Il est rare, aujourd'hui, que la saisine du juge

[1] M. Dran , *thèse précitée*, p. 533.

[2] R. Chapus, *Droit administratif général*, Montchrestien, 14 éd., Tome 1, 2000, p. 750.

[3] A. de Laubadère, J.-C. Venezia et Y. Gaudemet, *Traité de droit administratif*, *Droit administratif général*, LGDJ, 15e éd., Tome 1, 1999, p. 360.

judiciaire au titre de l'atteinte à la liberté individuelle ou au titre de la voie de fait ne soit pas contestée. Ce refus de la puissance publique et du juge administratif de la compétence judiciaire est plus manifeste actuellement qu'il ne l'a jamais été antérieurement.

Le domaine considéré est d'une telle importance qu'il doit justifier ou supporter la critique. Quand bien même les cas de conflits entre les juges aboutissant au rejet de la liberté seraient-ils restreints, ils doivent être sans cesse montrés du doigt de sorte que tout soit mis en œuvre pour améliorer le fonctionnement de la justice. Il est plus rassurant de chanter les louanges d'un système qui a fait ses preuves plutôt que de s'appesantir sur ses défauts et ainsi tenter d'y remédier.

Les défenseurs inconditionnels du dualisme, tel qu'il fonctionne aujourd'hui, font sans cesse prévaloir les statistiques à l'appui de leur argumentation. Montrant que les hypothèses de dysfonctionnements sont quantitativement négligeables, ils peuvent aisément conclure à l'efficacité du système. Mais les statistiques ne prennent en compte que les cas dans lesquels la justice a été saisie. Or, plus encore qu'un recours exercé auprès du juge, qu'il soit efficace ou non, la qualité de la justice trouve son principal baromètre dans la confiance que placent en elle les citoyens. Il est absolument certain que, dans de nombreux cas, la complexité du recours au juge a fait reculer le justiciable pour faire sauvegarder son droit. Cette crainte se trouve accentuée par les quelques cas dont il a été fait grand bruit, où la liberté n'a su être protégée du fait de la complexité du fonctionnement de la justice. Les hésitations des avocats, qui considèrent plus prudent de saisir en même temps les deux ordres de juridictions, révèlent avec plus d'éloquence les incertitudes de compétence générées par le dualisme.

Un système juridictionnel reposant sur l'existence de deux ordres juridiques séparés pose inévitablement des problèmes. Le premier d'entre eux concerne immanquablement le critère sur lequel doit se fonder la compétence respective des deux juges. Ce problème de la clause générale de compétence n'est que la conséquence directe de l'existence d'une justice disposant de plusieurs juridictions. Sur quel fondement le justiciable doit-il s'appuyer pour déterminer le juge devant lequel il doit soumettre son litige ? De la simplicité de la réponse à cette question dépend la simplicité du fonctionnement de la justice, c'est-à-dire également son accessibilité. Il est difficile de trouver une clause générale de compétence, puisque le système révèle des critères multiples. Ce système est d'ailleurs compliqué. Sans être un véritable critère de compétence au sens propre du terme, le concept de liberté publique fondamentale vient s'immiscer dans le fonctionnement des autres critères de répartition et, loin de les simplifier, il les rend encore moins compréhensibles. Il agit sur eux tel un électron libre qui refuse de se soumettre.

La dualité se révèle ainsi à l'usage d'une particulière complexité, et cette complexité est accrue lorsque est en jeu la sauvegarde d'une liberté fondamentale. Tout système complexe génère, en règle générale, des difficultés (Titre I), difficultés que l'on retrouve en totalité dans le contentieux plus spécifique de la voie de fait (Titre II). Car la théorie cristallise autour d'elle tout ce qui fait l'essence même de cette étude. Elle révèle les raisons historiques des dérogations au principe de séparation des autorités. Elle révèle et concentre également, de façon paroxystique, tous les inconvénients liés au dualisme juridictionnel. La voie de fait est à la fois un critère de compétence et un dispositif de protection des libertés fondé sur l'intervention de l'autorité judiciaire. Or non seulement le critère est incertain, mais encore la compétence du juge judiciaire est contestée et contestable. La théorie, née de l'existence et du mauvais fonctionnement de la justice dualiste, apparaît complexe à l'usage et peu protectrice des droits fondamentaux des individus.

TITRE I : LES INCONVENIENTS POUR LE JUSTICIABLE D'UN PARTAGE COMPLEXE DES COMPETENCES

Il n'est pas d'inconvénients plus notoires pour le justiciable que ceux liés à la détermination de la juridiction compétente lorsqu'il existe une justice dualiste, source de situations les plus invraisemblables. Le dualisme est principalement en cause du fait des modalités de son fonctionnement. Travaillant en parfaite autonomie, disposant d'une compétence clairement établie, le juge administratif et le juge judiciaire concouraient chacun séparément à la sauvegarde de la liberté dans leur domaine de compétence respectif. Il n'existerait alors pour le justiciable aucun problème susceptible de le conduire à douter, à l'heure de se saisir du juge. « Cette indépendance totale n'est toutefois qu'une vue de l'esprit. Malgré la séparation des juridictions, malgré la division des compétences, les contacts sont en effet très nombreux entre les contentieux dont connaissent les tribunaux des deux ordres »[4].

Cette proximité n'existe, en définitive, que parce qu'il s'avère presque impossible de trouver un critère de répartition stable permettant de déduire simplement et avec certitude la juridiction compétente. C'est cette incertitude et les inconvénients qui en résultent qui risquent de nuire à l'effectivité de la protection des libertés.

La dualité se révèle à l'usage un principe contraignant pour le justiciable dans la mesure où il lui appartient de déterminer le juge compétent pour statuer sur son litige, ce qui est loin d'être aisé puisque les règles de compétence, tout comme les règles applicables en matière de dualisme, sont d'une effroyable complexité, quand il n'est pas obligé de recourir aux deux pour obtenir la pleine et entière satisfaction de sa demande. Car cette difficile répartition des compétences (Chapitre I), phénomène exacerbé en ce qui concerne le contentieux des libertés, aboutit fréquemment, pour de ne pas dire systématiquement, à l'absence de bloc de compétence (Chapitre II).

[4] C. Durand, *Les rapports entre les juridictions administratives et judiciaires*, thèse 1954, p. 1.

CHAPITRE I : UNE DIFFICILE REPARTITION DES COMPETENCES :

Le champ d'intervention du juge administratif concerne le contentieux des personnes publiques. Le champ d'intervention du juge judiciaire concerne le contentieux des simples particuliers. Aussi idyllique que puisse apparaître ce schéma, puisqu'il aboutirait à déterminer avec facilité le domaine de compétence respectif des deux ordres juridictionnels, il s'avère malheureusement excessivement simplificateur et erroné au regard de la réalité juridique. Il est certes, sauf exception, indispensable qu'une personne publique soit partie au litige pour que la compétence de la juridiction administrative soit fondée, mais la compétence du juge judiciaire n'est pas nécessairement exclue lorsque est en cause une personne publique. De même, si la matière du contentieux de l'annulation et de la réformation des actes administratifs relève par principe de la juridiction administrative, il existe de nombreuses dérogations. Il y a donc difficulté pour le justiciable à déterminer le juge compétent parce qu'il n'existe pas de critère général de compétence (Section I). Cette absence de critère général, qui conduit inévitablement à des incertitudes quant au choix du juge, place le justiciable dans une situation d'insécurité juridique (Section II). Et quand bien même le justiciable aurait-il saisi le bon juge, les règles applicables en matière de dualisme sont d'une telle complexité qu'elles vont fréquemment aboutir à interrompre l'instance, rendant la satisfaction du litige très aléatoire voire sans intérêt (Section III). Pour obtenir satisfaction, il s'avère donc nécessaire de bien connaître la justice, d'être patient, sans oublier de mettre à sa disposition les moyens matériels et financiers indispensables à la réussite finale de l'action. Le partage juridictionnel peut s'avérer pour le justiciable un obstacle difficilement franchissable. Il n'y parviendra que s'il y est bien préparé. Il n'est pas certain que tous en aient la possibilité.

SECTION I : L'ABSENCE D'UN CRITERE GENERAL DE COMPETENCE :

La première question que doit résoudre la victime lorsqu'un litige survient est simple : à quel juge convient-il de s'adresser pour que soit réglé le différend ? Loin d'être anodine, cette question s'avère être la pierre angulaire sur laquelle repose une éventuelle satisfaction rapide et efficace du litige. « Beaucoup plus délicate est parfois la question de savoir si, pour un litige déterminé, c'est la juridiction judiciaire ou la juridiction administrative qui est compétente. La difficulté n'est que relative quand un texte législatif...attribue expressément compétence à la juridiction judiciaire ou à la juridiction administrative pour connaître des litiges surgissant dans une matière déterminée. Il en va autrement en l'absence de texte et c'est là qu'apparaît l'intérêt de trouver un critère général...qui permette de savoir, de façon aussi sûre que possible, quel juge doit connaître de quelles requêtes »[5]. Ce critère n'existe pas. Rien n'interdit cependant de le rechercher, mais cette recherche n'a conduit jusqu'à présent qu'à révéler la multitude des critères permettant de fonder la compétence d'un ordre sur l'autre. « Les combinaisons auxquelles peut donner lieu l'application simultanée de règles de compétence concurrentes ou complémentaires, sont des plus subtiles et prennent quelquefois l'aspect de rébus indéchiffrables pour le justiciable et même pour ses conseils »[6]. Or cette multiplicité rend très incertaine la détermination du juge compétent (Paragraphe I). Ceci est d'autant plus condamnable lorsque c'est une liberté publique fondamentale qui est en jeu. Dans ce domaine plus que dans n'importe quel autre, il s'avère indispensable de trouver un critère stable de répartition. N'était-il pas possible de fonder la compétence d'un ordre juridictionnel sur la base de l'atteinte à une liberté publique fondamentale ? Loin de donner une réponse positive à cette interrogation, la pratique juridique a condamné sans ménagement cette possibilité (Paragraphe II).

§ 1 : LA DETERMINATION DE LA COMPETENCE ET LE PROBLEME DU DROIT APPLICABLE :

La difficulté et l'incertitude qu'il y a pour le plaideur à saisir un juge trouve en réalité une double origine : la détermination de la compétence se révèle délicate en l'absence de critère fonctionnel de compétence ; il n'existe pas nécessairement de correspondance entre la compétence et le fond, c'est-à-dire le droit applicable. Selon que la compétence relève de la juridiction administrative ou de la juridiction judiciaire, le litige sera en principe réglé par l'utilisation des règles du droit public ou des règles de droit privé. Il existe pourtant ce que R. Chapus appelle « des cas de distorsion entre compétence et fond »[7]. Ainsi, en plus du doute sur le juge à saisir (A), le requérant ne sait pas non plus de façon certaine les règles qui seront utilisées par celui-ci (B). Il en résulte pour lui un risque supplémentaire d'hésitation.

A : **Le nombre des critères de répartition complique la détermination de la compétence** :

« Les règles qui déterminent le domaine de compétence de la juridiction administrative et délimitent cette compétence à l'égard de celle des tribunaux

---

[5] F. Julien-Laferrière, *op. cit.* p. 400.
[6] L. Favoreu, *thèse précitée*, p. 345.
[7] R. Chapus, *Manuel précité*, p. 748.

judiciaires sont aujourd'hui complexes, nuancées, souvent difficile à saisir »[8]. Ceci tient autant de l'existence d'une justice dualiste que de la méthode utilisée par le législateur français concernant le partage des compétences.

Ce partage des compétences entre le juge administratif et le juge judiciaire peut s'effectuer de deux façons. La compétence juridictionnelle peut être déterminée par le législateur, mais ceci est loin d'être l'hypothèse la plus répandue puisque le législateur français s'est essentiellement contenté d'énoncer un principe général de compétence. Celui-ci se trouve affirmé par les fameuses lois révolutionnaires faisant interdiction aux tribunaux judiciaires de « troubler de quelque manière les opérations des corps administratifs ni citer devant eux les administrateurs pour raison de leurs fonctions »[9]. Une formulation aussi générale laissait aux tribunaux eux-mêmes le soin de procéder au partage des compétences par l'interprétation qu'ils allaient avoir de ces textes. Dès lors, les règles de compétence vont être instituées par les juridictions elles-mêmes puisque, exception faite des cas dans lesquels le législateur va imposer des blocs de compétence, chaque tribunal est juge de sa compétence. Il appartient au juge lui-même de déterminer l'importance de sa compétence et il le fait en instituant personnellement des critères sur lesquels il va s'appuyer pour justifier l'étendue de son champ d'intervention. S'il le fait sous réserve de l'intervention d'un tribunal répartiteur, il convient de souligner que celui-ci n'a pas toujours existé. Le Conseil d'Etat demeura juge des conflits de 1800 à 1849, ainsi que du début de Second Empire jusqu'à la loi du 24 mai 1872. Par ailleurs, le rôle du Tribunal des conflits est largement conditionné par la conception initiale que chaque ordre de juridiction a de sa propre compétence.

Ainsi, institués de façon purement circonstancielle, selon l'interprétation faite et voulue du principe de séparation des autorités, les critères de répartition vont nécessairement évoluer dans un sens plus ou moins extensif de la compétence du juge administratif. Les critères mis en place refléteront le souhait de ce juge à traiter dans des proportions importantes ou non les litiges qui concernent la puissance publique. Il appartient à ce seul juge, au travers de sa jurisprudence, de déterminer l'importance de son intervention concernant les litiges de la puissance publique.

C'est donc la juridiction administrative qui va, en grande partie, décider elle-même du champ de son intervention par la détermination de ses propres critères de compétence. A l'origine, la compétence administrative va être étendue au maximum, puisque tout litige auquel la puissance publique était partie devait échapper à la connaissance des tribunaux judiciaires. Telle était l'interprétation initiale faite du principe de séparation des autorités. Cette conception va pourtant évoluer. Et d'un critère simple de répartition, fondé sur la seule présence d'une personne publique au litige, la jurisprudence administrative va élaborer d'autres règles aussi nombreuses que complexes, qui vont faire l'objet d'une analyse doctrinale perdurant encore aujourd'hui.

---

[8] A. de Laubadère, J.-C. Venezia et Y. Gaudemet, *op. cit.*, p. 408.
[9] cf. l'article 13 de la loi des 16-24 août 1790.

Cette analyse ne vise pas exclusivement à la compréhension des règles de répartition. Elle cherche essentiellement la systématisation, afin de déterminer un critère exclusif, stable et compréhensible de répartition des compétences. Ce travail doctrinal n'a pourtant jamais véritablement abouti. Il a permis momentanément d'ériger en critère général de la compétence administrative telle ou telle règle, mais il n'a jamais abouti à la mise en place d'un critère unique et définitif de compétence. Il est difficile de systématiser ce qui ne peut pas l'être, et de clarifier ce qui est naturellement obscur. L'explication est simple : toute tentative de rationalisation est rendue plus malaisée du fait d'un juge qui préfère rester maître de sa compétence. Lorsqu'il développe un critère, il ne le fait pas dans un souci de compréhension ou de simplification ; il le fait pour attirer un litige qu'il estime lui revenir de droit selon le rôle qu'il se donne au regard de l'interprétation faite de la séparation des autorités, ou bien pour le faire échapper à sa connaissance lorsqu'il considère juste, logique, préférable, de le faire.

Se sont ainsi succédés et complétés plusieurs critères : le critère tiré de la distinction entre les « actes d'autorité » et les « actes de gestion », le critère du service public, le critère tiré de l'usage des prérogatives de puissance publique. Ils ont permis au juge de s'adapter. « Le partage des compétences entre les deux ordres de juridiction ne passe pas par une ligne bien définie ; le critère de compétence est périodiquement déclaré en crise, il paraît marqué par un empirisme dont les juges du Palais-Royal ne font guère mystère et qui n'est pas forcément le fruit de leur réticence à se laisser lier par leur propre jurisprudence, mais aussi dû à l'obligation de s'adapter à une société dans laquelle le rôle de l'Etat va grandissant »[10].

C'est notamment cette dernière explication qui a conduit le juge administratif à ne pas se reposer exclusivement sur le critère tiré du service public pour fonder sa compétence. Agissant de la sorte, il aurait vu l'importance du contentieux administratif croître de manière bien trop excessive.

Ainsi, ni le critère tiré exclusivement de la présence d'une personne publique au litige, ni le critère tiré exclusivement de l'existence d'un service public ne se suffit à lui-même pour fonder la compétence administrative. Le juge va, dans un premier temps, être amené à ne soumettre au régime administratif que les services publics à caractère administratif, considérant inversement que les services publics de nature industrielle et commerciale relevaient du droit privé. Il va, dans un second temps, distinguer le service public géré par une personne publique et celui géré par une personne privée. C'est la nature de la gestion, privée ou publique, révélée par l'utilisation de procédés de puissance publique qui va permettre de déterminer la compétence du juge.

Il appartient au juge de déterminer à la fois les critères sur lesquels il va se fonder pour accepter ou rejeter sa compétence, et l'utilisation, aléatoire, qu'il va en faire. L'activité exercée est-elle assimilable à un service public ? Le service public est-il de nature administrative ou industrielle et commerciale, si ce n'est les deux ?

[10] F. Julien-Laferrière, *op. cit.*, p. 403.

Quelle est la nature de la personne qui gère le service ? Y a-t-il utilisation de prérogatives de puissance publique ? De la réponse à ces questions, naturellement incertaines, dépend la solution à donner à la compétence juridictionnelle.

Il n'existe donc pas un, mais plusieurs critères de répartition des compétences. Il s'agit principalement du service public, qui reste essentiel puisqu'il révèle l'intérêt général, essence même de l'action administrative et du droit administratif, et les prérogatives de puissance publique, qui distinguent les méthodes de fonctionnement de l'administration par rapport aux personnes privées.

La multiplicité de ces critères, et l'interprétation qui peut en être faite, ne facilite guère la tache du justiciable à la recherche de son juge. Etant libre dans l'utilisation des critères qu'il élabore lui-même, il est possible pour le juge d'accroître ou de restreindre, plus ou moins à sa guise, le champ du contentieux administratif. Il ne s'agit pas ici de condamner une telle pratique qui permet une adaptation rapide aux évolutions de notre société. Il convient simplement de rappeler les inconvénients qui résultent de cette liberté du juge dans l'élaboration des critères de répartition des compétences.

Nombreux et complexes, sans cesse susceptibles d'évoluer dans un sens ou dans l'autre, ces critères laissent le justiciable dans une situation incertaine préjudiciable. « Si la jurisprudence et la doctrine ne parviennent point encore totalement à déterminer sur des bases claires et incontestables la compétence respective des deux ordres de juridiction, comment, de son côté, le justiciable pourrait-il s'y reconnaître ? »[11]. Sans vouloir supprimer cette marge de manœuvre du juge, il serait souhaitable de la restreindre dans des domaines considérés comme particulièrement sensibles.

B : **Le problème du droit applicable** :

Lorsque le litige relève de la juridiction administrative, il est jugé par application des règles de droit public. Lorsque le litige relève de la juridiction judiciaire, il est jugé par application des règles du droit privé.

Le critère principal de la compétence juridictionnelle se fonderait sur l'idée que « la compétence suit le fond »[12]. La justification actuelle de l'existence du juge administratif, fondée notamment sur l'idée d'un juge spécialisé pour faire application d'un droit spécial, favorisait cette thèse.

N'était-il pas ainsi possible de déterminer la compétence juridictionnelle au regard de la nature de la question soumise au juge et du droit à appliquer ? Or s'il

---

[11] J. Robert, *Contrôle juridictionnel et règlement des litiges*, Mélanges Drago, 1996, p. 345.

[12] Voir sur ce point l'étude faite par C. Duval, *La liaison entre la compétence et le fond du droit en droit administratif français*, thèse Aix-Marseilles 3, 1994 et A. Van Lang, *Juge judiciaire et droit administratif*, LGDJ 1996.

est vrai, en règle générale, que le fond commande la compétence[13], s'il est vrai que certains arrêts ont déduit la compétence de la juridiction administrative au regard des règles de fond applicables[14], il s'avère impossible de faire de cette corrélation entre la compétence et le droit applicable le critère direct de la compétence juridictionnelle.

Tout d'abord, ce critère ne s'analyse que comme un correctif des autres critères, c'est-à-dire qu'il va intervenir « pour soustraire au juge administratif la connaissance de litiges qui mettent en jeu des rapports ou questions de droit privé, bien qu'ils ne les mettent en jeu qu'à l'occasion du fonctionnement de services publics utilisant des procédés de gestion publique, donc des conditions qui relèveraient normalement du juge administratif »[15]. Notons qu'une telle solution conduit une fois encore à complexifier la tâche du justiciable puisqu'elle rend très incertaine sa saisine. Considérant avoir à faire à une personne publique faisant elle-même usage de procédés de gestion publique, le requérant va porter son litige devant le juge administratif qui se déclarera pourtant incompétent, en se fondant sur l'idée que le moyen invoqué soulève une question de droit privé relevant de la compétence judiciaire. Cette jurisprudence a été largement développée concernant les relations entre les organismes de sécurité sociale et ses bénéficiaires[16]. Cette jurisprudence est d'autant plus regrettable, qu'instable, elle laisse le requérant dans l'incertitude la plus totale. Selon les cas, le juge fait prévaloir la nature des rapports entre l'organisme et l'usager ou la qualité de l'auteur de l'acte attaqué.

Ensuite, et surtout, la corrélation entre la compétence et le droit applicable n'est pas obligatoire. Il arrive ainsi que les tribunaux judiciaires statuent en faisant application des règles du droit public. Ils agissent de la sorte lorsqu'ils sont amenés à apprécier la légalité des actes administratifs ou lorsqu'ils statuent sur un litige relatif à un service public géré par une personne publique. C'est le cas notamment du contentieux relatif au service public de justice judiciaire lorsqu'il concerne les actes d'exécution du service. C'est ce qui ressort de la célèbre jurisprudence « *Giry* » de la Cour de cassation. Lorsque le litige met en cause la responsabilité de la puissance publique à l'occasion du fonctionnement du service public de la justice, les tribunaux judiciaires ont alors « le pouvoir et le devoir de se référer aux règles du droit public »[17].

---

[13] Le principe est ancien. Dès la période révolutionnaire, le Conseil d'Etat va apprécier sa propre compétence en distinguant ce qui relève du droit public et ce qui relève du droit privé.

[14] Voir T.C. 8 février 1873, *Blanco*, p. 61 ; T.C. 26 mai 1954, *Moritz*, p. 708 ; D. 1955, note R. Chapus, p. 385 ; JCP 1954, n° 9834, note G. Vedel.

[15] A. de Laubadère, J.-C. Venezia et Y. Gaudemet, *op. cit.*, p. 436 et 437.

[16] Voir notamment C.E. 5 février 1954, *El Hamidia*, JCP 1954.8136, concl. Mosset.

[17] Cass. Civ. 23 novembre 1956, *Trésor Public c/ Giry*, Bull.II.407 ; D. 1957.34, concl. Lemoine ; JCP 1956.II.9681, note Esmein ; RDP 1958.298, note M. Waline ; AJ 1957.II.91, chr. J. Fournier et G. Braibant, GAJA. n° 85.

Si cette solution vise l'équité en soumettant aux mêmes règles de droit les victimes de la police administrative, relevant de la compétence du juge administratif, et les victimes de la police judiciaire, relevant de la compétence du juge judiciaire, elle n'en demeure pas moins surprenante. La compétence judiciaire en matière administrative a été reconnue depuis longtemps par la jurisprudence, et même par le législateur, mais les solutions dans lesquelles les tribunaux judiciaires sont appelés à connaître de litiges d'ordre administratif en appliquant des règles de droit administratif sont plus rares. Elles révèlent pourtant que la nature d'un contentieux se détermine moins en fonction du juge que de la question jugée. Lorsqu'il y a transfert de compétence d'un litige de nature administrative au profit de la juridiction judiciaire (non pas lorsqu'il s'agit uniquement de confier aux tribunaux judiciaires un litige faisant naître des rapports de droit privé bien qu'une personne publique soit partie au litige), cette dernière va faire application des règles du droit administratif. Un exemple relativement récent le prouve. La Cour d'appel de Paris s'est vue confiée, par la loi du 6 juillet 1987, le contentieux du Conseil de la concurrence. La compétence qu'elle exerce en ce domaine porte bien sur des matières administratives et la manière dont elle statue est celle du juge administratif. Elle fait ainsi usage des mêmes procédés et méthodes de contrôle, des mêmes règles juridiques. Exception faite du pourvoi en Cassation, tout pourrait laisser croire que la Cour d'appel de Paris est une juridiction administrative[18].

La « distorsion » fonctionne tout aussi bien en sens inverse. Le principe de la liaison entre la compétence et le fond n'a pas empêché la juridiction administrative de faire parfois application des dispositions du Code civil. Elle a fréquemment eu recours aux articles 1153 et 1154 du Code sur les intérêts moratoires et compensatoires, et sur leur capitalisation. Sans faire application directe des articles du Code civil, il arrive à la juridiction administrative de s'en inspirer. C'est notamment le cas concernant les articles 1792 et 2270 sur la responsabilité décennale, ou encore de l'article 1326 relatif à la rédaction des engagements de payer une somme d'argent et des articles 1376 et suivants relatifs à la répétition de l'indu.

De ce partage peu évident entre droit public et droit privé découle une incertitude supplémentaire pour le justiciable. Car plus que la personne, publique ou privée, avec laquelle il entre en conflit, c'est la nature même du litige qui va, peut-être, conditionner la juridiction compétente. Or déterminer la nature d'un litige, c'est-à-dire savoir s'il fait naître des rapports de droit public ou des rapports de droit privé, s'avère éminemment complexe pour le profane. N'est-ce pas déjà le cas concernant le juriste averti ? De même, la frontière entre droit public et droit privé, en plus d'être mouvante, se révèle particulièrement friable devant le juge. Un litige, hier considéré comme public, pourra demain être considéré comme privé. Lorsque le juge distingue le service public administratif du service public industriel et commercial, sont alors prises en compte des considérations susceptibles

[18] Voir P. Delvolvé, *La Cour d'appel de Paris, juridiction administrative*, Etudes offertes à J.-M. Auby, p. 47.

d'évoluer. L'activité qui, hier, était considérée comme administrative pourra demain être considérée comme industrielle et commerciale. Il en résultera un changement de sa nature juridique et donc de la nature juridique de son contentieux[19].

Par ailleurs, droit privé ne signifie pas obligatoirement compétence du juge judiciaire et droit public ne signifie pas nécessairement compétence du juge administratif. Certains litiges de droit public vont ainsi ressortir de la compétence judiciaire, soit par décision législative, soit par application de principes jurisprudentiels, et inversement. Ainsi, même devant le bon juge, c'est-à-dire celui qui s'estime compétent, et dans la mesure où cette compétence n'est pas contestée, le justiciable n'est pas certain de connaître les règles sur lesquelles son litige va se régler. Une telle confusion dans les règles de compétence, comme dans les règles de droit applicables, suscite inquiétude chez le justiciable au moment de saisir le juge. Ceci se révèle encore plus vrai aujourd'hui alors que la frontière existante entre droit public et droit privé est loin d'être aussi nette qu'elle pouvait l'être auparavant. « L'inextricable imbrication, dans la vie juridique contemporaine, du droit public et du droit privé »[20] ne facilite guère la tâche du justiciable.

Il n'existe donc pas de critère unique de compétence permettant au justiciable de savoir avec certitude devant quel juge il doit porter son litige. Ces critères, multiples et instables, rendent complexe et malaisée la répartition des compétences entre les deux juges. Il ne s'agit pas pour autant de noircir de façon excessive le tableau. Aussi empirique soit-elle, la répartition opérée par les juridictions a fini par trouver son chemin. Il existe des cas de conflits, mais ne surestimons pas leur nombre. La pratique a permis d'affiner un minimum les règles pour les rendre relativement systématiques. Tout comme les cas recensés de distorsions entre le fond et le droit applicable ne peuvent pas conduire à remettre totalement en cause le principe. Le juge administratif est parfois amené à appliquer le droit privé mais il intervient, la plupart du temps, en faisant usage des règles du droit public.

La liaison entre la compétence et le fond ne peut être un critère précis de compétence juridictionnelle. Elle reste tout de même un élément déterminant. Reste à savoir si deux droits aussi différents sont mieux appliqués par deux juges distincts, conduisant inévitablement à des enchevêtrements, que par un seul. La juridiction administrative a, certes, créé de toute pièce les règles du droit administratif. Il n'est pas certain qu'elle seule puisse aujourd'hui en faire usage. L'arrêt Giry, notamment, le prouve.

Les règles de répartition sont délicates à manier. La solution est pire encore lorsque le litige concerne une liberté fondamentale. La nature si spécifique et essentielle de ce contentieux a conduit l'institution juridictionnelle à opter pour des solutions aussi illogiques que complexes.

---

[19] Voir J. Caillosse, *Droit public-droit privé : sens et portée d'un partage académique*, AJ 1996, p. 955.

[20] J. Rivero, *Le juge administratif : gardien de la légalité administrative ou gardien administratif de la légalité ?*, Mélanges Waline, 1974, p. 713.

§ 2 : L'ABSENCE DE CRITERE GENERAL DE COMPETENCE QUANT A LA LIBERTE PUBLIQUE :

Existe-t-il un critère de compétence fondé sur l'atteinte à une liberté publique fondamentale ? Est-il possible de fonder la compétence d'un juge plutôt qu'un autre sur la base d'une atteinte à une liberté fondamentale ? La réponse à cette question est aussi ambiguë qu'incertaine. Il est indéniable que le fait, pour l'administration, de porter atteinte à une liberté fondamentale emporte des conséquences sur la répartition des compétences entre les deux ordres de juridictions. Mais cette atteinte ne permet pas de déterminer de façon certaine et systématique la compétence juridictionnelle. Au contraire, l'atteinte portée par l'autorité administrative à la liberté rend la tâche de l'administré plus ardue encore puisque, loin de simplifier les règles de répartition préexistantes, elle obscurcit la ligne de démarcation instituée entre l'ordre administratif et l'ordre judiciaire.

Instituer un mécanisme de répartition sur l'unique critère tiré de l'atteinte à la liberté peut trouver un double fondement, l'un et l'autre se recoupant d'ailleurs parfaitement :
- soit parce qu'un des deux juges se révèle bien plus protecteur que l'autre et qu'ainsi, il s'avère indispensable d'agir de la sorte dans un Etat qui se veut protecteur des droits et libertés des individus.
- Soit que le domaine concerné justifie que l'on déroge aux règles si complexes de répartition par la mise en place d'un critère simple, compréhensible et d'application certaine.

Le législateur français a pendant longtemps tenté d'instituer une compétence exclusive de l'autorité judiciaire dans le domaine des droits publics fondamentaux, non pas sur l'idée que la dualité était trop préjudiciable en la matière, mais sur la base des insuffisances de la juridiction administrative. Et c'est justement parce que la répartition s'est fondée sur cette explication que le contentieux de la liberté a été rendu encore plus complexe que n'importe quel autre contentieux. En plus des règles évoquées précédemment, vont se rajouter d'autres règles spécifiques à la matière.

L'ensemble des règles de répartition instituées par les juges, exception faite de quelques textes législatifs épars depuis la Révolution, trouve son origine dans la fameuse loi de séparation des autorités administrative et judiciaire. De l'interprétation faite de ce texte, les juges vont scinder le contentieux juridictionnel en deux branches, l'une publique, l'autre privée. Etant fondé sur un critère purement organique, le système était initialement simple. Il allait nécessairement se compliquer au fur et à mesure des nombreux ajustements portés à ce critère. Ainsi, le contentieux sera-t-il administratif lorsque la personne, à l'origine obligatoirement publique, sert l'intérêt général, que son action révèle une activité de service public et qu'il est fait usage de prérogatives exorbitantes du droit commun.

Parallèlement à cette impérative distinction entre les activités relevant de la sphère publique ou de la sphère privée, afin de respecter ce fameux principe de séparation des autorités, le législateur va lui-même consentir des dérogations à ce principe. Le juge judiciaire va progressivement connaître des atteintes administratives aux droits fondamentaux, donnant ainsi naissance au principe faisant de l'autorité judiciaire la gardienne des libertés essentielles de l'individu.

Cette extension de la compétence judiciaire dans la sphère publique concernant le contentieux des libertés fondamentales, initialement consentie sans trop de difficultés par le juge administratif, n'a jamais abouti à l'intervention exclusive des tribunaux judiciaires. L'idée voulant faire de l'atteinte à la liberté un critère général de compétence est donc inopérante. Il n'existe pas, malgré les dérogations textuelles, malgré les dérogations jurisprudentielles, malgré quelques volontés éparses voulant instituer un bloc de compétence au profit du juge judiciaire, de critère général de compétence fondé sur l'atteinte aux droits publics fondamentaux et permettant de faire abstraction des autres critères. Il en va ainsi parce que les textes qui dérogent à la séparation ne concernent pas toutes les libertés et surtout parce que le juge administratif s'y oppose fermement. Des contestations par le juge administratif de la compétence judiciaire en ce domaine va naître un supplément d'inconvénients.

Au lieu de simplifier les règles de répartition, alors que la nature du litige l'exige, l'atteinte à la liberté fondamentale va les compliquer plus encore. Aux critères évoqués précédemment, rendant déjà particulièrement délicate la connaissance exacte du juge à saisir, s'ajoute le critère de la liberté fondamentale. Lorsque l'atteinte porte sur un droit fondamental, la victime de la puissance publique sait, au moins le lui a-t-on dit ou croit-elle le savoir, que le juge judiciaire est le gardien des libertés. C'est pourtant l'autorité administrative qui a commis l'atteinte. La séparation des autorités commande donc, par principe, la compétence de la juridiction administrative. Il s'avère alors bien difficile pour le justiciable de savoir avec certitude quel principe il convient de faire prévaloir. Car le juge judiciaire persiste à se considérer comme le gardien des libertés fondamentales - de nombreux textes y contribuent d'ailleurs - alors que le juge administratif, sauf cas exceptionnels, rejette cette compétence en se fondant sur le respect dû au principe de séparation. Il en résulte pour le justiciable une sorte de cacophonie juridique qui rend très aléatoire la protection de sa liberté. Tout se déroule aujourd'hui comme si la préservation de sacro-saints principes juridiques devait impérativement prévaloir bien qu'ils conduisent à rendre considérablement difficile la protection de la liberté du justiciable par le juge.

Il s'avère alors impératif de déterminer le principe qu'il convient d'imposer juridiquement. C'est à cette unique condition que le justiciable verra sa situation s'améliorer. Il se trouve pourtant que les organes chargés normalement de donner réponse à la question ne le font pas. Ou alors d'une façon si confuse et incertaine qu'elle laisse la solution éminemment difficile à appréhender. Le critère tiré de l'atteinte à la liberté ne saurait donc fonder à lui seul la compétence d'un ordre sur l'autre. Cette solution serait d'ailleurs très difficile à faire accepter car elle conduirait à restreindre de manière inconsidérée le rôle du juge, qu'il soit administratif ou judiciaire.

SECTION II : LE DUALISME JURIDICTIONNEL ET LA SECURITE JURIDIQUE :

Les requérants peuvent avoir des difficultés à déterminer la juridiction compétente ; il en va parfois de même pour les tribunaux. Faisant une mauvaise interprétation ou une mauvaise application du droit, il est possible pour le juge de se déclarer injustement compétent ou incompétent. Un tel phénomène est encore plus préjudiciable lorsqu'il ne résulte pas d'une erreur involontaire. On assiste alors à un véritable conflit ouvert entre les deux juges. Dans des cas fréquents (c'est notamment vrai en ce qui concerne le contentieux des atteintes administratives portées aux libertés fondamentales), les tribunaux essayent d'amener vers eux un contentieux qu'ils savent ne pas relever normalement de leur compétence, tout comme il est possible que survienne entre les deux juges un conflit sur la solution à donner à un litige (Paragraphe I). Il en résulte, dans les deux hypothèses, une évidente insécurité juridique pour le justiciable qui ne sait jamais avec certitude si son litige ne va pas faire l'objet d'une « guerre juridictionnelle » (Paragraphe II).

§ 1 : LES CONFLITS JURIDICTIONNELS :

Plus que le dualisme lui-même, ce sont les rapports institués entre les deux juges qui sont sources de difficultés. Dans un système de collaboration entendu largement, les conflits nés de la présence d'un juge judiciaire et d'un juge administratif seraient en grande partie limités. Mais pour qu'elle puisse fonctionner, cette étroite collaboration mise en place entre les deux juges ne peut être imposée. Elle nécessite un accord de volonté des deux instances juridictionnelles. Cet accord ne peut exister que si les règles sur lesquelles reposent leurs compétences respectives sont claires, logiques et solides. Ces règles doivent tendre le plus possible à faire l'unanimité. Ce n'est pas le cas dans le contentieux des libertés.

Le principe faisant du juge judiciaire le gardien des droits essentiels de l'individu n'est guère accepté par le juge administratif ; le principe interdisant aux tribunaux judiciaires de statuer sur des litiges administratifs est largement contredit dans la pratique. La détermination de la compétence est délicate parce que particulièrement incertaine ; mais cette incertitude ne proviendrait-elle pas exclusivement de la complexité des règles de compétence ? En réalité, elle découle en grande partie de l'interprétation qui en est faite par les juges.

Cette divergence dans l'analyse des principes et des règles sur lesquels repose leur compétence aboutit inévitablement à des conflits. Des conflits quant à la compétence juridictionnelle (A), mais également des conflits quant à la solution à donner à un litige (B). Le dualisme juridictionnel conduit parfois à des divergences de fond qui demeurent, même peu fréquentes, difficilement acceptables. Dans les deux cas, il semble qu'il soit toujours possible pour le juge de faire cesser, même en partie, ces conflits. Faut-il simplement qu'il en montre le souhait ! Or, souvent, il préfère préserver ou accroître sa compétence, garder sa liberté dans la solution à donner à un litige, plutôt que d'opérer un rapprochement salvateur avec l'autre ordre juridictionnel.

A : **Sur la compétence** :

Les conflits de compétence entre les deux juges peuvent prendre une double forme, bien que le terme de « conflit » ne puisse véritablement valoir que dans le second cas de figure.

1 : *La double déclaration d'incompétence* :

Le juge saisi, considérant que le litige qui lui est soumis ne relève pas de sa compétence, se déclare incompétent. Il n'y a pas à proprement parler conflit entre les deux juges mais il y a néanmoins conflit de compétence. Ce conflit est source d'inconvénients pour le justiciable, surtout lorsque celui-ci souhaite une solution rapide de son affaire. Cette déclaration d'incompétence se révèle cependant moins grave lorsque le juge qui se considère incompétent l'est véritablement et que le point en question ne suscite pas la contestation. Le requérant aura bien évidemment perdu du temps quant à la satisfaction de son litige mais, ce sera à moindre mal, puisqu'il lui suffira de saisir l'autre juge pour se voir rétabli dans l'exercice de son droit. Le second juge s'estimera apte à traiter du litige en question.

Il est pourtant des cas dans lesquels les deux juges vont considérer le litige comme irrecevable devant eux. En effet, une déclaration d'incompétence devient plus problématique lorsqu'elle est faite à tort. Elle risque fréquemment d'aboutir à une double déclaration d'incompétence. Chaque tribunal va opérer une véritable appréciation sur le fond du litige en utilisant le même critère de compétence. Les deux juridictions aboutissent néanmoins à des solutions divergentes parce qu'elles manient différemment ce critère. Peu importe l'ordre dans lequel intervient la décision administrative ou la décision judiciaire de rejet, il suffit qu'un des deux juges se soit déclaré incompétent à tort pour qu'il y ait conflit négatif[21]. Celui-ci ne sera caractérisé que s'il y a devant le juge administratif et devant le juge judiciaire, identité de parties, de cause et d'objet, c'est-à-dire que les questions posées aux

[21] Voir R. Dutruch, *Les conflits négatifs d'attribution*, thèse Paris, 1927.

deux juges doivent être strictement les mêmes. Une telle situation devient bien plus fâcheuse pour le plaideur puisqu'elle allonge dans des proportions très importantes la durée de son litige. Il n'est pas alors certain qu'il ait le temps et les moyens pour poursuivre jusqu'au bout son action en justice. Lorsqu'il y a conflit négatif, il appartient au particulier, victime de cette double déclaration d'incompétence, de saisir lui-même le Tribunal des conflits qui devra annuler le jugement du tribunal qui s'est déclaré incompétent à tort, et renvoyer les parties devant la juridiction qui convient.

Cette situation révèle la complexité des règles de répartition puisque le juge lui-même s'avère incapable de déterminer la juridiction compétente. Par ailleurs, il en résulte une contradiction entre les deux juges qui se concilie mal avec l'idée que l'on doit normalement se faire de la justice. Elle aboutit, en définitive, à priver, même momentanément, le justiciable de son droit à obtenir une décision juridictionnelle.

Pour lutter contre les inconvénients liés au conflit négatif a été mise en place la procédure de renvoi. Instituée par le décret du 25 juillet 1960, elle va permettre de prévenir le conflit tout en accélérant la solution à donner à la question de compétence qui se pose. Avant même que le conflit ne naisse, dès lors où il apparaît certain, il va être possible pour le juge saisi en second de saisir lui-même directement le Tribunal des conflits. Le tribunal répartiteur des compétences déclarera nul le jugement d'incompétence et renverra les parties devant la juridiction qui l'avait rendu. Il ne peut dès lors y avoir conflit négatif que dans l'hypothèse où le second tribunal, s'estimant également incompétent, refuse de renvoyer au Tribunal des conflits. Il peut également en effet, s'il le désire, rendre un jugement d'incompétence, soit que le jugement d'incompétence du premier juge puisse encore faire l'objet d'un recours, soit qu'il méconnaisse purement et simplement son obligation de renvoi[22].

Tout aussi inacceptable et choquant qu'il soit, le conflit négatif est, pour plusieurs raisons, relativement rare[23].

La première s'explique par la mise en place de ce mécanisme de renvoi qui, s'il ne supprime pas totalement le problème, limite les effets pervers de la double déclaration d'incompétence.

Le faible nombre de cas de recours au Tribunal des conflits s'explique, plus encore, par le fait que les tribunaux ont généralement tendance à avoir une

[22] Concernant les décisions de conflit négatif les plus récentes, voir T.C. 16 juin 1997, *Société La Fontaine de Mars*, p. 532 ; T.C. 24 novembre 1997, *SA de Castro*, p. 540 et T.C. 16 mars 1998, *Société d'HLM CARPI*, RDP 1999, concl. J. Arrighi de Casanova, p. 249.

[23] Sur le nombre de renvois pour conflit négatif, voir l'étude faite par C. Durand, *op. cit.*, p. 343. De 1872 à 1951, il comptabilise 48 recours au Tribunal des conflits ce qui constitue une moyenne de 6 conflits négatifs par période de dix ans. R. Chapus estime pour sa part qu'il y a à l'heure actuelle environ chaque année une trentaine de renvois au Tribunal des conflits. Sur cette trentaine de renvois, « le nombre des conflits négatifs constitués est de l'ordre de un par an » (*Manuel précité*, p. 984). Voir également l'étude de P. Schultz, *La fonction d'arbitrage des compétences juridictionnelles par le renvoi des cours souveraines au Tribunal des conflits*, RDP 1994, p. 767.

conception extensive et non restrictive de leurs compétences. Le contentieux des libertés fondamentales est très révélateur du phénomène. Les déclarations d'incompétence faites en cette matière sont rares pour ne pas dire inexistantes. Envisager une double déclaration d'incompétence relève plus de l'exceptionnel que du possible. Le contentieux de la liberté n'est pas en lui-même au cœur de ce problème, mais il l'est sans cesse en filigrane. Il est presque impossible d'envisager un rejet de compétence des deux ordres de juridictions lorsque l'administration a porté atteinte à une liberté fondamentale. L'importance de ce contentieux, et la lutte qui en découle pour se l'approprier, rendent ce risque de conflit quasiment inenvisageable. Par contre, ces conflits portent plus ou moins indirectement atteinte aux droits du justiciable : son droit au juge mais également son droit à bénéficier d'un jugement dans des délais raisonnables. Le recours au juge, qui implique de pouvoir bénéficier d'une décision de justice aussi rapide que possible, peut être considéré comme un droit fondamental. Dans l'hypothèse étudiée, il n'y a pas satisfaction, ou tout du moins intervient-elle très tardivement. Elle n'intervient d'ailleurs qu'à partir du moment où le justiciable dispose des moyens suffisants pour surmonter l'ensemble de ces obstacles juridictionnels. Le déni de justice est alors évité mais au prix d'efforts considérables que tous ne peuvent consentir.

La situation est, par contre, totalement inversée lorsqu'on analyse les inconvénients nés de l'existence d'un conflit positif. Alors que le contentieux de la liberté ne saurait, ou très exceptionnellement, faire l'objet d'un conflit négatif, il se retrouve au cœur même du problème concernant le conflit positif.

2 : *La contestation de la compétence* :

Le contentieux de la liberté conduit à de multiples conflits positifs de compétence. Les deux ordres juridictionnels refusant fréquemment l'un et l'autre de se déclarer incompétents, le contentieux de l'atteinte administrative portée à une liberté fondamentale va faire l'objet de nombreuses contestations qui se révèlent encore plus préjudiciables pour le justiciable. Car l'empiétement positif d'un ordre sur l'autre trouble bien plus l'ordre des compétences et conduit ainsi à perdre un peu plus le justiciable dans le « fatras » des règles juridiques de répartition.

La raison de l'importance prise par le contentieux de la liberté dans les cas de conflits positifs est simple. Cette procédure devait initialement servir à protéger le champ de la compétence des deux ordres de juridiction. Elle visait à empêcher le juge judiciaire d'empiéter sur le domaine de compétence du juge administratif et inversement. En réalité, la procédure du conflit positif vise exclusivement à protéger, quand elle ne cherche pas à l'étendre, la sphère de compétence de la juridiction administrative. L'explication tient en grande partie dans la détermination de la personne compétente pour faire vérifier qu'un juge n'a pas empiété sur le domaine d'intervention normalement dévolu à l'autre. C'est l'autorité administrative qui est qualifiée pour mettre en œuvre la procédure du conflit positif et si cette autorité, en règle générale le préfet, peut faire fonctionner la procédure dans les deux sens, elle le fait pour protéger le domaine d'intervention de la juridiction administrative. Non pas qu'il faille protéger à tout prix la compétence des tribunaux administratifs, mais plutôt l'administration elle-même.

La juridiction administrative a été instituée parce qu'il avait été interdit aux tribunaux judiciaires de statuer sur des litiges administratifs. Il convient donc de faire respecter cette interdiction, exception faite des cas dérogatoires dans lesquels l'autorité judiciaire s'est vue autorisée à juger l'administration. Ces dérogations ne sont malheureusement pas toujours très précises et ne sont pas toujours bien acceptées. Autant par l'administration, qui se sent menacée à l'idée de ne pas être jugée par sa juridiction naturelle et qui va refuser la compétence judiciaire par la voie de l'élévation du conflit, que par le juge administratif, qui va tout faire pour conforter l'administration dans son choix d'élever le conflit en se déclarant compétent le plus souvent possible. Sachant que les dérogations à la séparation des autorités portent fréquemment sur le domaine des libertés, et qu'elles ne reposent pas sur des critères stables, clairs et précis, elles vont très souvent faire l'objet d'une contestation.

Ces contestations sur la compétence juridictionnelle sont donc largement favorisées par la souplesse et l'imprécision des critères régissant la matière. Susceptibles de faire l'objet d'une interprétation très large, les critères fondant logiquement la compétence d'un juge sur l'autre vont pouvoir donner lieu à des solutions totalement opposées. Si, dans le cas du conflit négatif, le juge fait une interprétation involontairement erronée du critère de compétence, il va ici, au contraire, essayer de lui faire dire ce qu'il ne dit pas. Mieux encore, alors que dans l'hypothèse précédente les deux juges vont se fonder sur le même critère, que l'un des deux va mal analyser, ils vont ici pouvoir se fonder sur des critères différents pour justifier, même à tort, l'acceptation du litige. La relativité des concepts entraîne des incertitudes pour le justiciable quant au choix du juge à saisir, mais les aléas de compétence dépendent autant de la relativité de ces concepts que de l'utilisation qui en est faite par les juges. A partir du moment où les juges s'entendent pour interpréter de façon identique les textes sur lesquels reposent leurs compétences respectives, ils limitent instantanément les risques de conflits. Refusant systématiquement le partage, ils contribuent à rendre complexe la répartition des compétences et, par conséquent, la dualité de juridictions. C'est le cas en ce qui concerne le contentieux de l'atteinte administrative portée à la liberté, parce que chacun des deux juges considère que ce contentieux relève de sa compétence propre. Plus qu'un indiscutable refus de collaborer, on assiste à une lutte farouche dont seul le justiciable fait les frais.

Deux exemples caractéristiques suffisent à éclairer les quelques développements qui précèdent.

S'estimant la victime d'une voie de fait, le requérant va porter son litige devant le juge judiciaire. Bien que l'autorité administrative soit à l'origine de son préjudice, il sait qu'il doit porter son affaire devant ce juge. Mais il ne suffit pas que l'atteinte administrative concerne une liberté fondamentale pour que l'autorité administrative et le juge administratif acceptent la compétence judiciaire. Le juge administratif se refuse à considérer le juge judiciaire comme le gardien exclusif des libertés fondamentales. Pour que la voie de fait soit caractérisée, il est nécessaire que l'administration commette une irrégularité grossière et manifeste. Se considérant tout autant que le juge judiciaire le gardien des libertés fondamentales, et s'appuyant sur le principe de séparation, le juge administratif va entendre de façon restrictive cette compétence judiciaire.

Inversement, s'appuyant sur le principe faisant d'elle la gardienne des libertés essentielles de l'individu, l'autorité judiciaire va, dans la plupart des cas, recevoir le litige, dans la mesure où elle interprète très largement les conditions permettant de caractériser la voie de fait. Pourtant, les deux critères, qui s'avèrent indispensables à la constatation de la voie de fait, ne sont pas entendus d'une même manière. Le juge judiciaire aura tendance à ouvrir plus largement le champ des libertés considérées comme fondamentales et il considérera plus facilement l'irrégularité commise par l'administration comme suffisamment manifeste. Le juge administratif interprètera les mêmes critères bien plus strictement.

Se fondant sur l'interprétation stricte des critères faite par le juge administratif, le Préfet élèvera presque systématiquement le conflit. Ces conflits sont d'ailleurs plus fréquents car les irrégularités flagrantes commises par l'administration ne sont pas rares.

Le contentieux de la liberté individuelle fournit le même genre de problématique. La compétence de l'autorité judiciaire dans ce domaine semble consacrée par l'article 66 de la Constitution du 4 octobre 1958 et par l'article 136 du Code de procédure pénale qui interdit que le conflit soit élevé sur l'action civile dans les instances engagées contre les personnes publiques ou leurs agents pour cause « d'atteinte à la liberté individuelle ». L'administration est pourtant passée outre l'interdiction et s'est autorisée à élever le conflit. Le juge administratif a considéré qu'il était seul compétent pour interpréter ou apprécier la légalité des décisions administratives individuelles quand bien même elles porteraient atteintes à la liberté individuelle de l'administré. Ainsi, la simple atteinte administrative portée à la liberté individuelle d'un administré ne saurait suffire à fonder la compétence du juge judiciaire pour apprécier la légalité de l'acte administratif sur lequel se fonde l'atteinte. Le conflit positif est inévitable si le justiciable saisit le juge judiciaire de son litige en se basant sur les textes énoncés. Analysant restrictivement la compétence de l'autorité judiciaire, le juge administratif va imposer au justiciable le renvoi devant le Tribunal des conflits.

Les risques de conflits, par la mise en place de mécanismes préventifs, devraient être aujourd'hui plus limités. Les conflits demeurent néanmoins, révélant plus encore le manque de simplicité du système. En effet, en plus du renvoi en vue de prévenir un conflit négatif, le décret du 25 juillet 1960 a, dans son article 6, ouvert aux juridictions souveraines des deux ordres le droit de renvoyer au Tribunal des conflits la résolution des questions de compétence « soulevant une difficulté sérieuse et mettant en jeu la séparation des autorités administratives et judiciaires ». Le nombre de ces renvois est relativement élevé, révélant ainsi la complexité des règles de compétence. De 1961 à 1990 inclus, on ne compte pas moins de 118 renvois, auxquels s'ajoutent tout de même 293 conflits positifs et 44 conflits négatifs[24].

Cette procédure a largement contribué au développement de la collaboration entre les deux juges, permettant ainsi d'éviter les trop nombreuses contradictions. Le système a néanmoins ses limites. Il permet la prévention d'éventuelles divergences entre les deux ordres, évitant ainsi de futurs conflits d'attribution, mais il trahit la difficulté des tribunaux à déterminer l'instance juridictionnelle compétente.

La première limite concerne le caractère facultatif du renvoi. N'étant pas obligatoire ni même systématique, « les juridictions suprêmes ont encore quelquefois tendance à trancher elles-mêmes des difficultés sérieuses de compétence »[25].

La seconde limite vient du fait que la procédure de renvoi ne peut être déclenchée que par les juridictions souveraines. Il s'avère donc nécessaire que le conflit soit pendant devant la juridiction suprême de l'ordre administratif ou judiciaire, ce qui n'est pas évident, et si tel est le cas, le requérant a déjà dû parcourir une distance appréciable à l'intérieur des couloirs sinueux de la justice. La saisine du Tribunal des conflits met fin à ce parcours judiciaire, mais après un long moment. Le délai moyen nécessaire pour qu'une des deux Cours suprêmes décide qu'il y a « difficulté sérieuse » et renvoi devant le Tribunal des conflits est d'environ trois ans, sans compter le temps que va prendre le Haut Tribunal pour donner sa solution, soit à peu près dix mois supplémentaires. Le problème de la détermination de la compétence est alors réglé, mais le justiciable n'a toujours pas obtenu satisfaction au fond. Le Tribunal des conflits va le renvoyer devant le juge qu'il estime compétent. Sachant que ce sera très fréquemment l'ordre juridictionnel opposé à celui saisi initialement, le requérant est alors obligé de modifier son dossier puisque les règles juridiques utilisées devant les deux juges ne sont pas identiques, ce qui complique un peu plus sa tâche.

B : **Sur le jugement**[26] :

Il n'y a pas, dans l'hypothèse ici envisagée, de conflit sur la compétence, mais plutôt un conflit sur le fond. Chacun des deux juges va logiquement se déclarer compétent mais la décision rendue se révèle contradictoire. « Il peut se faire qu'un

---

[24] Voir l'étude de P. Schultz, *op. cit.*, p. 767 à 817.

[25] C. Debbasch et J.-C. Ricci, *Contentieux administratif*, Dalloz, 1990, 5e éd., n° 125.

[26] Sur les anciens conflits de décisions en matière de partages de responsabilité, voir C. Durand, *thèse précitée*, p. 350 et s.

tribunal de l'ordre judiciaire et un tribunal de l'ordre administratif, tout en ne dépassant pas les limites de leur compétence, se prononcent de façon divergente… Enfin, il arrive – une fois tous les…vingt ans – que les jugements de rejet au fond successivement rendus dans une même affaire par un tribunal judiciaire et un tribunal administratif sont inconciliables d'une façon telle que leur contrariété est constitutive de ce que l'on peut appeler au sens large de l'expression un déni de justice »[27].

Il existe, en définitive, deux sortes de conflits de décisions au fond. Dans le premier cas, il n'y a pas à proprement parler déni de justice, mais plutôt une incohérence juridique, liée à l'existence d'une justice dualiste, susceptible de créer quelques complications. Dans le second cas, excessivement rare il est vrai, la divergence des décisions entre les deux juges conduit à rendre la satisfaction du litige impossible pour le requérant.

Il n'est pas pour autant certain que l'hypothèse du déni de justice soit la plus grave puisqu'elle finira par trouver solution. La loi du 20 avril 1932 va, en effet, autoriser le Tribunal des conflits à rejuger lui-même au fond les litiges aboutissant à ce déni de justice de telle sorte que le requérant puisse obtenir le jugement de son affaire[28]. « Il résulte de cette intervention du législateur que ce conflit trouve un remède, en principe, alors que le conflit simple, d'apparence moins grave, reste sans remède et se trouve ainsi devenir celui qui a en réalité les plus désastreuses conséquences, parce qu'il subsiste »[29]. Reste tout de même que le justiciable aura perdu du temps et qu'il se verra dans l'obligation de saisir lui-même le Tribunal des conflits.

L'autorité de la chose jugée devrait pourtant permettre d'éviter les conflits pouvant résulter de deux décisions divergentes, à propos d'une même affaire, rendues par deux juges qui émanent d'un ordre distinct. Il apparaît néanmoins que cette autorité de la chose jugée est toute relative, sans compter que la triple identité de parties, de cause et d'objet nécessaire à son respect se retrouve rarement devant les deux juridictions.

Par ailleurs, la séparation des pouvoirs à laquelle se rattache l'indépendance des juges limite l'autorité de leurs décisions[30]. Il faut bien reconnaître que le respect absolu du principe de la séparation des pouvoirs a fait peu à peu place à la prise en compte du respect de la chose jugée, ce qui paraissait d'ailleurs inévitable au

---

[27] R. Chapus, *Manuel précité*, p. 750 et 751.

[28] Voir notamment T.C. 8 mai 1933, *Rosay*, p. 1236 ; S. 1933.3.117 ; T.C. 6 avril 1946, *Dlle Camatte*, p. 328 ; T.C. 17 février 1947, *Dame Claveyrolat*, p. 500 ; T.C. 24 juillet 1947, *Dame Cames*, p. 508 ; T.C. 12 décembre 1955, *Thomasson*, p. 626 ; T.C. 2 juillet 1979, *CPAM de Béziers Saint-Pons*, p. 569.

[29] C. Durand, *thèse précitée*, p. 350.

[30] Voir C. Gabolde, *L'autorité de la chose jugée par les tribunaux judiciaires devant les juridictions administratives*, D. 1953, chr. p. 43 et G. Delvolvé, *Dualité de juridictions et autorité de la chose jugée*, RFDA 1990, p. 792.

regard des zones de contacts de plus en plus fréquentes entre les deux juges. Le souci de mettre en œuvre une justice homogène impliquait inévitablement un minimum de respect de la chose jugée afin d'éviter de voir deux juridictions suprêmes proclamer, à propos d'un litige identique, deux solutions foncièrement différentes. Subsistent cependant des limites à cette autorité de la chose jugée liées justement à cette indépendance organique du juge. Il résulte de cette situation d'inévitables difficultés.

L'exemple le plus caractéristique concerne le domaine pénal. La légalité d'un acte administratif peut être, en effet, appréciée par le juge administratif lors d'un traditionnel recours pour excès de pouvoir, mais aussi devant les tribunaux répressifs lorsque cet acte sert de fondement à la poursuite, ou s'il est invoqué comme moyen de défense. Ainsi, les déclarations d'illégalité du juge répressif ne lient pas le juge administratif dans son appréciation de la légalité de l'acte administratif. Inversement, les décisions du juge administratif, qui conduisent au rejet du recours pour excès de pouvoir, n'empêchent pas le juge répressif d'apprécier la légalité de l'acte insusceptible de recours devant la juridiction administrative[31]. « Les deux ordres peuvent donc avoir une appréciation différente de la légalité d'un acte sans que la décision de l'un puisse lier l'autre »[32].

Les solutions adoptées en matière de responsabilité pénale et administrative sont tout aussi significatives. « Les juridictions répressives sont amenées à apprécier, en vue de l'application des peines, certains faits et comportements définis par la loi : c'est la recherche des éléments constitutifs de l'infraction. Il advient fréquemment que des administrateurs et la juridiction administrative soient amenés à apprécier exactement les mêmes éléments pour dire s'ils sont ou non réguliers au regard de textes ou principes législatifs ou réglementaires... Le terrain est alors tout préparé pour de redoutables conflits lorsque l'appréciation du juge répressif et celle du juge administratif portent non seulement sur le même comportement, mais encore sur le même texte... »[33]. Considérant que l'autorité de la chose jugée ne s'attache qu'aux constatations de fait opérées par le juge judiciaire pénal et non à l'appréciation de leurs conséquences juridiques, la juridiction administrative n'est pas liée par l'interprétation et l'appréciation de ce juge[34]. Dès lors, la responsabilité pénale des agents publics n'emporte pas nécessairement la responsabilité administrative de la puissance publique devant le juge administratif[35]. Tout comme le juge répressif qui poursuit un agent public n'a pas à suivre les appréciations faites par les tribunaux administratifs dans le cadre

---

[31] Voir les nombreux exemples cités par R. Chapus dans son manuel de droit administratif, p. 751.

[32] G. Delvolvé, *op.cit.*, p. 795.

[33] G. Liet-Veaux, *La guerre des juges aura-t-elle lieu ?*, RA 1975, p. 27.

[34] C.E. 13 octobre 1954, *Letourneur*, JCP 1955.II.8890, note C. Durand ; C.E. 26 février 1964, *Sté générale d'Entreprises*, p. 149 ; C.E. 3 janvier 1975, *S.C.I. Foncière Cannes-Benefiat*, p. 2.

[35] C.E. 7 mars 1980, *SARL Cinq-Sept et autres*, p. 129.

d'une action en responsabilité[36]. « Ainsi commence la bataille des juges : les mêmes faits prévus par le même texte reçoivent, au nom du peuple français, deux interprétations souveraines et contradictoires »[37].

Même lorsque la décision a une autorité absolue de chose jugée et non plus seulement relative, il n'est pas certain qu'elle soit respectée. Il arrive parfois qu'une décision qui bénéficie de cette autorité absolue (ce qui est normalement le cas des décisions d'annulation pour excès de pouvoir et celles du juge pénal, au moins en ce qui concerne les constatations de fait) intervienne trop tard. « Lorsque la décision dotée de l'autorité absolue intervient après que la juridiction de l'autre ordre à qui elle se serait normalement imposée, s'est irrévocablement prononcée, la décision de cette dernière ne peut en principe être remise en cause. Ainsi une ordonnance d'expropriation devenue irrévocable continue à produire ses effets en dépit de l'annulation ultérieure de la déclaration d'utilité publique »[38]. Seul le juge administratif est compétent pour déterminer la légalité de la phase administrative de l'expropriation, c'est-à-dire pour apprécier la régularité de l'arrêté de cessibilité et de la déclaration d'utilité publique. Le juge judiciaire ne peut, lui, statuer que sur la régularité du transfert de propriété ainsi que sur la réparation du préjudice causé par l'expropriation. S'il peut contrôler l'existence des opérations de la phase administrative, il ne peut en aucun cas exercer un contrôle sur le fond. Du fait de l'indépendance des juridictions, le juge judiciaire n'a pas à attendre la décision du juge administratif, sur un éventuel recours pour excès de pouvoir contre les actes administratifs de l'expropriation, pour statuer sur la régularité du transfert de propriété. D'autant plus qu'en dehors des rares cas dans lesquels le juge administratif aura accordé un sursis à exécution, l'acte attaqué devant lui est applicable tant qu'il n'a pas été annulé. De sorte qu'il n'est pas rare de voir l'autorité judiciaire effectuer le transfert définitif de propriété alors même qu'il y a doute sur la légalité de la phase administrative, puisque le juge administratif n'a pas encore rendu sa décision. La situation tourne à l'absurde lorsque l'expropriation irrévocable est accordée par le juge judiciaire bien que n'étant pas considérée d'utilité publique.

Cette situation, totalement illogique, a parfois abouti à transformer une expropriation régulière en une dépossession illégale, sans que cela engendre des effets juridiques bénéfiques pour le requérant. Au contraire, l'autonomie des deux ordres de juridiction produit ici des difficultés telles que l'on se rapproche dangereusement du déni de justice[39].

Le problème prend donc toute son importance puisque aucune des deux juridictions n'a l'obligation d'attendre la solution qui est pendante devant l'autre juge. Surseoir à statuer est possible, mais cela n'est qu'une simple faculté reconnue

---

[36] T.C. 13 juin 1960, *Douieb c/ Stokos*, p. 864.
[37] G. Liet-Veaux, *op. cit.*, p. 28.
[38] G. Delvolvé, *op. cit.*, p. 796.
[39] Voir notamment T.C. 26 juin 1989, *Mme Plouin*, p. 294.

dans l'intérêt d'une bonne administration de la justice, exception faite de la contestation sérieuse où le renvoi pour question préjudicielle est alors obligatoire[40]. Il suffirait pourtant de développer, lorsque le besoin s'en fait ressentir, les cas de recours en révision. Le sursis à statuer pourrait devenir obligatoire lorsqu'un jugement, bénéficiant de l'autorité absolue de la chose jugée, est sur le point d'être rendu. Tout comme le simple souci de la cohérence juridique, de l'unité de la justice et de son équité, devrait conduire les juges à étendre leur collaboration. « Assurément, tout doit être fait pour garantir et servir l'autorité des choses jugées judiciaire comme administrative. Tout doit être fait aussi pour que cette double autorité se conjugue et se combine plus que ne se combatte »[41]. Imposer l'évidence par l'élaboration de textes qui obligent apparaît superflu. Ne serait-il pas logique, dans un souci de bonne administration de la justice, de voir le juge attendre de lui-même que la juridiction de l'autre ordre, dont la décision bénéficie de l'autorité absolue de la chose jugée, ait statué avant de rendre à son tour sa propre décision ? Cela arrive parfois. En matière d'expropriation, la Cour de cassation, avant la réforme du Code de l'expropriation, attendait quelquefois que le juge administratif se soit prononcé sur la légalité de la phase administrative pour donner sa solution quant à la légalité de l'ordonnance d'expropriation.

Est-il normal que deux juges puissent, au nom de leur indépendance, rendre deux solutions contradictoires sur les mêmes faits prévus par le même texte ? Est-il normal que deux requérants, dont les problèmes se posent en des termes identiques, puissent faire l'objet de deux jugements différents au seul motif qu'ils n'ont pas saisi le même juge ? Nous ne sommes pas loin de penser que non. Il y aura évidemment toujours quelques grincheux pour considérer qu'il n'est pas possible d'avoir en tous points deux litiges identiques, mais tout de même.

Certes, le dualisme génère ces inconvénients qui sont pour beaucoup inévitables et supposés tout à fait acceptables au regard du bénéfice tiré de l'existence de deux ordres de juridiction. Il n'est pourtant pas impossible d'y remédier sans aller jusqu'à remettre en cause ce dualisme. Tel qu'il fonctionne aujourd'hui, il se révèle une source d'insécurité pour le justiciable.

---

[40] Cass. crim. 1er juin 1967, Bull. crim., n° 172.

[41] B. Pacteau, *Une contrariété de choses jugées déniée et donc dénouée par le Tribunal des conflits*, note sous T.C. 18 mars 1991, *Epoux Dufal*, p. 460, RFDA 1991, p. 830. L'arrêt commenté est intéressant à double titre. Il montre le caractère aberrant de certaines solutions liées à l'existence d'une justice dualiste. Il révèle également la position du Tribunal des conflits concernant les contrariétés de décisions. Le Tribunal des conflits a toujours entendu délimiter avec rigueur le domaine d'application de la compétence que lui attribue la loi de 1932. Si cette solution permet au final de donner satisfaction au plaideur, puisqu'il va finir par trouver le juge compétent, elle ne lui est pas très favorable, puisque le conflit négatif oblige le requérant à se présenter devant un autre tribunal, allongeant encore ainsi la procédure et donc le coût de son procès. L'extension de la notion de conflit de décisions permettrait d'éviter un renvoi supplémentaire, sans compter qu'en statuant plus fréquemment sur des contrariétés de jugements, le Tribunal des conflits limiterait les divergences d'appréciation entre les deux juges. Ceci permettrait sans aucun doute d'améliorer l'efficacité de la justice en la rendant plus rapide et plus cohérente.

§ 2 : LE DUALISME EST SOURCE D'INSECURITE JURIDIQUE :

Le thème de la sécurité juridique est de plus en plus au cœur des interrogations de la doctrine. Quel est sa place, ou quel doit être sa place, dans le droit public français ? Bien que la sécurité juridique n'ait pas été directement incorporée dans les principes du droit public français, elle est de plus en plus évoquée comme devant être intégrée aux principes de fonctionnement de l'ensemble de notre système de protection des droits[42]. Le thème devient aujourd'hui récurrent[43] et il n'est pas innocent que la plus haute juridiction administrative ait consacré une partie non négligeable de son rapport public de 1991 sur ce problème. Ce rapport évoquait « le sentiment d'insécurité que peut éprouver aujourd'hui le citoyen » au regard de « l'accumulation des textes » et plus encore de la « fréquence des changements »[44].

Le sujet demeure néanmoins ambigu. Il n'est pas évident de déterminer avec précision le sens qu'il convient de donner à la notion de « sécurité juridique ». Elle se révèle difficile à appréhender. Son contenu n'est pas clairement déterminé et ses conséquences sont imprécises. Tel n'est pas d'ailleurs l'objet de ce développement. Il nous intéresse par contre de savoir ce que le concept implique pour déterminer s'il concerne ou non notre étude.

La sécurité juridique concerne en premier lieu la théorie de la non-rétroactivité des actes juridiques ainsi que le principe du respect des droits acquis, mais il nous semble que la notion doit être entendue dans un sens plus large. La sécurité juridique correspond avant tout à une obligation d'un minimum de stabilité et de clarté concernant la règle de droit. Le justiciable doit être en mesure de comprendre les règles qui s'imposent à lui mais aussi et surtout, il doit être capable d'en faire usage. Car tout autant que la règle de droit restreint la liberté de l'individu, elle garantit également son exercice par la protection juridique qu'elle lui accorde. Ce faisant, il sait qu'il existe des règles sur lesquelles il va pouvoir s'appuyer pour faire respecter l'exercice de son droit. Il sait qu'il existe un juge qui va pouvoir lui accorder la protection dont tout individu doit pouvoir se prévaloir. Faut-il déjà qu'il puisse accéder à cette protection juridictionnelle. Or les règles juridiques sont tout aussi instables que complexes. Elles placent le justiciable dans une position si incertaine que ce dernier risque de ne pas chercher à obtenir la protection

[42] Voir M. Fromont, *Le principe de sécurité juridique*, AJDA 1996, p. 178.

[43] Le principe de sécurité juridique est d'autant plus évoqué aujourd'hui qu'il est initié par le droit communautaire. La Cour de justice des communautés européennes a depuis longtemps dégagé un principe de « sécurité juridique » dont elle fait « une exigence fondamentale ». Voir CJCE 14 juillet 1972, aff. 57/69, *Azienda Colori Nazionali c/ Commission*, p. 934. La Cour européenne des droits de l'homme invoque, elle aussi, directement ou indirectement le principe en imposant l'accessibilité et la prévisibilité du droit. Voir notamment l'arrêt du 24 avril 1990, *Kruslin et Huvig*, sur la légalité de la loi française concernant les écoutes téléphoniques.

[44] EDCE 1992, n° 43, p. 15 et s.

juridictionnelle à laquelle il a normalement droit. La multiplicité et la technicité des règles applicables rendent la compréhension du droit très délicate et l'instabilité de ces règles ne fait qu'accroître le phénomène.

Ces propos se révèlent encore plus vrais concernant le droit public puisque la règle est plus jurisprudentielle qu'écrite, et qu'il est ainsi plus facile et plus rapide de la modifier. La création jurisprudentielle permet l'adaptabilité. L'avantage ne saurait être remis en cause, mais il convient de trouver un juste milieu entre conservatisme excessif et absence manifeste de sécurité juridique. Cette sécurité juridique ne doit pas empêcher le droit de s'adapter et de progresser, mais elle ne doit pas conduire à rendre impossible la protection juridique.

Dans son article sur la sécurité juridique, B. Pacteau écrit : « Le mot est pourtant plein d'attraits ; il est évocateur de stabilité et d'incontestabilité, de garantie, de protection et de permanence, d'assurance, de certitude et de confiance, donc de tout ce qu'on attend justement… du droit. Par-delà la sécurité par le droit, on pense alors évidemment à la sécurité dans le droit, grâce à sa structure, ses techniques, ses caractères. Inversement, l'insécurité, c'est l'imprévisibilité, l'instabilité, c'est le droit flou et fluide, c'est la surprise, voir le piège. Quel système rationnel et libéral n'opterait donc pas pour la sécurité juridique ? »[45]. De la simplicité et de la stabilité de la règle de droit dépend sa compréhension, et de la compréhension de la règle de droit dépend la confiance du justiciable dans l'organisation et le fonctionnement de l'ensemble du système juridique. Or le citoyen éprouve une confiance très limitée dans le fonctionnement du droit, ce qui explique probablement le développement du concept, aussi flou soit-il, de sécurité juridique. L'institution juridictionnelle, dont l'objectif est d'assurer le respect des lois, est aussi complexe que le droit dont il est le garant.

C'est ici que prend naissance le rapport existant entre le principe de sécurité juridique et notre sujet, car il nous semble que le dualisme juridictionnel génère de l'insécurité juridique.

Ce n'est pas parce qu'il existe deux ordres de juridiction séparés que le droit est obscur ou instable. Mais, reposant sur des fondations aussi fragiles et sur des règles aussi imprécises, le dualisme contribue largement à la complexité du droit. Il l'amplifie en multipliant les incertitudes. La règle de droit est, par elle-même complexe et mouvante. Le dualisme, tel qu'il fonctionne, ne fait qu'accroître le phénomène. Il suscite le doute sur le juge à saisir, sur les règles de droit applicables et sur la solution à donner au litige.

La règle de droit, aussi difficile qu'elle soit à appréhender, peut devenir accessible si elle perdure. Elle finira inévitablement par être comprise de tous. Elle échappe à la compréhension si elle n'établit aucun principe clair et d'application certaine. Le juge détient une part importante de responsabilité dans cette incertitude qui entoure l'application des règles de compétence. C'est principalement lui qui

---

[45] B. Pacteau, *La sécurité juridique, un principe qui nous manque ?*, AJDA 1995 spécial, p. 151.

détermine les critères de répartition et, lorsque la règle émane du législateur, il lui est possible de l'interpréter.

L'interprétation qu'il en fait n'est pas guidée par le souci de la clarté ou de la simplicité. Il l'est essentiellement par le souci de préserver sa sphère de compétence, si ce n'est de l'étendre. Mais étant principalement d'essence jurisprudentielle, ces critères de répartition des compétences évoluent sans cesse et peuvent, encore plus facilement que des textes écrits, donner lieu à de multiples interprétations. Il n'est pas rare de voir ainsi le recours paralysé par une modification jurisprudentielle des règles de compétence.

Les exemples de ces paralysies, même momentanées, sont multiples. Le contentieux des libertés fondamentales en fournit de nombreuses illustrations. Les règles sont, en cette matière, particulièrement imprécises, et elles se révèlent ainsi éminemment changeantes. Il suffit pour s'en convaincre de regarder l'évolution des critères permettant de caractériser la voie de fait, ou encore l'évolution du contentieux des avis des chambres d'accusations en matière d'extradition. La compétence du juge administratif ne faisait pas de doute concernant la légalité du décret d'extradition ; il s'agit pourtant d'un acte susceptible de porter atteinte à la liberté individuelle de l'individu, mais la question du contrôle de la légalité de l'avis de la chambre d'accusation a longtemps été discutée entre la Cour de cassation et le Conseil d'Etat. La liste est loin d'être exhaustive. Le contentieux des étrangers, le contentieux de la propriété privée, le contentieux des hospitalisations d'office, le contentieux de la responsabilité, notamment et surtout en matière de police, peuvent s'y ajouter.

Dans toutes ces hypothèses, l'insécurité juridique, pour le justiciable, est présente. La compétence contentieuse reposant sur des critères fragiles, les justiciables ne sont pas à l'abri d'un revirement de jurisprudence entraînant le rejet de leur requête, au motif qu'ils se sont présentés devant le mauvais juge. Alors que la principale mission du droit est de « créer la sécurité par la stabilité et la généralité de la règle », on aboutit « à la mort du droit »[46] puisque l'on ne peut jamais savoir avec certitude quel juge va être susceptible de donner satisfaction, et au regard de quelles règles.

Par ailleurs, lorsque l'individu saisit le juge, il le fait en se fondant sur l'existence de règles qu'il croit comprendre et dont le sens lui semble connu. Rien n'est moins sûr, car la règle de droit, souvent imprécise, va pouvoir être interprétée dans un sens différent selon la nature de l'affaire, sans compter qu'elle peut être supprimée ou même remplacée lorsqu'elle est d'origine jurisprudentielle.

Le doute est accru du fait de l'existence d'une justice dualiste favorisant l'incertitude pour le plaideur quant au droit applicable. Le justiciable se doit de connaître au mieux les règles auxquelles son litige va être soumis.

Saisissant le juge judiciaire, le requérant va voir son litige traité par application des règles de droit privé. Saisissant le juge administratif, il va voir son litige traité par application des règles de droit public. Le principe connaît pourtant des

---

[46] Voir J. Rivero, *Apologie pour les faiseurs de systèmes*, D. 1951, chr. p. 94.

exceptions et certains contentieux portés à la connaissance des tribunaux judiciaires vont être soumis aux règles du droit public et inversement. Une telle situation est choquante car elle place le justiciable dans une situation qu'il ne pouvait prévoir et à laquelle il n'était pas préparé. Il en résulte une incertitude supplémentaire sur la solution qui va être donnée à son litige.

Il résulte enfin de l'existence d'une justice dualiste une incertitude sur la solution du litige. Un jugement rendu par un ordre peut être contesté ou remis en cause par l'autre ordre de juridiction. Le phénomène se produit rarement mais il est excessivement critiquable. La divergence de point de vue quant à la solution à donner à un problème juridique déterminé est plus fréquente. Elle provient d'une appréciation différente d'une règle de droit mais elle conduit parfois les deux juges à rendre des décisions qui s'opposent totalement sur le fond.

Le problème posé par la supériorité des normes internationales sur les lois nationales illustre clairement notre propos. Le juge judiciaire a accepté la primauté des traités internationaux sur les lois antérieures ou postérieures dès 1975[47]. Il a fallu attendre 1989 pour que la juridiction administrative s'aligne sur la jurisprudence de son homologue judiciaire, si bien qu'une divergence notoire a existé entre les deux juridictions suprêmes pendant cette période[48]. Cette situation n'est malheureusement pas choquante du seul point de vue de l'unité de la justice. Elle emporte des conséquences fâcheuses pour les justiciables qui sont placés dans des situations de protection différentes selon la nature publique ou privée du litige. Certains vont pouvoir bénéficier de la protection des règles du droit international alors que d'autres non.

De même, rien ne justifie que certains traités, dès lors qu'ils sont régulièrement ratifiés, soient considérés par un ordre de juridiction comme dépourvus d'effet direct à l'encontre des particuliers et non par l'autre. Il en va ainsi de la Convention de New York du 20 novembre 1989 relative aux droits de l'enfant. Alors que la juridiction judiciaire rejette dans sa totalité l'effet direct de cette convention[49], le Conseil d'Etat considère, pour sa part, que certaines des stipulations de ce texte présentent un effet direct et qu'ainsi, elles peuvent être invoquées par les particuliers à l'appui de conclusions tendant à l'annulation d'une décision administrative individuelle ou réglementaire[50]. Cette divergence de point de vue génère inévitablement des inégalités.

La sécurité juridique, qui donne confiance en la justice pour se voir rétablir dans ses droits, n'est alors plus assurée, et l'hésitation à recourir au juge qui en découle, peut laisser penser à un échec du droit et de la justice, ou tout du moins de son efficacité.

---

[47] Cass. Chambre mixte, 24 mai 1975, *Société des cafés Jacques Vabre*.

[48] C.E. Ass. 20 octobre 1989, *Nicolo*, p. 190.

[49] Cass. 1re civ., 10 mars 1993, *Le Jeune*, JCP 1993.I.3677, note C. Neirinck et P.-M. Martin.

[50] C.E. 23 avril 1997, *GISTI*, AJDA 1997, p. 482 et C.E. 22 septembre 1997, *Mlle Cinar*, RFDA 1998, p. 562, concl. R. Abraham.

« Avant tout, notre droit a besoin de lisibilité. La sécurité, c'est qu'une règle du jeu accessible, compréhensible et prévisible dans sa mise en œuvre préside aux relations entre administration et administrés… La première sécurité juridique, c'est finalement un droit qui ne laisserait place ni à la fantaisie, ni à l'arbitraire… »[51]. C'est loin d'être le cas. Et le dualisme fragilise l'édifice car il contribue grandement à créer inégalités et insécurité.

Il apparaît nécessaire que le législateur rende le droit plus cohérent, plus stable et mieux formulé. Ce rôle appartient également au juge, mais c'est pour lui plus difficile. Parce qu'il n'y a pas un seul juge mais deux, le risque de désaccord est plus important. La collaboration, si délicate, est inévitable pour améliorer le sort des justiciables. Pourtant, même lorsqu'il y a collaboration entre les deux juges, le dualisme produit des lenteurs inacceptables.

SECTION III : LA DUALITE DE JURIDICTIONS ET LES QUESTIONS PREJUDICIELLES :

La grande majorité des inconvénients liés à l'existence d'une justice dualiste provient de l'insuffisante collaboration des deux ordres. N'y a-t-il pas un paradoxe à vouloir faire collaborer deux juges alors que tout a été fait pendant longtemps pour les séparer ? Le principe de séparation des autorités administrative et judiciaire est une source d'interdiction et non de collaboration. En dehors des cas de compétences concurrentes, il vise à prohiber les empiétements de compétence d'un ordre sur l'autre. Le paradoxe devient plus surprenant lorsque l'on s'aperçoit que le principe de séparation impose autant aux deux juges de ne pas interférer dans leur domaine de compétence réciproque, que de collaborer. La ligne de démarcation existante entre la compétence judiciaire et la compétence administrative est mince, tout comme la délimitation nette entre droit public et droit privé est impossible. Il s'avère fréquemment nécessaire pour trancher un litige de droit privé devant le juge judiciaire de résoudre une question de droit public. Le principe fonctionne d'ailleurs dans les deux sens.

Dans ce cas de figure, loin d'imposer aux juridictions de s'ignorer, le principe de séparation les force à se prêter concours. Et il n'est pas certain que cette collaboration obligée soit en définitive favorable au plaideur car elle aboutit à la division de l'instance juridictionnelle. Si le renvoi effectué par un juge par la voie de la question préjudicielle pour résoudre une difficulté permet d'éviter une éventuelle divergence entre les deux ordres, il conduit de manière certaine à allonger les délais du recours. L'allongement de l'instance ne provient plus de la complexité des règles de compétence, qui aboutit fréquemment au non-respect du principe de la séparation des autorités, mais il trouve au contraire son origine dans le rigoureux respect de ce principe.

[51] B. Pacteau, *op. cit.*, p. 155.

La dualité de juridiction révèle ici ses inconvénients naturels. Il ne s'agit pas seulement d'une mauvaise utilisation du système mais plutôt d'une faiblesse inhérente à celui-ci. D'autant plus qu'il est très difficile d'y remédier sans remettre totalement en cause le principe de séparation des autorités et ainsi, l'ensemble de l'institution juridictionnelle dualiste. « Le respect de l'ordre des compétences a pour conséquence le renvoi, au cours d'un même et unique procès, à l'autre ordre juridictionnel pour trancher une question ou une exception dont la solution commande celle du litige. Ce grave inconvénient contentieux se rencontre en particulier dans les hypothèses, aujourd'hui très nombreuses, dans lesquelles une activité de droit privé, entre particuliers, est soumise à autorisation administrative ou conditionnée par une telle autorisation »[52]. La liste est pourtant loin de s'arrêter à ces hypothèses, car le droit d'aujourd'hui se caractérise essentiellement par l'imbrication de plus en plus fréquente du droit privé et du droit public, si bien que l'importance de ces questions préjudicielles va croissant. Il est ainsi rare qu'un juge puisse, à l'heure actuelle, souvent prétendre à connaître un litige de manière exclusive.

Le respect du principe de la séparation des autorités administrative et judiciaire oblige alors le juge saisi du litige, à recourir au mécanisme de la question préjudicielle (Paragraphe I). Le procédé entraîne dans le meilleur des cas une simple perte de temps pour le justiciable. Il conduit parfois à des situations bien plus problématiques car, comme l'écrit M. Dran, « Les impasses juridiques naissent souvent de ce que le juge ne peut pas connaître de l'ensemble du litige qui lui est soumis »[53] (Paragraphe II).

§ 1 : LE MECANISME DE LA QUESTION PREJUDICIELLE :

La question préjudicielle, dont la réponse détermine la solution à donner à la question principale, est celle qui oblige le tribunal à surseoir à statuer en vertu des règles de répartition des compétences, jusqu'à ce qu'elle ait été soumise à la juridiction compétente qui rendra à son sujet un acte de juridiction. L'incompétence est alors considérée comme suffisamment importante pour rejeter le principe voulant faire du juge de l'action le juge de l'exception.

Il y a en définitive conflit entre deux règles qui, plus que « difficilement conciliables », « ne le sont pas du tout »[54]. Il convient de concilier le respect des compétences de chaque ordre en vertu de la séparation des autorités avec le respect dû à l'axiome « le juge de l'action est le juge de l'exception ». Le second principe a

---

[52] A. de Laubadère, J.-C. Venezia et Y. Gaudemet, *op. cit.*, p. 360.

[53] M. Dran, *thèse précitée*, p. 544.

[54] D. Cohen, *La Cour de cassation et la séparation des autorités administrative et judiciaire*, Economica, 1987, p. 105.

exceptionnellement permis de déroger à la règle de la séparation des autorités, et ceci dans un souci évident de bonne justice, car si le mécanisme de la question préjudicielle, qui s'oppose au concept de plénitude de juridiction, vise à imposer le respect de la séparation, il ne peut être d'application rigide sauf à rendre la justice totalement inefficace[55]. Le principe du « juge de l'action juge de l'exception » reste pourtant d'application marginale car sa valeur n'est pas aussi générale. L'idée est pourtant, à plus d'un titre, fort discutable.

- Il y a généralement rejet du mécanisme préjudiciel lorsqu'il apparaît que l'enjeu d'une bonne administration de la justice doit prévaloir sur le respect absolu des compétences juridictionnelles, c'est-à-dire lorsqu'il s'avère essentiel que le jugement du procès ne soit pas retardé. C'est notamment le cas en ce qui concerne le contentieux pénal eu égard à la nature de la mission du juge pénal. Lorsque celui-ci a à connaître d'un acte administratif servant de fondement à la poursuite ou étant utilisé comme moyen de défense, il apparaît nécessaire de supprimer la question préjudicielle afin qu'il puisse se prononcer aussi rapidement que possible sur le jugement de condamnation ou de relaxe.

Ce devrait être aussi le cas lorsque le litige concerne une liberté fondamentale. A l'exception de la voie de fait, et encore a-t-on vu parfois de manière aberrante les tribunaux judiciaires demander à la juridiction administrative si l'atteinte administrative était constitutive ou non d'une voie de fait, le juge civil ne dispose jamais d'une plénitude de compétence pour interpréter ou apprécier la légalité de l'acte administratif. Le contentieux des libertés fondamentales se calque sur le droit commun. Si le juge civil est compétent pour interpréter un règlement administratif[56], il ne peut interpréter un acte administratif individuel ni même apprécier la légalité d'un acte administratif réglementaire ou non et ceci à peu près quelle que soit la nature du litige[57].

Sachant que l'autorité judiciaire a été consacrée historiquement la gardienne des droits fondamentaux, de nombreux contentieux relatifs à ces matières lui ont été attribués. Pourtant, malgré l'affirmation d'une compétence parfois exclusive de l'autorité judiciaire, le respect du principe de séparation a toujours empêché de conférer au juge civil une plénitude de compétence en ces domaines. Quelles que soient les extensions de compétence réalisées au profit de l'autorité judiciaire, certaines interdictions demeurent. L'appréciation de la légalité d'un règlement devant le juge civil relève toujours du juge administratif, sauf si un texte spécial attribue cette compétence au juge civil ou lorsqu'il y a atteinte à la propriété privée ou aux libertés individuelles[58]. Cette exception ne vaut pourtant jamais concernant

---

[55] Voir D. Granjon, *Les questions préjudicielles*, AJ 1968, p. 75.

[56] Notons d'ailleurs que la solution vise exclusivement à limiter le nombre des questions préjudicielles.

[57] T.C. 16 juin 1923, *Septfonds*, p. 498.

[58] T.C. 30 octobre 1947, *Barinstein*, p. 511. L'appréciation de la régularité de l'emprise constitue néanmoins toujours une question préjudicielle devant laquelle le tribunal judiciaire doit surseoir à statuer et renvoyer au juge administratif. Voir T.C. 30 juin 1949, *Nogier*, p. 604.

les actes individuels[59]. Lorsqu'ils sont invoqués devant le juge civil, il y a toujours obligation de surseoir à statuer[60].

Alors que la protection de la liberté nécessite une décision de justice rapide, le respect du principe de séparation des autorités entraîne un allongement notable de la durée du procès. Le renvoi à la juridiction de l'autre ordre au titre de la question préjudicielle est imposé au requérant, au détriment de l'unité et de la célérité de l'instance. La victime de l'atteinte à la liberté devient également victime du retard de la décision de justice, sans qu'il puisse y faire grand chose. Le problème de la question préjudicielle est d'ailleurs d'autant plus critiquable qu'il s'étend bien au-delà du seul contentieux des libertés publiques. Sans oublier, à la différence du conflit positif, qu'il joue aussi bien au bénéfice de la compétence administrative que de la compétence judiciaire.

Les compétences, en principe, exclusives du juge judiciaire concernent « tout ce qui a trait à l'état et à la capacité des personnes, à la nationalité, à la capacité électorale, à la propriété privée ou publique, à la régularité et à l'interprétation des actes unilatéraux et des contrats de droit privé »[61]. Les compétences exclusives du juge administratif concernent principalement les questions relatives aux actes unilatéraux de l'administration, aux contrats administratifs, à la domanialité publique et plus généralement à l'ensemble des activités exercées par l'autorité administrative qui, liées à la puissance publique, révèlent l'usage de prérogatives exorbitantes du droit commun.

L'importance quantitative de ces questions préjudicielles est donc loin d'être anecdotique. Et si l'on considère l'accès au juge et à sa décision comme un droit fondamental, il est peu acceptable de voir un nombre aussi considérable de procès faire l'objet d'une interruption qui limite et complique l'exercice de ce droit.

Ainsi, il y a parfois rejet de la question préjudicielle dans un souci de bonne administration de la justice. Ces exceptions sont néanmoins peu courantes. On ne comprend cependant pas pourquoi. Le principe de plénitude du juge devrait, au moins dans les domaines les plus sensibles, s'imposer plus fréquemment, puisqu'il repose sur l'idée d'une bonne justice. La qualité de la justice ne devrait-elle pas prévaloir sur le respect d'un principe de séparation dont la valeur juridique est bien plus discutable ?

- L'application du mécanisme de la question préjudicielle a pour principal fondement le respect de la séparation des autorités. Ce principe est doublement contestable. Il l'est historiquement mais également juridiquement. Rien ne prouve

---

[59] T.C. 16 novembre 1964, *Sieur Clément*, p. 796.

[60] Exceptionnellement, le juge judiciaire, en s'appuyant sur l'article 66 de la Constitution et sur l'article 136 du Code de procédure pénale, s'est estimé compétent pour apprécier la régularité d'une décision de rétention d'un étranger bien qu'il s'agisse d'un acte administratif, et, en cas d'appréciation défavorable, pour ordonner la mise en liberté (Civ. 2e 28 juin 1995, *Préfet de la région Midi-Pyrénées c/ Betcha*).

[61] Y. Gaudemet, *Les questions préjudicielles devant les deux ordres de juridiction*, RFDA 1990, p. 764.

que le législateur révolutionnaire ait entendu interdire tout contrôle de l'administration par le juge judiciaire. Et même si tel avait été le cas, il est difficile de trouver un lien entre ce principe de séparation et la technique de la question préjudicielle. Car si le principe de séparation visait initialement exclusivement à protéger l'administration d'un contrôle de l'autorité judiciaire, le mécanisme de la question préjudicielle vise pour sa part autant à sauvegarder la compétence des tribunaux administratifs que celle des tribunaux judiciaires. Le principe ainsi mis en place par le législateur révolutionnaire est d'ordre purement politique, alors que le mécanisme du renvoi est une technique juridictionnelle qui n'est intervenue que bien plus tard, lorsque l'administration a vu naître ses propres tribunaux.

Ensuite, rien ne permet de penser que ce principe doive être d'application stricte. L'importance des dérogations consenties à la séparation des autorités révèle très clairement que le souci d'une bonne administration de la justice a souvent prévalu sur ce principe. Dès lors, on ne comprend pas très bien pourquoi il serait nécessaire d'imposer de façon aussi systématique le mécanisme de la question préjudicielle alors qu'il n'aboutit qu'à restreindre la crédibilité de la justice ainsi que la satisfaction du justiciable.

Enfin, la principale justification à cette obligation de recourir à ce procédé serait d'ordre constitutionnel. « Si...la question préjudicielle n'est qu'une modalité technique de la séparation des autorités administrative et judiciaire et que celle-ci se confond elle-même avec la séparation des pouvoirs, leur aménagement ou leur suppression est constitutionnellement impossible au législateur »[62]. Il est pourtant certain que la séparation des autorités ne découle absolument pas du principe constitutionnel de la séparation des pouvoirs tout comme il est certain que le principe de séparation des autorités ne peut prétendre à cette valeur constitutionnelle.

Que les deux ordres de juridiction utilisent le renvoi dans un souci de respect de la séparation des autorités, cela ne fait pas de doute. Que les juridictions confondent le principe de séparation des autorités avec celui de la séparation des pouvoirs, cela arrive parfois[63]. Que le principe de séparation des autorités se confonde avec celui de la séparation des pouvoirs et qu'il ait valeur constitutionnelle, voilà qui est absolument faux.

Si le Conseil constitutionnel n'a pas reconnu la valeur constitutionnelle du principe de séparation des autorités, il en a néanmoins déduit un principe fondamental reconnu par les lois de la République qui est fondé sur « la conception française de la séparation des pouvoirs ». Cette conception française impose l'existence d'une juridiction administrative exclusivement compétente pour annuler ou réformer les actes de la puissance publique, mais elle n'oblige en aucun cas cette juridiction à intervenir au-delà de ce contentieux. Il n'existe donc pas d'obligation constitutionnelle interdisant aux tribunaux judiciaires d'apprécier la

[62] Y. Gaudemet, *op. cit.*, p. 772.

[63] Voir D. Cohen, *Les questions préjudicielles et la chambre sociale de la Cour de cassation*, AJ 1991, p. 596.

légalité ou d'interpréter les actes de la puissance publique. Ainsi, tout comme le principe de séparation des autorités, le principe constitutionnel de séparation des pouvoirs, tel qu'interprété et consacré par le Conseil constitutionnel, n'impose pas le mécanisme des questions préjudicielles. Il va même plus loin puisqu'il considère qu'il « est loisible au législateur, dans l'intérêt d'une bonne administration de la justice, d'unifier les règles de compétence juridictionnelle au sein de l'ordre juridictionnel principalement intéressé »[64].

Le Conseil constitutionnel manifeste bien ici son attachement à la qualité de la justice qui passe, selon lui, par l'unité des procédures devant le juge administratif ou judiciaire. Analysé a contrario, le raisonnement laisse penser qu'une rupture de l'unité du procès conduit à diminuer la qualité de la justice et qu'ainsi, tout doit être fait pour restreindre au maximum la pratique du renvoi pour question préjudicielle.

Le principe de séparation des autorités n'ayant qu'une valeur législative, une simple loi peut venir interdire le procédé. Ce n'est d'ailleurs pas une simple hypothèse d'école puisque le législateur a parfois interdit le mécanisme préjudiciel. C'était sans compter la surprenante et fréquente analyse restrictive de ces lois effectuée par le Tribunal des conflits se fondant à tort sur une interprétation extensive du principe de séparation des autorités. Reste cependant qu'une telle solution est possible et qu'elle est même souhaitable.

- Enfin, et c'est pour le moins une situation paradoxale, la technique de la question préjudicielle se contredit avec le principe de séparation des autorités pour lequel elle est mise en place. Puisque l'utilisation de la question préjudicielle aboutit à fractionner l'instance, il apparaît nécessaire de restreindre au maximum son application en imposant des conditions strictes à sa mise en œuvre[65].

Il faut en premier lieu que la question soit utile. La solution à donner au litige ne doit pas pouvoir être rendue sans qu'il soit procédé à l'examen de cette question. Il faut ensuite que la contestation préjudicielle présente un caractère sérieux. Il appartient ainsi au juge saisi au fond de se prononcer sur le sérieux de la contestation qui se présente devant lui[66]. Une telle solution est inévitable car elle permet d'éviter la multiplication des questions soulevées par les parties dans un but purement dilatoire, questions qui conduiraient à paralyser sans cesse les procès. Elle aboutit cependant à une situation particulièrement surprenante voire absurde qui fait perdre au mécanisme préjudiciel le peu de logique qui lui reste. Car en vérifiant le sérieux de la contestation, le juge du fond doit obligatoirement

---

[64] Conseil constitutionnel, n° 86-224 DC du 23 janvier 1987.

[65] Voir J.-F. Flauss, *Les questions préjudicielles et le principe de séparation des autorités administrative et judiciaire*, thèse Strasbourg, 1976, p. 61 et s.

[66] Notons qu'au regard de l'importance des conséquences d'un éventuel renvoi et pour éviter toutes atteintes injustifiées à la séparation des compétences, l'appréciation faite par le juge sur le caractère sérieux de la contestation est soumise au contrôle des juridictions suprêmes. Une telle solution aboutit plus encore à ralentir le procès.

s'immiscer dans le domaine de compétence de l'autre juge. Alors que la technique de la question préjudicielle cherche à éviter toute immixtion d'un juge dans la sphère de compétence d'un autre juge, elle y conduit nécessairement. En conditionnant le prononcé du sursis à statuer au sérieux de la contestation, le juge va être obligé de porter une appréciation sur une question qu'il considère ne pas relever de sa compétence. Cette appréciation est, certes, superficielle, mais elle impose au juge de s'appesantir sur une question de droit qui ne relève pas, en principe, de sa compétence.

Bien que reposant sur un fondement éminemment contestable - le principe de séparation des autorités - le mécanisme de la question préjudicielle perdure. Une existence malencontreuse pour le justiciable vu les effets particulièrement négatifs liés à son utilisation.

§ 2 : LES EFFETS DU MECANISME DE LA QUESTION PREJUDICIELLE :

Si le mécanisme de la question préjudicielle, dont les fondements sont à ce point discutables, peut trouver de nombreux défenseurs qui considèrent qu'il est indispensable de préserver la sphère de compétence des deux ordres de juridiction, il ne trouvera guère de partisans du côté des plaideurs. Les effets de la question préjudicielle peuvent être considérés par certains comme juridiquement positifs. Ils sont nécessairement négatifs en ce qui concerne le justiciable. Notons que ces effets sont d'une intensité variable. Certains d'entre eux sont systématiques, et bien que préjudiciables à la qualité de la justice, ils n'ont pas de conséquences irrémédiables pour le requérant (A). Mais il existe des cas, plus rares, dans lesquels le recours à la technique préjudicielle va rendre la satisfaction juridictionnelle presque impossible. Il en va ainsi lorsque le mécanisme se dérègle du fait de ses imperfections naturelles (B).

A : **Les effets inévitables** :

Lorsque la juridiction saisie au fond considère que la solution à donner au litige nécessite de répondre à une question qui ne relève pas de sa compétence, elle doit obligatoirement surseoir à statuer et attendre que le tribunal compétent se prononce sur ladite question préjudicielle. De cette situation naît deux conséquences, aussi négatives l'une que l'autre, pour le plaideur qui recherche une décision juridictionnelle rapide.

Le renvoi en question préjudicielle va entraîner une aggravation de la durée du procès puisque celui-ci va être interrompu. Le requérant ne pourra éventuellement obtenir gain de cause qu'à partir du moment où le juge du renvoi aura répondu à la question posée. C'est à cette unique condition que le juge du fond pourra de nouveau reprendre le cours de l'instance. Une telle situation est difficilement acceptable compte tenu de la lenteur déjà inhérente à la justice. Le mécanisme de la question préjudicielle ne fait que contribuer à renforcer cette lenteur. Ceci est d'autant plus critiquable lorsque le litige nécessite une solution rapide ; ce qui est le cas lorsque est en jeu une liberté fondamentale.

Le problème est d'ailleurs aggravé par un double phénomène. Le jugement de renvoi n'a pas à indiquer aux plaideurs le tribunal de l'autre ordre qui est compétent pour répondre à la question préjudicielle. Il appartient donc aux plaideurs de rechercher le « bon » tribunal, ce qui ne va pas sans soulever des difficultés. Non seulement cette situation, qui va imposer aux parties de saisir elles-mêmes le juge du renvoi[67], a pour conséquence d'alourdir la charge du requérant, mais encore risque-t-elle de générer des confusions peu souhaitables. Car il n'est pas évident pour le justiciable de déterminer avec précision quel doit être le juge de renvoi. Il existe donc un risque de saisir d'une question préjudicielle un juge qui peut se déclarer incompétent. Par ailleurs, « aucun délai n'est imposé pour saisir le juge susceptible de vider la question préjudicielle, la procédure d'ensemble risquant de s'en trouver retardée d'autant et l'incertitude juridique prolongée »[68]. La fixation du délai imparti pour obtenir de l'autorité compétente une déclaration sur la question préjudicielle est d'ailleurs particulièrement variable.

Un autre inconvénient classique vient rendre plus critiquable encore le mécanisme. La faible autorité de la chose jugée de la question préjudicielle aboutit à multiplier son importance quantitative. En effet, l'interprétation sur renvoi n'a que très rarement autorité de la chose jugée. Si le juge du fond est lié par le jugement rendu sur renvoi, c'est-à-dire qu'il doit en tenir compte, la même question pourra fréquemment être reposée à titre préjudiciel dans une autre instance dès lors que les parties, au moins, ne seraient pas identiques. Lorsque le juge de renvoi est administratif et qu'il interprète un acte administratif réglementaire, le jugement ne vaut que pour les parties au litige, et tout autre tribunal judiciaire saisi de la même question devra de nouveau obligatoirement renvoyer. Ce n'est pas le cas lorsque le juge administratif doit apprécier sur renvoi la légalité d'un acte administratif individuel. Sa décision a alors autorité absolue de la chose jugée. Quant au juge judiciaire, juge de renvoi, sa réponse, qu'il s'agisse d'interpréter ou bien d'apprécier la validité d'un acte de droit privé, n'a d'effet que sur le litige qui a donné lieu à la mise en œuvre de la question préjudicielle. La même question pourra donc donner lieu à de multiples interruptions d'instance. Cette situation, aussi incompréhensible qu'inutile, qui vise à assurer le respect du principe de l'indépendance des juridictions, rend plus préjudiciable encore les solutions du droit français en matière de questions préjudicielles.

---

[67] Voir C.E. 13 juillet 1961, *Dame Lauriau*, p. 512.

[68] Y. Gaudemet, *op. cit.*, p. 769.

Le mécanisme tourne parfois à l'absurde puisqu'il arrive que la réponse faite à la question préjudicielle lie entièrement le juge du fond quant à la solution à donner au litige. Si bien que la solution est, en définitive, rendue par le juge du renvoi et non par le juge du fond. En voulant préserver le champ de compétence d'un juge, on aboutit indirectement à transférer la totalité du jugement à ce même juge alors qu'il n'est en réalité compétent que sur un seul de ces aspects. Ainsi, l'institution de la technique de la question préjudicielle, qui vise essentiellement à assurer le respect du principe de séparation des autorités, conduit parfois, bien au contraire, à y porter atteinte de façon invraisemblable. Le juge du fond perd donc son indépendance ou tout du moins ne lui sert-elle plus à rien.

Cette situation, absurde, est également contestable puisqu'elle aboutit à un renvoi supplémentaire parfaitement inutile. Le juge du renvoi pourrait statuer au fond si le principe de séparation des autorités ne le lui interdisait pas. Le plaideur va donc être dans l'obligation de saisir un autre juge d'une question incidente pour retourner, une fois la réponse donnée, devant le juge principal, bien que le juge du renvoi pouvait, sans aucun doute, lui donner lui-même satisfaction. Il est des cas où le juge de la question préjudicielle est amené à trancher sans le vouloir la question principale pendante devant le juge du fond. La séparation des compétences entre les deux ordres de juridictions n'existe alors plus tout à fait puisque le juge de l'incident va dicter au juge du principal la solution au fond. C'est souvent le cas en ce qui concerne le contentieux de la nationalité. Lorsque le juge administratif est saisi d'un recours contre un arrêté d'expulsion, et que la question de la nationalité de la victime de l'arrêté se pose, il doit obligatoirement renvoyer devant le tribunal judiciaire qui doit statuer sur la situation juridique du plaideur. Considérant la victime de la mesure administrative comme un national, il n'est alors plus possible pour l'administration d'expulser puisque cette mesure ne peut être prise qu'à l'encontre des étrangers. Le juge administratif n'a alors plus le choix. Il doit annuler l'arrêté contesté[69].

Ces inconvénients sont fâcheux. Ils ne sont pas pour autant rédhibitoires car ils n'empêchent pas le justiciable d'obtenir une décision de justice même si celle-ci intervient tardivement. Ce n'est malheureusement pas toujours le cas. Le recours au mécanisme préjudiciel rend parfois la satisfaction juridictionnelle quasi-impossible.

B : **Les dysfonctionnements de la compétence en matière préjudicielle** :

Il n'est pas rare que le mécanisme de la question préjudicielle fasse naître des perturbations dans les rapports entre les deux ordres de juridictions qui vont au-delà de ce qui est raisonnablement supportable pour le justiciable à la recherche de son droit. Ces situations, qui se justifient par le souci de respecter au mieux le

[69] Voir C.E. 18 mai 1942, *Méziat*, p. 84.

principe de séparation des autorités, se révèlent profondément illogiques et conduisent à s'interroger sur la pertinence du système des questions préjudicielles. Trois situations particulièrement choquantes permettront ici d'illustrer nos propos.

- Le juge du renvoi ne statue que sur ce qui lui est demandé[70]. Le juge du fond, lorsqu'il sursoit à statuer, fixe avec précision les contours et les limites de la question qu'il pose à son homologue de l'autre ordre. Le juge saisi de la question préjudicielle ne peut donc répondre qu'à la question qui lui est posée sans aller au-delà ni en deçà. Même compétent concurremment, le juge du renvoi ne peut connaître du fond de l'affaire alors qu'il aurait pu le faire s'il avait été saisi comme juge du fond. La limite de l'ultra petita qui lui est fixée par le jugement de sursis le lui interdit.

Les effets qui résultent de cette interdiction peuvent parfois se révéler d'une incohérence manifeste car ils imposent un renvoi supplémentaire totalement inutile. Victime d'une emprise qu'il estime irrégulière, le requérant saisit le juge judiciaire pour obtenir la réparation du préjudice subi. N'étant pas certain de l'irrégularité de l'atteinte à la propriété immobilière, le juge judiciaire doit obligatoirement renvoyer à titre préjudiciel devant le juge administratif la question de l'appréciation de la nature de l'emprise[71]. Considérant l'emprise comme régulière, le juge administratif place l'individu à la recherche de son droit dans une situation très défavorable.

Seul le juge administratif est compétent pour réparer une emprise régulière mais il ne peut le faire ici puisqu'il n'est saisi que d'une question préjudicielle concernant la légalité de l'emprise. Il lui est donc impossible de statuer directement sur l'indemnisation à laquelle a droit la victime de l'atteinte sous peine de statuer ultra petita. Le plaideur va donc voir son affaire revenir devant le juge judiciaire qui devra normalement se dessaisir du dossier pour incompétence. Il devra alors retourner de lui-même devant le juge administratif afin que ce dernier lui octroie une indemnisation correspondante au préjudice subi du fait de l'emprise. Pour obtenir satisfaction, le requérant aura été dans l'obligation de recourir à deux instances juridictionnelles. Il aura également dû saisir deux fois le même juge : la première fois d'une question préjudicielle, la seconde d'une action en réparation.

Cette situation, pour le moins paradoxale, rend très délicate la position du justiciable. Elle laisse songeur quant à la qualité de la justice. Victime d'une atteinte à l'un de ses droits les plus essentiels, le droit de propriété, l'individu va devoir en plus supporter la charge d'une justice complexe, lente et ainsi forcément plus coûteuse. Et même dans l'hypothèse, souhaitable pour le justiciable, où le juge judiciaire estime de façon certaine que l'emprise est irrégulière, rien n'empêche l'autorité administrative de contester ce choix et d'élever le conflit.

---

[70] C.E. 26 novembre 1971, *Sté Marseillaise de crédit*, p. 725.

[71] C.E. 15 février 1961, *Werquin*, p. 118.

- Le mécanisme de la question préjudicielle peut aussi donner lieu à un conflit négatif de compétence entre les deux juges. Lorsque le juge saisi au fond s'estime incompétent pour répondre à une question pendante devant lui et dont la réponse est déterminante pour pouvoir se prononcer sur l'ensemble du litige, il doit la renvoyer devant l'autre ordre de juridiction. Le tribunal de cet ordre, saisi de la question préjudicielle, refuse d'y répondre parce qu'il s'estime également incompétent, considérant que le renvoi a été effectué à tort. Une telle situation est relativement rare car, disposant de l'autorité de la chose jugée, la décision de renvoi impose normalement au juge du renvoi de trancher la question qui lui est posée.

Il est néanmoins possible de citer un certain nombre d'arrêts dans lesquels le juge du renvoi a refusé de connaître des interrogations du juge du fond. Notons tout de même que tous les refus de se prononcer sur la question préjudicielle sont imputables à la juridiction administrative, ce qui révèle clairement la difficulté qu'il y a à déterminer la sphère de compétence de l'autorité judiciaire dans le domaine du contentieux administratif. C'est notamment le cas en ce qui concerne le contentieux des libertés fondamentales. Ainsi, saisie sur renvoi de l'autorité judiciaire, la juridiction administrative est tenue de se prononcer, sauf si elle s'estime incompétente[72]. Il existe donc des cas dans lesquels la juridiction administrative a refusé de se prononcer sur la question préjudicielle[73].

On se trouve alors dans l'hypothèse que L. Favoreu appelait « renvoi bloqué ». Le plaideur voit son action paralysée du fait du jeu des règles de répartition des compétences entre les deux ordres de juridictions. La situation peut néanmoins être régularisée par l'intervention du Tribunal des conflits s'il est saisi d'une demande en ce sens par l'une des parties au litige. S'il estime que les éléments du conflit négatif de compétence sont réunis, il peut dénouer le conflit en déterminant la juridiction compétente pour traiter de la question : soit le Tribunal des conflits considère que le juge du fond a effectué le renvoi à tort - il était en réalité compétent et il n'y avait pas de question préjudicielle - soit il considère que le juge du renvoi s'est trompé en refusant de trancher la question préjudicielle et il lui appartient alors de le faire.

Bien que trouvant solution, le problème n'en demeure pas moins conséquent. Le temps écoulé entre le premier recours en justice et le jugement définitif sera vraisemblablement très important. Ce sera le cas si le requérant accepte de saisir successivement le juge du fond, le juge du renvoi, et enfin le Tribunal des conflits. Reste alors à espérer que le Haut Tribunal considère la question préjudicielle inutile. Le plaideur retournera directement devant le juge qui doit lui rendre un jugement définitif au fond. Dans l'hypothèse inverse, il devra attendre la réponse

[72] C.E. 5 janvier 1968, *Cadusseau*, p. 20.
[73] C.E. 15 février 1884, *Jurie*, p. 140 ; C.E. 16 décembre 1927, *Grimaldi*, p. 1219 ; C.E. 27 juillet 1932, *Epouse Berry*, p. 799 ; C.E. 28 février 1938, *Fabre*, p. 254 ; C.E. 1er juin 1945, *Ducerf*, p. 115 ; C.E. 15 février 1964, *Epoux Labarthe et Commune de Lacanau*, p. 152.

faite à la question préjudicielle pour pouvoir espérer obtenir gain de cause. Le parcours du justiciable ne peut guère s'avérer plus tortueux.

Pourtant, au cas vu précédemment, s'ajoute celui dans lequel le sursis à statuer du juge judiciaire n'indique pas la juridiction de renvoi ou celui dans lequel il ne précise pas clairement ce qui doit être fait par le juge du renvoi. Il est alors possible pour le juge administratif de refuser de se prononcer sur la question préjudicielle[74]. La situation du justiciable est alors bien plus problématique car nous ne sommes pas dans une hypothèse de conflit négatif autorisant l'intervention du Tribunal des conflits. Il ne s'agit pas d'une double déclaration d'incompétence mais plutôt d'une mauvaise utilisation du mécanisme de la question préjudicielle par le juge du fond : soit parce qu'il n'a pas précisé la juridiction de renvoi, soit parce qu'il qui n'a pas véritablement posé de question au juge du renvoi. « Dans ces hypothèses, il ne semble pas y avoir de solution pour le plaideur, car, à supposer même que le tribunal judiciaire consente à passer outre au refus du juge administratif et apprécie lui-même la légalité de l'acte administratif, il encourt alors la réformation ou la cassation. Reste évidemment la possibilité d'obtenir du tribunal judiciaire une décision ordonnant clairement le renvoi devant le juge administratif ; mais on retrouve alors le jeu de raquettes »[75].

- Le mécanisme de la question préjudicielle va enfin pouvoir donner lieu à ce que certains auteurs ont pu appeler le « renvoi en cascade »[76] ou le « jeu de raquette »[77]. La réponse à la question préjudicielle nécessite que soit préalablement résolue une autre question considérée comme préjudicielle pour le juge saisi sur renvoi. C'est notamment le cas lorsque la question posée à la juridiction de renvoi n'est pas suffisamment précise. Le juge du renvoi va alors lui-même opérer un renvoi au juge du fond afin que celui-ci lui précise ce qu'il y a lieu de faire[78]. Le juge du fond devient, en définitive, à son tour un juge de renvoi et ainsi de suite. Il en va également ainsi lorsqu'un contentieux porté devant une juridiction implique une réponse à des questions qui relèvent en même temps du droit public et du droit privé. Le risque de renvois incessants entre les deux juges n'est alors pas à exclure puisque la réponse à une question de droit public posée par le juge judiciaire au juge administratif ne peut être rendue par ce dernier qu'après que le juge judiciaire lui ait auparavant répondu sur une question de droit privé[79]. C'est fréquemment le cas en ce qui concerne le contentieux de la sécurité sociale. Les contrats conclus entre la caisse de sécurité sociale et les membres du personnel sont de droit privé mais ils n'excluent pas l'intervention d'une personne publique. Le ministre du

---

[74] Voir C.E. 16 février 1953, *consorts Yon*, p. 73 et C.E. 15 février 1964, *Commune de Lacanau*, précité.

[75] L. Favoreu, *thèse précitée*, p. 351.

[76] MM. Fournier et Combarnous, AJ 1958.II.312.

[77] F. Gazier et M. Long, JCP 1953.I.1132.

[78] Voir C.E. 15 février 1964, *Commune de Lacanau*, précité.

[79] Voir T.C. 19 mai 1958, *Demoiselle Albault*, p. 794 ; JCP 1958.II.10658, note P. L.

travail, autorité de tutelle, peut annuler les délibérations, notamment celles relatives au contrat de travail, du conseil d'administration d'une caisse de sécurité sociale.

Le risque de renvoi en cascades n'est cependant pas limité à ce contentieux. Il concerne « tous les cas où une autorité administrative est appelée à prendre une décision présentant le caractère d'une décision administrative sur une question qui, en cas de litige, ressortit à la compétence de l'autorité judiciaire »[80]. Sans oublier, non plus, que la frontière entre le droit public et le droit privé est de plus en plus ténue. Les cas de dérèglements du mécanisme préjudiciel sont donc susceptibles de s'accroître et ce au détriment du justiciable. « C'est ainsi que parfois, sur renvoi d'un tribunal judiciaire, la juridiction administrative saisie effectue elle-même un renvoi au tribunal judiciaire ne sachant pas exactement ce que lui demande celui-ci. Le tribunal judiciaire doit alors préciser sa question et surseoir à nouveau jusqu'à ce que le juge administratif se soit prononcé »[81]. Le plaideur va de nouveau se trouver dans l'obligation de saisir successivement plusieurs juges pour pouvoir espérer bénéficier d'une simple décision de justice. Ces hypothèses ne sont malheureusement pas exceptionnelles[82].

Les situations nées de l'existence du mécanisme de la question préjudicielle sont particulièrement néfastes à la protection des droits du justiciable. Le premier visé, et non le moins important, est le droit d'obtenir une satisfaction juridictionnelle dans les meilleurs délais possibles. Car la protection des libertés ne peut être effective que s'il existe un juge rapide et efficace. Il est vrai qu'une justice trop rapide peut susciter des interrogations quant à ses qualités. On considère généralement le temps comme une source de réflexion autorisant le juge à statuer judicieusement avec le recul qui convient. Mais l'argument tiré de la qualité ne doit pas devenir un prétexte permettant de couvrir les lenteurs excessives de la justice.

Il ne faut pas perdre de vue que certains contentieux - c'est le cas de ceux dans lesquels une liberté publique est en jeu - nécessitent souvent une décision prise en urgence. Intervenant tardivement, la décision de justice fera bénéficier le plaideur d'une satisfaction morale en lui disant, peut-être, qu'il avait raison, mais la liberté dont il devait pouvoir bénéficier n'existe plus depuis longtemps. Non seulement la question préjudicielle aboutit à allonger les délais, parfois au-delà du raisonnable, mais encore risque-t-elle de conduire le justiciable à interrompre définitivement son procès.

Le coût de la question préjudicielle pour le plaideur ne se compte pas uniquement en perte de temps, mais il se compte également en perte d'argent. C'est probablement la crédibilité même du système juridictionnel qui doit aussi être mise en cause. On doute que le justiciable puisse comprendre les raisons qui lui

---

[80] Fournier et Combarnous, *op. cit.*, p. 312.

[81] L. Favoreu, *thèse précitée*, p. 348.

[82] Voir les arrêts cités par J.-F. Flauss, *op. cit.*, et par Y. Gaudemet, *op. cit.*, p. 770.

imposent d'interrompre son procès et l'obligent à aller saisir un autre juge. Nous sommes sceptiques à l'idée que le particulier qui souhaite uniquement voir dire le droit puisse être intéressé par l'histoire française de la justice et de son « indispensable » principe de séparation des autorités, principe qui va le contraindre à de multiples recours.

Le principe de séparation des autorités est contestable. La question préjudicielle, par extension, l'est également. « Le mécanisme des questions préjudicielles n'a aucun fondement ni aucune justification constitutionnels. Il est de la responsabilité du législateur de lui donner les contours et les limites qu'appellent un sain aménagement de la liberté fondamentale d'ester en justice »[83]. Une telle réforme est nécessaire. L'intérêt d'une bonne administration de la justice le commande. Le strict respect des compétences juridictionnelles ne semble pas, à l'inverse de la mise en place d'une justice efficace et protectrice des droits des individus, indispensable.

Cette rigueur excessive se justifie d'autant moins que les dérogations à la séparation des autorités sont multiples. Par ailleurs, rien n'interdit constitutionnellement la mise en place de blocs de compétence. Rien n'interdit, aussi, au juge judiciaire d'apprécier la légalité d'un acte administratif ou d'en interpréter le sens dès lors qu'il ne s'agit que d'une question incidente au litige principal. C'est d'ailleurs ici que se situe le point central du problème. A partir du moment où l'on souhaite laisser subsister le dualisme juridictionnel, il apparaît normal de vouloir préserver la sphère d'intervention des deux ordres de juridiction. Mais il nous semble inopportun de distinguer si fortement le litige principal de la simple question incidente. Il est déjà bien difficile de trouver le juge principalement compétent pour résoudre un litige. Il serait alors souhaitable, dans un souci de bonne justice, de lui confier l'intégralité du contentieux, même s'il apparaît qu'au moins une des questions posées relève de la compétence de l'autre juge. Il ne semble pas que cette méthode puisse avoir pour conséquence de remettre fondamentalement en cause le principe de séparation des autorités. Elle pourrait même inversement contribuer à son maintien.

L'interpénétration entre le domaine public et le domaine privé étant de plus en plus importante, les questions préjudicielles ne peuvent que se multiplier. Un accroissement excessif du nombre de ces questions, très défavorables au plaideur et à la qualité de la justice, ferait sans aucun doute naître de nombreuses interrogations sur la pertinence du maintien du principe de séparation des autorités. La question préjudicielle permettrait également de prévenir les éventuelles contrariétés de décision. L'argument est souvent avancé en faveur du maintien du mécanisme. S'il n'est pas faux, il n'est pas déterminant. Les contrariétés entre les deux juges existent seulement parce qu'au nom du respect de leur indépendance, ils refusent de collaborer plus ouvertement. La collaboration est possible sans question préjudicielle. Il suffit simplement de la vouloir. Rien n'empêche le juge administratif et le juge judiciaire de regarder plus souvent l'un vers l'autre en

[83] Y. Gaudemet, *op. cit.*, p. 773.

essayant, dans la mesure du possible, d'aligner leurs jurisprudences. Ce devrait être au moins le cas lorsque est en jeu un problème juridique pouvant être soumis à la connaissance des deux instances.

Les questions préjudicielles, technique née de l'existence d'une justice dualiste et de l'interprétation française faite du principe de la séparation des pouvoirs, affectent le droit fondamental de l'individu d'ester en justice et de pouvoir bénéficier d'une décision juridictionnelle. Elles rendent difficiles la protection des libertés du plaideur qui se voit imposer de saisir successivement plusieurs juges. « En définitive, il n'y a qu'une condition fondamentale pour un bon fonctionnement du mécanisme des questions préjudicielles : c'est qu'il fonctionne peu »[84].

[84] D. Granjon, *op. cit.*, p. 93.

CHAPITRE II : L'ABSENCE DE BLOC DE COMPETENCE :

Dans un système où les ordres juridictionnels sont multiples, il est impératif de trouver des critères de répartition des compétences. Ces règles de répartition entre les deux ordres juridictionnels existent bien mais elles devraient permettre de déterminer clairement la compétence contentieuse du juge administratif et du juge judiciaire. Ce n'est pourtant pas le cas. Ces critères, qui tournent principalement autour de l'idée de personne publique, de service public ou encore d'utilisation de prérogatives de puissance publique, ne sont pas stables. Ils ne permettent pas de connaître avec certitude la juridiction qu'il convient de saisir pour traiter tel ou tel litige. Le critère unique tant recherché n'existe pas et ceux qui ont été institués pour le remplacer sont instables. Il n'existe donc pas un bloc de compétence administratif ou judiciaire clair et cohérent.

Il était pourtant possible de créer un bloc de compétence sur la base du critère exclusif tiré de l'atteinte à une liberté fondamentale, afin de préserver ce domaine si sensible des aléas inhérents au dualisme juridictionnel. Malgré une tentative visant à faire de l'autorité judiciaire la gardienne des libertés essentielles de l'individu, le principe a été, en grande partie, rejeté. Il continue pourtant d'être affirmé et il doit être concilié avec le principe de la séparation des autorités.

Dans un domaine où la simplicité devrait être érigée en vertu majeure, les règles de répartition vont être plus encore complexifiées. La détermination du juge compétent selon les critères classiques de répartition ne suffit plus. Il faut en plus s'interroger sur le problème de l'atteinte à la liberté puisque cette atteinte, si elle relève de l'autorité administrative et si elle porte sur une liberté considérée comme fondamentale, risque de remettre en cause le choix initial du juge à saisir. Le litige relève normalement de la juridiction administrative puisque c'est la personne publique qui a porté atteinte à la liberté. Mais puisqu'il s'agit d'une atteinte administrative portée à une liberté fondamentale, et sachant que l'autorité judiciaire est considérée comme la gardienne de ces libertés, le litige ne doit-il pas alors ressortir de la compétence des tribunaux judiciaires ? Cette solution n'est pas impossible mais elle ne saurait être certaine. Ce principe va souvent devoir s'effacer au profit du respect du principe de séparation des autorités. Loin d'aboutir au bloc de compétence pendant longtemps recherché en ce qui concerne le contentieux des libertés fondamentales, la coexistence de ces deux principes va au contraire aboutir à diviser l'instance juridictionnelle.

Le contentieux de la liberté est donc partagé ; il est d'ailleurs loin d'être le seul ; et cette division systématique trouve son fondement dans une volonté politique de conciliation entre le principe de séparation des autorités et le principe faisant de l'autorité judiciaire la gardienne des droits fondamentaux. Chaque juge, s'arc-boutant sur son principe, essaye, dans la mesure du possible, de préserver un contentieux qu'il estime devoir relever de sa compétence. Ce « conflit » de compétence peut prendre deux formes distinctes.

- Il peut aboutir à une compétence concurrente des deux juges. C'est probablement la solution la plus favorable pour le justiciable. Le risque d'erreur quant à la compétence du juge saisi est exclu. Le risque d'un renvoi préjudiciel également. Mais, compte tenu de la diversité des questions juridiques posées, le cas est relativement peu fréquent[85] et cela concerne rarement l'intégralité du contentieux.

- Il va, plus généralement, aboutir à une compétence partagée. Il y a ici compétence successive des deux juges. Bien qu'on puisse parler davantage d'une collaboration que d'un conflit entre les deux juges, cette solution est loin d'être pleinement satisfaisante pour le justiciable. Si la collaboration évite les incertitudes sur le juge compétent, faut-il déjà qu'elle soit totalement acceptée. Ceci n'est pas fréquent. Elle aboutit néanmoins à dédoubler l'instance juridictionnelle.

Ainsi, voulant faire cohabiter deux règles parfaitement antagonistes, le système juridictionnel français va générer des situations nuisibles à la qualité de la justice et au droit du justiciable. « La dualité de juridictions emporte une autre conséquence infiniment plus grave que celle des difficultés en matière de répartition des compétences... Cette conséquence réside dans le fait que la répartition des compétences, en emportant dislocation du contentieux, a pour effet d'écarteler les matières entre les différentes disciplines... Nombreuses sont les affaires où le juge, après s'être déclaré compétent, ne peut pas traiter de l'ensemble de l'affaire »[86].

Il en résulte deux conséquences possibles. Dans le meilleur des cas, le contentieux va appartenir dans sa globalité à un ordre de juridiction, exception faite d'une question dont la réponse s'avère nécessaire pour donner une solution au litige et qui relève de l'autre ordre de juridiction. C'est le mécanisme de la question préjudicielle étudié précédemment. Dans l'autre cas, du fait de la complexité des règles de répartition, et du fait de la coexistence de deux principes antagonistes, c'est l'ensemble du litige qui va être scindé en deux. Dans cette hypothèse, pour obtenir la satisfaction juridictionnelle à laquelle il a droit, le justiciable va devoir saisir deux juges. Ce partage n'est pas uniquement défavorable au justiciable en ce qu'il lui impose de saisir deux juges, il l'est également parce qu'il suppose une démarcation permettant de savoir quelle partie du litige relève du juge administratif et quelle partie relève du juge judiciaire. Cette frontière se déplace, rendant plus complexe encore la mission du plaideur à la recherche de son droit. Qui ne voit pas là une source supplémentaire de difficulté pour le plaideur ? Une difficulté que l'on retrouve dans le contentieux de la propriété privée (Section I), dans le contentieux de la liberté individuelle (Section II) mais également dans le contentieux de la responsabilité des services de police (Section III). La liste n'est pas exhaustive mais elle met suffisamment en relief les propos qui précèdent.

---

[85] Sur les cas de concurrence des compétences en dehors de la théorie de la voie de fait, voir P. Bretton, *thèse précitée*, p. 88 à 114.

[86] J.-C. Groshens, *Réflexion sur la dualité de juridiction*, AJ 1963, p. 537.

SECTION I : LE CONTENTIEUX DE LA PROPRIETE PRIVEE :

La compétence de principe de l'autorité judiciaire en matière de propriété privée a été affirmée par le législateur dès 1810 à propos du contentieux de l'expropriation. Cette compétence a été étendue à d'autres matières par la voie législative et par la voie jurisprudentielle. Si bien qu'on a pu voir dans l'autorité judiciaire « la gardienne de la propriété privée »[87]. Sa compétence est pourtant loin d'être exclusive. Le contentieux de la propriété privée est largement partagé entre les deux instances juridictionnelles. Ce partage emporte de nombreuses difficultés pour le plaideur qui cherche à obtenir réparation du préjudice subi du fait de l'atteinte administrative au droit de propriété. Dans tous les cas d'atteintes administratives à la propriété privée, qu'il s'agisse d'une hypothèse prévue par le législateur (Paragraphe I) ou qu'il s'agisse d'une hypothèse jurisprudentielle (Paragraphe II), le contentieux va être scindé en deux, obligeant le particulier à saisir deux juges distincts pour espérer obtenir pleine et entière satisfaction.

§ 1 : LE CONTENTIEUX DE L'EXPROPRIATION :

En dehors du contentieux de l'expropriation, le législateur a également entendu conférer au juge judiciaire compétence dans des hypothèses spécifiques d'atteinte à la propriété privée. Il n'a pourtant jamais attribué au juge judiciaire une compétence sur l'ensemble de ces contentieux.

Le principe, faisant des tribunaux judiciaires les gardiens de la propriété privée, aurait pu conduire à une reconnaissance exclusive de cette autorité sur la totalité des litiges visés. Le juge administratif, se fondant sur la prééminence du principe de séparation, n'a jamais rendu possible cette extension de compétence qui aurait pu aboutir à l'institution d'un bloc de compétence judiciaire. L'intervention des tribunaux judiciaires a toujours été entendue strictement par le juge administratif qui s'est employé à analyser rigoureusement les textes législatifs.

Dans tous les cas où la loi est intervenue pour réglementer les rapports entre la propriété privée et l'administration, il apparaît que la compétence judiciaire ne concerne que le contentieux de l'indemnisation. Seule la juridiction administrative est compétente pour déterminer la légalité de l'atteinte à la propriété privée. Il en va ainsi en ce qui concerne le contentieux des réquisitions civiles et militaires, le contentieux des servitudes administratives ou encore en matière de droit de préemption exercé pour la réalisation d'opérations d'urbanisme ou d'aménagement

---

[87] Ce principe s'est vu reconnaître une valeur constitutionnelle. Voir D.C. n° 85-189, 17 juillet 1985, Décision relative à la loi d'aménagement en matière d'urbanisme, p. 49 ; RDP 1986, chr. L. Favoreu, p. 474 ; F. Colly, *Le Conseil Constitutionnel et le droit de propriété*, RDP 1988, p. 135 ; P. Bon, *Le statut constitutionnel du droit de propriété*, RFDA 1989, p. 1009.

rural[88]. Dans toutes ces hypothèses, la victime de l'atteinte va peut-être se trouver dans l'obligation de saisir deux juges différents pour pouvoir bénéficier de la réparation souhaitée. Saisissant en premier lieu le juge administratif pour qu'il s'exprime sur la régularité de l'atteinte à la propriété privée, et celui-ci considérant l'atteinte illégale, le particulier va alors être obligé de saisir le juge judiciaire afin qu'il détermine le montant de l'indemnité et qu'il répare. Dans ce cas de figure et dans l'hypothèse où le justiciable souhaite, en plus de l'annulation de l'acte administratif, l'octroi d'une indemnité, le requérant est dans l'obligation de recourir au juge judiciaire et au juge administratif puisque le contentieux est scindé en deux phases. Une phase administrative qui concerne la légalité de l'action administrative, et une phase judiciaire d'indemnisation. Une telle division de l'instance se révèle défavorable parce qu'elle allonge considérablement la durée du procès.

Lorsque inversement le justiciable saisit en premier le juge judiciaire, et dans l'hypothèse où il ne se déclare pas incompétent, le renvoi préjudiciel devant la juridiction administrative n'est pas nécessairement exclu. Il faut alors espérer que le juge administratif constate l'irrégularité de l'atteinte[89].

Cette contrainte imposée au justiciable ne peut se justifier pleinement qu'à partir du moment où seul le juge judiciaire est susceptible de lui fournir une juste réparation. L'argument est loin de convaincre. La persistance du principe faisant de l'autorité judiciaire la gardienne de la propriété privée continue pourtant d'alimenter des dérogations législatives à la séparation des autorités, tout comme le principe de séparation des autorités semble prohiber le bloc de compétence judiciaire en la matière. Cependant, tout autant que la solution à laquelle ils aboutissent, aucun des deux principes n'est satisfaisant. Les justifications à la compétence de principe du juge judiciaire sont minimes voire inexistantes. L'analyse stricte et rigoureuse de la séparation des autorités, interdisant la plupart du temps la mise en place de blocs de compétence, s'explique tout aussi difficilement.

Le contentieux de l'expropriation nécessite, pour sa part, une analyse plus approfondie car le mécanisme mis en place impose au plaideur, sans qu'aucune autre possibilité ne lui soit offerte, de saisir le juge administratif et le juge

---

[88] Voir R. Chapus, *ouvrage précité*, p. 840 et s ; P. Bretton, *thèse précitée*, p. 115 à 124.

[89] Notons que le partage entre les deux juges est plus complexe encore qu'il y paraît. De nombreuses difficultés supplémentaires pour le requérant peuvent intervenir. En dehors des hypothèses prévues par le législateur, le juge administratif a considéré qu'il était seul compétent pour réparer le préjudice né de l'atteinte irrégulière portée à la propriété privée. Le conflit avec le juge judiciaire n'est pourtant pas à exclure. Se fondant sur sa compétence de principe en matière de propriété privée, il peut être tenté de se considérer comme le juge de l'indemnisation même dans les cas où le législateur n'a rien dit. Face à ce conflit positif de compétence, le Tribunal des conflits statue presque systématiquement en faveur du juge administratif. De même, le contentieux de l'indemnisation lui-même risque d'être divisé. Par application stricte du principe de séparation des autorités, la compétence des tribunaux judiciaires est limitée à la fixation de l'indemnité de réquisition proprement dite et non aux dommages qui en sont détachables.

judiciaire. Parce qu'il scinde le procès en deux phases, il rend la tâche du justiciable éminemment délicate. Mais ce qui reste aujourd'hui complexe n'est rien en comparaison de ce qui prévalait avant la réforme introduite par la loi du 2 février 1995. Jusqu'à cette date, le contentieux de l'expropriation montrait le visage le plus négatif qui soit du dualisme juridictionnel.

La dualité des compétences n'emporte pas de conséquences fâcheuses pour le plaideur si celui-ci ne souhaite qu'obtenir la réparation du préjudice né de la perte de sa propriété. On sait que le juge judiciaire est exclusivement compétent pour tout ce qui concerne la réparation des conséquences d'une expropriation[90]. Mais il est rare que le particulier victime d'une mesure aussi extrême ne conteste pas sa légalité car, s'il arrive à prouver que l'opération entreprise par l'administration n'est pas d'utilité publique, il peut normalement empêcher l'expropriation et préserver ainsi son droit fondamental de propriété. C'est ici que surgissent les premières perturbations. Des perturbations qui révèlent le caractère parfois absurde du dualisme juridictionnel[91].

Saisir exclusivement le juge judiciaire ne permet que très rarement d'aboutir à empêcher l'expropriation d'avoir lieu. Il est vrai qu'il appartient au juge judiciaire de prononcer par ordonnance le transfert de propriété mais les possibilités qui lui sont offertes d'y renoncer sont minces. Les limites de la compétence judiciaire sont très strictes. Le législateur l'a autorisé à vérifier le bon accomplissement des formalités qui donnent lieu à l'expropriation mais ses pouvoirs s'arrêtent là.

Le juge de l'expropriation a un rôle purement déclaratif puisque le transfert est prononcé au vu des pièces constatant l'accomplissement des formalités relatives à la déclaration d'utilité publique et à l'enquête parcellaire. En d'autres termes, le juge de l'expropriation se limite à vérifier si le dossier qui lui a été transmis est complet ou non. Il suffit ainsi que l'administration fasse parvenir à ce juge dans les délais tous les documents qui conviennent pour que le transfert de propriété puisse avoir lieu alors même qu'il peut y avoir des irrégularités grossières sur le fond. Le juge judiciaire ne peut ni apprécier l'opportunité de l'expropriation ni même vérifier la régularité interne des actes administratifs. Sa compétence se limite au contrôle de l'existence même de ces actes, et de leur régularité organique et formelle. Le juge ne pourra refuser l'expropriation que dans l'hypothèse rarissime

---

[90] Ce principe comporte cependant quelques exceptions notables qui compliquent la tâche du justiciable. La plus importante concerne les dommages causés par les ouvrages publics construits ou par les travaux publics réalisés sur le bien exproprié, qui sont considérés comme n'étant provoqués qu'indirectement par l'expropriation. Leur réparation relève par conséquent non pas du juge de l'expropriation mais du juge administratif. La victime de l'administration doit donc dans cette hypothèse saisir à la fois le juge de l'expropriation pour faire réparer les préjudices directement causés par la dépossession et le juge administratif pour faire réparer les dommages de travaux publics. La répartition est plus délicate encore du fait de la difficulté qu'il y a à déterminer si le dommage est directement imputable à la dépossession ou s'il relève des travaux publics. Voir notamment T.C. 15 janvier 1979, *Outters c/ Ministre de l'équipement*, p. 560.

[91] Voir J. Lemasurier, *La cacophonie juridique du contentieux de l'expropriation*, Mélanges Drago, 1996, p. 427.

où le dossier est incomplet ou bien lorsque les actes administratifs nécessaires à la réalisation de l'expropriation ont été pris par une personne incompétente[92]. Cette ordonnance d'expropriation est donc susceptible d'un recours en cassation dans un délai de quinze jours mais les moyens invocables sont nécessairement limités[93].

Ainsi, le particulier qui cherche à préserver sa propriété privée d'une expropriation jugée illicite doit obligatoirement saisir le juge administratif qui peut seul contester, sur le fond, la légalité de la phase administrative de l'expropriation. Le requérant peut attaquer par la voie de l'excès de pouvoir la légalité de l'arrêté de cessibilité ou la déclaration d'utilité publique. Le particulier va donc tout d'abord devoir saisir le juge administratif pour faire constater l'illégalité de la phase administrative. Si le juge administratif lui donne tort, il va très probablement saisir la Cour de cassation pour essayer de faire annuler l'ordonnance d'expropriation. Et lorsque aucun des deux juges n'a donné satisfaction au demandeur sur l'expropriation elle-même, l'hypothèse d'un recours supplémentaire n'est pas à exclure. En vertu de l'article L. 13-1 du Code de l'expropriation issu de l'ordonnance du 23 octobre 1958, le juge de l'expropriation statue directement et lui-même sur les indemnités dues au particulier dépossédé. Le montant qu'il fixe peut cependant faire l'objet d'une contestation en appel devant la chambre d'expropriation dont l'arrêt est susceptible d'être déféré à la Cour de cassation.

La division de l'instance impose donc au plaideur, qui cherche à bénéficier d'une protection optimum, de saisir une fois le juge administratif et, au moins deux fois, le juge judiciaire. Une telle situation est loin d'être satisfaisante. Elle pouvait cependant être bien pire avant que le législateur n'intervienne. Mais si le nouveau texte permet d'éviter des contradictions génératrices d'incohérences, il ne résout pas tous les problèmes. Lorsque le juge administratif donne satisfaction au plaideur, l'expropriation devient alors en principe impossible. La réalité était pourtant fort différente avant l'intervention du législateur.

Lorsque l'ordonnance d'expropriation n'a pas encore été rendue, ou lorsqu'elle n'est pas encore devenue définitive, car frappée d'un pourvoi en cassation pendant, l'irrégularité de la phase administrative, peu importe qu'elle soit due à l'illégalité de la déclaration d'utilité publique ou de l'arrêté de cessibilité, entraîne l'impossibilité pour le juge de l'expropriation de prononcer le transfert. Mais en pratique, le recours en annulation a peu de chance d'être examiné avant que l'ordonnance d'expropriation n'ait été prononcée compte tenu de la lenteur de la justice administrative, de l'effet non suspensif des recours, et du caractère exceptionnel du mécanisme, maintenant révolu, du sursis à exécution. Au surplus,

---

92 Civ. 12 février 1941, *Caisse fraternelle de capitalisation*, Gaz. Pal. 1941.I.34.

93 Les trois moyens principaux sont l'incompétence du juge, l'excès de pouvoir du juge qui correspond aux seules irrégularités les plus graves, et le vice de forme. Notons tout de même que dans l'hypothèse, peu fréquente, où la Cour de cassation annule l'ordonnance, l'expropriation devient une emprise irrégulière susceptible de donner lieu à indemnisation. Le justiciable devra alors saisir le juge judiciaire de droit commun et non plus le juge de l'expropriation…

et en vertu du principe de l'indépendance des deux ordres, rien n'obligeait le juge de l'expropriation à attendre la décision du juge administratif. La loi favorise d'ailleurs la célérité de la procédure puisqu'elle impose au juge judiciaire de prononcer l'expropriation sous huit jours dès la réception du dossier complet.

Le plaideur avait donc tout intérêt à se pourvoir en cassation contre l'ordonnance d'expropriation mais, fallait-il déjà qu'il soit bien informé pour intenter, dans le délai bref de quinze jours, un recours contre une ordonnance apparemment légale. Ce recours devant le juge judiciaire lui permettait de gagner du temps, en espérant que le juge administratif rende sa décision avant que la Cour de cassation ne se soit prononcée sur la régularité de l'ordonnance. La Cour de cassation avait toutefois souvent tendance à surseoir à statuer sur le pourvoi, tant que le juge administratif ne s'était pas prononcé sur le recours pour excès de pouvoir. Cette solution n'avait pourtant rien d'obligatoire et elle n'était absolument pas systématique.

Statuant après le juge administratif, la juridiction judiciaire suprême devait annuler l'ordonnance ainsi que la décision du juge de l'expropriation fixant le montant des indemnités dues par l'autorité administrative.

Si l'ordonnance d'expropriation était devenue définitive, soit parce qu'elle n'avait pas fait l'objet d'un recours en cassation, soit parce que le pourvoi en cassation avait été jugé irrecevable ou non fondé, avant que le juge administratif n'ait déclaré la phase administrative de l'expropriation illégale, la dépossession devenait alors définitive[94].

La victime de l'atteinte était donc plus ou moins dans l'obligation, si elle voulait voir son droit de propriété protégé, de saisir le juge administratif et le juge judiciaire. Effectuant cet effort long, pénible et coûteux, elle n'était pas assurée d'obtenir satisfaction bien qu'elle savait l'administration avoir commis une irrégularité.

Son parcours ne s'arrêtait cependant pas là. La victime avait définitivement perdu son bien immobilier, mais elle pouvait éventuellement espérer obtenir une réparation supplémentaire du fait de la dépossession illégale. Le plaideur allait donc logiquement devant le juge administratif, en intentant une action en responsabilité sur le fondement de l'illégalité de l'expropriation entreprise par l'administration. Rien de plus normal, puisque la réparation des préjudices causés

[94] Le droit de rétrocession prévu à l'article L. 12-6 du Code de l'expropriation, qui permet aux anciens propriétaires de demander la rétrocession des biens expropriés s'ils n'ont pas reçu la destination prévue dans un délai de cinq ans, pouvait laisser espérer les victimes d'une expropriation irrégulière. L'annulation de la déclaration d'utilité publique est supposée retirer toute destination d'utilité publique aux immeubles expropriés. Cette voie se révélait cependant particulièrement hasardeuse pour le justiciable. Le juge judiciaire, seul compétent en ce domaine, n'avait utilisé cette technique que très exceptionnellement (Cour d'appel d'Angers, 7 février 1962, *Launay*). Et même s'il l'acceptait, rien n'empêchait l'administration de faire échec à la rétrocession en reprenant une nouvelle déclaration d'utilité publique comme l'y autorise l'article L. 12-6.

aux propriétaires expropriés par l'illégalité de la déclaration d'utilité publique, ou de l'arrêté de cessibilité, relève de la compétence de la juridiction administrative sur le fondement de la responsabilité pour faute[95]. Le juge administratif rejetait pourtant généralement, dans cette hypothèse, sa compétence, considérant que l'annulation de la phase administrative d'expropriation rendait l'ordonnance d'expropriation sans base légale.

Comme la dépossession irrégulière se transforme en emprise irrégulière, dont la réparation relève du seul juge judiciaire, le juge administratif renvoyait les parties devant ces mêmes tribunaux[96]. Le plaideur devait alors saisir le juge judiciaire pour obtenir la réparation de ce qu'il pensait être une emprise irrégulière. Considérant que la prise de possession avait eu lieu en vertu d'un titre de propriété régulier et définitif, l'ordonnance d'expropriation, le juge judiciaire estimait qu'il n'y avait pas d'emprise irrégulière susceptible de donner lieu à réparation[97]. Subsistait alors, pour la victime, la possibilité de saisir le juge de l'expropriation d'une action en dommages et intérêts du fait de l'illégalité de la dépossession, puisque le Tribunal des conflits avait finalement donné compétence à ce juge pour la réparation d'un tel préjudice[98]. Cette solution n'était pourtant pas satisfaisante pour la victime « dans la mesure où les préjudices spécifiques causés par l'illégalité de la dépossession sont, le plus souvent, des préjudices moraux que le juge de l'expropriation ne peut en principe indemniser »[99].

Une réforme du contentieux de l'expropriation était donc souhaitable, et aucun argument juridique ne s'y opposait.

Ce que la doctrine réclamait depuis longtemps a pourtant mis beaucoup de temps à être retranscrit dans les textes. L'article 4 de la loi du 2 février 1995 vient remédier à cet état de fait. L'article L. 12-5 dispose qu'« En cas d'annulation par une décision définitive du juge administratif de la déclaration d'utilité publique ou de l'arrêté de cessibilité, tout exproprié peut faire constater par le juge de l'expropriation que l'ordonnance portant transfert de propriété est dépourvue de base légale ».

Ainsi, l'annulation de la phase administrative de l'expropriation prive l'ordonnance, et cela même si elle est devenue définitive, de sa « base légale ». Dès lors, l'individu exproprié a la possibilité de faire constater par le juge de l'expropriation cette absence de base légale.

La solution adoptée par le législateur est d'importance. Elle met fin à ce système aberrant en permettant de revenir sur le transfert de propriété. Elle n'est cependant pas totalement satisfaisante pour la victime qui désire récupérer son bien. Elle lui impose de saisir une nouvelle fois le juge.

---

[95] C.E. 13 octobre 1976, *Ministre de l'intérieur c/ Boucher*, RDP 1977, p. 1049, note J.-M. Auby.

[96] C.E. 26 juillet 1985, *Mme Jobert*, RDP 1986, p. 1489.

[97] Civ 3e, 2 mars 1988, *Ville de Saint-Denis c/ Consorts Plouin et autres*, D. 1989. Somm. 102, obs. P. Carrias.

[98] Voir T.C. 26 juin 1989, *Mme Plouin et autres*, précité.

[99] J.-M. Auby et P. Bon, *Droit administratif des biens*, Précis Dalloz, 2e éd., 1993, p. 399.

La Cour de cassation avait pourtant émis une autre proposition qui prévoyait que « l'annulation par une décision du juge administratif de l'arrêt déclaratif d'utilité publique ou de l'arrêt de cessibilité prive l'ordonnance d'expropriation de tout effet à l'égard des biens concernés par l'annulation ». Cette proposition avait, pour elle, le mérite de la simplicité et de la clarté mais risquait d'aboutir à la remise en cause systématique de la situation du propriétaire exproprié. Certains d'entre eux peuvent, en effet, se satisfaire d'avoir bénéficié d'une confortable indemnité.

Malgré la réforme, qui permet d'éviter le véritable déni de justice, le partage des compétences en matière d'expropriation impose néanmoins à la victime de saisir les deux instances juridictionnelles, et ceci peut-être à plusieurs reprises :

- le juge administratif, pour faire annuler la phase administrative de l'expropriation et, ou, la Cour de cassation, pour faire annuler l'ordonnance réalisant le transfert de propriété dans l'hypothèse où le juge de l'expropriation a effectué ce transfert avant la décision du juge administratif, s'il a été saisi.

- Ensuite, et dans l'hypothèse où le juge administratif a déclaré l'expropriation dépourvue d'utilité publique après le transfert définitif de propriété, le juge judiciaire, pour qu'il restitue le bien[100] ou, et, pour qu'il fasse droit à une indemnisation complémentaire.

Les inconvénients générés par la présence de deux ordres de juridiction sont certes restreints, mais ils ne sont pas supprimés. Les risques de conflit entre les deux juges subsistent. Il est vrai que le nouveau texte autorise la mise en route d'une nouvelle procédure permettant d'éviter que ne perdurent des situations inextricables mais il ne règle pas le problème fondamental de l'existence d'une justice dualiste. La loi permet de dénouer les conflits ; elle ne les prévient pas. Toutes les fois où, à la date de l'annulation de la phase administrative, l'ordonnance devient définitive, le propriétaire qui cherche à obtenir la restitution de son bien et la réparation du préjudice né de l'illégalité de l'atteinte sera placé dans une situation contraignante qui lui impose beaucoup d'efforts qu'il n'est pas certain de pouvoir fournir.

La Cour de cassation décide fréquemment de son propre chef de surseoir à statuer jusqu'à ce que le juge administratif se soit prononcé sur la légalité de la phase administrative[101]. Rien ne l'y oblige, et cette « sorte de politique de la Cour de cassation »[102] n'est qu'une règle d'application facultative. Il existait encore

[100] A partir du moment où l'ordonnance d'expropriation est dépourvue de base légale, il n'existe alors plus aucun obstacle à ce que le bien soit restitué à son propriétaire contre le remboursement des sommes perçues. Celui-ci peut donc obtenir du juge de l'expropriation la restitution d'un bien dont il n'a jamais cessé de jouir en droit. Voir TGI Bobigny, 12 juillet 1996, *cons. Cubain*, AJPI 1996, p. 1030, obs. C. 11.

[101] Cass. 3e civ. 31 mars 1999, *Parcheminier*, D. 1999, IR, p. 116.

[102] R. Drago, S. 1954.I.5.

jusque dans les années 1990 de nombreuses affaires dans lesquelles le juge judiciaire n'avait pas attendu la décision du juge administratif[103].

Il eut ainsi été parfaitement logique et judicieux qu'un texte lui impose de le faire. Il peut sembler plus délicat de retirer au juge judiciaire le soin de procéder au transfert de propriété, ou d'autoriser ce même juge à apprécier la légalité de la phase administrative, puisque deux principes ayant valeurs constitutionnelles semblent s'y opposer ; mais on ne trouve guère de raisons justifiant le refus de cette réforme, somme toute assez simple. Elle n'a pourtant pas été adoptée.

Le contentieux de l'expropriation est éminemment complexe. Il nécessite de la part du justiciable des moyens et du temps. Autant d'efforts consentis pour un résultat aussi incertain, voilà bien qui laisse perplexe quant à la nécessité de maintenir le contentieux de l'expropriation sous la responsabilité de deux juges distincts. C'est pourtant ce qu'impose la conciliation et le respect du principe de la séparation des autorités, dont découle le principe de l'indépendance des deux juges, avec le principe faisant de l'autorité judiciaire la gardienne de la propriété privée. Le refus de condamner au moins l'un de ces deux principes inconciliables affaiblit la sauvegarde du droit de propriété. Nous ne sommes jamais très éloignés du fameux déni de justice évoqué par L. Favoreu.

Mais des arguments peuvent être invoqués à l'appui d'une réforme qui chercherait à aller plus loin. « Actuellement, l'intervention des tribunaux judiciaires en matière d'expropriation est parfaitement anachronique. Elle est aussi une cause de complications. La juridiction administrative les remplacerait avantageusement dans le rôle que la législation de l'expropriation leur impartit, et, en tout cas, en ce qui concerne le prononcé du transfert de propriété »[104]. Le juge judiciaire est certes considéré comme le gardien de la propriété privée mais cette idée trouve son fondement sur les anciennes insuffisances de la juridiction administrative à assurer une protection efficace du droit de propriété. L'idée n'est-elle pas aujourd'hui dépassée, notamment depuis que s'est instauré un véritable contrôle de légalité de la juridiction administrative sur l'utilité publique ?

De même, l'autorité judiciaire se voit interdire d'apprécier la légalité de la phase administrative d'expropriation sur le double fondement de l'indépendance absolue des deux ordres de juridiction, et sur la base du principe de séparation des autorités. On sait qu'elle est la valeur de ce principe.

Enfin, le juge constitutionnel n'a-t-il pas considéré que seules l'annulation et la réformation des actes administratifs relevaient de la compétence exclusive du juge administratif ! On objectera encore que la situation actuelle est plus choquante à

---

[103] Cass. 3e civ., 14 décembre 1982, *Mme Travers c/ Ville de Laval*, Bull. civ. III n° 250, p. 187 ; Cass. 3e civ. 5 octobre 1983, *Ville de Laval c/ Mme Travers*, Bull. civ. III, n° 180, p. 139 ; Cass. 3e civ. 18 mai 1989, *Epoux Attenville*. D.S. 1990, som. com. P. 41 ; obs. P. Carrias ; Cass. 3e civ. 28 mars 1990, *Cts Longuemare*, AJPI 1990, p. 619 ; Cass. 3e civ., 27 novembre 1990, *Cne d'Aubière*, Bull. cass. III, n° 252, p. 142 ; Cass. 3e civ., 6 novembre 1991, Bull. cass. III, n° 266, p. 157.

[104] R. Chapus, *op. cit.*, p. 693.

une époque où le Conseil constitutionnel a solennellement affirmé que nul ne peut céder sa propriété si ce n'est pour cause d'utilité publique. L'article 17 de la Déclaration des droits de l'homme et du citoyen, déclaration intégrée au bloc de constitutionnalité, n'affirme-t-il pas que « la propriété étant un droit inviolable et sacré, nul ne peut en être privé, si ce n'est lorsque la nécessité publique, légalement constatée, l'exige évidemment, et sous la condition d'une juste et préalable indemnité ». On comprend dès lors très mal qu'une expropriation dénuée d'utilité publique puisse néanmoins être réalisée même temporairement.

Espérons cependant que les nouveaux pouvoirs d'urgence du juge administratif permettront à celui-ci de suspendre plus fréquemment et plus rapidement l'opération d'expropriation lorsqu'il est à craindre que la dépossession soit illégale. Car il s'agit ici du moyen le plus efficace permettant de prévenir les conflits résultant de la coexistence d'une phase administrative de l'expropriation annulée avec la présence d'une ordonnance définitive de transfert de propriété.

§ 2 : LE CONTENTIEUX DE L'EMPRISE IRREGULIERE :

Alors que la théorie de l'emprise, création jurisprudentielle, devait conduire à une compétence exclusive de la juridiction judiciaire pour connaître, en dehors des cas prévus légalement, le contentieux du droit de propriété, au motif que la protection de la propriété privée rentre essentiellement dans les attributions de cette autorité, la jurisprudence élaborée après guerre va largement venir remettre en cause ce principe. D'une jurisprudence initialement nuancée, la juridiction administrative, ne sachant trop s'il convenait de faire prévaloir le principe du juge judiciaire gardien de la propriété privée ou celui de la séparation des autorités, le Conseil d'Etat et le Tribunal des conflits vont restreindre l'importance prise par l'autorité judiciaire en ce qui concerne la protection du droit de propriété.

Certains auteurs avaient proposé de faire de l'emprise un bloc de compétence au profit des tribunaux de l'ordre judiciaire[105], mais la juridiction administrative s'y est opposée et a, à l'inverse, progressivement tiré vers elle la quasi-totalité de ce contentieux.

Par la distinction de l'emprise régulière et de l'emprise irrégulière, la jurisprudence va tirer des conséquences sur la répartition des compétences entre les instances juridictionnelles. Pour que le juge judiciaire puisse être véritablement considéré comme le juge de la propriété, il eût été souhaitable que sa compétence soit reconnue, que l'emprise soit régulière ou irrégulière. Le Tribunal des conflits va cependant poser, dans un arrêt de principe, l'incompétence des tribunaux judiciaires pour statuer sur une emprise régulière. L'emprise peut parfaitement être

---

[105] Voir Delvolvé, concl. sous T.C. 30 juin 1949, *Nogier*, D. 1950.3.13.

régulière. C'est le cas lorsque la dépossession immobilière a été prévue par un texte. Il est alors fréquent que la loi prévoit la compétence de l'autorité judiciaire pour statuer sur les conséquences dommageables de la dépossession, mais lorsque la loi ne dit rien, la question se posait de savoir s'il fallait reconnaître la compétence du juge judiciaire, en faisant ainsi prévaloir le principe de l'autorité judiciaire gardienne de la propriété privée, ou bien celle du juge administratif, en faisant prévaloir le principe de séparation des autorités.

Dans un arrêt du 11 janvier 1952, le Conseil d'Etat considéra qu'il n'était pas utile de rechercher la nature de l'emprise pour fonder la compétence judiciaire[106]. Il va toutefois, dès 1953, affirmer la nécessité du caractère irrégulier de l'emprise pour que la compétence judiciaire puisse être retenue en l'absence de texte déterminant l'ordre juridictionnel compétent[107]. S'il n'affirme pas ici expressément sa compétence, considérant uniquement que l'autorité judiciaire ne peut être valablement saisie que dans l'hypothèse d'une emprise irrégulière, on en déduit, a contrario, qu'en l'absence de texte et en cas d'emprise régulière, seule la juridiction administrative est compétente.

C'est également l'analyse du Tribunal des conflits[108]. Elle va être expressément confirmée par le Conseil d'Etat, dans deux arrêts de 1960 et 1961, où il va clairement affirmer sa compétence dans les hypothèses d'emprise régulière[109].

Le rôle joué par les tribunaux judiciaires dans la protection de la propriété privée va être d'autant plus réduit par le Tribunal des conflits qu'il considère l'autorité judiciaire exclusivement compétente pour réparer le préjudice causé par l'emprise irrégulière. L'appréciation de la légalité de l'acte administratif fondant cette emprise, sur le fondement de la séparation des autorités, est de la compétence exclusive de la juridiction administrative, soit sur renvoi du juge judiciaire, soit directement par la voie du recours pour excès de pouvoir.

Ce n'est qu'une fois l'irrégularité constatée que le propriétaire lésé peut demander réparation du préjudice causé devant le juge judiciaire[110]. En l'absence de voie de fait, l'idée selon laquelle « la protection de la propriété privée entre essentiellement dans les attributions de l'autorité judiciaire » connaît une application timide. Le Tribunal des conflits a même été jusqu'à dénier au juge judiciaire le pouvoir d'adresser des injonctions à l'administration au motif que le juge administratif ne détenait pas lui-même ce pouvoir. Les tribunaux judiciaires ne

---

[106] C.E. 11 janvier 1952, *Régnier de Massa*, p. 32.

[107] C.E. 25 mars 1953, *Consorts Vallée*, p. 156 ; C.E. 11 mai 1953, *Consorts Roche*, p. 115 ; C.E. 19 juin 1953, *Vve Bourguet*, p. 768.

[108] T.C. 1er février 1951, *Consorts Bonduelle*, p. 627 ; T.C. 5 juillet 1951, *D^lle Cloteur*, p. 642 ; T.C.28 février 1952, *Consorts Pichard*, p. 618 ; T.C. 28 mars 1955, *Lubrano c/ Polluel*, p. 618 ; T.C. 10 juillet 1956, *Picard et Nehlig*, p. 589 ; T.C. 2 juillet 1962, *Pons*, p. 821.

[109] C.E. 5 octobre 1960, *Compagnie d'assurances générales accidents, vols, maritimes, risques divers, réassurances*, p. 517 ; AJ 1961.25, note J.M.G. ; C.E. 15 février 1961, *Werquin*, p. 118.

[110] T.C. 17 mars 1949, *Sté Hôtel du Vieux-Beffroi*, p. 592, GAJA, 9e éd., n° 72 ; T.C. 30 juin 1949, *Nogier*, p. 604.

peuvent donc pas ordonner l'expulsion du service occupant ni même prononcer des astreintes contre l'administration[111].

Ainsi, en cas d'emprise régulière, et lorsque aucun texte ne vient préciser l'ordre juridictionnel compétent, seule la juridiction administrative est compétente pour indemniser les victimes de la dépossession. Quant à l'emprise irrégulière, les victimes ne pourront bénéficier de la protection judiciaire qu'à partir du moment où le juge administratif aura considéré la dépossession illégale.

Il appartient à la seule juridiction administrative d'assurer la sauvegarde du droit de propriété puisque c'est uniquement à elle qu'il revient de constater l'illégalité commise par l'autorité administrative. Envisageant restrictivement les irrégularités de l'administration sur la propriété, le juge administratif réduit considérablement la compétence de l'autorité judiciaire. Constatant aisément toutes les illégalités de la puissance publique, et réparant de façon tout aussi conséquente les préjudices résultant de la dépossession, on ne trouve plus guère de raisons de continuer à appliquer un principe qui, au même titre que la voie de fait, est source de nombreuses complexités particulièrement défavorables au justiciable.

La jurisprudence sur l'emprise fait naître une double compétence juridictionnelle. Ou bien elle implique une double saisine : la victime saisit d'abord le juge administratif pour s'assurer de l'irrégularité de l'emprise puis, dans l'hypothèse où celle-ci est caractérisée, saisit le juge judiciaire pour la réparation du préjudice subi. Ou bien elle nécessite, dans l'hypothèse où la victime a saisi directement le tribunal judiciaire, un renvoi en question préjudicielle devant le juge administratif puisque l'autorité judiciaire ne peut apprécier elle-même l'irrégularité de l'emprise en cas de difficulté sérieuse[112]. Il en résulte inévitablement une perte de temps pour le justiciable. Il ne peut en être autrement que si l'administration reconnaît elle-même l'irrégularité de l'emprise, mais il s'agit d'un cas de figure exceptionnel, l'administration reconnaissant difficilement ses fautes avant même une éventuelle condamnation juridictionnelle. On assiste donc à une double division de l'instance juridictionnelle. Au juge administratif le contentieux de l'emprise régulière et au juge judiciaire le contentieux de l'emprise irrégulière. Au juge administratif le soin de déterminer la légalité de la dépossession et au juge judiciaire le soin de réparer cette emprise lorsqu'elle est considérée comme irrégulière. « La distinction ainsi faite est singulière. Si on estime que l'autorité judiciaire doit être la gardienne de la propriété immobilière privée, c'est l'existence

---

[111] T.C. 17 mars 1949, *Sté Rivoli-Sébastopol*, p. 594 ; GAJA, Sirey, 9e édition, n° 72. Voir solution contraire, T.C. 17 juin 1948, *Manufacture de velours et peluches et Sté Velvétia*, p. 513 ; S. 1950.3.1, note Mathiot ; D. 1948.II.4437, note George.

[112] Voir notamment T.C. 29 octobre 1990, *Préfet de Saône et Loire*, p. 399. La solution est d'autant plus contestable que l'absence de contestation sérieuse sur la régularité de l'emprise n'empêche pas l'autorité administrative d'élever abusivement le conflit considérant pour sa part que l'emprise est régulière et qu'ainsi seul le juge administratif doit être compétent pour indemniser la victime.

d'une emprise qui importe. Son caractère régulier ou irrégulier devrait être indifférent »[113].

La division est contestable d'un point de vue juridique et pratique. Elle nuit à la qualité de la justice. La solution se comprend plus difficilement à une époque où le juge administratif ne saurait être taxé de parcimonie dans les indemnités qu'il alloue.

La théorie de l'emprise rend éminemment complexe la réparation. Si les tribunaux judiciaires peuvent, depuis l'arrêt Hôtel du Vieux-Beffroi, réparer l'ensemble des préjudices, mobiliers et accessoires, qui ont leur source dans l'emprise[114], il n'en demeure pas moins que la dualité des compétences en la matière génère des difficultés peu favorables aux intérêts de la victime. Une emprise peut être, par exemple, partiellement irrégulière. Ainsi, lorsqu'une occupation dépasse les limites autorisées par la décision administrative, la juridiction administrative sera compétente pour réparer le préjudice né de la partie régulière de l'emprise, et l'autorité judiciaire sera compétente pour indemniser le préjudice résultant de sa partie irrégulière[115]. La victime sera alors dans l'obligation de saisir les deux juges, la juridiction administrative devant se déclarer incompétente sur les conclusions tendant à l'attribution d'une indemnité fondée sur le caractère irrégulier de l'emprise qu'aurait exercée l'administration.

De même, incompétents pour apprécier l'éventuelle faute de service commise par l'administration, les tribunaux judiciaires ne peuvent tenir compte de l'illégalité administrative pour évaluer l'importance du préjudice[116]. C'est le même motif qui interdit au juge judiciaire de tenir compte du préjudice qui aurait été causé par une action administrative étrangère à l'occupation irrégulière. Désirant voir l'intégralité du préjudice réparé, la victime est dans l'obligation de saisir les deux juges.

Notons encore que, n'étant pas autorisé à adresser des injonctions à l'administration responsable d'une emprise irrégulière, le juge judiciaire ne peut la faire cesser ni même prononcer l'expulsion des occupants illicites. Cette impossibilité limite d'autant plus l'intérêt de la compétence judiciaire en matière d'emprise que le juge administratif dispose aujourd'hui de ce pouvoir d'injonction et qu'ainsi, rien ne lui interdit d'enjoindre à l'administration de cesser son activité illicite. C'est d'ailleurs probablement cette restriction dans les pouvoirs de l'autorité judiciaire en matière d'emprise qui a fréquemment conduit ce juge à recourir de façon abusive à la théorie de la voie de fait. La propension des tribunaux judiciaires à qualifier ces occupations de voies de fait provoque un net déclin de la théorie de l'emprise irrégulière. Cela conduit également à multiplier les

[113] R. Chapus, *Manuel précité*, p. 851.

[114] Auparavant, il était fait une distinction entre l'indemnité destinée à assurer la valeur de la prestation, relevant de la compétence judiciaire, et celle visant à réparer les préjudices accessoires à la dépossession, relevant, eux, de la compétence du juge administratif sur le fondement de la faute de service : T.C. 17 nov. 1917, *Bailly*, p. 735.

[115] C.E. 9 juillet 1930, *Ministre de la guerre c/ Petit*, p. 707.

[116] C.E. 8 juillet 1949, *Sté Tramways du Var et du Gard*, D. 1949, p. 396, note P.L.J.

élévations de conflit. Considérant, la plupart du temps à juste titre, que ces supposées voies de fait ne sont que de simples emprises, l'autorité administrative refuse de céder sa compétence. Le renvoi systématique devant le Tribunal des conflits engendre une perte de temps inévitable pour la victime de l'atteinte.

Enfin, pour que la compétence de la juridiction judiciaire soit reconnue, faut-il déjà que la dépossession soit immobilière. Sauf disposition législative particulière, la théorie de l'emprise ne protège que le droit de propriété portant sur un immeuble, et seul le juge administratif est compétent pour réparer le préjudice causé par l'administration qui dépossède le propriétaire d'un meuble[117].

La jurisprudence relative à l'emprise conduit à s'interroger sur les raisons actuelles justifiant la persistance de la compétence judiciaire à une époque où la juridiction administrative a conquis son brevet d'indépendance et de protection des droits des administrés. D'une compétence très vaste du juge judiciaire pour protéger le droit de propriété, fondée sur l'idée qu'il en est le gardien naturel, la jurisprudence administrative est venue réduire cette compétence de principe au strict minimum.

Malgré la persistance du principe, la réalité juridique ne corrobore pas une telle affirmation. Il apparaît, en réalité, que seul le juge administratif peut véritablement prétendre à jouer le rôle de gardien de la propriété privée. En est-il pour autant indigne ? Nous ne le pensons pas. Il est par contre bien plus discutable, à l'instar de la voie de fait, que perdure la théorie de l'emprise fondée sur le rôle traditionnel supposé du juge judiciaire en la matière. Les règles qui régissent la répartition des compétences sont difficilement compréhensibles, et la garantie accordée par le juge judiciaire n'est pas à ce point supérieure sur le juge administratif qu'il soit nécessaire de laisser subsister des principes qui, loin d'être favorable au justiciable, nuisent foncièrement au rétablissement de la légalité. Ainsi, même dans l'hypothèse d'un juge judiciaire plus protecteur, les inconvénients liés à la théorie de l'emprise conduisent à considérer que la victime obtiendrait une sauvegarde bien plus efficace du droit de propriété en s'adressant au juge administratif.

La remise en cause de la compétence judiciaire est-elle, dans le domaine de la propriété privée, juridiquement acceptable ? L'affirmation de la compétence du juge judiciaire repose-t-elle sur des fondements juridiques solides ? Si tel est le cas, l'extension de la compétence administrative se fait au détriment du respect des règles de droit. Pourtant, loin de cautionner cette idée, il nous semble que le principe du juge judiciaire gardien de la propriété privée ne repose sur aucun texte solide, mais sur une accumulation de textes et de circonstances. La loi du 8 mars 1810 va entraîner, par ricochet, l'extension de la compétence judiciaire pour protéger la propriété face aux atteintes de l'administration. Plus que les textes, qui après 1810 vont se multiplier, c'est l'insuffisante protection de la juridiction

[117] T.C. 18 décembre 1943, *Fauquière*, p. 325 ; C.E. 4 juin 1956, *Sté Faure et Michon*, p. 744.

administrative qui va conduire aux nombreuses dérogations au principe de séparation des autorités.

Il semble pourtant qu'aucun texte juridique ayant valeur constitutionnelle n'affirme l'existence de ce principe. Seul le Conseil constitutionnel a contribué, bien plus tard, à donner une valeur constitutionnelle à la compétence judiciaire pour assurer la sauvegarde de la propriété, et encore, cela ne vaut que pour certains aspects de la propriété. Il a implicitement reconnu que la compétence du juge judiciaire en cas de dépossession était un principe de valeur constitutionnelle[118], pour poser ensuite le principe de l'autorité judiciaire gardienne de la propriété immobilière comme étant un principe fondamental reconnu par les lois de la République[119]. On peut se demander sur quelles lois de la République s'appuie le Conseil constitutionnel et quelle est l'opportunité de cette consécration par ailleurs limitée à la propriété immobilière. Il apparaît, en réalité, difficile de cerner l'étendue exacte de la compétence judiciaire garantie par le principe. La seule certitude concerne la fixation de l'indemnité due en cas de dépossession sur la propriété immobilière.

Rien ne s'oppose donc, juridiquement, à l'extension de la compétence du juge administratif en la matière. Aucun principe constitutionnel ne la condamne. Il en va bien différemment en ce qui concerne la liberté individuelle, où la juridiction administrative semble s'opposer à la fois à la volonté du législateur et du constituant.

SECTION II : LE CONTENTIEUX DE LA LIBERTE INDIVIDUELLE :

S'il est un contentieux par nature partagé entre les deux ordres de juridictions, c'est bien celui de la liberté individuelle (Paragraphe I). La coexistence du principe de l'autorité judiciaire gardienne de la liberté individuelle avec le principe de séparation des autorités - loin de conduire à la mise en place d'un bloc de compétence au profit d'un ordre juridictionnel - entraîne systématiquement le partage des compétences entre les deux juges. Le partage impose fréquemment à la victime de saisir simultanément ou successivement plusieurs juges. Le refus de condamner un des deux principes, ou au moins de trancher dans un sens ou dans l'autre lorsque la liberté individuelle est en jeu, risque souvent de rendre la sauvegarde de ce droit fondamental impossible, et la réparation du préjudice né de l'atteinte très difficile. Nous voudrions illustrer plus précisément l'idée par l'étude de deux domaines particulièrement sensibles et révélateurs du phénomène : l'hospitalisation d'office (Paragraphe II) et le contentieux des étrangers (Paragraphe III).

---

[118] Conseil constitutionnel, n° 85-198, DC du 13 décembre 1985.

[119] Conseil constitutionnel, n° 89-256, DC du 25 juillet 1989.

§ 1 : JUGE JUDICIAIRE, JUGE ADMINISTRATIF ET LIBERTE INDIVIDUELLE :

Le contentieux de la liberté individuelle est, probablement, celui qui a fait l'objet de la plus importante réglementation. C'est dans ce domaine que la volonté de transférer les litiges vers le juge judiciaire a été le plus nettement affirmée. Alors que la juridiction administrative et le Tribunal des conflits, au travers d'une interprétation particulièrement libre des textes législatifs, faisaient tout leur possible pour percer une brèche dans la compétence de principe accordée à l'autorité judiciaire, la volonté du pouvoir politique ne se démentait pas. A chaque coup de boutoir de ces juges, le législateur réaffirmait de façon de plus en plus explicite l'exclusivité de la compétence judiciaire pour connaître du contentieux de la liberté individuelle. Malgré la netteté de l'affirmation, le juge administratif et le Tribunal des conflits vont persister dans leur refus d'unifier le contentieux de la liberté individuelle au profit de l'ordre judiciaire[120].

Faut-il souhaiter une évolution ? Si on ne nie pas la transformation libérale de la juridiction administrative, on condamne néanmoins son refus systématique de respecter la volonté du législateur.

Interprétant de façon rigoureuse le principe de séparation des autorités, principe n'ayant qu'une simple valeur législative, le juge administratif finit par ne plus vraiment respecter le principe de séparation des pouvoirs, ayant, lui, une valeur constitutionnelle. Une telle démarche ne nous chagrinerait pas outre mesure si elle avait pour unique conséquence de simplifier et d'améliorer le fonctionnement de la justice. Or, c'est l'inverse qui se produit. Loin d'agir dans un souci de bonne administration de la justice, il semble que le but recherché par le juge administratif soit plus d'ordre corporatiste. Se considérant aujourd'hui tout aussi apte à protéger avec efficacité les libertés, il lui est difficile de consentir à rejeter tout un pan du contentieux qui relève de sa compétence au regard du principe de séparation des autorités (A). La volonté de faire de la liberté individuelle un bloc de compétence judiciaire fait place à une dualité de compétence qui, loin d'être favorable au justiciable, le dessert largement (B).

A : **Le rejet d'un bloc de compétence judiciaire** :

L'article 117 du Code pénal de 1810, insuffisamment explicite, n'a pas permis d'instituer un bloc de compétence judiciaire. Si les tribunaux judiciaires ont toujours essayé d'étendre le champ de leurs compétences en cette matière, ils ne l'ont que très rarement fait sur la base de cet article. Cela ne les a pas pour autant empêchés de tout faire pour échapper aux questions préjudicielles relevant normalement, au regard de la séparation des autorités, des tribunaux administratifs.

---

[120] Voir J. Robert, *Le juge administratif et la liberté individuelle*, Mélanges M. Waline, p. 722.

Tout d'abord, les agents administratifs ont parfois, lorsqu'ils agissent en matière de police, la qualité d'officiers de police judiciaire. Les actes qu'ils prennent sous ce couvert relèvent alors de la compétence de la juridiction judiciaire, que l'administrateur agisse dans le cadre de pouvoirs qu'un texte lui confie[121], ou même qu'il agisse en dehors du cadre spécifique d'un texte. En effet, il arrive très souvent que des atteintes à la liberté individuelle commises par des agents de puissance publique se rattachent précisément à des opérations judiciaires. « En sorte que le fait de procéder à l'arrestation et à l'incarcération d'une personne a pu être analysé non pas comme un acte administratif, malgré la qualité des agents qui ont commis cet acte, mais comme un acte judiciaire de sa nature, alors même que l'incarcération serait l'œuvre d'agents de l'administration »[122]. Cette idée a d'ailleurs été formulée à différentes reprises par les tribunaux judiciaires[123] et par Le Tribunal des conflits[124].

Aussi juste que soit l'explication, qui vaut encore aujourd'hui dans ses grandes lignes, il n'en demeure pas moins que l'autorité qui a porté atteinte à la liberté individuelle est de nature administrative, et que l'évolution du droit a prouvé qu'une autorité administrative pouvait être autorisée par la loi à priver un individu de sa liberté, sans pour autant que l'acte soit considéré comme judiciaire, ou qu'il en découle la compétence de l'autorité judiciaire[125].

Néanmoins, le juge judiciaire a continué à affirmer son rôle de gardien de la liberté individuelle. Le Tribunal civil de Marseille, dans une décision rendue en 1874, déclare que « la liberté individuelle n'a jamais été et ne pourra être considérée comme matière administrative...et que si les tribunaux judiciaires sont institués pour être la sauvegarde du droit de propriété, la liberté de la personne et ses accessoires sont bien plus précieux encore »[126]. De même, la Cour d'appel de Lyon affirme que « les tribunaux judiciaires sont les gardiens naturels de la liberté individuelle »[127].

Sous couvert de son rôle de gardienne de la liberté individuelle, l'autorité judiciaire se déclare donc compétente pour traiter des litiges s'y référant, que l'acte arbitraire soit pris par un agent administratif ayant ou n'ayant pas la qualité d'officier de police judiciaire. Peu importe la nature de l'autorité qui a pris l'acte.

---

[121] Voir l'article 10 du Code d'instruction criminelle et les pouvoirs qu'il confère au Préfet.

[122] E. Picard, *Dualisme juridictionnel et liberté individuelle, le contrôle juridictionnel de l'administration*, Economica, CERAP 1991, p. 167.

[123] Cass., 7 mars 1864, S. 1864, I, 141 ; Cass., 3 juin 1872, D. 1872, I, p. 385 ; Cass., 8 février 1876, D. 1876, I, p. 289 ; Cour de Lyon, 28 janvier 1904, D. 1904, II, p. 321.

[124] T.C. 23 mars 1889, *Dufeuille*, p. 411, S. 1891, III, p. 32.

[125] Si anciennement, seuls les magistrats de l'ordre judiciaire ou les Préfets, agissant comme officiers de Police judiciaire, disposaient de la possibilité de porter atteinte à la liberté individuelle, ce temps est révolu. Il suffit de se référer aux différentes législations de crise, à la réglementation concernant les internements administratifs, à la rétention administrative d'un étranger...

[126] Tribunal civil de Marseille, 10 juillet 1874, S. 1876, I, p. 198.

[127] Cour de Lyon, 28 janvier 1904, précité.

Seule la nature de l'acte doit être prise en compte, et le juge judiciaire va considérer qu'un acte attentatoire à la liberté individuelle est par essence judiciaire[128]. Par cette interprétation, le juge civil évite de renvoyer aux tribunaux administratifs les questions préjudicielles concernant l'appréciation de la validité des actes administratifs touchant au domaine de la liberté individuelle.

L'affirmation visant à faire de l'autorité judiciaire la gardienne de la liberté individuelle, ne reposant pas sur un fondement textuel solide, demeure fragile. L'article 112 du Code d'instruction criminelle, issu de la loi du 7 février 1933, affirme ainsi : « l'inobservation des formalités prescrites pour les mandats de comparution, de dépôt, d'amener et d'arrêt, sera toujours punie d'une amende de 50 francs au moins contre le greffier et s'il y a lieu d'injonction au juge d'instruction et au Procureur de la République et même de prise à partie s'il y échet. Ces dispositions sont étendues sauf application de peines plus graves s'il y a lieu à toute violation des mesures protectrices de la liberté individuelle prescrites par les articles 113, 114, 119, 37, 87 et 88 du Code d'instruction criminelle. Le conflit d'attribution ne peut jamais être soulevé et les tribunaux de l'ordre judiciaire sont toujours exclusivement compétents. Il en sera de même de toute instance civile fondée sur des faits qui seraient constitutifs des infractions prévues par les articles 114 à 122 et 184 du Code pénal ».

On trouve peu de travaux préparatoires sur la loi permettant de déduire de façon certaine la volonté du législateur de l'époque. On sait, par contre, que le texte émane, à l'origine, d'une proposition de loi déposée au sénat le 22 janvier 1904 par M. Monis. L'idée est reprise plusieurs fois jusqu'en 1933. Traitant brièvement de l'article 112, le rapporteur de la loi exprime néanmoins la volonté du législateur de lutter contre les élévations de conflit abusives et déclare que « par la volonté même du législateur de 1810, clairement exprimée dans l'article 117 du Code pénal, les tribunaux de droit commun sont les gardiens de la liberté individuelle et toutes les questions où ce droit est intéressé ressortissent naturellement à leur juridiction »[129]. La même idée est développée par les pénalistes de l'époque[130].

Les deux premiers alinéas de l'article ne sont pas d'une grande clarté mais le dernier ne prête guère à confusion. Le contentieux civil des atteintes à la liberté individuelle commises par des agents publics est placé dans la sphère de compétence de l'autorité judiciaire. Le texte pose deux principes peu contestables : il énonce l'exclusivité de la compétence judiciaire en la matière, consacrant ainsi le principe de l'autorité judiciaire gardienne de la liberté individuelle si souvent évoqué par le juge judiciaire et par la doctrine de l'époque ; il interdit formellement

[128] Tribunal civil de Marseille 10 juillet 1874, précité : « l'ordre d'écrou dont il s'agit n'est pas un acte administratif... attendu que de quelque fonctionnaire qu'il émane, il n'appartient qu'aux tribunaux de droit commun d'en connaître ».

[129] Citation du rapporteur extraite de la thèse de J.-M. Auby, *La théorie de l'inexistence des actes administratifs*, Paris, 1947, p. 207.

[130] Donnedieu de Vabres, *Droit criminel et législation pénale*, 1937, p. 692 ; Vidal, *Cours de droit criminel*, 1935, p. 780.

toute élévation de conflit[131]. L'ordonnance de 1828 avait déjà interdit l'élévation du conflit, tout au moins en matière pénale selon l'interprétation restrictive du texte faite par le Tribunal des conflits ; la loi de 1933 interdit définitivement toute élévation, quand bien même il s'agirait d'une instance civile, dès lors que l'administration porte atteinte à la liberté individuelle.

Cette législation avait d'autant plus d'importance qu'elle tendait à mettre fin au système complexe du cumul des responsabilités tel que l'énonçait la jurisprudence du Conseil d'Etat et du Tribunal des conflits. Il avait été admis que les actes attentatoires à la liberté individuelle commis par des agents publics agissant dans le cadre du service judiciaire relevaient exclusivement de la compétence du juge judiciaire. Ces mêmes actes émanant d'agents administratifs au sens strict du terme devaient également obéir aux principes généraux du partage des compétences : compétence du juge judiciaire pour les actions engagées contre les administrateurs personnellement responsables ; compétence du juge administratif pour les actions intentées contre l'administration sur la base d'une faute de service[132].

Or c'est justement cette distinction, nous semble-t-il, que le texte vise à faire disparaître. Elle est source de complexité et d'incertitude pour le plaideur.

Malgré la netteté de l'affirmation du législateur de 1933, la jurisprudence administrative va conserver, par une interprétation très restrictive du texte, l'état du droit tel qu'il était auparavant. En ce qui concerne les atteintes à la liberté individuelle commises par des agents de l'état agissant en tant qu'autorité de police judiciaire, le Tribunal des conflits et le Conseil d'Etat continuent à déclarer le juge judiciaire exclusivement compétent, mais toujours sur le fondement de l'incompétence de la juridiction administrative à l'égard des actes judiciaires, au lieu de faire référence à l'article 112 du Code d'instruction criminelle, excluant ainsi l'incontestabilité du principe posé par la loi. Pire encore, la jurisprudence administrative va minimiser la compétence judiciaire pour connaître des atteintes portées à la liberté individuelle par des agents de l'administration ne pouvant prétendre agir comme autorité judiciaire.

Ainsi, l'arrêt Alexis et Wolff, rendu par le Conseil d'Etat le 7 novembre 1947, allait-il ruiner la portée du texte de 1933, en continuant à distinguer selon que la faute incombe à l'agent ou selon qu'elle incombe au service, pour déduire la compétence du juge administratif dans le second cas de figure[133]. Le principe de l'exclusivité de la compétence judiciaire, tel qu'énoncé par l'article 112 du C.IC., était mis en échec.

---

[131] Voir P. Amselek, *Les vicissitudes de la compétence juridictionnelle en matière d'atteintes administratives à la liberté individuelle*, RDP 1965, p. 801.

[132] T.C. 4, 5, 13, 17 et 20 novembre 1880, S. 1881, 3, p. 81 ; C.E. 12 décembre 1884, *Puech*, p. 894, C.E. 25 juin 1924, *Poirey*, DH 1924, p. 688 ; T.C. 13 mars 1925, *Clef*, S. 1926. 3. 36 ; T.C. 14 janvier 1935, *Thépaz*, p. 224.

[133] C.E., 7 novembre 1947, *Alexis et Wolff*, JCP 1947, II, 4006, concl. Célier, note A. Mestre ; D. 1948, J., p. 472, note Eisenmann ; RA 1948, p. 29, note Liet-Veaux.

A l'exception de M. Mestre[134], la grande majorité de la doctrine critiqua fermement cette décision, dont ses plus ardents détracteurs furent C. Eisenmann et M. Fréjaville[135]. Les principales critiques convergent en deux points[136]. Tout d'abord, la distinction opérée par le juge administratif va à l'encontre de la volonté du législateur. Le juge fonde d'ailleurs sa solution sans aucune référence faite au texte de 1933.

L'arrêt commenté semble également ignorer, en plus d'une éventuelle voie de fait, le principe jurisprudentiel selon lequel les tribunaux judiciaires sont par tradition les gardiens des libertés fondamentales de l'homme. Une grande partie de la doctrine considérait encore que seule l'autorité judiciaire était à même d'assurer une sauvegarde efficace des droits fondamentaux.

Les tribunaux judiciaires, bien qu'ayant perdu le monopole de leur compétence en matière d'atteinte à la liberté individuelle, n'étaient pas liés par la solution du juge administratif. Ils n'étaient pas obligés de se dessaisir d'un litige relatif à la liberté individuelle et de renvoyer l'affaire devant la juridiction administrative. C'est probablement ce qui explique la persistance de l'autorité judiciaire à affirmer sa compétence de principe en la matière. Malheureusement, l'interprétation qu'elle fait de l'article 112 apparaît timide et souvent ambiguë, préférant d'ailleurs fonder sa compétence non point sur ce texte mais sur le concept plus vague faisant de l'autorité judiciaire la gardienne de la liberté individuelle.

Parallèlement, et de façon plus surprenante encore, le Tribunal des conflits, bien qu'interprétant toujours restrictivement la règle sus énoncée, continue d'affirmer la compétence de principe de l'autorité judiciaire en la matière[137]. Le Tribunal des conflits, s'il confirme l'idée, se refuse à faire une quelconque référence à l'article 112 du C.I.C. Ce principe, aussi clairement affirmé soit-il, n'entraîne cependant pas de façon générale et absolue la compétence du juge judiciaire. Seule une référence précise, claire et rigoureuse émanant du législateur aurait pu emporter une plénitude de compétence de l'autorité judiciaire. Tel devait être le cas avec la loi de 1933. Le Tribunal des conflits ne l'a pas entendu ainsi et a, par une interprétation restrictive douteuse, condamné la solution du législateur. A partir du moment où le tribunal répartiteur se manifeste, il n'est plus guère possible pour le juge judiciaire de l'ignorer fondamentalement, sauf à accepter un système juridictionnel totalement incohérent. Cette interprétation du Tribunal des conflits trouve son origine dans l'arrêt Dame de la Murette du 27 mars 1952. La requérante, victime d'un internement arbitraire accompagné de sévices, saisit le tribunal civil d'une action en dommages-intérêts contre l'administration. Le Préfet ayant élevé le

[134] A. Mestre, *note précitée.*

[135] C. Eisenmann, *note précitée* ; M. Fréjaville, note sous cassation civile, 17 novembre 1948, *Ministre de la guerre contre Ratto*, D. 1949, J., p. 69.

[136] Voir J. Robert, *Les violations de la liberté individuelle commises par les agents publics et le problème des responsabilités*, thèse, LGDJ, 1955, p. 285 et s.

[137] T.C. 30 octobre 1947, *Barinstein*, D. 1947, J., p. 477, note P.L.G. ; JCP 1947, II, 3966, note Fréjaville ; RDP 1948, p. 86, note Waline ; T.C. 18 décembre 1947, *Hilaire*, JCP 1948, II, n° 4087.

conflit, le Tribunal répartiteur, non seulement ne s'y opposa pas, mais fit droit à la demande du Préfet, confirmant ainsi la solution du Conseil d'Etat[138].

La loi de 1933 ne s'applique que dans les cas où l'instance est engagée contre les agents publics, sans distinction sur la nature de la faute commise par ces agents. Par contre, si la victime engage la responsabilité de l'Etat, la juridiction administrative doit retrouver sa compétence. Cette interprétation étroite du texte trouve son fondement dans la volonté du Tribunal des conflits de faire cohabiter le principe de séparation des autorités avec celui faisant du juge judiciaire le gardien de la liberté individuelle. Un tel mécanisme est choquant à une époque où la séparation des autorités ne pouvait être considérée que comme un principe purement législatif. Le Tribunal fait par ailleurs référence, non au principe de séparation des autorités, mais au principe de séparation des pouvoirs. Or on sait de façon certaine que la séparation des pouvoirs n'implique pas nécessairement la séparation des autorités. Le Tribunal des conflits persiste dans sa volonté de faire primer la volonté du législateur d'hier sur celui d'aujourd'hui. L'interprétation faite par le Tribunal des conflits rend sans intérêt le texte de 1933 ce qui révèle l'incohérence de la solution. La jurisprudence Dame de la Murette annihile le champ de la réforme en recréant une situation identique à ce qu'elle était précédemment, l'autorité judiciaire étant déjà compétente en ce qui concerne les actions dirigées contre les agents eux-mêmes, au regard de la théorie générale de la faute personnelle ou de la voie de fait[139].

Une telle jurisprudence conduisit inévitablement à des abus qui, du strict point de vue de la victime, allaient s'avérer particulièrement graves, notamment en raison de la perte de temps résultant de la contestation systématique de la compétence judiciaire par l'administration. Celle-ci ne se priva pas d'élever le conflit dans les instances civiles dirigées contre des agents de l'administration, considérant que l'Etat était mis en cause, et que les faits reprochés étaient constitutifs d'une faute de service et non d'une faute personnelle[140].

Voulant condamner cette jurisprudence, et ainsi réaffirmer sa volonté de confier exclusivement à l'autorité judiciaire les litiges relatifs à la liberté individuelle, le législateur allait réagir vigoureusement en proclamant sans ambiguïté le principe de l'autorité judiciaire gardienne de la liberté individuelle. Lors de la réforme du Code d'instruction criminelle, la loi du 31 décembre 1957[141], instituant le Nouveau code pénal, reprend dans son article 136 les anciennes dispositions de l'article 112 tout en y apportant de rigoureuses précisions pour couper court à d'éventuelles interprétations. L'intention du législateur, limpide, vise à l'unification, au profit du juge judiciaire, du contentieux des atteintes à la liberté individuelle.

---

[138] T.C. 27 mars 1952, *Dame de la Murette*, p. 416 ; S. 1952.3., p. 81, note Grawitz ; D. 1954, p. 291, note Eisenmann ; JCP 1952, II, 7158, note Blaevoet ; RDP 1952, p. 757, note Waline ; RA 1952, p. 268, note Liet-Veaux ; GAJA, 9e édition, n° 84.

[139] Voir Jean Rivero, note sous T.C. *Nardon*, 9 juillet 1953, JCP 1953, II, 7797.

[140] Voir pour exemple : T.C. 9 juillet 1953, *Nardon, Delaître, Dame veuve Bernadas*, précité.

[141] Journal officiel, 8 janvier 1958, p. 258.

L'article 136 du Code de procédure pénale dispose que les tribunaux judiciaires, « dans tous les cas d'atteinte à la liberté individuelle... sont toujours exclusivement compétents. Il en est de même dans toute instance civile...qu'elle soit dirigée contre la collectivité publique ou contre ses agents ». L'article 66 de la Constitution du 4 octobre 1958 énonce également que « l'autorité judiciaire » est « gardienne de la liberté individuelle ».

L'article 136 du Code de procédure pénale, qui affirme l'exclusivité et l'incontestabilité de la compétence judiciaire en matière d'atteinte à la liberté individuelle, qui condamne sans restriction la jurisprudence Dame de la Murette, consacre donc formellement une idée latente depuis presque 150 ans. Si tout concourait à faire du juge judiciaire le gardien des libertés fondamentales, jamais aucun texte n'avait affirmé avec autant de rigueur un principe induit par plus d'un siècle de dérogations législatives et jurisprudentielles. Cela ne sera pourtant pas suffisant pour mettre en place un bloc de compétence judiciaire.

De l'entrée en vigueur de l'article 136 du Code de procédure pénale à l'arrêt Clément, la juridiction administrative manifeste immédiatement sa réticence à faire application du nouveau texte. En dépit de la rédaction formelle de l'article 136, le Conseil d'Etat continue à s'estimer compétent pour engager la responsabilité de l'Etat sur le fondement d'une atteinte à la liberté individuelle, alors que le texte lui impose de considérer une telle requête comme irrecevable[142]. Jusqu'à l'arrêt Clément, il n'est d'ailleurs presque jamais fait mention de l'article 136. Et si le Tribunal des Conflits s'y réfère, c'est aussitôt pour en restreindre considérablement la portée[143].

Par un raisonnement fort contestable, Le Tribunal des conflits prohibe la compétence exclusive du juge judiciaire en la matière. Il considère que, dérogeant au principe de la séparation des pouvoirs, l'article 136 doit être d'interprétation stricte, signifiant ainsi que la dérogation doit se restreindre à l'énoncé même de l'article. Considérant que le texte ne parle que d'instance civile, signifiant en procédure pénale la seule action destinée à la réparation des dommages causés par l'infraction, considérant que les termes mêmes de l'article ne prévoient pas la compétence de l'ordre judiciaire pour apprécier la légalité des actes administratifs ni pour interpréter les décisions administratives individuelles en dehors des cas de voie de fait, le Tribunal des conflits en déduit que la compétence judiciaire doit se limiter à la seule réparation des dommages. S'agissant d'actes administratifs dont seule la légalité était contestée, la question de l'appréciation de cette légalité était une question préjudicielle relevant de la compétence du juge administratif. Seul le juge administratif peut donc vérifier la légalité de l'acte qui porte atteinte à la liberté individuelle. Le juge judiciaire ne sera compétent, seulement au titre de la réparation, que si la juridiction administrative déclare l'acte irrégulier. « La vraie question, c'est donc finalement au juge administratif qu'il appartient de la trancher.

---

142 C.E. 10 décembre 1958, *Epoux Schuchard-Blank*, p. 1010.
143 T.C. 16 novembre 1964, *Clément*, p. 796.

Le Tribunal civil ne fait ensuite que chiffrer la réparation »[144]. Alors que le juge judiciaire est supposé être le gardien exclusif de la liberté individuelle, le véritable défenseur de la liberté individuelle devient le juge administratif. L'argumentation retenue par le juge des conflits, en plus d'être contestable, surprend.

Le Tribunal fonde sa décision sur le fait que l'article 136 déroge au principe de la séparation des pouvoirs, et que la valeur de ce principe est plus fondamentale que celui voulant faire de l'autorité judiciaire la gardienne de la liberté individuelle. La règle générale doit l'emporter sur la règle spéciale. Or, en réalité, le principe de la séparation des pouvoirs, auquel le Haut Tribunal se réfère, n'est que celui de la séparation des autorités administrative et judiciaire. Le premier peut prétendre avoir valeur constitutionnelle. Il n'en va pas de même pour le second, qui n'a que simple valeur législative. Le principe de l'autorité judiciaire gardienne de la liberté individuelle a, lui, valeur constitutionnelle. L'article 66 de la Constitution, déjà en vigueur en 1964, l'affirme. Il n'était d'ailleurs pas possible de voir dans l'article 136 autre chose qu'un texte de procédure. Ce texte visait, sans l'ombre d'une hésitation, à prohiber toute élévation de conflit dans les hypothèses d'atteinte à la liberté individuelle. En interprétant comme il l'a fait l'article, le Tribunal va à l'encontre de l'interdiction clairement énoncée d'élever le conflit. La rédaction parfaitement rigoureuse de l'article présente, sans aucun doute, un caractère général et absolu qui n'entend laisser de place à aucune exception. Le Tribunal des conflits persiste ici à ne pas vouloir distinguer règle de compétence et règle d'exclusion du conflit. Quand bien même l'article 136 dérogerait à la séparation des pouvoirs, « la disposition de l'article 136 excluant le conflit, n'étant pas par elle-même dérogatoire à la séparation des pouvoirs, ne saurait être soumise au même traitement »[145].

Le Conseil d'Etat s'aligne, de suite, sur la jurisprudence du Tribunal des conflits[146]. Reprenant la même argumentation, le juge administratif confirme l'interprétation restrictive du principe de l'autorité judiciaire gardienne de la liberté individuelle, et se place ainsi comme le véritable protecteur de cette liberté. Tel est l'état du droit qui va persister jusque dans les années 80.

Quelques décisions du Conseil constitutionnel vont pourtant conduire la juridiction judiciaire à une tentative de coup d'Etat sur le contrôle de la légalité des actes administratifs qui portent atteinte à la liberté individuelle. Dans sa décision du 12 janvier 1977, relative au projet de loi sur la fouille des véhicules, le Conseil constitutionnel affirme : « Considérant que la liberté individuelle constitue l'un des principes fondamentaux garantis par les lois de la République et proclamés par le Préambule de la Constitution de 1946, confirmé par le Préambule de la Constitution de 1958 ; Considérant que l'article 66 de la Constitution, en

---

[144] J. Robert, *article précité*, p. 726.

[145] P. Amselek, *op. cit.*, p. 845.

[146] C.E. 9 juillet 1965, *Voskresensky*, p. 419 ; AJ 1965.603, Concl. J. Fournier. Voir aussi C.E. 22 avril 1966, *Mony et Tochou*, p. 279 ; D. 1966.504, note M. Dran.

réaffirmant ce principe, en confie la garde à l'autorité judiciaire... »[147]. Cette consécration de la compétence constitutionnelle de la juridiction judiciaire en matière de liberté individuelle va être réaffirmée dans plusieurs décisions[148]. Il n'était pas certain que le Conseil constitutionnel entende cette compétence du juge judiciaire comme devant absolument être exclusive. C'est d'ailleurs l'analyse qui prévaut aujourd'hui. L'autorité judiciaire va cependant s'engouffrer dans la brèche.

Dans un arrêt Bogdan du 25 avril 1985, la Chambre criminelle de la Cour de cassation énonce : « Attendu qu'à bon droit la Cour d'appel a prononcé sur la régularité des opérations ayant conduit à la connaissance de l'exacte identité de Bogdan » car « ...conformément aux dispositions combinées de l'article 66 de la Constitution et de l'article 136 du Code de procédure pénale, il appartenait aux juridictions de l'ordre judiciaire d'en contrôler la régularité... »[149].

L'attitude de la Cour de cassation est intéressante à double titre. Elle reconnaît, deux ans avant le Conseil constitutionnel, le caractère erroné de l'assimilation faite entre le principe de la séparation des pouvoirs et celui de la séparation des autorités, puis elle fait une application combinée de l'article 66 de la Constitution et de l'article 136 du Code de procédure pénale qui font de l'autorité judiciaire la gardienne de la liberté individuelle. En rattachant les deux idées, et s'appuyant sur les décisions récentes du Conseil constitutionnel, la Cour déduit que la loi des 16 et 24 août 1790 doit être interprétée et appliquée à la lumière de l'article 66 de la Constitution et de l'article 136 du Code de procédure pénale. La loi de 1790, n'étant pas l'expression de la séparation des pouvoirs, principe à valeur constitutionnelle, mais de celui de la séparation des autorités, principe à valeur législative, doit céder devant le principe constitutionnel de l'autorité judiciaire gardienne de la liberté individuelle. Pourtant, malgré la jurisprudence de la Cour de cassation et du Conseil constitutionnel, le Tribunal des conflits a persisté dans la voie qui était la sienne depuis l'arrêt Clément.

La même idée est reprise dans l'arrêt du 20 janvier 1994, Madaci et Youbi, où le Tribunal déclare : « Considérant qu'en l'absence d'une atteinte à la liberté individuelle...les juridictions judiciaires ne sont compétentes pour apprécier les atteintes aux libertés et garanties fondamentales qui résulteraient de l'exécution d'actes administratifs qu'en cas de voie de fait »[150]. Il est vrai que la décision du Tribunal des conflits était facilitée par la jurisprudence la plus récente du Conseil

---

[147] Conseil constitutionnel, n° 76-75 DC du 12 janvier 1977 relative à la fouille des véhicules ; D. 1978.173, note Hamon et Léauté ; AJ 1978, p. 216.

[148] Voir également C.C., Décision n° 79-109 DC du 9 janvier 1980, prévention de l'immigration clandestine, D. 1980.II.249, note Auby ; GP 1980.2.532, note Hamon ; RDP 1980.1631, chr. L. Favoreu ; C.C., Décision du 29 décembre 1983, Perquisitions fiscales, JCP 1984.II.20160, note Drago et Decocq ; JCP 1985.II.20325, note Franck ; D. 1985.I.R.220, obs. Gavalda et de Leyssac ; C.C., Décision n° 84-181 DC du 10-11 octobre 1984, Entreprises de presse, AJDA 1984.684, note Bienvenu ; C.C., Décision n° 84-184 DC du 29 décembre 1984, Loi de finances pour 1985, p. 94 ; C.C. n° 89-261 DC du 28 juillet 1989.

[149] Crim. 25 avril 1985, *Bogdan*, D. 1985, p. 329, concl. H. Dontenwille ; JCP 1985, n° 20465, note W. Jeandidier ; RFDA 1986, note J. Morange.

[150] T.C. 20 juin 1994, *Madaci et Youbi*, p. 602.

constitutionnel, qui a fait du contentieux de l'annulation et de la réformation des décisions prises par les autorités administratives dans l'exercice de leurs prérogatives de puissance publique, un domaine constitutionnellement réservé à la compétence administrative, sauf dans les « matières réservées par nature à l'autorité judiciaire »[151]. Il était ainsi possible de considérer le domaine de la liberté individuelle comme devant relever de la compétence exclusive du juge judiciaire. Bien que n'ayant pas répondu explicitement sur ce point, le Conseil constitutionnel a plutôt laissé penser le contraire. Saisi d'une loi visant à transférer le contentieux des recours formés contre les arrêtés préfectoraux prescrivant la reconduite à la frontière des étrangers en situation irrégulière à l'ordre judiciaire, domaine concernant essentiellement la liberté d'aller et venir, composante de la liberté individuelle, le Conseil constitutionnel a censuré la disposition législative, au motif, que figure au nombre des principes fondamentaux reconnus par les lois de la République celui selon lequel relève en dernier ressort de la compétence de la juridiction administrative l'annulation ou la réformation des décisions administratives[152]. Le juge constitutionnel considère que la reconduite à la frontière affecte la liberté d'aller et venir, qu'elle est une restriction de la liberté, mais qu'elle ne constitue pas une privation de liberté mettant en cause la liberté individuelle. L'affirmation surprend. Comment ne pas considérer qu'une privation de liberté porte atteinte à la liberté individuelle ?

Ne rejetant pas expressément la compétence judiciaire dans le domaine de la liberté individuelle, il n'en diminue pas moins la portée. Il rejette sa compétence exclusive puisqu'il dénie son intervention, au moins dans un domaine clé concernant la liberté individuelle, c'est-à-dire celui des étrangers en instance de reconduite à la frontière.

Dans sa très importante décision du 12 mai 1997, le Tribunal des conflits affirme, une fois encore, et de façon nette, le refus de la compétence judiciaire pour contrôler la légalité d'un acte administratif qui porte atteinte à la liberté individuelle[153]. Si le résultat auquel aboutit cet arrêt semble identique à celui de 1964, il convient cependant de noter une modification dans la motivation de ce refus qui pourrait laisser prévoir des jours meilleurs pour l'article 136 du Code de procédure pénale.

Un navire étranger, faisant escale dans le port de Honfleur, transporte deux passagers clandestins marocains désirant débarquer. Suite au refus des autorités administratives françaises, alors que l'article 35 quater de l'ordonnance du 2 mai 1945 impose le maintien d'individus en instance de refoulement dans une zone spécialement aménagée à cet effet, les deux passagers saisissent le juge des référés

---

[151] Conseil constitutionnel, n° 86-224 DC du 23 janvier 1987, GAJA n° 103.

[152] Conseil constitutionnel, n° 89-261 DC du 28 juillet 1989, JO 1er août 1989 ; D. 1990, p. 161, note X. Prétot.

[153] T.C. 12 mai 1997, *Préfet de police de Paris c/ TGI de Paris*, p. 528 ; AJDA 1997, p. 575, chr. D. Chauvaux et T.-X. Girardot ; D. 1997, p. 567, note A. Legrand ; JCP 1997, I, n° 4072, chr. J. Petit ; RTDC 1998, p. 186, chr. J. Normand.

en lui demandant exclusivement de faire injonction à l'administration de les laisser débarquer. Le préfet élève le conflit et le Haut Tribunal dessaisit l'autorité judiciaire. Pour retenir la compétence judiciaire, le rapporteur, M. Sargos, recourt à plusieurs arguments. Il conteste l'interprétation faite traditionnellement par le Tribunal des conflits de l'article 136 du Code de procédure pénale à l'appui, notamment, des nombreuses critiques qu'a pu susciter la jurisprudence Clément. La rédaction parfaitement claire du texte aurait dû conduire à une compétence de principe du juge judiciaire pour contrôler la légalité de l'acte portant atteinte à la liberté individuelle. Le juge judiciaire doit pouvoir prendre les mesures susceptibles de faire cesser l'atteinte pour ensuite accorder les réparations qui s'imposent au regard du préjudice subi. Enfin, se référant à l'article 66 de la Constitution ainsi qu'à la jurisprudence du Conseil constitutionnel, il considère que « seul le juge judiciaire peut connaître d'une mesure qui, fût-elle prise pour l'exécution d'une décision relevant de l'exercice de prérogative de puissance publique, est de nature à affecter la liberté individuelle ».

Le Commissaire du Gouvernement, J. Arrighi de Casanova, estime, quant à lui, que la compétence judiciaire ne doit pas être retenue lorsque l'instance est dirigée contre un acte administratif en vue d'en paralyser les effets. Il devrait en aller différemment lorsque l'instance vise à obtenir la condamnation de l'administration à des dommages-intérêts. Considérant la solution Clément trop critiquée et trop critiquable, et recherchant un moyen de conciliation entre la compétence administrative et le principe de l'autorité judiciaire gardienne de la liberté individuelle tel qu'énoncé par la Constitution et par l'article 136, il semble opter pour une nouvelle lecture de l'article 136. « A vrai dire, la jurisprudence Clément mériterait sans doute d'être réexaminée et nous pensons...qu'il serait plus cohérent avec la lettre et l'esprit de l'article 136 de permettre au juge judiciaire de la liberté individuelle d'apprécier lui-même, par voie d'exception, la légalité des actes administratifs qui sont à l'origine de la privation de liberté, sous la réserve importante...que le litige principal à l'occasion duquel est soulevée une telle exception relève bien, quant à lui, de la compétence judiciaire ». Concluant, le Commissaire du Gouvernement déclare : « si le caractère réducteur de la jurisprudence Clément est contestable...sa remise en cause ne peut que conduire à donner tout son sens au principe suivant lequel le juge de l'action est normalement le juge des exceptions. Mais elle ne saurait permettre d'inclure parmi les instances civiles qu'il vise toute demande en justice, y compris celles dirigées contre un acte de l'administration en vue de faire cesser l'atteinte à la liberté individuelle résultant de l'intervention de cet acte »[154]. En d'autres termes, le juge judiciaire pourrait se prononcer sur la légalité d'une décision administrative chaque fois que la demande vise à la réparation de l'atteinte portée à la liberté individuelle. Il ne saurait être compétent pour juger à titre principal de la légalité d'une mesure de police affectant la liberté individuelle si la demande vise exclusivement à la constatation et la cessation de l'atteinte.

[154] J. Arrighi de Casanova, Conclusions sur T.C. 12 mai 1997, RFDA 1997, p. 514 et s.

Dans une rédaction particulièrement attendue, le Tribunal des conflits déclare que les dispositions de l'article 136 « ne sauraient être interprétées comme autorisant les tribunaux judiciaires à faire obstacle à l'exécution des décisions prises par l'administration en dehors des cas de voies de fait ; que le pouvoir d'adresser des injonctions à l'administration, qui permet de priver les décisions de celle-ci de leur caractère exécutoire, est en effet de même nature que celui consistant à annuler ou à réformer les décisions prises par elle dans l'exercice de ses prérogatives de puissance publique, pouvoir dont l'exercice relève de la seule compétence de la juridiction administrative, à l'exception des matières réservées par nature à l'autorité judiciaire ».

Le Tribunal des conflits rejette donc l'exclusivité de la compétence judiciaire en matière d'atteinte à la liberté individuelle. L'article 136 ne saurait autoriser le juge judiciaire à faire échec à une mesure administrative. Il ne peut annuler ou réformer des décisions administratives, ni même adresser des injonctions à l'administration, sauf voie de fait, puisque ce pouvoir d'enjoindre, permettant de priver les décisions administratives de leur caractère exécutoire, serait de même nature que celui consistant à annuler ou réformer les décisions de la puissance publique.

L'analyse de l'arrêt sur le fondement des conclusions du commissaire du gouvernement, ambiguë, apparaît, quant à sa portée, encore très incertaine. Le Tribunal des conflits ne s'est malheureusement pas prononcé sur la question puisque la demande visait exclusivement à faire cesser la consignation à bord. Se fondant sur les conclusions du Commissaire du Gouvernement, R. Chapus considère que la solution finale ne fait pas de doute. « Il s'agit sans doute d'une solution implicite. Mais sa réalité n'est pas discutable, compte tenu de la façon dont l'arrêt est éclairé par les conclusions de M. Arrighi de Casanova ». Mais il ajoute plus loin en s'exprimant sur l'arrêt Clément, de façon plus réservée, espérant que son souhait devienne réalité : « On est fondé à la (la jurisprudence Clément) croire promise à l'abandon. Sans doute, dans l'affaire sur laquelle il a statué le 12 mai 1997, le Tribunal des conflits n'a pas eu à prendre position. Mais il est difficile de ne pas penser que la jurisprudence Clément a fait son temps »[155].

Tout en le souhaitant, nous ne sommes pas aussi certain du sens à donner à cet arrêt car, en définitive, il ne dit rien de nouveau si ce n'est qu'il nous apprend de façon surprenante que le pouvoir d'enjoindre est de même nature que celui d'annuler ou de réformer un acte administratif. Il ne reste plus qu'à conseiller aux prochaines victimes d'une atteinte administrative à leur liberté individuelle de saisir directement le juge judiciaire d'une action en réparation. Refusant la compétence judiciaire, à peu près à coup sur, le Haut Tribunal, saisi après élévation du conflit, pourra alors clairement répondre aux attentes suscitées par cette décision du 12 mai 1997. Souvent défenseur des compétences de la juridiction administrative, raison qui suggère la prudence, il serait souhaitable que le tribunal des conflits mette définitivement fin à une jurisprudence manifestement contra

---

[155] R. Chapus, *Manuel précité*, p. 848 et 849.

legem. Mais, même dans le meilleur des cas, suivant expressément les conclusions émises par J. Arrighi de Casanova, le juge judiciaire ne sera compétent que pour statuer sur la légalité de l'acte et sur le montant des dommages ; en revanche, il ne pourra certainement pas faire échec à la décision de l'administration. On pourra certes parler d'évolution, certainement pas de révolution. Si un seul et même juge pourra déclarer l'acte illégal et évaluer les indemnités dues, évitant ainsi un renvoi en question préjudicielle inutile, la victime voulant faire cesser l'atteinte par l'annulation de l'acte administratif litigieux devra obligatoirement recourir à la juridiction administrative.

B : **Une jurisprudence contestable** :

Quel que soit le sens à donner à la jurisprudence du 12 mai 1997, il reste qu'à l'heure actuelle, le seul véritable juge compétent en matière de liberté individuelle, au moins au niveau contentieux, est le juge administratif. Il demeure, même si une évolution semble amorcée, exclusivement compétent pour déterminer la légalité de l'acte administratif attentatoire à la liberté individuelle et pour faire cesser les effets de l'acte. En définitive, l'application de l'article 136 et la compétence du juge judiciaire sont subordonnées à l'accord ou à l'absence d'opposition du juge administratif. Dans la mesure où la victime saisit en premier le juge administratif, la compétence du juge judiciaire ne jouera que s'il déclare auparavant l'atteinte illégale. Si la victime saisit d'abord le juge judiciaire, soit il se déclarera incompétent dans l'attente de la solution donnée par le juge administratif, soit il se considérera compétent et il y a alors fort à parier que le préfet élèvera le conflit.

Le rôle joué par le juge administratif dans la protection de la liberté individuelle apparaît moins critiquable à une époque où il a prouvé qu'il pouvait être un défenseur efficace des libertés. La solution retenue demeure toutefois contestable.

Ce que souhaite le justiciable, lorsque l'administration porte atteinte à une de ses libertés, c'est d'être rétabli au plus vite dans ses droits. La dualité de compétence instituée en la matière ne favorise pas une justice rapide, car elle nécessite l'intervention des deux ordres juridictionnels.

Il est par ailleurs choquant que la volonté, pour une fois clairement affichée, du législateur et du constituant ait pu être à ce point contestée. Sans préjuger de l'interprétation qui doit être faite de l'article 136 du Code de procédure pénale et de l'article 66 de la Constitution, deux éléments apparaissent difficilement discutables.

L'article 136 peut ne pas être entendu comme devant nécessairement entraîner la compétence exclusive de l'autorité judiciaire. Il est possible de considérer cet article comme n'autorisant pas de manière certaine la compétence du juge judiciaire pour annuler ou faire cesser les atteintes commises à la liberté individuelle par l'administration. Il n'en demeure pas moins incontestable qu'il visait à exclure toute élévation de conflit dans le contentieux de la responsabilité.

La compétence des tribunaux judiciaires ne pouvait faire de doute quant à l'appréciation de la légalité de l'acte puisque de celle-ci dépend l'éventuelle réparation. Interprétant le texte autrement, il devenait obligatoire de recourir aux tribunaux administratifs, excluant ainsi l'interdiction de l'élévation du conflit. « Le principe d'incontestabilité...perd la plus grande partie de son intérêt : contrairement au vœu de la loi, l'administration se voit reconnaître la faculté de suspendre le cours de la justice judiciaire en élevant le conflit sur question préjudicielle. Elle pourra, notamment, par ce moyen procurer à ses agents, lorsque ceux-ci seront poursuivis, un répit de plusieurs mois, sinon de plusieurs années. La brèche ainsi ouverte risque, d'ailleurs, de donner à l'autorité administrative une possibilité illimitée de manœuvres dilatoires »[156].

L'article 66 de la Constitution peut être interprété comme ne visant pas la compétence exclusive de l'autorité judiciaire, mais il peut difficilement être analysé comme l'excluant totalement. C'est pourtant ce à quoi peut aboutir la jurisprudence du Tribunal des conflits et de la juridiction administrative.

Au demeurant, peu importe l'interprétation que l'on peut avoir de l'article 136 du Code de procédure pénale et de l'article 66 de la Constitution. Faisant abstraction de cette excessive théorisation du droit, n'était-il pas plus simple et souhaitable d'entendre largement ces deux textes dans un souci de bonne justice ? Plus que la compétence d'un ordre juridictionnel ou de l'autre, ce qui compte, en définitive, c'est que la justice soit performante, et que le justiciable soit efficacement protégé. On doute que la situation actuelle soit, par la double intervention du juge judiciaire et du juge administratif, favorable aux intérêts des victimes de l'administration. « Tout se passe comme si les nécessités pratiques inhérentes à la défense efficace des victimes de détentions arbitraires avaient été sacrifiées à des théories juridiques abstraites, et d'ailleurs contestables »[157]. Interprétant de façon restrictive le principe de l'autorité judiciaire gardienne de la liberté individuelle, le Tribunal des conflits et le Conseil d'Etat, ont de nouveau introduit des problèmes et des complications dans les principes de répartition des compétences que l'article 136 semblait avoir définitivement résolus. « En refusant de reconnaître au juge judiciaire la même étendue de juridiction pour les voies de fait et pour les autres atteintes à la liberté individuelle, il laisse intactes les complications antérieures... Le juge judiciaire sera compétent pour connaître de toutes les actions en responsabilité en la matière, sauf question préjudicielle d'interprétation ou de légalité. Cette exception comportera elle-même une exception : en cas de voie de fait. Cette exception à l'exception comportera, à son tour, une exception : en cas de circonstances exceptionnelles. Voilà qui ne sera pas pour déplaire aux amateurs de byzantinisme »[158]. Il est peu probable qu'il en soit de même concernant les victimes de l'atteinte à la liberté individuelle.

---

[156] P. Amselek, *op. cit.*, p. 847.
[157] J. Rivero, *op. cit.*, p. 216.
[158] P. Amselek, *op. cit.*, p. 852.

§ 2 : LE CONTENTIEUX DE L'HOSPITALISATION D'OFFICE :

La loi du 30 juin 1838 a mis en place deux types d'internement des aliénés : les placements d'office, qui sont des mesures de police prises par le préfet, visant à assurer la sauvegarde de l'ordre public ou la sûreté des personnes lorsque l'état mental d'un individu risque d'y porter atteinte, et les placements volontaires, effectués à la demande d'un proche du présumé malade, sur la production d'un certificat médical[159]. Seule l'hospitalisation d'office, puisqu'elle émane de l'autorité administrative, pose de véritables problèmes de compétence entre les deux ordres de juridiction.

L'ancien article L. 342 du Code de la santé publique issu de la loi du 27 juin 1990 relative à la protection et aux droits des personnes hospitalisées en raison de troubles mentaux - loi qui vient modifier les anciennes dispositions de la loi du 30 juin 1838 - autorise le préfet à prononcer l'hospitalisation d'office dans un établissement psychiatrique, par un arrêté motivé et au vu d'un certificat médical, les personnes dont les troubles mentaux compromettent « l'ordre public ou la sûreté des personnes »[160]. L'article L. 3211-12, dans sa dernière rédaction, dispose qu'« une personne hospitalisée sans son consentement ou retenue dans quelque établissement que ce soit, public ou privé, qui accueille des malades soignés pour troubles mentaux, son tuteur...ou curateur..., son conjoint, son concubin, un parent ou une personne susceptible d'agir dans l'intérêt du malade...peuvent, à quelque époque que ce soit, se pourvoir par simple requête devant le juge de la liberté et de la détention du Tribunal de grande instance...qui, statuant en forme des référés après débat contradictoire et après les vérifications nécessaires, ordonne, s'il y a lieu, la sortie immédiate ».

Exception faite de la possibilité de statuer en la forme des référés, modification qui provient de la loi n° 81-82 du 2 février 1981, la disposition est issue de l'article 29 de la loi de 1838. Cette compétence du juge judiciaire devait être entendue comme la contrepartie des pouvoirs exorbitants conférés à l'autorité préfectorale. Le juge judiciaire, autorité indépendante et protectrice des droits et libertés des individus, devait pouvoir bénéficier d'une plénitude de compétence en la matière pour pouvoir juguler l'importante dérogation consentie au principe fondamental interdisant que l'administration puisse décider d'elle-même d'une privation de liberté. « A défaut de pouvoir empêcher un internement arbitraire ou indûment prolongé, la loi a institué, une fois l'hospitalisation forcée opérée, des garanties diverses au profit des personnes qui en font l'objet. Mais la principale garantie qu'elle a offerte à la victime et à ses proches consiste dans la possibilité de saisir le juge judiciaire qui peut ordonner la mise en liberté immédiate »[161]. La garantie est pourtant loin d'être aussi efficace que souhaitée.

---

[159] Voir les articles L. 3212-1 et L. 3212-11 du Code de la santé publique.

[160] L'ordonnance du 15 juin 2000 remplace l'article L. 342 par l'article L. 3213-1.

[161] Stavos Tsiklitiras, *thèse précitée*, p. 26.

Ce n'est pas sur la compétence judiciaire que l'on peut émettre des réserves. Il n'y a aucun doute sur sa capacité à protéger efficacement la liberté individuelle. C'est plutôt sur le fait que sa compétence n'est pas exclusive alors qu'elle aurait dû l'être. De l'acceptation par le juge administratif d'un bloc de compétence au profit de l'ordre judiciaire, excluant ainsi tout recours devant l'ordre juridictionnel administratif, on est passé à un système de partage des compétences entre les deux juges. Se fondant sur le respect du principe de la séparation des autorités, le juge administratif va interpréter le texte de 1838 dans un sens restrictif : au juge judiciaire la compétence sur la légalité interne de la décision d'internement et au juge administratif la compétence sur la légalité externe de la mesure de placement[162].

La contestation du bien-fondé de la mesure d'hospitalisation d'office relève ainsi de la compétence du juge judiciaire[163]. Il lui appartient de vérifier le contenu même de la décision, c'est-à-dire de déterminer si les motifs sur lesquels elle se fonde sont légaux.

La contestation de la régularité formelle de la mesure de placement relève de la compétence du juge administratif[164]. La victime d'un internement administratif illégal va donc peut-être devoir saisir les juges judiciaire et administratif pour espérer retrouver la liberté dont elle a été privée. Une telle division du contentieux s'explique d'autant moins que la victime de l'hospitalisation d'office s'est vue privée de son droit sans qu'aucune décision de justice n'intervienne. Il serait donc logique que cette privation de liberté soit la plus courte possible. Tout devrait être mis en œuvre pour que le juge puisse se prononcer dans les plus brefs délais. Le partage des compétences risque de générer la solution inverse.

Le risque d'erreur quant au choix du juge n'est pas à exclure, et, plus que choquante encore, cette situation est absurde. Considérant que la mesure est infondée, la victime de l'hospitalisation d'office saisit le juge judiciaire. Celui-ci rejette sa demande alors qu'il sait qu'un vice de forme a entaché la légalité de la décision. A l'inverse, considérant qu'il y a une irrégularité procédurale, le particulier saisit le juge administratif. Ce dernier rejette le recours alors qu'il sait la décision illégale sur le fond.

La victime reste dans les deux cas enfermée illégalement. Le contexte juridique impose donc à la victime de saisir simultanément les deux juges. Il n'est pas certain, surtout dans sa situation, qu'elle en ait la possibilité[165].

---

[162] Voir notamment parmi les décisions les plus récentes : C.E. 10 février 1984, *Mme Dufour*, p. 59 ; C.E. 31 mars 1989, *Lambert*, AJDA 1989, p. 338 ; C.E. 11 mars 1996, *Commune de Saint-Herblain*, JCP 1996, n° 22743, note F. Mallol ; T.C. 27 novembre 1995, *Préfet de Paris c/ Mlle Boucheras*, p. 503 ; D. 1996, p. 285, note J.S. Cayla ; RFDA 1996, p. 151.

[163] Cass. Req., 17 juillet 1944, *Etat français c/ Machinot*, D. 1944, J, 82 ; S. 1944.I.136 ; GP 194.II.154.

[164] T.C. 6 avril 1946, *Machinot c/ Préfet de police*, p. 236.

[165] Notons que le risque de conflit positif de compétence n'est pas non plus à exclure. L'élévation du conflit, aussi abusive qu'elle peut être dans l'hypothèse où l'administration cherche à gagner du temps, allongera encore la durée de la procédure.

N'oublions pas que la victime, une fois la libération acquise, peut également chercher à obtenir la réparation du préjudice subi du fait de l'illégalité de l'internement. Il lui faudra revenir devant le juge pour obtenir le dédommagement auquel elle a droit. Si l'annulation de la mesure de placement provient d'une irrégularité de forme constatée par le juge administratif, la victime de l'atteinte doit saisir un autre ordre de juridiction : le juge judiciaire. En vertu du texte de 1838 et en vertu du principe faisant du juge judiciaire le gardien de la liberté individuelle, il répare les conséquences dommageables d'une privation de liberté irrégulière. Et encore cela est-il nouveau. Le contentieux de la responsabilité de l'Etat en raison des préjudices causés par une mesure illégale de placement d'office était jusque récemment scindé en deux. Une scission qui accentuait les incertitudes quant au choix du juge, ainsi que les risques de déclaration d'incompétence ou de conflit, scission dont la principale conséquence était d'augmenter le nombre des recours.

La juridiction judiciaire était ainsi compétente pour connaître des actions en responsabilité nées d'un placement illégal ou des fautes commises par l'établissement durant l'internement. La juridiction administrative était compétente pour réparer les préjudices causés par l'irrégularité de la décision d'hospitalisation ou des conditions dans lesquelles elle a été exécutée. Pour peu que la décision de placement ait été illégale sur le fond et sur la forme, la double saisine devenait alors obligatoire sans que la victime ait eu à faire un mauvais choix quant au juge à saisir. Le Tribunal des conflits semble avoir partiellement mis un terme à cette division en unifiant le contentieux de la réparation[166].

Reste à espérer que cette solution jurisprudentielle soit durable. Elle permet de réduire le nombre des contentieux. Même si ce résultat est encourageant, il n'est pas encore pleinement satisfaisant puisque touchant à des décisions privatives de libertés.

Plus que la réparation, qui a pour unique vertu de rendre moins intolérable le coût de l'illégalité, seule est acceptable la remise rapide en liberté. La célérité de la décision du juge statuant sur la régularité du placement est le seul remède efficace. Hélas, le partage des compétences entre les deux juges l'interdit, et cela au nom du respect d'un principe de séparation des autorités dont on se lasse de contester la valeur. Le principal argument sur lequel s'est fondée la compétence du juge judiciaire en matière de liberté individuelle ne se justifie certes plus guère. Il existe cependant un texte postérieur à la fameuse loi de séparation, de même force juridique, qui est encore applicable, et qui fonde la compétence de principe du juge judiciaire en ce qui concerne l'hospitalisation d'office : la loi du 30 juin 1838, complétée et modifiée par la loi du 27 juin 1990. On comprend alors difficilement les raisons qui conduisent le juge administratif à scinder ce contentieux en deux.

S'il est vrai que le juge constitutionnel a reconnu la valeur constitutionnelle de la compétence du juge administratif pour annuler ou réformer les actes de la puissance publique, la division de l'instance n'est, en l'espèce, absolument pas fondée sur la distinction entre le contentieux de l'annulation et celui de la

---

[166] T.C. 17 février 1997, *Préfet de Paris c/ Menvielle*, p. 524.

réparation. La répartition des compétences, imposées par le juge administratif et par le Tribunal des conflits, repose ici sur une toute autre distinction. Selon que les moyens invoqués pour faire annuler la mesure de placement concernent la légalité interne ou la légalité externe, la compétence du juge sera judiciaire ou administrative.

Par cette interprétation abusivement erronée du principe de séparation des autorités, le juge administratif s'autorise à préserver une compétence qu'il serait logique de transférer intégralement au juge judiciaire. Non pas parce que celui-ci protège mieux, mais uniquement parce que les textes semblent pour l'instant aller dans cette direction. Ce n'est pas obligatoirement, aujourd'hui tout du moins, la solution la plus logique, mais c'en est une, car la jurisprudence actuelle, loin d'aller dans le sens d'une bonne administration de la justice, débouche sur une procédure extrêmement complexe qui nuit aux intérêts des justiciables. Remarquable illustration d'une tendance de la justice à faire parfois prévaloir des principes juridiques au détriment de l'intérêt du plaideur[167].

§ 3 : LE CONTENTIEUX DE LA LIBERTE INDIVIDUELLE DANS LE DROIT DES ETRANGERS :

Le régime des étrangers est principalement un régime de police qui relève pour l'essentiel des autorités administratives. Les actes par lesquels les étrangers voient leur présence sur le territoire acceptée ou refusée sont de nature administrative, comme par exemple le refus d'entrée sur le sol français, l'arrêté de reconduite à la frontière, l'arrêté d'expulsion ou encore le décret d'extradition.

Ces mesures émanent d'une autorité administrative et leurs contrôles relèvent, à ce titre, de la compétence de la juridiction administrative. Le régime des étrangers relève néanmoins également de l'autorité judiciaire, parce qu'il touche à certaines matières qui lui sont réservées par nature.

Outre le domaine de la nationalité, les dispositions relatives à l'entrée, au séjour et à la sortie des étrangers constituent fréquemment des atteintes à la liberté d'aller et venir, composante de la liberté individuelle. Le partage des compétences entre les deux ordres juridictionnels est pour cette raison peu évident. Loin d'aboutir à la mise en place d'un bloc de compétence au profit d'un seul juge, la recherche d'un compromis entre les deux principes conduit à une dualité de compétence défavorables aux étrangers. « La dualité des ordres de juridictions en France entraîne, en cette matière comme en bien d'autres, de redoutables problèmes de compétence en ce qui concerne le contentieux dans lequel sont impliqués les étrangers entrant ou séjournant sur le territoire national… Régime de police

[167] Voir notamment L. Dubouis, *Interrogations sur de récentes conquêtes de la compétence des juridictions administratives,* Mélanges Pelloux, 1980, p. 109.

davantage que liberté publique fondamentale, le régime des étrangers relève essentiellement de la compétence du juge administratif... Cependant...des compétences résiduelles se rencontrent au profit du juge judiciaire... Mais le domaine de ces interventions nous paraît insuffisant eu égard à ce qu'il devrait être en principe, et c'est peut être pour compenser en quelque sorte cette carence que l'on a réintroduit, chaque fois que c'était possible, le juge judiciaire en amont de la plupart des décisions relatives à la police des étrangers »[168]. C'est le cas en ce qui concerne le contentieux de l'entrée, du séjour et de la sortie des étrangers (A). C'est également vrai pour le contentieux plus spécifique de l'extradition (B). La victime de la décision administrative risque fortement, quel que soit le contentieux, d'être dans l'obligation de recourir aux deux juges pour obtenir la sauvegarde du droit dont elle a été illégalement privée.

A : **Refus d'entrée sur le territoire, reconduite à la frontière, expulsion et privation de liberté** :

La décision refusant l'entrée sur le sol français et la décision de reconduite à la frontière ou d'expulsion du territoire relèvent de l'autorité administrative. L'accès au territoire français peut être refusé à tout étranger qui ne dispose pas des documents exigés par l'article 5 de l'ordonnance du 2 novembre 1945 ou « à tout étranger dont la présence constituerait une menace pour l'ordre public, ou qui fait l'objet soit d'une interdiction de territoire, soit d'un arrêté d'expulsion » par « une décision écrite prise par une autorité administrative... »[169]. L'article 22 de l'ordonnance du 2 novembre 1945 donne compétence au « représentant de l'Etat dans le département et, à Paris, le préfet de police » pour prononcer « par arrêté motivé » la reconduite à la frontière. Enfin, l'article 23 de la même ordonnance autorise le préfet à prendre un arrêté d'expulsion lorsque « la présence sur le territoire français d'un étranger constitue une menace grave pour l'ordre public ». En cas d'urgence absolue ou en cas de nécessité impérieuse pour la sûreté de l'Etat ou la sécurité publique, l'expulsion peut même être prononcée en urgence absolue en vertu de l'article 26 de l'ordonnance du 2 novembre 1945 par le ministre de l'intérieur[170].

Lorsque l'autorité administrative prononce une décision de ce genre, elle porte atteinte à la liberté de circulation de l'étranger sur le territoire français. Ces dispositions affectent une liberté fondamentale qui n'est autre que la liberté individuelle selon la jurisprudence constante du Conseil constitutionnel.

---

[168] D. Turpin, *Le partage des compétences entre juridictions judiciaires et juridictions administratives en ce qui concernent les étrangers*, LPA, 7 juin 1991 et 10 juin 1991, n° 68 et 69, p. 10 et p. 6.
[169] Ordonnance du 2 novembre 1945, art. 5, al. 4 et 5. Voir F. Julien-Laferrière, *Droit des étrangers*, PUF, 1re édition, 2000, p. 60 à 64.
[170] Voir F. Julien-Laferrière, *ouvrage précité*, p. 125 à 170.

A l'origine, la liberté d'aller et venir s'était vue reconnaître valeur constitutionnelle sans pour autant que le Conseil constitutionnel ne rattache cette liberté à l'article 66 de la Constitution[171]. Dans sa décision du 13 août 1993, le Conseil fait prévaloir une conception extensive de la liberté individuelle en y incluant notamment, et de façon non équivoque, la liberté d'aller et venir, qu'il rattache purement et simplement à la liberté individuelle et à la sûreté. Le Conseil reconnaît également que la liberté d'aller et venir ne se limite pas au déplacement sur le territoire national mais comporte également le droit de le quitter[172].

Se posait alors le problème de la détermination de la juridiction compétente pour traiter du contentieux relatif à ces mesures. Fallait-il faire prévaloir la compétence de la juridiction administrative, en se fondant sur le respect du principe de séparation des autorités, ou convenait-il d'imposer la compétence judiciaire en se fondant sur le respect de l'article 66 de la Constitution de 1958 ?

La question va être tranchée à propos de la détermination de l'ordre juridictionnel compétent pour connaître du contentieux des reconduites à la frontière. La compétence de la juridiction administrative avait été jusqu'alors reconnue par le législateur. La loi Pasqua du 9 septembre 1986 donnait compétence au juge administratif pour censurer les arrêtés préfectoraux de reconduite à la frontière. Le contrôle apparaissait cependant comme purement symbolique vu l'absence d'effet suspensif du recours pour excès de pouvoir et la difficulté à obtenir un sursis à exécution de la mesure. L'annulation de l'arrêté intervenait la plupart du temps après la reconduite de l'étranger[173].

S'inspirant de la situation précédente, le législateur de 1989 mit en place un dispositif permettant à la fois de sauvegarder le dispositif de la reconduite à la frontière en améliorant les garanties procédurales accordées à la victime de l'arrêté préfectoral. La loi du 2 août 1989 confie le contentieux des mesures de reconduite à la frontière au juge judiciaire compte tenu de la capacité de son juge des référés à statuer en urgence. Conformément à l'article 10 du texte, l'étranger, sous le coup d'un arrêté de reconduite à la frontière, bénéficiait d'un délai de vingt-quatre heures pour saisir le président du tribunal de grande instance, qui devait statuer en la forme des référés sous les quarante-huit heures.

Saisi par l'opposition, qui voyait dans ce transfert de compétence une décision inconstitutionnelle, le Conseil devait estimer la disposition non conforme à la Constitution. Dans sa décision du 28 juillet 1989, la Haute Instance confirme la solution retenue deux ans plus tôt, dans la décision relative au droit de la concurrence, en considérant qu'à « l'exception des matières réservées par nature à l'autorité judiciaire, relève en dernier ressort de la compétence de la juridiction administrative l'annulation ou la réformation des décisions prises dans l'exercice des prérogatives de puissance publique » sauf possibilité pour le législateur « dans

---

[171] Conseil constitutionnel n° 79-107 DC du 12 juillet 1979, p. 31 et n° 80-127 DC des 19 et 20 janvier 1981, p. 15.

[172] Conseil constitutionnel n° 93-325 DC du 13 août 1993.

[173] Sur l'historique des décisions de reconduite à la frontière, voir D. Turpin, *op. cit.*, p. 15 à 17.

l'intérêt d'une bonne administration de la justice, d'unifier les règles de compétence juridictionnelle au sein de l'ordre juridictionnel principalement intéressé... »[174].

Sachant que les décisions relatives à l'entrée et au séjour en France des étrangers, prises sur le fondement de l'ordonnance du 2 novembre 1945 par une autorité administrative, révèlent l'exercice de prérogatives de puissance publique, les recours visant à l'annulation de ces décisions ressortent normalement de la compétence de la juridiction administrative. Si le Conseil constitutionnel considère que l'article 66 de la Constitution impose l'intervention de l'autorité judiciaire lorsque l'administration prend une mesure privative de liberté, il refuse cependant d'interpréter l'article comme impliquant la compétence exclusive du juge judiciaire pour connaître de l'ensemble du contentieux des actes administratifs portant atteinte à la liberté individuelle.

Ainsi, la dérogation consentie par le législateur au principe fondamental de la compétence du juge administratif, pour annuler ou réformer les actes de la puissance publique, ne pouvait se justifier par la compétence de principe reconnue au juge judiciaire en matière de liberté individuelle. La compétence judiciaire, instituée par des dispositions textuelles précises, ne vaut que pour les cas les plus sérieux d'atteinte à cette liberté et si la juridiction administrative ne peut sauvegarder aussi efficacement les droits des étrangers. C'est la raison pour laquelle la loi du 10 janvier 1990 a repris le mécanisme institué par le projet de loi précédent en l'adaptant à la juridiction administrative.

Prenant cette décision, le Conseil constitutionnel met bien en place un bloc de compétence qui comprend les refus d'entrée sur le territoire national, les arrêtés de reconduite à la frontière et les arrêtés d'expulsion, mais il l'institue au profit de l'ordre administratif[175]. Ce bloc est pourtant friable. Le respect de l'article 66 de la Constitution impose tout de même, dans les cas les plus graves d'atteintes administratives à la liberté individuelle, l'intervention de l'autorité judiciaire. Ce juge s'est vu refusé la possibilité de contester la légalité d'un acte administratif portant atteinte à la liberté individuelle - le juge constitutionnel ne fait d'ailleurs que confirmer, sur la mesure administrative de reconduite à la frontière, une jurisprudence constante du Tribunal des conflits et du Conseil d'Etat qui refusent, d'une manière générale, que les tribunaux civils puissent apprécier la légalité d'un acte administratif, même lorsque celui-ci porte atteinte à la liberté individuelle – mais son intervention a été considérée comme impérative lorsque l'acte administratif attentatoire à la liberté individuelle emporte privation de la liberté au sens propre du terme.

---

[174] Conseil constitutionnel n° 89-261 DC du 28 juillet 1989, précité.

[175] Voir B. Genevois, *La compétence constitutionnelle du juge administratif et la police des étrangers, à propos de la décision du Conseil constitutionnel n° 89-261 DC du 28 juillet 1989*, RFDA 1989, p. 691.

Or, dans les trois hypothèses principalement envisagées, le risque de voir l'étranger enfermé est très important. « Il se peut que l'étranger, qui fait l'objet d'une mesure d'éloignement, se trouve dans l'impossibilité d'y déférer immédiatement, soit parce qu'il ne peut retourner dans son pays d'origine ni être accueilli dans aucun autre pays, soit parce qu'il est démuni de document de voyage ou qu'aucun moyen de transport n'est disponible pour lui faire quitter la France. Dans ces deux hypothèses, l'administration peut prendre des mesures destinées à s'assurer de la personne de l'intéressé, afin de l'empêcher de se soustraire à la mesure d'éloignement quand elle pourra effectivement être exécutée »[176].

De même, lorsque « l'étranger qui arrive en France par la voie ferroviaire, maritime ou aérienne...n'est pas autorisé à entrer sur le territoire français », il « peut être maintenu dans une zone d'attente située dans une gare ferroviaire ouverte au trafic international et désignée par arrêté, un port ou un aéroport pendant le temps strictement nécessaire à son départ... »[177].

Qu'il s'agisse du maintien en zone d'attente ou de la rétention administrative, le législateur a prévu l'intervention de l'autorité judiciaire, qui doit s'assurer du bon déroulement de la procédure. « Le maintien en zone d'attente est prononcé pour une durée qui ne peut excéder quarante-huit heures par une décision écrite et motivée du chef du service de contrôle au frontière... Elle est portée sans délai à la connaissance du procureur de la République. Elle peut être renouvelée dans les mêmes conditions et pour la même durée ». La décision du placement dans une zone d'attente émane donc de l'autorité administrative, mais le législateur impose de suite la participation de l'autorité judiciaire à la procédure. Cette participation devient collaboration puisque le prolongement du maintien n'est possible que dans la mesure où il émane d'une décision judiciaire. « Le maintien en zone d'attente au-delà de quatre jours...peut être autorisé, par le président du tribunal de grande instance..., pour une durée qui ne peut être supérieure à huit jours ». Une nouvelle prolongation de huit jours peut être exceptionnellement autorisée dans les mêmes conditions.

En matière de rétention, l'article 35 bis de l'ordonnance du 2 novembre 1945 énonce que « peut être maintenu, s'il y a nécessité, par décision écrite motivée du représentant de l'Etat dans le département, dans les locaux ne relevant pas de l'administration pénitentiaire, pendant le temps strictement nécessaire à son départ, l'étranger...faisant l'objet d'un arrêté d'expulsion » et qui « ne peut quitter immédiatement le territoire » mais aussi l'étranger « devant être reconduit à la frontière » et qui « ne peut quitter immédiatement le territoire français... ». La liste n'est pas exhaustive mais le procureur de la République doit dans tous les cas « en être immédiatement informé ». A l'instar du maintien en zone d'attente, le prolongement de la rétention administrative au-delà de quarante-huit heures ne peut être prononcé que par ordonnance du président du tribunal de grande instance. Saisi par le préfet, le juge judiciaire peut, soit prolonger le maintien en rétention

[176] F. Julien-Laferrière, *ouvrage précité*, p. 174.
[177] Ordonnance du 2 novembre 1945, art. 35 quater, al. 1.

pour une durée qui ne peut excéder cinq jours après le prononcé de l'ordonnance ou sept jours à compter de la décision administrative initiale, soit l'assigner à résidence, à titre exceptionnel, lorsque l'étranger offre des garanties de représentation et « après la remise à un service de police ou de gendarmerie du passeport et de tout document justificatif de l'identité en échange d'un récépissé valant justification de l'identité ». Ce délai peut exceptionnellement être prorogé par ordonnance du même juge, et pour une nouvelle durée maximale de cinq jours « en cas d'urgence absolue et de menace d'une particulière gravité pour l'ordre public » ou « lorsque l'impossibilité d'exécuter la mesure d'éloignement résulte de la perte ou de la destruction des documents de voyage de l'intéressé, de la dissimulation par celui-ci de son identité ou de l'obstruction volontaire faite à son éloignement ».

De cette intervention de l'autorité judiciaire naît une division de l'instance juridictionnelle défavorable à l'étranger à qui on impose de quitter le territoire. Le partage des compétences entre les juges administratif et judiciaire rend la tâche de l'étranger qui souhaite se maintenir sur le sol français particulièrement délicate.

Parce que la procédure en la matière est essentiellement administrative, le régime des étrangers relève pour l'essentiel du juge administratif. L'interprétation par le juge constitutionnel du principe de séparation des autorités conduit à conférer au juge administratif la grande majorité du contentieux des étrangers.

Parce que l'article 66 de la Constitution fait du juge judiciaire le gardien de la liberté individuelle, son intervention est parfois rendue obligatoire par ce même juge constitutionnel, qui impose au législateur un contrôle judiciaire. C'est du moins le cas lorsque l'autorité administrative prive l'étranger de sa liberté.

Tout comme la décision refusant l'entrée du territoire français, l'arrêté de reconduite à la frontière et l'arrêté d'expulsion relèvent de la compétence du juge administratif saisi par la voie de l'excès de pouvoir[178]. Victime de l'une de ces procédures, l'étranger risque cependant d'être retenu par l'administration. Le problème de la détermination du juge compétent se pose alors, puisque l'autorité judiciaire va normalement intervenir durant cette procédure - initialement administrative - privative de liberté.

Qu'il s'agisse du contentieux du maintien en zone d'attente ou du contentieux de la rétention, le recours au juge administratif et au juge judiciaire est quasiment obligatoire pour l'étranger qui souhaite retrouver le bénéfice de sa liberté.

1 : *Le caractère administratif et judiciaire du contrôle de la rétention administrative* :

La mesure préfectorale de placement en rétention est un acte administratif qui peut faire l'objet d'un recours pour excès de pouvoir[179]. Notons que le recours

---

[178] Voir F. Julien-Laferrière, *ouvrage précité*, p. 161 et s.
[179] C.E., avis, 26 mai 1995, *Mme Yilmaz*, p. 216.

contre l'arrêté de reconduite à la frontière peut être assorti de conclusions dirigées contre la mesure de rétention administrative. Mais l'effet suspensif du recours contre l'arrêté de reconduite ne s'étend pas au recours contre la mesure de placement, et l'irrégularité de la rétention n'emporte pas l'irrégularité de l'arrêté de reconduite, puisque le moyen est considéré par le juge administratif comme inopérant[180].

Le recours au juge judiciaire est également possible, et même nécessaire, puisqu'il appartient à ce dernier d'ordonner, à la demande du préfet, la prolongation de la rétention administrative. Les ordonnances prises par le président du tribunal de grande instance sont susceptibles d'un appel sous vingt-quatre heures formé devant le premier président de la cour d'appel ou son délégué. Le jugement en appel, qui n'est pas suspensif, doit être prononcé dans les quarante-huit heures. L'ordonnance rendue par le premier président peut être soumise à la connaissance de la Cour de cassation dans les dix jours de sa notification.

L'intervention du magistrat judiciaire, qui vise principalement à satisfaire aux exigences posées par l'article 66 de la Constitution, est cependant particulièrement limitée et conduit, par l'émiettement des contentieux qui en découle, à diminuer l'efficacité du contrôle juridictionnel.

Tout d'abord, le juge judiciaire de la rétention ne peut, en principe, refuser la prorogation de la rétention qu'exceptionnellement « lorsque l'étranger dispose de garanties de représentation effective et contre remise du passeport et de tout document justificatif de son identité ». Le juge doit, dans cette hypothèse, prononcer une assignation à résidence vu que l'article 35 bis de l'ordonnance du 2 novembre 1945 semble exclure toute mise en liberté fondée sur des motifs d'opportunité.

Ensuite, le juge judiciaire a longtemps refusé d'apprécier la régularité de la procédure de placement en rétention[181]. Tout au plus pouvait-il exercer un simple contrôle de la nécessité de la prolongation de la mesure de rétention, et encore se contentait-il uniquement de rechercher l'existence d'une décision administrative de reconduite à la frontière ou d'expulsion en cours de validité justifiant la rétention administrative. Cette solution s'expliquait difficilement. Non seulement elle se mariait mal avec le rôle de gardien de la liberté individuelle du juge judiciaire, mais encore elle contredisait la jurisprudence du Conseil constitutionnel qui estimait que la rétention administrative devait être exceptionnelle et soumise au contrôle de l'autorité judiciaire[182].

La Cour de cassation va donc revenir sur cette jurisprudence peu compatible avec la compétence de principe du juge judiciaire en matière d'atteinte à la liberté

---

[180] C.E. 6 juillet 1990, *Préfet des Hauts-de-Seine c/ Korchi*, req. n° 116172.

[181] Cass. civ. 3 février 1989, *Chaouchi*, D. 1989, chr. P. Waquet et F. Julien-Laferrière, p. 137.

[182] Le Conseil constitutionnel énonce dans sa décision n° 93-325 DC du 13 août 1993 : « Considérant qu'en prévoyant que cette mesure intervient, s'il y a nécessité, dans des cas limitativement énoncés, sans priver l'autorité judiciaire de la possibilité d'interrompre la prolongation du maintien en rétention, le législateur n'a méconnu aucune exigence de caractère constitutionnel ».

individuelle. Se fondant sur cet article 66 de la Constitution, mais aussi sur l'article 136 du Code de procédure pénale, la Cour va reconnaître la compétence de l'autorité judiciaire pour apprécier la régularité de la rétention et pour ordonner la remise en liberté de l'étranger en cas d'appréciation défavorable. L'illégalité du contrôle d'identité qui précède la mise en rétention emporte l'illégalité de cette dernière[183].

La portée de cet arrêt demeure néanmoins limitée. Les cas dans lesquels le juge judiciaire peut faire cesser la rétention sont rares, vu qu'il ne peut pas débattre de l'opportunité de la mise en liberté. Le juge judiciaire ne peut pas non plus étendre son contrôle à l'arrêté de reconduite à la frontière[184] et en prononcer l'annulation[185]. Le juge « ne peut tirer aucune conséquence de cette irrégularité quant à la légalité de l'arrêté de reconduite à la frontière. L'étranger, libéré par le juge judiciaire, pourra être appréhendé dès la sortie de l'audience et, si cette interpellation est opérée régulièrement, il pourra être à nouveau placé en rétention. Les effets concrets de cette jurisprudence sont donc limités »[186].

Plus que limitée, la solution retenue est contestable juridiquement car elle ne satisfait que très imparfaitement aux exigences issues de l'article 66 de la Constitution du 4 octobre 1958. « Le caractère exceptionnel de la mise en liberté constitue une protection juridictionnelle insuffisante, une limitation anormale de la compétence du juge judiciaire, juge de la liberté ; si le juge judiciaire ne peut mettre en liberté, il n'est plus le garant de cette liberté. Ainsi, le juge de la rétention n'est ni le juge de la liberté, ni celui des droits fondamentaux des étrangers ; il n'est que celui de la rétention arbitraire »[187].

Elle dessert plus encore les requérants qui doivent effectuer un véritable parcours du combattant pour obtenir, dans l'hypothèse où la mesure administrative est illégale, l'annulation de la mesure de reconduite à la frontière ou d'expulsion, pour obtenir l'annulation de la mesure de placement en rétention ou encore, pour bénéficier d'une indemnisation du fait de l'irrégularité de la procédure administrative.

Le faible volume des recours exercés contre les arrêtés de reconduite à la frontière ou contre les arrêtés d'expulsion révèle d'ailleurs la complexité de la

---

[183] Cass. 2e civ. 28 juin 1995, *Préfet de la région Midi-Pyrénées c/ Bechta*. La Cour de cassation a d'ailleurs rendu plusieurs arrêts le même jour qui vont dans le même sens. Si l'arrêt Bechta précité autorise le juge judiciaire à apprécier la régularité de l'interpellation de l'étranger, il peut aussi apprécier la régularité de la garde à vue ou de la détention au moment où la décision de rétention est notifiée : Cass. 2e civ. 28 juin 1995, *Mme Mesu c/ Préfet du Calvados et Mpanzu c/ Préfet de la Seine et Marne*.

[184] La jurisprudence de la Cour de cassation est sur le point constante : Cass. civ. 29 novembre 1989, *M. Poca de Agna c/ Préfet du Val de Marne*, D. 1990. IR 3 ; Cass. 2e civ. 24 octobre 1990, *Procureur de la République c/ Saeedur*, D. 1990, IR 258.

[185] Cass. 2e civ. 28 juin 1995, *Préfet de la Seine-Saint-Denis c/ Li*, JCP 1995, n° 22505.

[186] F. Julien-Laferrière, *op. cit.*, p. 180.

[187] B. Brunet, *Le juge judiciaire et les libertés individuelles à l'occasion de l'application de l'article 35 bis de l'ordonnance du 2 novembre 1945*, Gaz. Pal., janvier 1996, p. 2.

procédure. Seuls les étrangers qui bénéficient d'un peu de temps, des conseils et des moyens, peuvent s'adresser au juge. Quant aux autres, c'est-à-dire la grande majorité de ceux qui sont en situation irrégulière, ils sont incapables de saisir une justice au fonctionnement si tortueux. La situation est à peu près identique en ce qui concerne le maintien en zone d'attente.

2 : *Le contrôle administratif et judiciaire de la décision de maintien en zone d'attente* :

La décision de maintien de l'étranger en zone d'attente peut faire l'objet d'un recours pour excès de pouvoir devant le juge administratif. Les ordonnances de prolongation du maintien en zone d'attente prises par le président du tribunal de grande instance peuvent également faire l'objet d'un recours en justice. « L'ordonnance est susceptible d'appel devant le premier président de la cour d'appel ou son délégué. Celui-ci est saisi sans forme et doit statuer dans les quarante-huit heures de sa saisine. Le droit d'appel appartient à l'intéressé, au ministère public et au représentant de l'Etat dans le département »[188]. L'appel doit être effectué « dans les quatre jours » du prononcé de l'ordonnance. L'ordonnance d'appel peut également faire l'objet d'un pourvoi en cassation dans le délai de dix jours suivant sa notification[189].

L'étranger maintenu en zone d'attente va fréquemment devoir saisir les deux ordres de juridiction pour pouvoir bénéficier de l'ensemble des garanties que la loi lui offre. Il doit saisir le juge administratif de la décision lui refusant l'entrée sur le territoire et de la décision de placement en zone d'attente. Il doit aussi saisir le juge judiciaire pour contester l'éventuelle ordonnance prolongeant la durée du maintien. Cette saisine était d'ailleurs jusqu'à présent indispensable dans la mesure où le recours devant le tribunal administratif n'est pas suspensif. Le recours était largement inefficace en l'absence d'une véritable procédure d'urgence[190]. Le requérant avait donc peu de chance de voir son recours examiné avant l'expiration du délai de maintien qui est au maximum de vingt jours. Tel n'est pas le cas du recours devant le juge judiciaire. Bien que non suspensif également, l'appel interjeté contre l'ordonnance peut être examiné par le juge avant l'expiration de ce délai de maintien compte tenu de la célérité de la procédure mise en place par le législateur.

A l'instar de la rétention, la compétence de l'autorité judiciaire pour sauvegarder la liberté de l'étranger maintenu en zone d'attente est restreinte et, plus qu'elle n'apporte de garanties, son intervention divise et complexifie la procédure.

---

[188] Ordonnance du 2 novembre 1945, art. 35 quater, al. 3.

[189] Art. 8 et 12 du décret n° 92-1333 du 15 décembre 1992.

[190] L'imparfait convient sans doute mieux ici puisque le juge administratif s'est vu doté par la loi du 30 juin 2000 d'un référé d'urgence l'autorisant notamment à suspendre provisoirement une mesure administrative qui porte atteinte à une liberté fondamentale.

Le juge judiciaire ne peut pas se prononcer sur l'acte administratif refusant l'autorisation de séjour. Il intervient essentiellement en tant qu'autorité de surveillance qui doit faire respecter les droits accordés à l'étranger maintenu en zone d'attente. La compétence contentieuse du juge judiciaire est minime et, même activée, elle n'est pas certaine de servir les intérêts de la victime. « Pour éviter l'infirmation de l'ordonnance de première instance autorisant la prolongation du maintien – ce qui oblige alors à faire entrer l'étranger sur le territoire - l'administration précipite parfois le départ de l'intéressé vers son pays d'origine ou vers un pays tiers. La Cour de cassation a mis un frein à cette pratique en annulant une ordonnance d'appel qui, après avoir constaté que l'étranger n'était plus en zone d'attente, déclarait qu'il n'y avait plus lieu de statuer sur son maintien »[191].

Le rôle de surveillance des conditions du maintien en zone d'attente dévolu au juge judiciaire est parfois réduit à néant. Les étrangers qui arrivent par la voie maritime, et qui n'ont pas les documents nécessaires pour entrer sur le territoire, sont souvent consignés à bord du navire par l'autorité administrative. Bien qu'il existe des zones d'attente portuaires, elles sont rarement utilisées. Une telle pratique, portant gravement atteinte à la liberté individuelle des étrangers, est illégale puisqu'elle n'est prévue par aucun texte. Elle n'est cependant pas constitutive d'une voie de fait. Le Tribunal des conflits a dénié cette qualification au motif que l'article 5 de l'ordonnance du 2 novembre 1945 autorise l'administration à prononcer d'office le refus d'entrée. De telles mesures, « à les supposer même illégales », ne sont pas « manifestement insusceptibles d'être rattachées à un pouvoir appartenant à l'administration »[192].

La pratique des consignations à bord prive donc le demandeur des garanties prévues par l'article 35 quater, et principalement celle provenant de l'intervention de l'autorité judiciaire. Le juge judiciaire est, dans cette hypothèse, totalement impuissant. Il se voit dépouillé de l'ensemble de ses attributions de gardien de la liberté individuelle.

Il ne reste finalement pas grand chose de la compétence judiciaire dans le domaine des droits fondamentaux, si ce n'est une grande complexité, pour un bénéfice qui se révèle à l'heure actuelle minime. Lorsque l'administration porte atteinte à la liberté individuelle, le juge judiciaire ne peut prétendre qu'à être le juge de la réparation.

Le contentieux du droit des étrangers illustre parfaitement le phénomène d'émiettement de la compétence judiciaire pour assurer la sauvegarde des libertés essentielles de l'individu. L'autorité judiciaire ne peut plus guère prétendre être la gardienne des droits fondamentaux de l'étranger et peut, au mieux, être considérée comme le juge de la rétention arbitraire bien que son rôle en la matière demeure largement circonscrit.

Cette compétence résiduelle, imposée par le Conseil constitutionnel pour justifier son interprétation de l'article 66 de la Constitution, n'emporte cependant

---

[191] F. Julien-Laferrière, *op. cit.*, p. 70.
[192] T.C. 12 mai 1997, *Préfet de police de Paris c/ TGI de Paris*, *précité*.

pas l'adhésion. La compétence des tribunaux civils est bien trop restreinte pour pouvoir faire bénéficier la victime d'une véritable protection judiciaire et, l'intervention du juge judiciaire, par le morcellement procédural qu'elle implique, complexifie un peu plus le fonctionnement de la justice. De même, la division du contentieux qui découle du partage des rôles entre le juge administratif et le juge judiciaire aggrave le problème de la détermination du juge compétent.

Même si le plaideur saisit le juge judiciaire et le juge administratif, il n'est pas garanti de l'avoir fait à temps et dans le bon ordre. Le juge judiciaire est compétent en matière de prolongation du maintien en zone d'attente et de rétention. Le juge administratif est compétent en matière de refus d'autorisation de séjour, de reconduite à la frontière et d'expulsion. Le risque pour l'étranger de saisir exclusivement le juge judiciaire, au titre de l'article 136 du Code de procédure pénale ou au titre de la voie de fait, pour contester la légalité de la décision, lui interdisant l'accès au territoire ou lui imposant de le quitter, n'est cependant pas à écarter sachant qu'une telle mesure porte atteinte à sa liberté individuelle.

Le juge judiciaire va généralement devoir se déclarer incompétent. Dans l'hypothèse inverse, l'élévation du conflit est à peu près certaine. L'article 136 du Code de procédure pénale n'autorise pas le juge judiciaire à annuler ou réformer les actes administratifs qui portent atteintes à la liberté individuelle[193]. Le Tribunal des conflits refuse de constater une voie de fait dans l'exécution d'un arrêté d'expulsion ou dans l'exécution d'un arrêté de reconduite à la frontière. Ces mesures, même illégales et attentatoires à une liberté fondamentale, ne peuvent être constitutives d'une voie de fait puisqu'elles reposent sur un fondement textuel[194].

L'unification du contentieux, rendu si difficile par l'existence d'une justice dualiste, est peut-être souhaitable.

B : **Le contentieux de l'extradition** :

« L'extradition est la procédure ou le mécanisme juridique par lequel un Etat – dit Etat requis – livre un individu qui se trouve sur son territoire à un autre Etat – dit Etat requérant – qui le réclame pour le juger ou lui faire exécuter une peine prononcée contre lui par ses tribunaux »[195]. Cette procédure concerne formellement l'autorité judiciaire et l'autorité administrative. Une fois la procédure d'extradition mise en route, les deux autorités vont devoir intervenir successivement. La mesure d'extradition fait l'objet d'un décret[196] qui émane de l'administration mais cette

---

193 T.C. 16 novembre 1964, *Clément*, *précité* ; T.C. 12 mai 1997, *Préfet de police de Paris*, *précité*.

194 T.C. 3 décembre 1979, *Fentrouci*, p. 579 ; D. 1980.IR 124, obs. P. Delvolvé ; T.C. 2 mai 1988, *Kaçar*, p. 486.

195 F. Julien-Laferrière, *ouvrage précité*, p. 443.

196 En vertu de l'article 18 de la loi du 10 mars 1927, seul le Premier ministre est compétent pour signer le décret d'extradition. Le contreseing des ministres des affaires étrangères ou de l'intérieur n'est pas nécessaire. C.E. 20 mai 1981, *Mlle Nicolaï et autres*, p. 573.

décision ne peut intervenir qu'après avis favorable de la chambre d'accusation de la Cour d'appel compétente. Le contentieux de l'extradition est donc partagé entre deux autorités, et la division de la procédure d'extradition se répercute sur son contrôle qui est lui aussi dualiste. Cette dualité des compétences entre juge judiciaire et juge administratif mène souvent à des situations illogiques et contestables pour l'étranger extradé.

L'acceptation par le juge d'un contrôle sur le décret d'extradition ne suscite plus la controverse. L'acte émanant de la puissance publique peut faire l'objet d'un recours pour excès de pouvoir devant le juge administratif en vertu du principe de séparation des autorités.

Initialement analysés comme des actes de gouvernement parce qu'ils mettaient en cause les relations entre la France et un Etat étranger[197], les décrets d'extradition vont, après l'entrée en vigueur de la loi de 1927 relative à l'extradition des étrangers, être considérés comme des actes détachables de la conduite des relations internationales. En effet, l'article 1er du texte dispose qu'en « l'absence de traités » ou en présence de « points qui n'auraient pas été réglementés par les traités », la loi doit s'appliquer. A partir du moment où l'extradition émanait d'un Etat avec lequel la France n'avait pas conclu de traité, aucune raison ne s'opposait à ce que la légalité du décret accordant l'extradition fût appréciée au regard de la loi[198]. Les dernières réserves, au refus du contrôle du décret d'extradition, vont être levées avec la reconnaissance constitutionnelle par la France de la valeur supra-législative des traités régulièrement ratifiés et publiés. L'argument issu de l'existence d'un traité régissant la procédure d'extradition entre les deux Etats ne permettait plus le refus du contrôle du décret d'extradition, et le Conseil d'Etat finit par admettre la recevabilité des moyens tirés de la violation d'un traité d'extradition.

Son contrôle allait pourtant demeurer pendant longtemps particulièrement restreint. L'article 17 de la loi de 1927 ayant confié à la chambre d'accusation un rôle juridictionnel, qui impose qu'elle rende un avis conforme pour que le décret soit pris, le Conseil d'Etat considérait que le principe de séparation des autorités lui interdisait de discuter des appréciations de fond qu'elle portait, notamment l'appréciation de la qualification juridique des faits reprochés à l'étranger, au regard de la loi pénale française, mais aussi les questions de procédure relatives au fonctionnement du service public judiciaire. Le contrôle du décret d'extradition effectué par le Conseil d'Etat était donc limité aux seuls éléments de la procédure postérieurs à l'avis rendu par la chambre d'accusation. Il ne pouvait ainsi vérifier que la légalité externe du décret[199]. Le strict respect de la séparation des autorités semblait lui interdire d'étendre plus la portée de son contrôle. La division de la

---

[197] Cass. crim. 13 avril 1876, S. 1876.1.287 ; C.E. 2 juillet 1836, *Boidron*, p. 330, S. 1836.3.443.

[198] C.E. 28 mai 1937, *Decerf*, p. 534 ; S. 1937.3.73, note P. Laroque.

[199] C.E. 30 mai 1952, *Dame Kirkwood*, p. 291 ; RDP 1952, p. 781, concl. M. Letourneur et note M. Waline ; S. 1953.3.33, note Bouzat ; C.E. 8 janvier 1964, *Dedoff*, p. 860 ; C.E. 24 octobre 1973, *Sieur Renndel*, p. 583.

procédure aboutissait à une situation peu acceptable puisque le juge judiciaire se refusait de son côté à exercer tout contrôle sur l'avis rendu par la chambre d'accusation.

Se fondant sur l'article 16 de la loi de 1927, qui dispose que « la chambre des mises en accusations, statuant sans recours, donne son avis motivé sur la demande d'extradition », la Cour de cassation déclarait tout pourvoi contre l'avis irrecevable[200]. La légalité interne du décret, et la régularité de l'ensemble de la procédure précédant l'émission de l'avis, échappaient de cette façon à tout contrôle.

Conscient de l'aspect éminemment critiquable des conséquences nées de la division de la procédure d'extradition, le Conseil d'Etat va rendre, coup sur coup, deux arrêts qui vont venir bouleverser l'état du droit en la matière.

Considérant que la chambre d'accusation exerçait « une attribution administrative » lorsqu'elle rend son avis, le juge administratif accepta d'examiner la légalité des décrets d'extradition au regard des conditions posées par les éventuelles conventions internationales ou par la loi de 1927, bien que ces moyens aient nécessairement déjà été soumis à l'appréciation de la chambre d'accusation[201].

La solution, louable, avait pour elle l'avantage de la simplicité. Elle plaçait le contentieux de l'extradition entre les mains d'un seul juge, et elle permettait de combler un vide juridique fortement préjudiciable aux droits de l'extradé.

Face à l'émoi suscité par les arrêts rendus par le Conseil d'Etat[202], la Cour de cassation opéra un revirement complet de jurisprudence. Dans un arrêt Dore, la chambre criminelle modifia son interprétation de l'article 16 de la loi de 1927 et, se fondant sur l'idée que l'avis émis par la chambre d'accusation avait un caractère juridictionnel, déclara « qu'il résulte des principes généraux du droit » que l'article 16 de la loi du 10 mars 1927 « n'exclut pas le pourvoi en cassation lorsque celui-ci est fondé sur une violation de la loi qui, à la supposer établie, serait de nature à priver la décision rendue des conditions essentielles de son existence légale »[203].

Si l'arrêt rendu par la Cour de cassation affirmait sans ambiguïté la compétence du juge judiciaire, il restait à déterminer l'étendue du contrôle effectué par la Chambre criminelle sur les avis des chambres d'accusation. Ce fut très rapidement chose faite. La Chambre criminelle déclara que seuls étaient recevables, à l'appui

---

200 Cass. crim. 19 décembre 1931, Bull. n° 300 ; 6 décembre 1951, Bull. n° 333 ; 23 février 1978, Bull. n° 71, Gaz. Pal. 1978.2.486.

201 C.E. 24 juin 1977, *Astudillo Calleja*, p. 290 ; AJ 1977, p. 490, chr. Nauwelaers et Dutheillet de Lamothe ; D. 1977, p. 695, concl. B. Genevois ; Gaz. Pal. 1977.2.640, note M. Ladhari ; RDP 1978, p. 263, note J. Robert ; C.E. 7 juillet 1978, *Croissant*, p. 292 ; AJ 1978, p. 559, chr. Dutheillet de Lamothe et Robineau ; Gaz. Pal. 1979.1.34, note P. Derouin. Voir F. Julien-Laferrière, *L'évolution récente du droit français de l'extradition*, RDP 1979, p. 793 et s.

202 Voir W. Jeandidier, *La tutelle du Conseil d'Etat sur les chambres d'accusation en matière d'extradition*, Rev. science crim. 1979, p. 239.

203 Cass. crim. 17 mai 1984, *Dore*, D. 1984, p. 536, note W. Jeandidier et p. 223, chr. Y. Rodriguez ; Gaz. Pal. 1984.2.779, rapport Cruvellié ; JCP 1985, n° 20332, note J. Borricant.

d'un pourvoi dirigé contre l'avis de la chambre d'accusation, les moyens fondés sur les vices de forme et de procédure dont ils seraient entachés.

Le pourvoi est donc irrecevable dès lors qu'il soulève une question de légalité interne, c'est-à-dire lorsqu'il se rapporte au bien-fondé de la demande d'extradition[204].

Prenant rapidement la mesure du changement opéré par la Cour de cassation, le Conseil d'Etat précisa la place qu'il entendait donner à la juridiction administrative, par rapport à l'autorité judiciaire, dans le contrôle de la procédure d'extradition. Ne relève pas de la compétence du Conseil d'Etat « tout moyen de forme ou de procédure touchant à l'avis de la chambre d'accusation...alors même qu'il n'aurait pas été articulé devant la Cour de cassation ». Relève inversement de sa compétence : « ...les vices de forme du décret d'extradition et...la légalité interne de la mesure d'extradition, au regard des lois et des conventions internationales, afin de vérifier si, notamment après examen de l'affaire par la chambre d'accusation, le Gouvernement a pu légalement décider que les conditions de l'extradition, pour les infractions qu'il retient, étaient réunies »[205].

Le partage des compétences qui découle de la jurisprudence administrative et judiciaire génère cependant quelques dysfonctionnements.

- La répartition empirique des rôles entre les deux ordres de juridiction fait parfois naître des zones d'incertitude quant à la compétence des juges pour certaines questions. Déterminer ce qui relève de la légalité externe ou de la légalité interne n'est pas toujours évident. « Ainsi, qui vérifiera si la demande d'extradition a été présentée régulièrement par l'Etat requérant à la France ? ... La Chambre criminelle s'y est refusée, estimant qu'il n'y avait pas là un moyen se rapportant aux conditions essentielles en la forme à l'existence légale de l'avis de la chambre d'accusation. Et il est concevable que le Conseil d'Etat s'y refuse aussi, car il ne s'agit ni d'une question concernant la légalité propre du décret d'extradition...ni d'une condition relative aux infractions retenues par le Gouvernement pour accorder l'extradition »[206]. La question de la régularité de la demande d'extradition relève aujourd'hui de la compétence de la juridiction administrative, mais la solution n'avait rien d'évident[207].

Les incertitudes sont d'ailleurs accentuées compte tenu de l'évolution permanente du domaine de compétence du juge judiciaire et du juge administratif. « A mesure qu'elle a été amenée à préciser ses intentions, la Chambre criminelle a réduit son contrôle comme une peau de chagrin. Alors que l'arrêt Dore pouvait laisser présager qu'elle sanctionnerait toute violation de la loi privant l'avis de la

---

[204] Cass. crim. 17 septembre 1974, *Deveylder et Carcia Henriquez*, 2 espèces, Bull. n° 273.

[205] C.E. Ass. 26 septembre 1984, *Lujambio Galdeano, Garcia Ramirez et Martinez Beiztegui*, 3 espèces, p. 308 ; AJ 1984, chr. Schoettl et Hubac, p. 669 ; JCP 1984.II.20346, concl. Genevois et note W. Jeandidier ; RFDA 1985, note H. Labayle, p. 183.

[206] F. Julien-Laferrière, *Extradition et dualité de juridiction*, D. 1985, p. 137.

[207] Voir R. Chapus, *Manuel précité*, p. 962 et s.

chambre d'accusation des conditions essentielles de son existence légale, elle n'admet plus, maintenant, le pourvoi que contre les irrégularités de forme sans relation aucune avec le fond de la demande d'extradition... Quant au Conseil d'Etat, il n'a pas hésité à admettre...qu'il était peut-être allé un peu loin. Faisant machine arrière ou amende honorable, il a accepté de laisser à la Chambre criminelle la part qu'elle revendiquait... La démarche suivie suscite le malaise : à force de s'adapter aux fluctuations de la jurisprudence de la Cour de cassation, le Conseil d'Etat ne risque-t-il pas de se reconnaître une simple compétence résiduelle dont il définirait le contenu au cas par cas ? »[208]

L'insécurité juridique du plaideur est grande puisque le domaine de compétence du juge administratif et du juge judiciaire n'est pas clairement établi. Il ne peut jamais être tout à fait certain de la recevabilité du recours qu'il intente.

S'exprimant sur le contrôle des éléments externes de légalité de la procédure d'extradition, H. Labayle écrit : « Le contrôle de la régularité externe de la procédure apparaît donc dessiné de manière complémentaire et harmonieuse, sans que l'on soit vraiment certain du caractère définitif de cette répartition des rôles »[209]. Cette incertitude quant à la répartition des tâches concerne autant les éléments de légalité interne que ceux de légalité externe. La Cour de cassation s'intéresse d'ailleurs parfois aux motifs de droit de l'extradition[210] et le Conseil d'Etat au respect des droits de la défense[211]. C'est une raison supplémentaire qui impose à l'étranger, dans le doute, de saisir les deux juridictions.

- La dualité de la procédure d'extradition génère, de surcroît, un risque de contradiction entre les deux juges. La compétence est, certes, successive et complémentaire, mais elle est aussi concurrente, dans la mesure où le décret d'extradition intervient après l'avis de la chambre d'accusation. La Haute Assemblée administrative va donc contrôler l'ensemble des conditions de fond auxquelles l'extradition est subordonnée, contrôle qui a déjà été effectué par la chambre d'accusation. Bien que l'avis rendu par la chambre d'accusation soit favorable à l'extradition, rien n'empêche le Conseil d'Etat de s'y opposer. Il peut ainsi déclarer une extradition illégale en se fondant sur une interprétation de la règle de droit différente de celle opérée par la chambre d'accusation.

---

[208] F. Julien-Laferrière, *op. cit.*, p. 141.

[209] H. Labayle, *Le juge administratif et le contrôle contentieux de l'extradition : vers une nouvelle répartition des tâches ?* , RFDA 1985, p. 183.

[210] Cass. crim. 5 nov. 1986, *Beneduci*, Bull. n° 325. La Cour de cassation s'est déclarée compétente pour annuler l'avis de la chambre d'accusation quand il fait application d'une convention abrogée. Cette irrégularité ne constitue pourtant pas un vice de forme ou un vice de procédure. Il s'agit bien d'un moyen relatif au fond puisque la Cour de cassation annule pour un manque de base légale.

[211] Le juge administratif s'autorise parfois à contrôler le bon fonctionnement du service public judiciaire en vérifiant s'il y a eu respect des droits de la défense : voir par exemple C.E. 13 octobre 1982, *Piperno*, p. 620.

Par ailleurs, il n'est pas impossible que certaines règles de droit évoluent entre le jour où la chambre d'accusation rend son avis et celui où le Conseil d'Etat statue sur la légalité interne du décret d'extradition. Un nouveau texte peut survenir entre la décision de la chambre d'accusation et l'intervention du juge administratif[212]. Sa compétence pour statuer sur la légalité interne du décret peut ainsi « le conduire à censurer l'appréciation de la chambre d'accusation quant au caractère politique de l'infraction en cause ou aux motifs politiques de la demande d'extradition et, plus généralement, à censurer son appréciation du bien-fondé de cette demande »[213].

La contradiction peut même remonter jusqu'à la Cour de cassation lorsqu'elle est saisie d'un pourvoi contre l'avis de la chambre d'accusation, parallèlement à un recours devant le Conseil d'Etat contre le décret d'extradition. Les deux cours suprêmes ne vont certes pas, en principe, traiter des mêmes questions juridiques, mais la divergence de point de vue sur l'acceptation ou le refus de l'extradition fait mauvais effet[214]. La cohérence juridique s'accommode mal des désaccords existant entre les deux plus hautes instances juridiques du pays.

- Le désaccord ne concerne pas uniquement le fond. La spécificité de la procédure judiciaire conduit parfois le mécanisme de l'extradition dans des impasses juridiques dont seul l'étranger risque de faire les frais. Le pourvoi en cassation a, en vertu des règles de la procédure pénale, un caractère suspensif, de telle sorte que le décret d'extradition ne peut être pris tant que le délai du pourvoi court ou tant que la Chambre criminelle, dans l'hypothèse où elle est saisie, n'a pas statué[215]. A l'inverse, l'absence de forclusion des délais pour saisir le juge administratif n'empêche pas le Premier ministre de prendre le décret d'extradition une fois l'avis de la chambre d'accusation devenu définitif, et après examen particulier des circonstances de l'espèce. Il en va de même lorsque le requérant saisi le Conseil d'Etat d'une demande d'annulation du décret d'extradition puisque ce recours n'est pas suspensif. L'étranger peut ainsi être remis aux autorités de l'Etat requérant même si le décret est ultérieurement annulé[216].

---

[212] Voir H. Labayle, *Nouveaux développement du droit de l'extradition*, RFDA 1987, p. 578.

[213] R. Chapus, *Manuel précité*, p. 962. Voir pour exemple : C.E. Ass. 8 mars 1985, *Garcia Henriquez*, p. 70, AJ 1985, p. 406, chr. S. Hubac et J.-E. Schoettl ; D. 1986, IR, p. 13, obs. P. Waquet et F. Julien-Laferrière ; RDP 1985, p. 1119, concl. B. Genevois ; C.E. 7 juin 1985, *Raemakers*, p. 177, JCP 1986, n° 20528, concl. D. Latournerie, note W. Jeandidier ;C.E. 13 juin 1986, *Prudente*, p. 163 ; C.E. Ass. 8 avril 1987, *Procopio*, p. 136 ; C.E. 24 janvier 1990, *Martinez de la Fuente*, p. 628.

[214] Le risque d'un conflit au fond n'est pas à exclure dans l'hypothèse où la Cour de cassation franchit un jour le pas d'un contrôle des éléments de légalité interne.

[215] C.E. Ass. 8 mars 1985, *Alba Ramirez*, p. 71 ; AJ 1985, chr. J.-E. Schoettl et S. Hubac, p. 406 ; D. 1986.IR. p. 13, obs. P. Waquet et F. Julien-Laferrière.

[216] Il existe quelques exemples d'extraditions effectuées avant que le Conseil d'Etat ne déclare le décret illégal. Extradition vers l'Allemagne de Klaus Croissant en 1977 et Gabor Winter en 1978, de Süssmann vers la Suisse en 1978, de Salati et Piperno vers l'Italie en 1978 et 1980. Cela a été aussi le cas dans l'affaire Guarini (C.E. 30 avril 1982, *Guarini*, p. 159 ; D. 1982, note D. Mayer et F. Julien-Laferrière, p. 580) mais les autorités italiennes l'ont restitué à la France après l'annulation du décret autorisant l'extradition du ressortissant italien bien qu'aucune règle de droit international n'impose cette solution.

L'extradition, procédure fortement attentatoire aux libertés individuelles d'un individu, peut ainsi avoir lieu dans la plus totale illégalité sans que le justiciable puisse trouver un remède efficace à ce dysfonctionnement de la justice. La solution est contestable du point de vue de l'étranger, mais elle l'est également au niveau du système juridictionnel. Les conséquences à subir pour l'étranger seront bien différentes selon que l'annulation de la procédure d'extradition provient du juge judiciaire ou du juge administratif. Il a donc tout intérêt, en plus de saisir les deux juges, à ce que l'avis favorable émis par la chambre d'accusation soit censuré par la Cour de cassation. Les chances de voir la procédure d'extradition annulée par le juge judiciaire sont pourtant minces vu le contrôle très restreint effectué par la chambre criminelle.

Il est dommage que la dualité des procédures applicables conduise à placer les justiciables dans des situations inégalitaires, tout comme il est dommage que les garanties accordées par les deux juges ne soient pas identiques, bien qu'ils aient sous leur responsabilité le même contentieux.

- La répartition des compétences opérée entre les deux juges se justifie par ailleurs difficilement. La procédure d'extradition est, en principe, par nature judiciaire. Ceci s'explique par la combinaison de deux facteurs. L'importance des libertés à protéger, lorsqu'un étranger est victime d'une procédure d'extradition, a pendant longtemps justifié l'intervention de l'autorité judiciaire gardienne des droits essentiels de l'individu. C'est une des raisons – mais ce n'est pas la seule - pour laquelle le législateur de 1927 a voulu faire de l'extradition une procédure essentiellement judiciaire. Cette procédure concerne principalement des règles de droit pénal et de procédure pénale. La logique juridique impose, a priori, de confier au juge pénal le maniement de ces règles si particulières, puisque tel est son rôle.

Or la répartition rend obsolète les deux explications à la compétence de principe du juge judiciaire dans la procédure d'expropriation. Le contrôle de la Cour de cassation est réduit à une peau de chagrin. Les questions de fond, les plus importantes, relèvent de la compétence du juge administratif.

Paradoxalement, toutes les questions de pur droit pénal sont traitées par le Conseil d'Etat. Le Commissaire du Gouvernement Genevois avait lui-même émis une réserve sur l'opportunité de laisser au Conseil d'Etat l'analyse des questions de droit pénal. « Finalement, le seul point sur lequel votre contrôle de légalité risquerait d'être d'un maniement difficile concerne l'appréciation qu'effectue la chambre d'accusation de la qualification des faits qui sont à l'origine de la demande d'extradition au regard de la loi pénale française. Ce n'est que dans ce dernier cas qu'il est à la fois sage et conforme à l'intention des auteurs de la loi du 10 mars 1927 de s'en tenir au contrôle exercé par la chambre d'accusation »[217]. Cette mise en garde n'a cependant pas été suivie d'effet. Il suffisait pourtant à la Cour de cassation d'effectuer ce contrôle au jour où elle admit la recevabilité du pourvoi contre l'avis de la chambre d'accusation.

---

[217] B. Genevois, conclusions sur l'arrêt *Astudillo Calleja précité*, D. 1977, p. 697.

Certes, elle risquait d'entrer en conflit avec le juge administratif, mais cette solution aurait été plus conforme au principe voulant que la compétence suive le fond. Le Conseil d'Etat aurait d'ailleurs pu modifier sa jurisprudence de façon à la faire coïncider avec celle de la Cour de cassation. Il ne faut pas oublier que les choix du juge administratif en matière d'extradition ont été largement conditionnés par ceux du juge judiciaire. Le Conseil d'Etat n'aurait probablement pas contrôlé les conditions de fond auxquelles est subordonnée l'extradition. « Le contrôle de la Chambre criminelle est réduit à bien peu de chose et elle a manqué, en se limitant à l'examen des conditions essentielles en la forme de l'existence légale de l'avis de la chambre d'accusation, l'occasion de reprendre la place qui semblait lui revenir. Car c'est le Conseil d'Etat qui s'érige en juge pénal... : il se prononce sur la qualification juridique des infractions, sur la double incrimination, sur le respect de la règle non bis in idem ; mais il peut aussi être conduit à trancher une question de nationalité et exercer donc une attribution naturellement dévolue au juge civil. Autant de domaines qui échappent en principe à la connaissance du juge administratif »[218].

Le partage des compétences entre les deux ordres de juridiction dans le domaine de l'extradition est maladroit, autant d'un point de vue juridique que pratique et, comme dans la majorité des domaines de compétence partagée, l'absence d'unicité du litige nuit à la qualité de la protection des libertés. Le contentieux de l'extradition n'échappe pas à la règle.

L'intervention successive du juge pénal et du juge administratif allonge la procédure. La saisine du juge judiciaire et du juge administratif est presque systématique pour la victime d'une procédure d'extradition. L'étranger va devoir saisir la Cour de cassation, dont l'effet est de suspendre la procédure dès que la chambre d'accusation a rendu un avis favorable. S'abstenant d'exercer son pourvoi, la victime risque d'être extradée. Le recours au juge judiciaire est susceptible d'être insuffisant compte tenu des moyens limités invoqués à l'appui du pourvoi. Les erreurs de fait ou de droit qui entacheraient la régularité de l'avis ne permettent pas au juge judiciaire d'annuler la procédure. A partir du moment où la chambre criminelle ne casse pas la décision rendue par la chambre d'accusation et si le Premier ministre prend un décret d'extradition, la saisine du Conseil d'Etat, sans garantie pour l'étranger d'éviter l'extradition compte tenu de l'absence d'effet suspensif du recours, devient alors indispensable.

De l'arrestation provisoire de la personne réclamée, qui entraîne la privation de sa liberté puisqu'elle est généralement mise sous écrou extraditionnel, jusqu'à la décision du Conseil d'Etat, statuant sur la légalité du décret d'extradition, il s'écoule au moins un an et demi, période qui peut être rallongée de plus d'une

---

[218] F. Julien-Laferrière, *La dualité de juridiction, un principe fonctionnel ?*, *op. cit.*, p. 421. Pour des exemples jurisprudentiels dans lesquels la Cour de cassation a énoncé la règle de droit administratif et le Conseil d'Etat celle de droit pénal, voir la chronique du même auteur, *Extradition et dualité de juridiction*, *op. cit.*, p. 143 et s.

année dans l'hypothèse où la chambre criminelle, qui casse l'avis de la chambre d'accusation, renvoie à une autre chambre dont l'avis sera de nouveau frappé d'un pourvoi. Une privation de liberté en moyenne de deux ans, pour une extradition peut-être illégale, voilà qui fait bien long...pour une division de l'instance jugée plus protectrice.

Le bloc de compétence mis en place au profit du juge administratif, pendant la période où la Cour de cassation refusait d'exercer un quelconque contrôle sur l'avis de la chambre d'accusation, avait pour avantage de simplifier le contentieux de l'extradition. Il n'était cependant pas sans inconvénient, compte tenu de l'absence d'effet suspensif du recours pour excès de pouvoir. Il était par contre éminemment choquant d'un strict point de vue juridique, puisque la procédure d'extradition est, en vertu des règles applicables, naturellement judiciaire[219].

Le revirement de jurisprudence de la Cour de cassation repose ainsi sur des fondements juridiques solides. Seule la timidité de son intervention prête à discussion. Sa compétence exclusive en la matière aurait pu, à l'inverse de celle du juge administratif, trouver justification, et on comprend mal les raisons expliquant sa retenue.

Le rejet par le Conseil d'Etat du contrôle de l'ensemble des moyens soumis à la connaissance de la chambre d'accusation, suite à l'arrêt Dore, s'explique à l'inverse fort bien. Le juge administratif n'est intervenu que pour palier les carences nées de l'absence de contrôle du juge judiciaire. Le Conseil d'Etat a estimé que l'intervention de l'autorité judiciaire, au seul stade de la procédure d'élaboration du décret d'extradition, n'était pas une garantie suffisante. Il se refuse, par contre, la plupart du temps à étendre son contrôle aux points déjà examinés par la Cour de cassation, car il sait qu'il intervient dans un domaine qui relève pour l'essentiel du juge pénal. C'est très probablement la raison qui a pendant longtemps justifié son refus de contrôler la légalité interne du décret d'extradition.

Le partage ainsi réalisé est cependant peu compréhensible car, en plus d'aboutir à diviser l'instance, il ne permet pas véritablement d'accroître la protection des individus sous le coup d'une procédure d'extradition. En effet, le contrôle issu de l'intervention du juge judiciaire n'apporte pas de meilleures garanties que celui qui était effectué auparavant par le seul juge administratif. C'est un bien surprenant paradoxe que de voir dans l'intervention de l'autorité judiciaire une diminution des garanties du justiciable. Le seul intérêt que présente, pour les étrangers sous le coup d'une procédure d'extradition, la recevabilité du pourvoi en cassation repose sur son effet suspensif. L'avantage semble aujourd'hui bien mince compte tenu des nouveaux pouvoirs d'urgence accordés au juge administratif. Il serait ainsi

---

[219] L'inconvénient issu de l'absence d'effet suspensif du recours pour excès de pouvoir vaut peut-être moins aujourd'hui compte tenu des nouveaux pouvoirs d'urgence du juge administratif. La mise en place d'un bloc de compétence serait ainsi souhaitable pour le justiciable mais l'instituer au profit de l'ordre administratif resterait juridiquement peu convaincant.

souhaitable de mettre fin à la dualité des compétences dans le contentieux de l'extradition. Au regard de la spécificité de la matière, il serait préférable que l'unification se fasse au profit du juge judiciaire. Le juge administratif, compte tenu de ses nouveaux pouvoirs d'urgence, n'en serait pas indigne. Ce n'est pourtant pas le chemin sur lequel les juges se sont engagés.

SECTION III : LE CONTENTIEUX DES ACTIVITES DE POLICE :

Par l'importance de son objectif, la prévention, la sauvegarde et la répression des atteintes à l'ordre public, l'activité de police peut être particulièrement attentatoire aux libertés publiques : celles, notamment, d'aller et venir, de réunion et de manifestation, d'expression, du commerce et de l'industrie...

Le contentieux des activités de police est divisé en deux branches : l'une administrative et l'autre judiciaire. On considère généralement l'activité de police administrative comme préventive et l'activité de police judiciaire comme répressive. La police administrative vise à prévenir un éventuel désordre en prenant à l'avance les mesures qui s'imposent ; la police judiciaire vise à rechercher et à livrer à la justice les auteurs d'infractions déjà commises. Il est ainsi nécessaire de distinguer l'activité de police administrative de l'activité de police judiciaire puisque leur régime contentieux diverge. Le contentieux de la police administrative appartient à la juridiction administrative. Le particulier, victime d'une activité de police administrative illégale, doit saisir le juge administratif afin d'obtenir l'annulation de la mesure irrégulière et la réparation des dommages causés par ladite mesure ou par l'opération de police. Le contentieux de la police judiciaire relève au contraire des tribunaux judiciaires. Les personnes visées par les opérations de police ou les tiers qui y ont été accidentellement impliquées exercent leur action en dommages-intérêts devant le juge judiciaire lorsqu'elles ont subi un préjudice.

La distinction entre activités de police judiciaire et activités de police administrative est pourtant loin d'être aussi simple que souhaitée. J. Moreau considérait d'ailleurs comme presque impossible la détermination d'un critère stable de répartition « dans la mesure où les deux notions...sont floues, ambiguës, de contenu variable. Autant vouloir partager en deux le lit d'un fleuve dont les rives se déplaceraient chaque printemps »[220].

Le partage s'avère délicat pour plusieurs raisons. Une même autorité, pouvant cumuler des compétences de police administrative et de police judiciaire, rend inefficace la distinction des activités fondée sur le critère organique. La même personne peut agir, selon les hypothèses, en tant qu'autorité de police

---

[220] J. Moreau, *Police administrative et police judiciaire : recherche d'un critère de distinction*, AJ 1963, p. 68.

administrative ou en tant qu'autorité de police judiciaire. C'est notamment le cas des maires, des commissaires et inspecteurs de police, des gendarmes, des gardiens de la paix et même anciennement les préfets[221].

Une opération initialement de police administrative peut se transformer en opération de police judiciaire ou inversement. Cette hypothèse est la plus caractéristique de la difficulté qu'il y a à distinguer, pour une même affaire, une opération de police administrative d'une opération de police judiciaire. Il est fréquent qu'une opération de police à l'origine administrative devienne judiciaire[222]. L'hypothèse contraire, bien que plus rare, est possible[223].

Enfin, une même opération de police peut être à la fois administrative et judiciaire. La police administrative, qui recherche à prévenir les troubles de l'ordre public, peut être amenée à faire cesser une situation de trouble à l'ordre public. La police judiciaire, qui doit réprimer les activités illicites, peut être conduite à les prévenir. L'hypothèse d'un cumul d'opération de police est fréquente et elle résulte essentiellement de la double compétence d'une même autorité. Un gardien de la paix qui patrouille exerce une mission de surveillance administrative. Il peut toutefois être appelé à interpeller des personnes en fuite ayant commis certaines infractions[224]. Les deux polices peuvent également avoir un caractère préventif et répressif lorsque des mesures prises sur la base de comportements antérieurs visent à prévenir tout trouble futur à l'ordre public. « Cette opposition basée sur le caractère répressif de la police judiciaire et préventif de la police administrative peut être contestée. Il est indéniable que de nombreuses mesures de police administrative ont un objet tout autant…répressif que préventif »[225].

Face à ce partage complexe des compétences - rendu obligatoire par application du principe de séparation des autorités - entre le juge administratif et le juge judiciaire, la jurisprudence s'est efforcée de trouver un critère stable, précis et déterminant de distinction, mais la frontière entre les deux activités est parfois si ténue que la victime d'une activité de police illégale risque d'avoir les pires difficultés à déterminer la juridiction compétente pour obtenir la réparation du préjudice subi. Ce critère, sur lequel se fonde la répartition des contentieux entre le juge administratif et le juge judiciaire, repose principalement sur la finalité de l'opération de police. Le juge va devoir rechercher l'intention poursuivie par les autorités de police. Lorsque l'opération de police vise à réprimer une infraction,

---

[221] Cf article L. 2212-1 et s. du Code général des collectivités territoriales et l'article 16 du Code de procédure pénale.

[222] Voir T.C. 5 décembre 1977, *Dlle Motsch*, p. 671 ; T.C. 12 juin 1978, *Société le Profil*, p. 648 ; AJ 1978, chr. O. Dutheillet de Lamothe et Y. Robineau, p. 444 ; D. 1978, note R. Moulin, p. 626 ; D. 1979, IR, p. 50, obs. F. Moderne.

[223] C'est le cas notamment des enlèvements et mises en fourrière des véhicules : C.E. 18 mai 1981, *Ferran*, p. 148, RDP 1981, obs. Delvolvé, p. 1464 ; C.E. 13 janvier 1992, *Grasset*, p. 16, RDP 1992, note J.-M. Auby, p. 1470.

[224] T.C. 29 octobre 1990, *Mlle Morvan*, p. 400.

[225] D. Turpin, *L'autorité judiciaire gardienne de la liberté individuelle*, AJ 1983, p. 653.

elle est judiciaire[226]. Lorsque l'opération de police vise au maintien de l'ordre public, elle est administrative[227].

Tout autant que le juge, la victime des services de police va devoir déterminer le but poursuivi par l'opération. Une telle recherche s'avère malaisée pour le simple particulier. Prétendre déceler avec certitude l'intention dans laquelle les autorités de police ont agi relève plus d'un heureux concours de circonstances que de la science exacte, surtout lorsque la victime s'est trouvée accidentellement impliquée dans l'opération de police. Un tiers, victime involontaire de la police lors d'une opération d'interpellation, peut-il spontanément savoir si l'arrestation a eu lieu dans le seul but de rétablir l'ordre public ou si elle vise la capture d'un délinquant ?

La situation est pire lorsque l'infraction n'a pas été commise. Il est encore plus difficile de déterminer le caractère judiciaire de l'opération de police car l'existence d'une infraction sur le point d'être commise, éventuelle ou même supposée, peut donner lieu à une opération de police judiciaire.

Lorsque des indices laissent croire à l'autorité de police qu'une infraction est sur le point d'être commise, l'opération mise en place est judiciaire, même dans l'hypothèse où elle ne conduit pas à l'arrestation des malfaiteurs[228]. Lorsque des soupçons, mêmes infondés, font croire à la commission d'une infraction, l'opération « préventive » de police est judiciaire. Lorsque le comportement d'un individu était « de nature à laisser supposer qu'il se disposait à commettre un délit » et que, suite à son interpellation, il a pris la fuite et a été mortellement blessé par un policier, celui-ci, « en poursuivant un suspect dont la fuite lui a fait croire qu'il s'agissait d'un délinquant et en faisant feu sur lui » a commis « un acte qui relève de la police judiciaire »[229].

Il y a également opération de police judiciaire lorsque l'autorité de police a eu l'intention de réprimer une infraction qui n'existe pas. « L'infraction déterminée peut être constituée par la commission de faits qui ne sont en rien délictueux. Une voiture est en stationnement régulier. Croyant à un stationnement irrégulier, une autorité de police prescrit l'enlèvement et la mise en fourrière de la voiture. Il y a opération de police judiciaire, parce que l'autorité de police a cru à l'existence d'une infraction et a eu l'intention de la réprimer »[230].

---

[226] C.E. 11 mai 1951, *Consorts Baud*, p. 265 ; S. 1952.3.13, concl. J. Delvolvé, note R. Drago ; T.C. 7 mars 1994, *Damez*, p. 593 et T.C. 7 juin 1999, *Tardiff*, RFDA 1999, p. 1113.

[227] T.C. 7 juin 1951, *Dame Noualek*, p. 636 : Il y a compétence du juge administratif lorsqu'une personne se trouve blessée suite à une opération de maintien de l'ordre. Plus récemment : T.C. 7 juillet 1975, *Soustre et CPAM de Saint-Etienne c/ Etat*, p. 1172 ; C.E. 13 octobre 1982, *Berrandou*, p. 340 ; T.C. 22 avril 1985, *Chadeyras*, p. 707 ; T.C. 26 mars 1990, *Devossel*, p. 392 ; C.E. 5 avril 1991, *Société européenne de location et de services*, p. 120 ; T.C. 19 octobre 1998, *Mme Bolle, Vve Laroche*, p. 547.

[228] Voir T.C. 27 juin 1955, *Dame Barbier*, p. 624.

[229] T.C. 15 juillet 1968, *Consorts Tayeb*, p. 791. Voir également C.E. 8 mars 1963, *Masetti*, p. 148 ; JCP 1963, n° 13268, note J. Moreau ; C.E. 19 mai 1982, *Volbrecht*, p. 563 et T.C. 9 juin 1986, *Seltin*, DA 1986, n° 518.

[230] R. Chapus, *Manuel précité*, p. 723.

Devant l'incertitude quant à la nature de l'opération de police, la victime qui cherche à obtenir réparation risque de saisir le mauvais juge. Elle est alors dans l'obligation de porter son litige devant l'autre juridiction en espérant que celle-ci ne rejette pas sa requête pour incompétence.

L'appréciation de la nature de l'opération de police est rendue plus incertaine encore compte tenu de l'appréciation in concreto faite par le juge. Ainsi, des faits identiques vont pouvoir donner lieu à une qualification différente selon les objectifs poursuivis par les autorités de police, et la détermination de la nature de l'opération dépendra des circonstances dans lesquelles « elle a eu lieu »[231].

Le problème est encore plus ardu pour le justiciable lorsqu'une même opération est à la fois administrative et judiciaire. Le juge doit rechercher si le dommage a pris naissance dans la phase administrative ou dans la phase judiciaire. Si le contentieux se rattache à l'opération de police administrative, le juge administratif est compétent pour réparer. Si le contentieux se rattache à l'opération de police judiciaire, le juge compétent est alors judiciaire.

La démarcation peut cependant ne pas être aussi marquée. Distinguer les deux phases peut s'avérer extrêmement difficile « dans la mesure où des infractions pénales sont souvent commises au cours d'une opération de police administrative, soit que celle-ci ait été impuissante à les prévenir, soit qu'elle les ait révélées ou même entraînées »[232]. Il appartient alors au juge de déterminer la nature de l'opération qui est « essentiellement » à l'origine du préjudice[233]. « Le contentieux est donc unifié et ce qui, en fait, constitue un tout est traité comme un tout »[234]. La question n'est toutefois pas évidente et il n'est pas certain que la victime d'une mission de police puisse réussir d'elle-même à élaborer le raisonnement. Les atermoiements seront nombreux et ils imposeront souvent la saisine du juge administratif et du juge judiciaire. « La modification de la nature de l'activité de police en cours d'opération telle qu'elle résulte de la jurisprudence Dlle Motsch et Société le Profil risque fort de déboucher sur des classifications aussi byzantines qu'incertaines, obligeant le juge à sonder les reins et les cœurs des policiers dans le feu de l'action, et donc sur des difficultés contentieuses considérables pour les victimes de ces agissements à la recherche d'une réparation. La frontière est d'ailleurs parfois si ténue entre activités de police judiciaire et activités de police administrative que les autorités elles-mêmes s'efforcent de faire passer les unes pour les autres, par exemple en matière de saisies de journaux »[235].

---

[231] T.C. 28 avril 1980, *Waroquier*, p. 643.

[232] A. de Laubadère, J.-C. Venezia et Y. Gaudemet, *op. cit.*, p. 851.

[233] T.C. 12 juin 1978, *Société le Profil, précité.* Considérant que le préjudice né de la perte des fonds résulte principalement de la mauvaise protection accordée par la police administrative et non de l'inaction des agents, le Tribunal refuse de dissocier les événements et octroi à la juridiction administratif l'intégralité du litige.

[234] R. Chapus, *Manuel précité*, p. 729.

[235] D. Turpin, *op. cit.*, p. 662.

Le juge peut d'ailleurs avoir les pires difficultés à unifier le contentieux sous la compétence d'un seul ordre de juridiction. Le préjudice peut résulter de la phase administrative et judiciaire de l'opération de police, sans qu'il soit véritablement possible de faire prévaloir l'une sur l'autre. La compétence risque fort, dans ce cas de figure, d'être contestée. Et il n'est pas non plus impossible qu'une opération de police à l'origine administrative, puis judiciaire, donne naissance à un double préjudice, l'un prenant sa source dans la phase administrative et l'autre dans la phase judiciaire. Pour obtenir la réparation intégrale des dommages résultant de l'opération de police, la victime risque peut-être de devoir exercer deux actions distinctes devant le juge administratif et devant le juge judiciaire. On approche ici dangereusement les limites de la jurisprudence Société le Profil et de la distinction police administrative et police judiciaire.

Cette distinction, confirmée à de nombreuses reprises par le Conseil constitutionnel[236], rendue impérative par le respect dû au principe de séparation des autorités et au principe faisant du juge judiciaire le gardien de la liberté individuelle[237], alourdit la tâche du justiciable qui demande réparation du préjudice.

Bien que reprise dans plusieurs décisions par le Conseil constitutionnel, la distinction entre police administrative et police judiciaire ne semble pourtant pas avoir valeur constitutionnelle. « Issue indirectement du Code de procédure pénale définissant les autorités et les missions de la police judiciaire, elle ne possède qu'une simple valeur législative »[238]. C'est d'ailleurs ce qui explique l'acceptation par le Conseil constitutionnel du transfert de compétence, au profit d'un agent de police judiciaire, d'une mission de police administrative. C'est le cas avec les contrôles d'identité à caractère préventif.

Si la distinction entre police judiciaire et police administrative demeure délicate, la difficulté pour le justiciable ne s'arrête pas là. La répartition des compétences entre les deux juges a soulevé de nombreuses difficultés, dans le seul domaine de la police administrative, lorsque l'autorité administrative porte atteinte à la liberté individuelle.

La juridiction administrative n'a accepté la compétence judiciaire au titre de l'article 136 du Code de procédure pénale et de l'article 66 de la Constitution qu'en ce qui concerne le contentieux de la réparation. L'exclusivité de la compétence judiciaire ne joue que dans les cas où une opération de police judiciaire est en

---

[236] Le Conseil constitutionnel déclare illégales les dispositions d'un texte de loi qui ne distingue pas avec suffisamment de netteté la nature des mesures de police qu'il prévoit (C.C. n° 76-75 DC 12 janvier 1977, p. 33 et n° 92-316 DC 20 janvier 1993, RJC I.516.) ou qui instaure des pouvoirs de police judiciaire sans prévoir l'autorisation préalable de l'autorité judiciaire (C.C. n° 95-352 DC 18 janvier 1995, p. 170).

[237] L'intervention de la police judiciaire emporte nécessairement atteinte à la liberté individuelle. « La distinction entre activités de police judiciaire et activités de police administrative paraît découler...du principe de la séparation des autorités... » qui simplement législatif, « ...devait s'incliner devant celui, constitutionnel, de l'autorité judiciaire gardienne de la liberté individuelle ». D. Turpin, *op. cit.*, p. 662.

[238] T. Renoux, *Le Conseil constitutionnel et l'autorité judiciaire*, Economica, 1984, p. 531.

cause. La difficulté à distinguer les activités de police judiciaire des activités de police administrative est pourtant réelle[239].

Le principe est cependant acquis depuis longtemps maintenant. La question s'est néanmoins posée dans le cas particulier des contrôles et vérifications d'identité à caractère préventif prévus par l'article 78-2 du Code de procédure pénale, et visant à prévenir des atteintes éventuelles à l'ordre public, car ces mesures restreignent la liberté d'aller et venir ainsi que le droit au respect de la vie privée, sans oublier qu'elles sont prises par un officier de police judiciaire. Plusieurs éléments militaient en faveur d'une compétence judiciaire.

Lorsque le Conseil constitutionnel déclare, dans sa décision des 19 et 20 janvier 1981, que les dispositions qui font intervenir les agents de police judiciaire « n'ont pour conséquence que de donner des garanties assurant le respect de la liberté individuelle », il plaide en faveur de la compétence du juge judiciaire gardien de la liberté individuelle[240]. L'article 78-1 du Code de procédure pénale issu de la loi du 10 juin 1983 ne dispose-t-il pas pour sa part que « l'application des règles prévues par le présent chapitre est soumise au contrôle des autorités judiciaires » ?

Dans deux arrêts rendus le 25 avril 1985, la Chambre criminelle de la Cour de cassation reconnaît sa compétence pour apprécier la régularité des contrôles d'identité effectués par des officiers de police judiciaire en vertu de l'article 78-2 du Code de procédure pénale, établissant ainsi, en sa faveur, un bloc de compétence pour connaître des contrôles d'identités[241]. La solution retenue par la Cour trouve autant sa raison d'être dans l'affirmation par le Conseil constitutionnel du principe faisant de l'autorité judiciaire la gardienne de la liberté individuelle que dans l'interprétation de l'article 78-1 du Code de procédure pénale.

La compétence du juge judiciaire apparaît pourtant très incertaine au regard de la jurisprudence traditionnelle du Conseil d'Etat et du Tribunal des conflits relative au contentieux de la liberté individuelle. « Reste à savoir comment réagira le Conseil d'Etat : il peut lui aussi se déclarer compétent pour apprécier la régularité des contrôles d'identité ; auquel cas, la situation sera sans issue car le Tribunal des conflits ne pourra être saisi, sauf au cas très rare de conflits de décisions au fond. Il est possible cependant que, à l'occasion d'une affaire portée devant les premiers juges, le conflit soit élevé en application de la jurisprudence Clément ; mais encore faudrait-il que le commissaire de la République en prît l'initiative, ce qui serait contraire aux décisions du Conseil constitutionnel à l'autorité desquelles il est soumis en tant qu'autorité administrative »[242].

---

[239] L'argument en faveur de la compétence exclusive du juge judiciaire pour traiter du contentieux de la liberté individuelle est de taille. Il n'y a plus d'intérêt à vouloir distinguer la nature administrative ou judiciaire de l'opération de police qui porte atteinte à la liberté individuelle dans l'hypothèse où la seule atteinte à cette liberté suffit à fonder la compétence du juge judiciaire.

[240] Conseil constitutionnel, n° 81-127 DC 19-20 janvier 1981, précitée.

[241] Cass. crim. 25 avril 1985, 2 espèces, *Bogdan et Vuckovic, précités.*

[242] L. Favoreu, *La Cour de cassation, le Conseil constitutionnel et l'article 66 de la Constitution*, D. 1986, chr. n° 28, p. 176.

Le Conseil constitutionnel, en levant notamment une part des incertitudes soulevées par le contentieux des contrôles d'identité faits au titre de la police administrative, a renforcé la position de la Cour de cassation. Il énonce dans sa décision du 5 août 1993 relative à la loi sur les contrôles et vérifications d'identité « qu'il revient à l'autorité judiciaire gardienne de la liberté individuelle de contrôler en particulier les conditions relatives à la légalité, à la réalité, et à la pertinence des raisons ayant motivé les opérations de contrôle et de vérification ; qu'à cette fin, il lui appartient d'apprécier, s'il y a lieu, le comportement des personnes concernées »[243].

Notons tout de même que le Conseil constitutionnel ne parle ici que d'un contrôle des motifs, et non d'un contrôle entier, de la mesure administrative. Reste que la consécration de la compétence du juge judiciaire en la matière, qui n'est pour le moment pas contestée par la juridiction administrative, est sage. Elle permet d'unifier sous la compétence d'un seul juge le contentieux des contrôles d'identité, que ceux-ci soient effectués au titre de la police judiciaire ou au titre de la police administrative. Elle ne résout cependant pas tous les problèmes.

On sait par exemple qu'un contrôle d'identité effectué à l'égard d'un étranger en situation irrégulière aboutit en règle générale à son placement en rétention. Le juge judiciaire peut vérifier la régularité du contrôle d'identité et déclarer illégale la rétention si le contrôle apparaît irrégulier ; il ne peut toutefois pas étendre son contrôle à l'arrêté de reconduite à la frontière, ce qui limite largement la portée de son intervention[244]. L'intervention de l'autorité judiciaire conduit tout au plus à imposer au justiciable la saisine du juge judiciaire et du juge administratif. Ceci est mieux qu'une absence totale de contrôle sur la régularité des actes attentatoires à la liberté individuelle durant la phase judiciaire de la procédure, notamment le contrôle d'identité et la garde à vue, mais ce n'est pas encore suffisant[245]. L'incompétence du juge administratif pour apprécier la régularité du contrôle d'identité, dans l'hypothèse où il est saisi d'une action visant à faire annuler la mesure de placement en rétention, pourrait même, inversement, aboutir à un renvoi en question préjudicielle devant le juge judiciaire[246].

---

[243] Conseil constitutionnel, n° 93-323 DC du 5 août 1993, p. 213 ; AJ 1993, note P. Wachsmann, p. 815 ; RFDC 1993, note L. Favoreu, p. 835.

[244] Civ. 2e 28 juin 1995, *Bechta, précité.*

[245] Les arrêts rendus le 28 juin 1995 par la Cour de cassation ont eu au moins le mérite d'avoir comblé un vide juridique puisque les tribunaux administratifs se refusaient pour leur part à apprécier la légalité des mesures prises dans le cadre de la phase judiciaire de la procédure.

[246] Le Conseil d'Etat n'a-t-il pas jugé que le moyen tiré de l'illégalité du contrôle d'identité et de la rétention était inopérant à l'égard de l'arrêté de reconduite à la frontière : C.E. 23 février 1990, *Sioui*, p. 902 ; RFDA 1990, p. 525, concl. R. Abraham.

Conclusion du Titre I :

Police administrative et police judiciaire, opération de police administrative effectuée par une autorité judiciaire, principe de séparation des autorités et principe faisant de l'autorité judiciaire la gardienne de la liberté individuelle, contentieux de l'annulation et contentieux de la réparation, autant de notions et de principes qui s'entrechoquent, se mélangent, se contredisent, qui influent sur la nature du droit et sur la compétence juridictionnelle, et qui ne doivent pas échapper à la sagacité du plaideur. Autant de concepts qui doivent être conciliés et qui conduisent à scinder en plusieurs phases l'instance juridictionnelle. Un partage des compétences qui rend notre justice dualiste peu accessible et la satisfaction juridictionnelle bien tardive.

La liste des domaines de compétence partagée n'est pas exhaustive. De multiples contentieux relèvent à la fois du juge administratif et du juge judiciaire sans pour autant qu'une liberté fondamentale soit en jeu.

Les problèmes de répartition des compétences sont fréquents en matière de responsabilité de l'administration ou de ses services, en matière de protection sociale des fonctionnaires et des agents publics, en matière de concurrence, en matière fiscale, en matière de propriété littéraire, artistique et industrielle, dans le contentieux du service de la justice judiciaire, dans le contentieux des actes civils et en matière de droit de la famille... La liste est longue et loin d'être complète. Elle aurait même tendance à prendre du volume.

De nouveaux contentieux, liés au développement de nouvelles techniques ou à l'apparition de nouvelles menaces, doivent trouver leur place au sein de la justice dualiste. On pense notamment au développement de la bioéthique et au droit du corps humain. La répartition des compétences entre les deux juges en ce domaine est loin d'être évidente. Si l'autorité judiciaire a été considérée, pour des raisons historiques, la gardienne du corps humain, il convient de ne pas négliger le rôle dévolu en la matière à la juridiction administrative, compte tenu du fait que la plupart des expérimentations « se placent souvent dans le cadre de missions d'intérêt général ou même de service public. L'hôpital public ou des organismes para-hospitaliers dont le contentieux est en principe administratif y sont associés dans des conditions qui peuvent faire naître des doutes sur la compétence juridictionnelle »[247].

On pense encore à la mise en place d'un régime de responsabilité spécifique pour l'indemnisation des victimes du virus HIV qui doit trouver sa place au sein de la dualité de juridiction. Le mécanisme d'indemnisation des victimes de ce fléau a été singulièrement compliqué du fait de l'existence d'une justice dualiste.

Parce qu'il existe un régime législatif d'indemnisation qui n'exclut pas la responsabilité de droit commun devant le juge, la victime bénéficie d'une double opportunité d'obtenir réparation du préjudice subi du fait de la transfusion

[247] J.-M. Auby, *L'autorité judiciaire gardienne du corps humain ?* , Mélanges Drago, 1996, p. 353.

sanguine. La juridiction judiciaire et la juridiction administrative ont malheureusement porté des appréciations différentes sur la possibilité de combiner le droit légiféré et le droit jurisprudentiel. A la différence du Conseil d'Etat, la Cour de cassation avait déclaré irrecevable la demande d'indemnité complémentaire en cas d'acceptation par la victime de l'indemnité offerte par le fonds d'indemnisation et assurant la réparation intégrale prescrite par la loi[248]. Des divergences peu acceptables, qui placent le justiciable dans une situation plus ou moins favorable selon que la personne responsable du dommage est publique ou privée.

Parce que la détermination des responsabilités à l'intérieur de l'administration et surtout entre le secteur privé et le secteur public est délicate, le choix du juge à saisir est alors délicat. Les possibilités d'erreurs ou de confusions sont importantes et s'expliquent très mal lorsque sont en cause les intérêts de personnes dans une situation de santé « précaire »[249].

Dans toutes ces hypothèses, le partage, source de complexité et d'incertitudes, génère une perte de temps pour le justiciable à la recherche de son droit. Une perte de temps qui limite la portée de la satisfaction juridictionnelle. Est-ce pourtant un moindre mal si le plaideur arrive finalement à obtenir gain de cause ! Malheureusement, la victime de l'administration va fréquemment plier devant l'obstacle à surmonter. « Une justice bien administrée est une justice à la fois accessible, sereine et efficace. Une justice n'est vraiment accessible que si elle est facile à saisir et facile à comprendre ». Est-ce bien le cas aujourd'hui ? Ce n'est pas certain. « La détermination de la juridiction compétente est...un casse-tête singulièrement dissuasif...Aller éventuellement devant le Tribunal des conflits, qui peut s'offrir ce luxe ? »[250]

De plus, si l'efficacité de la justice dépend de la rapidité du traitement des litiges, la dualité de juridiction, en plus des problèmes traditionnels d'engorgement des tribunaux, accentue les lenteurs des jugements. Il existe ainsi des affaires qui demeurent longtemps en instance avant de recevoir finalement un verdict. Des déclarations d'incompétence en renvois, des contestations de compétence en contrariétés de décisions, de l'obligation de saisir simultanément ou successivement les deux ordres de juridictions, sont autant de limites à l'exercice d'une justice performante. N'est-ce pas ce qu'il faut éviter à tout prix dans un domaine où la liberté de chacun est en jeu ?

---

[248] C.E., avis art. 12, 15 octobre 1993, *Consorts Jezequel et Vallée*, p. 280 ; C.E. 24 mars 1995, *Rabotin*, p. 139. Dans le sens inverse : Civ. 2e 26 janvier 1994, *Bellet*, D. 1994, IR, p. 55 ; RFDA 1994, p. 572. Dans une décision *Bellet c/ France* rendue le 4 décembre 1995, la Cour européenne des droits de l'homme a d'ailleurs condamné cette solution d'irrecevabilité qui porterait selon elle atteinte au « droit d'accès à un tribunal ». La Cour de cassation a par la suite modifié sa jurisprudence : Civ. 2e 14 janvier 1998, *Epoux Carreira*, JCP 1998, IV, p. 412.

[249] Voir notamment M. Dreifuss, *L'indemnisation des victimes du SIDA à l'épreuve du dualisme juridictionnel*, RFDA 1996, p. 561.

[250] J. Robert, *La bonne administration de la justice*, AJ 1995, p. 117 et 118.

Les règles de répartition entre les deux ordres de juridiction sont d'un maniement extrêmement délicat, et le partage des compétences constitue plus un obstacle qu'un avantage pour le justiciable qui doit, en conséquence, avoir une excellente connaissance de la justice. Or la compréhension de la justice est une affaire de spécialistes. Il n'y a là rien de surprenant. Tout au plus est-ce regrettable. Il est par contre choquant de voir le professionnel lui-même se perdre dans les arcanes de l'institution juridictionnelle. « Pour aussi minutieuse que soit la réglementation de la répartition des compétences entre les deux ordres de juridictions, l'existence même de deux ordres entraîne forcément la naissance de solutions inextricables dont est victime le plaideur. Celui-ci en effet ne pourra obtenir la protection juridictionnelle qui lui est due, ou bien parce qu'il est à la recherche d'un juge ou bien au contraire parce qu'il est en présence de deux juges »[251]. Le problème s'amplifie lorsque cette réglementation est au contraire instable et peu cohérente. Il en va malheureusement ainsi lorsqu'une liberté fondamentale est en jeu. Il en va également ainsi en matière de voie de fait, critère jurisprudentiel très incertain de répartition des compétences.

La voie de fait, contentieux par essence de la liberté fondamentale, trahit toutes ces incohérences. Incertitude sur le juge à saisir du fait de la difficulté à déterminer l'existence de la théorie, risque de contestations sur la compétence, renvois intempestifs d'un juge à l'autre, absence de bloc de compétence... Autant de raisons justifiant à la fois la remise en cause de la voie de fait et du fonctionnement actuel de la dualité de juridictions concernant la protection des droits et libertés fondamentaux des individus.

[251] L. Favoreu, *thèse précitée*, p. 345.

TITRE II : LES INCONVENIENTS POUR LE JUSTICIABLE DE LA COMPLEXITE DE LA THEORIE DE LA VOIE DE FAIT

La notion est intéressante à plus d'un titre dans le cadre de cette étude. Caractérisée, la voie de fait emporte la pleine compétence de l'autorité judiciaire au détriment de la juridiction administrative. La notion trouve son fondement, au moins en partie, dans l'idée que le juge judiciaire est traditionnellement considéré comme plus protecteur des libertés des individus.

La théorie a d'ailleurs largement contribué à la sauvegarde du concept d'autorité judiciaire gardienne des libertés essentielles de l'homme. Enfin, et c'est probablement le plus important, d'une théorie, née de la volonté de condamner les irrégularités les plus graves de l'administration et de conférer, par la dévolution de compétence à l'autorité judiciaire, aux particuliers victimes de l'atteinte, la protection la plus efficace possible, la voie de fait, notion floue, mouvante, évolutive, va devenir plus une source de complication fatale au justiciable qu'une garantie réelle face aux abus émanant de la puissance publique. Car si dans un premier temps, la voie de fait a permis d'étendre le champ de la compétence du juge civil, sans que cela ne génère d'importantes contestations, cette époque dorée pour le justiciable n'est plus ; la complexité grandissante de la théorie peut justifier son éventuelle remise en cause, idée qui correspond très largement à la réévaluation du concept tendant à faire du juge judiciaire le protecteur exclusif des libertés fondamentales. Cette contestation de l'utilité de la voie de fait correspond, parallèlement, à une modification des rapports du juge administratif avec l'administration, ce dernier s'imposant peu à peu comme un juge protecteur des libertés.

La théorie de la voie de fait prend corps avec le décret du 16 fructidor An III qui limite le principe absolu de séparation des autorités. « Indépendamment des cas où l'application des textes emporte compétence dérogatoire du juge judiciaire, les tribunaux ont été amenés à statuer sur de nombreux litiges intéressant l'administration, quand il n'y a pas *acte d'administration*, à proprement parler, au sens des lois de 1790 et de l'an III. C'est ainsi que la jurisprudence a considéré que n'étaient pas nécessairement des actes d'administration, les actes de puissance publique émanant de l'autorité exécutive, qui par leur objet, ont certaines conséquences en des matières réservées par la volonté du législateur à la compétence judiciaire. La théorie de la voie de fait est née de la combinaison du principe de protection judiciaire des droits publics individuels fondamentaux attachés à la personne et du critère jurisprudentiel de l'acte dépourvu de caractère administratif »[1].

---

[1] Serge Petit, *La voie de fait administrative*, Que sais-je ?, n° 2935, PUF, 1re éd., 1995, p. 8.

L'extension de la compétence judiciaire se traduit donc dans la volonté d'assurer une protection efficace des libertés fondamentales des individus face aux irrégularités les plus grossières de la puissance publique.

Il existe ainsi deux sortes de voie de fait :

- par manque de droit, c'est-à-dire quand l'administration use d'un pouvoir n'émanant d'aucun texte.

- par manque de procédure, c'est-à-dire quand l'administration use d'un droit dont elle dispose effectivement mais sans observer les procédures protectrices des intérêts des tiers.

Lorsque l'acte de puissance publique perd son caractère administratif, la compétence du juge administratif ne se justifie plus, entraînant ainsi pour l'administration la perte de son juge naturel. Cette seule explication est insuffisante. Analysée ainsi, elle se rapprocherait de la théorie de l'inexistence de l'acte, qui ne saurait être confondue avec la voie de fait[2]. Outre l'hypothèse de l'irrégularité de l'exécution matérielle qui appartient exclusivement à la voie de fait, cette dernière se distingue par le critère indispensable de l'atteinte à une liberté publique fondamentale. Il s'agit ici d'une condition sine qua non : quel que soit le type de voie de fait envisagée, elle ne pourra être caractérisée que si, dans l'exercice irrégulier de ses activités, l'administration porte atteinte, soit à la propriété privée, soit à une liberté publique fondamentale.

La protection des libertés individuelles les plus importantes commande donc, lorsque l'administration y porte gravement atteinte, le transfert de compétence au seul juge capable d'assurer une protection convenable de ces droits. Mais le recours à la théorie de la voie de fait n'a jamais été chose aisée. Quelle que soit sa complexité, son application se justifiait historiquement, à une époque où il n'existait pas de juge administratif, ou qu'il ne pouvait prétendre à une protection efficace des libertés. Passé cette phase, il devient nécessaire de vérifier si la théorie présente plus d'avantages que d'inconvénients.

Bien que considérée comme une des notions les plus vénérables du droit administratif français, elle a fluctué au cours du temps.

Le contentieux de la voie de fait a, dans le passé, donné lieu à de nombreuses affaires, ouvrant très largement à l'administré la protection offerte par le juge judiciaire. Après-guerre, hormis quelques cas disséminés, la voie de fait devient mois fréquente.

---

[2] Voir Pierre le Mire, *Inexistence et voie de fait*, RDP 1978, p. 1219.

De nombreux auteurs se sont d'ailleurs félicités de sa relative disparition, mettant en relief son caractère hybride[3]. Se fondant à la fois sur le caractère flagrant de l'illégalité de l'acte ou de l'opération de l'administration, et sur la gravité de ses effets, c'est-à-dire une atteinte à la propriété privée ou à une liberté fondamentale, la voie de fait peut aisément prêter à critique. Si le fondement de la compétence judiciaire en matière de voie de fait réside dans la dénaturation de l'acte administratif, par la gravité de l'illégalité, il n'y a point de raison de requérir une condition supplémentaire qui est celle de l'atteinte à une liberté. Si au contraire, on rattache la compétence de l'autorité judiciaire au fait que cette dernière est la traditionnelle gardienne des libertés, il n'y a pas plus de raison de faire appel à la notion de dénaturation. Ces deux fondements sont-ils dès lors conciliables ? Selon R. Chapus, la conciliation n'est peut-être pas impossible. « La compétence de l'autorité judiciaire trouve son principe dans sa qualité de gardienne de la propriété privée et des libertés fondamentales, l'étendue de cette compétence s'expliquant par l'idée de dénaturation de l'action administrative »[4].

Si l'importance de l'atteinte peut permettre d'expliquer la plénitude des pouvoirs du juge judiciaire lorsqu'il est saisi au titre de la voie de fait, l'analyse ne peut être cautionnée. L'idée implique que la seule atteinte à une liberté publique fondamentale emporterait compétence partielle du juge judiciaire et que, lorsque s'y rajoute une atteinte flagrante et grossière, cette compétence deviendrait totale. Or la simple atteinte à une liberté publique n'entraîne pas la compétence, aussi minime soit-elle, de l'autorité judiciaire.

A cette dénonciation du caractère hybride de la voie de fait, d'autres auteurs opposent au contraire la clarté et l'utilité de la théorie. Acte manifestement insusceptible de se rattacher à un pouvoir de l'administration et ayant porté atteinte à une liberté fondamentale. Cependant, la définition constitutive de la voie de fait a de nombreuses fois fluctué et a rendu son diagnostic et son champ d'application incertain. La voie de fait est d'ailleurs souvent perçue comme un mécanisme particulièrement complexe. MM. Vedel et Delvolvé la considèrent comme l'une des notions les « plus subtiles du droit administratif français »[5]. Plus anciennement encore, M. Waline s'épanchait sur la théorie de la voie de fait en la considérant comme « assez curieuse et difficile »[6].

Il apparaît ainsi très clairement que la naissance de cette théorie visait tout autant à sanctionner l'administration dans l'exercice illégal de sa mission qu'à étendre la compétence du juge judiciaire pour protéger les droits et libertés des

---

[3] A. Boeckel, *La voie de fait : mort et résurrection d'une notion discutable*, D. 1970, chr. p. 29 ; J. de Lanversin, *Voies de fait et réalités*, JCP 1970.I.2337 ; C. Leclercq, *Le déclin de la voie de fait*, RDP 1963, p. 657.

[4] R. Chapus, *op. cit.*, p. 854.

[5] G. Vedel et P. Delvolvé, *Droit administratif*, PUF 1982, p. 151.

[6] M. Waline, *Traité de droit administratif*, 9e éd., S. 1963, p. 90.

citoyens contre l'exercice abusif de la fonction administrative. La voie de fait pose néanmoins de nombreux problèmes qui, plus encore aujourd'hui, soulèvent des interrogations.

La voie de fait, théorie qui prend naissance dans les imperfections du système dualiste, chargée d'assurer une sauvegarde effective des libertés les plus fondamentales des individus, n'est-elle pas devenue plus un mythe qu'une réalité ? La voie de fait présente-t-elle un quelconque avantage pour le justiciable ? Voilà la principale question qui doit être posée. Répondre par l'affirmative nous semble être un pari risqué. Car la mise en œuvre de la théorie est incertaine. La compétence du juge judiciaire et les avantages qui résultent de son intervention également (Chapitre I). Cette incertitude, loin de servir les intérêts du justiciable, nuit fortement à la qualité de la protection juridictionnelle des droits fondamentaux sur le fondement de la voie de fait (Chapitre II).

CHAPITRE I : LA COMPETENCE INCERTAINE DU JUGE JUDICIAIRE AU TITRE DE LA VOIE DE FAIT :

Lorsque l'acte pris par l'administration est assimilable à une voie de fait, l'autorité judiciaire, alors compétente, dispose de très larges pouvoirs. Elle peut la constater, la prévenir, la faire cesser par tout moyen et peut aussi ordonner la réparation de ses conséquences dommageables. De telles prérogatives constituent sans nul doute une atteinte considérable au principe de séparation des autorités. Cette atteinte se justifie au regard des critères élaborés pour la voie de fait. Ce sont eux qui expliquent les raisons de la dérogation. Ainsi, l'analyse des éléments constitutifs de la voie de fait permet de démontrer, voire de confirmer, que longtemps, seul le juge judiciaire a pu être regardé comme le protecteur des droits fondamentaux. La théorie a pris naissance, en plus du fondement de la dénaturation de l'acte administratif, dans le concept de la protection judiciaire des libertés publiques fondamentales. C'est le caractère jugé protecteur de cet organe qui a justifié que l'on déroge, dans certaines hypothèses et sous conditions, à la règle de la séparation. Quelques auteurs, en se fondant sur la théorie de l'inexistence de l'acte administratif, ont pu considérer que la voie de fait ne dérogeait pas, en réalité, à la séparation des autorités, mais rien ne permet d'étayer une telle argumentation. Ce seul critère est en lui-même insuffisant ; si l'acte n'est plus de nature administrative, il n'a jamais été possible de lui conférer une qualification particulière ; et quand bien même l'administration aurait agit en dehors de ses compétences, il reste que c'est bien elle qui demeure à l'origine de l'acte. La naissance de la théorie éclaire l'étude de ces critères, car si les fondements de la voie de fait sont aujourd'hui connus, cela n'a pas toujours été le cas. Ils ont été façonnés par la doctrine et par la jurisprudence qui, en les analysant, ont réussi à les systématiser.

L'étude des origines de la voie de fait[7] et des fondements sur lesquels elle repose révèle la volonté d'offrir aux justiciables une sauvegarde efficace de leurs libertés contre les atteintes de la puissance publique (Section I). Mais l'analyse des critères de la voie de fait, de plus en plus incertains (Section II), conduit à s'interroger sur la pertinence de la voie de fait tout autant qu'à la justification et aux limites de l'intervention de l'autorité judiciaire en ce domaine (Section III). L'existence et l'application de la théorie se justifie parfaitement historiquement, mais les incertitudes liées à son caractère évolutif, le manque d'assise de ses critères de détermination, le développement du juge administratif quant à sa capacité à assurer une réelle protection des droits fondamentaux, laissent percevoir la théorie sous un jour différent. La voie de fait, instrument complexe à l'usage,

[7] Voir C. Goyard, *La compétence des tribunaux judiciaires en matière administrative*, thèse 1962, p. 273 et s.

n'est pas nécessairement favorable à la victime des agissements illégaux de l'administration. La notion de voie de fait a connu bien des vicissitudes, tant dans sa délimitation, fluctuante et variable dans le temps et selon les juridictions, que dans son application. Qu'ils s'agissent du fondement de la voie de fait, ou de son caractère évolutif, il est remarquable de constater à quel point la théorie jurisprudentielle semble pécher par son manque de stabilité. La voie de fait existe ; les tribunaux judiciaires sont seuls compétents pour condamner l'administration fautive à en réparer les conséquences dommageables, mais remplit-elle cependant toujours sa fonction essentielle : assurer la meilleure protection possible à la victime d'une atteinte gravement irrégulière de l'administration aux droits fondamentaux ?

SECTION I : LES CRITERES DE LA VOIE DE FAIT :

L'existence de la voie de fait suppose outre l'atteinte aux droits fondamentaux, un acte matériel d'exécution. Elle repose sur deux fondements essentiels : l'acte de l'administration dénaturé, c'est-à-dire manifestement insusceptible de se rattacher à l'exercice d'un pouvoir appartenant à l'administration (Paragraphe I) et l'atteinte à une liberté publique fondamentale ou au droit de propriété (Paragraphe II).

§ 1 : LE CRITERE DE LA DENATURATION DE L'ACTE ADMINISTRATIF :

L'explication la plus communément admise de la voie de fait réside dans la théorie de la dénaturation des actes matériels de l'administration.[8] On est en présence d'un acte matériel qui, en raison d'une violation objective de la légalité, a perdu sa nature administrative : l'acte est alors assimilable à celui d'un simple particulier et justifie, comme telle, la compétence judiciaire.

Ce fondement donne lieu a une double analyse[9]. Pour M. Desgranges, la dénaturation est l'explication, le fondement de la voie de fait (A) alors que pour M. le doyen Vedel, elle n'en serait que la sanction (B).

---

[8] Théorie que l'on retrouve chez les auteurs les plus divers comme Laferrière, Hauriou ou Bonnard et qui a fait l'objet d'une systématisation dans l'étude classique de M. Desgranges (*Essai sur la notion de voie de fait en droit administratif français*, thèse Poitiers 1937) ; Voir aussi les thèses sur la voie de fait : Arbus, *Etudes sur la voie de fait*, Paris 1925 ; Valson, *Contribution à l'étude de la voie de fait*, Paris 1945 ; Dufau, *La compétence juridictionnelle en matière de voie de fait administrative*, Paris 1951 ; Debary, *La voie de fait en droit administratif*, Paris 1958.

[9] Voir J.-M. Auby, *Emprise irrégulière et voie de fait*, JCP 1955, n° 259.

A : **La dénaturation fondement de la voie de fait :**

Cette thèse correspond à l'origine historique de la notion de voie de fait, qui résulte de la jurisprudence relative à l'application de l'article 75 de la Constitution de l'an VIII. Les tribunaux administratifs et judiciaires décidaient, en effet, que l'article 75 ne couvrait pas les actions des fonctionnaires lorsqu'elles avaient perdu la nature administrative. Lorsque l'acte n'a aucun lien avec l'administration, il ne peut prétendre avoir la nature administrative. Aucun agent de l'Etat ne peut prendre des actes qui ne rentrent pas dans le champ de la compétence de l'administration, sauf à considérer que l'acte est dénaturé par violation objective de la légalité. Cette conception, distinguant les actes administratifs faisant l'objet d'une simple illégalité et ceux dont l'illégalité est tellement énorme que l'acte ne peut plus prétendre avoir un caractère administratif, peut sembler logique. Il constitue alors l'acte d'un simple particulier, relevant du droit privé, qui entre dans la compétence normale de l'autorité judiciaire. L'acte administratif dénaturé va être rapproché de la théorie de l'acte inexistant tellement leurs frontières semblent proches. Cela ne va pas sans poser des problèmes. Bien que l'acte soit considéré comme dénaturé et inexistant, il est bien traité comme un acte étatique et administratif. Comment pourrait-on admettre que des actes qui engagent la responsabilité de l'administration puissent ne pas être des actes administratifs ?

La voie de fait ne peut donc se définir qu'en recherchant les conditions de la dénaturation des actions administratives. L'action matérielle est dénaturée dans les cas suivants : elle est le fait d'un administrateur non investi, et il y a alors usurpation de fonctions, et donc incompétence ; elle est interdite à l'administration car non comprise dans les limites des pouvoirs administratifs. Il n'y a pas d'action interdite par nature à l'administration et aux fonctionnaires mais c'est le droit positif qui détermine dans chaque cas la compétence, et l'action commise en violation de cette compétence n'est pas administrative parce qu'elle n'a aucun lien avec l'administration. Nul administrateur n'a de compétence pour exercer des actions qui ne sont pas du ressort de l'administration. L'administration elle-même est responsable lorsqu'elle croit agir par des procédés de puissance publique et, qu'en réalité, son action n'est pas de nature administrative. Il existe alors un courant favorable à la compétence judiciaire.

Cette théorie semble avoir été admise par une grande partie de la doctrine ainsi que par la jurisprudence. Elle n'en demeure par moins critiquable. Le fondement de la dénaturation, plus que la protection des administrés, risque de servir les intérêts de la puissance publique. La théorie de la voie de fait cherche essentiellement à protéger les particuliers contre les atteintes les plus graves de l'administration. Le principe de la compétence judiciaire est admis, et lorsqu'il est saisi, il faut accepter qu'il fasse usage de l'ensemble de ses pouvoirs pour rétablir la victime dans l'exercice de ses droits. La pratique montre malheureusement que ce régime est loin d'être appliqué à tous les cas théoriques de voie de fait. Ce régime exceptionnel, par rapport aux règles du droit administratif, a souvent été appliqué dans les cas les plus bénins, et principalement en matière d'atteinte à la propriété privée. Le recours à la voie de fait en cas d'atteinte à la liberté individuelle est peu fréquent. La dénaturation, fondement de la voie de fait, continue d'expliquer la compétence du juge judiciaire, mais M. le doyen Vedel voyait plutôt dans la dénaturation une sanction de la voie de fait. Si l'autorité judiciaire doit se substituer au contrôle relevant normalement du juge administratif, ce serait plus une façon de montrer à l'administration la gravité de son action, justifiant ainsi qu'on la prive du bénéfice de son juge naturel supposé plus indulgent envers elle.

B : **La dénaturation sanction de la voie de fait** :

« Ce n'est pas parce qu'il y a voie de fait que la règle de la séparation des autorités est sans application : c'est de façon plus profonde pour éviter de l'appliquer qu'on dit qu'il y a voie de fait »[10]. En raison de l'abus intolérable commis par l'administration dans l'exercice de ses pouvoirs, le juge estime nécessaire de la sanctionner en lui retirant son privilège de juridiction. La dénaturation serait alors « une simple conséquence, une explication technique de compétence judiciaire » qui repose sur l'idée de sanction justifiant le transfert de compétence. On envisage alors la voie de fait d'un simple point de vue répressif.

Quelle est cependant la raison exacte de cette compétence judiciaire ? Faire reposer cette compétence sur une sanction que l'on voudrait infliger à l'administration revient à dire que les juridictions administratives, par trop liées à l'administration, seraient totalement partiales. L'idée pouvait encore se concevoir au XIXe siècle mais elle semble aujourd'hui largement dénuée de fondement. S'il est toujours possible de voir dans le juge administratif un organisme moins efficace et moins prompt à assurer la sauvegarde de la liberté, continuer à percevoir cette autorité comme une bénédiction accordée à l'administration dans le cadre de ses agissements illicites ne peut guère trouver de justifications valables.

Cette conception donne pourtant à la voie de fait une application générale, indépendante de son incidence ; il suffirait pour qu'il y ait voie de fait que se produise une certaine violation objective de la légalité, sans lien avec le domaine dans lequel intervient l'irrégularité. Mais la jurisprudence n'admet pas cette solution. Elle limite l'application de la théorie de la voie de fait aux atteintes à la propriété privée et aux libertés fondamentales. La théorie de la dénaturation est donc insuffisante. Il faut chercher le transfert de compétence dans un autre fondement.

---

[10] G. Vedel, *La juridiction compétente pour prévenir, faire cesser ou réparer la voie de fait*, JCP 1950, I, 851.

§ 2 : LE CRITERE DE L'ATTEINTE A UNE LIBERTE PUBLIQUE FONDAMENTALE :

Tous les actes juridiques ou opérations matérielles de l'administration qui sont entachés d'une irrégularité ne constituent pas nécessairement une voie de fait. La jurisprudence ne va mettre en œuvre la théorie que dans les seules hypothèses où les atteintes commises par l'autorité administrative visent le droit de propriété ou une liberté publique fondamentale. On voit ici reparaître la vieille tradition libérale inhérente au juge judiciaire, ainsi que la défiance persistante envers le juge administratif.

Quelques citations permettent de mieux comprendre à quel point l'idée était fortement ancrée dans les esprits. Selon Batbie, « il est difficile d'admettre que chez nous, après tout ce qui a été dit pour demander que nul ne soit distrait de ses juges naturels, nous en soyons arrivés à placer les droits les plus essentiels sous la protection d'un corps semi-politique et composé de membres révocables, qu'après avoir tant de fois entendu demander que le contentieux administratif fût restreint ou même supprimé, on mette sous la protection de cette justice tant attaquée autrefois les droits essentiels de l'homme vivant en société »[11].

M. Debary reprend la même idée tout en la formulant différemment. « Pendant tout le cours du XIXe siècle, les régimes se succèdent les uns aux autres, créant un climat d'instabilité politique et, seuls les tribunaux judiciaires conserveront cette impassibilité si nécessaire pour arbitrer en toute justice les droits des particuliers, compte tenu des nécessités de l'action administrative ». Puis d'ajouter dans sa conclusion générale : « Pourquoi ce régime est-il basé sur la compétence judiciaire ? Cela tient à des raisons historiques. Le régime de la voie de fait est né à une époque où le seul véritable juge était le juge judiciaire. Le premier Conseil d'Etat était un organe plus administratif que juridictionnel, incapable de mettre en jeu de façon satisfaisante la responsabilité de l'Etat »[12].

Si pour M. Waline, « l'autorité judiciaire est gardienne des libertés publiques », c'est parce qu'il existait originellement « une certaine prévention contre la juridiction administrative, présumée trop favorable à l'administration pour donner aux justiciables les mêmes garanties d'équité et d'impartialité que les tribunaux judiciaires ». Tirant pleinement conséquence de cette idée, il écrit : « De cette ancienne prévention, est restée une coutume jurisprudentielle qui fait de l'autorité judiciaire la protectrice naturelle du citoyen contre les atteintes de l'administration ou du gouvernement, contre ses droits les mieux garantis… »[13].

Le critère de l'atteinte aux droits fondamentaux et le rôle de gardien de la

---

[11] Batbie, *Traité théorique et pratique de droit public et administratif*, 2e édition, 1885-1886, tome VII, p. 409 et s., cité par Desgranges, *op. cit.*, p. 154.

[12] M. Debary, *La voie de fait en droit administratif*, thèse Paris 1958, p. 169.

[13] M. Waline, *Traité de droit administratif*, Sirey 9e édition, 1963, p. 89.

liberté du juge judiciaire ressortent très précisément de deux décisions rendues par le juge judiciaire et par le juge administratif. Dans un arrêt de la Cour d'appel de Toulouse du 27 juin 1949, le tribunal énonce : « Si en cas de voie de fait de l'administration, l'autorité judiciaire, gardienne des droits de la personne humaine et protectrice de la propriété privée, puise dans son institution même le principe de sa compétence, il ne saurait en être ainsi lorsque la voie de fait a pour objet de dénoncer arbitrairement des contrats de droit public qui sont, par essence, du ressort des juridictions administratives »[14].

Le Conseil d'Etat a considéré, dans un arrêt Dame Klein du 8 avril 1961, que l'acte par lequel un maire procédait à l'enlèvement d'office d'une palissade pour faire cesser un empiétement sur la voie publique était irrégulier, car les conditions de l'exécution d'office n'étaient pas réalisées, mais ne constituait pas une voie de fait car il n'a porté aucune atteinte soit au droit de propriété de la requérante, soit à une liberté fondamentale[15]. Le juge fait aussi parfois référence à une « liberté essentielle »[16].

Il s'agit donc de voir dans quels cas la jurisprudence a diagnostiqué des atteintes aux libertés publiques fondamentales (A) et des atteintes au droit de propriété privée (B) admises au titre de la voie de fait.

A : **Une atteinte aux libertés publiques fondamentales** :

Le plus souvent, seule recevra la qualification de voie de fait administrative, la suppression directe ou indirecte mais totale d'une liberté fondamentale. Les libertés pouvant donner lieu à voie de fait, sans pour autant que la liste soit exhaustive, sont :

- *la liberté individuelle* : La sûreté des individus, la liberté des personnes, ne peuvent être gravement restreintes que sous le contrôle du juge qui garantit les droits fondamentaux. L'arrestation, la détention, l'incarcération, la rétention administrative des étrangers, l'internement administratif des aliénés..., sont autant d'actes soumis soit à mandat de justice, soit au contrôle de tribunaux en raison de l'atteinte portée à la liberté individuelle.[17]

- *la liberté d'aller et venir* : La liberté de déplacement sur le territoire de la République est reconnue à tout citoyen. Ainsi, une décision du ministre de l'intérieur qui interdit à un individu l'accès au département de la Martinique est

[14] Cour d'appel de Toulouse, 27 juin 1949, D. 1950, p. 216, note L. Rolland.
[15] C.E. 8 avril 1961, *Dame Klein*, p. 216, AJDA 1961, p. 332, chr. Galabert et Gentot.
[16] T.C. 10 décembre 1956, *Randon*, p. 952, RDP 1957, p. 883, note Waline.
[17] T.C. 27 mars 1952, *Dame de la Murette, précité.*

attentatoire à ce droit et constitutive d'une voie de fait[18]. De même, tout citoyen a le droit de quitter le territoire. Le refus de délivrance ou le retrait d'un passeport par l'administration fiscale dans le seul but de contraindre un contribuable à s'acquitter des impôts dont il était redevable constitue une voie de fait[19].

- *la liberté de la presse* : sa protection est réservée à l'autorité judiciaire et les atteintes administratives portées à cette liberté sont donc constitutives de voies de fait. En 1888, le gouvernement fait saisir les manifestes adressés par le comte de Paris aux maires de France. Le Tribunal des conflits, estimant que ces saisies ne pouvaient se fonder sur la grande loi de 1881, les a déclarées constitutives de voies de fait[20]. Cette solution trouve confirmation dans le célèbre arrêt du Tribunal des conflits « Action Française » de 1935[21].

- *le libre exercice du culte*[22].
- *la liberté d'association*[23].

- *Le respect dû aux sépultures et aux morts* : l'exhumation d'office, par le maire d'une commune, de corps ensevelis dans la partie d'un cimetière réservée aux concessions avec caveaux, au motif que la famille ne se conformait pas aux prescriptions d'un arrêté municipal, a été considérée comme une voie de fait[24].

- *la violation de la sécurité des correspondances* : Protégée par le Code pénal, le secret de la correspondance ne saurait être violé par l'autorité administrative. Toute action portant atteinte au secret de la correspondance et qui serait contraire aux prescriptions issues de ce Code est constitutive d'une voie de fait[25].

On trouve encore quelques voies de fait dans d'autres cas d'atteintes à des libertés fondamentales comme le droit au mariage, le libre exercice d'une activité professionnelle, les droits de la défense, la présomption d'innocence... mais ces cas sont beaucoup plus rares et le juge exige généralement un degré de gravité très important.

---

[18] Cass. 1re Civ., 23 mars 1971, *Plenel*, Bull. civ., I, n° 100.
[19] Cass. 1re Civ., 28 nov. 1984, *Bonnet, Buisson, Lisztman*, Bull. civ. n°321, D. 1985, p. 313, note C. Gavalda.
[20] T.C. 25 mars 1889, *Dufeuille*, p. 412.
[21] T.C. 8 avril 1935, *Action Française*, p. 1226, concl. Josse, D. 1935. II. 25, note Waline.
[22] T.C. 22 avril 1910, *Préfet de la Côte d'Or* et 4 juin 1910, *Préfet de l'Aisne*, S. 1910. III. 129, note Hauriou.
[23] L'entrave apportée par l'administration à la gestion d'une institution de retraite fonctionnant sous forme associative a été considérée comme constitutive d'une voie de fait par la Cour de cassation : Cass. civ., I 24 octobre 1977, Bull civ, I n 386.
[24] T.C. 25 nov. 1963, *Cne de Saint-just-Chaleyssin*, p. 713, concl. Chardeau ; JCP 1964.II.13493, note Auby.
[25] T.C. 10 décembre 1956, *Randon, précité*.

B : **Une atteinte à la propriété privée** :

Seule une atteinte grave de l'administration au droit de propriété du particulier engendre la reconnaissance de la voie de fait. A la différence de l'emprise, la voie de fait permet de réparer les atteintes aux droits immobiliers comme aux droits mobiliers. Le tribunal judiciaire peut ordonner l'expulsion du service public, au besoin sous astreinte. Il peut imposer la restitution de la propriété mobilière, le sursis à exécution de travaux, leur discontinuation et même la suppression des ouvrages s'il ne s'agit pas d'ouvrages publics. La privation ou la dépossession du droit réel immobilier invoqué suffit à caractériser la voie de fait. Mais que protège vraiment la voie de fait ? Selon l'article 544 du code civil, « la propriété est le droit de jouir et disposer des choses de la manière la plus absolue, pourvu qu'on n'en fasse pas un usage prohibé par les lois ou par les règlements ». Ce texte résume les trois attributs traditionnels dégagés par les romains : usus, fructus, abusus. Or, les trois attributs n'appartiennent pas nécessairement au propriétaire. Qu'en est-il alors si l'administration porte atteinte, dans des conditions pouvant donner lieu à une voie de fait, à l'un de ces droits et non à l'intégralité du droit de propriété ? Pour qu'il y ait voie de fait, il suffit qu'il soit porté atteinte à l'un des attributs du droit de propriété, mais il faut que cet attribut soit effectivement exercé par le propriétaire. L'atteinte à l'un des attributs dissociés du droit de propriété ne peut ouvrir à son titulaire réparation au titre de la voie de fait. Ainsi, le locataire et le simple occupant d'un immeuble ne peuvent se prévaloir de l'existence d'une voie de fait à leur encontre[26]. De même, l'auteur d'une action en voie de fait ne peut invoquer que le droit dont il est titulaire sur un bien propre. Enfin, la Cour de cassation a exclu toute application de la théorie de la voie de fait en l'absence d'une véritable atteinte au droit de propriété. C'est dire que la simple atteinte à la vie privée ne peut être constitutive d'une voie de fait.

Après avoir délimité les contours de la voie de fait résultant d'une atteinte à la propriété, il convient de voir quel est son champ d'application :

- *les cas d'atteinte à la propriété immobilière* : Les atteintes les plus fréquentes portées à la propriété et constitutives d'une voie de fait concernent les agissements illégaux opérés par des sous-traitants de l'administration chargés de travaux publics ou de la réalisation d'ouvrages publics. Il faudra souvent distinguer le simple dommage de travaux publics avec la vraie voie de fait qui va, par exemple, résulter de l'occupation d'un terrain privé sans aucun titre[27], de l'exécution de travaux de déboisement sans autorisation[28] ou encore la pose de canalisations dans

---

[26] Cass. 1re Civ., 18 juin 1974, Bull. civ., I, n° 197.

[27] T.C. 6 novembre 1967, *Dougy contre Société de l'autoroute Paris-Lyon*, p 649.

[28] T.C. 21 décembre 1987, *Lasgoutte*, LPA, 16 mars 1988, p. 4, req. n°24-97.

le sol de parcelles privées, là encore, sans aucun texte autorisant l'administration à une telle action[29]. La voie de fait sera fréquemment caractérisée lorsque l'autorité administrative agira de façon manifestement irrégulière sans aucun respect des formalités préalables prévues par les textes. Notons toutefois que la Cour de cassation et le Tribunal des conflits excluent la voie de fait quand l'atteinte à la propriété privée est indirecte, fondée sur les contestations de l'indemnisation, ou n'est que la conséquence de l'exécution d'un titre juridique de l'autorité administrative dont seule la légalité est combattue.

- *les cas d'atteinte à la propriété mobilière* : on peut trouver des cas de voie de fait lorsqu'il y a lieu à des réquisitions de biens mobiliers ou lors d'opérations de saisies irrégulières. Il en va ainsi lorsqu'il y a réquisition sans titre ou gravement irrégulière, hors circonstances exceptionnelles et urgence[30]. La jurisprudence distingue cependant la réquisition de propriété et la réquisition d'usage. Seule la première peut faire l'objet d'une voie de fait.

Néanmoins, les atteintes à la propriété mobilière permettent de conclure à la voie de fait dans de très rares hypothèses. Dans la plus part des cas, ne pourra être retenue que la seule faute de l'administration[31].

Apparaissent déjà ici les premières incertitudes liées à la théorie de la voie de fait. La qualification de voie de fait dépend d'un nombre important de conditions qu'il est souvent difficile de maîtriser. Elaborer des critères permet de lutter contre un arbitraire éventuel. La présence d'un acte insusceptible de se rattacher à un pouvoir de l'administration, acte qui porte atteinte à une liberté fondamentale ou au droit de propriété, caractérise la voie de fait. Or, la pratique prouve bien qu'il en va différemment. D'une volonté de lutter contre l'arbitraire de l'administration, il va falloir trouver des moyens pour lutter contre l'arbitraire du juge.

Les atteintes au droit de propriété donnaient d'ailleurs souvent lieu à voie de fait. Seul ce contentieux présentait constance et stabilité. Ce n'est plus le cas aujourd'hui. L'après-guerre avait généré de nombreuses atteintes au droit de propriété constitutives de voies de fait. Ce contentieux a largement régressé.

SECTION II : DES CRITERES INCERTAINS :

La voie de fait repose donc sur un double fondement qui, d'un point de vue théorique et pratique, ne peut satisfaire. Aucune des explications n'est

---

[29] T.C. 11 mai 1964, *Lajugie c/ CGE*, p.791.

[30] C.E. 18 novembre 1949, *Carlier*, p. 490, S. 1950, p.49, note Drago, RDP 1950, p. 172, note Waline, JCP 1950, II, 5535, note Vedel ; C.E. 10 octobre 1969, *Cts Muselier*, p. 432, AJDA 1969, p. 686, note F.G. Bertrand ; Cass. 1re civ., 29 décembre 1954, Bull. civ. I, n°393 ; T.C., 12 février 1953, *Préfet d'Alger c/ Garcia*, p. 584.

[31] Voir Serge Petit, *op. cit.*, p. 85 et s. et G. Quiot, *JC éd. Générale*, fascicule 1051, p. 10 et s.

véritablement pertinente[32]. Chacun des deux fondements, pris séparément, peut faire l'objet de critiques (Paragraphe I); critiques qui révèlent de manière éloquente les incertitudes de la voie de fait résultant du caractère évolutif de la théorie (Paragraphe II).

§ 1 : DES FONDEMENTS CONTESTABLES :

Qu'il s'agisse de l'idée de dénaturation (A) ou d'atteinte à une liberté fondamentale (B), les deux piliers sur lesquels repose la voie de fait manquent de solidité, d'où un risque d'arbitraire beaucoup plus préjudiciable pour les administrés.

A : **La dénaturation** :

La critique essentielle faite à la théorie de la dénaturation : la jurisprudence ne constate pas la voie de fait en présence de toutes les actions dénaturées de l'administration. Elle l'a toujours limitée à la propriété privée et à certaines libertés publiques. Or normalement, selon la logique de la thèse de la dénaturation, en présence d'une certaine violation objective de la légalité, le régime de la voie de fait doit trouver application devant le juge appelé à connaître de l'action matérielle de l'administration. Et même dans ces circonstances, à partir de quel point est considéré comme dénaturée l'action de l'administration ?

Cette théorie repose de toute évidence sur l'idée que l'administration a commis une telle irrégularité, que l'acte ne peut plus être administratif. De là, découle deux problèmes :

- A partir de quand un acte peut-il être considéré comme présentant un caractère d'illégalité suffisamment important pour être considéré comme dénaturé ?
- Si les juges acceptent l'idée que l'acte est dénaturé, quel est alors sa nature juridique ?

Dans le premier cas, si vraiment un acte très gravement illégal de l'administration peut perdre son caractère administratif, pourquoi n'en est-il pas ainsi pour tous les actes portant atteinte à la propriété ou à la liberté, et pour tous

[32] « La notion de dénaturation paraît impliquer que l'on abandonne aux tribunaux judiciaires des actes qui ont perdu leur nature originelle en raison d'un vice particulièrement grave. Le principe de l'autorité judiciaire gardienne de la liberté et de la propriété semble au contraire signifier que l'on réserve aux tribunaux judiciaires des actes dont l'objet est tout spécialement digne d'intérêt et de protection. Il n'est dès lors guère étonnant que la définition même de la voie de fait demeure encore incertaine… ». P. Weil, D. 1961, p. 611 et s.

les actes de l'administration, quel que soit leur objet ? Même en imaginant que le critère de l'atteinte à une liberté ou à la propriété soit présent, quel critère utilise le juge pour déclarer l'acte d'une gravité suffisante pour qu'il y ait voie de fait ? Il existe un certain arbitraire dans la détermination du critère de l'acte dénaturé. La dualité de compétence des juridictions administrative et judiciaire pour constater la voie de fait, depuis l'arrêt du Tribunal des conflits de 1966 Guiguon[33], favorise d'ailleurs le risque de contradiction entre les deux ordres. Risque accentué par le fait que les juridictions voudront éventuellement préserver leur compétence.

L'idée même de contradiction entre les deux ordres de juridictions apparaît antinomique avec la théorie de la voie de fait, puisqu'elle repose, en principe, sur des éléments certains et non approximatifs. Si la moindre discordance survient, on peut douter qu'il y ait voie de fait. La faute de l'administration est tellement énorme, qu'aucun doute ne peut exister dans l'esprit des juges. La pratique a fréquemment montré qu'il n'en est rien : le Tribunal des conflits a souvent été saisi pour régler des conflits de compétence en matière de voie de fait.

Dans le second cas, l'idée même de dénaturation semble peu compréhensible. « Que signifie cette espèce de pénalisation de l'acte administratif qui, lorsqu'il est gravement illégal, est abandonné aux tribunaux judiciaires ? Et une fois dénaturé, que devient l'acte en cause ? »[34]. C. Eisenmann considère à juste titre « ... qu'en vérité il est étatique de genre, et non privé, et administratif d'espèce, puisqu'il n'est ni législatif, ni juridictionnel, ni judiciaire, ni quoi que ce soit d'autre »[35].

La jurisprudence n'a ainsi jamais pu dire que l'acte dénaturé avait une qualification autre qu'un acte administratif. L'acte dénaturé, mais ne violant pas une liberté publique ou le droit de propriété, pourra logiquement faire l'objet d'un recours pour excès de pouvoir. Pourquoi le juge administratif serait-il alors incompétent en cas de voie de fait, hormis l'explication, contestable aujourd'hui, visant à voir dans le juge judiciaire le seul vrai garant des libertés et droits fondamentaux ? Allant plus loin, M.Weil explique que la voie de fait ne peut se confondre avec la faute personnelle de l'agent du service et que dans la plupart des cas, c'est bien la responsabilité de l'administration qui est engagée. Comment peut-on donc déclarer l'administration responsable d'un acte qui n'est pas administratif? Il existe ici une contradiction peu banale et difficilement explicable...

Certains auteurs, comme Pierre le Mire[36], ont essayé de rapprocher la théorie de l'inexistence à celle de la voie de fait en utilisant un même fondement qui est celui de la dénaturation de l'acte. La jurisprudence qualifie, en effet, souvent voies de fait et actes inexistants « d'actes manifestement insusceptibles d'être rattachés à

---

[33] T.C. 27 juin 1966, *Guigon*, p. 830 ; D. 1968, p. 7, note Douence ; AJ 1966, p. 547, note Laubadère.
[34] P. Weil, *op. cit.*, p. 615.
[35] C. Eisenmann, Préface de la thèse de M. Debary, *op. cit.*, p. 4.
[36] P. le Mire, *op. cit*.

l'exercice d'un pouvoir appartenant à l'administration » et donc d'actes « nuls et de nul effet » ou « nuls et non avenus ». Certes il semble exister des différences entre les deux théories. L'inexistence est une notion doctrinale adoptée par la jurisprudence, alors que la voie de fait correspond à une réalité jurisprudentielle que la doctrine a essayée de conceptualiser. La théorie de l'inexistence tend essentiellement à éviter la création de droits au profit des administrés, alors que la voie de fait influerait d'abord sur la répartition des compétences entre les deux ordres de juridiction. La voie de fait se définirait enfin par l'existence d'un critère matériel qui est celui de l'atteinte à une liberté ; ce critère est absent dans la théorie de l'inexistence. Un grand nombre de similitudes existe cependant et l'intérêt d'un rapprochement n'est pas seulement doctrinal. L'analyse comparée vise essentiellement la recherche d'un critère plus stable pour la voie de fait.

La voie de fait serait donc une des formes de dégénérescence des actes administratifs. Elle correspondrait à l'intervention d'un acte inexistant dans le domaine des libertés publiques fondamentales. Cependant, tout acte dénaturé, c'est-à-dire inexistant, n'est pas constitutif de voie de fait, alors que toute voie de fait correspondrait à l'exécution, dans le cadre d'une atteinte à une liberté publique fondamentale, d'un acte dénaturé. L'analyse pose peu de problèmes pour la voie de fait par manque de droit. Elle résulte de « l'exécution d'un acte manifestement insusceptible de se rattacher à un pouvoir conféré à l'administration », ce qui est la définition même des formes d'inexistence, l'administration agissant alors totalement en dehors de ses compétences. L'analyse est plus contestable pour la voie de fait par manque de procédure. En effet, il peut y avoir voie de fait alors même qu'il existe un titre légal, la voie de fait se reposant alors sur le caractère illégal de l'intervention de l'administration. C'est le cas le plus fréquent de l'exécution forcée. Cette analyse oublie toutefois qu'il existe des cas de voie de fait par manque de procédure qui ne comportent pas exécution forcée. De nombreux actes administratifs portent en eux-mêmes leur exécution, par exemple, le refus de délivrer une prestation, et ne supposent pas une activité matérielle d'exécution qui leur fait suite. Il existe donc bien un risque d'arbitraire quant à la détermination de la voie de fait au travers du critère de la dénaturation, risque encore plus aigu dans le fondement de l'atteinte à une liberté fondamentale.

B : **La difficile définition d'une liberté fondamentale** :

L'objet de la théorie de la voie de fait, en dehors de la protection de la propriété privée, est la protection des libertés publiques, mais de nombreuses imprécisions existent : toutes les libertés publiques doivent-elles être protégées au titre de la théorie, ou seulement certaines d'entre elles, les plus importantes, c'est-à-dire les libertés considérées comme fondamentales ?

Le principe de voie de fait pour atteinte à une liberté publique fondamentale est aujourd'hui accepté par tous mais la doctrine est longtemps apparue hésitante. La majorité des auteurs affirmait que la théorie de la voie de fait protégeait les libertés publiques, sans autres précisions. Marcel Waline[37] parlait de voie de fait au cas d'atteintes graves, soit au droit de propriété, soit à une liberté publique. André de Laubadère[38] parlait d'une liberté publique quelconque, alors que René Chapus[39] visait tous les droits « inhérents à la personnalité humaine » sans autre discrimination. J.-M. Auby et R. Drago[40] parlaient de « liberté publique prévue et organisée par la loi », R. Odent[41], de « libertés publiques bénéficiant d'une garantie spécialement organisée »... D'autres auteurs, plus exigeants, n'autorisaient la voie de fait que dans les cas d'atteintes à une liberté fondamentale, tel Jean Rivero[42], ou d'atteintes à des « droits fondamentaux des individus » tel Georges Vedel[43].

La jurisprudence restait, quant à elle, dans l'imprécision. L'incertitude fut totalement levée par le Conseil d'Etat dans l'affaire Dame Klein du 8 avril 1961 : une exécution forcée n'était constitutive d'une voie de fait que si elle portait atteinte au droit de propriété ou à une « liberté fondamentale »[44]. Etait ainsi affirmé le principe selon lequel seules les libertés publiques fondamentales peuvent faire l'objet d'une voie de fait.

Que faut-il cependant entendre par l'expression « liberté fondamentale » ? Ne concevoir la voie de fait que dans ce cas d'espèce, risque de réduire son champ d'application, mais aussi de laisser au bénéfice des juges une large possibilité d'interprétation. Il en résulte une incertitude quant au champ d'application de la voie de fait. Le domaine de la voie de fait n'est pas réduit à la seule propriété privée immobilière ou mobilière mais aussi à certaines libertés considérées comme essentielles. Le juge joue donc un rôle important dans l'attribution du caractère essentiel de la liberté, ce qui implique certaines divergences d'appréciation entre les deux ordres de juridictions. Il est certaines libertés dont le caractère essentiel peut se discuter. Discussion possible sur le fond mais aussi dans les faits. La jurisprudence est, dans son essence même, susceptible de modifications. Ce qui hier était considéré par la jurisprudence comme une liberté suffisamment fondamentale pouvant faire l'objet d'une voie de fait, ne le sera peut-être plus demain. La voie de fait pose en réalité un problème de sécurité juridique. C'est ainsi qu'aujourd'hui, par exemple, les juridictions semblent ne plus reconnaître la voie de fait en cas d'atteinte à la liberté du commerce et de l'industrie, et en cas

[37] M. Waline, *Droit administratif*, 9ème édition, n°724.
[38] A. de Laubadère, *Traité élémentaire de droit administratif*, 3ème édition, n° 746.
[39] R. Chapus, *op. cit.*, p. 127.
[40] J.-M. Auby et R. Drago, *Traité de contentieux administratif*, LGDJ 1962, Tome 1, p. 568.
[41] R. Odent, *Contentieux administratif*, 1961-1962, p. 240.
[42] J. Rivero, *Droit administratif*, 2me édition, n°173, p. 154.
[43] G. Vedel, *Droit administratif*, 2me édition, p. 91.
[44] C.E. 8 avril 1961, *Dame Klein, précité.*

d'atteinte au droit d'émission et de radiodiffusion :

- la Cour de cassation a exclu la qualification de voie de fait à propos d'articles diffusés dans la presse, par un maire, sur l'activité d'une entreprise privée et d'un chantier naval, en raison du caractère économique et social de l'activité visée, sans lien avec une liberté fondamentale[45]. Le Conseil d'Etat n'admet pas d'avantage la voie de fait pour une intervention du ministre de la Santé dans la commercialisation d'un produit par un laboratoire privé. L'activité ne concerne pas une liberté fondamentale[46].
- La Cour de cassation ne considère pas le droit de diffuser des émissions radiophoniques comme une liberté fondamentale. Le refus de l'autorisation administrative de diffusion, et la coupure de l'électricité provoquant l'interruption de l'activité illégale d'une radio, ne constituaient pas une voie de fait[47].

La notion de voie de fait suscite de nombreuses controverses. Force est de constater que la théorie repose sur des fondations fragiles. Les critiques se sont atténuées avec le temps mais elles se justifient tout autant, voire plus, aujourd'hui. La voie de fait présente encore moins de stabilité qu'hier. Quelles en sont les raisons ? La seule réponse possible : l'incertitude qui entoure la voie de fait. Quand y a-t-il voie de fait ? Est-on en présence d'une voie de fait ? L'action de l'administration est-elle suffisamment illégale ? Y a-t-il atteinte à une liberté et est-elle suffisamment fondamentale ?

De toutes ces réponses dépend l'application de la voie de fait. La théorie n'est pas simple ; elle est éminemment complexe. Il en résulte une application timide qui n'aboutit pas à une protection réelle des droits et libertés des individus. Son instabilité se manifeste par l'application fluctuante de la théorie. Les éléments constitutifs de la voie de fait ont été modifiés pour rendre son application plus fréquente. La protection des libertés fondamentales des citoyens a-t-elle été favorisée pour autant ?

La théorie de la voie de fait n'a jamais connu une utilisation constante. Elle a évolué dans son application et dans ses éléments constitutifs. Sa définition a varié selon les époques. Considérée comme un manquement grave aux règles de droit, tant au niveau de l'élaboration de l'acte d'administration, que dans la procédure d'exécution de la décision, la voie de fait mérite une définition. La doctrine et les juridictions y ont contribué, non sans difficulté. Mais si ce caractère évolutif de la définition de la voie de fait a eu pour vocation de l'adapter aux changements juridiques de notre temps, ne faut-il pas y voir aussi une perte progressive de son essence même : la protection des droits et libertés des individus ?

---

[45] Cass. 1re Civ., 14 mai 1992, *Lafond c/ Soc laxmar*.

[46] C.E. 25 janvier 1991, *Confédération nationale des associations de familles catholiques*, p. 30.

[47] Cass. 1re Civ., 4 décembre 1990, *Office des postes et télécommunications c/ radio Maohi*.

§ 2 : LES INCERTITUDES LIEES AU CARACTERE EVOLUTIF DE LA THEORIE :

Etroitement liée à la définition qu'on lui confère, la voie de fait sera plus ou moins présente selon la volonté jurisprudentielle du moment. Ainsi, après avoir connu un déclin, elle est réapparue dans l'immédiat après-guerre avec le contentieux abondant des réquisitions de logements. Puis la voie de fait a de nouveau connu une utilisation restreinte jusque dans le courant des années soixante. Dès lors, son application n'a jamais cessé, mais de manière très sporadique.

La voie de fait suppose une illégalité. Il doit s'agir d'une irrégularité flagrante. Quel est le degré d'irrégularité nécessaire pour caractériser la voie de fait ? Afin de définir ce degré d'irrégularité, la jurisprudence a adopté différentes expressions qui se sont modifiées. L'évolution des formules employées par les juridictions supérieures jusqu'en 1984 est linéaire (A). A partir de cette date, la transformation de la voie de fait est plus profonde (B).

A : **L'état du droit jusqu'en 1984** :

Une fois l'atteinte à la liberté fondamentale ou au droit de propriété acquise, il appartient aux tribunaux de juger si la faute commise par l'administration revêt un degré de gravité suffisant. De cette définition évolutive de l'acte constitutif de la voie de fait, incertaine, découle un domaine d'application plus ou moins grand.

Une des premières décisions provient du Tribunal des conflits qui, en 1884, évoque, pour caractériser la voie de fait, « un acte ne rentrant pas dans le cercle des attributions de l'administration ». Sans employer l'expression « voie de fait », le Tribunal des conflits donne compétence à l'autorité judiciaire pour suspendre l'exécution d'un travail public. Le préfet ayant autorisé l'administration des postes et télégraphes à pénétrer dans les propriétés closes est sorti « du cercle de ses attributions »[48].

Dans un arrêt de 1935, le Tribunal des conflits rend une décision qui caractérise la voie de fait dans ses deux composantes : « la saisie d'un journal sans qu'il soit justifié que cette saisie, ordonnée d'une façon aussi générale...ait été indispensable pour assurer le maintient ou le rétablissement de l'ordre » est considérée comme voie de fait car elle ne peut se rattacher au pouvoir de police du préfet, et l'exécution d'office n'est pas justifiée par l'urgence. Ne disposant pas d'un tel pouvoir, l'autorité administrative ne peut agir de la sorte[49]. L'arrêt révèle déjà en lui-même les incertitudes liées à la théorie. Qualifiée ici de voie de fait, la

[48] T.C. 13 décembre 1884, *Postes et Télégraphes*, p. 909.
[49] T.C. 8 avril 1935, *Action Française*, p. 1226.

saisie aurait pu être parfaitement légale dans l'hypothèse d'atteintes plus conséquentes à l'ordre public. « La notion de voie de fait, faute de définition légale et de construction doctrinale, demeure encore, dans certains de ces éléments bien imprécise »[50].

L'arrêt Société Schneider du 4 juin 1940 opte pour une formule plus stricte, autorisant ainsi plus facilement la détermination de la voie de fait. Rendu à propos de l'expropriation d'établissements se livrant à la fabrication de matériel de guerre, le Tribunal des conflits s'oriente vers le rattachement de l'acte incriminé à l'application d'un texte législatif ou réglementaire pour exclure la voie de fait. Il y aura ainsi voie de fait lorsque la mesure contestée est « manifestement insusceptible de se rattacher à l'application d'un texte législatif ou réglementaire »[51].

La définition, fréquemment utilisée par les tribunaux judiciaires, va être plusieurs fois confirmée à propos du contentieux des réquisitions de logement issu de la loi du 11 juillet 1938. le Tribunal des conflits retient la qualification de voie de fait en raison de l'absence de rattachement de l'acte à un texte législatif ou réglementaire[52]. Cette définition de principe, favorable à l'extension de la voie de fait, va s'effacer progressivement au profit de celle du Conseil d'Etat. Réagissant contre la multiplication des qualifications de voie de fait pour de simples agissements illégaux de l'administration, la haute juridiction administrative énonce « qu'il résulte de l'instruction que le commissaire de police de Chartres a procédé...à la saisie de plusieurs plaques photographiques appartenant au sieur Carlier... ; que cette saisie, qui apparaît dans les circonstances de l'affaire comme manifestement insusceptible d'être rattachée à l'exercice d'un pouvoir appartenant à l'administration, constitue une voie de fait »[53].

La formule devient ainsi « un acte manifestement insusceptible d'être rattaché à l'exercice d'un pouvoir appartenant à l'administration ». Plus générale, et englobant tous les pouvoirs de l'administration quels que soient les domaines d'application, la définition restreint foncièrement le champ d'application de la voie de fait. Le Conseil d'Etat considère qu'il ne peut y avoir voie de fait que dans l'hypothèse où l'administration ne possède aucunement le pouvoir d'agir. La définition a été reprise par le Tribunal des conflits ainsi que par les juridictions judiciaires. La Cour de cassation a parfois cumulé les deux formules, c'est-à-dire l'absence de rattachement à un texte et à un pouvoir, mais la définition constitutive de la voie de fait donnée par le Conseil d'Etat est restée sans modification jusqu'en 1984.

La définition présentait un caractère incertain, avant même ce nouveau changement, qui engendrait de nombreuses conséquences négatives sur la voie de

[50] D.P. 1935.3.25, conclusion Josse, note Waline.

[51] T.C. 4 juin 1940, *Schneider*, p. 248.

[52] T.C. 17 février 1947, *Consorts Perrin*, p. 501 ; T.C. 17 mars 1949, *Sté Rivoli-Sebastobol*, p. 594.

[53] C.E. 18 novembre 1949, *Sieur Carlier*, p. 490 ; RDP 1950, p. 172, note Waline.

fait elle-même. Jusqu'en 1949, la jurisprudence reconnaissait la voie de fait toutes les fois où l'acte incriminé constituait « une mesure manifestement insusceptible de se rattacher à l'application d'un texte législatif ou réglementaire et ne constituant ainsi de toute évidence qu'une simple voie de fait ». Toutes les fois où l'acte pris par la puissance publique, portant atteinte aux droits fondamentaux, ne pouvait matériellement être rattaché à un tel texte, il y avait voie de fait. Or, l'arrêt Carlier du Conseil d'Etat est venu modifier cette définition. La formule retenue est cette fois « mesure manifestement insusceptible d'être rattachée à l'exercice d'un pouvoir appartenant à l'administration ». Une telle définition de la voie de fait aboutit à une restriction considérable de son champ d'application. En remplaçant l'exigence d'un texte législatif ou réglementaire par la simple tolérance d'un « pouvoir de l'administration », toutes les fois où l'existence d'un tel pouvoir sera reconnue par le juge, l'acte administratif rentrera dans le domaine de la légalité. C'est dire que le juge est maître d'établir le lien entre tel ou tel pouvoir qui aurait été reconnu à l'administration, et de fixer ensuite l'étendue et les limites de ce pouvoir. Le degré de certitude qui s'attachait à l'ancienne formule disparaît. En n'exigeant plus un texte précis mais un simple pouvoir de la part de l'administration, la voie de fait va connaître une application beaucoup plus restreinte.

La définition de la voie de fait donnée par la jurisprudence exige d'ailleurs que l'acte ait un caractère manifestement illégal. Or ce caractère « manifeste » n'est pas toujours évident. La définition de la voie de fait se révèle d'autant plus incertaine. « Si l'on prend par exemple le cas de l'internement des aliénés, atteinte très grave à la liberté individuelle, on constate que le préfet dispose bien d'un tel pouvoir, et qu'en s'abstenant d'en user il pourrait éventuellement engager la responsabilité de la Puissance publique. Or, en faisant interner une personne qui en réalité ne souffrait pas d'aliénation mentale, l'autorité administrative commet une voie de fait. Mais il y a malheureusement toute une gamme entre un caractère irascible et le déséquilibre mental, ce qui risque d'élargir le pouvoir des experts désignés pour examiner le malade et de les faire juges, en définitive, de la voie de fait »[54]. L'exemple illustre clairement la difficulté à déterminer le caractère « manifeste » de l'atteinte. La difficile définition de la voie de fait prouve bien la complexité et le caractère incertain de la théorie. Tenter de la définir présente cependant un intérêt pratique évident. Il s'agit pour les requérants de savoir précisément quand ils sont en présence d'une voie de fait ; le problème de compétence ne se pose alors plus. Voulant faire réparer les conséquences dommageables d'une voie de fait certaine, ils saisissent directement le juge judiciaire. Il arrive cependant au Conseil d'Etat d'admettre le recours pour excès de pouvoir contre des décisions administratives dépourvues de base légale et donc entachées d'une très grave illégalité.

---

[54] P. Bretton, *thèse précitée*, p. 265.

La voie de fait repose aujourd'hui, malgré des tentatives de définitions, sur des critères instables, qui laissent libre cours à l'arbitraire du juge pour qualifier ou non la théorie. De nouveaux éléments, visant à réhabiliter la théorie, vont venir s'ajouter à cette jurisprudence déjà très variée. Loin de simplifier la matière, ils contribuent à accroître la difficulté qui existe pour qualifier la voie de fait.

B : **Un nouvel éclairage sur la notion de voie de fait** :

Par trois arrêts rendus le même jour, en 1984, la Cour de cassation vient profondément modifier l'état du droit. Pour qu'il y ait voie de fait, il suffit que l'acte litigieux soit manifestement insusceptible de se rattacher à un pouvoir conféré à l'administration dans l'exercice de fonctions données.

- Le 28 novembre 1984, la Première chambre civile de la Cour de cassation, fut saisie de trois affaires dont l'objet était identique[55].

Dans **la première** de ces procédures, la Cour d'appel de Paris, par un arrêt du 11 mai 1983, a infirmé une ordonnance rendue le 10 novembre 1982 par le président du tribunal de grande instance de Paris et a déclaré recevable et fondée la demande de restitution de passeport formée par M. Claude Buisson, lequel s'était vu retirer ce passeport par le service de la police des frontières le 17 septembre 1982, à la demande du trésorier-payeur général de l'Ile de France. Il était reproché à M. Buisson de devoir à la trésorerie principale du 17e arrondissement de Paris une somme de 607 701 francs.

Dans **la deuxième** procédure, la cour d'appel de Versailles, par un arrêt du 31 août 1983, confirmant une décision du président du tribunal de grande instance de Nanterre statuant en référé, a énoncé que l'autorité administrative pouvait refuser à un ressortissant français la délivrance d'un passeport, si un déplacement à l'étranger était de nature à compromettre la sécurité publique. M. Bonnet, importateur, s'était vu réclamer par l'administration douanière, au titre de ces droits assortis d'une amende, une somme de 100 millions de francs. En garantie de cette dette, le fisc avait, outre une saisie sur ses biens, fait notifier à ce dernier, par la sous-préfecture de Boulogne-Billancourt, un refus de renouvellement de son passeport.

Dans **la troisième** procédure, la Cour d'appel de Paris, par un arrêt du 26 septembre 1983, infirmant une ordonnance du 21 juin prise par le président du tribunal de grande instance de Paris, a ordonné la restitution de son passeport à M. Claude Listzman, lequel s'était vu retirer ce passeport au motif qu'il était redevable de divers impôts.

---

[55] Cass. 1re civ., 28 novembre 1984, 3 arrêts, D. 1985, p. 313, note C. Gavalda ; JCP 1986, n°20600, note M. Lombard ; Rev. crit. dr. int. privé 1985, p. 506, note G. Peiser ; RFDA 1985, p. 760, concl. P.A. Sadon.

Dans les trois cas, le contribuable, débiteur du trésor public, avait saisi le juge des référés à l'effet d'obtenir la restitution de son passeport, en alléguant que le retrait de ce document opéré à la demande de l'autorité fiscale par le ministère de l'intérieur constituait une voie de fait, et qu'un débiteur d'impôts ne pouvait, en tout état de cause, être assimilé à une personne susceptible de compromettre la sécurité publique. Deux problèmes se posaient en l'espèce : Y avait-il atteinte à une liberté fondamentale et le retrait d'un passeport, opéré par l'administration fiscale, était-il manifestement insusceptible de se rattacher à un pouvoir conféré à l'administration ?

La privation d'un passeport limite la faculté de déplacement et porte ainsi atteinte à la liberté d'aller et venir.

L'administration dispose du pouvoir de refuser le renouvellement d'un passeport ou de le retirer. La qualification de voie de fait semblait difficile à retenir. En effet, selon la formule traditionnelle, le fait que l'administration retire un passeport n'est pas manifestement insusceptible de se rattacher à l'un de ses pouvoirs. La Cour de cassation va pourtant détourner la formule initiale. Si l'administration dispose bien d'un tel pouvoir, dans l'exercice de cette fonction, elle ne saurait retirer un passeport sans commettre une voie de fait.

- Dans sa décision du 9 juin 1986, « Eucat », le Tribunal des conflits, saisi d'un conflit positif d'attribution, n'a pas hésité à considérer qu'était constitutif d'une voie de fait un retrait de passeport qui n'était motivé, ni par une poursuite pénale, ni par la mise à exécution d'une contrainte par corps. La solution n'était pas évidente. Les dispositions du protocole additionnel n°4 à la Convention européenne des droits de l'homme, comme celles du pacte international de New York de 1966, ne condamnent en effet, ni le principe même du passeport, ni l'éventualité de son retrait. Des restrictions ne peuvent être admises que si elles sont prévues par une loi, qui, selon les termes de l'arrêt de la Cour de cassation du 28 novembre 1984, doit répondre « à la nécessité de protéger la sécurité nationale, l'ordre public, la sûreté, la santé ou la morale publique ou les droits et libertés d'autrui, ou encore de prévenir des infractions pénales ». Une telle loi existe-t-elle en France ? Le seul texte existant sur le sujet est un vieux décret datant du 7 décembre 1792. Ce texte autorise l'administration à refuser ou retirer un passeport au motif que le déplacement de l'intéressé à l'étranger est de nature à compromettre la sécurité publique. A l'évidence, un tel texte n'autorise pas l'administration à retirer le passeport d'un individu, pour faire pression sur lui, afin qu'il rembourse les sommes dues à l'administration fiscale. Il n'existe aucun texte qui autorise l'administration à porter atteinte à la liberté d'aller et venir au seul motif d'obtenir le recouvrement d'impôts non payés.

Le Tribunal des conflits conclut donc à la voie de fait dans les termes suivants : « Considérant que l'ordre de retirer son passeport à M. Eucat au motif qu'il était redevable de lourdes impositions et n'offrait pas de garanties de solvabilité ne découle ni de poursuites pénales ni de la mise à exécution d'une contrainte par corps ; qu'une telle mesure, qui porte atteinte à la liberté d'aller et venir, est manifestement insusceptible de se rattacher à l'exercice d'un pouvoir conféré par la loi à l'administration pour assurer le recouvrement d'impôts directs ; qu'elle constitue donc une voie de fait »[56].

La formule s'éloigne de l'arrêt Carlier. Il n'est pas nécessaire que l'acte poursuivi soit complètement étranger à un quelconque pouvoir de l'administration, quel que soit son domaine de compétence. Il suffit qu'il échappe au pouvoir de l'administration en cause dans l'exercice de fonctions données : ici, le recouvrement d'impôts. Cette formulation se retrouve ultérieurement dans différents arrêts, que ce soit pour accepter ou refuser la voie de fait.

Dans un arrêt Grizivatz, du 12 janvier 1987, Le Tribunal des conflits estime que le retrait du passeport d'un contribuable ayant fait l'objet d'une contrainte par corps pour fraude fiscale n'est pas une voie de fait parce que la mesure n'est pas manifestement insusceptible de se rattacher à l'exercice d'un pouvoir conféré à l 'administration pour l'exécution de cette décision de justice[57].

Le Conseil d'Etat considère, dans un arrêt Michelix du 15 avril 1988, que le refus de renouveler le passeport d'un administré au motif que l'intéressé avait à plusieurs reprises perdu ses papiers d'identité dans des conditions suspectes, et ne pouvait fournir de précisions sur son ou ses pays de destination, n'est pas manifestement insusceptible de se rattacher à l'exercice des pouvoirs dont dispose l'administration pour refuser un passeport à une personne dont les déplacements à l'étranger seraient de nature à compromettre la sûreté publique[58].

Les tribunaux apprécient, finalement, le rapport existant entre la mesure contestée et, non pas les pouvoirs de l'administration en général, mais un pouvoir déterminé caractérisé par sa finalité. La solution est regrettable à plus d'un titre. Une telle interprétation de la voie de fait rend plus complexe encore sa détermination ainsi que son champ de compétence.

---

[56] T.C. 9 juin 1986, *Eucat*, p. 301 ; AJDA 1986, p. 428, chr. Azibert et de Boisdeffre ; D. 1986, p. 493, note Gavalda ; JCP 1987, n°20746, note B. Pacteau ; RDP 1987, p. 1073, note J. Robert, p. 1082, concl. M.A. Latournerie.

[57] T.C. 12 janvier 1987, *Grizivatz*, p. 442 ; AJDA 1987, p. 425, obs. X. Prétot. Voir aussi T.C. 12 janvier 1987, *Lhoste*, AJDA 1987, p. 246, obs. X. Prétot ; RDP 1988, p°1396 ; T.C. 2 mars 1987, *Iskounene*, RDP 1988, p. 1395 : le refus de délivrer une autorisation de séjour n'est pas constitutif d'une voie de fait parce qu'il n'est pas manifestement insusceptible de se rattacher « aux pouvoirs conférés à l'administration par les lois sur la police des étrangers en France ». T.C. 27 novembre 1995, *Préfet de la région Champagne-Ardennes*, RFDA 1996, p. 151 : le retrait d'une carte de résident étranger n'est pas constitutif d'une voie de fait parce qu'il n'est manifestement pas insusceptible de se rattacher à l'exercice du « pouvoir conféré à l'administration en matière de statut des étrangers ». Si cette dernière solution est plus que marginale, elle montre néanmoins que la formule peut à tout moment être utilisée, révélant clairement la difficulté qu'il peut y avoir à déterminer s'il y a voie de fait ou non.

[58] C.E. 15 avril 1988, *Michelix*, p. 142, AJDA 1988, p. 555, note X. Prétot ; RDP 1989, p. 922, note J-M. Auby ; RFDA 1989, p. 194, note B. Pacteau.

Cette notion de la voie de fait apparaît très extensive. Elle est très proche du détournement de pouvoir ou de procédure, et de l'erreur de droit. L'administration dispose bien d'un tel pouvoir, mais le texte qui autorise l'administration à retirer ou suspendre un passeport ne permet pas de le faire dans les conditions d'espèce qui ont été vues. Il appartient à l'autorité qui l'exerce mais pour d'autres opérations et sur un fondement différent.

Si le raisonnement, du point de vue de la protection des droits et des libertés des individus, peut se concevoir, il semble peu fondé d'un point de vue juridique. Lorsqu'il y a erreur de droit ou détournement de procédure, l'acte est illégal, mais il repose sur un texte ou un pouvoir appartenant à l'administration. La voie de fait est alors difficilement compréhensible. La logique voudrait alors que l'on confie à l'autorité judiciaire une compétence de principe sur le seul fondement de l'atteinte à une liberté fondamentale. Le raisonnement pose un double problème. D'une part, il entraîne indirectement la fin d'un des deux critères permettant de déterminer la voie de fait : la dénaturation de l'acte administratif. D'autre part, il dénote la volonté de confier au juge judiciaire l'ensemble des atteintes administratives aux libertés fondamentales, impliquant la vision d'un juge administratif ne présentant pas de garanties suffisantes pour protéger efficacement les droits des individus. Or, même favorable à cette compétence unique de l'autorité judiciaire, il serait totalement incongru de considérer aujourd'hui le juge administratif comme une institution incapable d'assurer un minimum de protection des droits et libertés des individus, sauf à vouloir remettre en cause son existence.

Une telle jurisprudence affecte foncièrement la règle de répartition des compétences entre les deux ordres de juridictions. La voie de fait doit être distinguée de l'acte simplement illégal. La simple erreur de droit, le détournement de pouvoir, doivent ressortir de la compétence du juge administratif. Supprimer la compétence du juge administratif lorsque l'administration porte atteinte à une liberté fondamentale implique une restriction drastique de son domaine d'intervention. Une limitation telle que plus rien n'expliquerait valablement les raisons justifiant que l'on ait recours à un juge spécialisé de l'administration.

Cette aberration est illustrée par l'arrêt du Conseil d'Etat du 8 avril 1987, Ministre de l'intérieur et de la décentralisation c/ Peltier[59]. M. Peltier s'était vu refuser un passeport parce qu'il avait été condamné plusieurs années auparavant pour infraction à la législation des stupéfiants. Un tel motif pouvait-il légalement fonder un refus de passeport ?

Le Conseil d'Etat a annulé la décision de refus pour erreur de droit étant donné que les motifs qui la fondaient étaient étrangers à la sécurité nationale et à la sûreté

[59] C.E. 8 avril 1987, *Peltier*, p. 128, concl. J. Massot ; AJDA 1987, p. 327, chr. Azibert et de Boisdeffre ; JCP 1987, n°20905, note Debène ; RA 1987, p. 237, note Terneyre.

publique (motifs qui seuls étaient prévus dans les textes pour pouvoir fonder légalement le refus). Le Conseil d'Etat rejette la voie de fait. Celle-ci suppose une erreur de droit particulièrement flagrante, c'est-à-dire une décision administrative manifestement insusceptible de se rattacher à l'exercice d'un pouvoir conféré par la loi à l'administration. Tel n'est pas le cas en l'espèce.

Le Conseil d'Etat considère que la mesure ne présente pas un vice suffisamment grave. La juridiction judiciaire aurait-elle eu la même interprétation des faits ? On peut légitimement en douter. La nouvelle formulation laisse, en réalité, encore plus de place à l'arbitraire. Il devient ainsi de plus en plus complexe de qualifier une voie de fait, les éléments de détermination étant de plus en plus empiriques.

Peu de différences existent entre les décisions rendues par la Cour de cassation en 1984 et par le Tribunal des conflits dans l'arrêt Eucat de la décision Peltier du Conseil d'Etat. Les juridictions considèrent le retrait d'un passeport, soit pour dette d'un contribuable envers le fisc, soit pour une ancienne infraction à la législation sur les stupéfiants, illégal. Les motifs invoqués ne sauraient être constitutifs d'un risque pour la sécurité nationale et la sûreté publique, seuls motifs légaux pour retirer un passeport. Or la Cour de cassation et le Tribunal des conflits relèvent une voie de fait et le Conseil d'Etat une simple illégalité.

La jurisprudence se caractérise donc par son fonctionnement à géométrie variable, qui utilise au cas par cas, selon les espèces et la volonté des juges du moment, telle ou telle formulation. Selon la formule retenue, l'acte de l'administration rentrera ou non dans le champ de la voie de fait. La protection des droits et libertés, par l'extension de la compétence judiciaire, y serait gagnante. Cependant, compte tenu de la difficulté à déterminer la voie de fait, sauf dans des cas extrêmes, c'est peu évident.

La voie de fait, au-delà de son aspect purement technique, ne devient-elle pas un moyen d'accroître la compétence du juge judiciaire au détriment du juge administratif ? L'idée était hier acceptable, mais le juge administratif a suffisamment prouvé qu'il pouvait protéger presque aussi bien les libertés que le juge judiciaire. Quand bien même le juge judiciaire disposerait d'une plus grande capacité à sauvegarder efficacement les droits des citoyens, la complexité entourant la voie de fait, rendant sa détermination peu évidente, engendrant par-là même une difficile répartition des compétences entre les deux juges, n'induit-elle pas aujourd'hui la remise en cause de son existence ? En d'autres termes, si le juge judiciaire garantit plus efficacement la protection des libertés, les difficultés à le saisir, notamment au titre de cette théorie, rendent caduques tout intérêt à recourir à ce juge en invoquant une très hypothétique voie de fait. Ainsi déviée de ses fonctions originelles, la voie de fait présente-t-elle encore une quelconque utilité ?

SECTION III : LES RAISONS ET LES LIMITES DE L'INTERVENTION DE L'AUTORITE JUDICIAIRE :

Comprendre l'existence de la compétence judiciaire en matière de voie de fait, c'est essayer de déterminer les raisons qui justifient son intervention dans une sphère relevant logiquement de l'autorité du juge administratif. Il convient donc de s'interroger sur les motivations justifiant le refus de respect du principe de séparation des autorités. Doté en principe de techniques de protection plus efficaces, le juge judiciaire peut lutter avec énergie contre les atteintes portées par l'administration aux libertés les plus essentielles de l'individu. Cette intervention de l'autorité judiciaire apporte-t-elle cependant, réellement, plus de garanties que celle du juge administratif ? Le rapprochement du juge administratif et du juge judiciaire est manifeste. La juridiction administrative dispose depuis peu d'un nouveau pouvoir d'urgence. Saura-t-elle en faire l'usage qui convient lorsque la puissance publique porte atteinte à une liberté publique fondamentale ? Sans même que la réponse à cette question soit tout à fait déterminante, les avantages du juge judiciaire sur le juge administratif apparaissent aujourd'hui insuffisants pour justifier que l'on ait recours à une technique juridique générant de nombreux inconvénients, rendant son utilisation bien souvent défavorable à l'administré. D'autant plus que la voie de fait présente en elle-même certaines limites qui s'ajoutent à celles résultant de l'intervention de l'autorité judiciaire en la matière.

§ 1 : LES RAISONS DE L'INTERVENTION DU JUGE JUDICIAIRE :

Pour que la protection des droits fondamentaux soit efficacement assurée, il faut que les justiciables puissent facilement saisir les tribunaux, que leurs litiges soient jugés dans un délai raisonnable, et que les juridictions disposent de moyens suffisants pour assurer la réparation des dommages subis. Pour que l'autorité judiciaire puisse être considérée comme la véritable gardienne des libertés essentielles, il importe qu'elle démontre sa supériorité sur le juge administratif quant à son organisation, sa procédure, et ses pouvoirs.

L'avantage dont disposait le justiciable, en matière de voie de fait, à se présenter devant le juge judiciaire : la garantie d'une justice plus rapide et donc plus efficace. La critique est moins pertinente aujourd'hui. L'encombrement du juge judiciaire est égal à celui du juge administratif. La procédure du référé administratif vient de connaître une très importante réforme. La procédure administrative se révèle souvent moins formaliste que la procédure devant le juge civil. Le juge judiciaire est notamment plus exigeant en matière de preuve. La doctrine s'accorde d'ailleurs généralement à reconnaître les avantages de la procédure contentieuse administrative : sa souplesse, son coût peu élevé, son caractère écrit, son caractère inquisitorial et son caractère secret.

C'est surtout au niveau des pouvoirs respectifs des deux ordres de juridictions que l'on doit se placer pour voir si les garanties offertes par l'autorité judiciaire justifient sa compétence unique pour prévenir, faire cesser et réparer la voie de fait. L'avantage du juge judiciaire sur le juge administratif a longtemps été très important. Le juge judiciaire disposait de deux prérogatives, anciennement inconnues du juge administratif, essentielles pour lutter efficacement contre les abus de la puissance publique : l'injonction et le jugement en urgence.

- La prévention et la cessation de la voie de fait ne peuvent être ordonnées que par le juge civil qui en a seul qualité. La voie de fait suppose qu'un acte de l'administration ait été exécuté matériellement, que l'opération critiquée soit déjà réalisée. Rien ne s'oppose cependant à ce que la protection des droits fondamentaux des individus soit préventive. Il suffit que l'administration ait annoncé l'exécution de sa décision de façon imminente, avec date certaine, pour que le juge judiciaire, des référés le plus souvent, interdise qu'il y soit procédé. Le Tribunal des conflits n'a pas hésité à consacrer cette procédure à condition que l'opération envisagée par l'administration soit sûrement constitutive d'une voie de fait, ce qui n'est pas toujours le cas...[60] La possibilité d'empêcher la puissance publique de porter atteinte aux droits publics fondamentaux par une mesure préventive se révèle toutefois assez rare. C'est généralement après que l'atteinte se soit réalisée que les tribunaux interviennent. Notons d'ailleurs que si le juge judiciaire peut faire cesser la voie de fait, et s'il a le pouvoir d'écarter l'acte litigieux, il ne peut l'annuler erga omnes.

- La compétence du juge judiciaire pour faire cesser la voie de fait est exclusive. Il dispose d'un pouvoir considérable. Si la juridiction administrative peut prévenir une action administrative en ordonnant le sursis à exécution, bien qu'elle en ait le plus souvent eu une interprétation restrictive, elle s'est toujours refusée à adresser des injonctions à l'administration. Le Tribunal des conflits et les tribunaux judiciaires reconnaissent au contraire, qu'en cas de voie de fait, les tribunaux civils peuvent en ordonner la cessation, au besoin sous astreinte. Lorsque le juge judiciaire se trouve en présence de rapports ou d'actes plaçant une personne publique sous l'empire du droit privé, il considère qu'il peut user à son égard de l'ensemble des pouvoirs qu'il détient pour assumer sa mission ordinaire, sans considération aucune de la personne en cause. Dépouillée de ses privilèges, l'administration se présente devant le juge judiciaire comme un justifiable ordinaire. La gravité de l'irrégularité et l'atteinte à une liberté publique fondamentale justifient des pouvoirs forts de l'autorité judiciaire pour lutter contre ces graves manquements.

---

[60] T.C. 18 décembre 1947, *Hilaire, précité.*

La voie de fait met donc en échec le principe de séparation des autorités administrative et judiciaire. Le juge civil peut ordonner à l'administration un comportement, en l'assortissant, si besoin est, au paiement d'une astreinte. Les ordres donnés à l'administration fautive peuvent être de différentes natures, mais dans toutes les hypothèses, ils révèlent l'importance des prérogatives du juge judiciaire sur l'administration[61]. Les pouvoirs dont dispose le juge judiciaire pour faire cesser la voie de fait sont donc très importants.

- Le juge judiciaire dispose d'une compétence exclusive pour réparer les conséquences dommageables d'une voie de fait. Ses pouvoirs sont ici très étendus. Il est ainsi compétent pour apprécier la responsabilité civile de l'administration mais également l'éventuelle responsabilité personnelle de l'agent public auteur de la voie de fait. Si le juge administratif est saisi d'une demande d'indemnité aux fins de réparation du préjudice causé par la voie de fait, celui-ci doit se déclarer incompétent et rejeter la requête comme irrecevable[62].

Les tribunaux judiciaires sont donc exclusivement compétents pour condamner la puissance publique. Ils évaluent l'indemnité à la date à laquelle ils statuent, selon les règles du droit commun. C'est normalement la responsabilité de l'administration qui est engagée lorsqu'il y a voie de fait. Toutefois, un agent public peut être déclaré responsable lorsqu'il a commis une voie de fait dans son intérêt personnel, et qu'il y a coïncidence entre la voie de fait et cette faute personnelle. Les dommages-intérêts alloués viendront compenser les effets provoqués par l'agissement fautif de l'administration. Les actes attentatoires à la liberté justifieront la réparation du préjudice moral et les actes constitutifs d'atteintes à la propriété donneront lieu à réparation du préjudice matériel. L'étendue des dommages peut justifier une mesure d'instruction et la désignation d'un expert afin de déterminer l'importance et le montant de l'atteinte. Si l'administration refuse de payer les indemnités qu'elle doit, le juge peut avoir recours à la force publique et à la technique de l'astreinte pour en assurer l'exécution. Cette compétence exclusive du juge judiciaire se justifie difficilement.

---

[61] Le juge judiciaire a ainsi été autorisé à expulser l'administration sous astreinte : T.C. 17 juin 1948, *Manufacture de velours et peluches et Sté Velvetia*, p. 513, RDP 1948, p. 581, note Waline. Le juge judiciaire peut ordonner l'interruption de travaux publics : T.C. 10 février 1949, *Roubaud*, p. 591. L'autorité judiciaire peut ordonner à l'administration de restituer des objets saisis : T.C. 4 juin 1940, *Schneider*, *précité* ; C.E. 13 mars 1964, *Bayon*, p. 860. Le juge judiciaire peut aussi imposer la libération de personnes arrêtées ou détenues illégalement : Cass. 1re civ. 4 novembre 1986, JCP 1987, éd. Générale, IV, p. 19. Enfin, la Cour de cassation a autorisé la réintégration d'un propriétaire dépossédé de son terrain alors même que la voie de fait aurait été commise à l'occasion d'un travail public et quand bien même la personne morale de droit public prétendrait que l'immeuble appartient au domaine public : Cass. 3e civ., 10 juin 1981, Bull. civ. III, n°111, Gaz. Pal. 1982, I, p. 120, note Morand Deviller et Piedelièvre.

[62] C.E. 30 juillet 1949, *Dame Depalle*, p. 411 ; C.E. Ass. 18 novembre 1949, *Sieur Carlier*, *précité* ; C.E. 18 octobre 1989, *Mme Brousse*, p. 545, AJDA 1990, p. 54, concl. Stirn.

Le droit de la responsabilité extra contractuelle de la puissance publique est un droit purement prétorien qui résulte de la Jurisprudence du Conseil d'Etat. Cette jurisprudence a longtemps été considérée comme excessivement favorable aux deniers de l'Etat. Les juridictions administratives auraient souvent alloué des dommages-intérêts avec parcimonie. La critique doit être maintenant tempérée. Le Conseil d'Etat accepte depuis longtemps la réparation du préjudice moral et il semble s'être en grande partie aligné sur le montant des indemnités consenties par le juge judiciaire. Il affirme souvent, dans ses arrêts, que l'indemnité allouée doit couvrir l'intégralité du préjudice.

Quant à l'examen de l'ensemble des garanties, tant statutaires que techniques, il est bien difficile de soutenir que la compétence exclusive du juge judiciaire en matière de voie de fait présente plus d'avantage pour les particuliers.

§ 2 : LES LIMITES DE L'INTERVENTION DU JUGE JUDICIAIRE :

Le juge judiciaire bénéficie d'importantes prérogatives en matière de voie de fait. Il n'a pas pour autant tous les pouvoirs. Les restrictions à sa compétence peuvent résulter, soit d'une limitation spécifique tenant à la théorie elle-même (A), soit du développement du rôle du juge administratif dans le domaine spécifique de la voie de fait (B).

A : **Les limites spécifiques au domaine de la voie de fait** :

Il existe des cas dans lesquels l'autorité judiciaire de droit commun ne connaîtra pas de l'action visant à faire cesser la voie de fait, soit parce qu'elle résulte de l'implantation d'un ouvrage public, soit parce que le juge des référés a été saisi préalablement au juge du fond.

- Le principe de l'intangibilité de l'ouvrage public :

« Le pouvoir d'adresser des injonctions à l'administration pour faire cesser le trouble résultant d'une voie de fait trouve limite dans le principe quasi absolu de l'immunité dont jouit l'ouvrage public » »[63]. Cette immunité à l'égard des pouvoirs du juge judiciaire n'est qu'un aspect d'un régime très protecteur. Des dispositions d'ordre pénal et des servitudes administratives complètent cette immunité. Celles-ci se rattachent au principe d'intangibilité de l'ouvrage public. C'est un principe que la jurisprudence a forgé et appliqué dès le XIXème siècle et qui s'exprime par

[63] P. Bretton, *thèse précitée*, p. 69.

l'adage « ouvrage mal planté ne se détruit pas ». Il en résulte des conséquences rigoureuses que le Tribunal des conflits résume fort bien : « Il n'appartient, en aucun cas, à l'autorité judiciaire de prescrire aucune mesure de nature à porter atteinte sous quelque forme que ce soit à l'intégrité ou au fonctionnement d'un ouvrage public »[64].

L'immunité concerne, sans aucun doute, toutes formes d'atteinte. Le juge judiciaire ne saurait adresser une injonction mettant en cause l'intégrité ou le fonctionnement de l'ouvrage public. Le juge ne peut ordonner la destruction de l'ouvrage, y prescrire des travaux, en ordonner la modification ou décider l'expulsion des services qui y sont installés. Mais l'immunité se limite à un véritable ouvrage public. Le juge retrouve toutes ses prérogatives dès lors que l'ouvrage perd son caractère public. Il importe également que la construction en cause ait, intrinsèquement, certaines caractéristiques de solidité, de stabilité, et de durabilité pour appartenir à la catégorie des ouvrages publics.

Le propriétaire sur le terrain duquel un ouvrage public a été irrégulièrement édifié ne peut procéder lui-même à sa démolition au risque de se voir condamner pénalement. L'individu lésé peut uniquement recourir à la théorie de l'expropriation indirecte qui lui permet de demander une indemnité fondée, non sur le dommage de travaux publics, mais sur la base de la dépossession irrégulière. L'explication la plus communément admise provient de l'idée qu'il ne peut y avoir de dénaturation de l'ouvrage public. Quand bien même il y aurait voie de fait, l'ouvrage demeure un travail public et ne peut ainsi perdre son caractère administratif. Une telle conception ne se justifie qu'à partir du moment où l'on accepte de faire prévaloir l'intérêt public, donc l'ouvrage public, sur la protection de la propriété privée. Mais ne devrait-il pas y avoir, dès lors où l'on place la propriété au rang des libertés les plus fondamentales de l'individu, un contrôle sur la nécessité de l'ouvrage, autorisant sa destruction lorsque son intérêt ne justifie pas une atteinte flagrante à la propriété privée ?

La voie de fait, par l'implantation sans titre d'un ouvrage public, peut d'ailleurs être constatée, mais rien n'empêche la collectivité publique concernée de régulariser par une procédure d'expropriation pour cause d'utilité publique. Enfin, si la qualité d'ouvrage public n'est pas invoquée ou n'est pas reconnue devant le juge judiciaire, les tribunaux ne pourront que prononcer des condamnations pécuniaires à l'encontre de l'Etat. « Ils ne pourront pas ordonner à l'administration d'exécuter certains travaux, même de remise en état des lieux. Ils ne peuvent que prescrire la cessation de travaux exécutés dans les conditions constitutives d'une voie de fait. L'action tendant à la démolition ou à l'enlèvement de l'ouvrage public peut être portée devant le juge administratif »[65]. La mise en avant par

[64] T.C. 6 février 1956, *Consorts Sauvy*, p. 586. La solution est reprise par la Cour de cassation et par le C.E. : Cass. civ., 8 décembre 1954, *Baugas c/ Commune de Bonneville la Campagne et autre*, Bull. civ. 1954.I.300, n° 359 ; C.E. 23 septembre 1983, *Epoux Saulnier*, p. 754.

[65] S. Petit, *op. cit.*, p. 115.

l'administration de l'intérêt général prive le juge judiciaire de ses pouvoirs d'injonction et d'astreinte. Dans le cadre de sa mission de protecteur des libertés essentielles et de la propriété privée, son intervention se fait dans des conditions identiques à celles qui auraient prévalues si le juge administratif était exclusivement compétent.

- Le problème spécifique du juge des référés :

Le justiciable victime d'une voie de fait administrative a le plus souvent tendance à introduire son recours devant le juge civil des référés, qui dispose d'une possibilité d'action et d'intervention beaucoup plus rapide.

Le juge des référés peut, aux termes de l'article 809 du Nouveau code de procédure civile, prescrire des mesures conservatoires ou de remise en état, prévenir un dommage imminent, faire cesser un trouble manifestement illicite. Pour que ce juge de « l'urgence » puisse utiliser ses prérogatives, il faut que l'agissement litigieux soit incontestablement attentatoire à une liberté publique fondamentale et sans rapport avec un quelconque pouvoir appartenant à l'administration. Si la voie de fait est certaine, il peut donner des ordres à l'administration comme le juge du fond l'aurait fait. L'ordonnance de référé présente l'intérêt d'être de suite exécutoire mais elle n'a pas autorité de chose jugée. Elle peut néanmoins être assortie d'une astreinte, et elle n'exclut pas un recours ultérieur devant le juge du fond pour demander des indemnités.

Le recours au juge des référés n'est pas critiquable (sa rapidité d'action permettant éventuellement de sauvegarder un droit fondamental) ; l'utilisation abusive de ce juge l'est beaucoup plus. L'application du principe de la séparation des autorités est aujourd'hui dangereusement mise à mal par le juge civil des référés, dont les interventions intempestives dans la sphère de compétence de l'ordre administratif sont de plus en plus nombreuses. L'interprétation extensive des conditions constitutives de la voie de fait permet au juge des référés de réduire illégalement le rôle et les compétences du juge administratif. Notion accommodante, la voie de fait autorise le juge des référés à remettre en cause le partage du contentieux administratif entre les deux ordres de juridictions. Solution qui peut apparaître favorable à la protection des droits et libertés des individus mais qui transgresse « illégalement » le principe de séparation des autorités. Ce « supposé » bénéfice pour la victime de l'atteinte n'est-il pas de façade ? En réalité, dans la grande majorité des cas, la compétence que s'octroie le juge des référés sera contestée par l'autorité administrative. Il en résultera une élévation du conflit, un renvoi souvent inévitable devant le juge administratif, et une perte de temps considérable pour le justiciable. La providentielle voie de fait permet néanmoins au juge des référés d'investir progressivement, au moins superficiellement, toutes les matières réservées au juge administratif.

L'arrêt de la Cour d'appel d'Aix-en-Provence, en date du 1er décembre 1987, illustre clairement ce phénomène[66]. Le licenciement d'un attaché communal, en l'absence de toute consultation du conseil de discipline préalablement à une décision de révocation, doit être, selon le juge judiciaire, considéré, par ses effets, comme constitutif d'une voie de fait. Le maire intéressé ayant interjeté appel de l'ordonnance du juge des référés du tribunal de grande instance de Draguignan, la cour d'appel confirme la voie de fait, au motif que « s'agissant d'une mesure tendant à faire cesser un trouble manifestement illicite, le juge des référés était compétent pour ordonner la mesure de réintégration ». Si la mesure prise par l'administration est effectivement illicite, elle ne saurait en aucun cas être la manifestation d'un pouvoir dont l'administration ne dispose pas. Le juge des référés n'hésite pas à faire passer pour voie de fait un simple vice de procédure.

La jurisprudence la plus récente manifeste très nettement la volonté du Tribunal des conflits de lutter contre l'utilisation abusive de la théorie de la voie de fait par le juge des référés. Ainsi le tribunal répartiteur a-t-il refusé de caractériser la voie de fait admise par le juge judiciaire, dans le cas d'une suspension par l'administration de l'abonnement téléphonique d'une entreprise n'ayant pas acquitté ses factures alors que cette hypothèse est prévue par les textes[67], dans le cas d'une mutation dans l'intérêt du service prononcée à l'encontre d'un inspecteur de police qui aurait contrevenu à son obligation de réserve au motif de la publication par ce dernier d'un livre concernant ses activités professionnelles[68], ou encore pour une rétrogradation en 2e division infligée par la ligue nationale de football à un club[69].

L'abondant contentieux engendré par les mesures de police administrative dont sont l'objet les étrangers a permis au juge judiciaire des référés de réaliser une nouvelle incursion dans les prérogatives du juge administratif. Le Tribunal des conflits est intervenu de la même façon.

Le 2 mars 1988, le Tribunal des conflits a rappelé que le refus de délivrance d'une autorisation provisoire de séjour « n'est pas manifestement insusceptible de se rattacher aux pouvoirs conférés à l'administration par les lois sur la police des étrangers ; qu'il ne saurait dès lors constituer une voie de fait et qu'à bon droit le conflit a été élevé »[70].

Le même jour, le Tribunal des conflits a eu raison des débordements du juge civil des référés. Le Conseil d'Etat a décidé que le procès-verbal de notification du pays de destination dans lequel l'étranger expulsé devait se rendre était une décision administrative distincte de l'arrêté d'expulsion dont l'annulation pouvait

---

[66] Cour d'appel d'Aix, 1er décembre 1987, *Piselli*, AJDA 1988, p. 550.
[67] T.C. 15 avril 1991, *Préfet de la région Lorraine, Préfet de la Moselle*, p. 463.
[68] T.C. 4 juillet 1991, *Gaudino*, p. 468, AJDA 1991, p. 697, note Maugüé et Schwartz.
[69] T.C. 13 janvier 1992, *Association nouvelle des Girondins de Bordeaux*, p. 473.
[70] T.C. 2 mars 1988, *Iskounene, précité.*

être demandée, assortie de conclusions de sursis à exécution, même si l'arrêté d'expulsion était légal[71]. Pour le juge civil des référés de Colmar, l'exécution du procès-verbal de notification de l'arrêté d'expulsion de M. Kaçar constituait une voie de fait de nature à fonder sa compétence. Et le Tribunal des conflits de rétablir la situation en déclarant : « En invitant, fût-ce à titre conservatoire et provisoire », l'Etat français « à s'abstenir d'exécuter vers la Turquie l'arrêté d'expulsion dont fait l'objet M.Kaçar, le juge des référés du tribunal de grande instance de Colmar, qui était saisi d'un déclinatoire de compétence et aurait dû se borner à surseoir à statuer, a fait obstacle à l'exécution d'une décision administrative qui, même à la supposer illégale, a été prise dans l'exercice d'un pouvoir appartenant à l'administration et dont l'exécution ne saurait constituer une voie de fait ; qu'il a ainsi méconnu les dispositions de la loi du 16-24 août 1790 et du décret du 16 fructidor An III et excède les limites de sa compétence »[72].

Le juge civil des référés ne doit donc mettre en œuvre toutes ses prérogatives que lorsque la voie de fait est certaine. Or, cette certitude est difficile à avoir. Il convient cependant de distinguer les cas dans lesquels la voie de fait est possible, et les cas dans lesquels elle est impossible. C'est dans cette dernière hypothèse que l'intervention du juge des référés apparaît comme intolérable. Elle n'est pourtant que la conséquence d'une procédure elle-même incertaine.

Par ailleurs, le risque est grand, si le préfet n'élève pas le conflit, que la décision du juge civil des référés présume de la décision des juges du fond, au cas où le requérant voudrait demander la réparation du préjudice. L'absence de l'élévation du conflit, par oubli ou inattention, peut être assimilée, par le juge du fond, comme une acceptation tacite de la compétence du juge judiciaire, alors même qu'elle ne se justifie pas. Si malgré tout, le juge du fond se déclare incompétent en rejetant la voie de fait, il en résulte une perte de temps pour le justiciable, qui devra retourner devant le juge administratif pour obtenir les indemnités qui résultent du dommage que lui a causé l'administration. Il arrive d'ailleurs à la Cour de cassation de condamner les erreurs d'appréciation effectuées par le juge des référés[73].

---

[71] C.E. 6 novembre 1987, *Buayi*, p. 348.

[72] T.C. 2 mars 1988, *Kaçar*, p. 486.

[73] Civ. 1re 25 mai 1992, *Ba Cheik*, D. 1992, IR, p. 207 ; Civ. 1re 19 mars 1996, *INAO c/ Brun*, JCP 1996, IV, p. 146.

B : **Les limites tenant au développement du rôle du juge administratif** :

Malgré l'affirmation de principe, à l'origine de la voie de fait, faisant de l'autorité judiciaire la gardienne des libertés essentielles de l'individu, la compétence exclusive du juge judiciaire en la matière a été battue en brèche. Le juge administratif s'est lui-même autorisé à étendre ses compétences pour constater la voie de fait. Lorsque l'acte de l'administration est manifestement constitutif d'une voie de fait, le juge judiciaire n'a pas à attendre que le juge administratif ait constaté la nullité de l'acte caractérisant cette voie de fait. Il bénéficie d'une présomption de compétence, dérogatoire au principe de séparation des autorités, conséquence de l'irrégularité grossière de l'acte déféré. Depuis l'arrêt du Tribunal des conflits Barinstein, les tribunaux de l'ordre judiciaire peuvent se prononcer sur la validité de tous les actes administratifs dès lors qu'il y a voie de fait[74]. La voie de fait permet ainsi au juge judiciaire de constater l'irrégularité et d'en tirer toutes les conséquences. Mais cette compétence dans la constatation de la voie de fait n'est pas exclusive. Le juge administratif se reconnaît, depuis longtemps, compétent pour apprécier la légalité d'une mesure administrative, manifestement constitutive d'une voie de fait, faisant l'objet d'un recours pour excès de pouvoir. Le principe, cependant, restait sauf. La qualification n'étant pas prononcée, tout se passait comme s'il s'agissait d'une simple illégalité passible d'annulation[75].

Cette solution, pourtant, ne pouvait durer, et le Conseil d'Etat, saisi, par la victime d'une voie de fait administrative, d'un double recours en annulation et en réparation, après avoir rejeté le second recours pour incompétence, se trouva au pied du mur. Il soumit le problème au Tribunal des conflits. Pour le juge des conflits, les décisions constitutives de voies de fait doivent être regardées comme des actes nuls et non avenus ; « il appartient tant à la juridiction administrative qu'à l'autorité judiciaire de constater cette nullité »[76]. Le Conseil d'Etat, sur renvoi, consacra définitivement cette solution[77].

Notons que la constatation d'une voie de fait a pu soulever certaines difficultés. La voie de fait autorise exceptionnellement le juge civil à apprécier la légalité d'un acte administratif. La voie de fait doit donc exclure le mécanisme de la question préjudicielle. Or, il est souvent arrivé que certaines décisions judiciaires aient été rendues en faveur d'un renvoi en question préjudicielle devant les tribunaux

---

[74] T.C. 30 octobre 1947, *Barinstein, précité.*

[75] C.E. 23 mars 1949, *Santonja*, p. 141 ; C.E. 14 décembre 1951, *Giraudon*, p. 594 ; C.E. 31 janvier 1958, *Société des établissements Lassalle Astis et Fils*, p. 63.

[76] T.C. 27 juin 1966, *Guigon*, AJDA 1966, n°146, note A. De Laubadère.

[77] C.E. 13 juillet 1966, Guigon, p. 476, D. 1966, p. 669, note F.G. Bertrand.

administratifs afin de faire déterminer si l'administration avait agi ou non dans le cadre de ses pouvoirs. Les caractéristiques propres à la théorie devraient la protéger de certaines incohérences. Caractérisée lorsqu'il résulte des faits que l'administration a commis une illégalité grossière, la voie de fait devrait être très facilement détectable. Il est pourtant arrivé au juge judiciaire de douter. Dans un arrêt rendu le 8 juillet 1954 la Cour de cassation énonce que : « ...si l'appréciation nécessite l'interprétation d'un acte administratif, cette obligation n'emporte pas dessaisissement définitif de la juridiction civile, mais seulement sursis à statuer jusqu'à décision de la juridiction administrative, seule compétente pour procéder à cette interprétation. »[78]. Pire que les hésitations du juge judiciaire, il est encore plus frappant de voir le Tribunal des conflits autoriser lui-même le renvoi devant le juge administratif malgré l'existence d'une voie de fait[79]. Il marque ici de son empreinte les doutes qui assaillent la théorie de toutes parts, à moins qu'une telle jurisprudence ne vise à protéger le domaine d'intervention du juge administratif.

La théorie fait, une fois encore, preuve de son incohérence : le juge judiciaire se déclare compétent alors qu'il n'y a pas voie de fait, il renvoi en question préjudicielle alors qu'il y a voie de fait. Toutes ces critiques révèlent à la fois la difficulté qui existe à déterminer la voie de fait et l'instabilité des critères sur lesquels elle repose.

La voie de fait peut, en plus, avoir un effet dévolutif de compétence beaucoup plus restreint si la volonté de la juridiction administrative s'en fait ressentir. Fréquents peuvent être les cas où le justiciable saisit le juge administratif de l'excès de pouvoir pour faire annuler un acte illégal ; il y a bien voie de fait mais le juge va estimer que les vices entachant la décision incriminée ne sont pas d'une gravité telle qu'ils lui confèrent le caractère d'une voie de fait. Car en définitive, il lui appartient alors de déterminer lui-même le degré de gravité de l'atteinte commise par l'administration. Aussi importante soit-elle, rien n'interdit au juge administratif de considérer que l'action de l'administration n'est pas constitutive d'une voie de fait. C'est dire qu'il lui appartient de fonder ou non la compétence judiciaire. Et quand bien même le juge judiciaire serait saisi directement d'une prétendue voie de fait, il est nécessaire que celle-ci soit acceptée par l'autorité administrative et par le Tribunal des conflits puisque la puissance publique est toujours autorisée à élever le conflit.

L'arrêt du Conseil d'Etat « Klein » illustre parfaitement le problème[80]. En décidant que l'exécution d'office, par un maire, d'une décision prescrivant à un particulier de remettre sa clôture à la limite de sa propriété et du sentier communal

---

[78] Cass. civ. 8 juillet 1954, *Veuve Gourdin c/ Commune de Loudéac*, JCP 1955.II.8674, note Vedel.
[79] T.C. 17 juillet 1952, *Dusuzeau*, p. 636.
[80] C.E. 8 avril 1961, *Dame Klein, précité*.

la bordant, et de cesser ainsi son empiétement sur ce sentier, était irrégulière mais non constitutive d'une voie de fait, car le maire « n'a ainsi porté aucune atteinte soit au droit de propriété de la requérante, soit à une liberté fondamentale, et n'a, par suite, commis aucune voie de fait », le juge restreint fortement le champ d'application de la théorie[81]. Considérant que l'illégalité ne constitue, ni une atteinte à une liberté fondamentale, ni une atteinte au droit de propriété, le juge administratif ne qualifie pas la voie de fait. En définitive, du comportement du juge administratif et du Tribunal des conflits va dépendre l'importance du rôle joué par les tribunaux civils. L'existence ou la persistance de la voie de fait découlera très largement de la volonté des ces organes.

Les arrêts récents du Tribunal des conflits sur la voie de fait illustre avec force cette idée. Lorsqu'il énonce qu'une mesure est constitutive d'une voie de fait au motif « qu'elle est manifestement insusceptible de se rattacher à l'exercice d'un pouvoir conféré par la loi à l'administration pour assurer le recouvrement d'impôts directs »[82], le Tribunal des conflits cautionne une vision extensive de la voie de fait tel que voulu par les tribunaux judiciaires. Condamnant ultérieurement fermement cette jurisprudence, il limite aussitôt son champ d'application.

Après s'être autorisé à constater la voie de fait, le Conseil d'Etat va, semble-t-il, franchir un nouveau pas dans la décision « Ministre de l'intérieur c/ Société le Témoignage chrétien » du 4 novembre 1966[83]. La Haute juridiction administrative a en effet accepté de statuer sur la réparation du préjudice causé par une saisie de journaux qui, manifestement, se présentait comme une voie de fait. Ainsi s'orientait-on, sans nul doute possible, vers une compétence concurrente des deux ordres. Mais le Conseil d'Etat, bien qu'il se prononça sur la réparation, n'évoqua pas la présence d'une voie de fait. La brèche était ouverte. Il n'y avait plus qu'à s'y engouffrer. Deux arrêts rendus à quelques mois d'intervalle, par le Tribunal des conflits et par le Conseil d'Etat, vont réaffirmer, sans ambiguïté, l'exclusivité de la compétence judiciaire sur l'action en réparation résultant d'une voie de fait[84].

Ainsi la voie de fait demeure, mais son existence est contestable. Si elle implique une compétence de principe du juge judiciaire, la réalité montre que cette compétence, hier importante, est aujourd'hui restreinte. La jurisprudence la plus

---

[81] Voir note P. Weil sous l'arrêt *Klein, précité*, et *Werquin*, C.E. 15 février 1961, p. 118, D. 1961, p. 612.

[82] T.C. 9 juin 1986, *Eucat, précité*.

[83] C.E. 4 novembre 1966, *Ministre de l'intérieur c/ Société le Témoignage chrétien*, p. 584 JCP, 1967.II.14914, note Drago ; AJ 1967, p. 32, chr. Lecat et Massot ; AJ 1967, p. 40, concl. Questiaux.

[84] T.C. 30 juin 1969, *Sté civile immobilière des Praillons*, p. 684 et C.E. 10 octobre 1969, *Cts Muselier*, p. 432, D. 1969, p. 669, note F.G. Bertrand ; D. 1970, chr. Bockel ; JCP 1969.II.16098, note P.L ; JCP 1970.I.2337, chr. De Lanversin ; RDP 1970, p. 774, note Waline ; AJ 1969, p. 686, chr. Denoix de St-Marc et Labetoulle.

récente limite plus encore son champ d'application. La complexité de la voie de fait, rendant sa mise en œuvre très incertaine voire souvent impossible, nuit, d'ailleurs, fréquemment à la protection du justiciable plus qu'elle ne lui apporte de véritables garanties. Aussi, il apparaît que l'utilité de la théorie puisse être discutée, rendant, par ricochet, la compétence des tribunaux judiciaires peu fondée. Ainsi, plus que cette compétence de principe, c'est l'existence même de la voie de fait et de ses nombreux inconvénients qui doivent être condamnés. Une dualité de compétence ne serait-elle pas finalement le premier moyen pour parvenir à en limiter ses effets les plus pervers ?

CHAPITRE II : LA COMPETENCE CONTESTEE DU JUGE JUDICIAIRE AU TITRE DE LA VOIE DE FAIT :

Bien que souvent présentée comme une théorie protectrice des droits et libertés fondamentaux, la voie de fait manifeste un nombre très impressionnant d'inconvénients qui suggèrent, peut-être, sa remise en cause. Justifiée par le caractère peu protecteur du juge administratif, son existence se révèle de plus en plus contestable au fur et à mesure de l'évolution de ce juge quant à sa capacité à assurer une sauvegarde efficace de la liberté. Peu importe les avantages que les justiciables ont à saisir le juge judiciaire, la difficulté à relever la voie de fait, la fréquence des conflits positifs liés à l'attribution du contentieux de la théorie, les changements de ses éléments de détermination, rendent son utilisation peu favorable aux requérants dans une grande majorité des cas. Selon Stavos Tsiklitiras, « ...on ne peut qu'affirmer l'utilité de cette théorie technique de secours irremplaçable pour la protection des droits fondamentaux et cela pour des raisons éminemment pratiques. On ne peut donc que déplorer la lente régression qu'elle a subie »[85]. L'argumentation retenue est double : l'aptitude unique du juge judiciaire à faire cesser et réparer avec promptitude l'atteinte commise par l'administration ; le renouveau de la voie de fait issu de la jurisprudence des années 80. Or beaucoup est fait actuellement pour réduire les distorsions entre les deux juges, c'est-à-dire que l'avantage flagrant qu'il y avait à saisir le juge judiciaire n'est plus tout aussi important, et la jurisprudence citée par l'auteur apparaît isolée. Les solutions les plus récentes ont énergiquement condamné les précédentes. Perdurant, la jurisprudence Eucat aurait inévitablement conduit à la remise en cause du juge administratif. Sauf à considérer qu'il s'agit là d'un événement souhaitable, aucun désir sérieux en ce sens n'est aujourd'hui manifesté.

Parallèlement, certains auteurs contestent avec vigueur l'utilité de la théorie. Pour R. Chapus, « C'est la folle du logis, présente là où on l'attend le moins, et perturbatrice au-delà de l'acceptable, du fait de la difficulté fréquente du diagnostic comme de l'usage aisément abusif qu'en font maints magistrats judiciaires, que le tribunal des Conflits, trop souvent sollicité, ne parvient guère, cependant, à ramener dans le droit chemin... Est ainsi suscitée une situation de dérapages désordonnés...qui devrait suffire à justifier que ce grand premier rôle de la scène juridique soit admis à la retraite »[86].

Critiquée de toute part, la théorie ne doit sa survivance qu'aux insuffisances manifestes du juge administratif. Dans son article sur l'avenir de la voie de fait, le commissaire du gouvernement R. Abraham déclare : « la voie de fait doit la faveur dont elle bénéficie auprès des requérants, et l'accueil complaisant dont elle fait l'objet de la part du juge judiciaire, non point à ses vertus théoriques intrinsèques,

---

[85] Stavos Tsiklitiras, *thèse précitée*, p. 87.

[86] R. Chapus, *Manuel précité*, p. 852.

qui sont bien faibles, ni davantage à une volonté de reconquête du terrain administratif par les magistrats de l'ordre judiciaire, mais, principalement et de loin, à la faiblesse criante du contentieux administratif dans le domaine des procédures d'urgence »[87]. C'est dire si la voie de fait n'est plus cette technique de secours irremplaçable. Constatée par les tribunaux de l'ordre judiciaire, non contestée par l'administration, la voie de fait peut se révéler favorable au justiciable. L'atteinte de l'administration sera rapidement condamnée. Mais cette hypothèse idyllique n'est qu'un mirage, une chimère. Les cas dans lesquels la voie de fait n'est aujourd'hui pas contestée sont rares, voire inexistants. Le choix de la victime de porter son litige devant le juge judiciaire risque plus souvent de le desservir.

Non seulement la compétence du juge judiciaire est remise en cause par une jurisprudence de plus en plus restrictive du Tribunal des conflits et du Conseil d'Etat, mais encore cette compétence de principe, au titre de la voie de fait, apparaît contestable. Elle n'est pas critiquable en valeur absolue, l'autorité judiciaire ayant fait la preuve de sa capacité à statuer dans l'urgence, mais, révélatrice de la complexité de la justice, elle révèle au justiciable, avec force, tous les inconvénients liés au dualisme juridictionnel. Telle qu'existante aujourd'hui, la voie de fait risque surtout de priver la victime d'une véritable protection (Section I), si tant est qu'il soit possible de voir en elle une institution remplissant les fonctions pour lesquelles elle a été créée (Section II). Néanmoins, utile ou pas, et malgré ses nombreuses incertitudes qui la rendent très vulnérable, la voie de fait continue d'exister et il conviendrait d'en réduire au maximum les inconvénients. Il apparaît donc nécessaire de trouver des moyens susceptibles de la rendre plus efficace ou moins pernicieuse (Section III).

SECTION I : LES INCONVENIENTS DE LA THEORIE DE LA VOIE DE FAIT POUR LE JUSTICIABLE :

La voie de fait est un critère de compétence très incertain. La détermination de la compétence juridictionnelle est complexe parce que les éléments caractérisant la voie de fait sont flous. « La théorie jurisprudentielle de la voie de fait a pour résultat d'augmenter le nombre des exceptions à la compétence administrative. Elle obscurcit donc les critériums de compétence »[88]. Cette incertitude, néfaste au requérant, favorise la possibilité pour les tribunaux, qu'ils soient judiciaires ou administratifs, de se déclarer compétent, sur le fondement de la voie de fait pour les premiers, sur la base de son inexistence pour les seconds. Le principe de la

[87] R. Abraham, *L'avenir de la voie de fait et le référé administratif*, Mélanges Braibant, D. 1996, p. 1.
[88] E. Desgranges, *thèse précitée*, p. 174.

compétence des juridictions judiciaires pour connaître de la voie de fait est ancien, mais au-delà de l'affirmation, la solution n'est pas évidente. Bien que dénaturé, l'acte pris par l'administration n'a jamais pu trouver autre qualification qu'acte administratif. Administrative, la mesure relève naturellement du juge administratif et non du juge judiciaire. Il suffit alors au juge administratif de considérer l'atteinte comme insuffisamment « manifestement » illégale pour se déclarer compétent en déniant toute idée de voie de fait. Inversement, il suffit au juge judiciaire de considérer l'atteinte de l'administration comme grossièrement illégale, quand bien même il s'agirait d'une simple illégalité, pour se déclarer compétent au titre de la voie de fait.

Ainsi, lorsqu'un particulier est victime d'une atteinte à l'un de ses droits fondamentaux, conséquence d'une action de l'administration, se pose la délicate question de savoir quelle juridiction est compétente pour faire cesser et réparer son préjudice. Pour le non-spécialiste du droit, et même parfois pour le spécialiste, il est difficile de déterminer quand il y a voie de fait. Etonnant paradoxe que celui faisant de la voie de fait une notion extrêmement difficile à cerner alors que ses éléments constitutifs reposent logiquement sur l'évidence.

La situation se complexifie plus encore depuis que le juge administratif est compétent pour constater la voie de fait. Outre le conflit positif, le conflit juridictionnel négatif n'est plus à exclure, et la perte de temps qui résultera du désaccord entre les deux ordres de juridictions est peu profitable au justiciable.

D'une volonté de protéger les justiciables dans leurs droits, la voie de fait va poser de nombreuses difficultés quant à la répartition des rôles entre les deux ordres de juridictions. L'incertitude liée au champ d'application de la théorie va engendrer d'importantes complications de compétence. Si le principe est simple, dès lors qu'il y a voie de fait, le juge judiciaire est compétent, la pratique ne l'est pas. En effet, des abus résultent de cette compétence unique de l'autorité judiciaire (Paragraphe I), et, de l'existence d'une dualité de juridiction en France, le particulier risque de ne plus savoir devant quelle juridiction se présenter pour voir son préjudice réparé (Paragraphe II).

§ 1 : Les abus juridictionnels resultant de la voie de fait :

Deux types d'abus peuvent résulter de la voie de fait : Le juge judiciaire risque fréquemment de se déclarer, à tort, compétent pour connaître du litige ; il va donc constater une voie de fait qui, au regard des critères, se révélera introuvable.

Saisi d'une demande en réparation pour une voie de fait administrative, le juge judiciaire se déclare logiquement compétent, mais l'autorité administrative élève le conflit sur le fondement de l'inexistence de la voie de fait ; le juge naturel de l'administration, le juge administratif, doit retrouver sa compétence.

- **Premier cas de figure** : Souvent, le Tribunal des conflits doit apprécier si l'action de l'administration constitue ou non une voie de fait, afin de déterminer la juridiction compétente. Dans des affaires assez récentes, le juge des conflits s'est penché sur ce délicat problème.

Dans un arrêt Gaudino du 4 juillet 1991[89], le Tribunal a dû déterminer si la mutation d'un inspecteur de police dans l'intérêt du service pouvait être constitutive d'une voie de fait. Cet arrêt est l'illustration même de l'utilisation abusive de la voie de fait par le juge judiciaire.

Cette affaire a été, pour le juge des conflits, l'occasion de lutter contre la tendance des tribunaux judiciaires à recourir abusivement à la notion de voie de fait. Cet état de fait avait déjà été observé par le Conseil d'Etat dans son rapport de 1989, qui s'inquiétait de la méfiance de plus en plus importante des administrés envers le juge administratif quant à son incapacité à faire exécuter les décisions de justice. Alors qu'administrés tendent plus souvent à s'adresser au juge judiciaire pour obtenir des mesures contraignantes à l'égard de l'administration, les tribunaux accueillent fréquemment ces demandes avec une bienveillance peu soucieuse du respect des règles normales de répartition de compétences. M.Gaudino, inspecteur de police au SRPJ de Marseille, s'était rendu célèbre en publiant un ouvrage dans lequel il relate son enquête sur l'affaire des fausses factures de la Sormae et d'urba-technic. Cet ouvrage lui valut un certain nombre de déboires dans sa carrière au motif qu'il n'avait pas respecté son devoir de réserve. Il fut suspendu de ses fonctions pendant quatre mois par arrêté du ministre de l'intérieur. Au terme de ce délai, il assigna le ministre devant le juge des référés du tribunal de grande instance de Marseille afin d'obtenir sa réintégration, en faisant valoir que la prolongation abusive de sa suspension constituait une voie de fait. Le ministre prononça alors la réintégration, tout en décidant de muter M.Gaudino à Paris, ceci dans l'intérêt du service. M. Gaudino déposa aussitôt de nouvelles conclusions afin de faire constater qu'une telle mutation était constitutive d'une voie de fait, et pour obtenir la non-exécution de la mesure. Par un jugement du 4 mars 1991, le juge des référés rejeta le déclinatoire de compétence qu'avait entre-temps déposé le préfet des Bouches du Rhône, constata que la mesure constituait bien une voie de fait, et ordonna la suspension à titre conservatoire de l'exécution de cette décision. Le préfet éleva le conflit le 7 mars 1991. Le rejet de la voie de fait ne faisait aucun doute. En effet, aucune des deux conditions requises pour la voie de fait n'était réunie.

D'une part, la mutation d'office d'un fonctionnaire n'est pas une décision manifestement insusceptible de se rattacher à l'exercice d'un pouvoir appartenant à l'administration, puisqu'elle résulte de l'exercice du pouvoir hiérarchique du chef de service envers ses agents.

---

[89] T.C. 4 juillet 1991, *Gaudino*, *précité*, D. 1991, n°382 ; Gaz. Pal. 1991, 2, p. 536, note J.-Y. Plouvin.

D'autre part, une mutation ne saurait porter atteinte à une liberté fondamentale. L'appartenance à la fonction publique et le déroulement d'une carrière administrative, qui ne constituent qu'une modalité d'exercice de l'activité professionnelle, ne peuvent être considérés comme étant une liberté fondamentale.

L'aspect extensif du caractère fondamental d'une liberté par les tribunaux judiciaires contraste avec la vision restrictive du juge administratif. Une liberté pourra être considérée comme fondamentale par les juridictions judiciaires, afin essentiellement d'étendre son domaine de compétence, et insuffisamment fondamentale par les juridictions administratives. Ce comportement, critiquable, révèle le flou existant dans l'utilisation des critères permettant de déterminer la présence d'une voie de fait. Il laisse une place trop importante à l'arbitraire.

A force d'interprétation extensive, la voie de fait se dénature et perd progressivement sa valeur initiale. Il semble par ailleurs illogique de vouloir destituer le juge administratif de ses fonctions en essayant de trouver des voies de fait là où il n'y en a pas. Où alors il convient de remettre en question le système dualiste français.

- **Second cas de figure** : lorsque le juge judiciaire constate une voie de fait, l'autorité administrative concernée élève le plus souvent le conflit. Le but est bien évidemment de rendre à l'administration son juge naturel, mais il vise trop souvent un autre objectif. En effet, l'élévation est moins louable lorsqu'elle cherche à gagner du temps. Quand bien même la voie de fait serait certaine, l'autorité administrative a tout intérêt à faire reculer au plus tard la censure qui pèse sur elle. Tant que l'administration n'est pas précisément condamnée par une décision de justice devenue définitive, rien ne lui interdit, sauf mesure suspensive, de poursuivre le travail entrepris. Une fois le mal commis, il n'est souvent plus possible de revenir en arrière. L'administration devra certes réparer, et lourdement, au titre de la voie de fait, mais il est déjà trop tard pour la victime. L'atteinte aura été consommé et si les indemnisations viennent compenser le préjudice subi, elles ne remplaceront pas ce qui n'est plus. Ce que recherche en réalité le justiciable par la saisine du juge judiciaire, c'est la cessation la plus immédiate de l'atteinte afin de préserver ce qui peut l'être. Ainsi, par le mécanisme du conflit positif, l'administration pourra éventuellement accomplir, en connaissance de cause, une action qu'elle sait illégale. Le temps gagné, lié aux difficultés dans la répartition des compétences, le lui permet.

§ 2 : LE JUSTICIABLE A LA RECHERCHE DE SON JUGE :

La voie de fait est susceptible de provoquer des hésitations sur la compétence et, de ce fait, des retards de procédure particulièrement nuisible aux intérêts de la victime. « Il est apparu que ces théories donnaient lieu à des complications et à des subtilités au milieu desquelles les justiciables éprouvent parfois quelques difficultés à trouver leur juge : destinées à les protéger, les notions de voie de fait et d'emprise ont souvent comporté pour eux, dans la pratique, plus d'inconvénients que d'avantages »[90].

La voie de fait pose en réalité un double problème : soit le juge administratif refuse de caractériser une voie de fait, même évidente, et le justiciable est alors privé de la protection du juge judiciaire ; soit le juge administratif qualifie l'action de l'administration de voie de fait, et le requérant doit saisir un autre juge.

Le bénéfice d'un tel renvoi peut être discuté. Partant du principe que la protection issue du juge judiciaire est bien supérieure à celle du juge administratif, les inconvénients liés au renvoi sont alors mineurs. Si les avantages à saisir le juge judiciaire sont, au contraire, minimes, le renvoi ne peut être favorable à la victime de l'atteinte. La procédure de renvoi condamne nécessairement la cessation rapide de l'atteinte. La perte de temps qui en résultera pour la victime lui sera forcément préjudiciable.

La difficulté à déterminer la juridiction compétente se retrouve notamment dans la célèbre affaire Frampar. Suite à une saisie de journaux opérée par l'administration en Algérie durant la guerre, deux des quotidiens visés saisirent les tribunaux judiciaires d'une action en indemnité et le juge administratif d'un recours pour excès de pouvoir visant à faire annuler les arrêtés de saisie du préfet d'Alger. Au-delà de la complexité de la procédure, où les deux juridictions se déclarèrent incompétentes, le Conseil d'Etat accepta d'annuler la saisie ordonnée par le préfet. Nombreux furent cependant les commentateurs qui se demandèrent si le recours en indemnité ne devait pas relever de l'autorité judiciaire en application de la théorie de la voie de fait, révélant ici l'incertitude pesant sur la matière[91].

Le problème s'est posé ultérieurement, avec plus de vigueur encore, dans l'arrêt du Conseil d'Etat du 10 octobre 1969 Consorts Muselier[92]. Au début de l'année 1966, les héritiers de l'amiral Muselier ont décidé de demander à la justice la réparation des agissements dont ils avaient été victimes de la part de l'administration militaire qui avait saisi irrégulièrement une caisse contenant des documents privés appartenant au vice-amiral, et y avait apposé des scellés alors que ce pouvoir n'appartenait qu'à l'autorité judiciaire.

Les consorts Muselier étaient placés, suite à la déclaration d'incompétence de la juridiction judiciaire, devant l'incompétence définitivement affirmée des tribunaux civils. La voie de fait ne pouvait plus être soulevée devant eux, et la négligence à saisir en temps voulu la Cour de cassation rendait cette situation irréversible. Faute d'alternative, la justice ne pouvait plus être espérée que des

---

[90] G. Braibant, Conclusions sur C.E. 15 février 1961, *Werquin*, RDP 1961, p. 330.

[91] C.E. 24 juin 1960, *Sté Frampar*, p. 412 ; S. 1960. 348, note Debbasch ; D. 1960. 744, note Robert ; RDP 1960. 815, concl. Heumann ; JCP 1960.II.11743, note Gour ; AJ 1960. 1. 154, chr. Galabert ; GAJA n° 89.

[92] C.E. 10 octobre 1969, *Consorts Muselier, précité.*

tribunaux administratifs. Le Conseil d'Etat reconnut la voie de fait et imposa au juge judiciaire de censurer l'administration coupable. Si « on ne peut nier que ce jeu de renvoi et de surveillance mutuelle entre les deux ordres de juridictions ait constitué un facteur favorable à la dénonciation de l'illégalité majeure »[93], il est difficile de ne pas voir dans un tel procédé une barrière à la rapidité et à l'efficacité de la justice.

S. Tsiklitiras estime que « cet inconvénient de la voie de fait, tout en étant grave, ne paraît pas rédhibitoire, n'est pas de nature à suggérer son abandon »[94]. L'auteur avance un double fondement : la victime, saisissant le juge judiciaire sur la base d'une voie de fait, fait l'économie du renvoi en question préjudicielle ; il serait exagéré de considérer avec autant d'importance les risques d'incertitudes tenant à la définition de la voie de fait et les risques d'erreur de compétence qui en découlent. Or, aucun des deux arguments n'est véritablement acceptable. La voie de fait ne prohibe pas totalement les questions préjudicielles. Certains arrêts, certes limités, ont accepté l'usage du mécanisme préjudiciel. Et, même dans l'hypothèse où la question préjudicielle est rejetée, la victime ne bénéficie pas nécessairement d'un gain de temps puisqu'il est possible, et fréquent, que l'administration élève le conflit. Ensuite, considérer les risques d'erreur sur la compétence minimes relève plus, au regard des faits, de l'erreur manifeste d'appréciation. Nous pensons, au contraire, que les incertitudes sont grandes compte tenu de l'interprétation évolutive, mouvante, qui a été faite des critères de la voie de fait, rendant ainsi la théorie difficile à cerner. Les arrêts rendus ces vingt dernières années donnent rarement la même définition de la voie de fait. Les décisions dans lesquelles elle est contestée sont multiples. Caractérisant la voie de fait au regard d'un acte de l'administration « manifestement insusceptible de se rattacher à l'exercice d'un pouvoir conféré par la loi à l'administration pour l'exécution d'un acte déterminé », les juges vont accroître le champ de la théorie mais aussi son incertitude, la rapprochant dangereusement de la simple illégalité. Bien que favorable à l'extension de la voie de fait, cette jurisprudence va être rapidement condamnée. Ce revirement, aussi souhaitable était-il, révèle une fois de plus l'incertitude de la notion, liée à la permanente évolution de ces critères[95].

Force est de constater que la voie de fait repose sur des fondations peu solides. La théorie a fait l'objet de critiques qui se sont atténuées avec le temps.

---

[93] J. de Lanversin, *Voie de fait et réalités*, JCP 1970. I. 2337, n° 5.

[94] S. Tsiklitiras, *thèse précitée*, p. 75.

[95] R. Abraham affirme : « toute extension de la notion de voie de fait au-delà des limites rigoureuses que lui assigne la jurisprudence actuelle ne pourrait que brouiller un peu plus, au détriment d'une bonne administration de la justice, la frontière des compétences respectives du juge administratif et du juge judiciaire. Il serait particulièrement dangereux, à cet égard, que la voie de fait en vienne à se confondre avec la simple illégalité, ou même avec une illégalité grave, ou suffisamment évidente pour pouvoir être décelée sans difficulté sérieuse... Un tel résultat serait obtenu au prix d'une atteinte grave aux conditions d'une bonne justice : l'incertitude systématique qui en résulterait quant à la détermination du juge compétent nuirait au justiciable lui-même». *Op. cit.*, p. 7 et 8.

Néanmoins, elles trouvent encore justification aujourd'hui. Rien, au fond, ne démontre que la voie de fait soit devenue une notion aux contours bien stables. Les dernières jurisprudences tendent à confirmer cette idée.

La théorie de la voie de fait présente, semble-t-il, autant d'inconvénients que d'avantages. La fréquence des procédures de conflit témoigne de la difficulté qu'il y a en pratique à savoir si tel ou tel agissement est ou non constitutif de voie de fait. Quelles en sont les raisons ? La seule réponse logique résulte de l'incertitude qui entoure la voie de fait : quand y a-t-il voie de fait ? Est-on en présence d'une voie de fait ? L'action de l'administration est-elle suffisamment illégale ? Y a-t-il atteinte à une liberté et est-elle suffisamment fondamentale ?

De toutes ces réponses dépend l'application de la voie de fait. D'une notion dite simple, on s'aperçoit qu'elle est en réalité fort complexe. De là résulte une application timide qui ne semble pas vraiment protéger les droits des individus.

SECTION II : LA DERIVE DE LA VOIE DE FAIT :

La notion présente, en elle-même, des vices structurels ; vices qui ne résultent pas des caractères constitutifs de la voie de fait, ni de ses fondements. En effet, il existe des cas dans lesquels la théorie ne va pas pouvoir être appliquée bien que son existence soit certaine. Ces cas d'irresponsabilité existaient déjà auparavant mais ils n'ont jamais cessé et ils présentent une gêne considérable à l'épanouissement d'une théorie qui n'a cessé d'être controversée. Qui plus est, la jurisprudence la plus récente laisse aujourd'hui sceptique sur l'aspect protecteur des libertés fondamentales de la voie de fait. Malgré des définitions toujours plus extensives des juridictions pour favoriser l'utilisation de théorie, la réalité montre qu'il est de plus en plus difficile de se trouver en présence d'une voie de fait.

Le champ d'application de la voie de fait tend ainsi à s'amenuiser, conséquence de ses propres faiblesses (Paragraphe I), ou conséquence d'un pouvoir d'appréciation de l'administration de plus en plus étendu, qui limite l'utilisation de la théorie (Paragraphe II).

§ 1 : LA VOIE DE FAIT INAPPLICABLE :

Parfois, alors que toutes les conditions permettant de caractériser la voie de fait sont réunies, le juge ignore totalement la théorie, faisant comme si elle n'existait pas. Il existe bien des hypothèses, où par interférence, avec d'autres théories, la voie de fait se transforme en régime d'irresponsabilité simple (A), et d'autres hypothèses où la voie de fait aboutit à un régime d'irresponsabilité absolue (B).

A : **La transformation de la voie de fait en illégalité simple** :

La voie de fait dégénère parfois en une simple illégalité, soit du fait d'un déclassement volontaire émanant des juridictions, soit du fait d'un déclassement conséquence d'événements exceptionnels.

- Lorsqu'il y a voie de fait, il est inutile de se demander si l'acte incriminé est constitutif d'une faute personnelle ou d'une faute de service. Si le caractère de voie de fait de l'opération litigieuse disparaît, et si les juridictions saisies n'absolvent pas totalement l'administration, alors le droit administratif retrouve sa distinction classique entre faute personnelle de l'agent et faute de l'administration.

Une fois déqualifiée en une catégorie moins grave, la mesure prise par l'administration est soumise au régime normal des actes administratifs. Le juge judiciaire est compétent pour statuer sur les fautes personnelles, et le juge administratif est compétent pour traiter les fautes de service. L'influence du Tribunal des conflits est alors déterminante en la matière, car sur élévation du conflit, l'acte dont le tribunal régulateur est saisi se trouve changé en acte dont la gravité apparaît moindre qu'elle ne l'était originellement. Sans avoir à relever que l'acte commis par l'administration porte une atteinte grave au droit de propriété ou à une liberté publique fondamentale, les juridictions administratives, ou le Tribunal des conflits, se contentent de relever la faute de service ou la faute personnelle pour en tirer les conséquences logiques qui en découlent.

Alors même que l'acte contesté ne se rattache pas à un pouvoir appartenant à l'administration, et qu'il porte atteinte à la propriété privée ou à une liberté publique fondamentale, les juridictions saisies relèveront la faute de service ou la faute personnelle, soumettant ainsi l'acte au régime normal des actes administratifs, en ne faisant aucunement mention de la voie de fait. Dans l'arrêt du Conseil d'Etat du 7 novembre 1947, Alexis et Wolff, où l'administration avait fait subir, outre une arrestation illégale, de graves sévices au sieurs Alexis et Wolf, la juridiction distingua la faute du service et les fautes des agents pour conclure que « les fautes lourdes ainsi commises mettent en jeu la responsabilité de l'Etat nonobstant la circonstance qu'elles auraient également le caractère de fautes personnelles »[96].

De même, dans l'arrêt du Tribunal des conflits Delaitre, du 9 juillet 1953, M. Bouquet, agent de police, poursuit un jeune étudiant qui venait de participer à un monôme. Ce dernier s'étant réfugié chez le sieur Delaitre, Bouquet fait alors irruption et assène à Delaitre un coup de poing « d'une particulière violence ». Le Tribunal des conflits énonce que « la faute commise par le sieur Bouquet constitue, par son exceptionnelle gravité, une faute personnelle qui doit être

[96] C.E. 7 novembre 1947, *Alexis et Wolff*, *précité*.

réputée se détacher du service »[97]. « Ici encore, une voie de fait se mue, on ne sait trop comment, en faute personnelle pure et simple »[98]. Dans son étude sur « *le déclin de la voie de fait* », C. Leclercq ajoute à ce procédé une seconde hypothèse de dégénérescence indirecte de la voie de fait en illégalité simple. Il explique que certaines opérations de police judiciaire, même constitutives de voies de fait flagrantes, ne sauraient être soumises au régime spécifique de la théorie puisque ces opérations qui participent au fonctionnement de la justice judiciaire échappent de toutes les façons à la compétence du juge administratif. Mais fonder la compétence judiciaire sur le fait que les actes sont pris au titre de la police judiciaire, et non sur le fondement de la voie de fait, conduit d'abord à restreindre les pouvoirs du juge, mais aussi à absoudre indirectement l'administration.

Le premier procédé évoqué semble aujourd'hui peu utilisé. Les juges manifestaient auparavant une certaine hésitation à utiliser la voie de fait, conséquence d'une certaine gêne à condamner l'administration sur un tel fondement. Cette tendance n'est plus. Bien au contraire, les juridictions judiciaires essayent de plus en plus d'élargir le champ d'application de la théorie afin d'accroître leur compétence en ce qui concerne la protection des droits fondamentaux. Cette possibilité leur est offerte aujourd'hui par la nouvelle formulation du caractère constitutif de la voie de fait issue de la jurisprudence Eucat. D'un système dans lequel la voie de fait était déqualifiée en illégalité simple, on se retrouve dans un système où la voie de fait risque de procéder d'une simple illégalité.

Aucune des deux hypothèses n'est acceptable. La reconnaissance de la voie de fait repose essentiellement, non pas sur la nature de l'acte de la puissance publique, mais sur la juridiction saisie pour vider le litige. Le juge judiciaire, par une interprétation extensive des éléments constitutifs de la théorie, peut reconnaître la voie de fait à tort. Le juge administratif, par une analyse restrictive des mêmes éléments, peut dénier la voie de fait, bien qu'il y ait lieu de l'appliquer. Ces hypothèses reflètent bien l'aspect arbitraire d'une théorie empirique.

- « La jurisprudence admet que les circonstances exceptionnelles écartent l'application de la notion de voie de fait, ou font perdre à l'acte ou l'opération matérielle considéré comme une voie de fait ce caractère »[99]. Après la seconde guerre mondiale, la jurisprudence a inauguré une utilisation différente de la théorie des circonstances exceptionnelles. Auparavant, cette théorie permettait de rendre légales des décisions administratives qui, en temps normal, eussent été illégales. Des mesures simplement illégales devenaient légales[100]. On assistait à une sorte de

---

[97] T.C. 9 juillet 1953, JCP 1953.II.7797, note Rivero.

[98] Claude Leclercq, *Le déclin de la voie de fait*, RDP 1963, p. 696.

[99] P. Bretton, *thèse précitée*, p. 72.

[100] Voir C.E. 28 juin 1918, *Heyriès*, p. 651, S. 1922.3.49, note Hauriou et C.E. 28 février 1919, *Dames Dol et Laurent*, p. 208, S. 1918-1919.3.33, note Hauriou ; RDP 1919, p. 338, note Jèze.

régularisation de l'action de l'administration au regard des circonstances exceptionnelles qui empêchaient l'administration de faire correctement son travail. Avec l'arrêt Dame de la Murette, rendu par le Tribunal des conflits le 27 mars 1952, la jurisprudence marqua un revirement.

Arrêtée en septembre 1944, sans mandat judiciaire ni arrêté d'internement administratif, la Dame de la Murette fut détenue jusqu'en février 1945, subissant mauvais traitements et sévices. Le Haut Tribunal jugea pourtant qu'il n'y avait pas de voie de fait[101]. A une illégalité grossière, normalement constitutive d'une voie de fait, va se substituer une illégalité simple. Ainsi, de nombreuses atteintes portées aux libertés publiques fondamentales, et surtout à la liberté individuelle, ne seront pas sanctionnées comme elles auraient dû l'être. Ces atteintes vont « rentrer dans le moule des actes administratifs simplement illégaux, qui pourront entraîner éventuellement la mise en jeu de la responsabilité de l'administration selon les critères et les procédés propres au droit public ». Ce qui eût été en temps normal une voie de fait, devient en période exceptionnelle, et dans le meilleur des cas puisqu'il est arrivé que l'administration soit totalement absoute de ses erreurs, une faute de service, faute qui relève de la compétence du juge administratif[102]. La voie de fait doit exclusivement viser la protection de la victime. Elle sert ici, paradoxalement, les intérêts de l'administration.

B : **La transformation de la voie de fait en régime d'irresponsabilité absolue** :

L'acte de gouvernement et l'urgence sont deux théories qui permettent d'absoudre l'administration de ses fautes. La voie de fait, même évidente, ne pourra pas être retenue.

- **Les actes de gouvernement**. La transformation de la voie de fait en acte de gouvernement est très ancienne. On en trouve déjà application dans un arrêt du Conseil d'Etat du 9 mai 1867 : la saisie d'un ouvrage du Duc d'Aumale, et le refus de restituer les exemplaires saisis, sont considérés comme des « actes politiques qui ne sont pas de nature à nous être déférés pour excès de pouvoir en notre Conseil d'Etat par la voie contentieuse »[103]. La voie de fait peut toujours être couverte par la théorie de l'acte de gouvernement[104].

---

[101] T.C. 27 mars 1952, *Dame de la Murette, précité.*

[102] Constituant une dérogation à la voie de fait, les circonstances exceptionnelles devraient être regardées comme l'exception. Elles tendent pourtant à devenir le principe. C'est dire qu'en présence de telles circonstances, celles-ci vont être appréciées en premier et, si elles n'existent pas, alors seulement la voie de fait pourra être caractérisée.

[103] C.E. 9 mai 1867, *Duc d'Aumale et Michel Lévy*, p. 472.

[104] Voir T.C. 2 février 1950, *Radio Andorre*, JCP 1950.II.5542, note Rivero et C.E. 16 mars 1962, *Prince Sliman Bey*, D. 1962, p. 745.

- **L'urgence**. Dans ses conclusions sur l'arrêt du Tribunal des conflits du 2 décembre 1902, Société immobilière Saint-Just, Romieu écrivait : « il est de l'essence même du rôle de l'administration d'agir immédiatement et d'employer la force publique sans délai ni procédure lorsque l'intérêt immédiat de la conservation publique l'exige ; quand la maison brûle, on ne va pas demander aux juges l'autorisation d'y envoyer les pompiers »[105]. L'urgence va permettre de passer outre les vices dont l'acte est entaché. C'est ainsi que certaines conditions de forme et de fond, qui seraient normalement nécessaires pour rendre légale une opération matérielle d'exécution, ne sont plus exigées. Dans la plupart des cas, « l'urgence invoquée devant les juridictions permettra de rendre légale un acte normalement constitutif d'une voie de fait ». Cette légalisation a été consacrée, après la Seconde Guerre mondiale, par les tribunaux dans les cas d'atteintes administratives portées aux biens mobiliers et immobiliers.

Très souvent, lorsque les actes incriminés ont été pris durant une période de troubles, les juridictions saisies ont tendance à invoquer l'urgence pour éviter d'attribuer le caractère de voie de fait à l'opération visée[106].

La théorie de la voie de fait se révèle, une fois encore, très arbitraire. A partir de quand y a-t-il urgence ? Il n'existe aucun critère permettant de qualifier l'urgence. Il appartient donc à l'administration seule, sous le contrôle du juge, d'en déterminer l'existence...

La théorie de l'urgence, bien plus grave que la théorie des circonstances exceptionnelles, conduit au rejet total de la responsabilité de l'administration. L'urgence autorise même la légalisation d'une mesure manifestement illégale en période de paix. Les impératifs d'ordre public ou de sûreté publique, concepts variables, peuvent justifier la mesure incriminée et le rejet de la voie de fait.

§ 2 : La redefinition du champ d'application de la voie de fait :

Si les jurisprudences de la Cour de cassation de novembre 1984, et la jurisprudence Eucat du Tribunal des conflits de 1986, ont eu pour objectif d'augmenter la protection des droits et libertés des individus, en élargissant le champ d'application de la voie de fait, pour ne pas dire en faisant sortir la voie de fait de ses attributions premières, des arrêts récents viennent apporter des éléments nouveaux sur l'utilisation de la théorie. Revenant à une définition plus classique, ils restreignent l'intervention du juge judiciaire en matière de voie de fait (A). Simplification souhaitable ou préjudiciable à l'administré, elle fait naître le doute sur la vitalité de la théorie (B).

---

[105] T.C. 2 déc. 1902, *Sté Immobilière St-Just, précité*, concl. Romieu, S. 1904.3.17 et D. 1903.3.41.
[106] Voir T.C. 19 mai 1954, *Office publicitaire de France*, p. 703 ; JCP 1954.II.8382, note Rivero.

A: **L'hypothèse d'une réduction de ce champ d'application** :

De nombreuses décisions portant sur la voie de fait ont été rendues ces dernières années par le Tribunal des conflits à propos de mesures de police faisant application de la législation sur les étrangers. La fréquence de ces décisions révèle deux choses :

- A une exception près[107], toutes les fois où une voie de fait a été caractérisée par le juge judiciaire, le conflit a été élevé, et le Haut Tribunal a rejeté la compétence de l'autorité judiciaire. Le Tribunal des conflits a ainsi entendu restreindre et condamner vigoureusement le champ d'application de la théorie, ainsi que les débordements des tribunaux judiciaires. Plus encore, il semble qu'il soit allé plus loin dans l'analyse des critères de la voie de fait, rendant son régime plus restrictif.
- La fréquence de ses interventions en la matière, révélant le caractère incertain de la voie de fait, témoigne d'un profond malaise quant à l'application de la théorie par les deux ordres de juridictions. La voie de fait, théorie particulièrement complexe à déterminer, donne ici une parfaite illustration de l'arbitraire qui résulte de ses éléments constitutifs.

Par deux décisions rendues en 1994, le Tribunal des conflits a affirmé la compétence des juridictions administratives pour connaître des mesures relatives aux droits des étrangers, confirmant ainsi les arrêtés de conflit déniant aux tribunaux judiciaires le droit d'attirer vers eux ce contentieux par l'application de la voie de fait. Pour autant, eu égard aux jurisprudences précédentes, les décisions n'étaient pas évidentes.

- Dans un arrêt rendu le 25 avril 1994[108], le Tribunal des conflits était saisi d'un litige opposant le préfet de police de Paris à Monsieur Dulangi, étranger sans titre régulier de séjour, qui avait fait l'objet d'un arrêté de reconduite à la frontière en vertu de l'article 22-1 de l'ordonnance du 2 novembre 1945. Presque immédiatement, M.Dulangi a été placé en rétention administrative par arrêté préfectoral, pris sur le fondement de l'article 35 bis de la même ordonnance.

---

[107] T.G.I. de Paris, 25 mars 1992, *Levelt, Babaki et autres*, D. 1993, p. 48, note D. Maillard Desgrées du Loû. Des étrangers arrivés en situation irrégulière par voie aérienne avaient été retenus dans un hôtel jouxtant l'aéroport. Ces derniers avaient engagé une procédure devant le juge judiciaire pour séquestration arbitraire et voie de fait. Le TGI fait droit à leur demande au motif notamment que la mesure avait été prise pour une durée indéterminée. Mais une telle solution était d'autant plus évidente que les zones d'attente n'étaient pas encore prévues par la loi. Quelques jours plus tard, le législateur légalisait le maintien en zone d'attente.

[108] T.C. 25 avril 1994, *Préfet de police c/ Dulangi*, p. 597, AJDA 1994, p. 446, chr. C. Maugüé et L. Touvet ; D. 1994, p. 389, concl. R. Abraham, note P. Didier ; D. 1994, SC, p. 253, obs. F. Julien-Laferrière.

L'intérêt de cette affaire venait d'une requête adressée par M.Dulangi, alors en rétention, au président du tribunal administratif de Paris, tendant à ce que celui-ci désigne un expert en vue de constater d'urgence les conditions matérielles de sa rétention, qu'il estimait défectueuses. Le tribunal fit droit à sa requête. Un expert fut nommé et s'est tenu à une stricte description des lieux sans porter d'appréciation sur les conditions de rétention.

M.Dulangi, insatisfait de ce rapport, saisit alors le président du tribunal de grande instance d'une autre demande, pour que celui-ci statue en référé sur la violation de la Convention européenne des droits de l'homme et de la législation française concernant le respect de certaines conditions d'hygiène, de soins et d'alimentation. Le préfet exerça alors son pouvoir en adressant au tribunal de grande instance un déclinatoire de compétence qui fut rejeté, puis il éleva le conflit. Le Tribunal des conflits avait donc à s'interroger sur la réalité de la compétence de l'autorité judiciaire en l'espèce, c'est-à-dire de savoir si les conditions matérielles de la rétention administrative n'étaient pas constitutives d'une voie de fait.

Dans cette espèce, à supposer même que les faits soient établis, et qu'une atteinte grave ait été portée à la liberté individuelle du requérant, ces actes ne sont certainement pas insusceptibles de se rattacher à un pouvoir appartenant à l'administration. Le fonctionnement du dépôt des étrangers à la préfecture de police appartient bien aux pouvoirs de l'administration. En l'espèce, l'administration n'est jamais sortie de sa sphère de compétence. Elle a certes commis des fautes, mais des fautes commises dans le cadre de sa compétence.

Suivant les conclusions de son commissaire du gouvernement, R. Abraham, le Tribunal des conflits se fonde, pour dénier la voie de fait, non sur la gravité de la faute commise par l'administration, mais sur la nature de la faute qui doit révéler que cette autorité est sortie de façon flagrante de sa sphère de compétence. Or le Tribunal considère que l'autorité administrative n'est pas sortie du cadre de ses attributions puisque la rétention et les conditions dans lesquelles elle se déroule constituent une modalité d'exécution d'une mesure de police administrative relevant de la compétence exclusive du juge administratif. La solution révèle une première restriction à la théorie de la voie de fait. Aussi énorme soit-elle, la faute ne peut-être constitutive d'une voie de fait puisqu'elle est rattachée à un pouvoir de l'administration.

Le juge judiciaire, dans le prolongement de la jurisprudence Eucat, a essayé d'élargir le champ de ses compétences par une interprétation extensive du domaine de la voie de fait. Il existe cependant bien un texte autorisant l'administration à retenir un étranger en zone d'attente. La voie de fait ne peut donc être retenue. L'acceptation de la voie de fait par le juge des conflits n'était pourtant pas impossible, et encore moins condamnable d'un strict point de vue de la protection des droits de l'individu. En imaginant que le préfet n'eût pas élevé le conflit, les tribunaux judiciaires auraient très probablement sanctionné l'administration au titre de la voie de fait, et la protection de la victime aurait été efficacement assurée.

La théorie de la voie de fait vise à lutter contre ces atteintes graves, au motif que le juge judiciaire, gardien des libertés, est plus apte à protéger et réparer les dommages qu'ont pu subir les tiers.

En l'espèce, l'atteinte aux droits fondamentaux de l'individu est incontestable. L'atteinte à la liberté individuelle n'est pas mise en doute. Une liberté fondamentale est violée mais la protection du juge judiciaire est impossible. L'importance de l'atteinte à la liberté ne saurait suffire à fonder la compétence du juge judiciaire dès lors que la puissance publique a fait usage, certes très mal, d'un texte.

L'arrêt est doublement important : il remet en cause la jurisprudence précédente ; il met en cause le rôle de gardienne des libertés fondamentales de l'autorité judiciaire. L'atteinte à une liberté fondamentale est manifeste. Les droits les plus élémentaires du requérant, retenu dans des locaux qui présentaient des conditions d'hygiènes lamentables, ont été bafoués. La compétence judiciaire est cependant exclue. Si l'on estime que seul le juge judiciaire est réellement compétent pour protéger les droits et libertés les plus fondamentaux des individus, l'arrêt apparaît alors inepte. Si l'on considère le juge administratif comme aussi protecteur que le juge judiciaire, l'arrêt est alors beaucoup moins contestable. Il simplifie les critériums de compétence et restreint les possibilités d'interprétation plus ou mois extensive des critères de la voie de fait.

- Dans un arrêt du 20 juin 1994 Madaci et Youbi[109], le Tribunal des conflits adopte la même « politique » visant à dénier tout pouvoir au juge judiciaire dans le cadre de la voie de fait dès lors qu'il existe un texte autorisant l'administration à agir comme elle le fait.

En l'espèce, le 21 mars 1994, deux ressortissants algériens, âgés respectivement de dix-huit et vingt ans, ont été arrêtés et accusés d'avoir lancé des pierres sur les forces de police et brisé des vitrines de magasins. Le ministre de l'intérieur prit le 22 mars 1994 deux arrêtés d'expulsion motivés par « l'urgence absolue » et la « nécessité impérieuse pour la sécurité publique », en visant les articles 25 et 26 de l'ordonnance du 2 novembre 1945 concernant la police des étrangers. Le 23 mars, ils étaient reconduits à Marseille et embarqués pour l'Algérie, non sans avoir pu engager des procédures.

La première, devant le tribunal administratif de Lyon, visant à demander l'annulation des arrêtés d'expulsions assorties de conclusions de sursis à exécution, accueillies le 6 avril 1994, vu le sérieux des moyens invoqués, ce qui a entraîné le retour en France des requérants.

La seconde, devant le juge civil des référés, pour enjoindre au préfet d'assurer

---

[109] T.C. 20 juin 1994, *Madaci et Youbi*, p. 602 ; AJDA 1994, p. 496, chr., *précitée* ; D. 1995, p. 193, note P. Didier ; G.P. 1994, 2, p. 571, concl. R. Abraham, note S. Petit ; LPA 20 mai 1996, p. 7, note L. Gros.

leur retour en France jusqu'au jugement à intervenir du tribunal administratif, sur l'expulsion, et du tribunal correctionnel, sur les poursuites pénales, en invoquant les « voies de fait » prétendument commises par les autorités administratives par le maintien irrégulier en rétention et l'exécution d'office des expulsions. Deux jugements de référé du 25 mars 1994 ont d'abord accueilli le déclinatoire de compétence en ce qui concerne le premier moyen, mais ont ensuite jugé que l'exécution forcée des arrêtés d'expulsion constituait une « voie de fait » parce qu'elle « entravait le bon fonctionnement de la justice pénale » en privant les requérants du libre droit de se défendre devant le tribunal correctionnel et le tribunal administratif, d'où injonction faite à l'administration « de prendre toutes mesures utiles afin d'assurer le retour et le maintien de MM. Madaci et Youbi sur le territoire national jusqu'à ce que des décisions définitives interviennent ».

Le 26 mars, le préfet élève le conflit, mais les deux requérants l'assignent à nouveau en demandant que les jugements du 25 mars soient assortis d'une astreinte. Le 28 mars, le préfet dépose des déclinatoires qui sont rejetés et le 31 mars, il prend un nouvel arrêté de conflit.

Les procédures judiciaires étaient non fondées en droit. Pris en vertu de textes, les arrêtés d'expulsion ne sauraient être assimilés à des voies de fait. Cependant, il existait bien une atteinte à une liberté fondamentale qui a été largement reconnue par toutes les juridictions, c'est-à-dire le respect des droits de la défense, au regard notamment des articles 6 et 13 de la Convention européenne des droits de l'homme[110].

Par ces décisions, le Tribunal des conflits condamne prestement sa décision Eucat de 1986 et les excès des tribunaux civils dans la constatation de la voie de fait, remettant ainsi un peu d'ordre dans la répartition des compétences entre les deux juridictions, au détriment d'une protection judiciaire des droits.

L'arrêt évoqué semble même aller au-delà dans l'interprétation restrictive de la théorie. On peut en effet y voir les prémices d'une limitation de la seconde variété de la voie de fait, celle de l'exécution forcée irrégulière d'une décision administrative, même légale, en subordonnant la qualification de voie de fait à la condition que l'irrégularité de l'exécution d'office à laquelle il a été procédé soit manifeste. Le principe selon lequel l'exécution forcée constitue toujours une voie de fait dès lors qu'elle est irrégulière, c'est-à-dire qu'elle intervient en dehors des cas où elle est autorisée, est un des fondements jusque là non contesté de la théorie de la voie de fait. Or il apparaît qu'au regard de l'incidente « même à supposer cette exécution forcée illégale », le Tribunal des conflits laisse entendre

[110] Notons que le juge administratif, juge naturel de la légalité des décisions d'expulsion et de leur exécution, a exercé ses prérogatives d'une manière efficace. Le juge administratif a été largement aussi prompt à réagir devant le recours qui lui était soumis. Il fit preuve d'une grande efficacité en accordant le sursis à exécution, ce qui permit le retour en France des requérants. Il reste dommage qu'une telle promptitude ne soit pas plus systématique lorsque l'administration porte atteinte aux droits les plus fondamentaux des individus.

qu'attentatoire à une liberté publique fondamentale et même irrégulière, l'exécution forcée commise par l'administration n'est pas pour autant nécessairement constitutive d'une voie de fait.

Si l'administration dispose du privilège du préalable, rendant ses actes immédiatement exécutoires, elle ne peut pas en principe procéder à l'exécution par la force de ses décisions sans en demander l'autorisation au juge. Si elle outrepasse cette règle, elle commet une voie de fait, sauf trois exceptions limitativement prévues : l'urgence, l'absence de sanctions pénales contre l'administré récalcitrant, et l'autorisation législative. C'est cette dernière exception qui est concernée dans l'espèce commentée. L'administration a procédé à l'exécution d'office de deux arrêtés d'expulsion sans attendre que le tribunal administratif ait statué sur les demandes de sursis à exécution de ces arrêtés, et avant même que les requérants aient pu comparaître devant le tribunal correctionnel où ils devaient être jugés pour les faits ayant motivés leur expulsion. L'article 26 bis de l'ordonnance du 2 novembre 1945 dispose que « l'arrêté prononçant l'expulsion d'office d'un étranger peut être exécuté d'office par l'administration ». La loi autorise donc cette exécution d'office de l'expulsion, sauf prononcé par le juge administratif d'un sursis à exécution.

Mais si le débat était jusqu'à présent limité à la seule question de l'existence d'une autorisation législative, il demeurait possible d'interpréter son champ d'application, ou de la critiquer, au regard notamment du droit international. Ainsi, l'exécution d'office de l'expulsion n'est pas illégale si le sursis est prononcé ultérieurement à l'expulsion[111], ce qui est le cas en l'espèce. Par contre, qu'en était-il de la compatibilité de l'exécution forcée avec les articles 6 et 13 de la Convention européenne des droits de l'homme ?

Le tribunal de grande instance de Lyon a considéré qu'il y avait voie de fait, eu égard à l'irrégularité de l'exécution forcée, en se fondant sur le fait que l'expulsion était attentatoire à la liberté fondamentale du droit à un recours effectif au regard des textes européens. Or même si le Tribunal des conflits rejette le moyen tiré du non-respect de la Convention, il précise que l'exécution forcée d'une mesure d'expulsion ne saurait être constitutive d'une voie de fait dès lors qu'elle est autorisée par la loi, « même à supposer (celle-ci) illégale au regard, notamment, des articles 6 et 13 de la Convention européenne de sauvegarde des droits de l'homme et des libertés fondamentales ». Il suffit que l'autorisation législative existe pour qu'il n'y ait pas voie de fait. Même en présence d'une exécution forcée irrégulière, elle n'est pas pour autant manifestement insusceptible de se rattacher aux pouvoirs de l'administration. Confirmée, l'interprétation réduirait énormément le champ d'application de la voie de fait.

---

[111] T.C. 10 décembre 1956, *Guyard*, p. 590.

B : **L'hypothèse d'une disparition de la voie de fait :**

Le 9 août 1996, deux passagers clandestins de nationalité marocaine, embarqués à bord d'un navire faisant escale dans le port de Honfleur, furent interdits de débarquement par les autorités françaises en application de l'article 5 de l'ordonnance du 2 novembre 1945, au motif qu'ils étaient dépourvus des documents nécessaires à leur entrée sur le territoire français.

Si l'interdiction d'accès au territoire à des étrangers en situation illégale est autorisée par un texte, ce refus est soumis à quelques conditions que l'on retrouve à l'article 35 quater de la même ordonnance. Celle-ci prévoit que l'étranger qui arrive en France par voie ferroviaire, maritime ou aérienne, et qui n'est pas autorisé à entrer sur le territoire français, est maintenu, pendant le temps strictement nécessaire à son départ, dans une zone d'attente spécialement prévue à cet effet. En l'espèce, au lieu de placer MM. Ben Salem et Taznaret dans ce local, l'administration choisit de les consigner à bord du bateau, mettant parallèlement en place un système de surveillance destiné à prévenir toute tentative de débarquement. Un recours contre cette décision, jugée constitutive d'une voie de fait, est alors intenté par l'armateur et les deux consignés devant le juge des référés du Tribunal de grande instance de Paris, au moyen d'une requête à fins d'assigner d'heure à heure en lui demandant d'enjoindre à l'administration de mettre fin au maintien à bord et de placer les intéressés en zone d'attente.

Saisi d'un déclinatoire de compétence déposé par le préfet de Paris, le juge des référés le rejeta au motif qu'en refusant de satisfaire aux prescriptions de l'article 35 quater instituant une procédure spécifique de contrôle des étrangers arrivant par la voie maritime, l'administration a « commis un acte insusceptible de se rattacher à l'exercice d'un pouvoir lui appartenant ». Le préfet prit alors un arrêté de conflit, et l'affaire fut portée devant le Haut Tribunal, qui dut d'ailleurs s'y reprendre à deux fois pour rendre sa solution puisque la première séance avait donné lieu à un partage des voix. Statuant sous la présidence du Garde des Sceaux, qui départagea de sa voix les membres du Tribunal, ce dernier énonça : « Considérant qu'il ressort des dispositions de l'article 5 de l'ordonnance susvisée du 2 novembre 1945 que le législateur a attribué en principe à l'administration le pouvoir de procéder à l'exécution forcée des décisions d'éloignement et de celles prononçant un refus d'entrée qu'elle est amenée à prendre au titre de la police des étrangers ; que, par suite, et à les supposer même illégales, les mesures prises en l'espèce…n'étaient pas manifestement insusceptibles d'être rattachées à un pouvoir appartenant à l'administration ; que ces actes ne sauraient, dès lors, être regardés comme constitutifs de voies de fait »[112]. Si le rapporteur, conseiller à la Cour de cassation,

---

[112] T.C. 12 mai 1997, *Préfet de police de Paris c/ TGI de Paris*, p. 528 ; Gaz. Pal. 27 et 28 juin 1997, p. 6, concl. J. Arrighi de Casanova ; JCP 1997, éd. G, II.22861, rapport Pierre Sargos ; RFDA 1997, concl. Arrighi de Casanova, p. 514 ; AJDA 1997, obs. p. 575.

reprit les arguments du Tribunal de grande instance, considérant que l'article 35 quater n'autorisait nullement l'autorité administrative à prendre une mesure de consignation à bord, le commissaire du gouvernement prit une position foncièrement inverse ne laissant planer aucun doute sur ses convictions en la matière. Il est clair que le refus de faire application de l'article 35 quater...ne peut être considéré comme un acte insusceptible de se rattacher à l'exercice d'un pouvoir lui appartenant (l'administration)... Que cette attitude ait été de nature à porter atteinte à leur liberté d'aller et venir, qui est une liberté fondamentale, voilà qui n'est pas douteux... S'agit-il alors d'une exécution forcée irrégulière, caractérisant une voie de fait, au sens de votre jurisprudence ? Après avoir hésité, nous allons en définitive vous proposer de répondre résolument par la négative »[113]. Adoptant la solution souhaitée par son commissaire du gouvernement, le Tribunal des conflits restreint de façon non équivoque le champ d'application de la voie de fait. Non seulement il confirme que la jurisprudence Eucat est une décision isolée, mais au surplus, il affirme sans ambiguïté ce que les décisions Madaci et Youbi avaient laissé entendre.

Si le critère de l'absence manifeste de lien avec un pouvoir légal de l'administration n'avait jusqu'à présent été affirmé avec certitude qu'en ce qui concerne la première variété de voie de fait, c'est chose faite en ce qui concerne l'exécution forcée. Alors qu'il avait presque toujours été considéré qu'une mesure de contrainte irrégulière devait automatiquement conduire à la voie de fait, eu égard à la gravité de cette mesure, l'arrêt commenté lui substitue expressément la nécessité du caractère manifeste de l'irrégularité. On assiste donc à un rapprochement des deux types de voie de fait. Dans les deux cas, le caractère manifeste de l'irrégularité sera requis. Qu'il s'agisse d'un acte, celui-ci devra être grossièrement illégal ; qu'il s'agisse d'une action de l'administration, alors qu'auparavant l'exécution forcée irrégulière emportait presque systématiquement la voie de fait, il faut aujourd'hui que celle-ci soit foncièrement illégale. Ayant ainsi fait usage d'un pouvoir dont elle disposait, l'administration n'a pas commis de voie de fait puisque son action n'est pas dénaturée.

Une telle évolution présente, en théorie, d'indéniables avantages. Elle est supposée simplifier les éléments de détermination de la voie de fait et rendre, par conséquent, moins incertain la répartition des compétences entre les deux juridictions. S'il peut sembler logique, dans l'absolu, que toute exécution forcée irrégulière de l'administration ne soit pas constitutive d'une voie de fait, considérant que certaines irrégularités pourront être mineures, la solution de l'arrêt, inversement, apparaît d'une particulière et effrayante rigueur. A partir du moment où l'administration dispose d'un pouvoir d'exécution forcée, peu importe l'utilisation qu'elle en fait, son action ne saurait être constitutive d'une voie de fait, quel que soit le degré de l'irrégularité commise. Un tel raisonnement, mais

[113] J. Arrighi de Casanova, concl. sur T.C. 12 mai 1997, *précité*, RFDA 1997, p. 521.

peut-être n'est-il que circonstanciel, surprend. L'administration dispose bien du pouvoir de refuser l'entrée d'un étranger en France, et de l'exécution d'office de sa décision, mais la pratique de la consignation à bord semble bien éloignée des prérogatives que le législateur entend conférer à l'autorité administrative. En effet, la loi du 6 juillet 1992, modifiée par la loi du 27 décembre 1994, impose non seulement, dans l'article 35 quater, que l'étranger qui arrive par la voie maritime soit maintenu dans une zone d'attente pendant le temps strictement nécessaire à son départ, mais elle précise aussi les conditions de cette rétention. L'une des principales raisons à la création de cette zone était la mise en œuvre de garanties pour la personne privée de liberté. Le texte prévoit l'assistance d'un médecin, d'un interprète. L'individu est informé de ses droits et de ses devoirs, il peut communiquer avec toute personne de son choix, mais surtout, et c'est là la principale garantie, la procédure est placée sous la protection de l'autorité judiciaire qui doit être informée du maintien de l'étranger et, qui peut seule proroger le placement au-delà des quatre premiers jours de rétention.

Ainsi, l'administration, si elle fait application de l'article 5 de l'ordonnance du 2 novembre 1945, supprime totalement la procédure telle que prévue par la loi en son article 35 quater. En consignant les étrangers à bord du navire, elle dénature la portée du texte et prive de façon inacceptable les individus concernés de leurs droits et garanties. L'administration ne dispose-t-elle pas du pouvoir d'exécution forcée qu'à la condition de se conformer aux modalités prescrites par le législateur ? En l'espèce, l'irrégularité semble grossière et elle se révèle particulièrement attentatoire aux droits et libertés des étrangers. Faut-il considérer que l'irrégularité n'est pas suffisamment manifeste ? Voilà une interprétation qui laisse perplexe. En élargissant à la seconde variété de voie de fait l'obligation d'irrégularité manifeste, le Tribunal des conflits, par son interprétation rigoureuse, restreint de façon considérable le champ d'application de la théorie au point que l'on peut s'interroger sur le devenir de la voie de fait. Une interrogation d'autant plus légitime que la pratique des consignations à bord n'était pas nouvelle[114].

La voie de fait serait-elle restreinte ? Certainement. Morte ? Rien n'est moins sur. Si l'arrêt du Tribunal des conflits rend bien plus difficile la possibilité de recourir à cette théorie, il ne la condamne pas forcément, et ceci pour plusieurs raisons.

- La rigueur de la jurisprudence d'aujourd'hui n'est pas inévitablement celle de demain. Le Tribunal des conflits est coutumier des revirements de jurisprudence. Mais plus qu'un revirement, cette décision pourrait être limitée à l'espèce. L'étude

---

[114] Le Tribunal de grande instance, dans l'affaire *Osos et Ojo* du 15 février 1995, saisi en référé, avait eu à traiter d'un litige de séquestration à bord. Ne relevant d'aucun texte, et privant l'étranger consigné de sa liberté d'aller et venir ainsi que des droits que la loi lui reconnaît, le tribunal considère qu'une telle mesure coercitive est constitutive d'une voie de fait, l'administration ayant agit en dehors des prescriptions légales, utilisant un pouvoir insusceptible de lui appartenir. Gaz. Pal. 5 septembre 1995, note S. Petit.

de la jurisprudence du Tribunal des conflits, qui ne révèle pas toujours des solutions tranchées selon les époques, trahit plutôt son caractère empirique, sa volonté de statuer au cas par cas. Si l'on se réfère à la décision Eucat précitée, on s'aperçoit qu'elle n'est pas foncièrement nouvelle. Dans l'arrêt Action Française de 1935[115], le Tribunal considère que si une mesure de saisie de journal est manifestement susceptible de se rattacher à un pouvoir de l'administration, une saisie aussi générale, ne se justifiant pas au regard des nécessités du maintien de l'ordre public, est en revanche insusceptible de se rattacher à un pouvoir de l'administration. Le même type de raisonnement prévaut dans une décision pourtant beaucoup plus ancienne.

Par ailleurs, l'analyse attentive de la jurisprudence entre 1986 et 1995 laisse apparaître l'utilisation des deux formules, c'est-à-dire un acte manifestement insusceptible de se rattacher à un pouvoir de l'administration[116] et un acte manifestement insusceptible de se rattacher à l'exercice d'un pouvoir conféré par la loi à l'administration pour l'exécution d'un acte déterminé[117]. Selon l'espèce, c'est-à-dire au regard de la protection qu'il entend accorder à telle ou telle liberté, ou de sa volonté plus ou moins importante de censurer l'administration selon l'importance de ses pouvoirs, le juge des conflits fait prévaloir une vision extensive ou restrictive de la voie de fait. En réalité, ces variations de formulation révèlent plus une volonté du Tribunal des conflits de se préserver une marge de manœuvre l'autorisant à agir selon sa conscience[118].

La jurisprudence Eucat a finalement plus été une brèche ouverte aux tribunaux judiciaires qu'une volonté réelle du juge des conflits d'étendre la voie de fait. Au contraire, il a bien plus souvent été dans l'obligation de limiter les velléités de ces derniers. Rien n'empêche de penser que la jurisprudence Eucat réapparaîtra, de temps en temps, lorsque l'administration fera usage d'un pouvoir pour un motif n'ayant « manifestement » aucun lien avec le domaine dans lequel elle peut légalement en faire usage. Ces arrêts sont, certes, critiquables car ils rendent l'utilisation de la théorie très incertaine, mais ils révèlent un Tribunal des conflits plus nuancé dans ses opinions, ouvrant ainsi la possibilité à d'incessantes évolutions. Si tel n'est pas le chemin qui semble aujourd'hui être suivi, une bifurcation n'est pas invraisemblable.

---

[115] T.C. 8 avril 1935, *Action Française, précité.*

[116] T.C. 21 juin 1993, *Préfet de la Seine-Saint-Denis*, RDP 1994, p. 1243 ; RFDA 1994, p. 180 ; T.C. 4 juillet 1991, *Gaudino, précité* ; T.C. 15 avril 1991, *Couach*, RDP 1992, p. 254 ; T.C. 25 janvier 1993, *Préfet de la Haute Corse*, RDP 1993, p. 564.

[117] T.C. 12 janv. 1987, *Grizivatz, précité* ; T.C. 2 mars 1987, *Iskounene, précité* ; T.C. 12 janv. 1987, *Lhoste, précité* ; T.C. 27 nov. 1995, *Préfet de la région Champagne-Ardenne, précité.*

[118] Voir sur le sujet l'article de Damien Thierry, *La jurisprudence Eucat dix ans après : sa portée sur la théorie de la voie de fait*, RFDA 1997, p. 524.

- Le justiciable victime d'une atteinte particulièrement grossière de la part de l'administration peut être tenté malgré tout, même si la voie de fait est plus difficile à invoquer, de saisir le juge judiciaire au titre de la voie de fait. La restriction de la théorie ne peut impliquer sa mort définitive tant que rien ne l'affirme expressément. Tant qu'il apparaîtra au justiciable que le juge judiciaire est plus protecteur, il continuera à tenter sa chance devant ce juge.

Une chose est certaine : restreignant la voie de fait, cette jurisprudence limite la compétence du juge judiciaire. S'il a pendant longtemps été considéré comme le juge des libertés fondamentales, notamment au titre de la voie de fait, une telle affirmation n'est plus possible. Affirmation mainte fois évoquée, qui continue à l'être, et qui se révèle pourtant de plus en plus inexacte dans les faits, à tel point qu'il est difficile de comprendre les raisons de sa persistance. Il ne convient pas d'affirmer ici que le juge judiciaire ne protège pas efficacement les libertés, ou qu'il les protège moins bien, au contraire, mais il convient de relativiser l'importance du contentieux qui lui est dévolu en la matière au titre de la voie de fait…

Pendant longtemps le principe faisant de l'autorité judiciaire la gardienne des libertés essentielles de l'individu a prévalu sur le principe de séparation des autorités, à une époque où le juge administratif était considéré comme insuffisamment protecteur. Cette période n'est plus. « A vrai dire, notre conviction est que la notion de voie de fait n'est plus aujourd'hui qu'une anomalie à laquelle il serait souhaitable de renoncer. Ses fondements théoriques ayant toujours été fragiles, son invocation pour attribuer compétence au juge civil en matière administrative ne se justifiait que par des considérations pratiques qui n'ont plus, de nos jours, la valeur qu'on pouvait leur accorder lorsque cette théorie a été forgée, c'est-à-dire à l'époque lointaine où la juridiction administrative n'offrait pas les mêmes garanties que la justice civile. Nul ne conteste qu'il en va différemment aujourd'hui »[119]. Les deux principes continuent pourtant à s'appliquer et à être invoqués, au détriment de toute logique juridique et de l'intérêt du justiciable. Cette persistance de la voie de fait est-elle pour autant un bien pour le justiciable ? Le justiciable a-t-il raison de s'adresser systématiquement au juge judiciaire ? Car la voie de fait doit faire face à deux éléments contradictoires. Elle génère, si elle n'est pas contestée, la compétence d'un juge qui a prouvé qu'il pouvait statuer dans l'urgence, mais elle engendre, dans la plupart des cas, des renvois intempestifs particulièrement néfastes à la victime de l'atteinte.

---

[119] J. Arrighi de Casanova, *op. cit.*, p. 552.

SECTION III : LES VOIES POUR UNE MEILLEURE UTILISATION DE LA THEORIE :

Malgré le raffermissement des concepts rendant la compétence judiciaire plus aléatoire ou plus difficile, il semble que les victimes continuent à saisir le juge civil au titre de la voie de fait. Les justiciables continuent d'espérer la protection de l'autorité judiciaire. Ainsi, les mêmes inconvénients perdurent, car l'autorité administrative refuse de perdre son privilège de juridiction. Le requérant sera ainsi forcément ballotté entre les deux juges en attendant qu'on lui dise lequel, du judiciaire ou de l'administratif, est compétent. C'est dire que la voie de fait ne saurait être efficace qu'au prix de quelques aménagements lui conférant une stabilité dont elle ne peut se prévaloir aujourd'hui. Si cette stabilité passe nécessairement par une compétence concurrente des deux ordres disposant des mêmes prérogatives (Paragraphe I), c'est alors l'utilité même de la théorie qui devra être remise en cause (Paragraphe II).

§ 1 : LA COMPETENCE CONCURRENTE DU JUGE JUDICIAIRE ET DU JUGE ADMINISTRATIF :

Le seul objectif de la voie de fait : assurer à la victime une protection efficace contre les abus de la puissance publique. Telle qu'elle fonctionne, la voie de fait se révèle peu protectrice. Il est donc nécessaire, pour qu'elle survive, d'en réduire au maximum les inconvénients. Peut-être n'est ce pas la voie de fait qu'il faut remettre en cause, mais son utilisation. L'idée d'une théorie visant à confier au juge des pouvoirs plus importants pour lutter contre un abus de l'administration lui-même plus important, semble tout à fait louable et concevable. Mais si la voie de fait vise à protéger les administrés, faudrait-il encore que ceux-ci puissent exercer pleinement leur droit à un recours juridictionnel, et au regard de l'application qui en a été faite, on peut en douter.

Ainsi, la survivance de la voie de fait passe par la simplification de ses éléments de détermination. Les critères permettant de conclure à son existence doivent, pour limiter les incertitudes quant à la juridiction compétente et les renvois abusifs, être d'application certaine pour cesser d'être perpétuellement contestés. La voie de fait doit être caractérisée dès lors qu'il y a atteinte à une liberté publique fondamentale, c'est-à-dire atteinte à une liberté qui sera reconnue avec précision comme étant fondamentale, et lorsque l'atteinte à cette liberté sera manifestement illégale, c'est-à-dire lorsque l'administration aura sans aucun doute agi hors du cercle de ses attributions. Est-ce véritablement possible ? La jurisprudence la plus récente va dans le sens de cette simplification. Mais ne va-t-elle pas trop loin ? L'arrêt du 12 mai 1997 du Tribunal des conflits révèle nettement cette volonté de simplifier les critères de la voie de fait, mais il le fait d'une manière qui réduit de façon excessive la possibilité de recourir à la théorie.

Par ailleurs, quand bien même on ne trouverait aucune trace de textes autorisant les agissements illicites de l'administration, rien ne peut venir, à l'heure actuelle, limiter les élévations abusives de conflits opérées par l'autorité administrative. Outre la simplification des éléments constitutifs de la voie de fait, il convient de trouver une méthode pour prohiber les multiples excès de l'administration dans la saisine du Tribunal répartiteur des compétences. L'amélioration de la protection résultant de l'application de la voie de fait passe par une volonté de condamner l'administration lorsque celle-ci a recours au juge des conflits de façon abusive. Une telle procédure de sanction est peu évidente à mettre en œuvre sachant qu'il s'agit ici d'une prérogative exclusive de l'autorité administrative.

La seule solution véritablement efficace serait de conférer aux deux juges une compétence concurrente en matière de voie de fait. Cette concurrence éventuelle doit toutefois être analysée différemment selon que le juge administratif dispose ou non de pouvoirs similaires au juge judiciaire. Bien que limitant les inconvénients liés à la voie de fait, elle ne serait que moyennement efficace dans l'hypothèse d'un juge administratif ne disposant pas des mêmes prérogatives que le juge judiciaire pour lutter contre les grossières illégalités de l'administration. Le justiciable, sachant que le juge administratif est compétent en matière de voie de fait, ne voudra recourir à ce juge que s'il le considère comme aussi protecteur que le juge judiciaire.

Une affaire relativement récente vient corroborer l'affirmation. Deux passagers clandestins d'origine africaine furent consignés à bord d'un navire le 29 mai 1997 par décision du chef du service de contrôle de l'immigration de La Rochelle. L'avocat des parties demanda au tribunal administratif de Poitiers d'enjoindre à l'Etat de suspendre cette décision. Le Tribunal accorda alors cinq jours à l'administration pour préparer sa défense, et le 4 juin, l'affaire fut jugée. Jugement sans intérêt puisque le navire avait depuis longtemps déjà repris sa route[120].

La critique de la théorie de la voie de fait résulte de l'idée que le juge administratif est tout aussi apte à défendre les droits fondamentaux. Introduisant une incertitude supplémentaire dans les règles de répartition des compétences, et rendant ainsi la situation du justiciable à la recherche d'un juge plus aléatoire, la voie de fait ne se justifierait plus dès lors que le juge administratif a démontré avec force son désir d'assurer une protection efficace des libertés des individus. Ces explications ne pouvaient véritablement valoir il y a peu encore. La supériorité du juge judiciaire restait évidente eu égard à ses pouvoirs d'injonction et d'urgence. Cette réserve à l'égard de la juridiction administrative risque de tomber définitivement. Il faudrait pour cela que le juge administratif puisse enjoindre l'administration pour pouvoir lui imposer la cessation de l'activité illicite

[120] T.A. Poitiers, 9 juillet 1997, *Aboubacar et Mustapha c/ Préfet de la Charente-Maritime*, req. n°97828.

constitutive d'une voie de fait, et il faudrait que le juge administratif puisse statuer en urgence avant que l'atteinte ne soit irréparable. C'est dans ces deux secteurs essentiels à la protection des libertés fondamentales que le juge administratif présentait un net déficit vis-à-vis de l'autorité judiciaire. Ce retard semble aujourd'hui comblé.

A : **Le juge administratif, l'injonction et la voie de fait** :

Un premier pas semble avoir été franchi dans le sens d'une éventuelle compétence de la juridiction administrative en matière de voie de fait : le juge administratif dispose aujourd'hui d'un pouvoir d'injonction.

Dans le cadre de la voie de fait, l'injonction s'avère nécessaire. Elle ne l'est pas vraiment pour faire réparer le préjudice mais pour le faire cesser. Or le juge administratif refusait, de son propre chef, d'adresser des injonctions à l'administration. Il pouvait s'agir de jugements rendus au principal, ou pour assurer l'exécution de la chose jugée. Il pouvait également s'agir de jugements en référé. Ceux-ci sont traités comme les jugements au principal, alors même que, plus ici encore, le pouvoir d'injonction eût été nécessaire. C'est dans le cadre des procédures d'urgence que le pouvoir d'injonction prend toute sa valeur. Lorsqu'il n'y a pas péril en la demeure, lorsque l'irrégularité commise par l'administration ne porte pas atteinte à une liberté fondamentale, il est certes regrettable que l'administration ne respecte pas instantanément la décision du juge, mais cela demeure moins choquant que dans l'hypothèse où l'urgence nécessite la cessation immédiate de l'atteinte si l'on veut qu'il reste quelque chose de la liberté à protéger[121].

Comment le juge administratif pouvait-il alors s'autoriser à sanctionner et réprimer la voie de fait administrative ? Il ne disposait d'aucun pouvoir pour la faire cesser dans l'hypothèse où l'administration refusait de s'exécuter[122]. Cette solution semblait d'autant plus illogique dans le cas d'une voie de fait où l'administration commet une irrégularité flagrante et très préjudiciable. Le refus d'enjoindre dans les cas d'atteinte aux libertés publiques fondamentales trouvait peu de justifications. « Cette attitude s'explique lorsque l'annulation se fonde sur des illégalités de procédure qui ne mettent pas en cause, quant au fond, le bien-

[121] Le Conseil d'Etat déclarait « qu'il n'appartient pas au tribunal administratif, non plus par conséquent au juge des référés administratif, d'adresser de telles injonctions ». C.E. 27 février 1974, *Verguin*, p. 154.

[122] Le juge administratif disposait néanmoins de la possibilité d'utiliser le sursis à exécution sous la double condition du préjudice difficilement réparable et de l'existence d'un moyen sérieux. Or dans l'hypothèse d'une voie de fait, ces conditions étaient nécessairement toutes présentes. Il ne restait plus au juge qu'à accepter d'utiliser cette faculté dont il disposait. Il a cependant toujours eu une conception restrictive du sursis à exécution.

fondé de l'acte annulé. Elle ne se justifie guère lorsque c'est sur le contenu de l'acte que le juge a statué »[123]. C'est probablement la raison qui explique que le législateur soit venu remédier à cette lacune.

L'article L. 911-1 du Code de justice administrative, issu de la loi du 8 février 1995, énonce que « lorsqu'un jugement ou un arrêt implique nécessairement qu'une personne morale de droit public ou un organisme de droit privé chargé de la gestion d'un service public prenne une mesure d'exécution dans un sens déterminé, le tribunal administratif ou la cour administrative d'appel, saisi de conclusions en ce sens, prescrit cette mesure, assortie le cas échéant, d'un délai d'exécution par le même jugement ». L'article L. 911-3 ajoute que « Saisi de conclusions en ce sens, le tribunal ou la cour peut assortir, dans la même décision, l'injonction prescrite...d'une astreinte... ». Ainsi rédigée, la loi de 1995 autorise un éventuel recours devant le juge administratif en matière de voie de fait. Les prérogatives ici accordées au juge administratif lui ouvrent la possibilité de faire cesser l'atteinte. Constatant l'illégalité de la décision administrative sur le fondement de la voie de fait, s'il est saisi de conclusions en ce sens, rien ne lui interdit de prescrire la « mesure d'exécution » de nature à assurer la cessation de l'action illicite de l'administration. Car déclarer nul et inexistant un acte administratif « implique nécessairement » que l'auteur de la décision prenne toutes les mesures permettant d'en faire disparaître toutes les conséquences. En d'autres termes, annuler un acte administratif illégal constitutif d'une voie de fait devrait logiquement impliquer une obligation pour l'administration de faire cesser les effets de cet acte. C'est aujourd'hui ce que le juge administratif peut imposer au regard de l'article L. 911-1 du Code de justice administrative.

B : **Le juge administratif, l'urgence et la voie de fait** :

La compétence de la juridiction administrative en matière de voie de fait dépend étroitement, en vérité, de la capacité de ce juge à agir avec célérité. Seules les insuffisances avérées du juge administratif en ce domaine rendent le recours à la justice judiciaire souhaitable pour la victime d'un comportement gravement illicite de l'administration. Une réforme très récente risque pourtant de bouleverser l'état du droit. Cette saisine systématique de l'autorité judiciaire fondée sur sa capacité à dire vite le droit vient peut-être de prendre fin. La voie de fait aussi.

La loi n° 2000-597 relative au référé devant les juridictions administratives vient modifier, compléter, et surtout parachever une réforme de la procédure administrative engagée depuis une vingtaine d'années maintenant, et visant à rendre la juridiction administrative tout aussi efficace et performante que la

[123] J. Rivero, *Les libertés publiques*, *op. cit.*, p. 220.

juridiction judiciaire, notamment dans les procédures d'urgence. Cette réforme ambitionne tout autant à faire de la juridiction administrative une institution protectrice des droits et libertés des individus qu'à faire cesser les abus du juge judiciaire dans la constatation de la voie de fait[124].

Le législateur va donc intégrer à la loi une procédure d'extrême urgence prenant l'appellation de référé-liberté, dont la fonction essentielle consiste dans la sauvegarde d'une liberté fondamentale. L'article 6 de la loi, repris sous l'article L. 521-2 du Code de justice administrative, déclare que « Saisi d'une demande en ce sens justifiée par l'urgence, le juge des référés peut ordonner toutes mesures nécessaires à la sauvegarde d'une liberté fondamentale à laquelle une personne morale de droit public ou un organisme de droit privé chargé de la gestion d'un service public aurait porté, dans l'exercice d'un de ses pouvoirs, une atteinte grave et manifestement illégale. Le juge des référés se prononce dans un délai de quarante-huit heures ».

L'importance du changement est considérable. La loi donne au juge administratif des référés un pouvoir d'injonction à titre provisoire chaque fois qu'une liberté fondamentale est menacée par une décision ou une action de l'administration. S'inspirant du juge civil des référés[125], le législateur prévoit tout d'abord que les mesures ordonnées par le juge administratif des référés auront un caractère provisoire. Rien de surprenant à cela puisque la décision du juge des référés est par définition provisoire. L'article 1er de la loi dispose que « Le juge des référés statue par des mesures qui présentent un caractère provisoire. Il n'est pas saisi du principal ». Il s'agit là, bien évidemment, d'une solution classique en matière d'urgence mais une nouveauté pour le juge administratif. Il n'est pas demandé au juge de résoudre le litige au fond mais simplement de faire cesser les atteintes les plus importantes dans l'attente de la solution définitive. Saisi du principal, il devient difficile pour le juge d'agir dans l'urgence, c'est-à-dire rapidement. La loi reconnaît également au juge des référés un véritable pouvoir d'injonction avant que le droit n'ait été dit. Le juge pourra en effet « ordonner toute mesure nécessaire » pour sauvegarder la liberté menacée ou violée.

L'évolution, dans le prolongement de la réforme engagée en 1995, est remarquable. Alors que l'injonction prévue par la loi du 8 février 1995 ne vise qu'à permettre au juge de faire exécuter les décisions juridictionnelles ayant la force de la chose jugée, le législateur de l'an 2000 autorise le juge administratif à

---

[124] Voir C. Clément, *Le juge administratif des référés : un véritable juge de l'urgence après la loi du 30 juin 2000*, LPA, 10 août 2000, n° 159, p. 6. En 1997, 17 % des affaires introduites au civil l'ont été en référé et en 1998, le Tribunal de grande instance de Paris a rendu 15000 ordonnances de référé pour 27500 jugements au fond. En ce qui concerne les tribunaux administratifs, sur 138 000 requêtes enregistrées en 1998, seulement 7000 concernaient des référés et 7900 des demandes de sursis. La différence de proportion est flagrante. Elle s'explique par la conscience manifeste des justiciables de l'insuffisance des mécanismes d'urgence devant les tribunaux administratifs.

[125] Voir les articles 484 et 488 du Nouveau code de procédure civile.

faire cesser très rapidement toutes les illégalités commises par l'administration lorsqu'elles sont attentatoires aux libertés fondamentales. Le juge administratif se voit officiellement consacré comme un juge de l'urgence. Il pourra faire cesser immédiatement toutes les irrégularités de l'administration sous deux conditions : « une atteinte grave et manifestement illégale » portée à une liberté fondamentale[126] ; l'existence d'une situation d'urgence[127]. Enfin, l'utilisation du référé-liberté ne pourra se faire que si l'atteinte présente un certain seuil de gravité et qu'elle est manifestement illégale. Si le critère tiré de la certitude de l'atteinte ne suscite guère de problème, il est constant que l'urgence nécessite l'évidence, il n'en va pas de même concernant celui tiré de l'importance de l'atteinte. Conditionnant l'utilisation du référé-liberté à une grossière illégalité, on se rapproche de l'hypothèse de la voie de fait. Si tel devait être le cas, ce serait la reconnaissance explicite par le législateur de la compétence administrative en matière de voie de fait. Ce n'est pas, semble-t-il, pas la volonté de ce dernier. En ajoutant, dans le corps de sa phrase, que l'illégalité de l'administration doit avoir été commise « dans l'exercice d'un de ses pouvoirs », le législateur confirme la compétence du juge judiciaire dans le domaine de la voie de fait puisqu'il est nécessaire, pour qu'elle soit caractérisée, que l'acte administratif soit insusceptible d'être rattaché à un pouvoir de l'administration. En d'autres termes, le juge administratif des référés pourra utiliser son nouveau pouvoir lorsque l'acte de l'administration, bien que gravement illégal, n'est pas manifestement sans rapport avec l'une de ses prérogatives.

Que faut-il conclure de cette nouvelle loi ? Le juge administratif se voit enfin doté d'un véritable pouvoir d'urgence qui lui était jusqu'alors inconnu. Sans préjuger de l'utilisation faite de ce texte, il apparaît à première vue que la juridiction administrative vient définitivement de gagner ses galons d'institution protectrice des droits et libertés de l'individu. Il ne lui reste plus qu'à en faire bon usage. Ce ne sera pas nécessairement le plus simple. Quant à la voie de fait, on peut s'interroger plus encore sur les raisons qui justifieraient sa survivance. Elles sont minimes, pour ne pas dire nulles. La loi du 30 juin 2000 ouvre largement la porte à la compétence administrative en matière de voie de fait. Le législateur persiste néanmoins à sauvegarder la compétence exclusive du juge judiciaire en ce

---

[126] L'exigence de l'atteinte à une liberté fondamentale nécessitera pour le juge de déterminer les libertés qui présentent ce caractère et celles qui ne l'ont pas. Cela permettra de faire une classification clarificatrice de l'état du droit sur le point de savoir quelles sont les libertés qui doivent être considérées comme fondamentales, et cela révélera l'importance que le juge administratif entend donner à son rôle de gardien des libertés publiques. Selon l'importance quantitative de ces libertés, il en découlera une protection plus ou moins grande pour le justiciable.

[127] L'impératif d'urgence sera, sans aucun doute, entendu comme devant rendre l'intervention immédiate du juge indispensable pour pouvoir sauvegarder les intérêts de la victime mis en péril par l'action illégale de l'administration. Selon la formulation issue du rapport du Sénat, n° 380, p. 40, il y a urgence « toutes les fois que le retard apporté à une solution provisoire et ne préjugeant en rien le fond met en péril les intérêts d'une des parties ».

domaine. Pourtant, on ne voit guère de raisons expliquant qu'il le fasse : il n'est pas simple de mettre un terme à une pratique maintenant fort ancienne ; il deviendra fort délicat de parler du juge judiciaire comme du gardien des libertés fondamentales puisqu'il ne l'est plus vraiment. La tradition ne devrait pourtant pas conduire à laisser subsister des règles défavorables aux intérêts des justiciables. Nous pensons que la voie de fait en est une.

En définitive, que risque-t-il de se passer aujourd'hui pour l'administré lésé dans l'exercice d'une de ses libertés fondamentales par une action gravement illégale de l'administration ? Connaissant la difficulté qui existe à qualifier une voie de fait, et connaissant les récents progrès effectués par le juge administratif en matière d'urgence, le justiciable aura tout intérêt à porter son action devant la juridiction administrative. La sachant tout aussi rapide et efficace, il hésitera moins, et il aura raison. Il ne risquera pas de voir son litige faire l'objet d'une élévation de conflit et il sera à l'abri d'un éventuel renvoi, sauf si le juge administratif relève lui-même la voie de fait. Le justiciable devra alors saisir les tribunaux judiciaires pour faire cesser la voie de fait et pour que soit réparé le préjudice né de son existence. Le scénario est cependant improbable vu que la voie de fait est aujourd'hui d'interprétation stricte. Il n'est d'ailleurs pas impossible que le juge administratif empiète sur les compétences de son homologue judiciaire. Alors que la voie de fait était, jusqu'à récemment, largement entendue par le juge civil, lui permettant ainsi de tirer vers lui le litige tout en assurant une protection efficace de la victime, il ne serait pas étonnant d'assister à un renversement de la tendance.

Pouvant statuer en urgence, le juge administratif sera plus souvent saisi en cas d'atteinte grave et manifestement illégale à une liberté fondamentale. Que l'atteinte soit commise dans ou en dehors des pouvoirs de l'administration ne sera plus essentiel pour la victime ; mais, si l'atteinte est manifestement insusceptible d'être rattachée à un pouvoir appartenant à l'administration, il y a voie de fait et donc compétence judiciaire. Il est toutefois peu évident que le juge administratif accepte facilement de se dessaisir du litige vu qu'il résulte d'un comportement de l'administration et que le juge est compétent pour faire cesser l'atteinte.

C'est une des raisons qui jouent en faveur d'une dualité de compétence. La solution du litige serait au choix du justiciable. Compétent en matière de voie de fait, le juge administratif n'aurait plus l'obligation de renvoyer au juge judiciaire et la victime serait, elle, dispensée d'un renvoi inutile. La loi du 30 juin 2000 favorise cette dualité de compétence. Subsiste néanmoins, dans cette hypothèse, un problème. Saisissant le juge judiciaire au titre de la voie de fait, la victime de l'atteinte n'est pas à l'abri d'une élévation du conflit.

Mieux qu'une dualité de compétence, il serait peut-être plus utile de ranger définitivement la voie de fait au placard, pour faire enfin cesser les inconvénients qui résultent de son utilisation à une époque où son existence n'apporte plus grand chose. Si le juge administratif est tout aussi protecteur que le juge civil, il n'y a plus d'intérêt à aller devant l'autorité judiciaire. Dans cette hypothèse, il ne reste plus qu'à espérer que le juge administratif apprenne à censurer plus énergiquement l'administration lorsque celle-ci commet une grossière irrégularité.

Conférer au juge administratif les mêmes prérogatives qu'au juge judiciaire conduit néanmoins à s'interroger sur l'utilité de la persistance de la notion de voie de fait. Créée pour limiter les effets pervers de l'insuffisance du contrôle du juge administratif, existante sur l'unique fondement d'un juge judiciaire seul capable de sauvegarder avec efficacité la liberté, la voie de fait n'a alors plus de raison d'être si juge administratif et juge judiciaire disposent des mêmes pouvoirs.

§ 2 : L'UTILITE DE LA VOIE DE FAIT :

La voie de fait est-elle une théorie toujours protectrice ? Dès lors qu'elle est caractérisée, elle permet de confier au juge judiciaire un pouvoir très important lui permettant de lutter efficacement contre l'exercice abusif d'une prérogative de l'administration. Malheureusement, son application a nécessité une interprétation très extensive de ses éléments constitutifs, et ceci a eu pour conséquence d'augmenter son arbitraire, en accroissant la complexité de sa détermination. Outre le risque qui en découle pour le requérant de ne plus savoir devant quelle juridiction se présenter, ne sachant plus s'il y a oui ou non une voie de fait, il est fâcheux que, pour tenter de justifier la compétence des tribunaux judiciaires, certaines décisions qualifient de voie de fait n'importe qu'elle irrégularité administrative pour en soustraire le contentieux au juge de droit commun. Le juge judiciaire ne doit être, au moins au regard des principes élaborés par le droit français, qu'un juge d'exception lorsque la voie de fait est caractérisée.

Qui plus est, et la jurisprudence récente le montre bien, la voie de fait aura de plus en plus de mal à être qualifiée, exception faite des cas où elle sera utilisée à tort. Pour plusieurs raisons, la voie de fait risque fort de tomber en désuétude[128]. Deux éléments, qui ne sont d'ailleurs pas sans rapport l'un avec l'autre, contribuent largement à rendre la voie de fait difficilement applicable.

L'autorité administrative dispose de pouvoirs de plus en plus vastes. Les normes régissant le contenu des prérogatives de la puissance publique sont entendues de façon extensive. Les textes sur lesquels reposent les pouvoirs de l'administration sont conçus de plus en plus fréquemment en des termes très généraux, sans précision excessive de ce que l'autorité doit faire ou ne pas faire, de ce qu'elle peut ou ne peut pas faire. Disposant d'une marge de manœuvre très

[128] Le référé administratif issu de la loi du 30 juin 2000 peut favoriser et accélérer le processus mais il ne sera pas le seul responsable du déclin annoncé de la théorie.

grande, bénéficiant d'une latitude de choix très importante, l'administration voit le champ de la légalité de ses interventions s'accroître. L'évolution générale amorcée au début de la Cinquième République ne s'est pas démentie jusqu'à aujourd'hui. On peut même dire que le processus s'est accéléré. L'administration dispose d'un pouvoir discrétionnaire de plus en plus important. Pouvoir discrétionnaire ne signifie pas pour autant pouvoir arbitraire. Le pouvoir de choisir qui est offert à l'administration n'entraîne pas nécessairement la légalité de la décision. Si l'administration ne se voit pas imposer d'agir d'une certaine manière, elle ne peut pas faire n'importe quoi. L'opportunité de sa décision fait la plupart du temps l'objet d'un contrôle moins poussé, il n'en demeure pas moins que le contrôle existe. Mais plus le texte sur lequel se fonde l'action de l'administration est imprécis et plus celle-ci bénéficie d'un choix important. Et quand bien même elle ferait une très mauvaise utilisation du texte, c'est-à-dire une utilisation illégale, il existerait toujours un fondement à l'appui de son intervention. Or, pour que la voie de fait soit caractérisée, il faut que l'administration agisse en dehors de l'exercice de ses prérogatives. Il ne suffit pas qu'elle fasse une application gravement erronée de ses attributions, il faut qu'elle opère sans base légale. Plus les textes sont imprécis et vastes et plus il est facile de trouver un fondement textuel à l'intervention de la puissance publique. Quand bien même l'autorité administrative détournerait totalement la portée d'un texte, se fondant sur l'existence de celui-ci, son action, même illégale, ne saurait être constitutive d'une voie de fait.

Cette analyse vaut d'ailleurs surtout dans le domaine des mesures de police. Ce sont principalement celles-ci qui sont à l'origine des voies de fait. « A un moment où l'on présente l'ordre public à la fois comme une norme de nécessité, comme une source de légalité et comme une véritable norme d'habilitation et vu la rédaction des textes régissant la police, conçus en des termes très généraux et sans précision du contenu des mesures à prendre par les autorités de police, le risque existe de considérer les mesures les plus arbitraires comme susceptibles de se rattacher à l'application d'un texte ou d'un pouvoir de l'administration et de réduire ainsi de façon grave le domaine de l'application de la voie de fait. Il est évident que pour parer à cette menace il faut rappeler la nécessité de maintenir la définition dualiste de la voie de fait ; il le faut d'autant plus que l'importance de la notion a été réduite par le fait que cette analyse a parfois été perdue de vue »[129]. Cette analyse n'a-t-elle pas été aujourd'hui définitivement perdue de vue ? Tout le laisse penser.

Pendant longtemps, l'analyse de la voie de fait a été dualiste. L'irrégularité constitutive d'une voie de fait pouvait être de deux types : soit elle affectait la décision juridique fondant l'action de l'administration, soit elle affectait la mesure d'exécution elle-même. Ces deux voies de fait, l'une par manque de droit, et l'autre par manque de procédure, existent toujours. Leur régime juridique se différenciait initialement. Il n'en va plus de même à l'heure actuelle.

[129] S. Tsiklitiras, *thèse précitée*, p. 95.

Le critère de l'absence manifeste de lien avec un pouvoir légal de l'administration n'avait été affirmé que pour la première variété de voie de fait. Il n'avait pas été expressément posé dans le cas de l'exécution forcée, et il était possible de considérer les irrégularités commises dans l'emploi de mesures de contrainte comme devant entraîner presque systématiquement la reconnaissance de la voie de fait.

La décision du Tribunal des conflits du 12 mai 1997 condamne cette conception dualiste de la voie de fait. Désormais, tout autant que l'acte administratif qui, pour être constitutif d'une voie de fait, doit être manifestement insusceptible de se rattacher à un pouvoir appartenant à l'administration, l'exécution forcée illégale ne sera constitutive d'une voie de fait que dans l'hypothèse où elle ne peut être rattachée à un pouvoir de l'administration.

On assiste ainsi à une unification des critères de la voie de fait qui entraîne une limitation singulièrement importante de son champ d'application. Alors que l'extension du pouvoir discrétionnaire de l'administration a pour conséquence la réduction des hypothèses dans lesquelles la puissance publique va agir sans aucune base textuelle, limitant ainsi considérablement le champ de la voie de fait, il devenait particulièrement nécessaire que cette conception dualiste perdure pour espérer le maintien de la théorie.

La première variété de voie de fait voit sa consistance réduite au strict minimum eu égard à la formulation restrictive utilisée par le Tribunal des conflits et par le juge administratif, et eu égard à l'extension du pouvoir discrétionnaire de l'autorité administrative. La seconde variété de voie de fait étant initialement exclue de la formulation restrictive utilisée par le tribunal des conflits, l'importance du pouvoir discrétionnaire de l'autorité administrative restait sans effet sur la qualification de la théorie de la voie de fait. Regroupant sous la même formulation les deux types de voie de fait, le juge rend son existence des plus précaires.

L'analyse de la jurisprudence la plus récente de la juridiction administrative conforte ce point de vue. Reprenant à la lettre l'argumentation utilisée par le Tribunal des conflits, le Conseil d'Etat ne prend pas le chemin qui le conduirait vers une fréquente constatation de la voie de fait. Un arrêt du 29 juillet 1998 vient confirmer la solution émise un an plus tôt par la jurisprudence Préfet de police de Paris c/ Tribunal de grande instance de Paris. L'espèce est d'autant plus intéressante à étudier que les faits à l'origine du litige sont très similaires. La solution l'est tout autant[130].

Le 23 juin 1994, un navire de commerce battant pavillon des Bahamas arrive dans le port de Brest avec à son bord un passager clandestin ressortissant du Mozambique et alors âgé de 14 ans. Informée de sa présence par le commandant

---

[130] C.E. 29 juillet 1998, *Ministre de l'intérieur c/ M. Mwinyl*, req. n° 169139 ; AJDA 1998, concl. R. Abraham, p. 936.

du navire, l'autorité de police refuse le débarquement du passager et le consigne à bord le temps de l'escale. Suite à une demande d'asile formulée par le passager le jour de son arrivée, le ministre de l'intérieur prend, quatre jours plus tard, un arrêté refusant l'admission de l'individu sur le territoire au motif du caractère manifestement infondé de sa demande. Devant le refus du ministre, et considérant qu'il fait l'objet d'une séquestration arbitraire, le passager saisit en référé le Tribunal de grande instance en demandant que soit ordonnée sa mise en liberté.

Après quelques péripéties procédurales liées à l'âge du requérant, le vice-président du tribunal rend son ordonnance et prescrit « la mise en liberté immédiate de Zito Mwinyl », au motif que l'administration a commis une voie de fait en le consignant à bord, alors que l'article 35 quater de l'ordonnance de 1945 précise que tout individu qui arrive sur le territoire par voie ferroviaire, maritime ou aérienne, et qui n'est pas autorisé à y entrer, peut être maintenu dans des lieux spécialement aménagés. Cette ordonnance étant immédiatement exécutoire et, de façon surprenante, la compétence de la juridiction judiciaire n'ayant pas été contestée, l'intéressé est débarqué puis confié aux services de l'aide sociale à l'enfance.

Bien que le conflit n'ait pas été élevé, le juge administratif va être saisi deux mois plus tard d'un recours pour excès de pouvoir visant à faire annuler la décision par laquelle le ministre de l'intérieur a rejeté la demande d'admission sur le territoire au titre de l'asile. Le tribunal administratif annule dans un premier temps l'acte administratif considérant que l'administration « ne peut...sans recourir à la procédure prévue à l'article 35 quater de l'ordonnance du 2 novembre 1945 refuser l'accès au territoire à un étranger dont la demande serait manifestement infondée ». Saisi par le ministre en appel, le Conseil d'Etat avait à répondre à une double problématique. Le maintien à bord était-il légal ? Dans l'hypothèse d'une réponse négative, l'illégalité de la consignation à bord entachait-elle la régularité de la décision postérieure du ministre refusant à l'intéressé l'admission sur le territoire ?

Au-delà des solutions données par l'arrêt, il est plus intéressant de se focaliser sur ce qu'il ne dit pas. En effet, aucun problème de compétence n'est invoqué par la juridiction administrative. Il ne fait pour elle aucun doute quant à la recevabilité de la requête. Etait-il pourtant à ce point impossible de voir dans la consignation à bord une voie de fait relevant de la compétence du juge judiciaire ? Les mêmes faits avaient pourtant nécessité la saisine du Tribunal des conflits quelques mois auparavant. Dans l'espèce étudiée, tout se passe comme si la compétence de la juridiction administrative est certaine.

Le commissaire du gouvernement affirme d'ailleurs dans ses conclusions « que le juge judiciaire était incompétent pour connaître de l'action tendant à ce qu'il soit ordonné à l'administration de laisser débarquer l'étranger, la consignation à bord n'étant pas constitutive d'une voie de fait...ainsi que l'a jugé le Tribunal des conflits dans une affaire tout à fait similaire mais postérieure »[131].

C'est tout naturellement, en se fondant sur la décision du 12 mai 1997, que le Conseil d'Etat statue sur la légalité de la consignation à bord. Celle-ci, bien qu'illégale, ne saurait être constitutive d'une voie de fait. Tout en confirmant l'illégalité de ces pratiques, entraînant par là-même l'illégalité du refus ultérieur d'admission sur le territoire, le juge administratif affirme sa compétence et confirme la vision restrictive de la voie de fait. Même une grossière illégalité portant atteinte à une liberté publique fondamentale commise par l'administration ne saurait être considérée comme une voie de fait dès lors qu'elle se rattache à un pouvoir lui appartenant. Peu importe que l'atteinte soit grave et manifeste, la seule existence d'un texte, même vague ou lointain, suffit à écarter la voie de fait.

En définitive, il n'y a plus guère de réelles justifications à la persistance de la théorie de la voie de fait. Instituée pour lutter contre les insuffisances de la juridiction administrative, il est aujourd'hui difficile de trouver des raisons qui rendent son existence indispensable eu égard aux inconvénients qu'elle génère.

L'utilité de la théorie de la voie de fait est depuis fort longtemps contestée. Elle l'était déjà à une époque où le juge administratif ne pouvait prétendre être un juge protecteur des droits et libertés des individus[132]. Les critiques sont d'autant plus judicieuses aujourd'hui que les pouvoirs du juge administratif se sont accrus. Disposant aujourd'hui d'un référé performant, l'utilité de la voie de fait devient très discutable.

Déjà d'interprétation stricte suite aux dernières jurisprudences du Tribunal des conflits, la voie de fait se justifie difficilement alors que les raisons pour lesquelles elle a été créée disparaissent. Née d'une volonté de lutter contre l'incapacité évidente du juge administratif à protéger avec vigueur les droits les plus fondamentaux des justiciables, elle devient anachronique si la protection de la liberté devant les tribunaux administratifs est aussi bien assurée que devant les tribunaux civils. « Que les justifications théoriques de la notion de voie de fait soient d'une extrême faiblesse, et que les justifications pratiques qui pouvaient lui être trouvées à l'origine aient aujourd'hui largement disparu, voilà qui nous paraît certain… Il existe un préalable indispensable à une révision fondamentale de la jurisprudence dans la matière de la voie de fait, et ce préalable ne relève pas du

[131] R. Abraham, concl. sur l'arrêt du C.E. 29 juillet 1998, *M. Mwinyl*, *précité*.

[132] Le Commissaire du gouvernement Fournier estimait que la logique juridique et l'intérêt des plaideurs commandaient la compétence du juge administratif pour réparer les atteintes aux libertés fondamentales exception faite de la liberté individuelle et de la propriété privée. Il proposait ainsi au Conseil d'Etat de « sonner le glas » de la voie de fait (C.E. 9 juillet 1965, *Voskresensky*, AJDA 1965, p. 603 et s). Considérant que le juge administratif était tout aussi capable d'assurer une protection efficace de la liberté, M. Dran énonce « que la compétence judiciaire en cas de voie de fait n'a plus de raison d'être et comporte plus d'inconvénients que d'avantages pour la victime » (*thèse précitée*, p. 547). C. Debbasch voit dans la théorie de la voie de fait une institution « injustifiable au plan logique, compliquant inutilement les procès… » (*Institutions et droits administratifs*, T. 2, *l'action et le contrôle de l'administration*, Paris, PUF, 3e éd., février 1992, p. 360).

juge des conflits : c'est l'introduction dans le contentieux administratif d'une procédure efficace de référé »[133].

C'est aujourd'hui le cas avec la loi du 30 juin 2000. Faut-il conclure à la mort de la voie de fait ? C'est souhaitable pour le justiciable. Plus encore dans l'hypothèse d'un juge administratif aussi performant que son homologue judiciaire. La survie de la voie de fait semble ainsi étonnamment suspendue à la pratique par le juge administratif des référés de ses nouvelles prérogatives. S'il interprète favorablement et de façon libérale la loi du 30 juin 2000, il y a peu de chance de voir la voie de fait, à l'avenir, continuer à hanter les prétoires[134].

Conclusion du Titre II :

La voie de fait est-elle un moyen efficace de dévolution de compétence au juge judiciaire ? Fait-elle réellement de celui-ci le juge des libertés fondamentales ? Permet-elle d'assurer une protection effective des libertés les plus essentielles de l'individu, justifiant ainsi que l'on déroge au principe de séparation des autorités ?

A toutes ces questions, nous répondons par la négative. Si la voie de fait a permis d'étendre considérablement le champ d'intervention des tribunaux civils dans la sphère administrative, l'interprétation restrictive qui en est faite aujourd'hui limite considérablement son rôle en ce domaine. Si la voie de fait a largement contribué à faire du juge judiciaire le juge des libertés, elle tend aujourd'hui à lui dénier cette qualification. Enfin, et c'est le plus important, nous ne voyons pas dans la voie de fait une théorie protectrice, tout du moins au regard de l'utilisation qui en est faite. Si elle l'est épisodiquement, lorsque personne ne la réfute, ce qui est rare, elle est le plus souvent source de confusions, de contestations, qui risquent d'être fatale au justiciable. Quand bien même le juge administratif serait moins protecteur, il nous semble moins aléatoire d'y avoir recours.

Le juge administratif disposant des mêmes pouvoirs que le juge judiciaire, la voie de fait ne présente alors plus aucun intérêt. Mais au-delà de la voie de fait, n'est-ce pas plus le dualisme qu'il convient de condamner ? Car si le juge administratif censure l'administration tel un simple particulier, en utilisant les mêmes prérogatives que le juge judiciaire, n'est-ce pas à dire qu'il condamne

---

[133] R. Abraham, *op. cit.*, p. 11.

[134] La voie de fait ne disparaîtra cependant totalement que si le juge administratif accepte d'utiliser pleinement ses nouvelles prérogatives pour condamner avec vigueur les actions manifestement illégales de la puissance publique. Une utilisation abusive des circonstances exceptionnelles, de l'urgence ou encore le déclassement d'une voie de fait en une simple illégalité, pourrait conduire le justiciable à s'entêter devant le juge judiciaire.

l'administration comme le ferait le juge judiciaire, rendant sans utilité l'existence d'un juge spécifique à l'administration.

Une chose est toutefois certaine : la justice est complexe et elle rend très aléatoire la protection des droits fondamentaux. La clarification du droit, pour rendre plus accessible et plus compréhensible le fonctionnement de l'institution juridictionnelle, est nécessaire. Il ne s'agit pas de vouloir à tout prix la remise en cause de la justice dualiste mais, principalement, de mettre en avant les dysfonctionnements qui découlent de l'existence de deux ordres de juridiction dans le domaine des libertés fondamentales.

Dans cette matière plus que dans tout autre, le refus de choisir entre la compétence judiciaire, sur le fondement du principe faisant de l'autorité judiciaire la gardienne des droits publics fondamentaux, et la compétence administrative, sur le fondement du principe de la séparation des autorités, emporte des conséquences néfastes pour le justiciable. Il apparaît cependant nécessaire de trancher. Toute question doit trouver une réponse, surtout lorsque les implications sont aussi importantes. Ce travail relève notamment du Conseil constitutionnel et du Tribunal des conflits, en tant que régulateurs des compétences. Loin cependant de contribuer à établir une répartition stable et harmonieuse des compétences, ils favorisent, contre toute attente, la complexité du fonctionnement de la justice dualiste.

DEUXIEME PARTIE : LA SIMPLIFICATION DU SYSTEME JURIDICTIONNEL POUR UNE MEILLEURE PROTECTION DES DROITS FONDAMENTAUX DU JUSTICIABLE

« Pour que le juge statue, il faut que la victime de l'acte illicite le saisisse. Si elle néglige de le faire, elle n'a qu'à s'en prendre à elle : sa carence, son incurie, ou son désintéressement, ne sauraient être portés au passif du mécanisme juridictionnel. Nul ne reprocherait à une lampe de ne pas éclairer, si le contact n'a pas été mis. Pourtant, si l'installation électrique est faite de telle sorte que le bouton soit hors de la portée d'un individu de taille moyenne, on considérera qu'il y a quelque chose à y reprendre. Or, la sanction juridictionnelle n'est pas accessible au premier venu... : le coût de la justice...et l'impossibilité de le connaître à l'avance ; la lenteur du processus juridictionnel, et la patience qu'il exige de celui qui s'y engage ; la complexité des règles de compétence ; plus largement, le fait que le monde où l'on plaide constitue...un autre monde...au seuil duquel...on hésite longuement »[1]. La complexité et l'incertitude qui entourent la sanction juridictionnelle proviennent pour partie de l'existence d'une justice dualiste.

La dualité de juridictions n'est pas fonctionnelle. Cela n'a d'ailleurs jamais été son objet. Plus qu'une protection efficace des droits des justiciables, elle a été instituée pour lutter contre les immixtions du pouvoir judiciaire dans le domaine administratif. Le contentieux des libertés fondamentales en est la preuve et en subit aussi les conséquences.

Est-il alors nécessaire de revenir sur l'existence de la juridiction administrative et ainsi de remettre en cause l'ensemble de l'appareil juridictionnel français ? Est-il nécessaire d'opter pour une solution aussi drastique ? Cette question mérite, plus encore aujourd'hui, d'être soulevée, car elle nous oblige à envisager un système de substitution plus efficace, plus performant et plus simple.

Condamner systématiquement et aveuglément la remise en cause du dualisme juridictionnel sur le fondement de la tradition, des progrès réalisés, et du travail déjà accompli ne se révèle pas très constructif.

La vraie question est donc : est-il possible de faire mieux, plus simple et plus efficace ? La protection des libertés fondamentales serait-elle plus effective dans le cadre d'une justice unifiée ? La réponse n'est pas certaine ; la question est loin d'être absurde. Une chose, au moins, apparaît évidente. Il doit être possible de simplifier le fonctionnement de l'appareil juridictionnel. C'est même une nécessité

[1] J. Rivero, *Sanction juridictionnelle et règle de droit*, Mélanges Julliot de la Morandière, D. 1964, p. 457.

en ce qui concerne le contentieux des libertés fondamentales. « Quelle que soit la perfection d'un système de normes juridiques, la vertu éthique des solutions qu'il consacre, la qualité intellectuelle des concepts qu'il utilise, s'il s'avère inapte à régir le réel, il n'est qu'un jeu ou pire, une hypocrisie, consciente ou non, un écran de fumée tendu devant le règne des forts. Une première direction, évidente, s'offre à ceux qui entendent élargir l'emprise du droit sur le réel : c'est le perfectionnement de l'instrument juridictionnel. Perfectionnement qui…implique…avant tout simplification. Il faut garder sans cesse à l'esprit cette évidence, prompte à se dérober aux yeux du spécialiste : la justice est faite pour le justiciable »[2].

La justice, pour servir le justiciable, doit chercher à être plus simple et plus rapide. La réforme juridictionnelle est donc impérative. La simplification est obligatoire mais le Conseil constitutionnel et le Tribunal des conflits ne facilitent pas cette transformation en rendant les réformes de fond éminemment difficiles (Titre I). C'est cependant à ce prix que la justice deviendra plus accessible et plus efficace. Si la simplification s'avérait impossible ou insuffisamment efficace, il serait alors temps d'envisager, plus encore sous la pression du droit international et plus précisément du droit européen, une réforme plus en profondeur qui passe notamment par le rapprochement ou la fusion des deux ordres de juridictions (Titre II).

---

[2] J. Rivero, *op. cit.*, p. 466.

TITRE I : LA DELICATE REFORME DU SYSTEME JURIDICTIONNEL DE PROTECTION DES DROITS

L'effectivité de la protection des libertés fondamentales nécessite une justice à la fois rapide et efficace. La dualité de juridictions aboutit fréquemment à allonger la durée de l'instance, soit que le plaideur perde du temps dans la détermination de la juridiction compétente, soit qu'il se trouve dans l'obligation de saisir simultanément ou successivement le juge judiciaire et le juge administratif, du fait de l'application cumulée du principe de la séparation des autorités et du principe de l'autorité judiciaire gardienne des droits publics fondamentaux.

Pour que la protection soit réelle, et afin que la liberté soit préservée, il ne suffit pas que la victime saisisse le juge, il faut encore que ce dernier se prononce dans un délai raisonnable.

Tout doit donc être fait pour que la victime de l'administration connaisse avec certitude le nom du juge à saisir et, pour que celui-ci puisse statuer rapidement sur l'ensemble du litige soumis à sa connaissance. Seule la résolution des difficultés de compétence peut y conduire et ainsi laisser espérer une sauvegarde effective de la liberté.

La fin du doute sur le juge à saisir, tout comme la limitation du morcellement de l'instance, signifie un gain de temps. Il signifie également une moindre crainte du justiciable à recourir au juge. La sanction juridictionnelle bénéficiera alors à l'ensemble des citoyens et non plus seulement à une minorité capable de comprendre les innombrables subtilités du droit.

La réforme est donc nécessaire pour que le système juridictionnel puisse prétendre assurer au plus grand nombre une protection efficace de la liberté. L'effectivité de la protection des droits essentiels de l'administré passe impérativement par la clarification des règles de compétence entre la juridiction administrative et la juridiction judiciaire (Chapitre II).

Le Tribunal des conflits et le Conseil constitutionnel, régulateurs des compétences, doivent y participer. La méthode utilisée jusque là laisse présager une simplification difficile. Les organes chargés de résoudre les difficultés nées de la coexistence des deux juges ne remplissent pas toujours leur rôle. Loin de clarifier l'état du droit en la matière, ils rendent encore plus hermétique le fonctionnement du système juridictionnel (Chapitre I).

CHAPITRE I : LA DEFINITION DU PARTAGE DES COMPETENCES JURIDICTIONNELLES PAR LE CONSEIL CONSTITUTIONNEL ET LE TRIBUNAL DES CONFLITS :

Lorsque surgit un problème de compétence entre les deux ordres de juridiction, il appartient au Tribunal des conflits, répartiteur des compétences, de régler le litige. L'existence d'une justice dualiste impose en effet la présence d'un organe de régulation permettant de mettre fin aux désaccords ou contradictions qui résultent d'une divergence d'appréciation des deux ordres de juridiction sur la règle de compétence. Plus cette règle est simple et admise par tous, et moins les risques de conflits sont importants. Plus la règle est complexe, et plus elle est susceptible d'être contestée, car laissant libre cour aux interprétations contradictoires.

Ce problème est accentué lorsqu'il n'existe pas une règle mais plusieurs. Malgré les efforts accomplis, il est aujourd'hui impossible de trouver une clause générale de compétence permettant de distinguer à coup sur la juridiction compétente. Au contraire, la multiplicité des critères sur lesquels s'opère la répartition des compétences alourdit particulièrement la tâche de l'organe de régulation des compétences ; sa fonction va au-delà de la simple résolution d'un conflit de compétence. Le recours au Tribunal des conflits doit rester un accident de parcours pour le justiciable. Plus qu'une simple réponse rendue lors d'une affaire donnée, le Tribunal des conflits doit dire le droit pour l'avenir afin que les problèmes dont il a été saisi ne se reproduisent plus. Son rôle est alors pédagogique tant la solution qu'il propose doit être simple et compréhensible. Le Tribunal des conflits doit ainsi, pour faire l'unanimité, savoir clarifier une situation en proposant des solutions qui puissent perdurer.

Deux éléments supplémentaires doivent parallèlement retenir son attention lorsqu'il est amené à donner la signification d'un principe ou d'un texte. Il doit le faire en tenant compte le plus possible de l'intention première des rédacteurs du texte en question, et il doit le faire en tenant compte des intérêts des justiciables. Le recours au Tribunal des conflits n'est pas une fin en soi, mais uniquement un moyen de faire cesser, à plus ou moins long terme, les incidents de compétence nés de l'existence d'une justice dualiste. Il doit ainsi veiller au respect des règles de compétence tout en réussissant à les faire cohabiter. Une conciliation qui ne doit pas aboutir à trahir l'esprit de la règle et qui doit rendre la justice plus efficace.

L'idée vaut plus encore lorsqu'une liberté fondamentale est en jeu. La tradition française, s'agissant de la sauvegarde des libertés face aux illégalités de l'administration, est pourtant placée sous le signe de la contradiction entre le principe de séparation des autorités et l'idée que le juge judiciaire est le gardien par nature de ces libertés. Cette contradiction, qui explique le partage peu rationnel des compétences entre les deux juges, a suscité la complexité. Il revenait en partie au Tribunal des conflits, eu égard à sa fonction, de résoudre la difficulté. Sa jurisprudence n'a pourtant pas toujours contribué à simplifier le fonctionnement de la justice dualiste. Loin de clarifier les règles de compétence en matière d'atteintes administratives aux libertés fondamentales, le Tribunal des conflits les a même parfois complexifiées. Il n'est cependant pas le seul.

Si le Tribunal des conflits est le « gardien » du principe de la séparation des autorités, s'il doit veiller à ce que chaque juge reste bien dans son domaine de compétence, au moins selon l'interprétation qu'il en fait, il n'en est plus le gardien unique. Le juge des conflits ne détient plus l'exclusivité de la fonction d'arbitrage, et il n'est même pas certain qu'il en ait encore la primauté. Interrogé sur la constitutionnalité de certaines lois transférant des compétences d'un juge à l'autre, le Conseil constitutionnel a été amené à poser des principes concernant les règles d'attribution de la compétence juridictionnelle. Devant tenir compte de l'autorité de la chose jugée des décisions du juge constitutionnel, le Tribunal des conflits ne peut plus être le seul organe compétent pour déterminer le sens à donner aux critères de répartition des compétences[3].

Si bien qu'il n'existe pas un organe de régulation des compétences entre le juge administratif et le juge judiciaire mais deux. Il n'est pas pour autant certain que le justiciable y gagne en clarté car rien n'autorise formellement le juge des conflits à suivre la voie tracée par le juge constitutionnel. Il lui est certes difficile d'aller ostensiblement à l'encontre d'une décision du Conseil constitutionnel, mais rien ne lui interdit de l'interpréter à sa façon. Ainsi, les règles de répartition vont-elles être soumises à la connaissance de quatre juges, et il n'est jamais certain qu'ils en aient la même interprétation. C'est malheureusement souvent le cas en ce qui concerne le contentieux des libertés fondamentales.

Il appartient ainsi aux organes de régulation des compétences de clarifier la situation en explicitant le sens à donner aux règles de compétence. Le Conseil constitutionnel et le Tribunal des conflits doivent pour cela tracer une frontière permettant de différencier les domaines de compétence entre les deux juges sur un même litige.

Désireux cependant de préserver à la fois la fonction du juge judiciaire, en tant que gardien des libertés essentielles de l'individu, et la fonction du juge administratif, en tant que juge de l'administration, il n'est pas certain que le Conseil constitutionnel (Section I) et le Tribunal des conflits (Section II) servent la bonne administration de la justice.

---

[3] Voir B. Genevois, *Réformes du droit de la concurrence et respect des règles et principes de valeur constitutionnelle*, RFDA 1987, p. 287 et L. Favoreu : *Le juge constitutionnel, le juge administratif et le juge des conflits : vers une harmonisation des jurisprudences*, RFDA 1987, p. 264.

SECTION I : LE CONSEIL CONSTITUTIONNEL ET LA DUALITE DE JURIDICTIONS :

L'autorité des décisions du Conseil constitutionnel n'est plus aujourd'hui à démontrer. Cette autorité prend plus d'importance encore à une époque où le juge constitutionnel ne se contente pas uniquement de veiller au respect des domaines d'intervention du pouvoir exécutif et du pouvoir législatif, mais où il assure le respect de la hiérarchie des normes et l'unité de l'ordre juridique. Cette « constitutionnalisation » du droit à laquelle on assiste emporte la modification des rapports juridiques existant entre les différents acteurs institutionnels et notamment entre les différents organes de juridiction. S'assurant du respect des textes de valeur constitutionnelle, textes auxquels il va lui-même donner sa consistance, il lui arrive de s'interroger sur la nature et la portée des règles sur lesquelles repose l'existence de notre système juridictionnel, de sorte que ses décisions influent sur la répartition des compétences entre le juge judiciaire et le juge administratif[4].

L'analyse de la jurisprudence du Conseil constitutionnel est ainsi déterminante pour la compréhension des rapports existant entre les deux ordres de juridiction, car la compétence du juge judiciaire et celle du juge administratif découlent en grande partie de l'interprétation faite par le juge constitutionnel du rôle respectif de ces deux instances. Lorsque le législateur intervient dans la répartition des compétences entre les deux juges, il arrive fréquemment que le Conseil constitutionnel, saisi de la loi, s'interroge sur la constitutionnalité du transfert proposé des compétences. Il détermine alors ce que doit être la sphère constitutionnelle d'intervention des deux juges.

Le contentieux des libertés fondamentales n'échappe pas à la règle et, plus encore en cette matière, l'intervention du Conseil constitutionnel s'est révélée déterminante. Nombreuses en effet sont les lois qui ont permis au Conseil constitutionnel de déterminer le rôle à jouer par les deux juridictions dans la protection des libertés essentielles de l'individu. Sa jurisprudence en la matière s'avère cependant confuse et ambiguë car, plus que la recherche de la logique juridique ou même pratique, le Conseil constitutionnel a entendu protéger le domaine de compétence du juge judiciaire et du juge administratif.

Le Conseil constitutionnel a ainsi consacré la compétence du juge judiciaire en tant que gardien de la liberté individuelle (Paragraphe I), tout en consacrant parallèlement l'existence de la juridiction administrative, sur le fondement du principe de la séparation des autorités, et sa compétence exclusive pour censurer les actes de la puissance publique, même lorsque ceux-ci portent atteinte aux libertés fondamentales de l'administré (Paragraphe II).

Refusant de faire prévaloir l'un ou l'autre lorsque l'administration porte atteinte à la liberté individuelle de l'administré, le juge constitutionnel a interdit toute possibilité de mise en place d'un bloc de compétence au profit du juge judiciaire ou

---

[4] Voir L. Favoreu, *L'application directe et l'effet indirect des normes constitutionnelles*, RFDA 1984, p. 174.

du juge administratif en la matière. Sa jurisprudence n'a certes pas été entendue comme devant exclure la prise en compte des intérêts des justiciables, mais l'intérêt de ces justiciables doit être concilié et intégré avec la protection du champ d'intervention de la juridiction administrative et de la juridiction judiciaire (Paragraphe III).

§ 1 : LE JUGE CONSTITUTIONNEL ET LE JUGE JUDICIAIRE :

A l'inverse du juge administratif, l'autorité judiciaire se trouve consacrée par le corps même de la Constitution du 4 octobre 1958. Le titre VIII de la Constitution est intitulé « De l'autorité judiciaire ». L'article 64 dispose que « le Président de la République est garant de l'indépendance de l'autorité judiciaire... Les magistrats du siège sont inamovibles » et l'article 66 énonce que « Nul ne peut être arbitrairement détenu. L'autorité judiciaire, gardienne de la liberté individuelle, assure le respect de ce principe dans les conditions prévues par la loi ». L'existence constitutionnelle de la juridiction judiciaire est donc à l'abri de toute contestation. Sa compétence en tant que gardienne des libertés fondamentales est cependant moins évidente et, bien que le législateur ainsi que le juge judiciaire lui-même aient essayé d'instituer un bloc de compétence en la matière, le Conseil constitutionnel a refusé d'étendre la compétence constitutionnelle du juge judiciaire en tant que gardien de la liberté individuelle à l'ensemble des libertés fondamentales, considérant que la juridiction administrative était tout aussi apte à assurer une sauvegarde efficace de ces libertés.

Le problème de la seule liberté individuelle se pose avec plus d'acuité compte tenu de la rédaction de l'article 66. Le principe du juge judiciaire gardien de la liberté individuelle n'a même jamais été remis en cause par la juridiction administrative. Le principe a certes été restrictivement entendu par ce juge mais interprétation stricte ne signifie pas rejet. Restait cependant au Conseil constitutionnel à interpréter le sens et la portée de l'article 66 de la Constitution. Analysant celui-ci comme conférant au juge judiciaire une compétence exclusive, le juge constitutionnel ouvrait la porte au bloc de compétence judiciaire. Inversement, il risquait d'aboutir au partage des compétences entre les deux ordres de juridiction.

Le Conseil constitutionnel a maintes fois affirmé la valeur constitutionnelle du principe de l'autorité judiciaire gardienne de la liberté individuelle, laissant espérer sa compétence exclusive en ce domaine (A) ; il a cependant clairement exprimé son refus d'instituer un bloc de compétence judiciaire (B).

A : **La consécration par le Conseil constitutionnel de la compétence de principe du juge judiciaire comme gardien de la liberté individuelle** :

L'article 66 de la Constitution a pendant longtemps vécu dans l'ombre de la jurisprudence constitutionnelle. Malgré l'affirmation, par la loi du 31 décembre 1957, de la compétence exclusive du juge judiciaire en matière d'atteinte à la liberté individuelle, et malgré l'article 66 de la Constitution, la juridiction administrative et le Tribunal des conflits ont limité la compétence judiciaire à la seule réparation de l'atteinte, rendant ainsi obligatoire la saisine du juge administratif et du juge judiciaire.

On peut alors légitimement s'interroger sur la portée du principe faisant du juge judiciaire le gardien de la liberté individuelle car, loin d'aboutir à la compétence exclusive de l'autorité judiciaire, il emporte un partage des compétences très préjudiciable à la victime de l'atteinte.

Ce partage s'explique plus difficilement encore lorsque l'on sait que la cessation de l'atteinte, qui doit notamment conduire à la libération de la personne illégalement retenue, relève en principe du juge administratif. C'est peut être une des raisons ayant poussé le Conseil constitutionnel à faire sortir de l'oubli l'article 66 en confirmant à plusieurs reprises la valeur constitutionnelle du principe qui fait de l'autorité judiciaire la gardienne de la liberté individuelle. « S'il avait pu y avoir quelques doutes sur la valeur constitutionnelle du principe, le juge constitutionnel les a balayés en rendant, en quelques années, six décisions qui, non seulement, consacrent cette valeur constitutionnelle mais lui donnent une grande ampleur »[5]. Les décisions, auxquelles L. Favoreu fait référence, consacrent incontestablement le principe faisant de l'autorité judiciaire la gardienne de la liberté individuelle. Elles ne répondent cependant pas à l'ensemble des interrogations suscitées quant à la portée du principe, et notamment sur ses rapports avec le principe de séparation des autorités.

Dans sa décision du 12 janvier 1977 relative au projet de loi sur la fouille des véhicules, le Conseil constitutionnel rappelle que l'atteinte portée à la liberté individuelle doit être placée sous le contrôle de l'autorité judiciaire.

L'affirmation est reprise dans la décision du 9 janvier 1980 sur la loi relative aux conditions d'entrée et de séjour des étrangers en France. Une mesure de rétention administrative, prise à l'égard d'un étranger sous le coup d'une mesure de reconduite à la frontière ou d'expulsion, n'est constitutionnelle qu'à condition que le juge judiciaire puisse intervenir : « considérant toutefois que la liberté individuelle ne peut être tenue pour sauvegardée que si le juge intervient dans le plus court délai possible ». Ce n'est pas le cas quand l'intervention du juge judiciaire est prévue sept jours après le début de la rétention administrative.

[5] L. Favoreu, *La Cour de cassation, le Conseil constitutionnel et l'article 66 de la Constitution*, D. 1986, chr. n°28, p. 173.

Inversement, la mise en rétention d'un étranger refoulé à la frontière, prononcée par l'autorité administrative, n'est pas contraire à la Constitution à partir du moment où la prolongation, au-delà de quarante-huit heures de rétention, est prononcée par une ordonnance du Président du tribunal de grande instance et que cette décision est susceptible d'un pourvoi en cassation[6].

Dans la décision du 29 décembre 1983, relative aux visites domiciliaires par les agents de l'administration fiscale, le Conseil constitutionnel étend son interprétation de l'article 66 en déclarant : « Considérant que…de telles investigations ne peuvent être conduites que dans le respect de l'article 66 de la Constitution qui confie à l'autorité judiciaire la sauvegarde de la liberté individuelle sous tous ses aspects, et notamment celui de l'inviolabilité du domicile ; que l'intervention de l'autorité judiciaire doit être prévue pour conserver à celle-ci toute la responsabilité et tout le pouvoir de contrôle qui lui reviennent »[7]. Le Conseil affirme clairement la constitutionnalité du principe de l'autorité judiciaire gardienne de la liberté individuelle en se référant directement à l'article 66 de la Constitution. Il semble en effet opter pour une conception large de la compétence judiciaire en la matière.

Le Conseil constitutionnel adopte la même attitude à propos des visites d'entreprises de presse ordonnées par la commission pour la transparence et le pluralisme et, à nouveau, à propos des perquisitions fiscales. Dans la première décision des 10 et 11 octobre 1984, relative au statut des entreprises de presse, il considère que les visites d'entreprises, effectuées sur demande de la commission pour la transparence et le pluralisme, ne sont pas contraires à l'article 66 de la Constitution, dans la mesure où un contrôle effectif de l'autorité judiciaire est prévu durant le déroulement de ces opérations, et si le juge peut y mettre fin à tout moment[8]. Dans la seconde, relative aux visites domiciliaires du fisc, le Conseil estime que l'article 94 de la loi de finances pour 1985 ne porte pas atteinte à l'article 66 de la Constitution dans la mesure où « il assure le contrôle effectif par le juge de la nécessité de procéder à chaque visite et lui donne les pouvoirs d'en suivre effectivement le cours, de régler les éventuels incidents et, le cas échéant, de mettre fin à la visite à tout moment »[9].

Il ressort ainsi de ces décisions que la sauvegarde de la liberté individuelle, qui ne concerne pas uniquement la simple protection de l'individu contre les détentions arbitraires, nécessite l'intervention de l'autorité judiciaire gardienne de cette liberté. Reste cependant à déterminer ce que doit être cette intervention judiciaire.

---

[6] Conseil constitutionnel, n° 80-127 DC des 19 et 20 janvier 1981.

[7] Conseil constitutionnel, n° 83-164 DC du 29 décembre 1983 ; AJ 1984, p. 97, note L. Philip ; JCP 1984.II.2O160, note R. Drago et A. Decocq.

[8] Conseil constitutionnel, n° 84-181 DC des 10 et 11 octobre 1984, Entreprises de presse, AJ 1984, p. 684, note Bienvenu.

[9] Conseil constitutionnel, n° 84-184 DC du 29 décembre 1984, Loi de finances pour 1985, p. 94 ; RDP 1985, p. 651, chr. L. Philip.

Les décisions évoquées ici autorisaient une conception large de la compétence du juge judiciaire en matière d'atteinte à la liberté individuelle. Une conception qui aboutirait à l'exclusivité de la compétence judiciaire pour sauvegarder la liberté individuelle. Cette solution aurait eu le mérite, en plus d'instituer un bloc de compétence, d'aller dans le sens de l'article 136 du Code de procédure pénale. C'était au moins l'interprétation souhaitée par quelques éminents juristes, dont L. Favoreu. Le Conseil d'Etat et le Tribunal des conflits ont fait obstacle à la volonté du législateur d'établir l'unité de juridiction en faveur du juge judiciaire parce qu'ils ont considéré que l'article 136 dérogeait à la séparation des pouvoirs et devait ainsi être interprété strictement. « Or...il n'y a pas atteinte au principe de la séparation des pouvoirs mais à celui de la séparation des autorités ; par ailleurs, le principe de l'autorité judiciaire gardienne de la liberté individuelle a valeur constitutionnelle en vertu de l'article 66 de la Constitution et l'arrêt Clément rendu en 1964 aurait dû en tenir compte »[10].

Ainsi, au lendemain des premières décisions rendues par le Conseil constitutionnel relatives à l'article 66 de la Constitution, certains auteurs ont pu proclamer la compétence exclusive du juge judiciaire pour protéger la liberté individuelle, compétence qui irait jusqu'à la possibilité d'annuler les actes de la puissance publique.

La solution n'était pourtant pas évidente et des indices laissaient présager le refus par le Conseil de la plénitude de compétence de l'autorité judiciaire. La rédaction de l'article 66 lui-même contribuait à la prudence. Le juge judiciaire est effectivement le gardien de la liberté individuelle mais il l'est « dans les conditions prévues par la loi ». Il va d'ailleurs très rapidement mettre un frein à cette conception extensive de la compétence judiciaire.

B : **L'interprétation par le Conseil constitutionnel de l'article 66 de la Constitution** :

L'interprétation par le Conseil constitutionnel de l'article 66 de la Constitution doit être entendue de deux façons. La première concerne la notion de liberté individuelle, ce qu'elle recouvre ou ce qu'elle comprend. La seconde concerne l'étendue de la compétence judiciaire en matière d'atteinte à la liberté individuelle. Bien que distincte en apparence, ces deux interprétations se trouvent largement liées.

Il n'est pas contestable que le juge constitutionnel ait eu une conception très extensive du contenu de la liberté individuelle. A l'inverse, il ne semble pas que le

[10] L. Favoreu, *op. cit.*, p. 174 et 175. Voir également : *Le Conseil constitutionnel et la protection de la liberté individuelle et de la vie privée, A propos de la décision du 12 janvier 1977 relative à la fouille des véhicules*, Mélanges P. Kayser, 1979, p. 423.

Conseil constitutionnel ait entendu conférer au juge judiciaire une plénitude de compétence lorsque l'administration porte atteinte à la liberté individuelle. L'apparence révèle, dans le premier cas, une vision extensive et, dans le second, une conception restrictive. C'est pourtant la vision extensive de la notion de liberté individuelle qui explique en grande partie la vision restrictive de la compétence de l'autorité judiciaire en cette matière. Compte tenu de l'interprétation particulièrement extensive, par le juge constitutionnel, du contenu de la liberté individuelle, la mise en place d'un bloc de compétence judiciaire en la matière conduirait à réduire la fonction du juge administratif à sa plus stricte expression, ce que le Conseil ne semble pas vouloir accepter à l'heure actuelle.

La vision extensive par le Conseil constitutionnel de la liberté individuelle rend presque impossible l'unification du contentieux de cette liberté au profit de l'autorité judiciaire (1). L'article 66 impose cependant la compétence judiciaire, et il appartient au juge constitutionnel de veiller au respect de cet article. Reste à déterminer le rôle que le Conseil assigne à l'autorité judiciaire lorsque l'administration porte atteinte à la liberté individuelle (2).

1 : *Une conception extensive de la liberté individuelle* :

Le contenu de la liberté individuelle a été défini par le Conseil constitutionnel au fur et à mesure de ses décisions. Rien ne l'empêchait d'élargir ou de rétrécir à sa guise le champ de la liberté individuelle. La seconde hypothèse est pour l'heure plus hypothétique vu la tendance, jusqu'à présent jamais démentie, à l'extension de la notion de liberté individuelle. La définition, déjà vaste, de la liberté individuelle a été pendant longtemps stable. Les décisions rendues par le juge constitutionnel depuis août 1993 révèlent cependant une nouvelle tendance à l'extension de la notion de liberté individuelle.

a : Le contenu « traditionnel » de la liberté individuelle :

- La sûreté :

Aucun doute n'est permis sur le fait que la notion de sûreté, c'est-à-dire le droit d'une personne physique de n'être ni arrêtée ni détenue illégalement, entre dans le cadre de la liberté individuelle. « ...La notion de liberté individuelle est entendue largement par le Conseil constitutionnel et...elle englobe certainement la sûreté »[11]. Il s'agit essentiellement de la protection de l'individu contre les détentions arbitraires. L'article 66 de la Constitution se compose de deux alinéas a priori indissociables. Le second alinéa, qui dispose que l'autorité judiciaire est gardienne de la liberté individuelle, renvoie au premier alinéa qui déclare que « nul ne peut être arbitrairement détenu ». Ainsi, toute privation de liberté impose la compétence de l'autorité judiciaire.

---

[11] P. Wachsmann, *La liberté individuelle dans la jurisprudence du Conseil constitutionnel*, Revue de science criminelle, 1988, p. 1.

Le Conseil constitutionnel, dans sa décision du 9 janvier 1980 relative aux conditions d'entrée et de séjour des étrangers en France, a énuméré les conditions nécessaires permettant de rendre une détention légale. La détention n'est pas arbitraire dès lors qu'elle est nécessaire, si elle s'effectue dans le respect des droits de la défense et sous le contrôle de l'autorité judiciaire qui doit intervenir « dans le plus court délai possible »[12].

La même idée se retrouve dès la décision du 28 novembre 1973 sur les contraventions sanctionnées de peines privatives de liberté[13] ou encore dans toutes les décisions relatives aux contrôles et vérifications d'identités[14]. Mais la décision du 9 janvier 1980, par la distinction qu'elle opère entre les alinéas 1er et 2e de l'article 66 de la Constitution, confirme que la liberté individuelle dépasse largement le strict cadre de la sûreté. Elle reprend l'idée déjà introduite par les décisions du 12 janvier 1977, relative à la fouille des véhicules, et du 12 juillet 1979 sur les ouvrages d'art à péage.

- La liberté d'aller et venir :

Dans sa décision du 12 juillet 1979, le Conseil constitutionnel déclare : « la liberté d'aller et venir est un principe de valeur constitutionnelle ». Le Conseil a eu l'occasion de confirmer cette jurisprudence[15] et il va, ultérieurement, clairement affirmer que la liberté d'aller et venir est protégée au titre de la liberté individuelle garantie par l'article 66 de la Constitution.

Si la liberté d'aller et venir s'est vue reconnaître, à l'origine, valeur constitutionnelle, sans rattachement à l'article 66 de la Constitution, la décision du Conseil constitutionnel du 13 août 1993 relative à la maîtrise de l'immigration intègre sans ambiguïté la liberté d'aller et venir à la liberté individuelle et à la sûreté. La juridiction rappelle qu'il est possible pour le législateur de prendre des mesures spécifiques à l'égard des étrangers mais « il lui appartient de respecter les libertés et droits de valeur constitutionnelle reconnus à tous ceux qui résident sur le territoire de la République ». Le troisième considérant de la décision énonce que « ...figurent parmi ces droits et libertés la liberté individuelle et la sûreté, notamment la liberté d'aller et venir... ». Le Conseil constitutionnel affirme que « la liberté d'aller et venir, laquelle n'est pas limitée au territoire national, ...comporte également le droit de le quitter »[16].

[12] Conseil constitutionnel, n° 79-109 DC du 9 janvier 1980, précitée.

[13] Conseil constitutionnel, n° 73-80, DC du 28 novembre 1973, p. 45.

[14] Conseil constitutionnel, n° 80-127 DC des 19 et 20 janvier 1981, précitée ; n° 86-211 DC du 26 août 1986, p. 120 ; n° 93-323 DC du 5 août 1993, p. 213.

[15] Conseil constitutionnel, n° 79-109 DC du 9 janvier 1980, précitée ; n° 86-216 DC du 3 septembre 1986 relative aux conditions d'entrée et de séjour des étrangers en France, p. 135.

[16] Conseil constitutionnel, n° 93-325 DC du 13 août 1993, p. 224. Voir également le considérant 114 de la décision n° 92-307 DC du 25 février 1992 relative aux conditions d'entrée et de séjour des étrangers en France, p. 48.

- L'inviolabilité du domicile, de la correspondance et des « lieux privés » :

Le Conseil constitutionnel, dans sa décision du 29 décembre 1983 rendue à propos d'une loi autorisant l'administration fiscale à faire des perquisitions chez les particuliers, consacre la valeur constitutionnelle de « l'inviolabilité du domicile » en la rattachant à la liberté individuelle, dont la sauvegarde relève de l'autorité judiciaire en vertu de l'article 66 de la Constitution[17]. La décision rendue par le juge constitutionnel présente un double intérêt. La Haute juridiction intègre « l'inviolabilité du domicile » dans la liberté individuelle, plaçant ainsi ce domaine sous la protection de l'autorité judiciaire, adoptant, de ce fait, une conception large de la notion de « domicile ».

Estimant, dans sa décision du 12 janvier 1977, que la loi qui autorise la fouille des véhicules porte « atteinte aux principes essentiels sur lesquels repose la protection de la liberté individuelle », le Conseil constitutionnel intègre plus ou moins directement l'automobile comme élément de la vie privée et de la liberté individuelle. Le Conseil, dans sa décision du 29 décembre 1983, ajoute, dans le cadre de la liberté individuelle, les locaux autres que ceux servant uniquement à l'habitation. La notion de « domicile » est ainsi étendue à l'ensemble des « lieux privés », aussi, les visites d'entreprises ou des locaux à usage professionnel doivent respecter les principes inhérents à la protection de la liberté individuelle[18].

Dans sa décision des 10 et 11 octobre 1984, sur la loi relative aux entreprises de presse, le Conseil constitutionnel a estimé l'article 22 de la loi, qui autorise la commission pour la transparence et le pluralisme de la presse à faire effectuer des « visites d'entreprises », conforme à la Constitution au motif que les garanties qu'elle instituait étaient suffisantes[19]. La liste n'est pas exhaustive, et le Conseil constitutionnel a eu plusieurs fois l'occasion d'affirmer l'idée selon laquelle le respect du domicile et des « lieux privés » ressort de la compétence de l'autorité judiciaire en vertu de l'article 66 de la Constitution[20].

- Le respect de la vie privée :

Pendant longtemps, le Conseil constitutionnel n'a pas apporté de réponse précise à la question de savoir si la vie privée avait ou non une valeur

---

[17] Conseil constitutionnel, n° 89-164 DC du 29 décembre 1983.

[18] Voir notamment P. Kayser, *Le Conseil constitutionnel protecteur du secret de la vie privée à l'égard des lois*, Mélanges P. Raynaud, Dalloz 1985, p. 329.

[19] Conseil constitutionnel, n° 84-181 DC des 10 et 11 octobre 1984, précitée.

[20] Conseil constitutionnel, n° 88-240 DC du 19 janvier 1988, Loi sur les bourses de valeurs, p. 28 ; n° 89-268 DC du 29 décembre 1989, Loi de finances pour 1990, p. 110 ; n° 90-271 DC du 11 janvier 1990 relative à la limitation des dépenses électorales et à la clarification du financement des activités politiques, p. 21 ; n° 90-281 DC du 27 décembre 1990 relative à la loi sur la réglementation des télécommunications, p. 91 ; n° 93-316 DC du 20 janvier 1993, Loi relative à la prévention de la corruption et à la transparence de la vie économique et des procédures publiques, JORF 22 janvier 1993, p. 1118 ; n° 97-389 DC du 22 avril 1997, Loi portant diverses dispositions relatives à l'immigration, p. 45.

constitutionnelle. Il a cependant reconnu que le droit au respect de la vie privée est, pour certaines de ses composantes, un élément de la liberté individuelle.

Estimant, à propos de la décision du 12 janvier 1977 sur la loi autorisant la fouille des véhicules par des agents de police judiciaire, que le texte instituait un droit de fouille généralisé alors même qu'un véhicule peut « cacher », au même titre qu'un véritable domicile, des éléments personnels et confidentiels, le Conseil déclare la loi non conforme à la Constitution au motif de l'atteinte excessive qu'elle porte au respect de la vie privée composante de la liberté individuelle.

Nombreuses encore sont les décisions dans lesquelles le Conseil constitutionnel va rattacher le droit au respect de la vie privée à la liberté individuelle[21].

La décision du 18 janvier 1995, rendue sur la loi d'orientation et de programmation relative à la sécurité, laissait augurer d'une reconnaisse de principe de la valeur constitutionnelle du droit au respect de la vie privée. Le juge constitutionnel déclare en effet que la méconnaissance de ce droit « peut être de nature à porter atteinte à la liberté individuelle ». La mise en place d'un système de vidéo-surveillance sur la voie publique afin d'assurer la protection de l'ordre public ne reconnaît pas les exigences du droit au respect de la vie privée[22]. La décision du 22 avril 1997 relative à la loi sur l'immigration vient préciser la portée de la décision du 18 janvier 1995 sans pour autant clarifier parfaitement la situation. Le Conseil affirme en effet que « les méconnaissances graves du droit au respect de la vie privée sont...de nature à porter atteinte à la liberté individuelle »[23]. La déclaration ainsi faite semble confirmer la valeur constitutionnelle du droit au respect de la vie privée mais ce droit, pour se voir consacrer constitutionnellement, reste rattaché à la liberté individuelle. Ainsi, toutes les composantes du droit au respect de la vie privée n'ont pas nécessairement valeur constitutionnelle.

Le juge constitutionnel se réserve un large pouvoir d'appréciation, aussi bien en ce qui concerne la gravité de la méconnaissance de ce droit, qu'en ce qui concerne le caractère excessif de l'atteinte à cette liberté individuelle. C'est ce qui ressort des termes utilisés par le Conseil constitutionnel lorsqu'il déclare que le non-respect de la vie privée « peut » porter atteinte à la liberté individuelle ou lorsqu'il énonce que seules « les méconnaissances graves » au respect de la vie privée « sont de nature à porter atteinte à la liberté individuelle ».

Il n'existe donc pas de principe constitutionnel autonome du droit au respect de la vie privée, ce qui implique que la protection de la vie privée ne rentre pas en totalité sous la coupe de l'article 66 de la Constitution et donc de l'autorité judiciaire.

---

[21] Conseil constitutionnel, n° 82-148 DC du 14 décembre 1982, p. 73 ; n° 83-164 DC du 29 décembre 1983, précitée ; n° 84-172 DC du 26 juillet 1984, p. 58 ; n° 84-181 des 10 et 11 octobre 1984, précitée ; n° 85-198 DC du 13 décembre 1985 ; AJ 1986, p. 171, note J. Boulouis ; D. 1986.J.345, note F. Luchaire ; n° 91-302 DC du 30 décembre 1991, D. Rousseau, « *Chronique de jurisprudence constitutionnelle* », RDP 1993, p. 11.

[22] Conseil constitutionnel, n° 94-352 DC du 18 janvier 1995, R.D.P. 1995, p. 598 et D. Rousseau, RDP 1996, p. 16.

[23] Conseil constitutionnel, n° 97-389 DC du 22 avril 1997, précitée.

b : Un contenu « rénové » de la liberté individuelle :

Dans sa décision du 13 août 1993 relative à la loi sur la maîtrise de l'immigration, le Conseil constitutionnel semble une nouvelle fois étendre la conception qu'il se fait de la liberté individuelle. Il rédige au paragraphe trois « ...que figurent parmi les droits et libertés la liberté individuelle et la sûreté, notamment la liberté d'aller et venir, la liberté de mariage, le droit de mener une vie familiale normale »[24]. Le « notamment » laisse à penser que la liberté de mariage, tout comme la liberté d'aller et venir, est incluse dans la liberté individuelle[25].

Le contenu de la liberté individuelle se révèle ainsi à géométrie variable. Il convient néanmoins de noter que cette variabilité s'entend dans un sens extensif et non restrictif et que la souplesse de la notion, outre le fait qu'elle complexifie plus encore la compréhension de l'état du droit, la dessert parce qu'elle débouche, comme le souligne fort justement R. Chapus, « sur la dilution ou la suppression de la spécificité de la liberté individuelle et, par là-même, de sa valeur éminente »[26]. Cette extension de la notion de liberté individuelle n'emporte d'ailleurs jamais la compétence exclusive du juge judiciaire ni même son intervention systématique sur l'ensemble de ses composantes. Cette conception extensive du contenu de la liberté individuelle fait naître, en définitive, deux réflexions.

- L'extension du champ de la liberté individuelle rend impossible la compétence exclusive du juge judiciaire. La solution inverse aurait pour conséquence la remise en cause pure et simple de l'existence de la juridiction administrative, ce que ne souhaite pas le Conseil constitutionnel compte tenu de l'analyse de ses décisions. La jurisprudence du juge constitutionnel permet-elle tout au plus d'étendre au niveau constitutionnel la protection de certaines libertés considérées comme fondamentales.

- L'atteinte à la liberté individuelle n'implique pas automatiquement l'intervention de l'autorité judiciaire. Le juge constitutionnel a, certes, essayé le plus souvent possible de préserver le lien existant entre le principe faisant de l'autorité judiciaire la gardienne de la liberté individuelle et l'intervention de ce juge pour protéger cette liberté, mais tout dépend en réalité de la gravité de l'atteinte. En réalité, plus que la liberté individuelle en elle-même ou son contenu, qui n'a pas particulièrement à être remis en cause, c'est l'intensité de l'atteinte à cette liberté qui va déterminer, selon le Conseil constitutionnel, si l'intervention de l'autorité judiciaire doit ou non avoir lieu. C'est au moins ce qui ressort principalement de l'étude de la jurisprudence du Conseil constitutionnel.

---

[24] Conseil constitutionnel, n° 93-325 DC du 13 août 1993, p. 224.
[25] Voir B. Genevois, *Un statut constitutionnel pour les étrangers*, RFDA 1993, p. 871.
[26] R. Chapus, *Manuel précité*, p. 839.

La décision du 25 février 1992, relative aux conditions d'entrée et de séjour des étrangers en France, est, à cet égard, très révélatrice de la position du Haut Conseil qui tente, tant bien que mal, de faire cohabiter au mieux le juge administratif et le juge judiciaire. « En raison de l'effet conjugué du degré de contrainte qu'il revêt et de sa durée, le maintien d'un étranger en zone de transit a néanmoins pour conséquence d'affecter la liberté individuelle de la personne qui en fait l'objet au sens de l'article 66 »[27].

Le juge constitutionnel considère donc qu'il y a atteinte à la liberté individuelle, au sens de l'article 66 de la Constitution, lorsque « le degré de contrainte » exercé sur la personne est important. C'est en principe le cas dans l'hypothèse où la victime de la mesure se trouve totalement privée de sa liberté physique. L'insuffisante intensité de l'atteinte n'implique cependant pas automatiquement le rejet par le juge constitutionnel de l'intervention de l'autorité judiciaire. Celui-ci va également considérer son intervention indispensable lorsque la contrainte dépasse une certaine durée.

Ainsi, par utilisation d'un critère combinant le degré et la durée de l'atteinte portée à la liberté individuelle, le Conseil constitutionnel détermine s'il y a lieu d'appliquer l'article 66. Le principe n'est toutefois pas d'application certaine. Plus qu'un critère stable permettant de déduire à coup sur si le défaut d'intervention du juge judiciaire est inconstitutionnel, c'est essentiellement un moyen pour le Conseil constitutionnel de se préserver une marge d'interprétation importante l'autorisant à intervenir, selon les circonstances, en faveur d'une compétence judiciaire ou en faveur d'une compétence administrative[28].

La jurisprudence du juge constitutionnel se révèle ainsi à la fois empirique et, parfois, incohérente. Cette incohérence repose sur un double fondement : il arrive que certaines atteintes graves à la liberté individuelle ne soient pas soumises à l'intervention du juge judiciaire ; même lorsque l'atteinte est considérée comme suffisamment grave pour entraîner la compétence du juge judiciaire, son intervention n'est jamais exclusive, ce qui emporte des conséquences fâcheuses pour le plaideur. C'est ce qui ressort des décisions du Conseil constitutionnel postérieures à 1986.

2 : *Le rôle constitutionnel du juge judiciaire lorsque l'administration porte atteinte à la liberté individuelle* :

Le principe de la protection de la liberté individuelle par l'autorité judiciaire a valeur constitutionnelle. Les premières décisions du juge constitutionnel, relatives à l'article 66 de la Constitution, pouvaient laisser croire à la reconnaissance d'un

---

[27] Conseil constitutionnel, 25 février 1992, p. 48, AJ 1992, p. 656, note F. Julien-Laferrière ; RFDA 1992, p. 185, note B. Genevois ; RFDC 1992, p. 311, note P. Gaïa.

[28] Voir F. Fines, *L'autorité judiciaire gardienne de la liberté individuelle dans la jurisprudence constitutionnelle,* RFDA 1994, p. 597.

vaste bloc de compétence judiciaire en matière de violations de la liberté individuelle. Le principe énoncé dans l'article 66 de la Constitution, mais également dans l'article 136 du Code de procédure pénale, ayant valeur constitutionnelle, n'avait plus de raison d'être interprété de façon restrictive.

L'idée prit plus de force dès lors que le Conseil constitutionnel admit que le principe de séparation des autorités administrative et judiciaire, qui interdisait la mise en place d'un bloc de compétence judiciaire, n'avait qu'une simple valeur législative. Rien ne pouvait plus alors s'opposer à ce que l'autorité judiciaire dispose d'une plénitude de compétence en la matière.

Le Conseil constitutionnel ne l'a cependant pas entendu ainsi. En constitutionnalisant la mission d'annulation et de réformation des actes de la puissance publique du juge administratif, le Conseil s'oblige à faire cohabiter deux principes de même valeur. Il doit veiller à ce que le rôle de l'autorité judiciaire en tant que gardienne de la liberté individuelle ne soit pas méconnu, et il doit également veiller à ce que ce rôle ne soit pas surévalué au risque d'empiéter excessivement sur les prérogatives de la juridiction administrative. C'est la raison qui explique le refus du juge constitutionnel d'instituer un bloc de compétence judiciaire, refus qui aboutit à restreindre largement la portée du principe de l'autorité judiciaire gardienne de la liberté individuelle.

a : Le refus du Conseil constitutionnel d'instituer un bloc de compétence judiciaire en matière d'atteintes administratives à la liberté individuelle :

Il convient d'attendre 1989 pour une remise en cause à peu près certaine du concept de la compétence exclusive de l'autorité judiciaire pour sauvegarder la liberté individuelle. Quelques indices, relevés dans les décisions qui précèdent, permettent cependant de considérer que le Conseil constitutionnel n'a probablement jamais eu l'intention d'instituer un bloc de compétence judiciaire.

S'il a estimé, dans la décision « Sécurité et liberté » des 19 et 20 janvier 1981, que « la prolongation de la garde à vue ne peut être décidée que par un magistrat du siège »[29], c'est autant parce que la mesure intervient dans le cadre de la procédure pénale que parce qu'elle est privative de liberté. Le Conseil constitutionnel avait, auparavant, admis qu'une mesure d'expulsion qui porte atteinte à la liberté d'aller et venir, ainsi qu'une mesure de rétention qui porte gravement atteinte à la liberté individuelle, pouvaient être prononcées par une autorité administrative. La seule condition imposée par le Haut Conseil à la constitutionnalité d'une loi conférant un tel pouvoir à l'administration concerne l'intervention la plus rapide possible de l'autorité judiciaire. Le juge constitutionnel déclare en effet que la liberté individuelle ne peut « être tenue pour sauvegardée que si le juge intervient dans le plus court délai possible »[30]. Aucune décision ne fait expressément mention d'une

[29] Conseil constitutionnel, n° 80-127 DC des 19 et 20 janvier 1981, précitée.
[30] Conseil constitutionnel, n° 79-109 DC du 9 janvier 1980, p. 29, précitée.

obligation constitutionnelle visant à placer sous le contrôle exclusif du juge judiciaire une telle mesure restrictive de la liberté individuelle.

De même, le juge constitutionnel déclare, dans sa décision du 26 août 1986, que c'est bien « compte tenu en particulier du rôle confié à l'autorité judiciaire, que les dispositions de la loi de 1983 sur le contrôle d'identité sont constitutionnelles ». Il ajoute cependant qu'« il appartient aux autorités judiciaires et administratives de veiller au respect intégral des règles et garanties prévues par le législateur ainsi qu'aux juridictions compétentes de censurer et de réprimer le cas échéant les illégalités qui seraient commises, et de pourvoir éventuellement à la réparation de leurs conséquences dommageables »[31]. Il n'est fait ici aucune référence particulière au juge judiciaire de telle sorte qu'il n'est pas exclu de considérer comme possible l'intervention du juge administratif en matière de liberté individuelle[32]. Cette idée va être plus clairement affirmée par le Conseil constitutionnel dans sa décision du 28 juillet 1989.

Suite à la décision du 23 janvier 1987, dans laquelle le juge constitutionnel affirme qu'« il relève en dernier ressort de la compétence de la juridiction administrative l'annulation ou la réformation des décisions prises, dans l'exercice des prérogatives de puissance publique, par les autorités exerçant le pouvoir exécutif... », soulignant plus loin « ...à l'exception des matières réservées par nature à l'autorité judiciaire... »[33], il ne faisait, pour beaucoup, plus de doute quant à l'exclusivité de la compétence judiciaire en matière d'atteinte à la liberté individuelle, considérant qu'il s'agissait ici, d'un domaine relevant par nature du juge judiciaire[34]. La doctrine fonde principalement son argumentation sur le rejet par le Conseil de la valeur constitutionnelle du principe de séparation des autorités, ce qui autorise les dérogations, surtout lorsqu'elles entrent dans la sphère naturelle de compétence du juge judiciaire. L. Favoreu estime la solution si limpide qu'elle impose, selon lui, de façon certaine la remise en cause de la jurisprudence Clément du Tribunal des conflits[35].

Or non seulement le Tribunal des conflits n'a pas suivi le Conseil constitutionnel, mais en plus, ce dernier a-t-il fait application de sa décision dans un sens totalement contraire à celui escompté. Le Conseil constitutionnel va clairement rejeter, dans sa décision du 28 juillet 1989 relative aux conditions d'entrée et de séjour des étrangers en France, toute idée de compétence exclusive du juge judiciaire en matière d'atteinte à la liberté individuelle[36]. Le législateur, s'appuyant sur la décision rendue par le Conseil en 1987, avait entendu confier à l'autorité judiciaire l'ensemble du contentieux de la reconduite à la frontière des

---

[31] Conseil constitutionnel, n° 86-211 DC du 26 août 1986, p. 120.

[32] Voir E. Picard, *Dualisme juridictionnel et liberté individuelle*, *op. cit.*, p. 171 et 172.

[33] Conseil constitutionnel, n° 86-224 DC du 23 janvier 1987, précité.

[34] Voir B. Genevois, *Réforme du droit de la concurrence et respect des règles et principes de valeur constitutionnelle*, RFDA 1987, p. 293.

[35] Voir L. Favoreu, *Le principe de séparation des autorités administratives et judiciaires n'a pas valeur constitutionnelle*, RFDA 1987, p. 302.

[36] Conseil constitutionnel, n° 89-261 DC du 28 juillet 1989, précitée.

étrangers en situation irrégulière. Bien que la mesure de reconduite à la frontière touche à la liberté individuelle, et principalement à la liberté d'aller et venir, le juge constitutionnel déclare le transfert de compétence au profit du juge judiciaire non conforme à la Constitution.

A l'instar de ses décisions précédentes, il considère l'exigence selon laquelle l'autorité judiciaire est gardienne de la liberté individuelle satisfaite, dès lors que le maintien en phase de rétention qui précède généralement la reconduite à la frontière est soumis, dans un court délai, au contrôle du juge judiciaire. La protection de la liberté individuelle par l'autorité judiciaire n'entre donc pas dans le cadre d'un contrôle juridictionnel classique. Si le contrôle du juge judiciaire doit intervenir impérativement avant toute prolongation, il s'exerce en dehors de tout contentieux.

Par ailleurs, l'idée d'une double compétence juridictionnelle en la matière est, selon le juge constitutionnel, tout à fait acceptable car la protection des libertés peut être aussi bien garantie devant le juge judiciaire que devant le juge administratif. « Considérant...que la bonne administration de la justice commande que l'exercice d'une voie de recours appropriée assure la garantie effective des droits des intéressés ; que toutefois cette exigence, qui peut être satisfaite aussi bien par la juridiction judiciaire que par la juridiction administrative, ne saurait à elle seule autoriser qu'il soit porté atteinte à un principe de valeur constitutionnel ».

Le dernier principe auquel il est fait référence concerne bien évidemment la compétence du juge administratif pour annuler et réformer les décisions prises dans l'exercice des prérogatives de puissance publique par les autorités exerçant le pouvoir exécutif. C'est notamment le cas des mesures de refus d'entrée sur le territoire national, des mesures de reconduite à la frontière ou d'expulsion et même des mesures de placement en rétention. « Pour le Conseil constitutionnel l'existence même d'une juridiction administrative compétente pour censurer les actes illégaux de la puissance publique constitue une garantie pour la défense des droits et libertés des individus et figure, en conséquence, au nombre des principes de valeur constitutionnelle. Mais, s'il existe, de ce fait, un fondement constitutionnel à la compétence administrative dans le contentieux de l'annulation, le législateur dit pouvoir, dans l'intérêt d'une bonne administration de la justice...aménager à la marge les règles de compétence au profit de l'ordre juridictionnel principalement intéressé »[37]. Le Conseil constitutionnel ne semble pas aller dans cette direction et nous laisse très circonspect quant aux conséquences qui résultent de sa décision. On doute que le partage des compétences entre les deux juges, auquel la décision aboutit, satisfasse pleinement les exigences d'une bonne administration de la justice.

Il résulte deux conséquences de la décision rendue par le Conseil constitutionnel :

---

[37] B. Genevois, *La compétence constitutionnelle du juge administratif et la police des étrangers*, RFDA 1989, p. 694.

- Il existe une compétence de principe du juge administratif pour annuler ou réformer une décision de la puissance publique quelle que soit l'incidence de cette décision sur la liberté individuelle.
- L'article 66 de la Constitution n'impose pas la compétence exclusive de l'autorité judiciaire pour le contentieux de la liberté individuelle. Reste alors à déterminer ce que doit être le rôle de l'autorité judiciaire, gardienne de la liberté individuelle, au regard de cette jurisprudence.

b : La nature du contrôle judiciaire :

La jurisprudence rendue par le Conseil constitutionnel en 1989 n'a pas empêché quelques auteurs de persister dans une interprétation favorable à la compétence exclusive de l'autorité judiciaire pour sauvegarder la liberté individuelle, de sorte que l'on a du mal à savoir s'il s'agit d'une réflexion convaincue ou plutôt d'un souhait. Le rejet du texte proviendrait du fait que la dévolution de compétence ne concerne que le seul contentieux de la reconduite à la frontière. Une compétence globale du juge judiciaire aurait, paraît-il, pu aboutir à une solution différente[38].

Une telle interprétation se révèle peu réaliste. On doute fortement que le juge constitutionnel puisse accepter si facilement de retirer au juge administratif un pan aussi important, tant quantitativement que qualitativement, de sa compétence.

Espérer ce bloc de compétence, au moins dans l'hypothèse d'un contenu de la liberté individuelle entendu plus strictement, est fort louable. Continuer à interpréter la jurisprudence du juge constitutionnel comme devant impliquer le monopole de l'intervention du juge judiciaire lorsque la liberté individuelle est en jeu relève plus sûrement du souhait, car aussi bien l'analyse des décisions du Conseil constitutionnel que les faits contredisent cette vision. Plus sûrement la jurisprudence constitutionnelle interdit au juge judiciaire d'annuler les actes de la puissance publique et considère qu'une atteinte grave portée à la liberté individuelle nécessite, pour respecter l'article 66 de la Constitution, l'intervention de l'autorité judiciaire dans les plus brefs délais, lorsque le législateur institue un régime de rétention administrative. En dehors de cette hypothèse, le Conseil constitutionnel n'a jamais expressément affirmé que le contrôle d'une mesure administrative restreignant la liberté individuelle devrait impérativement relever du juge judiciaire. Il n'a pas davantage interdit au législateur de conférer à une autorité administrative le pouvoir de prendre des mesures privatives de liberté.

Ainsi, le Conseil constitutionnel oblige le législateur à prévoir l'intervention de l'autorité judiciaire chaque fois qu'il met en place des mesures qui peuvent porter, gravement ou trop longtemps, atteinte à la liberté individuelle. Le respect de l'article 66 de la Constitution est assuré dès lors que le législateur prévoit l'intervention rapide du juge judiciaire dans le cadre d'une procédure qui restreint la liberté individuelle. C'est ce qui ressort de l'ensemble des décisions prises par le

[38] Voir notamment S. Tsiklitiras, *thèse précitée*, p. 284.

juge constitutionnel depuis 1980. Il suffit pour s'en convaincre d'énoncer brièvement quelques « considérants » de principe rendus par le Haut Conseil.

La liberté individuelle est tenue pour sauvegardée « si le juge intervient dans le plus court délai possible » ce qui est le cas pour le juge constitutionnel lorsque l'autorité judiciaire intervient pour maintenir la rétention administrative au-delà de quarante-huit heures en matière de reconduite à la frontière. Il condamne, par contre, le législateur lorsqu'il prévoit une intervention du juge judiciaire seulement après sept jours de détention des étrangers en instance d'expulsion. Si « le principe de la liberté individuelle n'interdit pas que le législateur institue des mesures d'internement administratif dans le cadre de la prévention de l'immigration clandestine, il est nécessaire qu'il les assortisse d'un contrôle judiciaire notamment dès lors que la détention doit être prolongée »[39].

« Considérant qu'aux termes de l'article 66 de la Constitution l'autorité judiciaire est gardienne de la liberté individuelle ; que l'article 35 bis de l'ordonnance du 2 novembre 1945 satisfait à cette exigence en soumettant au contrôle de l'autorité judiciaire toute prolongation au-delà de vingt-quatre heures du maintien » en rétention[40].

De même, le juge constitutionnel censure la loi prévoyant l'intervention du juge judiciaire seulement après vingt jours de maintien en zone de transit et non « dans les meilleurs délais ». Le Conseil a également implicitement décidé que la prolongation du maintien en zone d'attente au-delà de quatre jours nécessitait l'intervention de l'autorité judiciaire. L'article 66 de la Constitution impose au législateur lorsqu'il porte atteinte à la liberté individuelle, de « prévoir, selon les modalités appropriées, l'intervention de l'autorité judiciaire pour que celle-ci exerce la responsabilité et le pouvoir de contrôle qui lui reviennent »[41].

Le juge constitutionnel souligne encore que l'information du procureur sur les gardes à vue doit s'effectuer « dans le plus bref délai possible »[42] et il confirme, dans une décision du 13 août 1993, que le maintien en rétention ne peut excéder six jours sans porter une atteinte excessive à la liberté individuelle. La disposition législative prévoyant la prolongation du maintien pour trois jours supplémentaires, au seul motif qu'un étranger n'a pas présenté de documents de voyage, est inconstitutionnelle. Le Conseil confirme également la compétence de l'autorité judiciaire qui doit intervenir à l'expiration d'un délai de vingt-quatre heures et qui doit pouvoir interrompre la prolongation du maintien en rétention des étrangers[43].

Notons enfin que la loi du 24 avril 1997 modifie, dans son article 13, l'article 35 bis de l'ordonnance du 2 novembre 1945. Cette disposition a pour objet de prolonger de vingt-quatre à quarante-huit heures le délai au terme duquel le juge judiciaire doit être saisi en cas de rétention administrative. « Considérant qu'aux termes de l'article 66 de la Constitution l'autorité judiciaire est gardienne de la

[39] Conseil constitutionnel, n° 79-109 DC du 9 janvier 1980, précitée.
[40] Conseil constitutionnel, n° 89-261 DC du 28 juillet 1989, précitée.
[41] Conseil constitutionnel, n° 92-307 DC du 25 février 1992, précitée.
[42] Conseil constitutionnel, n° 93-326 DC du 11 août 1993, JORF, 15 août 1993, p. 11599.
[43] Conseil constitutionnel, n° 93-325 DC du 13 août 1993, p. 224.

liberté individuelle ; que la disposition contestée satisfait à cette exigence en soumettant au contrôle de l'autorité judiciaire toute prolongation au-delà de quarante-huit heures du maintien dans les locaux ne relevant pas de l'administration pénitentiaire d'un étranger qui se trouve dans l'une des situations visées à l'article 35 bis ». La décision est d'autant plus intéressante qu'elle confirme la vision du juge constitutionnel quant au rôle à jouer par le juge administratif dans la protection des libertés publiques et notamment de la liberté individuelle. « Que par ailleurs la modification de ce délai ne fait pas en elle-même obstacle au droit reconnu à l'étranger de contester la décision administrative qui le contraint à quitter le territoire français, droit organisé et garanti par l'article 22 bis de l'ordonnance du 2 novembre 1945 »[44].

Il existe donc bien deux juges compétents pour assurer la sauvegarde de la liberté individuelle. Si l'article 66 de la Constitution impose l'intervention de l'autorité judiciaire pour s'assurer notamment du bon déroulement de la procédure de rétention, il n'emporte absolument pas la compétence du juge judiciaire pour faire annuler la mesure administrative de reconduite à la frontière ou d'expulsion.

En réalité, l'intervention de l'autorité judiciaire, quand le juge constitutionnel la considère nécessaire en vertu de l'article 66 de la Constitution, peut prendre plusieurs formes[45] sans presque jamais permettre d'annuler ou réformer les actes de la puissance publique. Et si le juge civil s'est parfois autorisé à apprécier la légalité d'un acte de l'administration, c'est rarement sur le seul fondement de l'article 66 de la Constitution et de l'article 136 du Code de procédure pénale[46].

Le juge civil, en tant que gardien de la liberté individuelle, s'est autorisé, en refusant de prolonger la durée de la rétention administrative, à ordonner la mise en liberté immédiate. Il a également pu se prononcer sur l'irrégularité de l'interpellation préalable invoquée par l'étranger et sur l'irrégularité de la garde à vue lorsque cette mesure précède immédiatement un maintien en rétention administrative. Il ne peut cependant, sans excéder ses pouvoirs, annuler un arrêté de reconduite à la frontière[47].

Les décisions du Conseil constitutionnel ont encore eu moins de répercutions sur la jurisprudence du Conseil d'Etat et du Tribunal des conflits en matière d'atteintes administratives à la liberté individuelle et, plus qu'elles imposent le changement, ces décisions permettent de conforter les orientations de ces deux

---

[44] Conseil constitutionnel, n° 97-389 DC du 22 avril 1997, précitée.

[45] Selon F. Fines, « Cette intervention est polymorphe... On pourra avoir à faire à une autorisation préalable; à une prolongation ou renouvellement ou interruption d'une mesure restrictive; une investigation supplémentaire ; un contrôle tout au long d'une procédure... ».

[46] Voir Cass. crim. 25 avril 1985, *Procureur général près la Cour d'appel de Paris c/ Bogdan* ; *Procureur général près la Cour d'appel de Versailles c/ Vukovic, précité.*

[47] Cass. 2me Civ. 28 juin 1995, *Préfet de la région Midi-Pyrénées c/ Bechta, précité.* Voir aussi : Cass. 1re Civ. 29 novembre 1989, *Poca de Agua c/ COREP du Val-de-Marne*, Bull. 1989.I, n° 370, p. 248. La Cour de cassation a considéré que l'autorité judiciaire est compétente pour apprécier l'opportunité et la régularité des mesures de surveillance prises par l'administration sur le fondement de l'article 35 bis de l'ordonnance du 2 novembre 1945.

juges. Les solutions rendues par le Tribunal des conflits durant les années 1990 abondent dans ce sens.

Le juge judiciaire peut donc, lorsque l'atteinte à la liberté individuelle justifie son intervention, vérifier les formalités législatives mises en place pour rendre l'atteinte légale, le bien-fondé, la nécessité et la pertinence de la mesure. Il peut aussi refuser de prolonger le maintien en rétention et remettre la personne en liberté. Son rôle demeure cependant restreint car il ne peut apprécier la légalité des actes de police administrative. Il y a pourtant un certain paradoxe à diviser si clairement le contentieux du droit des étrangers.

Les mesures privatives de liberté prises par l'administration sont soumises au contrôle de l'autorité judiciaire alors que les mesures d'éloignement échappent en grande partie à la connaissance de ce juge. Tout ce qui concerne la sûreté relève ainsi du juge judiciaire, au sens de l'article 66 de la Constitution, alors que ce qui concerne la liberté d'aller et venir de l'étranger sur le territoire relève de la juridiction administrative puisque les décisions de refus d'entrée sur le territoire, de reconduite à la frontière ou d'expulsion sont de simples mesures de police administrative. Il est pourtant à peu près certain que l'atteinte à la liberté des étrangers à qui l'on refuse l'accès ou le maintien sur le territoire est beaucoup plus grave que l'atteinte portée à celle des personnes retenues[48].

Compte tenu du rôle joué par l'autorité judiciaire en la matière, il est permis de s'interroger sur la pertinence du principe faisant de l'autorité judiciaire la gardienne de la liberté individuelle. Le juge judiciaire n'intervient finalement que dans les hypothèses de privation de liberté, et encore n'est-ce pas toujours vrai. La conception extensive du contenu de la liberté individuelle n'emporte absolument pas la compétence systématique, encore moins exclusive, du juge judiciaire sur l'ensemble des composantes de cette liberté.

Il existe en effet de très nombreuses atteintes à la liberté individuelle qui ne sont ni autorisées, ni contrôlées, ni même réparées par l'autorité judiciaire. L'atteinte à la liberté individuelle peut intervenir sans décision préalable de l'autorité judiciaire dans des hypothèses fréquentes : les contrôles d'identité sur la voie publique avec conduite au poste pour vérification, la fouille d'un véhicule effectué par les agents des douanes ou en cas de flagrant délit, le placement d'office des malades mentaux, la garde à vue, les mesures d'assignations à résidence, les internements administratifs et la rétention administrative des étrangers en instance de reconduite à la frontière ou d'expulsion. « Mais il existe d'autres séries de situations à l'occasion desquelles ce principe est, de façon plus contestable encore, totalement écarté ». C'est le cas des atteintes à la liberté individuelle apportées dans le cadre d'activités de police administrative. Loin de considérer le principe de l'autorité

---

[48] Cf. D. Turpin, *Le statut constitutionnel de l'étranger*, LPA, 15 mars 1991, n°32, p. 12 ; *Commentaire de la loi du 6 juillet 1992 sur la zone d'attente des ports et aéroports*, LPA, 6 novembre 1992, n° 134, p. 11.

judiciaire gardienne de la liberté individuelle comme un corollaire de la distinction entre les activités de police administrative et judiciaire, D. Turpin estime « que l'opposition entre activité de police selon leur nature empêche le principe proclamé par l'article 66 de la Constitution et à l'article 136 du Code de procédure pénale de jouer pleinement et va jusqu'à se substituer à lui, déterminant la compétence du juge administratif en cas d'atteinte à la liberté individuelle commise dans le cadre d'une activité de police administrative, sauf voie de fait, et cela même pour ce qui concerne le contentieux de la réparation »[49]. Il suffit pour cela que le Tribunal des conflits écarte le critère de l'atteinte à la liberté individuelle pour se focaliser uniquement sur celui de l'opération de police administrative. C'est ce qu'il a fait dans un arrêt Waroquier du 28 avril 1980[50].

Le Tribunal des conflits fait prévaloir la distinction entre activité de police judiciaire et activité de police administrative sur l'atteinte à la liberté individuelle née du contrôle d'identité. Le juge judiciaire ne peut pas, sur le fondement de l'arrêt Clément, apprécier la légalité de l'opération de police administrative qui porte atteinte à la liberté individuelle ; il ne peut pas non plus réparer, ce qui va au-delà de cette jurisprudence.

Le problème ne peut plus se poser concernant les contrôles d'identité dont le contentieux relève de la compétence judiciaire. Il peut encore survenir lors d'interpellations policières irrégulières qui se sont déroulées alors que l'agent de police agissait en vue du rétablissement de l'ordre public. Reste qu'une telle jurisprudence est peu fréquente, et il est rare que le Conseil d'Etat reconnaisse sa compétence pour indemniser le préjudice né d'une activité administrative illégale ayant porté atteinte à la liberté individuelle[51].

Le Conseil constitutionnel agit de même lorsqu'il autorise l'autorité administrative à prendre des mesures d'expulsion ou de reconduite à la frontière à l'encontre d'un étranger, « alors même qu'aucune condamnation définitive n'aurait été prononcée par l'autorité judiciaire ». Ces décisions, prises par l'administration, sont constitutionnelles car ce sont « des mesures de police auxquelles sont assignés des objectifs différents de ceux de la répression pénale ». La compétence constitutionnelle du juge judiciaire en vertu de l'article 66 de la Constitution est ainsi particulièrement restreinte. Tout au plus concerne-t-elle la sûreté. « L'article 66 de la Constitution, en faisant de l'autorité judiciaire la gardienne de la liberté individuelle, ne requiert nécessairement l'intervention du juge que pour l'édiction des peines privatives de liberté »[52].

---

[49] D. Turpin, *L'autorité judiciaire gardienne de la liberté individuelle*, *op. cit.*, p. 659 et s.

[50] T.C. 28 avril 1980, *Waroquier, précité.*

[51] C.E. 11 février 1972, *Sté d'agglomérés et de moulage et Orfila*, p. 129 ; C.E. 11 janvier 1978, *Dame veuve Audin*, p. 8.

[52] B. Genevois, *Le Conseil constitutionnel, la séparation des pouvoirs et la séparation des autorités administrative et judiciaire*, RFDA 1989, p. 671.

On aboutit ainsi à des situations d'une effroyable complexité. Cette complexité provient en grande partie du refus du Conseil constitutionnel de consacrer la plénitude de compétence de l'autorité judiciaire en matière d'atteinte à la liberté individuelle. Une compétence exclusive très difficile à instituer vu l'importance du contenu de la liberté individuelle et compte tenu de la constitutionnalisation de la juridiction administrative et de sa mission contentieuse.

§ 2 : Le juge constitutionnel et le juge administratif :

La mise en place d'un bloc de compétence judiciaire pour assurer la protection des libertés fondamentales s'avérait possible tant que le principe de séparation des autorités n'avait pas de valeur constitutionnelle. Rien n'empêchait alors d'apporter des dérogations législatives à un principe lui-même de simple valeur législative. La dérogation à la séparation des autorités administrative et judiciaire était même facilitée dans le domaine de la liberté individuelle puisqu'il s'agissait ici de concilier non pas deux principes de valeur législative mais un principe de valeur constitutionnel et un principe de valeur législative. Le principe faisant du juge judiciaire le gardien de la liberté individuelle prévalant juridiquement sur le principe de séparation des autorités, il devenait impératif d'imposer la compétence exclusive de l'autorité judiciaire en matière d'atteinte à la liberté individuelle sur la compétence de principe de la juridiction administrative pour traiter des actes de l'administration.

Le Conseil constitutionnel a cependant pris conscience des conséquences auxquelles pouvait aboutir son refus de considérer le principe de séparation des autorités comme ayant une valeur constitutionnelle. En effet, rien n'interdisait plus au législateur de réduire, autant que souhaité, la compétence contentieuse de la juridiction administrative au profit de la juridiction judiciaire, et rien n'empêchait également à ce même législateur de supprimer la juridiction administrative.

C'est la raison pour laquelle le Conseil, bien que déniant comme fondement constitutionnel à l'existence de la juridiction administrative le principe de séparation des autorités, va constitutionnaliser l'indépendance, l'existence et la spécificité de ce juge.

Agissant de la sorte, le juge constitutionnel préserve, au moins en apparence, la fonction du juge administratif puisqu'il interdit par principe les empiètements du juge judiciaire dans la sphère administrative (A). Cette compétence constitutionnelle réservée au juge administratif pose pourtant problème, car elle doit être conciliée avec d'autres principes de même valeur.

Le Conseil impose notamment de faire cohabiter deux principes qui s'opposent : la compétence du juge administratif pour statuer sur les actes de l'administration et la compétence du juge judiciaire pour sauvegarder la liberté individuelle. Cette cohabitation est difficile, mais, soucieux de protéger le rôle de chacun, le Conseil constitutionnel favorise une répartition des compétences entre les deux juges peu favorable au justiciable. La technique des « blocs de compétence » permettant d'unifier un contentieux, afin d'éviter les complications et les divergences de jurisprudence, n'est pourtant pas inconnue du juge constitutionnel. Ayant conscience des inconvénients liés à l'existence d'une justice dualiste, le Conseil constitutionnel accepte parfois, sous son contrôle, d'éventuelles dérogations à la compétence constitutionnelle de la juridiction administrative (B).

A : **Le Conseil constitutionnel préserve la fonction du juge administratif** :

Pour faire face aux nombreux transferts de compétence effectués par le législateur dans le domaine du contentieux administratif, tout autant que pour marquer son attachement à l'existence d'une juridiction considérée comme essentielle à la sauvegarde des libertés fondamentales, le Conseil constitutionnel s'est attaché à garantir l'existence et la légitimité de la juridiction administrative tout en protégeant sa sphère d'intervention (1). La consécration constitutionnelle de la juridiction administrative, notamment comme gardienne des libertés fondamentales, devait cependant être accompagnée d'une garantie quant à l'efficacité des voies de recours devant ce juge. Pour refuser d'instituer un bloc de compétence judiciaire en matière de protection des libertés fondamentales, et ainsi préserver la partie la plus importante de la compétence contentieuse du juge administratif, le Conseil constitutionnel devait parallèlement s'assurer de la capacité de la juridiction administrative à sauvegarder aussi efficacement les droits les plus essentiels de l'individu (2).

1 : *La consécration constitutionnelle de la juridiction administrative* :

Le Conseil constitutionnel va tout d'abord, dans une décision de 22 juillet 1980, reconnaître la valeur constitutionnelle de l'indépendance du juge administratif[53]. Il va ensuite, dans sa décision du 23 janvier 1987, reconnaître l'existence constitutionnelle de la juridiction administrative et, par suite, constitutionnaliser la dualité de juridictions[54]. La constitutionnalisation de la juridiction administrative, par la consécration d'une compétence exclusive pour annuler ou réformer les actes de la puissance publique, est ici dénuée de toute ambiguïté. Ainsi, sauf

[53] Conseil constitutionnel, n° 80-119 DC du 22 juillet 1980, p. 46.

[54] « Considérant que les dispositions des articles 10 et 13 de la loi des 16 et 24 août 1790 et du décret du 16 fructidor An III qui ont posé dans sa généralité le principe de séparation des autorités administratives et judiciaires n'ont pas en elles-mêmes valeur constitutionnelle ; que, néanmoins, conformément à la conception française de la séparation des pouvoirs, figure au nombre des principes fondamentaux reconnus par les lois de la République celui selon lequel…relève en dernier ressort de la compétence de la juridiction administrative l'annulation ou la réformation des décisions prises, dans l'exercice des prérogatives de puissance publique, par les autorités exerçant le pouvoir exécutif, leurs agents, les collectivités territoriales de la République ou les organismes publics placés sous leur autorité ou leur contrôle ». Conseil constitutionnel, n° 86-224 DC du 23 janvier 1987, précitée.

modification de la Constitution, le contentieux de la légalité des actes administratifs ne peut relever de la compétence de l'autorité judiciaire. Il devient, par conséquent, éminemment difficile de déroger à la compétence de principe de la juridiction administrative pour annuler ou réformer les actes de la puissance publique. Reste à déterminer ce qu'implique la compétence de principe de la juridiction administrative.

L'annulation et la réformation des actes de la puissance publique comprennent sans aucun doute le contentieux de la légalité des actes administratifs. Ce qui signifie que doit être soumis à la compétence des tribunaux administratifs l'ensemble des recours pour excès de pouvoir visant à faire annuler les décisions illégales de l'administration, mais aussi les recours objectifs de plein contentieux qui permettent d'obtenir, en plus de l'annulation, la réformation de ces actes. Cette compétence s'étend également à l'ensemble des « actions exercées en vue du prononcé de toutes mesures ayant pour objet ou effet de faire obstacle à l'exécution des décisions considérées »[55].

La décision du 23 janvier 1987 impose donc la compétence administrative pour les recours en annulation d'actes unilatéraux pris « dans l'exercice des prérogatives de puissance publique par les autorités exerçant le pouvoir exécutif », même ceux qui sont essentiels pour les libertés, et notamment les actes pris dans l'exercice d'une compétence de police administrative. C'est ce que confirme la décision du 28 juillet 1989 qui reprend mot pour mot la décision précédente. Le Conseil déclare que les décisions prises par l'autorité administrative en matière de police des étrangers, qui révèlent l'exercice de prérogatives de puissance publique, ressortent de la compétence du juge administratif[56].

Il n'existe cependant aucune compétence exclusive de principe du juge administratif en dehors des cas énumérés ci-dessus. Tout ce qui déborde du cadre strict de l'annulation et de la réformation des actes de la puissance publique ne relève pas constitutionnellement de la juridiction administrative, de sorte qu'il apparaît possible au législateur d'effectuer, dans ces hypothèses, des transferts de compétence au profit de la juridiction judiciaire. Ceci laisse donc en dehors de la réserve de compétence le contentieux de pleine juridiction, qui comprend entre autres le contentieux contractuel et le contentieux de la responsabilité, mais également le contentieux de l'appréciation de légalité et de l'interprétation, ce qui est loin d'être négligeable.

Cette réserve constitutionnelle de compétence est d'autant plus réduite qu'elle ne concerne apparemment pas les actes administratifs qui émanent des organismes privés gérant des services publics administratifs. Elle ne vaut que dans la mesure où ne sont pas en cause « des matières réservées à l'autorité judiciaire ». Les dérogations, dans un souci de bonne administration de la justice, sont par ailleurs possibles.

---

[55] R. Chapus, *Manuel précité*, p. 742.
[56] Conseil constitutionnel, n° 89-261 DC du 28 juillet 1989, précitée.

La situation à laquelle aboutit finalement la jurisprudence du Conseil constitutionnel ne se distingue pas toujours par sa cohérence ou sa simplicité : la réserve constitutionnelle de compétence du juge administratif est quantitativement peu importante ; sauf révision de la Constitution, le contentieux de la légalité des actes de la puissance publique relève du juge administratif à l'exception des domaines réservés par nature à l'autorité judiciaire, sans que l'on sache d'ailleurs trop à quoi il correspond ; cette réserve de compétence ne joue qu'à partir du moment où le juge constitutionnel considère qu'il n'est pas utile d'instituer un bloc de compétence pour que fonctionne efficacement la justice.

Le juge constitutionnel consacre ainsi de manière certaine la juridiction administrative, préservant par là-même son existence. On peut néanmoins s'interroger sur le fondement retenu par le Haut Conseil et sur les conséquences qui en résultent.

Le juge constitutionnel se fonde tout d'abord sur la conception française de la séparation des pouvoirs. Il n'est pourtant pas certain que cette conception ait un quelconque rapport avec le principe de séparation des autorités et avec l'existence d'un juge spécifique à l'administration. Le principe de la séparation des pouvoirs et celui de la séparation des autorités administrative et judiciaire ne se confondent pas.

Il se fonde ensuite sur les principes fondamentaux reconnus par les lois de la République. Seul ce fondement peut être considéré comme valable, mais il n'est pas certain que les lois sur lesquelles le Conseil constitutionnel se repose puissent véritablement justifier cette réserve constitutionnelle de compétence car, ni la loi organique du 3 mars 1849 sur le Conseil d'Etat, ni la loi du 24 mai 1872 portant réorganisation du Conseil d'Etat, ni l'ordonnance du 31 juillet 1945 n'imposent cette réserve de compétence. La constitutionnalisation d'une réserve de compétence au profit du juge administratif se révèle de surcroît critiquable.

Elle aboutit, en premier lieu, à rendre plus complexe toute réforme de fond du système juridictionnel français. Il ne s'agit pas uniquement d'une éventuelle remise en cause du dualisme juridictionnel. Il est et était, même avant la consécration constitutionnelle de l'existence de la juridiction administrative, difficile d'envisager la suppression de la dualité de juridictions, compte tenu de l'attachement d'une grande partie de la doctrine et du pouvoir politique aux tribunaux de l'ordre administratif. La décision du Conseil constitutionnel ne bouleverse en rien l'état du droit sur ce point, si ce n'est qu'elle complique la situation. Il s'agit également de la régulation des compétences entre les deux juges par le législateur. Soucieux de faire évoluer les règles de répartition des compétences en faveur d'un ordre ou de l'autre dans un souci d'amélioration de la justice, le législateur va devoir dorénavant tenir compte d'une contrainte supplémentaire. Il lui est impossible d'unifier un contentieux au profit du juge judiciaire sans recevoir la bénédiction du Conseil constitutionnel. Ce dernier va en effet veiller à ce que le législateur n'empiète pas sur la réserve de compétence du juge administratif. Cet empiétement peut néanmoins être déclaré constitutionnel si le Conseil considère la dérogation justifiée.

Elle aboutit, ensuite, plus à restreindre le champ de la compétence du juge administratif qu'à le protéger[57]. Et si les possibilités de dérogations à la séparation des autorités sont nombreuses, elles sont rendues extrêmement difficiles dans les domaines sensibles tels que le contentieux de la liberté individuelle.

De même, en consacrant la prérogative de puissance publique comme critère de la compétence administrative au détriment du service public, le Conseil constitutionnel ouvre des brèches profondes dans la sphère traditionnelle de compétence du juge administratif. « Il s'agit là d'un critère réducteur de compétence en matière de service public, compte tenu de la dissociation intervenue entre les notions de service public et de prérogative de puissance publique. Et, si cette compétence du juge administratif en matière de service public est une compétence réduite, c'est aussi une compétence fragilisée, en raison des exceptions et aménagements autorisés par le Conseil constitutionnel à la réserve de compétence constitutionnellement protégée reconnue au juge administratif. Le juge administratif n'est donc plus le juge du service public parce qu'il est le juge de la puissance publique»[58]. Le Conseil constitutionnel ne garantit donc pas une marge de manœuvre très large au juge administratif. Et s'il consacre également par ricochet la dualité, cette consécration ne s'accompagne pas d'une simplification des règles relatives à la répartition des compétences entre les deux ordres de juridictions. Plus que la recherche de principes stables et accessibles, le Conseil constitutionnel vise principalement à rester maître des règles du jeu. Un jeu qui consiste à préserver à la fois le juge judiciaire et le juge administratif.

La réserve de compétence du juge administratif ne permet pas ainsi d'empêcher les empiètements judiciaires dans la sphère de compétence administrative. Le juge constitutionnel reconnaît et consacre le principe faisant de l'autorité judiciaire la gardienne de la liberté individuelle sans pour autant que cela entraîne sa compétence exclusive, puisque ce principe doit être concilié avec le précédent. La mise en place d'un bloc de compétence judiciaire est possible même dans les matières réservées au juge administratif. La compétence exclusive d'un juge sur l'autre dépend cependant du Conseil constitutionnel. Selon son interprétation de l'intérêt que présente la dérogation, il sera loisible au législateur d'effectuer ou non le transfert. Il lui appartient, en effet, de déterminer ce qui doit prévaloir entre le respect de certains principes à valeur constitutionnelle et la bonne administration de la justice. Lorsqu'un contentieux se révèle d'une particulière complexité, le Conseil peut autoriser le législateur à déroger au principe constitutionnel de répartition des compétences. La dérogation n'est jamais certaine, et son acceptation, ou son refus, n'a, jusqu'à présent, pas toujours été très pertinent.

---

[57] Voir L. Favoreu, *Le juge administratif a-t-il un statut constitutionnel ?*, Mélanges J.-M. Auby, 1992, p. 111.

[58] J.-P. Bizeau, *Le juge administratif n'est-il plus que le juge de la puissance publique ?* , AJ 1992, p. 179.

En définitive, plus qu'il ne constitutionnalise la juridiction administrative, le Conseil constitutionnel consacre le droit au recours juridictionnel administratif effectif, faisant ainsi du juge administratif un gardien bis des libertés fondamentales. La distinction opérée par le juge constitutionnel entre le contentieux de l'annulation des actes administratifs pris par une autorité publique et les autres contentieux, bien que contestable, s'expliquerait par le fait que la répartition des compétences entre les deux ordres de juridiction est indépendante de la qualité de la justice, dès lors qu'il existe deux juges tout aussi protecteurs des libertés. On objectera toutefois que ce n'est pas toujours vrai. La complexité des règles de répartition des compétences peut nuire à la protection juridictionnelle des libertés publiques.

2 : *La consécration constitutionnelle de l'effectivité de la protection des libertés publiques fondamentales devant la juridiction administrative* :

L'idée de la supériorité de la protection judiciaire des droits a pendant longtemps prévalu. La compétence de principe du juge judiciaire pour assurer la sauvegarde des libertés fondamentales reposait tout autant sur ses qualités intrinsèques que sur les lacunes de la juridiction administrative. La Constitution de 1958 ne fait d'ailleurs que conforter cette idée en intégrant en son sein un titre entier sur le seul juge judiciaire. Le titre VIII de la Constitution aurait d'ailleurs pu s'intituler « De l'indépendance de la magistrature » et non uniquement « De l'autorité judiciaire ». Ce n'était cependant pas le souhait du constituant[59].

Pour beaucoup, la consécration constitutionnelle du principe faisant de l'autorité judiciaire la gardienne de la liberté individuelle devait être entendue de la même manière. Puisque le constituant et le Conseil constitutionnel, se fondant sur le texte de la Constitution, ont considéré que seul les tribunaux judiciaires devaient être compétents pour assurer la protection des libertés essentielles de l'individu, il était logique de conférer à cette autorité judiciaire une compétence de principe exclusive en ce qui concerne la protection des libertés. Tout du moins devait-il en être ainsi lorsque la liberté en question est considérée comme fondamentale. Le Conseil constitutionnel va cependant rejeter catégoriquement une telle interprétation en consacrant le rôle de gardien des libertés publiques du juge administratif.

La reconnaissance de la valeur constitutionnelle de la juridiction administrative repose bien plus sur l'idée qu'elle constitue une garantie pour la défense des droits et libertés des individus, au regard de sa mission visant à censurer les actes illégaux de la puissance publique, que sur les lois de la République instituant un juge administratif.

---

[59] M. Debré écrivit lui-même : « Par magistrature j'entends ici la magistrature judiciaire, car, à mon avis, la magistrature administrative n'existe pas : il y a seulement des fonctionnaires administratifs qui occupent les fonctions de juge ». *Avis et débats du Comité consultatif constitutionnel*, p. 70.

Le juge constitutionnel rejette non seulement l'idée que seul le juge judiciaire est apte à assurer une sauvegarde efficace des libertés fondamentales, mais aussi toute idée de compétence exclusive du juge judiciaire pour assurer la protection de la liberté individuelle. Une loi qui autorise la puissance publique à porter atteinte à une liberté fondamentale n'est pas nécessairement inconstitutionnelle si elle permet parallèlement un recours effectif devant la juridiction administrative. Ainsi, toutes les atteintes administratives portées aux droits fondamentaux n'ont pas nécessairement à être soumises au contrôle du juge judiciaire car le juge administratif est, au même titre que l'autorité judiciaire, un gardien des libertés publiques. Le Conseil constitutionnel va ainsi, dans plusieurs affaires, mettre l'accent sur la mission des juges, sans pour autant distinguer clairement sa nature judiciaire ou administrative[60]. Seule la capacité du juge à assurer une protection efficace des droits fondamentaux doit être prise en compte.

Il va également, dans d'autres décisions, affirmer de façon plus directe l'égale aptitude du juge administratif à être un gardien des libertés publiques. Dans la décision du 3 septembre 1986, sur la loi relative aux conditions d'entrée et de séjour des étrangers en France, le Conseil constitutionnel estime conforme à l'article 66 de la Constitution la disposition qui autorise l'administration à reconduire à la frontière certaines catégories d'étrangers, au motif que la mesure administrative « peut donner lieu à un recours juridictionnel devant le tribunal administratif assorti d'une demande de sursis à exécution »[61].

Non seulement le juge constitutionnel admet qu'une mesure de reconduite à la frontière puisse émaner d'une autorité administrative et non du juge judiciaire, mais encore accepte-t-il que le contentieux de cette mesure, qui met en cause la liberté individuelle, relève de la juridiction administrative.

Le Conseil ne se contente pas d'imposer le recours au juge ; il exige que celui-ci puisse suspendre l'exécution de la mesure. Son analyse est identique concernant l'arrêté d'expulsion. Le législateur peut autoriser l'administration à expulser un étranger constituant une menace pour l'ordre public à condition qu'il entoure cette procédure des « garanties suffisantes » et « sans porter atteinte aux garanties juridictionnelles de droit commun applicables à l'espèce ». Il s'agit sans doute, ici encore, de la possibilité pour la victime d'exercer un recours pour excès de pouvoir assorti d'une demande de sursis à exécution.

Dans la décision sur le Conseil supérieur de l'audiovisuel du 17 janvier 1989, le Conseil constitutionnel autorise le législateur à doter une autorité administrative indépendante d'un pouvoir de sanctions administratives, à la condition d'assortir l'utilisation de ces prérogatives de mesures destinées à garantir la protection des droits et libertés des personnes concernées. Figure notamment au nombre de ces

---

[60] Voir notamment Conseil constitutionnel n° 80-127 DC des 19 et 20 janvier 1981, cons. n° 64, précitée ; n° 86-211 DC du 26 août 1986, cons. n° 4, précitée ; n° 93-325 DC du 13 août 1993, cons. n° 98, précitée.

[61] Conseil constitutionnel, n° 86-216 DC du 3 septembre 1986, précitée.

garanties celle qui consiste à pouvoir contester la sanction devant la juridiction administrative[62].

La consécration est encore plus nette dans la décision du 28 juillet 1989. La protection de la liberté d'aller et venir de l'étranger, composante de la liberté individuelle, peut être sauvegardée aussi bien par le juge administratif que par le juge judiciaire. Le législateur peut autoriser l'administration à effectuer une reconduite à la frontière lorsqu'un étranger est en situation irrégulière dès lors que les droits de l'intéressé bénéficient d'une garantie effective. Cette garantie passe notamment par la possibilité qu'a le justiciable de saisir le juge afin de faire constater l'illégalité de la mesure administrative et d'en suspendre l'exécution. Aucun principe de valeur constitutionnelle n'impose cependant la compétence du juge judiciaire pour statuer sur la légalité de la décision de reconduite à la frontière au motif que l'exigence d'une bonne administration de la justice qui nécessite « une voie de recours appropriée...peut être satisfaite aussi bien par la juridiction judiciaire que par la juridiction administrative »[63].

Le juge constitutionnel ne se contente pas ici d'imposer une voie de recours effective pour garantir la protection des droits des individus. Il exige que ce recours devant le juge administratif soit suspensif. Alors que le juge constitutionnel avait considéré suffisante la possibilité d'accompagner un recours juridictionnel d'une demande de sursis à exécution dans sa décision du 3 septembre 1986, il évoque en 1989 « l'exercice d'une voie de recours appropriée » qui nécessite notamment que ce recours soit suspensif. Le Conseil invite ainsi le législateur à instituer des mécanismes suspensifs devant le juge administratif tout comme il suggère à celui-ci de développer sa technique du sursis à exécution lorsque des libertés fondamentales sont en jeu. Mettre en place un recours suspensif ou instituer une procédure permettant de suspendre en urgence les effets de l'acte « ce ne serait pas porter atteinte à la spécificité du contentieux administratif mais y apporter les dérogations que le caractère constitutionnel des libertés justifie et appelle »[64]. Et si le Conseil constitutionnel n'a pas directement et systématiquement rendu obligatoire le recours suspensif devant le juge administratif, gageons qu'il a largement contribué aux dernières réformes législatives relatives aux procédures d'urgence devant la juridiction administrative.

Ainsi, en constitutionnalisant le droit au recours administratif effectif, le juge constitutionnel semble avoir constitutionnalisé, par la même occasion, le mécanisme du sursis à exécution qui est devenu « la pierre angulaire de la protection des droits des justiciables »[65].

---

[62] Conseil constitutionnel, n° 88-248 DC du 17 janvier 1989, p. 18. Voir également dans le même sens : n° 91-304 DC du 15 janvier 1992, p. 18 et n° 93-333 DC du 21 janvier 1994, p. 32.

[63] Conseil constitutionnel, n° 89-261 DC du 28 juillet 1989, précitée.

[64] J. Rivero, *Dualité de juridictions et protection des libertés*, *op. cit.*, p. 737.

[65] S. Tsiklitiras, *Le statut constitutionnel du sursis à exécution devant le juge administratif*, RDP 1992, p. 679.

Dans la décision du 13 août 1993, relative à la maîtrise de l'immigration, le Conseil constitutionnel affirme que « si le législateur peut prendre à l'égard des étrangers des dispositions spécifiques, il lui appartient de respecter les libertés et droits fondamentaux de valeur constitutionnelle reconnus à tous ceux qui résident sur le territoire de la République ». Le « droit au recours », et plus largement « aux garanties juridictionnelles de droit commun », figure notamment parmi ces libertés considérées comme fondamentales. Le Conseil déclare ainsi à plusieurs reprises les dispositions de la loi contestée conformes à la Constitution, au motif « qu'il n'est pas porté atteinte aux garanties juridictionnelles de droit commun »[66].

Dans le « considérant » 52, le juge constitutionnel énonce « que les cas visés par les dispositions contestées concernent des décisions d'expulsion et les demandes d'abrogations des arrêtés prononçant de telles décisions ; qu'en ne liant plus dans ce domaine les décisions de l'autorité administrative par l'avis d'une commission consultative, le législateur a modifié une procédure administrative sans porter atteinte aux garanties juridictionnelles de droit commun applicables en l'espèce ». Il affirme encore, dans le « considérant » 63, « que les dispositions contestées ne portent pas atteinte aux droits de recours des intéressés à l'encontre des mesures d'éloignement du territoire dont ils ont pu faire l'objet ; qu'elles ne portent pas non plus atteinte aux effets suspensifs que peuvent le cas échéant comporter de tels recours ». Il déclare enfin, dans le « considérant » 66, « que les dispositions contestées maintiennent l'existence des garanties juridictionnelles de droit commun applicables aux mesures de police administrative lesquelles comportent la faculté d'assortir les pourvois de conclusions à fin de sursis à exécution ».

La liste n'est pas exhaustive. On retrouve la même idée encore formulée dans les considérants 91, 45 et 16.

Tout autant qu'il consacre le juge administratif, le juge constitutionnel favorise le développement du rôle protecteur des libertés publiques du juge administratif. Le Conseil évoque ainsi sans ambiguïté le caractère essentiel du droit au juge pour garantir une protection effective des libertés fondamentales et il peut aussi bien s'agir du juge judiciaire que du juge administratif. Le Conseil impose uniquement un droit de recours effectif minimal comprenant « la faculté de demander directement l'annulation d'un acte administratif illégal..., la faculté de demander réparation des éventuelles conséquences dommageables de cet acte, la faculté d'en demander le sursis à exécution, car la suspension des effets d'un acte constitue une garantie essentielle des droits de la défense, la faculté de disposer d'un délai raisonnable pour saisir le juge... Ainsi, au total, en constitutionnalisant le droit constitutionnel au juge, le juge constitutionnel a, en dix ans, consacré le juge administratif mais aussi le juge judiciaire comme l'institution centrale de nature à

[66] Conseil constitutionnel, n° 93-325 DC du 13 août 1993, précitée.

assurer la garantie des libertés et droits fondamentaux de valeur constitutionnelle reconnus à toutes les personnes physiques et morales »[67].

Cette qualité de gardien des libertés reconnue au juge administratif comme au juge judiciaire par le Conseil constitutionnel n'autorise cependant pas le législateur à déroger sans condition aux règles constitutionnelles de répartition des compétences. C'est très clairement ce qu'affirme le Conseil dans sa décision du 28 juillet 1989. Le législateur ne saurait, sauf exception autorisée par le juge constitutionnel, porter atteinte au principe constitutionnel de la compétence du juge administratif pour annuler ou réformer les actes de la puissance publique comme peuvent l'être les mesures de police administrative relatives aux droits des étrangers. Peu importe, en définitive, que la mesure contestée porte atteinte à une liberté fondamentale, même s'il s'agit de la liberté individuelle. Le rôle de gardien des libertés essentielles de l'individu conféré au juge judiciaire ne suffit pas à justifier sa compétence de principe en la matière. Une compétence qui doit être partagée avec la juridiction administrative dont l'aptitude à sauvegarder les droits fondamentaux est, selon le juge constitutionnel, aussi importante que celle du juge judiciaire.

Le partage des compétences peut toutefois s'avérer source de nombreuses complications procédurales qui ne peuvent pas être méconnues du juge constitutionnel. C'est la raison pour laquelle, une fois l'existence et la compétence de la juridiction administrative affirmées en tant que principe de valeur constitutionnelle, le Conseil constitutionnel va reconnaître au législateur la possibilité d'aménager les contours du principe.

B : Le Conseil constitutionnel se laisse la possibilité de retirer certains contentieux au juge administratif :

Ce n'est pas la conséquence la moins paradoxale des décisions rendues par le Conseil constitutionnel. S'il préserve en apparence la fonction et le rôle de la juridiction administrative en constitutionnalisant son existence et sa sphère de compétence, il autorise le législateur à porter atteinte, sous son contrôle, dans l'hypothèse où il est saisi de la loi, aux règles constitutionnelles de répartition des compétences.

Le Conseil prévoit en effet des exceptions, à ce que l'on pourrait appeler le régime de droit commun, mais ces dérogations à la répartition traditionnelle des compétences entre les deux juges n'ont aucun caractère limitatif, de sorte qu'elles ouvrent au législateur de larges possibilités pour restreindre la sphère naturelle de compétence du juge administratif. Ainsi, les contentieux de l'annulation et de la

---

[67] P. Terneyre, *Le juge administratif et le juge constitutionnel*, *Le juge administratif à l'aube du XXIe siècle*, U.P.M.F. Grenoble II, 1995, p. 435.

réformation des décisions de la puissance publique sont réservés au juge administratif pour autant que ne soient pas en cause « des matières réservées par nature à l'autorité judiciaire » (1). Le législateur peut également déroger à la réserve de compétence du juge administratif dans l'intérêt d'une bonne administration de la justice (2).

1 : *Les matières réservées par nature à l'autorité judiciaire* :

Le Conseil constitutionnel consacre sans ambiguïté une réserve de compétence administrative dans sa décision du 23 janvier 1987. La réserve n'est cependant pas absolue car elle se voit immédiatement opposée une limitation. Les motivations du juge constitutionnel sont claires. Ce n'est pas nécessairement le cas des implications qui résultent de ses décisions. La solution qu'il retient ne surprend pas. Seules ses conséquences étonnent.

- Si le Conseil constitutionnel accepte une exception à la sphère traditionnelle de compétence du juge administratif, il est impératif que la dérogation corresponde à un domaine précis afin de pouvoir bénéficier d'une existence matérielle concrète. En d'autres termes, il ne peut exister une réserve naturelle de compétence judiciaire qu'à partir du moment où elle véhicule un véritable contenu qui est soumis à la connaissance des tribunaux de l'ordre judiciaire. Le Conseil constitutionnel se contente pourtant d'affirmer qu'il existe des domaines relevant par nature de l'autorité judiciaire sans jamais venir préciser ce qu'ils sont. Certaines décisions auraient pu donner lieu à quelques explications de texte, mais les compléments d'informations ont presque toujours été inexistants, comme si le juge constitutionnel avait eu la crainte de trop s'avancer sur un sujet délicat ayant des répercussions importantes sur un domaine éminemment traditionnel du droit français : le dualisme juridictionnel.

Le Conseil constitutionnel préfère éviter une limitation excessive de la compétence du juge administratif, voire une remise en cause intégrale d'un principe – l'autorité judiciaire gardienne de la liberté individuelle – ayant valeur constitutionnelle. Le juge constitutionnel cherche à opérer dans un cadre jurisprudentiel relativement empirique pour laisser coexister deux juges au service des libertés fondamentales. Laissant naître une certaine confusion, par des réponses ambiguës aux questions relatives à la compétence respective des deux ordres, le Conseil constitutionnel crée l'incertitude à la fois sur le domaine de compétence du juge administratif et sur les matières réservées par nature à l'autorité judiciaire. Il n'est toutefois pas vraiment douteux que la liberté individuelle, la propriété privée immobilière ainsi que l'état et la capacité des personnes fassent partie des matières réservées par nature à l'autorité judiciaire. Bien qu'il soit à peu près certain que ces matières relèvent traditionnellement du juge judiciaire, il demeure difficile de déterminer ce que doit entraîner cette limitation à la réserve de compétence de la juridiction administrative.

- Les matières réservées à l'autorité judiciaire, que la doctrine a essayé de déduire des circonstances historiques autant que des décisions du Conseil constitutionnel, n'impliquent cependant presque jamais la compétence exclusive des tribunaux judiciaires. Il est difficile de savoir ce que recouvre cette réserve de compétence judiciaire dans la sphère constitutionnelle de compétence du juge administratif ; il est encore plus difficile de connaître avec exactitude les conséquences qui en résultent sur le partage des contentieux entre les deux juridictions. La solution du juge constitutionnel pourrait être claire : au juge administratif le contentieux de l'annulation et de la réformation des actes de la puissance publique à l'exception des matières réservées par nature au juge judiciaire.

L'analyse littérale de la formulation retenue par le Conseil constitutionnel présume donc du rejet total de la compétence du juge administratif dans les domaines traditionnels de l'autorité judiciaire. Dans ces matières, le juge judiciaire paraît donc fondé à invoquer une plénitude de juridiction. Il semble pourtant que ce ne soit pas la lecture qu'il convienne d'avoir de la décision du Conseil constitutionnel. Dans toutes les matières énumérées précédemment, il n'existe aucune compétence exclusive du juge judiciaire.

La décision du 28 juillet 1989 illustre assez clairement la position du Conseil constitutionnel à propos de la liberté individuelle. L. Favoreu et L. Philip écrivent cependant : « A la question de savoir si le juge judiciaire doit être compétent pour connaître du contentieux de la légalité des arrêtés de reconduite à la frontière, le Conseil constitutionnel répond par la négative dès lors que de tels actes constituent de simples mesures restrictives de liberté mettant en cause la liberté d'aller et venir sans toucher la liberté individuelle. Le principe de l'autorité judiciaire gardienne de la liberté individuelle n'a dès lors pas lieu de s'appliquer et la réserve de compétence du juge administratif doit donc s'imposer »[68]. L'argument est pourtant contestable. L'arrêté de reconduite à la frontière emporte inévitablement des conséquences sur la liberté d'aller et venir de l'étranger, liberté que le Conseil a lui-même clairement rattachée à la liberté individuelle, mais il emporte également presque systématiquement des conséquences sur la sûreté individuelle de l'étranger.

La décision du Conseil est en réalité relativement claire. Le juge constitutionnel se refuse à étendre d'une manière excessive la compétence du juge judiciaire sur celle du juge administratif. C'est la raison pour laquelle toute atteinte à la liberté individuelle, entendue largement, n'impose pas systématiquement la compétence de l'autorité judiciaire. Le Haut Conseil affirme d'ailleurs lui-même que la compétence de principe du juge judiciaire en la matière n'a pas à être exclusive. Son intervention ne s'impose qu'à partir du moment où il y a privation de liberté, encore que cela ne l'autorise pas à annuler l'acte administratif.

La même décision révèle également le refus du juge constitutionnel d'unifier le contentieux de l'état et la capacité des personnes estimant que ces questions sont

[68] L. Favoreu et L. Philip, *Les grandes décisions du Conseil constitutionnel*, D. 10e éd., 1999, p. 723.

exceptionnelles dans le cadre du contentieux de la reconduite à la frontière. « Considérant sans doute que…certaines catégories d'étrangers ne peuvent faire l'objet d'une reconduite à la frontière en raison de considérations liées à leurs âges ou à leur situation familiale ; qu'en outre, une mesure d'éloignement n'est légalement justifiée que si l'intéressé est de nationalité étrangère ou n'a pas de nationalité ; Considérant cependant que les litiges liés à ces situations ne sont pas d'une nature ou d'une fréquence telle qu'ils puissent entraîner une dérogation aux règles normales de compétence ». L'état et la capacité des personnes est donc bien une matière réservée par nature à l'autorité judiciaire mais elle ne peut pas systématiquement justifier sa compétence.

La décision du 28 juillet 1989 surprend donc doublement. Le transfert de compétence du contentieux de la reconduite à la frontière au profit du juge judiciaire, souhaité par le législateur, qui concerne le domaine de la liberté individuelle mais aussi celui de l'état et la capacité des personnes, n'est pas conforme à la Constitution car il porte atteinte à la réserve constitutionnelle de compétence du juge administratif. Quel sens convient-il alors de donner à ce domaine réservé par nature à l'autorité judiciaire ? Quelle pertinence y a-t-il à l'évoquer ? Tout se passe comme si le juge constitutionnel se sentait dans l'obligation de montrer qu'il n'ignore pas l'existence de l'article 66 de la Constitution, ni celle de quelques vieux principes épars sur lesquels repose la compétence judiciaire, plutôt que d'en tirer des conséquences concrètes.

La même idée vaut encore concernant le contentieux de la propriété privée. Le Conseil a constitutionnalisé la mission de gardien du droit de propriété du juge de droit commun et il a, par là-même, fait entrer cette matière dans les domaines réservés par nature à l'autorité judiciaire. La solution peut être cependant critiquée pour les mêmes raisons. Elle n'emporte pas la compétence exclusive de l'autorité judiciaire et elle impose un partage particulièrement complexe entre les deux juges. « Ici encore, on peut s'interroger…sur l'opportunité d'une consécration constitutionnelle, d'ailleurs limitée à la protection de la propriété immobilière… De surcroît, il est difficile de connaître l'étendue exacte de la compétence judiciaire garantie par le principe : la seule certitude dont on dispose est qu'elle joue pour la fixation de l'indemnité due en cas de dépossession, donc principalement en cas d'expropriation. En l'absence de dépossession, la compétence judiciaire ne s'impose pas… La question de savoir si la compétence judiciaire pour prononcer le transfert de propriété à l'issue de la phase administrative de l'expropriation procède d'une nécessité constitutionnelle est plus incertaine »[69]. La constitutionnalisation est d'autant plus inopportune qu'elle repose principalement sur la loi du 8 mars 1810 relative à l'expropriation qui n'est pas une loi de la République. Hormis ce texte, la compétence judiciaire dans le domaine de la propriété privée se fonde essentiellement sur des principes jurisprudentiels. En plus de reposer sur un fondement très incertain, la consécration constitutionnelle du rôle du juge judiciaire

[69] P. Wachsmann, *Libertés publiques*, Dalloz, 3e éd., 2000, p. 148.

dans le domaine de la propriété semble interdire la constitution d'un bloc de compétence, aussi bien au profit du juge administratif que du juge judiciaire. La réserve traditionnelle de compétence judiciaire, loin de s'imposer, semble donc presque toujours devoir être conciliée avec la réserve de compétence du juge administratif. La solution retenue par le juge constitutionnel, solution de compromis, est, à plus d'un titre, peu compréhensible.

Elle rend d'abord peu intéressante la technique des matières réservées par nature au juge judiciaire, puisque celui-ci ne dispose dans ces domaines que d'une compétence limitée. On ne voit pas clairement quel intérêt il peut y avoir à restreindre la réserve de compétence de la juridiction administrative si la dérogation n'est que partielle.

La solution rend ensuite plus ou moins caduques les fondements sur lesquels le domaine « des matières réservées par nature à l'autorité judiciaire » repose. Il apparaît indispensable de trouver une justification à l'empiètement du juge judiciaire dans la sphère traditionnelle d'intervention du juge administratif dans le domaine de la liberté individuelle, de la propriété privée, de l'état et la capacité des personnes... Peut-être est-ce parce que, dans des matières aussi sensibles, il a été considéré que seul le juge judiciaire pouvait assurer une protection efficace des droits des justiciables ? Peut-être est-ce parce que ce juge avait une bien meilleure connaissance de ces domaines ? En rejetant l'exclusivité de la compétence judiciaire dans ces matières, en refusant de la consacrer expressément, le Conseil constitutionnel semble exclure l'aspect impératif de l'intervention du juge judiciaire. Pourquoi alors recourir au juge judiciaire dans un contentieux a priori administratif si son intervention n'est en définitive pas nécessaire ? L'autorité judiciaire doit être compétente lorsque l'administration porte atteinte à la liberté individuelle ou à la propriété privée parce qu'elle est la gardienne de la liberté individuelle et de la propriété privée. Or si elle en est la gardienne, il n'y a pas de raison pour que son intervention ne soit pas exclusive. Considérant que l'autorité judiciaire n'est pas la gardienne exclusive de la liberté individuelle ou de la propriété privée, le Conseil constitutionnel suggère ouvertement qu'il existe deux juges pour réaliser cette mission, et plus rien ne justifie alors le maintien « des matières réservées par nature à l'autorité judiciaire ».

La solution génère enfin de nombreuses difficultés parce que, loin d'aboutir à une quelconque compétence exclusive d'un juge sur l'autre, elle conduit immanquablement à un partage des compétences entre les deux juges.

- On comprend difficilement l'intérêt qu'il y a pour le Conseil constitutionnel à consacrer une réserve de compétence administrative si celle-ci est soumise à restriction. L'idée vaut plus encore lorsque l'on sait à quel point cette réserve de compétence est naturellement limitée. Il eut été plus simple de consacrer uniquement l'existence de la juridiction administrative sans chercher à lui sauvegarder un domaine minimum d'intervention.

Les décisions rendues par le juge constitutionnel apportent finalement peu, et c'est d'ailleurs probablement l'aspect le plus remarquable de la jurisprudence du Conseil. Ce dernier se contente tout au plus de consacrer l'état du droit.

Le juge administratif reste ainsi exclusivement compétent en ce qui concerne le contentieux de l'annulation et de la réformation des actes de la puissance publique, et cela même lorsque sont en cause « des matières réservées par nature à l'autorité judiciaire »[70]. Cette réserve traditionnelle de compétence judiciaire n'aboutit finalement qu'à un partage des compétences entre les deux juges. Reste que le Conseil constitutionnel ouvre plus nettement au juge judiciaire la possibilité d'apprécier la légalité des actes administratifs qui portent atteinte à la liberté individuelle puisque la réserve de compétence administrative ne semble pas devoir être étendue au-delà de l'annulation et de la réformation de l'acte administratif. Le juge constitutionnel n'interdit pas l'extension de la compétence judiciaire au contentieux de l'appréciation de la légalité - ce qui permettrait somme toute de faire enfin appliquer l'article 136 du Code de procédure pénale - mais il ne l'impose pas.

Il n'en résulte aucun bouleversement de l'état du droit. Le juge administratif et le Tribunal des conflits persistent dans la voie initiale tracée par la jurisprudence Clément.

2 : *La bonne administration de la justice* :

La prise en compte de la bonne administration de la justice autorise le législateur à déroger au principe de la réserve de compétence de la juridiction administrative[71]. La mise en place de cette technique correspond à une acceptation, par le juge constitutionnel, des inconvénients générés par l'existence d'une justice dualiste. Tout autant qu'il consacre la juridiction administrative, et par voie incidente, le dualisme juridictionnel, le Conseil en dénonce ses principales faiblesses. La dérogation accordée par le juge constitutionnel aux règles traditionnelles de répartition des compétences prend en compte les inconvénients de la dualité des compétences. Le juge constitutionnel fait donc ainsi de « la bonne administration de la justice » un objectif de valeur constitutionnelle. De sorte que la reconnaissance constitutionnelle de la juridiction administrative s'accompagne de la fragilisation de cette dernière.

Bien que cet aménagement des compétences puisse en théorie jouer aussi bien en faveur du juge administratif que du juge judiciaire, il doit être presque

[70] La seule exception notable concerne les litiges provoqués par les contrôles et vérifications d'identité.

[71] « ...lorsque l'application d'une législation ou d'une réglementation spécifique pouvait engendrer des contestations contentieuses diverses qui se répartiraient, selon les règles habituelles de compétence, entre la juridiction administrative et la juridiction judiciaire, il est loisible au législateur, dans l'intérêt d'une bonne administration de la justice, d'unifier les règles de compétence juridictionnelle au sein de l'ordre juridictionnel principalement intéressé ». Conseil constitutionnel, n° 86-224 DC du 23 janvier 1987, précitée.

exclusivement entendu dans le sens d'une limitation supplémentaire à la compétence du juge administratif. La rédaction même de la décision du 23 janvier 1987 implique l'application de la théorie dans un sens favorable au juge judiciaire.

Plus que la seule juridiction administrative, c'est l'ensemble du dualisme juridictionnel qui se trouve fragilisé. Si le Conseil constitutionnel admet des dérogations aux principes traditionnels de répartition des compétences entre les deux ordres de juridiction, c'est uniquement parce qu'il accepte de considérer que, dans certains domaines, la protection accordée par les deux juges est moindre que celle qui résulterait de la compétence d'un seul juge. Il incite ainsi le législateur à mettre en place des blocs de compétence aboutissant à chaque fois à remettre un peu plus en cause l'existence de la justice dualiste. Raison pour laquelle il ne peut pas toujours cautionner ces transferts de compétence effectués au profit des tribunaux judiciaires, même s'ils s'avèrent parfaitement justifiés. L'utilisation qu'il fait de cette technique des blocs de compétence se révèle ainsi ambiguë, parfois illogique, souvent contestable.

Le Conseil constitutionnel, dès la décision du 23 janvier 1987, accepte la dérogation à la réserve de compétence de la juridiction administrative dans l'intérêt d'une bonne administration de la justice. « Considérant que, si le Conseil de la concurrence, organisme administratif, est appelé à jouer un rôle important dans l'application de certaines règles relatives au droit de la concurrence, il n'en demeure pas moins que le juge pénal participe également à la répression des pratiques anticoncurrentielles sans préjudice de celle d'autres infractions intéressant le droit de la concurrence ; qu'à des titres divers le juge civil ou commercial est appelé à connaître d'actions en responsabilité ou en nullité fondées sur le droit de la concurrence ». De ce fait, la loi qui « tend à unifier sous l'autorité de la Cour de cassation l'ensemble de ce contentieux spécifique et ainsi à éviter ou à supprimer des divergences qui pourraient apparaître dans l'application et dans l'interprétation du droit de la concurrence » se justifie pleinement[72].

Le juge constitutionnel va cependant refuser, deux ans plus tard, l'unification au profit du juge judiciaire du contentieux relatif au contrôle des mesures de reconduite à la frontière. Cette solution, qui restreint la portée de la décision du 23 janvier 1987, s'explique fort mal du point de vue de la qualité de la garantie juridictionnelle accordée au justiciable. Plus encore que dans la décision relative au Conseil de la concurrence, la bonne administration de la justice était en jeu. Plus encore que pour les litiges relatifs aux décisions du Conseil de la concurrence, il semblait essentiel d'unifier le contentieux des mesures de reconduite à la frontière.

Le droit du justiciable à contester une décision du Conseil de la concurrence est, certes, important. Il n'est pas, selon nous, aussi essentiel que le droit fondamental reconnu à toute personne de se déplacer librement ou de ne pas être retenu contre son gré arbitrairement. La liberté en cause peut être considérée comme

---

[72] Voir également Conseil constitutionnel, n° 96-378 DC du 23 juillet 1996, p. 99. Le juge constitutionnel déclare conforme à la Constitution le transfert de compétence au profit de la Cour d'appel de Paris du contentieux des décisions de l'Autorité de régulation des télécommunications.

suffisamment fondamentale pour justifier une protection rapide, efficace, simple et intégrale. Or l'effectivité de la protection est rarement au rendez-vous lorsque le contentieux est divisé entre les différentes juridictions. C'est pourtant le cas en la matière. Le plaideur doit, dans un délai très court, saisir le juge administratif, afin de contester la décision préfectorale de reconduite à la frontière, et le juge judiciaire, afin de contester la régularité du placement en rétention qui précède le départ du territoire. Comme le faisait remarquer le Gouvernement pour défendre son texte, « ces deux procédures doivent être traitées en urgence par deux ordres juridictionnels différents et très souvent, dans deux villes différentes : il n'est pas possible d'assurer ainsi, dans de bonnes conditions, le respect des règles propres à chaque juridiction dans des délais aussi brefs »[73].

Plusieurs arguments militaient ainsi en faveur de l'unification du contentieux :

- Le droit mis en cause dans ce domaine spécifique était fondamental puisqu'il s'agissait, ni plus ni moins, que de la liberté individuelle dont il était question. Sa protection nécessitait ainsi une solution claire et rigoureuse.
- La qualité de la protection juridictionnelle des justiciables était largement remise en cause du fait de la division et même de la dispersion du contentieux. Le problème de la répartition des compétences entre les deux juges était d'ailleurs accentué compte tenu du fait que la liberté individuelle était en jeu.
- Le choix du législateur semblait d'autant plus évident qu'il devait considérer le domaine en question comme faisant parti intégrante des « matières réservées par nature à l'autorité judiciaire ».

Le Conseil constitutionnel va cependant rejeter le bloc de compétence sur le fondement de la bonne administration de la justice. L'argument ne convainc pas. Il est clair que la bonne administration de la justice aurait gagné à voir unifier le contentieux de la reconduite à la frontière. Qui peut nier qu'il est plus simple pour le plaideur de saisir le même juge de l'ensemble des questions relatives à son litige plutôt que d'être ballotté d'une juridiction à l'autre ? Même si le juge administratif s'est vu conférer par la suite des prérogatives spécifiques en la matière, lui imposant d'intervenir rapidement, il n'en demeure pas moins que le contentieux subit un partage qui est défavorable au justiciable.

Le Conseil constitutionnel se justifie en invoquant le fait que la reconduite à la frontière n'entraîne pas systématiquement une rétention administrative. Les inextricables enchevêtrements de compétence entre le juge administratif et le juge judiciaire ne seraient, ainsi, pas suffisamment fréquents pour justifier une atteinte à la séparation traditionnelle des compétences entre les deux ordres de juridiction.

La bonne administration de la justice vise principalement à limiter les problèmes de répartition des compétences. Le principe ne saurait jouer que dans

[73] Citation du mémoire en défense du Gouvernement extraite des grandes décisions du Conseil constitutionnel, L. Favoreu et L. Philip, *op. cit.*, p. 725.

l'hypothèse où les inconvénients sont suffisamment importants pour justifier une dérogation aux règles traditionnelles des compétences. N'est-ce pas le cas en l'espèce ? Il apparaît pourtant qu'approximativement la moitié des reconduites à la frontière donne lieu à un placement en rétention administrative. Ceci est loin d'être négligeable. Il y a donc bien coexistence de deux procédures distinctes devant le juge administratif et devant le juge judiciaire dans un cas sur deux. Même dans l'hypothèse où l'étranger en instance de refoulement n'a pas été placé en rétention administrative, il sera dans l'obligation de saisir le juge judiciaire pour obtenir la réparation du préjudice subi si le juge administratif déclare la décision de reconduite à la frontière irrégulière. Seul le juge judiciaire est en principe compétent pour réparer les atteintes à la liberté individuelle.

Au total, plus qu'il ne refuse de considérer cette unification comme allant dans le sens de la bonne administration de la justice, le Conseil constitutionnel estime non impérative cette dérogation à la réserve de compétence du juge administratif. Il n'est, selon lui, pas indispensable de porter atteinte aux règles traditionnelles de répartition des compétences en la matière, les inconvénients n'étant pas suffisamment conséquents pour justifier que l'on retire au juge administratif, juge des libertés, ce contentieux.

La solution laisse sceptique tant celle-ci est à contre-courant d'une meilleure qualité de la protection juridictionnelle des droits et libertés fondamentaux. Elle s'explique très probablement par la crainte du Conseil de voir les dérogations se multiplier dans le cadre du contentieux relatif à la liberté individuelle. Un contentieux si important, qualitativement que quantitativement, que son transfert intégral au profit du juge judiciaire pourrait aboutir à la remise en cause de la juridiction administrative.

Même en consacrant l'existence constitutionnelle des tribunaux administratifs, même en limitant les transferts de compétence à la condition que le texte soit justifié par les nécessités d'une bonne administration de la justice, et qu'il consiste en un aménagement précis et limité des règles de compétence, même en refusant ces transferts alors qu'ils sont effectivement limités dans l'espace et qu'ils permettent d'améliorer le bon fonctionnement de la justice, comme c'est le cas pour le contentieux des mesures administratives de reconduite à la frontière, nous ne sommes pas certains que le Conseil constitutionnel aille véritablement, à long terme, dans le sens d'une sauvegarde de la juridiction administrative.

La position du juge constitutionnel est donc à la fois ambiguë et inconfortable. Il participe en même temps à la protection de la juridiction administrative et à l'effritement de sa fonction. Sa volonté de faire concilier les compétences traditionnelles du juge judiciaire avec cette réserve de compétence du juge administratif n'est ni satisfaisante du point de vue du juge judiciaire, ni du point de vue du juge administratif, ni encore moins du point de vue de la qualité de la justice.

§ 3 : L'INCIDENCE DE LA JURISPRUDENCE CONSTITUTIONNELLE SUR LA DUALITE DE JURIDICTIONS :

Par les principes qu'elle consacre et par les règles qu'elle institue, la jurisprudence du Conseil constitutionnel cherche essentiellement à établir un certain équilibre entre l'existence parallèle d'une juridiction administrative et judiciaire. Loin de vouloir favoriser directement une juridiction au détriment de l'autre, le juge constitutionnel s'efforce de contribuer à stabiliser leurs rapports en essayant de délimiter au mieux leurs domaines respectifs de compétence afin d'assurer la meilleure protection juridictionnelle possible.

Pourtant, en consacrant le principe faisant de l'autorité judiciaire la gardienne de la liberté individuelle, et en consacrant une réserve de compétence administrative sur le fondement du principe de séparation des autorités, le Conseil a érigé deux principes antagonistes au niveau constitutionnel, rendant la simplification ou l'unification des compétences au profit d'un seul juge très délicate. Il a, certes, ouvert au législateur des possibilités pour contourner la réserve de compétence du juge administratif, mais il semble en avoir interdit l'utilisation concernant le contentieux de la liberté individuelle.

Cette recherche systématique de la conciliation des compétences entre le juge judiciaire et le juge administratif a, dans le domaine du droit des étrangers entre autre, plus abouti à restreindre la protection juridictionnelle accordée au justiciable. Elle semble interdire la mise en place d'un bloc de compétence et imposer le partage des compétences entre les deux juges. Ainsi, cherchant à sauvegarder la sphère d'intervention du juge judiciaire et celle du juge administratif dans le domaine des libertés fondamentales, cherchant également à préserver les principes sur lesquels repose notre système juridictionnel, le juge constitutionnel n'apporte pas la simplification tant souhaitée des règles de répartition des compétences (A). Et si sa jurisprudence vise à préserver concurremment le juge judiciaire et le juge administratif, il n'est pas certain qu'elle y réussisse (B).

A : **Une logique de conciliation qui favorise la division de l'instance** :

En voulant préserver une sphère minimum d'intervention du juge judiciaire et du juge administratif pour connaître du contentieux de la liberté individuelle (c'est tout aussi vrai en ce qui concerne le contentieux du droit de propriété), en imposant le respect du principe faisant de l'autorité judiciaire la gardienne de la liberté individuelle, mais en imposant aussi le respect de la compétence du juge administratif pour annuler ou réformer les actes de la puissance publique, le Conseil constitutionnel ne modifie en rien la situation qui prévalait en la matière avant son intervention.

Cette logique de conciliation va très largement dans la même voie que celle tracée précédemment par le Tribunal des conflits. La jurisprudence du juge constitutionnel vient plutôt complexifier la situation. Elle a tout d'abord pu laisser croire à un véritable bloc de compétence judiciaire pour assurer la sauvegarde de la liberté individuelle. Cet espoir, rapidement condamné, a eu pour principale conséquence de rajouter de la confusion dans un domaine qui n'en manquait déjà pas. Elle a ensuite rendu presque impossible l'unification du contentieux de la liberté individuelle au profit d'un seul juge en imposant plus ou moins directement le partage entre la juridiction judiciaire et la juridiction administrative.

- Le Conseil constitutionnel constitutionnalise le principe faisant de l'autorité judiciaire la gardienne de la liberté individuelle. Ce faisant, il impose le respect de la compétence judiciaire en matière d'atteinte à la liberté individuelle. Il complexifie cependant la situation car il entend le contenu de la liberté individuelle de façon particulièrement extensive. De telle sorte que le juge constitutionnel rejette l'intervention systématique de l'autorité judiciaire pour toutes les composantes de la liberté individuelle, tout autant qu'il rejette la compétence exclusive de l'autorité judiciaire quelle que soit la composante en question.

Il n'existe ainsi aucun noyau dur exclusif de compétence judiciaire dans le contentieux de la liberté individuelle même en ce qui concerne la sûreté. Le Conseil veille simplement à ce que le législateur ménage, dans l'hypothèse où l'autorité administrative porte atteinte à la sûreté d'un individu, une plage d'intervention judiciaire dans le cadre d'une procédure privative de liberté.

Le juge constitutionnel cherche donc ici à concilier le rôle du juge judiciaire et celui du juge administratif. Il refuse l'exclusivité de la compétence judiciaire sur le fondement de l'article 66 de la Constitution, afin d'éviter un empiètement excessif de ce juge dans le domaine d'intervention de la juridiction administrative. Le Conseil constitutionnel, en cherchant avant tout à sauvegarder la compétence du juge administratif, rend impossible un éventuel bloc de compétence administratif lorsque la puissance publique porte atteinte à la liberté individuelle puisqu'il impose, en vertu de l'article 66 de la Constitution, un minimum d'intervention judiciaire.

- Le Conseil constitutionnel constitutionnalise une réserve de compétence administrative qui concerne le contentieux de l'annulation et de la réformation des actes de la puissance publique. Il semble ainsi interdire la compétence du juge judiciaire pour annuler ou réformer les actes de la puissance publique même dans l'hypothèse où l'acte administratif porte atteinte à la liberté individuelle. Il rend a priori impossible le bloc de compétence judiciaire.

La liberté individuelle nécessite une plus grande protection. La simplification de l'appareil juridictionnel était nécessaire pour faire bénéficier la victime d'une satisfaction intégrale rapide. Cette protection simple et rapide était possible. Il suffisait pour cela au Conseil constitutionnel d'imposer un bloc de compétence judiciaire en la matière. Il le pouvait puisqu'il a prévu deux exceptions à la réserve de compétence du juge administratif : les matières réservées par nature au juge judiciaire et la bonne administration de la justice.

Bien qu'il reconnaisse que la liberté individuelle relève traditionnellement de l'autorité judiciaire, il va clairement refuser la mise en place d'un bloc de compétence judiciaire. Et si la bonne administration de la justice commande l'exercice d'une voie de recours appropriée pour assurer la garantie effective des droits des individus, « cette exigence qui peut être satisfaite aussi bien par la juridiction judiciaire que par la juridiction administrative, ne saurait à elle seule autoriser qu'il soit porté atteinte à un principe de valeur constitutionnelle ».

Le juge constitutionnel, faisant prévaloir la réserve de compétence du juge administratif sur le principe de la bonne administration de la justice, refuse d'interpréter la compétence de principe du juge judiciaire en matière d'atteinte à la liberté individuelle comme devant exclure intégralement l'intervention du juge administratif. Il le fait, et c'est d'ailleurs pour lui la raison pour laquelle le refus d'instituer un bloc de compétence judiciaire ne porte pas atteinte à la bonne administration de la justice, parce qu'il considère le juge administratif aussi protecteur que le juge judiciaire. Cet argument, qui ne prend pas en compte les problèmes de répartition des compétences, s'explique mal. « Si la liberté...ne gagne rien à être placée sous la protection du juge judiciaire, on ne voit plus pourquoi il faudrait maintenir le principe de l'article 66, alinéa 2 qui déroge au principe de séparation des autorités judiciaires et administratives : il n'a plus aucune raison d'être, et complique plutôt la répartition des compétences en droit positif »[74].

Ainsi, le respect de la réserve de compétence du juge administratif semble interdire l'unification du contentieux de la liberté individuelle au profit du juge judiciaire tout comme le respect de l'article 66 de la Constitution interdit l'unification au profit du juge administratif. Rejetant tant l'exclusivité que la concurrence des compétences, le juge constitutionnel consacre le partage des compétences juridictionnelles pour sauvegarder la liberté individuelle. Exception faite du domaine de la sûreté, le contentieux de la liberté individuelle se réparti ainsi : au juge administratif l'annulation et la réformation des actes administratifs attentatoires à la liberté individuelle ; au juge judiciaire le contentieux de la réparation en vertu notamment de l'article 136 du Code de procédure pénale. L'article 66 de la Constitution n'impose pas, selon le juge constitutionnel, d'aller au-delà.

Lorsque la sûreté est en jeu, la même répartition prévaut. La seule différence concerne l'intervention de l'autorité judiciaire durant la procédure aboutissant à la privation de la liberté. Cette intervention n'emporte pas la compétence de principe du juge judiciaire pour annuler ou réformer l'acte administratif qui conduit à priver l'individu de sa liberté. On est très loin du juge unique gardien de la liberté individuelle.

[74] E. Picard, *op. cit.*, p. 177.

La protection de la liberté individuelle serait pourtant très probablement mieux garantie dans l'hypothèse d'une compétence exclusive d'un juge sur l'autre, ou bien en cas de compétence concurrente des deux juridictions. Ni l'une ni l'autre ne semble toutefois être acceptée par le Conseil constitutionnel.

La première hypothèse obligerait le juge constitutionnel à faire prévaloir un principe sur l'autre alors qu'ils ont tous les deux une valeur constitutionnelle. Le Conseil ne souhaite pas rendre inopérant l'article 66 de la Constitution tout comme il ne souhaite pas trop restreindre la compétence du juge administratif dans la protection des droits individuels.

La seconde hypothèse rendrait sans grand intérêt l'affirmation prônée à l'article 66 de la Constitution. Pour quelle raison faudrait-il continuer à considérer l'autorité judiciaire comme la gardienne de la liberté individuelle si l'affirmation ne se traduit pas dans les faits, et si le juge administratif se révèle tout aussi apte à assurer la protection de cette liberté ? Plus que la jurisprudence du Tribunal des conflits ou qu'un rapide aperçu de la réalité contentieuse de la liberté individuelle, le Conseil constitutionnel porte lui-même un coup fatal à la valeur du principe énoncé par l'article 66 de la Constitution lorsqu'il considère la juridiction administrative tout aussi apte que l'autorité judiciaire à assurer une protection effective des libertés fondamentales.

Cette affirmation a de fortes répercussions sur la dualité de juridictions. Tout comme il est inutile de proclamer pour de simples raisons historiques la supériorité de la protection judiciaire des droits, il ne sert à rien de proclamer le juge administratif gardien des libertés publiques s'il ne peut véritablement y prétendre. Le Conseil constitutionnel va pourtant bien au-delà. Il fait plus qu'affirmer l'aspect protecteur de la juridiction administrative, il lui impose de se transformer, afin de mettre en adéquation ses affirmations avec la réalité juridique. Il justifie ainsi son refus de placer intégralement la liberté individuelle sous la protection de l'autorité judiciaire par le souci qu'il porte à faire du juge administratif un protecteur aussi efficace. Ce faisant, il remet en cause la spécificité de la juridiction administrative.

B : **La mise en cause du dualisme juridictionnel par le juge constitutionnel** :

« Que les tenants d'une séparation entre les deux ordres de juridiction se rassurent, le Conseil constitutionnel veille plus que jamais à son effectivité »[75]. C'est en ces termes que F. Osman concluait son article sur le juge judiciaire gardien de la liberté individuelle. Il est vrai qu'une analyse littérale des décisions du Conseil constitutionnel révèle le souci de ce juge de ne pas porter atteinte au dualisme juridictionnel. Sa jurisprudence est même marquée par le sceau de la

---

[75] F. Osman, *Le juge judiciaire gardien de la liberté individuelle: mythe ou réalité*, Gaz. Pal. 27 février 1990, p. 133.

neutralité. Plus que le seul souci d'une justice efficace, le juge constitutionnel cherche à rendre la justice la plus efficace possible dans le cadre du système dualiste proposé depuis plus de deux siècles. En d'autres termes, la qualité de la protection des droits fondamentaux doit être conciliée au mieux avec l'existence de deux ordres de juridiction séparés. S'il est ainsi possible de déroger partiellement aux règles de répartition des compétences, afin de rendre plus satisfaisante la sauvegarde d'une liberté fondamentale, cela ne peut aller jusqu'à la remise en cause pure et simple de la compétence d'un juge au détriment de l'autre.

Le refus d'unifier le contentieux de la liberté individuelle au profit du juge judiciaire présente cependant une contrepartie. Elle impose une justification solide. La protection de la sphère de compétence de la juridiction administrative n'est pas suffisante, car cet argument, pris de manière autonome, laisserait à penser que le juge constitutionnel ne se souci pas véritablement de la sauvegarde des droits fondamentaux des individus. La défense du champ de la compétence de la juridiction administrative doit corrélativement s'accompagner de l'idée que ce juge est tout aussi protecteur que son homologue judiciaire. Cette consécration du juge administratif gardien des libertés fondamentales n'est pas sans ambiguïté. Pour sauvegarder le domaine de compétence de la juridiction administrative en ce qui concerne la protection des droits publics fondamentaux, le Conseil constitutionnel impose au juge administratif de modifier sa perception des rapports entre l'administration et les administrés.

Un juge protecteur des libertés doit impérativement prendre en compte les intérêts et les droits des individus dont il assure la sauvegarde. Il doit pour cela disposer de l'ensemble des moyens juridiques lui permettant de protéger avec efficacité la liberté qui est menacée sans oublier son rôle de gardien des libertés. Ce qui caractérise le juge administratif, n'est-ce pas avant tout d'être le juge de l'administration ? Plus qu'il lui impose de se partager entre les intérêts de l'administration et ceux des administrés, le juge constitutionnel invite la juridiction administrative à devenir le juge de l'administré. En imposant au juge administratif de faire évoluer ses techniques de protection, en lui suggérant avec insistance de repenser l'équilibre établi entre les intérêts privés et l'intérêt public, le Conseil constitutionnel remet directement en cause la spécificité de la juridiction administrative.

Si la bonne administration de la justice doit être entendue comme un moyen de lutter contre le morcellement des contentieux en autorisant la mise en place de blocs de compétence, elle peut également être entendue dans le sens d'une justice indépendante, rapide et efficace. Sont ici énoncées les conditions nécessaires à l'effectivité de la protection des libertés par le juge. C'est la raison pour laquelle le Conseil constitutionnel impose, en lieu et place d'un transfert de compétence au profit de l'autorité judiciaire, au juge administratif d'être plus protecteur. Il remet parallèlement en cause, tout du moins indirectement, la dualité fonctionnelle et la lenteur du juge administratif.

- La combinaison du principe de la séparation des pouvoirs avec l'article 16 de la Déclaration des droits de l'homme implique initialement la compétence de principe de l'autorité judiciaire, seule suffisamment indépendante, pour assurer la sauvegarde des droits fondamentaux des individus. Considérant que la protection des libertés fondamentales ne relève pas exclusivement du juge judiciaire, le juge constitutionnel doit consacrer et veiller à l'indépendance de la juridiction administrative au même titre que son homologue judiciaire.

C'est le sens qu'il convient de donner à la décision du 22 juillet 1980 qui constitutionnalise l'indépendance de la juridiction administrative. Bien que le juge constitutionnel ne conteste pas directement la dualité fonctionnelle de la juridiction administrative, il lui impose de statuer de manière indépendante. Le Conseil constitutionnel n'est-il pas à l'origine du revirement de jurisprudence du Conseil d'Etat en ce qui concerne l'interprétation des dispositions d'un traité ? L'interprétation ministérielle était, avant l'arrêt GISTI du 29 juin 1990, obligatoire, ce qui avait pour effet de lier le juge administratif quant à la solution à donner au litige[76]. Une telle solution, qui aboutissait à priver le juge de l'essentiel de son pouvoir de décision, n'était « guère compatible avec l'existence et l'indépendance constitutionnelles de la juridiction administrative consacrées par la jurisprudence du Conseil constitutionnel »[77]. Sans faire expressément référence à la jurisprudence du Conseil constitutionnel dans ses conclusions, le commissaire du gouvernement R. Abraham avait justifié le revirement par « l'indépendance constitutionnelle de la juridiction administrative »[78].

- L'intégration par le juge administratif de la jurisprudence du Conseil constitutionnel emporte des conséquences sur son mode de fonctionnement et sur sa personnalité propre. La pénétration du droit constitutionnel dans le droit administratif a indiscutablement conduit la juridiction administrative à porter une attention accrue au respect des droits fondamentaux.

On a déjà fait remarquer l'incidence de la jurisprudence du Conseil constitutionnel sur le développement par la juridiction administrative des procédures d'urgence. Le Conseil a affirmé, à plusieurs reprises, la valeur constitutionnelle du sursis à exécution qui est une « garantie essentielle des droits de la défense ». La juridiction administrative a toujours eu par tradition une conception restrictive du droit à obtenir le sursis à exécution d'une décision de l'autorité administrative. Cette prudence, dans l'utilisation d'un mécanisme indispensable à la protection effective de la liberté, se justifiait par la crainte de paralyser l'action administrative. Agissant de la sorte, le juge administratif faisait prévaloir l'intérêt de l'administration sur les droits des administrés.

La jurisprudence administrative, avant même la grande réforme sur les procédures d'urgence devant la juridiction administrative du 30 juin 2000, va

---

[76] C.E. Ass. 29 juin 1990, *GISTI*, p. 171.
[77] note J.-F. Lachaume, RFDA 1990, p. 923, cité p. 931.
[78] concl. R. Abraham, A.J 1990, p. 621, cité p. 627.

assouplir sa position. Cette inflexion provient essentiellement des décisions du juge constitutionnel. Le Conseil constitutionnel refuse le transfert, au profit de l'autorité judiciaire, du contentieux de la reconduite à la frontière. Il impose cependant au législateur de prévoir devant le juge administratif un recours suspensif.

La loi du 10 janvier 1990 a introduit, par l'article 22 bis de l'ordonnance du 2 novembre 1945, une procédure accélérée de recours suspensif d'exécuter l'arrêté de reconduite à la frontière devant le tribunal administratif. Le texte ne prévoit cependant pas un appel suspensif. Pourtant, le Conseil d'Etat, suivant les conclusions de son commissaire du gouvernement, a accepté de prononcer le sursis à exécution d'une décision de reconduite à la frontière. Faisant référence à la jurisprudence du Conseil constitutionnel qui « voit dans la procédure du sursis à exécution, lorsque sont en cause des décisions individuelles défavorables d'une particulière gravité, une règle de valeur supralégislative », et estimant qu'« aucune disposition n'exclut explicitement le sursis à exécution en appel », le commissaire du gouvernement affirme qu'il n'existe « aucune raison de priver les justiciables de la garantie fondamentale constituée par le sursis à exécution, et ceci d'autant plus qu'il s'agit d'une matière touchant aux libertés individuelles »[79].

Le Conseil constitutionnel invite donc le juge administratif à suspendre plus fréquemment et plus facilement l'action de l'administration lorsqu'elle risque de porter atteinte aux libertés individuelles. Il ne s'agit pas de retirer toute portée au privilège du préalable, ni même d'empêcher l'administration d'exercer son activité, il convient seulement de ne pas négliger la protection des libertés fondamentales des administrés.

Du rôle de conciliateur des intérêts privés et des intérêts publics, entendu dans un sens très favorable à la puissance publique, le juge administratif tend ainsi à devenir le gardien des libertés fondamentales face aux actes de l'autorité administrative. Ce phénomène trouve largement sa source dans les décisions du Conseil constitutionnel. Si le juge administratif continue à trancher entre l'intérêt privé et l'intérêt public, il doit obligatoirement s'assurer du respect des droits fondamentaux des justiciables. Le juge constitutionnel y veille.

Il exerce notamment une pression sur la juridiction administrative vu qu'il peut faciliter le retrait d'une compétence, en principe administrative, au profit du juge judiciaire. On sait la réserve de compétence administrative naturellement restreinte. Elle comporte en plus de nombreuses exceptions. Il est donc relativement aisé pour le législateur de limiter le domaine de compétence du juge administratif. Seul le Conseil constitutionnel, sauf révision de la Constitution, peut préserver la sphère d'intervention de la juridiction administrative[80]. Il lui appartient de délimiter le champ de la réserve de compétence du juge administratif. Il doit interpréter ce que

---

[79] C.E. Ass. 29 juin 1990, *M. Engin et M. Hablani*, RFDA 1990, concl. De la Verpillière, p. 543.

[80] Le Conseil constitutionnel doit évidemment être saisi. Il est également loisible au Tribunal des conflits de préserver la compétence de la juridiction administrative, ce qu'il ne s'est pas privé de faire, mais son rôle est plus limité car il se doit de respecter l'autorité de la chose jugée des décisions du juge constitutionnel.

sont les matières réservées par nature à l'autorité judiciaire, et il doit également déterminer ce qui peut ou ne peut pas faire l'objet d'un transfert de compétence sur le fondement de la bonne administration de la justice. Si le Conseil constitutionnel entend pour l'heure défendre la sphère de compétence de la juridiction administrative, ce n'est que parce qu'il l'estime aussi apte que le juge judiciaire à assurer une sauvegarde efficace des droits fondamentaux. Cette incertitude qui entoure le domaine d'intervention constitutionnellement garanti du juge administratif a pu inciter ce dernier à accroître la protection des libertés fondamentales afin de pérenniser son domaine de compétence.

Le raisonnement n'est pas sans danger pour le juge administratif. Au lieu de veiller à la sauvegarde de la juridiction administrative sur le fondement de sa spécificité - un juge seul capable par nature de préserver l'intérêt public - le Conseil constitutionnel entend justifier l'existence du juge administratif au motif qu'il participe, au même titre que l'autorité judiciaire, à la protection des droits fondamentaux des individus. Pour préserver une grande part de sa compétence naturelle - le contentieux de l'administration - le Conseil constitutionnel impose donc au juge administratif de développer ses techniques de protection, de favoriser la défense des droits des administrés au détriment de l'intérêt public et des particularités de l'administration. Agissant de la sorte, le juge constitutionnel sauvegarde certes une grande partie du contentieux de la juridiction administrative mais il affaiblit l'institution puisqu'il lui retire tout ce pourquoi elle existe.

Le Conseil constitutionnel préserve ainsi en apparence l'existence de la juridiction administrative, mais il conduit tout autant à s'interroger sur les raisons qui justifient son maintien. Il réouvre, par la même occasion, le problème de la justification du dualisme juridictionnel. La dualité est source de complexité, de confusion, d'incertitudes. L'acceptation de ces inconvénients suppose un argument de poids : la protection des droits des individus se trouve mieux garanti avec deux juges qu'avec un seul. L'argument ne convainc guère compte tenu de l'importance des inconvénients répertoriés et analysés précédemment.

La seule justification valable réside dans la défense de l'intérêt général, car nul n'ignore que la protection de cet intérêt général participe largement à la protection des droits des individus. L'intérêt public serait ainsi mieux pris en considération lorsqu'il existe un juge spécifique à l'administration. La jurisprudence du Conseil constitutionnel vient justement restreindre considérablement la portée de cet argument.

Le dernier intérêt à l'existence d'un juge administratif serait sa meilleure connaissance de l'administration. Mais il n'y a un intérêt à connaître l'administration que si le juge chargé spécialement de la contrôler tient compte de ses particularités. Or le Conseil constitutionnel limite cette prise en compte de la spécificité de l'administration.

Ainsi, le juge constitutionnel, par crainte de remettre en cause le dualisme juridictionnel, peut y conduire. Au moins y contribue-t-il !

L'incidence de la jurisprudence du juge constitutionnel sur la répartition des compétences entre les deux ordres de juridiction et sur le dualisme juridictionnel est, à long terme, relativement incertaine. Les conséquences à court terme sont, à l'inverse, bien moins hypothétiques. Le Conseil constitutionnel n'a pas résolu les problèmes de compétence entre le juge judiciaire et le juge administratif. Sa jurisprudence, qui cherche avant tout à préserver les domaines traditionnels d'intervention des deux ordres de juridiction, ne bouleverse absolument pas l'état du droit. En constitutionnalisant la juridiction administrative et le principe du juge judiciaire gardien de la liberté individuelle, le Conseil constitutionnel rend juste plus difficile toute réforme de fond.

Le juge constitutionnel confirme cependant une chose : il n'existe pas de compétence de principe du juge judiciaire en tant que gardien des libertés fondamentales. Si le juge judiciaire est le gardien de la liberté individuelle, il ne peut prétendre à être le gardien de l'ensemble des libertés fondamentales. La jurisprudence du Conseil constitutionnel a eu au moins le mérite de rompre avec une idée longtemps répandue et qui perdure encore : liberté individuelle et liberté fondamentale sont deux notions bien distinctes. La liberté individuelle est une liberté publique fondamentale mais les deux notions ne se confondent pas. Le principe faisant de l'autorité judiciaire la gardienne de la liberté individuelle doit donc être d'interprétation stricte.

Les invocations prônant la compétence de principe du juge judiciaire sur l'ensemble des libertés fondamentales ne sauraient aboutir à une compétence exclusive de l'autorité judiciaire. Sauf révision constitutionnelle, qui aboutirait à la remise en cause pure et simple de la juridiction administrative, toute réforme législative dans cette direction serait vouée à l'échec. Le législateur peut, certes, effectuer un transfert de compétence, mais il serait à coup sûr déclaré inconstitutionnel. En effet, celui-ci doit être « précis et limité », et « justifié par les nécessités d'une bonne administration de la justice ». Transférer l'ensemble du contentieux des libertés fondamentales entre les mains du juge judiciaire semble impossible parce que l'aménagement aux règles traditionnelles de répartition des compétences est trop vaste, et qu'il ne se justifie pas, selon le Conseil constitutionnel, par la bonne administration de la justice puisque le juge administratif est aussi protecteur que le juge judiciaire.

La simplification, par la jurisprudence du Conseil constitutionnel, pourrait prendre cette forme : le juge administratif est compétent pour assurer la sauvegarde des libertés fondamentales contre les atteintes de la puissance publique. Le juge judiciaire est uniquement compétent pour les atteintes privées sauf voie de fait, atteinte administrative à la liberté individuelle et au droit de propriété. La clarification est loin d'être inutile mais elle laisse libre cours à la contestation.

- Le Conseil constitutionnel ne se prononce pas sur la voie de fait mais il ne l'exclut pas.
- Le Conseil constitutionnel confirme la compétence du juge judiciaire comme gardien de la liberté individuelle mais il n'en tire pas toutes les conséquences.

Les problèmes de compétence vont demeurer parce que le juge constitutionnel refuse d'unifier, au profit d'un juge unique, le contentieux de la liberté individuelle. Suite à la décision du 23 janvier 1987, L. Favoreu avait espéré que les dénis de justice, nés des problèmes de répartition des compétences entre les deux juges, pourraient être résolus par la technique des blocs de compétence[81]. Cela n'a pas été le cas en ce qui concerne le contentieux des libertés fondamentales alors que c'est en ce domaine que la technique des blocs de compétences était le plus nécessaire.

Reste qu'il est possible pour le Tribunal des conflits de simplifier la situation. La réserve de compétence du juge administratif peut être aménagée par la mise en place de « blocs de compétence » résultant « soit de l'interprétation donnée par le Tribunal des conflits de la loi des 16 et 24 août 1790, soit d'un texte »[82]. Le Tribunal des conflits pourrait aisément reconnaître la compétence du juge judiciaire civil pour apprécier, par voie d'exception, la légalité d'un acte administratif attentatoire à la liberté individuelle. Il n'en a, jusqu'à présent, pas pris le chemin.

SECTION II : LE TRIBUNAL DES CONFLITS ET LA DUALITE DE JURIDICTIONS :

On retrouve devant le Tribunal des conflits cette même volonté de conciliation entre les deux ordres de juridictions que celle qui anime le Conseil constitutionnel. Elle prend simplement une forme différente.

Le juge constitutionnel façonne les grands principes applicables à notre institution juridictionnelle, incluant notamment les principes ayant des incidences sur la répartition des compétences entre le juge administratif et le juge judiciaire, d'une façon générale et impersonnelle. Les conséquences qui découlent de ses solutions jouent ainsi à l'égard de tous les acteurs du système. La fonction du Tribunal des conflits apparaît plus limitée puisque ses décisions ne s'appliquent que pour l'espèce envisagée. Elles révèlent néanmoins aux juridictions la marche à suivre pour l'avenir d'une façon plus imposée que suggérée. « A l'égard d'une instance différente, la chose jugée est...sans portée. Mais, normalement, les arrêts font jurisprudence, c'est-à-dire que les solutions consacrées s'imposent moralement aux juges dans les affaires où les difficultés réglées se retrouvent »[83].

La jurisprudence du Tribunal des conflits a ainsi un double objectif :

- Elle vise à résoudre les difficultés de compétence liées au dualisme juridictionnel. Les critères constitutionnels ou légaux de répartition des compétences entre les tribunaux judiciaires et administratifs laissent fréquemment place au doute et il

---

[81] *Le principe de séparation des autorités administratives et judiciaires n'a pas valeur constitutionnelle*, *op. cit.*, p. 301.

[82] B. Genevois, *Réforme du droit de la concurrence et respect des règles et principes de valeur constitutionnelle*, *op. cit.*, p. 294.

[83] R. Chapus, *Manuel précité*, p. 969.

appartient au Tribunal des conflits, en tant que supérieur hiérarchique des deux juges, de définir chaque fois qu'il y a difficulté, de quel côté de la ligne de partage des compétences doit être situé le litige. Ce faisant, la jurisprudence du Tribunal des conflits vient au secours du justiciable en rendant une solution jusqu'alors impossible. Elle permet ainsi que le droit soit rendu, mais elle trahit par là-même les imperfections du système. Chaque saisine du Tribunal des conflits suggère un dysfonctionnement de l'appareil juridictionnel. Sa complexité, ses incertitudes et son incohérence, ont rendu impossible une solution simple et rapide.

- En tant qu'organe répartiteur, le juge des conflits doit trancher entre la compétence judiciaire et la compétence administrative. Et s'il doit le faire afin de satisfaire aux exigences des justiciables, les solutions qu'il prend sont loin d'être guidées exclusivement par ce seul souci.

L'institution cherche avant tout à résoudre un problème de compétence, mais elle cherche également à protéger les principes sur lesquels repose le droit français. Les circonstances historiques ont abouti à favoriser la défense du principe de séparation des autorités administrative et judiciaire au détriment de l'intérêt des justiciables.

Rien ne permet de conclure à un manque de partialité du Tribunal des conflits. Il protège la sphère de compétence judiciaire et la sphère de compétence administrative. Cependant, il a toujours eu une nette tendance à lutter contre les empiètements de l'autorité judiciaire dans le domaine de compétence de la juridiction administrative, en interprétant très strictement les dérogations législatives et jurisprudentielles consenties au principe de séparation des autorités. Certains mécanismes de conflit ont d'ailleurs été entendus exclusivement dans le sens d'une protection du domaine de compétence des tribunaux administratifs. Dans un souci de préservation de la compétence du juge administratif, le juge des conflits a eu tendance à complexifier le fonctionnement de la dualité en refusant ou en rendant très difficile la mise en place de blocs de compétence judiciaire. Il a ainsi fait prévaloir l'intérêt de la juridiction administrative sur celui des justiciables.

Intervenant pour déterminer le juge compétent afin de résoudre un litige donné, le Tribunal des conflits vient au secours du justiciable en lui permettant d'obtenir une décision de justice (Paragraphe I). Bien que le recours au tribunal répartiteur soit en apparence favorable aux intérêts du justiciable, un doute plane quant à l'apport de sa jurisprudence. L'interprétation qu'il donne des règles de partage des compétences relatives au contentieux des libertés fondamentales, souvent favorable à la juridiction administrative, favorise largement le mécanisme du conflit positif et la division de l'instance (Paragraphe II), au dépourvu d'une meilleure protection des droits des administrés.

§ 1 : LA PROTECTION DES INTERETS DU JUSTICIABLE PAR LE TRIBUNAL DES CONFLITS :

Le recours au tribunal répartiteur des compétences est ambigu. Il autorise la satisfaction juridictionnelle, apparaissant ainsi comme l'élément indispensable à la réussite de l'instance. Il impose, parallèlement, le recours à un organe juridictionnel supplémentaire, sans compter qu'il intervient, en règle générale, après la saisine de plusieurs juges, ce qui coûte temps et argent. Son intervention peut alors être analysée comme la faillite de l'institution juridictionnelle qui n'a pas été capable de rendre une décision dans un délai raisonnable (A). Il convient donc de s'arrêter sur le nombre de recours au Tribunal des conflits pour déterminer le degré d'incertitude affectant la répartition des compétences entre les deux ordres de juridictions et l'importance des inconvénients liés au dualisme juridictionnel (B).

A : **La nature et les incidences de l'intervention du Tribunal des conflits** :

Le rôle principal du juge des conflits est de résoudre les conflits d'attributions. Il lui appartient également, dans de rares hypothèses il est vrai, de dire le droit sur le fond, lorsque les deux juridictions se sont déclarées successivement compétentes pour régler le même litige, chacune ayant statué au fond en adoptant des solutions contradictoires. A chaque fois, son intervention permet au justiciable de connaître son juge et, dans la seconde hypothèse, la solution à donner à son affaire (1). Le recours au Tribunal des conflits permet alors d'éviter un déni de justice, solution guère acceptable dans un Etat qui se veut protecteur des droits des individus, mais il ne vient souvent que très tardivement et lorsque tel n'est pas le cas, comme en matière de conflit positif, la saisine du Tribunal des conflits contribue à allonger la durée de l'instance. On sait que la protection des libertés fondamentales nécessite souvent une décision rapide. Dès lors qu'un litige se retrouve devant le Tribunal des conflits, il n'y a presque aucune chance d'envisager la sauvegarde de la liberté (2).

1 : *Les hypothèses d'intervention du Tribunal des conflits* :

Il ne s'agit pas de détailler ici les missions du Tribunal des conflits en tant que juge suprême des questions de compétence[84]. Reprendre brièvement les différentes catégories de litiges soumis au Tribunal des conflits permet de révéler la nécessité qu'il y a en France de recourir à un organe répartiteur des compétences afin de lutter contre les inconvénients nés de l'existence d'une justice dualiste. La complexité des règles de compétence, liée en grande partie à des circonstances

[84] Voir P.-H. Prélot, *Tribunal des conflits*, Juris-Classeur administratif, Fascicule 1065, 1997.

historiques, rend impossible une gestion autonome par les juges ordinaires des conflits de compétence. Ces conflits de compétence sont nombreux, et ils nécessitent à chaque fois l'intervention du Tribunal des conflits pour que le plaideur puisse bénéficier de la décision de justice à laquelle il a droit. De même, tout comme il n'ignore pas que le recours au Tribunal des conflits implique l'existence d'un conflit entre les deux juges, le législateur sait que l'intervention de ce juge est le seul moyen pour le résoudre. Il a donc progressivement assigné au Tribunal des conflits de nouvelles missions afin de remédier à certains inconvénients du dualisme juridictionnel. Il a également fait progresser les procédures préexistantes afin de rendre plus rapide et plus efficace le recours au juge des conflits. Il met alors en avant le rôle de protecteur des intérêts des justiciables du Tribunal des conflits prouvant que telle est bien sa mission.

- Le Conflit positif d'attribution :

Le conflit positif survient lorsque l'autorité administrative estime qu'un litige a été injustement soumis à un tribunal judiciaire. Ce conflit vise exclusivement à interdire l'autorité judiciaire de s'immiscer dans la sphère de compétence du juge administratif. La procédure du conflit positif ne peut être déclenchée que par le préfet et ne joue en définitive qu'au profit de la juridiction administrative. Son but est donc de faire respecter la compétence des tribunaux administratifs et non la sauvegarde des intérêts des justiciables. Chaque élévation de conflit, qui signifie un désaccord sur la compétence juridictionnelle, nécessite le recours au Tribunal des conflits pour vider le différend existant entre le tribunal judiciaire et l'autorité administrative. Cette divergence d'appréciation sur la nature du litige s'explique, en principe, par la difficulté qu'il y a à analyser les critères de répartition. Il peut pourtant s'agir parfois d'une volonté manifeste de l'administration de gagner du temps. Le conflit ne provient plus alors directement d'un dysfonctionnement du dualisme mais de l'utilisation abusive qui résulte de ses inconvénients naturels. Le conflit prend néanmoins sa source dans l'existence d'une justice reposant sur deux ordres de juridictions séparés et l'intervention du Tribunal des conflits devient alors indispensable pour résoudre le conflit et pour permettre au justiciable d'obtenir une décision de justice. Le législateur est cependant intervenu pour limiter les effets pervers du conflit positif d'attribution.

L'article 6 du décret du 25 juillet 1960, qui ajoute un article 39 au décret du 26 octobre 1849, dispose que le conflit ne peut plus être élevé sur une question de compétence jugée par le Tribunal des conflits statuant sur renvoi d'une juridiction administrative. Ainsi, lorsque le Haut tribunal a été saisi sur renvoi d'une question de compétence et qu'il a admis, à propos du litige considéré, la compétence de l'autorité judiciaire, il n'est plus possible pour l'administration d'élever le conflit sur la même question. L'autorité de la chose jugée de la décision, relative, ne vaut toutefois que pour l'espèce. La même question pourra faire l'objet d'un conflit lors d'un litige n'ayant pas les mêmes parties, le même objet ou la même cause.

Lorsque le déclinatoire de compétence est admis par le tribunal et qu'une partie interjette appel, le préfet doit obligatoirement prendre un nouveau déclinatoire de compétence devant la Cour d'appel. Le décret du 25 juillet 1960 impose cette formalité afin de limiter les inconvénients de la procédure de conflit pour les justiciables. En effet, il n'est pas impossible que la Cour d'appel accepte, à l'instar du tribunal de première instance, le déclinatoire de compétence. Le préfet n'a pas alors à élever le conflit, et les plaideurs font l'économie d'un recours supplémentaire.

Enfin, afin d'éviter les élévations de conflits purement dilatoires, le décret impose la motivation de l'arrêté de conflit. L'absence de motivation suffisante permet au Tribunal des conflits d'annuler l'acte pour vice de forme[85].

- Le conflit négatif d'attribution :

A l'inverse du conflit positif, la procédure du conflit négatif a pour objet d'empêcher que ne survienne un déni de justice du fait d'une double déclaration d'incompétence des juridictions administrative et judiciaire. Elle sert donc incontestablement et directement les intérêts des justiciables. Ce type de conflit reflète particulièrement bien les inconvénients liés au dualisme. Les règles de répartition des compétences entre les deux ordres apparaissent si obscures qu'aucun des deux juges n'est capable d'affirmer avec certitude sa compétence. L'hypothèse est toutefois rare, car les juridictions ont une tendance très nette à avoir une conception extensive de leur sphère d'intervention.

De la même manière, mais d'une façon plus évidente encore, le décret de 1960 est intervenu pour limiter au maximum les risques de conflit négatif en instituant une nouvelle procédure de renvoi particulièrement favorable aux intérêts des justiciables.

- Les procédures de renvoi :

L'article 34 du décret du 26 octobre 1849, modifié par l'article 6 du décret du 25 juillet 1960 dispose : « Lorsqu'une juridiction de l'ordre judiciaire ou de l'ordre administratif a, par une décision qui n'est plus susceptible de recours, décliné la compétence de l'ordre de juridiction auquel elle appartient au motif que le litige ne ressortit pas à cet ordre, toute juridiction de l'autre ordre, saisie du même litige, si elle estime que ledit litige ressortit à l'ordre de juridiction primitivement saisi, doit...renvoyer au Tribunal des conflits le soin de décider sur la question de compétence ainsi soulevée et surseoir à toute procédure jusqu'à la décision de ce tribunal ».

Alors que le conflit négatif nécessitait seulement une double déclaration d'incompétence, il n'est maintenant possible que dans l'hypothèse où la déclaration

---

[85] Voir J.-M. Auby, *Le décret du 25 juillet 1960 portant réforme de la procédure des conflits d'attribution*, AJDA 1961, p. 1.

d'incompétence de la première juridiction est encore susceptible de recours au moment où la seconde statue sur son incompétence. Dans tous les autres cas, le renvoi devant le Tribunal des conflits est obligatoire.

Cette procédure de renvoi présente un double intérêt pour le justiciable : elle évite au plaideur la saisine du Tribunal des conflits ; elle permet d'éviter le recours systématique au juge des conflits lorsqu'il subsiste une voie de recours ouverte contre la déclaration d'incompétence de l'ordre de juridiction saisi en premier lieu.

Les auteurs du décret ont préféré laisser aux parties la possibilité d'aller au plus simple et au plus rapide. Faisant un rapide bilan de la réforme introduite par le décret du 25 juillet 1960, R. Lindon écrit : « ...alors que trop souvent le Tribunal des conflits tranchait des conflits négatifs qui étaient venus devant lui après quatre ou cinq étapes de procédure, la réforme, en épargnant aux plaideurs une ou plusieurs étapes, s'est révélée fort heureuse »[86].

Le texte prévoit également un autre mécanisme de renvoi qui, même s'il ne vise pas directement à prévenir un conflit négatif, permet de restreindre les divergences éventuelles de jurisprudence, entre le Conseil d'Etat et la Cour de cassation, sur une question de compétence qui soulève une difficulté sérieuse. La procédure aboutit à limiter les possibilités de contradictions futures qui donneraient lieu à des conflits d'attribution. L'article 35 du décret du 26 octobre 1849, modifié par l'article 6 du décret du 25 juillet 1960, dispose : « Lorsque le Conseil d'Etat statuant au contentieux, la Cour de cassation..., est saisi d'un litige qui présente à juger soit sur l'action introduite, soit sur une exception, une question de compétence soulevant une difficulté sérieuse et mettant en jeu la séparation des autorités administratives et judiciaires, la juridiction saisie peut...renvoyer au Tribunal des conflits le soin de décider sur cette question de compétence ».

Compte tenu de l'existence de ces mécanismes préventifs, le conflit négatif n'est, en principe, plus possible. Il survient cependant encore accidentellement lorsqu'une juridiction omet, malgré l'obligation qui résulte de l'article 34 du décret du 26 octobre 1849, de renvoyer la question de compétence qui lui est soumise au Tribunal des conflits. Le décret a toutefois bien eu pour ambition principale de faciliter la tâche des plaideurs, confirmant par la même occasion que la défense des intérêts des justiciables était, tout autant que la sauvegarde des domaines de compétence des deux ordres de juridictions, un des objectifs essentiels du Tribunal des conflits.

L'objectif poursuivi par le législateur est identique lorsqu'il intervient en 1932 pour éviter que les conflits de décisions entre les deux ordres de juridiction se transforment en véritable déni de justice.

L'article 1er de la loi du 20 avril 1932 dispose que « Peuvent être déférées au Tribunal des conflits, lorsqu'elles présentent une contrariété conduisant à un déni de justice, les décisions définitives rendues par les tribunaux administratifs et les

[86] R. Lindon, *Bilan de trois ans d'application de la récente réforme de la procédure des conflits d'attribution*, JCP 1963, éd. Générale, I.1782.

tribunaux judiciaires dans les instances introduites devant les deux ordres de juridictions, pour des litiges portant sur le même objet ». Les règles de procédure applicables au conflit de décisions sont identiques à celles du conflit négatif. La saisine du Tribunal des conflits est donc à l'initiative du plaideur victime du conflit. Le Tribunal des conflits ne prononce cependant pas ici un règlement de compétence, mais il juge lui-même définitivement le litige au fond. C'est un avantage indéniable pour le plaideur. Il n'est pourtant pas certain que le gain de temps, qui résulte de l'économie d'un renvoi supplémentaire devant l'un des deux ordres de juridictions, soit suffisant pour limiter les effets négatifs d'une procédure déjà nécessairement bien longue, d'autant plus que le jugement au fond du Tribunal des conflits n'intervient, malheureusement, que dans l'hypothèse d'un conflit de décisions.

2 : *Le justiciable, le Tribunal des conflits et le temps* :

L'existence d'un juge des conflits permet d'empêcher d'éventuels dénis de justice. Il joue le rôle d'un organe protecteur des intérêts des justiciables. Force est de constater cependant, et ce malgré les réformes, que tout litige qui se retrouve soumis à la connaissance du Tribunal des conflits met en cause le bon fonctionnement de la justice. La protection juridictionnelle accordée au justiciable est inévitablement amoindrie du fait des multiples procédures qui précèdent la saisine du tribunal répartiteur des compétences. Il ne s'agit pas d'un déni de justice au sens propre du terme, puisque le droit a pu être rendu, mais la perte de temps qui résulte de l'intervention du juge des conflits risque fréquemment de rendre sans grand intérêt la satisfaction juridictionnelle. La sauvegarde d'une liberté fondamentale nécessite le plus souvent une intervention en urgence du juge. Tout conflit de compétence rend illusoire une décision rapide. En effet, l'intervention du Tribunal des conflits est précédée de « quelques recours » qui nécessitent du temps et des moyens et le recours au Tribunal des conflits emporte ultérieurement, dans la plupart des cas, un renvoi supplémentaire. En plus de la saisine du tribunal répartiteur, il existe automatiquement un « avant », souvent long et parsemé d'embûches, et un « après » quasi-systématique.

- Un litige soumis à la connaissance du Tribunal des conflits nécessite préalablement une procédure plus ou moins longue.

Le conflit positif, a priori le moins long, implique pour le plaideur une saisine du juge judiciaire. Le conflit négatif implique, avant tout recours au Tribunal des conflits, une saisine du juge administratif et du juge judiciaire. Il en va de même en ce qui concerne le conflit de décisions. Le Tribunal des conflits n'intervient ainsi, dans le meilleur des cas, qu'après deux étapes. La situation peut être bien plus complexe, car les hypothèses envisagées ne tiennent pas compte des multiples étapes possibles à l'intérieur d'un seul ordre de juridiction, ni même les cas fréquents où une instance se trouve divisée entre les deux juges.

- L'intervention du Tribunal des conflits génère une perte de temps non négligeable pour le plaideur qui souhaite obtenir la protection du juge. La procédure à suivre jusque devant le Haut Tribunal est souvent longue et formaliste.

Le conflit positif nécessite plusieurs phases indispensables à la légalité de la procédure. Lorsqu'un préfet estime qu'un litige ou qu'une question relative à ce litige a été porté à tort devant un tribunal judiciaire, il doit adresser au procureur de la République près le tribunal un mémoire qui prend le nom de déclinatoire de compétence. Le déclinatoire de compétence emporte la cessation de tout débat sur le litige tant que la question de compétence qu'il soulève n'a pas été réglée. La durée de cette phase varie selon le temps pris par le tribunal pour se prononcer sur le déclinatoire de compétence. Les textes n'imposent aucun délai au tribunal pour accepter ou refuser le déclinatoire, et le préfet doit obligatoirement attendre le jugement pour prendre son arrêté de conflit[87].

Le tribunal peut admettre ou rejeter le déclinatoire de compétence.

Dans la première hypothèse, le tribunal judiciaire se trouve automatiquement dessaisi du litige. Le justiciable doit alors saisir la juridiction administrative. Il peut également contester l'acceptation par le tribunal judiciaire du déclinatoire de compétence. Le plaideur a, quoi qu'il arrive, tout intérêt à exercer les deux actions simultanément. Considérant inévitable l'incompétence de la juridiction administrative, qui risque de renvoyer préventivement le litige au Tribunal des conflits, il évite ainsi de perdre trop de temps.

Dans la seconde hypothèse, le rejet du déclinatoire n'autorise pas le juge judiciaire à statuer sur le litige. Il doit impérativement attendre l'expiration du délai de quinze jours laissé au préfet pour prendre l'arrêté de conflit. Notons tout de même que l'obligation de surseoir à statuer concerne le tribunal judiciaire et non l'autorité administrative. La procédure du conflit positif ne lui interdit pas de procéder à l'exécution de la décision contestée. L'administration dispose ainsi du temps nécessaire pour, éventuellement, porter atteinte à une liberté fondamentale sans qu'il soit véritablement possible de l'en empêcher. La condamnation ultérieure de l'atteinte illégale emporte rarement le rétablissement complet de la victime dans l'exercice de son droit fondamental.

Ainsi, lorsque le tribunal judiciaire rejette le déclinatoire de compétence, l'autorité préfectorale dispose de quinze jours pendant lesquels elle va pouvoir élever le conflit. La procédure peut cependant être beaucoup plus longue si le plaideur interjette appel du jugement rendu sur le déclinatoire. Le préfet doit, de nouveau, adresser un déclinatoire de compétence devant la juridiction d'appel.

Une fois le conflit élevé, et une fois les formalités procédurales internes à la juridiction remplies[88], le Tribunal des conflits doit statuer. Il dispose pour ce faire,

---

[87] Le procureur de la République doit cependant adresser au préfet dans les cinq jours suivant la décision du tribunal la copie du jugement rendu sur la compétence.

[88] Ces formalités sont relativement importantes et elles prennent, de ce fait, un certain temps. Voir notamment P.-H. Prélot, *op. cit.*, n°86 à 89.

en vertu de l'article 7 de l'ordonnance du 12 mars 1831 relative aux conflits positifs, d'un « délai de trois mois à dater de la réception des pièces au ministère de la justice ». Ce texte vise essentiellement à empêcher l'administration de faire usage du conflit positif à des fins dilatoires. Le délai n'est malheureusement pas toujours respecté[89]. Le même article 7 énonce pourtant : « si, un mois après l'expiration de ce délai, le tribunal n'a pas reçu notification de la décision rendue sur le conflit, il pourra procéder au jugement de l'affaire »[90]. Les tribunaux se refusent pourtant, en règle générale, à faire usage de cette faculté.

Le Tribunal des conflits peut annuler ou confirmer l'arrêté de conflit. L'annulation rend compétence au juge judiciaire, et la confirmation de l'arrêté de conflit oblige le plaideur à saisir la juridiction administrative. L'instance aura cependant été considérablement ralentie et ce, quelle que soit la solution rendue par le juge des conflits. Reste qu'il est préférable pour le justiciable de voir confirmer la compétence de l'autorité judiciaire puisque le renvoi est alors automatique et qu'il n'a pas à s'interroger sur la juridiction précisément compétente à l'intérieur de l'ordre administratif.

Un nouveau déclinatoire et un nouvel arrêté de conflit ne sont toutefois pas impossibles après l'annulation d'un premier arrêté de conflit. Il suffit pour cela que le préfet soulève un problème de compétence, notamment une question préjudicielle, qui n'avait pas été évoquée lors de la première procédure[91].

La procédure du conflit négatif est moins complexe, mais elle impose au plaideur d'exercer lui-même le recours devant le Tribunal des conflits. La saisine peut être formée sans condition de délai. Elle nécessite tout de même la présence d'un avocat au Conseil d'Etat et à la Cour de cassation[92]. Aucun délai n'est soumis au Tribunal des conflits pour rendre sa décision, si bien que le jugement peut intervenir très tardivement.

Lorsqu'il considère qu'il y a conflit négatif, le Tribunal des conflits déclare nul et non avenu le jugement de la juridiction qui a rejeté à tort sa compétence, et il renvoi les parties devant ce juge. Il appartient toutefois aux parties elles-mêmes de saisir le tribunal compétent. Lorsqu'il considère qu'il n'y a pas conflit négatif, le Tribunal rejette la requête sans indiquer nécessairement la juridiction compétente. Le recours au Tribunal des conflits est rendu moins attrayant encore pour le plaideur, puisque la juridiction met les dépens à la charge de la partie demanderesse.

---

[89] Voir notamment T.C. 9 juillet 1953, *Nardon et autres* ; JCP 1953.II.7797, note J. Rivero. Le Tribunal des conflits a mis pas loin de cinq ans pour rendre son verdict.

[90] Le tribunal judiciaire n'a plus alors qu'à reprendre l'instance et régler l'affaire tandis que le Tribunal des conflits ne peut plus que constater un non-lieu à statuer. Voir Cour d'appel de Paris, 11 et 14 décembre 1950 et Trib. civ. de la Seine, 8 novembre 1951, D. 1952, p. 43 et 48. Voir également T.C. 9 juillet 1953, *Commune de Verrières-le-Buisson*, p. 590, S. 1953.3.107.

[91] T.C. 27 janvier 1964, *Société coopérative agricole de stockage de la région d'Ablis*, p. 789.

[92] T.C. 9 juillet 1953, *Roché*, p. 757.

Notons que la procédure du renvoi préventif est, à quelques exceptions près, identique à celle du conflit négatif. Le mécanisme des renvois a d'ailleurs largement limité le nombre des conflits négatifs mais, lorsque les deux ordres de juridictions se déclarent successivement incompétents tout en omettant de renvoyer le litige devant le Tribunal des conflits, il y a conflit négatif et il appartient une fois encore aux parties de saisir le juge des conflits[93]. Dans tous les cas de figure, la charge qui incombe au plaideur est lourde. Si le renvoi permet en principe de réduire le nombre des étapes dans la procédure, il soulève un vrai problème de compétence, sans compter qu'il nécessite le recours à une juridiction supplémentaire.

- La procédure, exception faite des cas de conflits de décisions, ne s'arrête pas au recours devant le Tribunal des conflits. La solution rendue par le juge des conflits permet uniquement aux parties de connaître le juge qui doit être saisi du litige. La décision du Haut Tribunal ne fait que précéder un jugement au fond, qui seul peut donner satisfaction au plaideur.

Tout recours au Tribunal des conflits implique donc une instance longue, pénible et coûteuse. Justice est rendue mais à quel prix ? Dans quelle mesure la justice permet-elle une protection effective de la liberté, si celle-ci ne fait que condamner ou réparer les atteintes administratives aux droits fondamentaux, sans pouvoir les sauvegarder ? Et même si une liberté fondamentale n'est pas en jeu, n'y a-t-il pas déni de justice à attendre aussi longtemps, et après autant d'épreuves, la décision d'un juge ? Le déni de justice peut même être envisagé avant un quelconque recours juridictionnel. Qui peut en effet se permettre d'envisager ou de risquer une procédure aussi longue, coûteuse et tortueuse ?

La critique ne vaut cependant qu'à partir du moment où le nombre de recours au Tribunal des conflits est élevé. Il convient toutefois de souligner l'aspect difficilement acceptable d'un conflit de compétence. Quand bien même les cas d'intervention du Tribunal des conflits seraient quantitativement limités, tout devrait être fait pour réduire au maximum les inconvénients d'un conflit de compétence. Cela suppose notamment un gain de temps qui passe, peut-être, par des modifications procédurales. Faut-il réformer le Tribunal des conflits, voire le « brûler », pour reprendre le titre d'un article écrit par D. Chabanol ?[94]

Les transformations s'avèrent en réalité indispensables mais difficiles à envisager. R. Lindon proposait notamment, il y a presque cinquante ans, la saisine automatique, avant la naissance d'une procédure excessivement longue, d'un tribunal chargé de déterminer la juridiction compétente, afin de prévenir le conflit de compétence. La proposition aurait cependant abouti à une perte de temps, certes

---

[93] T.C. 14 mai 1990, *COTRAMI c/ SITRAM*, p. 395.

[94] D. Chabanol, *Dualité des ordres de juridiction : faut-il brûler le Tribunal des conflits ?*, AJ 1988, p. 736.

limitée, mais systématique. Pour l'auteur, les problèmes de compétence auraient rapidement cessé devant la systématique des solutions rendues par le tribunal répartiteur. L'idée n'est guère discutable et peut s'épanouir pleinement dans l'hypothèse où les décisions prises par cette instance sont stables, logiques, cohérentes et totalement acceptées. Le cas de figure est peu envisageable actuellement, les critères de compétence étant complexes et contestables[95].

D'autres propositions plus récentes ont été faites. D. Chabanol avait envisagé la mise en place devant le Tribunal des conflits d'un rapport annuel, par lequel il pourrait mettre en garde le législateur sur les difficultés à faire appliquer certains textes régissant la compétence juridictionnelle. Ce rapport aurait pu contenir des propositions sur les modifications à effectuer ou sur les réformes à mettre en place pour limiter les problèmes de compétence. L'auteur avait également songé à une « déconcentration du Tribunal des conflits » par la création d'une institution statuant à un niveau inférieur, sous le contrôle du Tribunal des conflits, pour des litiges de faible importance, et avant la survenance d'une contestation sérieuse.

Une autre voie aurait pu être suivie pour diminuer les conflits entre les deux ordres de juridictions. Le juge des conflits se trouve limité dans ses pouvoirs. Ses attributions textuelles ne lui permettent que de déterminer la juridiction compétente sur une espèce considérée. L'autorité relative de la chose jugée des décisions du Tribunal des conflits rend possible sa saisine sur une question de droit déjà tranchée dès lors qu'il n'y a pas identité des parties. Il faudrait ainsi que les décisions du Tribunal des conflits bénéficient de l'autorité absolue de la chose jugée. Une telle réforme est difficilement envisageable compte tenu du principe de l'indépendance des juges des deux ordres de juridictions.

Les propositions qui précèdent n'ont jusqu'à présent pas été suivies, confirmant par la même occasion la réticence à modifier ce qui est traditionnel. Tradition ne signifie pourtant pas nécessairement efficacité. Pourtant, le nombre des recours au Tribunal des conflits ne diminue pas d'une façon significative telle qu'il ne soit plus utile d'envisager une réforme.

B : **Constat sur l'utilisation du Tribunal des conflits** :

L'importance du nombre des recours au Tribunal des conflits trahit les imperfections du système juridictionnel. Il suscite l'interrogation sur la pertinence de l'existence d'une justice dualiste et sur l'ampleur de ses inconvénients. La critique de la dualité de juridictions ne vaut qu'à partir du moment où les problèmes de compétence, décrits jusqu'à présent, trouvent des hypothèses d'application (1). Cependant, le nombre des recours n'est pas un révélateur exclusif des inconvénients et des incertitudes liés à l'existence d'une justice dualiste (2).

---

[95] R. Lindon, *Pour diminuer et simplifier les conflits de compétence*, JCP 1956, éd. générale, I.1300.

1 : *Etude sur le nombre des recours au Tribunal des conflits* :

Selon une étude réalisée par P. Schultz[96], le Tribunal des conflits a rendu, entre 1961 et 1990 inclus, 871 décisions, dont 118 renvois correspondant à l'article 35 du décret du 26 octobre 1849, 404 renvois correspondant à l'article 34 du même décret, 293 conflits positifs, 44 conflits négatifs et 10 conflits de décisions.

Plus récemment, et sur une moins longue période, l'étude de P.-H. Prélot[97] sur les arrêts rendus par le Tribunal des conflits de 1983 à 1992, révèle 458 décisions, dont 141 conflits positifs, 14 conflits négatifs, 3 conflits de décisions et 300 renvois, qui émanent des cours souveraines dans 53 cas, et des juridictions subordonnées dans 247 affaires.

Il est ainsi possible, par déduction, de déterminer l'importance croissante du rôle joué par le Tribunal des conflits dans la régulation des compétences entre les deux ordres de juridictions. Le Haut Tribunal a rendu 871 décisions sur une période de trente ans, et 458 sur une période de dix ans correspondant à peu près aux dix dernières années de l'étude. L'analyse montre ainsi une augmentation du nombre des recours au Tribunal des conflits.

L'extension de l'intervention du tribunal répartiteur des compétences est aussi embarrassante que surprenante.

- Elle surprend parce qu'elle va, a priori, à l'encontre d'une certaine logique juridique. Les difficultés dans la répartition des compétences entre le juge administratif et le juge judiciaire devraient progressivement s'estomper. La pratique du dualisme devrait peu à peu rendre moins nombreux les cas de conflits. Chaque recours au Tribunal des conflits devrait aider à résoudre les problèmes de compétence et éviter ainsi qu'ils ne se reproduisent. Les critères de répartition des compétences devraient être définitivement analysés, interprétés et intégrés par les différentes juridictions. N'est-ce pas l'inverse qui se produit ? Les règles de droit sont de plus en plus complexes. Le chevauchement des compétences entre les deux ordres de juridictions est plus fréquent car la frontière entre le droit public et le droit privé est de moins en moins définie. Les principes sur lesquels repose le dualisme juridictionnel ne trouvent pas toujours un fondement solide, et les dérogations accordées à la séparation des autorités ne se justifient plus tout à fait. Les règles, en plus d'être souvent confuses, donnent ainsi lieu à des interprétations étonnantes qui ne facilitent guère une répartition stable des compétences.

Le contentieux des atteintes administratives aux libertés fondamentales illustre parfaitement le phénomène. Les atteintes administratives aux droits fondamentaux constitutives de voies de fait ou les atteintes administratives à la liberté individuelle et à la propriété privée donnent de plus en plus souvent lieu à des conflits de compétence. En se fondant exclusivement sur les arrêts publiés au recueil Lebon de 1991 à 1999 - la liste est donc loin d'être exhaustive et on laisse également de coté

---

[96] P. Schultz, *La fonction d'arbitrage des compétences juridictionnelles par le renvoi des cours souveraines au Tribunal des conflits*, RDP 1994, p. 767.

[97] P.-H. Prélot, *op. cit.*

les décisions qui traitent de la délicate distinction entre police administrative et police judiciaire - on ne compte pas moins de 35 arrêts rendus par le Tribunal des conflits qui concernent le contentieux de la voie de fait, de la liberté individuelle ou de la propriété privée. Dans son étude relative à « la jurisprudence du Tribunal des conflits de 1962 à 1972 », J. Boulouis relève uniquement 14 litiges concernant la propriété privée et 2 concernant la liberté individuelle ayant donné lieu à un conflit de compétence[98]. Les conflits de compétence en la matière sont donc largement passés du simple au double. Le contentieux des libertés fondamentales devant le Tribunal des conflits était initialement marginal. Il est aujourd'hui un de ceux qui suscitent le plus de conflits de compétence.

- L'accroissement du nombre des recours au Tribunal des conflits est embarrassant parce qu'il cautionne les critiques faites au dualisme juridictionnel.

Le nombre des recours au Tribunal des conflits peut-il pour autant être aujourd'hui considéré comme suffisamment important pour justifier la remise en cause du système juridictionnel ? La réponse à cette question est délicate. Elle dépend largement de l'opinion que l'on se fait de la dualité de juridictions. Il est ainsi difficile de déterminer le seuil à partir duquel le nombre des recours au Tribunal des conflits devrait justifier une réforme en profondeur. Cependant, les hypothèses de saisine du Haut Tribunal ne sont pas à ce point négligeables qu'elles rendent sans pertinence la question de la justice dualiste. Elles sont suffisamment importantes pour justifier d'éventuelles réformes permettant de réduire les conflits de compétence.

Les conflits de compétence ont nécessité, à peu près, entre 400 et 500 saisines du Tribunal des conflits dans les années 80. La proportion est quasiment identique dans les années 90. Le tribunal répartiteur des compétences est saisi en moyenne de 40 à 50 affaires par an. Sur une année, le nombre des conflits positifs varie entre 10 et 15, et le nombre des renvois se situe entre 25 et 30 unités. Les mécanismes de renvoi préventif ont abouti à raréfier considérablement le nombre des conflits négatifs. Il survient encore accidentellement lorsqu'une juridiction a failli à son obligation de renvoyer au Tribunal des conflits la question de compétence qui se pose à elle après une déclaration d'incompétence de la première juridiction saisie. La moyenne des conflits négatifs est de un par an. Quant aux conflits de décisions, ils sont aujourd'hui fort rares[99].

Proportionnellement aux nombres des recours juridictionnels intentés chaque année, le chiffre de 40 ou de 50 décisions rendues par le Tribunal des conflits

[98] J. Boulouis, *La jurisprudence du Tribunal des conflits de 1962 à 1972*, Mélanges Stassinopoulos, 1973, p. 307.

[99] L'analyse des décisions du Tribunal des conflits publiées au recueil Lebon de 1990 à 1999 révèle deux saisines pour contrariété de jugement au fond. Le tribunal a d'ailleurs estimé dans un cas sur deux qu'il n'y avait pas de conflit. Sur les 212 jugements publiés intégralement, on retrouve 80 conflits positifs, 12 conflits négatifs et 114 renvois. La répartition entre les différentes procédures se révèle approximativement la même durant les années 90 que durant les années 80. Le recours au Tribunal des conflits provient pour l'essentiel du conflit positif et des renvois préventifs.

n'apparaît pas énorme. Il doit être plus encore relativisé lorsque l'on observe que seulement un tiers des arrêts du Tribunal visent à résoudre des conflits de compétence. En effet, approximativement deux tiers des affaires soumises au Tribunal des conflits se situent en amont du conflit. On fait bien évidemment ici référence aux mécanismes du renvoi préventif qui constituent l'essentiel du travail du Tribunal des conflits.

Il convient toutefois de noter que la procédure de renvoi, qu'elle soit facultative ou obligatoire, soulève une difficulté sur la compétence juridictionnelle.

Si les mécanismes de renvoi institués par le décret de 1960 permettent d'éviter que le Tribunal des conflits ne se prononce sur un conflit de compétence, si celui-ci n'a pas dans ces hypothèses à trancher entre deux positions divergentes exprimées, soit dans le cadre du conflit positif, soit dans celui du conflit négatif, il n'en demeure pas moins que le conflit existe déjà puisque sa saisine est indispensable. Le recours au Tribunal des conflits révèle une incertitude quant aux règles de compétence et une difficulté sur le juge à saisir.

Notons encore que ce chiffre n'était pas aussi important il y a quelques années. La mise en place du renvoi préventif n'a pas suffit à faire diminuer le nombre des recours. Au contraire, si l'on se réfère à l'étude faite par J. Boulouis, on remarque une multiplication des conflits de compétence. Alors que le Tribunal des conflits a eu à connaître 214 affaires sur une période de dix ans entre 1962 et 1972, il a, sur une même période de dix ans, entre 1982 et 1992 et entre 1990 et 1999, été chaque fois saisi de plus de 400 litiges. Le nombre des recours au tribunal répartiteur des compétences a ainsi doublé en moins de quarante ans. Le nombre des conflits négatifs a stagné et le nombre des conflits de décisions a diminué. Par contre, les cas de renvois préventifs et surtout les cas de conflits positifs se sont multipliés par plus de deux. Le nombre des recours au Tribunal des conflits n'est donc pas négligeable. Le dualisme juridictionnel pose des problèmes. L'affirmation ne fait pas de doute et elle est connue depuis longtemps. Ce qui est plus grave et plus inquiétant, c'est que les difficultés ne diminuent pas. Elles ont au contraire eu tendance à se développer. Le nombre des interventions du Tribunal des conflits est d'ailleurs loin d'indiquer pleinement l'ensemble des inconvénients nés de l'existence d'une justice dualiste.

2 : *Une analyse des recours au Tribunal des conflits insuffisante pour déterminer l'importance des conflits de compétence* :

La complexité de la répartition des compétences entre les deux ordres de juridictions ne peut être quantifiée sur le seul fondement des décisions rendues par le Tribunal des conflits.

- La jurisprudence du Tribunal des conflits a pu parfois aboutir à diviser l'instance entre le juge judiciaire et le juge administratif alors que cette solution n'avait rien d'évident. Cette décision, en règle générale défavorable à la qualité du procès, ne fait pas toujours l'objet d'une contestation par le juge qui s'est trouvé partiellement dépossédé d'une partie du litige. Le contentieux de la liberté individuelle illustre clairement le propos. L'article 136 du Code de procédure pénale avait pu laisser croire au juge judiciaire qu'il disposait en la matière d'une compétence exclusive. Le Tribunal des conflits a cependant distingué le contentieux de la légalité de l'atteinte du contentieux de la réparation. L'autorité judiciaire aurait pu être tentée de se déclarer systématiquement compétente sur l'ensemble du litige. Agissant ainsi, elle aurait multiplié les cas de conflits positifs. Elle a cependant préféré, dans la plupart des hypothèses, se dessaisir spontanément de l'affaire en laissant à la juridiction administrative le soin d'apprécier la légalité de l'atteinte administrative à la liberté individuelle.

- Les conflits positifs de compétence n'entraînent pas systématiquement la saisine du Tribunal des conflits. La contestation de la compétence de l'autorité judiciaire par l'autorité préfectorale n'aboutit pas toujours à l'élévation du conflit. Le déclinatoire de compétence est accepté par le juge judiciaire plus d'une fois sur deux. De même, le rejet du déclinatoire de compétence par l'autorité judiciaire n'entraîne pas automatiquement l'élévation du conflit. Il arrive parfois que le préfet accepte l'argument invoqué par le tribunal judiciaire[100].

- Le conflit peut porter sur l'ensemble du litige mais également uniquement sur une question préjudicielle. Cela vaut aussi bien pour le conflit positif[101] que pour le conflit négatif[102]. Le mécanisme des questions préjudicielles, dont on connaît pourtant l'importance quantitative et les effets pervers, donne rarement lieu à une procédure de conflit. Ainsi, bien que les questions préjudicielles illustrent la complexité du dualisme juridictionnel, elles sont rarement soumises à la connaissance du Tribunal des conflits.

- L'analyse du nombre des recours au Tribunal des conflits permet très approximativement de quantifier la place prise par les conflits de compétence, mais elle ne peut pas suffire à déterminer l'importance des inconvénients générés par le dualisme juridictionnel. En effet, la saisine du Tribunal des conflits n'intervient souvent qu'après plusieurs étapes. Il n'est pas rare que le plaideur mette fin à son recours avant même l'intervention du Tribunal des conflits. Ne disposant pas du temps nécessaire, des moyens suffisants, de l'énergie requise en pareille circonstance, le justiciable à la recherche de son droit risque fort de céder devant les aberrations du système juridictionnel sans même attendre une décision définitive qui apparaît souvent comme très hypothétique.

Aucune statistique ne prend en compte les désistements en cours d'instance alors qu'ils révèlent tout autant les dysfonctionnements de l'appareil juridictionnel.

---

[100] Voir J.-F. Flauss, *La pratique administrative du conflit positif d'attributions de 1962 à 1977*, RDP 1979, p. 1591.

[101] T.C. 11 octobre 1993, *SCI du domaine de Suroît*, p. 408.

[102] T.C. 27 avril 1981, *Lombardo*, p. 504.

Il n'existe pas non plus de statistiques permettant de comptabiliser le nombre des individus susceptibles de recourir à la justice, pour faire valoir un droit auquel il a été porté atteinte, mais qui refusent de saisir le juge. La complexité et l'opacité de la justice contribuent largement à ce phénomène. Les décisions du Tribunal des conflits, même peu nombreuses, qui interviennent tardivement et après une procédure souvent difficile, participent à l'effet dissuasif. Le retentissement des arrêts rendus par le Tribunal des conflits, décisions qui stigmatisent les aspects négatifs de la justice, suscite plus encore la crainte de saisir le juge.

L'analyse du nombre des recours au Tribunal des conflits montre l'importance des problèmes suscités par l'existence d'une justice dualiste. Elle n'est pas suffisante. Reste que les hypothèses d'intervention sont loin d'être marginales. L'augmentation du nombre des conflits souligne une réelle difficulté à lutter contre les conflits de compétence entre les deux ordres de juridictions. Elle devrait inciter le législateur à simplifier l'appareil juridictionnel et le Tribunal des conflits à faire évoluer sa jurisprudence.

§ 2 : LA PROTECTION DE LA COMPETENCE DU JUGE ADMINISTRATIF PAR LE TRIBUNAL DES CONFLITS :

Si le Tribunal des conflits résout les conflits de compétence, il ne résout pas les difficultés liées au dualisme juridictionnel en ce qui concerne le contentieux des droits fondamentaux. Sa fonction le lui permet pourtant. Elle va bien au-delà de la simple résolution d'un conflit de compétence. « En matière de conflits d'attribution la jurisprudence du Tribunal des conflits a…une signification et une portée considérables ; elle ne se borne pas à résoudre des conflits particuliers ; elle contribue, à l'occasion de ces conflits, à délimiter la compétence générale des tribunaux administratifs et, par là, le domaine d'application du droit administratif »[103]. Et, dans le cadre de cette mission, il a plus contribué à la défense du juge administratif et de sa sphère d'intervention qu'à la mise en place d'une répartition simple et cohérente des compétences entre les deux ordres de juridictions visant à faciliter le recours du plaideur.

Plus que la recherche d'une garantie effective de la protection des droits des justiciables, le Tribunal des conflits a essayé de faire concilier le rôle de la juridiction judiciaire avec celui de la juridiction administrative tout en s'efforçant de favoriser cette dernière (A). Agissant ainsi, il n'a pas contribué à faciliter le fonctionnement de la justice dualiste (B).

---

[103] A. de Laubadère, J.-C. Venezia et Y. Gaudemet, *Manuel précité*, p. 470.

A : **Une jurisprudence favorable à la compétence du juge administratif** :

Plusieurs éléments laissent à penser que l'intervention du Tribunal des conflits a presque toujours été favorable à la juridiction administrative : l'historique du Tribunal, la mise en place de certains mécanismes de conflit dans un sens exclusivement favorable à la juridiction administrative, la nature et la composition de l'institution elle-même, et surtout sa jurisprudence[104].

- Le Tribunal des conflits est historiquement un démembrement du Conseil d'Etat. La séparation des autorités administrative et judiciaire, proclamée par la loi des 16 et 24 août 1790, va aboutir à la mise en place de deux juges distincts. Il devient alors nécessaire d'instituer un organe chargé de régler les conflits de compétence entre les deux ordres de juridiction. Pendant une grande partie du XIXe siècle, la résolution des conflits de compétence releva du pouvoir exécutif avec l'aide du Conseil d'Etat lorsqu'il fut créé. Le système va perdurer - à l'exception de la Seconde République qui mit en place en 1848 un Tribunal des conflits - jusqu'en 1872, date d'abandon de la justice retenue[105].

Le législateur de 1872 institue un organisme de régulation des compétences qui ne dépend ni du juge judiciaire ni du juge administratif. Sa composition est rigoureusement paritaire mais l'aspect égalitaire de l'institution laisse apparaître quelques « dissymétries ». Le Tribunal des conflits siège au Palais Royal, au sein même du Conseil d'Etat, le secrétariat est assuré par le secrétaire du contentieux du Conseil d'Etat, la procédure devant le Tribunal des conflits est la même que celle en vigueur au Conseil d'Etat, ses décisions sont diffusées par le centre de documentation du Conseil d'Etat et publiées dans le même recueil de jurisprudence.

Notons encore, à l'inverse des membres de la juridiction judiciaire, que la participation pour les conseillers d'Etat au Tribunal des conflits correspond plus à une promotion de fin de carrière accordée aux meilleurs d'entre eux qu'à une quelconque obligation. Une telle proximité n'est pas sans incidence sur les rapports entre le Tribunal des conflits et la juridiction administrative.

- Le conflit positif, première des attributions du Tribunal des conflits, joue uniquement en faveur du juge administratif. Il apparaît d'ailleurs bien avant la naissance d'une juridiction administrative et d'un Tribunal des conflits. Si la juridiction administrative, par l'intermédiaire de l'administration, dispose d'un moyen pour lutter contre les empiètements de l'autorité judiciaire dans sa sphère de compétence, l'inverse n'est pas vrai.

---

[104] Voir F. Gazier, *Réflexions sur les symétries et dissymétries du Tribunal des conflits*, RFDA 1990, p. 745.

[105] Sur l'historique du juge des conflits, voir P. Laroque, *Les conflits d'attribution*, RDP 1932, p. 5.

- Interprétant les règles relatives à la répartition des compétences entre les deux ordres de juridictions, instituant les critères du partage dans le silence de la loi, participant à la construction du droit administratif, le Tribunal des conflits a joué un rôle considérable dans la délimitation des domaines d'intervention de la juridiction administrative et de la juridiction judiciaire. Bien qu'elle ait pu profiter à l'autorité judiciaire, la jurisprudence du Tribunal des conflits a plus fréquemment abouti à étendre la compétence de la juridiction administrative. Le Tribunal des conflits a eu, le plus fréquemment, une interprétation extensive de la loi des 16 et 24 août 1790 et du décret du 16 fructidor An III, alors qu'il a eu, le plus souvent, une interprétation restrictive des textes qui y dérogent.

Dès l'arrêt Blanco du 8 février 1873, le Tribunal des conflits affirme l'autonomie du droit administratif de la responsabilité par rapport aux règles posées par le code civil[106]. Il impose ainsi une compétence administrative de principe en se fondant sur une interprétation large du principe de séparation posé par les textes révolutionnaires. La solution était loin d'être évidente. Jusqu'en 1873, les tribunaux judiciaires se reconnaissaient compétents pour connaître des actions en responsabilité contre l'Etat et ses démembrements.

La jurisprudence Blanco, qui ne concerne que la responsabilité de l'Etat, va être étendue à l'ensemble des collectivités locales par l'arrêt Feutry[107]. On trouve bien évidemment d'autres illustrations de la protection et de l'extension du domaine d'intervention de la juridiction administrative par le juge des conflits. Sont ici mentionnées les prémices de la jurisprudence du Haut Tribunal[108].

Cette défense de la compétence de la juridiction administrative est plus flagrante, mais également beaucoup plus problématique, lorsqu'elle va à l'encontre d'un texte législatif. On sait qu'une grande partie des textes dérogatoires au principe de séparation des autorités concerne le contentieux des libertés fondamentales. La vieille défiance libérale à l'égard de la juridiction administrative a conduit le législateur à étendre en la matière la compétence de principe du juge judiciaire au détriment de la juridiction administrative. Les dérogations étaient d'autant plus intéressantes qu'elles favorisaient la bonne administration de la justice dans un domaine nécessitant une décision rapide du juge.

Le texte législatif intervient d'ailleurs souvent pour mettre fin à des conflits de compétence dans un domaine où une régulation spontanée s'avère impossible. L'intervention du législateur vise essentiellement à la mise en place d'un bloc de compétence permettant de limiter le morcellement de l'instance entre la juridiction administrative et judiciaire. Se fondant sur le respect du principe de séparation des autorités, le Tribunal des conflits va presque systématiquement restreindre la compétence de principe accordée par le législateur au juge judiciaire.

En voici quatre exemples précis :

---

106 T.C. 8 février 1873, GAJA, 13e éd., Dalloz, 2001, n°1.

107 T.C. 29 février 1908, *Feutry*, p. 208.

108 Voir F. Chouvel, T. Lambert, D. Pelissier, *Les cas de partage au Tribunal des conflits et la répartition des compétences*, RDP 1983, p. 1313.

- L'appréciation de la légalité des actes administratifs par les tribunaux répressifs :

Conscient de l'importance qu'il y a pour le juge pénal à statuer le plus rapidement possible, le Tribunal des conflits autorise les tribunaux répressifs à apprécier la légalité des règlements administratifs. Il considère cependant qu'ils sont incompétents pour apprécier la légalité des actes administratifs individuels. La distinction opérée par le Tribunal des conflits repose notamment sur une interprétation restrictive de la dérogation accordée au principe de séparation des autorités, dérogation que l'on retrouve dans l'article R. 26-15 du Code pénal qui punit d'une amende « ceux qui auront contrevenu aux décrets et arrêtés légalement faits ». Le texte évoque simplement les termes « décrets et arrêtés » qui peuvent être aussi bien réglementaires qu'individuels[109].

- La liberté individuelle :

Le Tribunal des conflits va systématiquement restreindre la portée de l'ancien article 112 du Code d'instruction criminelle puis de l'article 136 du Code de procédure pénale en se fondant sur une interprétation stricte du principe de séparation des autorités[110].

- Le contentieux de l'hospitalisation d'office :

L'article 29 de la loi du 30 juin 1838, intégré à l'article L. 3211-12 du Code de la santé publique, donne compétence au juge judiciaire pour ordonner la libération de l'individu interné. Alors que le texte semblait donner une compétence exclusive à l'autorité judiciaire, le Tribunal des conflits va dissocier le contentieux de la « nécessité » et celui de la « régularité » de la mesure de placement[111].

- La propriété privée :

Le rôle de gardien de la propriété privée joué par l'autorité judiciaire a toujours été interprété strictement par le Tribunal des conflits. Le juge des conflits s'est efforcé de cantonner la compétence judiciaire par une analyse restrictive des textes dérogeants à la séparation des autorités. Il a ainsi considéré que la compétence de l'autorité judiciaire devait être limitée à la seule réparation des atteintes administratives à la propriété privée. Le même raisonnement prévaut en l'absence d'un texte. La compétence du juge judiciaire et du juge administratif est très largement partagée en matière d'emprise[112].

---

[109] T.C. 5 juillet 1951, *Avranches et Desmarets*, p. 638.
[110] Voir supra, p. 94 et s.
[111] Voir supra, p. 109 et s.
[112] Voir supra p. 81 et s.

La liste pourrait être plus longue. Elle déborde largement le cadre strict du contentieux des libertés fondamentales. La loi du 5 avril 1937 sur la responsabilité des membres de l'enseignement public, et la loi du 31 décembre 1957 sur la responsabilité du fait des véhicules fournissent d'autres exemples de l'interprétation restrictive par le Tribunal des conflits des dérogations consenties au principe de séparation des autorités administrative et judiciaire. La logique du législateur avait clairement été de mettre en place un vaste bloc de compétence judiciaire. En prévoyant quelques exceptions aux textes, le Tribunal des conflits rejette en partie la volonté unificatrice du législateur.

Si la loi de 1937 impose la compétence judiciaire dans un domaine de responsabilité publique, la juridiction administrative retrouve sa compétence lorsque le dommage est imputable, non à une faute du membre de l'enseignement, mais à une mauvaise organisation du service ou en cas de mauvais entretien d'un ouvrage public[113].

De même pour la loi de 1957, il est des cas dans lesquels le juge des conflits n'a pas considéré opportun de déroger aux règles normales de compétence. La juridiction administrative retrouve notamment sa compétence lorsque l'action en responsabilité repose sur un autre fondement que la loi de 1957, bien que le comportement fautif ait concouru à la réalisation du dommage partiellement imputable à un véhicule[114], ou encore, lorsqu'il y a une difficulté sérieuse sur le point de savoir si l'auteur de l'accident était ou non en service lors de l'accident[115].

Il est ainsi choquant de voir persister des conflits de compétence même après l'intervention du législateur pour clarifier la répartition des taches entre les deux ordres de juridiction. C'est encore plus vrai lorsque le texte cherche à instituer un bloc de compétence au profit d'un seul juge. Ce fut souvent le cas concernant le contentieux des libertés fondamentales.

B : **Une jurisprudence qui ne simplifie pas le dualisme juridictionnel** :

Le Tribunal des conflits n'est pas toujours responsable de la confusion. Le législateur ne peut prévoir des solutions à toutes les interrogations suscitées par la mise en œuvre d'un texte attributif de compétences. Et même lorsque la loi est suffisamment claire, les juges essaient souvent d'interpréter en leur faveur le texte. Un tel comportement rend obligatoire le recours au Tribunal des conflits compte tenu des contestations qui en résultent.

Il appartient alors au juge des conflits, au fil de sa jurisprudence, de préciser les contours des attributions de compétence. Il agit en tenant compte de la volonté du législateur et en respectant autant que possible le principe de séparation des

[113] T.C. 31 mars 1950, *Dlle Gavillet*, p. 658 ; T.C. 26 mars 1990, *Jaffre*, p. 629.

[114] T.C. 16 novembre 1964, *Préfet de la Haute-Marne c/ C.A. de Dijon*, p. 794.

[115] T.C. 20 novembre 1961, *Compagnie la providence et dame Grima c/ Duclos*, p. 880.

autorités administrative et judiciaire. Il est certain que le respect dû au principe de séparation des autorités favorise naturellement la complexité. Cependant, lorsqu'il fait preuve d'une volonté excessive de préservation de ce principe, en faisant une interprétation très éloignée du texte législatif, et qu'une telle interprétation rend quasiment impossible la limitation des conflits ou qu'elle conduit même à les multiplier, le Tribunal des conflits, qui devient alors en partie responsable de la cacophonie juridique, accentue l'inaccessibilité du système.

- Le Tribunal des conflits complexifie indirectement le fonctionnement de la justice dualiste lorsque le texte n'affirme pas la compétence exclusive du juge judiciaire. Préférant faire prévaloir le principe de séparation des autorités, préférant sauvegarder la compétence de la juridiction administrative, le juge des conflits rend impossible la mise en place d'un bloc de compétence judiciaire. Ce faisant, il emporte à chaque fois la division de l'instance entre la juridiction judiciaire et la juridiction administrative. La décision, même peu contestable juridiquement, se révèle souvent défavorable au justiciable. Face au silence ou à l'imprécision de la loi, le Tribunal des conflits sauvegarde un principe traditionnel du droit français. L'extension de la compétence judiciaire par dérogation à la séparation des autorités ne peut provenir que d'une affirmation explicite du législateur. Le juge des conflits considère que tout contentieux administratif appartient au juge administratif lorsque la compétence de l'autorité judiciaire ne ressort pas clairement de la loi. C'est précisément le sens qu'il convient de donner à sa jurisprudence relative au contentieux de la propriété privée ou au contentieux de l'hospitalisation d'office. Aucun texte n'affirme clairement l'exclusivité de la compétence judiciaire. Le Tribunal des conflits limite donc l'intervention de l'autorité judiciaire à ce qui ressort précisément du texte. La partie obscure de la loi lui permet d'étendre ou de préserver la compétence de la juridiction administrative.

- Le Tribunal des conflits complexifie directement le fonctionnement de la justice dualiste lorsqu'il interprète restrictivement la compétence dérogatoire accordée au juge judiciaire alors que les termes de la loi apparaissent dénués d'ambiguïté. L'article 136 du Code de procédure pénale exclut le conflit positif d'attribution. Considérant toutefois qu'il déroge au principe de séparation des autorités, la Haute Juridiction a estimé que la disposition devait « être interprétée strictement et que la dérogation qu'elle édicte ne peut être étendue au-delà de ce que prévoient ses termes mêmes »[116]. Puisque le texte n'attribue pas expressément compétence aux tribunaux civils pour apprécier la légalité de l'acte administratif, cette attribution relève de la juridiction administrative.

Le Tribunal des conflits rejette non seulement le bloc de compétence judiciaire mais encore le fait-il en contradiction avec la volonté du législateur. La haute Juridiction a certes préservé la compétence de la juridiction administrative, mais au détriment de la bonne administration de la justice et du justiciable. Statuant de la

[116] T.C. 16 novembre 1964, *Clément, précité.*

sorte, le juge des conflits impose au justiciable de saisir à la fois le juge administratif et le juge judiciaire pour obtenir la réparation du préjudice né de l'atteinte administrative illégale à la liberté individuelle. Quant à la sauvegarde de la liberté en elle-même, c'est à tout prendre, une autre question.

La jurisprudence du Tribunal des conflits, en plus de sa contribution à la division de l'instance entre les deux ordres de juridiction, dans un domaine où le législateur semblait avoir fait vœu d'unification[117], favorise parallèlement la survenance des conflits.

La solution rendue par le juge des conflits doit jouer pour l'avenir afin que cesse les conflits de compétence. La décision doit pour cela être acceptable et acceptée par les juridictions. On l'a dit, les tribunaux tentent parfois d'interpréter un texte attributif de compétence en leur faveur. Ce comportement trouve de temps à autre son origine dans les arrêts du Tribunal des conflits lui-même. En prenant des décisions aussi éloignées de la volonté initiale du législateur, la Haute juridiction incite les juges administratifs et surtout judiciaires à la contestation. La jurisprudence du Tribunal des conflits restreint le rôle du juge judiciaire en tant que gardien des libertés fondamentales. Pour lutter contre cette perte progressive de compétence, l'autorité judiciaire va, soit chercher d'autres fondements pour étendre son intervention, soit rejeter l'interprétation du juge des conflits. L'élévation du conflit par l'autorité administrative est quasi certaine dans les deux hypothèses.

La victime d'une atteinte administrative à la liberté individuelle peut avoir naturellement tendance à saisir le juge judiciaire de son litige. L'article 136 du Code de procédure pénale et l'article 66 de la Constitution sont des éléments déterminants dans son choix sur l'ordre de juridiction compétent. Soumettant son litige à l'autorité judiciaire pour obtenir la cessation et la réparation de l'atteinte, le plaideur risque fort de voir le juge se dessaisir en partie de l'affaire pour incompétence. Le respect de la jurisprudence du juge des conflits par l'autorité judiciaire aboutit dans la grande majorité des cas à cette situation.

Dans l'hypothèse inverse, c'est-à-dire lorsque le juge judiciaire refuse de s'aligner sur la décision de la Haute Juridiction, le conflit positif d'attribution est presque inévitable.

Par ailleurs, ayant une compétence restreinte en matière d'atteinte à la liberté individuelle, l'autorité judiciaire peut être tentée de trouver un autre fondement à son intervention. Le juge judiciaire n'a-t-il pas souvent tendance à interpréter de manière extensive la théorie de la voie de fait ? Connaissant la conception

[117] Le contentieux de la liberté individuelle n'est pas le seul concerné par cette attitude du Tribunal des conflits. Pour exemple, la loi du 12 juillet 1987, modifiant les articles 12 et 15 de l'ordonnance du 1er décembre 1986 sur la concurrence, a consacré la compétence exclusive de la Cour d'appel de Paris pour statuer sur les recours formés contre les décisions du Conseil de la concurrence ordonnant des mesures conservatoires, prononçant des injonctions ou infligeant des sanctions. Non seulement le Tribunal des conflits a accepté en cette matière une élévation du conflit mais il a également opéré des distinctions dans un contentieux qui devait clairement relever exclusivement du juge judiciaire selon le législateur.

restrictive du Tribunal des conflits de la compétence judiciaire sur le fondement de l'atteinte à la liberté individuelle, les tribunaux civils considèrent facilement l'atteinte administrative comme étant constitutive d'une voie de fait. C'est, selon la jurisprudence du juge des conflits, souvent à tort. L'élévation du conflit est presque systématique et la censure de la compétence judiciaire quasi certaine.

- Le Tribunal des conflits complexifie le fonctionnement de la justice dualiste en sauvegardant la théorie de la voie de fait. On comprend cependant difficilement les raisons qui incitent le juge des conflits à laisser perdurer une notion qui complique bien plus qu'elle n'apporte. La réflexion vaut plus encore lorsque l'on sait à quel point la théorie est entendue limitativement : soit le juge judiciaire protège mieux les libertés fondamentales et il doit alors recevoir une véritable compétence au titre de la voie de fait - il suffit pour cela que les critères de détermination de la voie de fait soient assouplis - soit le juge administratif est tout aussi protecteur que l'autorité judiciaire et il n'y a alors plus beaucoup de justifications à la voie de fait.

Le Tribunal des conflits refuse cependant d'y mettre un terme, tout comme il refuse d'assouplir ses critères. La loi du 30 juin 2000 aurait pourtant pu amener à la remise en cause de la théorie puisque le juge administratif dispose désormais d'un vrai pouvoir d'urgence.

Par un arrêt rendu le 23 octobre 2000, le Tribunal des conflits déclare : « Considérant qu'il n'y a voie de fait justifiant, par exception au principe de séparation des autorités administratives et judiciaires, la compétence des juridictions de l'ordre judiciaire, que dans la mesure où l'administration, soit a procédé à l'exécution forcée, dans des conditions irrégulières, d'une décision même régulière, portant une grave atteinte au droit de propriété ou à une liberté fondamentale, soit a pris une décision ayant l'un ou l'autre de ces effets à la condition toutefois que cette dernière décision soit elle-même manifestement insusceptible d'être rattachée à un pouvoir appartenant à l'autorité administrative »[118].

Cette solution prouve une fois encore la volonté de conciliation de la Haute juridiction. L'autorité judiciaire est la gardienne des libertés essentielles de l'individu et il est logique, à ce titre, de préserver une théorie qui cautionne l'idée et qui permet de sauvegarder un domaine traditionnel d'intervention du juge judiciaire dans le contentieux administratif. La juridiction administrative est naturellement compétente pour statuer sur le contentieux de la puissance publique et elle est également protectrice des droits des individus. Il n'y a donc aucune raison de lui retirer un pan entier de sa compétence en ayant une interprétation souple des conditions constitutives de la voie de fait.

[118] T.C. 23 octobre 2000, *M. Boussadar c/ Ministre des Affaires étrangères*, req. n° 3227. Le litige portait sur le refus d'un visa de court séjour opposé à un ressortissant marocain qui désirait comparaître à une audience le concernant directement. Le tribunal estime que, même illégale, « la mesure litigieuse a été prise par l'autorité consulaire agissant dans l'exercice d'un pouvoir conféré à l'administration par l'article 5 de l'ordonnance du 2 novembre 1945 ».

Ce choix permet également au Tribunal des conflits de conserver une certaine maîtrise des critères conditionnant la compétence du juge judiciaire à l'égard du contentieux de l'administration plutôt que de s'en remettre presque exclusivement à la jurisprudence du Conseil constitutionnel, comme c'est le cas dans le domaine de la liberté individuelle ou du droit de propriété.

La solution n'est toutefois pas satisfaisante. L'existence de la théorie incite souvent la victime d'une illégalité manifeste de l'administration à saisir le juge judiciaire d'une voie de fait. Ce choix se fait naturellement pour le justiciable qui préfère encore recourir au juge judiciaire plutôt qu'à la juridiction administrative. Le recours au juge judiciaire sur le fondement de la voie de fait est pourtant souvent voué à l'échec vu l'interprétation stricte de la théorie par le Tribunal des conflits. Et même lorsque l'autorité judiciaire considère l'atteinte administrative constitutive d'une voie de fait, l'élévation du conflit est presque systématique.

S'appuyant sur la jurisprudence de la Haute Juridiction, l'autorité administrative dispose d'un argument de poids pour contester la compétence judiciaire. Le juge des conflits donne d'ailleurs raison à l'administration dans la majorité des cas. Il semble donc bien que le Tribunal des conflits ait manqué une occasion de simplifier la répartition des compétences entre les deux ordres de juridiction en ce qui concerne le contentieux, complexe et souvent nuisible aux intérêts des justiciables, de la voie de fait.

La jurisprudence du Tribunal des conflits ne facilite pas vraiment la compréhension des règles relatives à la répartition des compétences. Elle incite même parfois les juridictions à ne pas les respecter. Les décisions prises par le juge des conflits dans le domaine des libertés fondamentales sont rarement empreintes d'une rigueur et d'une logique pacificatrice.

L'arrêt rendu par la Haute Juridiction le 12 mai 1997 participe clairement à l'incompréhension générale[119]. Le juge des conflits restreint plus encore la théorie de la voie de fait. Il confirme également que ni l'article 136 du Code de procédure pénale ni l'article 66 de la Constitution ne donne compétence au juge judiciaire pour faire cesser l'atteinte à la liberté individuelle. Le Tribunal des conflits fait prévaloir, en l'espèce, un principe de valeur législatif, la séparation des autorités, sur un principe de valeur constitutionnelle, l'article 66 de la Constitution. On sait que le Conseil constitutionnel n'interprète pas cette disposition comme devant emporter la compétence exclusive de l'autorité judiciaire dans le contentieux de la liberté individuelle. La simple intervention de l'autorité judiciaire dans la procédure privative de liberté est suffisante. L'interprétation restrictive de l'article 136 adoptée par le juge des conflits, même contestable, n'est donc pas, au fond, incompatible avec l'article 66.

L'arrêt du 12 mai 1997 aboutit cependant à la violation de la disposition constitutionnelle. Normalement, lorsque l'autorité administrative prend une mesure privative de liberté conformément au régime législatif, le juge judiciaire peut

---

[119] T.C. 12 mai 1997, *Préfet de police de Paris c/ TGI de Paris, précité.*

intervenir selon les modalités prévues par la loi. Mais lorsque l'administration porte atteinte à la liberté individuelle en prononçant une mesure d'internement en dehors de toute habilitation législative, et dans la mesure où cette décision rend impossible l'intervention du juge judiciaire, la théorie de la voie de fait permet en principe de satisfaire aux exigences de l'article 66 de la Constitution en redonnant compétence à l'autorité judiciaire.

L'espèce étudiée montre que le raisonnement ne peut pas fonctionner de façon systématique. L'administration avait consigné à bord d'un navire deux passagers clandestins, après avoir pris des décisions de refus d'entrée sur le territoire, au lieu du placement en zone d'attente normalement prévu par la loi. Une telle mesure aboutit à priver les étrangers de l'ensemble des garanties prévues lors du placement en zone d'attente, et notamment l'intervention de l'autorité judiciaire. Bien que manifestement illégale, la décision ne saurait être, selon le juge des conflits, constitutive d'une voie de fait puisque l'ordonnance de 1945 donne compétence à l'administration pour exécuter d'office des décisions de refus d'entrée.

Dans une telle hypothèse, aussi choquante qu'aberrante, l'intervention de l'autorité judiciaire n'est jamais possible. Statuant de la sorte, et sauf à considérer que la décision de l'administration ne portait pas en réalité atteinte à la liberté individuelle, la Haute Juridiction viole l'article 66 de la Constitution en faisant prévaloir un principe de simple valeur législative. Le juge des conflits sauvegarde la compétence de la juridiction administrative mais au prix d'un raisonnement qui ne laisse pas de surprendre. On doute que les victimes de l'administration aient pu véritablement bénéficier d'une telle décision.

Le juge judiciaire n'est plus, en définitive, que le juge de la réparation des atteintes administratives à la liberté individuelle. C'est une bien modeste compétence pour autant de conflits.

Plus qu'une simple recherche de bonne administration de la justice, le Conseil constitutionnel et le Tribunal des conflits visent à préserver un système déjà fort ancien et considéré comme traditionnel en France. Ce système repose notamment sur deux idées fortes :

- le contentieux de l'administration doit être soumis à une juridiction spéciale.
- L'autorité judiciaire est, et doit demeurer, la gardienne des droits fondamentaux des individus. Le principe, traditionnel, justifie que l'on préserve quelques dérogations à la séparation des autorités administrative et judiciaire.

Il suscite néanmoins quelques interrogations au regard des inconvénients qui en résultent. La juridiction administrative se justifie-t-elle encore ? Les dérogations consenties au principe de la séparation des autorités sur l'idée que l'autorité judiciaire est la gardienne des libertés fondamentales se justifient-elles également ? Le système est pourtant particulièrement complexe. Il l'est encore plus aujourd'hui vu l'évolution de la juridiction administrative.

La coexistence de deux principes antagonistes persiste cependant. Le Conseil constitutionnel et le Tribunal des conflits y contribuent. Les deux institutions tentent tant bien que mal de faire concilier la mission du juge judiciaire avec celle du juge administratif.

La sauvegarde du domaine d'intervention de la juridiction administrative face aux incursions du législateur le prouve bien. Une telle attitude aboutit pourtant, souvent, à des solutions surprenantes pour ne pas dire contestables. Tout du moins est-ce vrai si l'on se place du seul point de vue du plaideur. Ainsi, il ne nous semble pas que les régulateurs des compétences résolvent au fond les conflits de compétence entre les deux ordres de juridiction. L'intervention du législateur, dans le sens d'une réforme simplificatrice de l'état du droit, apparaît nécessaire. Le législateur risque toutefois d'être confronté aux réticences du Conseil constitutionnel et du Tribunal des conflits. Il doit donc intervenir en obtenant l'appui des régulateurs traditionnels des compétences. Tous doivent marcher dans la même direction afin de limiter au maximum les inconvénients nés de l'existence d'une justice dualiste. La protection effective des libertés fondamentales dépend de ce changement.

CHAPITRE II : LA NECESSAIRE SIMPLIFICATION DU SYSTEME JURIDICTIONNEL :

L'affrontement des deux ordres de juridiction sur l'attribution de la connaissance des atteintes aux libertés fondamentales semble difficile à surmonter dans le contexte actuel. L'évolution de la fonction contentieuse de la juridiction administrative, dans un sens plus favorable aux intérêts des administrés, rend moins pertinente les dérogations consenties à la séparation des autorités sur le fondement d'une juridiction judiciaire plus protectrice. Les dérogations subsistent cependant, mais elles sont difficilement acceptées et souvent contestées. La rivalité entre le juge judiciaire et le juge administratif est suffisamment importante pour qu'il soit possible de s'interroger sur l'efficacité de la dualité de juridictions pour protéger les libertés.

La critique essentielle faite au dualisme concerne principalement la difficile répartition des compétences entre le juge judiciaire et le juge administratif. Plus que le principe de l'existence d'une dualité de juridictions, ce sont ses modalités d'application qui sont en cause.

Reste à savoir s'il est possible de résoudre les nombreuses difficultés liées à la justice dualiste sans remettre en cause l'ensemble du système. Certaines solutions permettraient peut-être, sinon de les supprimer, du moins de les réduire.

Quelques propositions, souvent émises, mais rarement suivies d'effets, peuvent être avancées, afin de limiter les effets les plus négatifs du dualisme juridictionnel. Toutes visent à la simplification, la clarification et la stabilisation des règles de compétence. L'amélioration du fonctionnement de la justice dualiste nécessite également une remise en cause, de la part du juge, de sa mission. Plus que la conciliation entre l'importance de sa fonction contentieuse et la sauvegarde des droits des justiciables, le juge doit faire prévaloir l'intérêt de la victime, en donnant à un problème de compétence la réponse la plus cohérente, la plus compréhensible et la plus fonctionnelle possible. Cela passe notamment par une meilleure acceptation des règles de compétence mises en place par le législateur.

Plus la répartition des compétences est simple, plus la justice est accessible. La protection de la liberté devient alors plus effective : la victime d'une atteinte hésite moins à recourir au juge. Elle accepte de bénéficier de la protection juridictionnelle à laquelle elle a droit.

Par ailleurs, une répartition simple des compétences limite le risque d'erreur sur le juge à saisir. Le gain de temps est considérable puisque les hypothèses d'irrecevabilité pour incompétence, de conflits positifs, de renvois, sont rares.

La simplification du système dualiste est donc nécessaire pour rendre plus effectif la protection des libertés fondamentales. L'idée vaut davantage encore, à une époque où le respect de la liberté s'impose comme une condition indispensable de l'Etat de droit.

Trois moyens principaux sont envisageables pour atteindre cet objectif, pour rendre la justice au justiciable : une meilleure délimitation des compétences (Section I), la recherche d'un critère stable de répartition (Section II) et la mise en place d'un juge de l'urgence plus efficace (Section III).

SECTION I : DES COMPETENCES MIEUX DELIMITEES :

Une délimitation claire et cohérente des compétences entre la juridiction judiciaire et la juridiction administrative permet d'éviter l'importance des conflits. La solution la plus simple consiste, pour le législateur, dans les limites que lui a imposées le Conseil constitutionnel, à mettre davantage en œuvre la technique des blocs de compétence (Paragraphe I). La mise en place d'un bloc de compétence au profit d'un seul ordre de juridiction se révèle cependant, et pour de nombreuses raisons, particulièrement complexe. Dans l'hypothèse fréquente d'un contentieux divisé entre les deux juges, tout doit être fait pour que le partage soit connu, et clairement accepté de tous (Paragraphe II).

§ 1 : UN PARTAGE DES COMPETENCES ACCEPTE :

L'application cumulée du principe de séparation des autorités administrative et judiciaire avec le principe de l'autorité judiciaire gardienne des droits fondamentaux de l'individu amène le plus souvent la division du contentieux de la liberté entre la juridiction administrative et la juridiction judiciaire. Le justiciable est alors dans l'obligation de saisir plusieurs juges pour pouvoir bénéficier d'une satisfaction juridictionnelle intégrale. Une telle solution lui est, en règle générale, défavorable. Le plaideur perd du temps et de l'argent, il doit fournir des efforts considérables pour obtenir une décision dont l'issue ne lui est pas nécessairement favorable.

Il apparaît alors indispensable, afin de limiter au maximum les inconvénients nés du morcellement du procès, que la division du litige ne soit pas remise en cause. Au partage des compétences entre les deux juridictions ne doit pas s'ajouter un conflit de compétence.

Tout doit être fait afin de réduire au maximum les lenteurs qui résultent de l'intervention successive des deux juges. La répartition doit être certaine. A chacun sa partie du litige. La perte de temps pour le plaideur est inévitable, mais elle est limitée et contrôlée. L'absence de remise en cause de la division de l'instance et l'absence de contestation sur le partage limitent les incertitudes et, par la même occasion, l'angoisse du justiciable de recourir au juge. Ayant une connaissance précise du déroulement du procès, il ne craint plus de faire la navette d'un juge à l'autre.

Plusieurs moyens pourraient permettre d'atteindre ce résultat : une clarification de l'état du droit par le législateur, qui intervient pour délimiter strictement les pouvoirs dévolus à chaque ordre de juridiction, une participation active du juge dans cette clarification de l'état du droit, et une stricte limitation du mécanisme de la question préjudicielle.

1 : *La stricte délimitation des compétences par le législateur* :

Même lorsque la répartition apparaît de prime abord claire et exhaustive dans le cadre d'un contentieux donné, le texte s'y rapportant se révèle souvent insuffisamment précis pour emporter l'entière adhésion des juges. La même loi peut donner lieu à des interprétations divergentes selon le juge saisi.

Le législateur n'est pas le seul responsable de cette situation. Le juge a souvent une conception extensive de son domaine d'intervention. Cette volonté de préserver, voire d'accroître, le champ de sa compétence l'incite à interpréter le texte de loi, parfois de façon très surprenante, dans un sens qui lui est favorable. Il appartient ainsi au législateur de tout faire pour rendre le plus difficile possible les interprétations divergentes. Cela passe notamment par une rigueur et une attention accrue dans la rédaction de la loi. Les termes mêmes du texte doivent être le plus précis possible. Et si, malgré ces précautions, le conflit intervient, le législateur doit intervenir pour compléter le sens du texte afin de clarifier définitivement les domaines de compétences respectifs.

2 : *Le juge participe à la simplification de l'état du droit* :

Deux directions doivent être empruntées par les juges afin de rendre plus accessible et plus compréhensible la répartition des compétences.

Les tribunaux, qu'ils soient de l'ordre judiciaire ou de l'ordre administratif, doivent suivre la voie tracée par le législateur et ainsi traiter exclusivement le litige qui lui est soumis. Il en a rarement été ainsi dans le domaine des libertés fondamentales. Malgré la règle selon laquelle l'autorité judiciaire est la gardienne de la liberté individuelle et, par extension, des libertés publiques, le juge judiciaire n'a jamais pu bénéficier d'une compétence exclusive pour connaître des atteintes aux libertés émanant de l'autorité administrative. Le contentieux de la liberté individuelle illustre parfaitement l'idée.

Le même phénomène subsiste en l'absence de texte. En principe, la répartition des compétences entre les deux ordres de juridictions est du ressort exclusif du législateur[120].

[120] C.E. Ass. 30 mars 1962, *Association nationale de la meunerie et autres*, p. 233.

Pourtant, dans le silence de la loi, la répartition émane de la jurisprudence. Le juge administratif et le juge judiciaire vont alors collaborer afin que chacun connaisse d'un aspect particulier du litige. Il est bien évidemment exclu qu'un juge accepte spontanément de céder l'ensemble du litige à son homologue.

L'objectif doit être alors la mise en place d'une « division du travail » simple, stable et cohérente afin que la spécialisation des compétences ne fasse pas l'objet de contestations. Or, s'arc-boutant sur le respect du principe supposé fonder sa compétence, le juge administratif peut être tenté d'étendre son domaine d'intervention, soit en refusant la compétence du juge judiciaire, soit en empiétant sur ses prérogatives. L'hypothèse fonctionne d'ailleurs dans les deux sens, laissant la frontière entre les domaines de compétence des deux juges difficile à déterminer. Il en résulte une incertitude et un manque de sécurité juridique pour le plaideur. Les juges doivent donc, par une meilleure collaboration, clarifier ce partage.

3 : *Une limitation stricte du mécanisme de la question préjudicielle* :

Le partage des compétences entre les deux ordres de juridictions, surtout lorsqu'il impose au plaideur la saisine du juge administratif et du juge judiciaire, est complexe ; il n'est pas nécessaire de rajouter, à la lourdeur de l'instance, des renvois supplémentaires sur le fondement de la question préjudicielle.

A partir du moment où le contentieux se trouve divisé entre la juridiction judiciaire et la juridiction administrative, il est impératif d'éviter d'allonger plus encore les délais de jugement. Cela passe notamment par la suppression du mécanisme préjudiciel.

Le respect du principe de séparation des autorités emporte déjà l'absence d'unicité du litige. Comment accepter qu'il impose de surcroît un renvoi pour une simple question incidente ? La solution est d'autant plus aberrante que le renvoi sur le fondement de la question préjudicielle, obligatoire pour que l'instance puisse se poursuivre, précède le renvoi au fond. Elle l'est également lorsque l'on connaît la simple valeur législative du principe de séparation des autorités.

La réforme est donc possible pour le législateur mais elle est aussi juridiquement accessible aux cours suprêmes par la voie jurisprudentielle. Elle est même souhaitable dans le cadre d'un Etat protecteur des droits fondamentaux. Rien n'impose d'ailleurs la suppression globale du mécanisme de la question préjudicielle, mais son aménagement selon les contentieux. Lorsque la matière se révèle d'une particulière complexité, lorsque la répartition des compétences donne lieu à de nombreux conflits d'attribution, tout justifie le rejet de la question préjudicielle. Ce devrait être le cas dans le domaine des libertés fondamentales et plus encore lorsque le contentieux impose le recours aux deux ordres de juridictions.

L'acceptation par le juge d'un partage précis des compétences n'est certes pas une solution parfaite, mais elle permettrait de limiter fortement les conflits d'attribution sans imposer, parallèlement, un bouleversement de l'état du droit.

Celle-ci ne remettrait pas en cause le principe de séparation des autorités ni même le principe faisant de l'autorité judiciaire la gardienne des droits fondamentaux.

L'unification du contentieux au profit d'un seul juge serait souhaitable afin d'éviter les conflits. Cependant, la mise en place de blocs de compétence, dans le contentieux des libertés fondamentales, est difficile à organiser et même à faire accepter.

§ 2 : LE DEVELOPPEMENT DE LA TECHNIQUE DES BLOCS DE COMPETENCE :

L'unification de la compétence est supposée mettre fin aux innombrables renvois pouvant naître du fait du respect du principe de séparation des autorités. La technique se justifie donc essentiellement pour les litiges ambigus. L'absence d'un critère de compétence fonctionnel et stable, en l'absence d'une attribution législative expresse, rend délicate la question de la détermination de la juridiction compétente. La jurisprudence va progressivement, au travers de quelques critères, résoudre les questions de compétence juridictionnelle. Pourtant, les conflits de compétence ne trouvent parfois pas de solution spontanée, compte tenu de la complexité et de l'importance du litige en jeu. L'intervention du législateur, qui va déterminer le rôle respectif de chaque juge, permet alors, en principe, de résoudre les conflits.

Cette intervention est en réalité nettement plus efficace lorsqu'elle institue, non pas un partage, mais un bloc de compétence au profit d'une seule juridiction. Le conflit de compétence est alors en principe exclu et le recours appartient systématiquement au même juge. Les transferts de compétence s'opèrent le plus souvent au profit de l'ordre judiciaire.

Depuis longtemps, la jurisprudence a reconnu aux tribunaux judiciaires compétence pour statuer sur des litiges qui ne relèvent pas du droit administratif alors même qu'ils concernent l'administration. Le transfert se justifie au motif que la compétence judiciaire ne porte pas sur un litige administratif. Le législateur est parfois intervenu lui-même pour transférer aux tribunaux judiciaires des litiges qui auraient dû relever des tribunaux administratifs par application des règles ordinaires de compétence. Le transfert vise, dans la première hypothèse, une certaine logique juridique. Il en va également ainsi lorsque le transfert de compétence se justifie par la volonté de soumettre le litige administratif au droit privé. Le transfert vise surtout, dans la seconde hypothèse, à résoudre les conflits de compétence. La solution n'est pas nouvelle. Il existe des précédents. La jurisprudence du Conseil constitutionnel elle-même semble inciter le législateur à mettre en place des blocs de compétence dans un souci de bonne administration de la justice. Reste que la technique, pour être pleinement efficace, nécessite un consensus difficile à obtenir.

- Des textes sont venus déroger aux règles normales de répartition. Sans vouloir résoudre systématiquement et exclusivement les difficultés de compétence, ils doivent y contribuer indirectement, dans l'hypothèse où ils unifient l'ensemble du litige au profit d'un seul juge.

On peut citer, pour exemple, la loi du 31 décembre 1957 sur la réparation des dommages causés par les véhicules, la loi du 1er juillet 1964 sur la réparation des dommages causés par les vaccinations obligatoires, la loi du 30 octobre 1968 sur la responsabilité civile dans le domaine de l'énergie nucléaire, modifiée par celle du 16 juin 1990, la loi du 23 janvier 1990 sur l'indemnisation des préjudices résultant de recherches biomédicales, les lois qui instituent des « fonds » destinés à indemniser simplement et rapidement les victimes de certains dommages et qui attribuent compétence au juge judiciaire pour régler les litiges nés de l'application de ces textes, la loi du 31 décembre 1957 relative au contentieux de la liberté individuelle ou plus récemment la loi du 6 juillet 1987 qui attribue au juge judiciaire l'ensemble des recours formés contre les décisions du Conseil de la concurrence. Dans la plupart de ces cas, en plus d'une tendance naturelle du juge judiciaire pour la réparation des préjudices corporels, l'unification des contentieux apparaissait particulièrement souhaitable.

- Aucune règle ni aucun principe de valeur constitutionnelle ne semble formellement s'opposer à la mise en place de blocs de compétence judiciaire. Bien au contraire, le Conseil constitutionnel a estimé que la prise en considération de la bonne administration de la justice pouvait permettre au législateur d'aménager le principe de répartition des compétences entre le juge judiciaire et le juge administratif[121]. Considérant que le principe de séparation des autorités administrative et judiciaire n'a pas valeur constitutionnelle, il autorise le législateur à y déroger.

Cette solution prend principalement en compte les inconvénients générés par le mécanisme des questions préjudicielles, mais rien n'interdit de lui donner un sens plus large. Le juge constitutionnel accepte d'ailleurs clairement que la bonne administration de la justice puisse autoriser le législateur à confier l'intégralité du contentieux du Conseil de la concurrence, autorité administrative, à la Cour d'appel de Paris, juridiction judiciaire.

Le législateur ne peut bien évidemment déroger à la réserve de compétence constitutionnellement garantie du juge administratif qu'à la condition que le texte vise à unifier les règles de compétence, et que la mesure soit justifiée par les nécessités d'une bonne administration de la justice. Notons cependant que la bonne administration de la justice nécessite souvent l'unification des règles de compétence, et que cette notion peut être entendue largement. La bonne administration de la justice va probablement plus loin que le simple fait de permettre au justiciable victime d'un comportement illégal d'obtenir une décision de justice.

[121] Conseil constitutionnel, n° 86-224 DC du 23 janvier 1987, précitée.

La bonne administration de la justice doit être comprise comme la protection juridictionnelle effective ; une protection qui sauvegarde la liberté autant qu'elle répare l'atteinte illégale. Cela nécessite souvent une intervention rapide du juge. L'existence d'une justice dualiste rend parfois impossible une décision prise en urgence, or tout ce qui contribue à retarder la décision du juge altère la bonne administration de la justice. Dès lors, il n'est pas impossible d'envisager la multiplication des blocs de compétence, sur le fondement de la bonne administration de la justice, lorsque la dualité de juridictions génère des conflits insolubles. N'est-ce pas le cas en ce qui concerne le contentieux des libertés fondamentales ?

- La mise en place d'un bloc de compétence est difficile pour un résultat qui demeure bien souvent très incertain.

Le bloc de compétence n'est possible que sous certaines conditions. Le Conseil constitutionnel affirme clairement que l'aménagement législatif aux règles traditionnelles de compétence doit être précis et limité. Bien que l'imprécision de la formule retenue par le juge constitutionnel laisse planer le doute sur le sens à donner à la disposition, il y a peu de chance qu'une mesure législative, conférant l'ensemble du contentieux des libertés fondamentales à l'autorité judiciaire, puisse être déclarée conforme à la Constitution.

La dérogation doit donc concerner un domaine précis. Mais, même suffisamment précis et limité, même justifié par les nécessités d'une bonne administration de la justice, l'aménagement législatif à la répartition traditionnelle des compétences entre les deux ordres de juridictions n'est pas certain d'être déclaré conforme à la Constitution. Pour exemple, le législateur a voulu transférer aux tribunaux judiciaires le contentieux de la reconduite à la frontière des étrangers. La loi soumise à l'examen du Conseil constitutionnel avait donné compétence au tribunal de grande instance pour annuler les arrêtés de reconduite à la frontière d'un étranger en situation irrégulière. Le juge constitutionnel va pourtant censurer cette attribution de compétence sur le fondement de l'atteinte au principe fondamental reconnu par les lois de la République en vertu duquel « relève en dernier ressort de la compétence de la juridiction administrative l'annulation ou la réformation des décisions prises, dans l'exercice des prérogatives de puissance publique, par les autorités exerçant le pouvoir exécutif »[122].

Le bloc de compétence nécessite donc d'une part, l'intervention du législateur et, d'autre part, l'acceptation du texte par le juge constitutionnel. Par ailleurs, s'il semble exclu de mettre en place un bloc de compétence judiciaire pour l'ensemble du contentieux des libertés fondamentales sur le fondement d'un aménagement insuffisamment précis et limité, d'autres arguments rendent hypothétique l'atteinte au principe de séparation des autorités.

---

[122] Conseil constitutionnel, n° 89-261 DC du 28 juillet 1989, précitée.

L'unification des compétences au sein d'un ordre juridictionnel ne présente un intérêt que dans la mesure où elle ne fait l'objet d'aucune contestation. Tout laisse à penser qu'un bloc de compétence judiciaire, qui concernerait l'ensemble du contentieux des libertés fondamentales, ne serait accepté, ni par la juridiction administrative, ni par le Tribunal des conflits, compte tenu de l'importance qualitative et quantitative du contentieux en jeu. Ainsi effectué, le transfert remettrait en cause la légitimité de la juridiction administrative.

Ainsi, seulement quelques libertés publiques pourraient être soumises à la connaissance du seul juge judiciaire. Et encore, la solution est loin d'être certaine. On pense en premier lieu à la liberté individuelle dont le contentieux ne cesse de donner lieu à des conflits de compétence. Le législateur est pourtant déjà intervenu en ce domaine pour instituer un bloc de compétence judiciaire. Le rejet catégorique de l'exclusivité de la compétence judiciaire par la juridiction administrative et par le Tribunal des conflits indique la difficulté qu'il y a à déroger au principe de séparation des autorités. L'interprétation extensive par le Conseil constitutionnel du contenu de la liberté individuelle justifie en partie le raisonnement suivi par le Conseil d'Etat et par le Tribunal des conflits, mais elle n'explique pas tout. Leur solution prévalait avant même l'intervention du juge constitutionnel. Il se trouve, plus simplement, que le juge administratif rechigne à se dessaisir d'un litige relevant normalement de sa compétence sur le fondement d'un principe qu'il estime dépassé.

Les dérogations législatives à la séparation des autorités visaient hier à soustraire les litiges les plus délicats au juge de l'administration. Ce n'était pas dans un souci de simplification de la justice, mais sur le fondement d'un juge judiciaire plus protecteur des droits et libertés des individus. Cela pourrait aujourd'hui être le cas. Il suffirait au juge administratif de respecter les nombreux textes qui donnent une compétence exclusive à l'autorité judiciaire pour connaître du contentieux de la liberté individuelle. Il s'y refuse pourtant en se considérant tout aussi protecteur. L'argument n'est pas faux ; il emporte cependant des conséquences fâcheuses. Ainsi, pour aboutir à un résultat efficace, le bloc de compétence nécessite, en plus de l'intervention du législateur, le consentement du Conseil constitutionnel, du Tribunal des conflits, et des juridictions administrative et judiciaire. Le consensus est difficilement envisageable, notamment lorsque l'aménagement concerne une liberté fondamentale.

Il convient donc de distinguer deux hypothèses : le juge judiciaire est plus protecteur. Le juge administratif doit alors céder, et le respect du principe de séparation ne peut servir de justificatif au rejet des dérogations législatives. Le juge administratif est tout aussi protecteur des droits des administrés. Pourquoi alors déroger à la séparation des autorités ? La bonne administration de la justice peut, dans ce cas de figure, trouver une solution plus simple, plus logique, et moins contestable que la mise en place d'un bloc de compétence judiciaire, pour mettre fin aux conflits de compétence nés de l'existence d'une justice dualiste.

SECTION II : RECHERCHE D'UN CRITERE STABLE DE REPARTITION :

La technique des blocs de compétence permet de résoudre au cas par cas les conflits de compétence, mais elle ne résout pas structurellement les difficultés liées à l'existence d'une justice dualiste. Il convient, pour ce faire, de trouver une clause générale de compétence, un critère stable et d'application certaine. Cette clause générale de compétence, ce critère magique permettant de déterminer à coup sûr la juridiction compétente, et sans qu'il soit possible de remettre en cause le choix du juge, reste pour l'instant introuvable. Il n'est toutefois pas impossible de simplifier le contentieux des libertés fondamentales.

Les règles et les principes sur lesquels repose aujourd'hui la répartition des compétences entre les deux ordres de juridictions, dans le domaine spécifique des droits fondamentaux, semblent en grande partie dépassés (Paragraphe I). La compétence administrative repose principalement sur les critères cumulés de la personne publique, du service public et de la puissance publique. Le système est complexe et incertain. Le contentieux des droits fondamentaux fait pourtant place à un critère supplémentaire qui, loin de simplifier la répartition, complexifie plus encore le système : le principe faisant du juge judiciaire le gardien des libertés fondamentales. Dès lors que son existence ne se justifie plus tout à fait, sa suppression n'est pas impossible ; elle peut même s'avérer souhaitable (Paragraphe II).

§ 1 : UNE DELIMITATION INCERTAINE :

Les critères permettant de déterminer la juridiction compétente, lorsque l'autorité administrative porte atteinte à une liberté fondamentale, sont contestables, relatifs et souvent d'un fondement controversé. Il en résulte presque inévitablement des incertitudes qui favorisent la naissance des conflits de compétence entre les deux ordres de juridictions.

Lorsque l'autorité administrative porte atteinte à la liberté, il n'est pas douteux qu'elle fasse usage de prérogatives de puissance publique. La violation d'un droit emporte systématiquement l'utilisation d'une prérogative exorbitante du droit commun. Le critère cumulé de la personne publique avec celui de la puissance publique devrait suffire à fonder la compétence de la juridiction administrative pour les atteintes administratives aux libertés fondamentales.

Le critère organique est pourtant, en ce domaine, largement mis à mal. Les solutions dérogatoires, qui transfèrent aux tribunaux judiciaires des contentieux qui devraient être jugés, en vertu du principe de séparation des autorités, par la juridiction administrative, sont nombreuses. Elles reposent en grande partie sur le principe de l'autorité judiciaire gardienne de la propriété privée et des libertés fondamentales. Les dérogations au principe de séparation des autorités administrative et judiciaire, en plus d'être quantitativement importantes, prennent des formes multiples. La dérogation peut avoir pour fondement un texte de loi mais également une construction jurisprudentielle. Les théories de la voie de fait et de l'emprise irrégulière illustrent le phénomène.

Toute exception à un principe tend à restreindre la portée de celui-ci. L'idée vaut plus encore lorsque l'exception ne présente plus un caractère « exceptionnel ». Le problème prend des formes inattendues lorsqu'il devient difficile de distinguer le principe de l'exception. Alors qu'une atteinte administrative à une liberté fondamentale devrait emporter, sans l'ombre d'une hésitation, la compétence de la juridiction administrative, l'incertitude prédomine du fait de l'application du principe faisant de l'autorité judiciaire la gardienne de la propriété privée et des libertés fondamentales. Il y a doute car, tout autant que le principe de séparation, le principe du juge judiciaire gardien des libertés fondamentales n'est pas d'application certaine. Il ne permet pas de fonder à coup sûr la compétence du juge judiciaire.

Ainsi, le critère organique, en partie caduque, ne permet pas de déterminer avec certitude la juridiction compétente. Le critère de l'atteinte à une liberté fondamentale, supposé fonder la compétence de l'autorité judiciaire, ne se substitue pas à lui. Il apparaît plus comme un élément perturbateur que comme un critère de remplacement. Les deux se cumulent sans que l'on sache bien lequel doit prévaloir.

Plusieurs raisons peuvent expliquer la situation. Elles tournent toutes autour de la même idée. Le critère de l'atteinte à une liberté fondamentale, qui doit justifier la compétence judiciaire, est aujourd'hui largement dénué de fondement. Il repose en grande partie sur la compétence reconnue par les textes aux tribunaux judiciaires dans le contentieux de la liberté individuelle et de la propriété privée. Or, de la compétence du juge judiciaire dans le domaine de la liberté individuelle et de la propriété privée, naît l'idée fausse que l'autorité judiciaire est la gardienne de l'ensemble des libertés fondamentales. Seule la théorie de la voie de fait pourrait permettre de cautionner le principe. L'analyse de la théorie ruine pourtant le raisonnement. L'atteinte administrative à la liberté fondamentale ne peut suffire à fonder la compétence judiciaire au titre de la voie de fait. Une voie de fait qui est, par ailleurs, d'interprétation stricte.

De même, le critère de l'atteinte à la liberté individuelle et à la propriété privée, permettant de fonder la compétence des tribunaux judiciaires, est plus qu'incertain. Les faits révèlent une compétence judiciaire minimale en la matière. L'intervention de l'autorité judiciaire, lorsque l'administration porte atteinte à la liberté individuelle ou à la propriété privée, n'est pas systématique. Elle se limite la plupart du temps à la seule réparation du préjudice.

Le critère est d'autant plus incertain qu'il repose aujourd'hui sur un fondement très discutable. La compétence de l'autorité judiciaire dans le contentieux de la liberté individuelle se justifiait pleinement à une époque où la juridiction administrative semblait incapable d'assurer une protection effective des droits des administrés. L'argument apparaît moins pertinent à l'heure actuelle.

Il ne s'agit pas de cautionner l'interprétation restrictive faite par la juridiction administrative et par le Tribunal des conflits de l'article 136 du Code de procédure pénale et de l'article 66 de la Constitution. On ne peut, bien au contraire, que condamner un tel comportement alors que le législateur était clairement intervenu afin d'imposer une solution sans équivoque. On peut toutefois regretter la persistance du principe de l'autorité judiciaire gardienne de la propriété privée et des libertés fondamentales à une époque où le juge administratif s'est vu doter de mécanismes de protection identiques à ceux du juge judiciaire.

La persistance du principe, en emportant des dérogations à la séparation des autorités, qui ne se justifient plus tout à fait et qui compliquent considérablement la détermination de la répartition des compétences, mais des dérogations limitées et contestées, rend impossible toute résolution simple du problème. La coexistence du critère organique, lié au principe de séparation des autorités, avec le critère tiré de l'atteinte aux libertés fondamentales, fondé sur la compétence de principe du juge judiciaire en la matière, rend inextricable les conflits de compétence. La résolution des difficultés passe alors par la suppression de l'un des deux critères. Deux voies sont possibles : soit la compétence exclusive de la juridiction judiciaire, soit la compétence exclusive de la juridiction administrative. Sa préférence penche nettement en faveur de la première solution. Il n'est pas certain que ce soit la plus simple.

La compétence exclusive de l'autorité judiciaire sur le critère unique tiré de l'atteinte à la liberté individuelle nécessite de délimiter avec précision le champ de cette liberté. La mission est particulièrement délicate. Cette solution nécessite le consentement de la juridiction administrative et du Tribunal des conflits, ce qui est loin d'être évident. Elle ne résout pas le problème des autres libertés fondamentales, et plus particulièrement, la question de la voie de fait et de l'atteinte à la propriété privée.

La solution pourrait-elle être néanmoins appliquée à d'autres domaines ? La répartition sur la base de l'atteinte à une liberté fondamentale est-elle envisageable ? Est-il possible d'en faire un critère unique de compétence ?

Fonder la compétence exclusive de l'autorité judiciaire sur la base de l'atteinte à une liberté fondamentale se révèle presque impossible dans tous les cas de figure. Envisager une compétence exclusive du juge judiciaire pour quelques libertés ou pour l'ensemble des droits fondamentaux apparaît peu réaliste.

Dans la première hypothèse, il est nécessaire de déterminer avec exactitude les libertés devant être soumises à la compétence du juge judiciaire. Mais sur quel argument choisir une liberté plutôt qu'une autre ? La réponse se révèle malaisée et incertaine. Une telle solution peut d'ailleurs difficilement emporter l'adhésion. Loin d'aboutir à un critère unique, stable et d'application certaine, elle les multiplie en augmentant, par la même occasion, les chances de voir naître des interprétations divergentes.

Dans la seconde, on se retrouve dans l'hypothèse du bloc de compétence judiciaire envisagée précédemment. Aussi efficace soit-il pour résoudre les difficultés de compétence, il est illusoire d'imaginer la juridiction administrative acceptant de perdre une partie aussi considérable de ses prérogatives naturelles. La répartition sur ce fondement nécessite, par ailleurs, de déterminer quelles sont ces libertés fondamentales. La « fondamentalité » est un concept difficile à manier dont les contours sont très fluctuants.

Enfin, et il s'agit, selon nous, de l'argument principal, le fondement se révèle peu judicieux, sauf à vouloir remettre en cause l'existence de la juridiction administrative. La compétence de l'autorité judiciaire pour protéger la liberté individuelle s'explique aujourd'hui fort mal. Une telle compétence sur l'ensemble des libertés fondamentales se justifierait plus difficilement encore. Elle révèlerait, le cas échéant, compte tenu du volume et de l'aspect symbolique d'un tel contentieux, la volonté de mettre fin à la justice administrative et au dualisme juridictionnel. C'est sans doute la solution la plus efficace pour mettre un terme aux conflits de compétence mais il ne semble pas que ce soit celle qui prime pour le moment. La seconde solution, qui consiste à supprimer le critère tiré de l'atteinte à une liberté fondamentale, présente des garanties de succès plus évidentes parce qu'elle se justifie mieux.

§ 2 : L'HYPOTHESE D'UN RETOUR A UN CRITERE ORGANIQUE :

Le respect de la sphère traditionnelle de compétence de la juridiction administrative et de la juridiction judiciaire, par application du principe de séparation des autorités, pourrait être, en définitive, la solution la plus efficace pour mettre fin, en partie, aux conflits de compétence. La solution se justifie dans la mesure où les motifs sur lesquels reposent les dérogations consenties au principe de séparation des autorités apparaissent infondés. Pour quelle raison faudrait-il déroger à la séparation des autorités sur le fondement d'un principe inexact ? La tradition ne saurait suffire à justifier la persistance d'un concept qui complexifie plus le fonctionnement de la justice dualiste qu'il n'apporte de réelles satisfactions.

Une stricte application de la séparation des autorités implique naturellement la compétence de l'ordre administratif pour connaître des atteintes aux libertés émanant de la puissance publique et la compétence de l'ordre judiciaire pour connaître des atteintes aux libertés émanant des personnes privées. Le conflit de compétence, dans cette hypothèse, n'est pas impossible. Il peut naître de la difficulté à déterminer avec certitude la notion d'autorité administrative. Le conflit de compétence, sur le fondement de l'atteinte à une liberté fondamentale, est lui exclu. Autant dire que la plus grosse partie des difficultés est supprimée.

Il est alors difficile de comprendre les motivations expliquant les multiples entorses consenties à la séparation des autorités. Elles reposent historiquement sur un double fondement : l'insuffisante capacité de la juridiction administrative à assurer une sauvegarde efficace de la liberté et la méfiance des libéraux à l'encontre d'une juridiction supposée trop proche de l'autorité administrative. Le principe faisant de l'autorité judiciaire la gardienne des libertés essentielles de l'individu emporte de nombreuses complications qui ne se justifient pour le justiciable que dans la mesure où il trouve un intérêt véritable à saisir le juge judiciaire plutôt que le juge administratif. Les difficultés de compétence peuvent être acceptées plus facilement si la victime d'une atteinte administrative bénéficie, au bout du compte, d'une protection plus effective de sa liberté, et d'une réparation plus importante. On doute cependant que la victime de l'administration trouve plus d'avantages que d'inconvénients à recourir au juge judiciaire si des difficultés de compétence surviennent.

La supériorité de la juridiction judiciaire sur la juridiction administrative n'est pas telle que le justiciable ait intérêt à supporter les conflits de compétence plutôt que de recourir directement au juge administratif. Il est même possible de s'interroger sur la supériorité supposée de l'autorité judiciaire en l'absence d'une quelconque difficulté.

L'incertitude sur le juge à saisir et la crainte d'un éventuel conflit suffisent à faire reculer le justiciable au moment d'avoir recours à la justice. La vieille méfiance libérale à l'encontre de la juridiction administrative ne se justifie plus. La supériorité des techniques de protection devant le juge judiciaire est aujourd'hui très discutable. Seule la façon de les utiliser peut varier d'un juge à l'autre, et encore, il faut attendre de voir comment la juridiction administrative va faire usage de ses nouvelles prérogatives en matière d'urgence. L'appellation et la proximité de l'institution avec l'administration active restent des éléments contestables pouvant susciter des craintes plus ou moins justifiées ; ils s'avèrent insuffisants pour légitimer la persistance du principe faisant du juge judiciaire le gardien des libertés fondamentales compte tenu des inconvénients qui en résultent.

Ainsi, l'application stricte du critère organique, cumulé naturellement avec le critère de l'atteinte à une liberté fondamentale, permettrait de limiter en grande partie les conflits de compétence entre les deux ordres de juridictions. Une telle solution, en plus d'emporter la simplification de l'état du droit, apparaît parfaitement logique d'un point de vue purement juridique vu la transformation de la fonction contentieuse de la juridiction administrative.

Elle était déjà préconisée, il y a plus de trente ans, par certains auteurs, à une époque où les tribunaux administratifs ne disposaient pas de mécanismes de protection aussi efficaces qu'aujourd'hui[123]. La proposition présente de nombreux avantages. Le premier concerne le problème du droit applicable. Trop fréquemment, la compétence ne suit pas le fond. Le respect du principe de séparation des autorités permettrait de lier presque à coup sûr la compétence et le fond, afin que les tribunaux judiciaires connaissent des litiges mettant en œuvre les règles du droit privé, et les tribunaux administratifs ceux qui mettent en œuvre les règles du droit public.

---

[123] M. Dran, *thèse précitée*, p. 547.

La solution aboutirait également à limiter les incertitudes sur le choix du juge à saisir. La victime connaîtrait, de façon presque certaine, la juridiction devant laquelle elle doit porter son affaire ainsi que la nature du droit applicable. Elle aurait l'avantage de mettre les faits en harmonie avec les textes. Etant d'interprétation stricte, les dérogations au principe de séparation des autorités emportent rarement la plénitude de compétence du juge judiciaire. Bien au contraire, le recours à la juridiction administrative s'avère indispensable pour la quasi-totalité des atteintes administratives à une liberté publique fondamentale. La seule exception concerne la théorie de la voie de fait, dont on connaît l'aspect complexe et incertain, sans compter qu'elle fonde rarement la compétence du juge judiciaire.

La solution pourrait d'ailleurs permettre de supprimer la théorie qui comporte, pour le plaideur, plus d'inconvénients que d'avantages. La compétence de la juridiction administrative doit céder sur un double fondement : une illégalité manifeste et une atteinte administrative à une liberté fondamentale. Une partie de la voie de fait repose donc sur la supériorité de la protection judiciaire. La suppression du principe de l'autorité judiciaire gardienne des libertés fondamentales rend sans fondement le second critère, et par extension, l'ensemble de la théorie. Pourquoi devrait-elle subsister s'il est reconnu que la juridiction administrative assure une protection de la liberté aussi efficace que celle du juge judiciaire ?

La solution présente le double avantage de limiter considérablement le nombre des questions préjudicielles et le nombre des conflits positifs.

L'application stricte de la séparation des autorités ne supprime pas le mécanisme des questions préjudicielles, puisque la technique trouve sa source dans ledit principe, mais elle pourrait en restreindre l'importance quantitative. Le système actuel aboutit à soumettre à la connaissance du juge judiciaire de nombreux litiges administratifs par application du principe faisant de l'autorité judiciaire la gardienne des libertés fondamentales. Les dérogations, sauf cas exceptionnels, n'emportent pas la plénitude de compétence du juge judiciaire. Cette compétence dérogatoire ne l'autorise pas à annuler ou réformer les actes de la puissance publique ni même, pour le juge civil, à apprécier la légalité des actes administratifs. L'appréciation de la légalité de l'acte administratif, réglementaire ou individuel, est une question préjudicielle qui nécessite un renvoi systématique et obligatoire. En diminuant le nombre des litiges administratifs soumis au juge judiciaire, c'est-à-dire en mettant fin à l'intervention de l'autorité judiciaire dans le domaine des atteintes administratives aux libertés, on limite les hypothèses de questions préjudicielles.

De même, en diminuant l'importance des questions préjudicielles, on limite les hypothèses de conflit positif. La solution permettrait également de limiter, voire de supprimer, les conflits positifs relatifs au litige principal. Lorsque l'autorité administrative porte atteinte à une liberté publique, la victime saurait, sans trop douter, qu'elle doit saisir le juge administratif. L'argument ne vaut cependant que dans l'hypothèse d'une suppression pure et simple de la voie de fait.

L'éventuel retour à un critère organique pour déterminer la juridiction compétente, en matière d'atteintes administratives aux libertés publiques, ne résoudrait cependant pas toutes les difficultés, et la solution proposée ne serait pas simple à mettre en place.

Tout d'abord, elle ne prohiberait pas toutes les hypothèses de conflits, bien évidemment en dehors, mais aussi à l'intérieur du contentieux des libertés fondamentales[124]. L'absence d'opposition de l'autorité judiciaire serait particulièrement difficile à obtenir. Tout litige administratif, visant une atteinte à une liberté publique, porté à sa connaissance devra être déclaré irrecevable. La solution est peu évidente à plus d'un titre. Les textes et les constructions jurisprudentielles conférant une compétence de principe au juge judiciaire en la matière sont nombreux. Il appartiendra au législateur, mais également au Tribunal des conflits, d'intervenir pour que cesse la compétence judiciaire. Le juge judiciaire se devra de respecter la volonté du législateur.

Cette intervention du législateur s'avère peu évidente et l'acceptation, sans condition, par l'autorité judiciaire d'une perte aussi conséquente de son champ traditionnel de compétence utopique.

La difficulté dépasse d'ailleurs le strict cadre jurisprudentiel ou législatif. Mettre un terme à la compétence du juge judiciaire, pour connaître de l'ensemble des atteintes aux libertés publiques émanant des autorités administratives, suscite quelques interrogations au regard de l'article 66 de la Constitution. Certes, le Conseil constitutionnel n'interprète pas l'article 66 comme devant impliquer la compétence exclusive du juge judiciaire pour protéger les atteintes à la liberté individuelle, mais accepterait-il un texte législatif qui interdirait systématiquement toute intervention contentieuse de ce juge en ce domaine ? La réponse n'est pas certaine mais on doute que le juge constitutionnel déclare conforme à la constitution une loi qui aboutirait à priver de sens la portée du principe constitutionnel faisant du juge judiciaire le gardien de la liberté individuelle. La même idée vaut d'ailleurs concernant le droit de propriété.

La solution proposée n'implique pas uniquement une réforme législative ou une évolution de la jurisprudence du juge judiciaire et de l'ensemble des juridictions françaises, elle nécessite, très probablement, une révision constitutionnelle. Qui ne voit ici la difficulté d'entreprendre une réforme d'une telle ampleur ? Aussi souhaitable qu'elle soit, elle apparaît éminemment complexe à mettre en œuvre. La réforme ne peut d'ailleurs fonctionner, et c'est sans doute une limite importante à la modification du système actuel dans cette direction, qu'avec le consentement du justiciable lui-même. Son instinct lui suggère presque systématiquement et naturellement de recourir au juge judiciaire lorsque l'administration porte atteinte à

---

[124] « Outre l'absence d'opposition du juge judiciaire, cette solution supposerait précisée avec certitude la notion *d'autorité administrative* qui, aujourd'hui encore, est source de conflits ». M. Dran, *thèse précitée*, p. 548.

une liberté. La compétence de la juridiction administrative, sur le fondement du principe de séparation des autorités, nécessite la confiance du plaideur dans l'institution. Il est plus facile de mettre un terme à la compétence du juge judiciaire pour connaître des atteintes aux libertés émanant de l'administration lorsque la juridiction administrative présente des garanties identiques de protection. Il faut toutefois que le plaideur croie ce juge capable d'assurer une sauvegarde aussi efficace des droits fondamentaux. La réforme s'avère, au moins politiquement, plus délicate dans l'hypothèse inverse.

L'application stricte du principe de séparation des autorités nécessite, ainsi, plus qu'une transformation de l'état du droit. Cela implique une modification de la perception de la juridiction administrative. La vieille méfiance libérale à l'égard du juge administratif demeure, et y mettre un terme rapidement n'est pas évident. Peut-être serait-il plus simple d'envisager la remise en cause de la justice dualiste, à une époque où l'existence d'une juridiction administrative, aussi distincte, apparaît exceptionnelle.

La solution proposée possède pourtant, exception faite de la réforme complexe qu'elle nécessite, l'avantage de la simplicité. Elle permet, en outre, de continuer à faire coexister la juridiction administrative et la juridiction judiciaire. Deux juges protecteurs des libertés dans leur domaine de compétence respectif : le juge judiciaire, juge des atteintes des particuliers ; le juge administratif, juge des atteintes de l'administration.

L'effectivité de la protection des libertés devant la juridiction administrative et judiciaire suppose néanmoins la mise en place d'un mécanisme d'urgence. Le système évoqué précédemment ne peut trouver sa pleine mesure que dans l'hypothèse d'un juge administratif capable de statuer en urgence. Cela semble aujourd'hui être le cas.

SECTION III : UN JUGE DE L'URGENCE PLUS EFFICACE :

Le rôle joué par le juge administratif dans la protection des libertés publiques est aujourd'hui essentiel. Son intervention en la matière est importante. En est-il digne pour autant ? Il a beaucoup fait pour la sauvegarde des libertés mais, si l'assertion n'est guère discutable, elle ne doit pas masquer les éventuelles faiblesses de ce juge.

La plus importante résulte de l'incapacité longtemps avérée du juge administratif à traiter des litiges dans l'urgence. Tous les litiges méritent la solution la plus rapide possible, et tout plaideur souhaite bien évidemment voir son problème réglé dans les termes les plus brefs.

Certains litiges nécessitent cependant une célérité absolue du juge. C'est le cas des actes administratifs qui portent atteinte à une liberté publique. Au-delà de la simple réparation de la violation, ce que souhaite le plus le plaideur victime de l'atteinte, c'est de pouvoir continuer à jouir de sa liberté. Or si le jugement intervient trop tard, et il s'agit parfois d'une question d'heure, l'atteinte deviendra irréparable. Dans l'hypothèse où la décision contestée est destinée à produire des effets sans limite de temps, l'annulation, même tardive, conservera un intérêt pratique. Inversement, lorsque l'effet de la décision est strictement enfermé dans le temps, l'annulation de la mesure interviendra, mais bien que censurée, l'atteinte à la liberté se sera produite depuis longtemps. Ce type de décisions intervient fréquemment dans le domaine des libertés. Or le juge administratif a presque toujours « brillé » par son refus, sauf quelques cas exceptionnels, de mettre en place des modes accélérés de règlement des litiges et, quand il le faisait, c'était aussitôt pour en faire une timide application. Cette situation vient peut-être de prendre fin. Le législateur vient en effet de faire entrer le juge administratif dans le vingt et unième siècle en le dotant d'un véritable pouvoir d'urgence. Il consacre, par la même occasion, « l'atteinte à une liberté fondamentale » comme critère justifiant une intervention en urgence du juge (Paragraphe I). Reste à déterminer l'utilisation qu'il en fera. Car qu'elle que puisse être l'évolution opérée par le juge administratif, il reste le juge de l'administration. A ce titre, il se doit de prendre en compte ses particularités. Sans préjuger de la manière dont la puissance publique doit être traitée, si elle devait l'être comme un simple particulier, on peut s'interroger sur l'intérêt à laisser subsister un juge créé pour tenir compte de la spécificité de l'administration et pour assurer une protection minimum de ses prérogatives (Paragraphe II).

§ 1 : La mise en œuvre d'un veritable refere administratif : la loi du 30 juin 2000 :

Le juge administratif ne disposait que de très peu de moyens pour faire cesser rapidement les atteintes commises par l'administration. Tout du moins se refusait-il à les utiliser[125]. La tâche du juge n'est pas simple. Il ne statue qu'à posteriori, et il est gêné par certains principes fondamentaux du droit administratif : le privilège du préalable et le caractère non-suspensif du recours.

Si la sauvegarde de la liberté nécessite une intervention très rapide du juge, ces deux principes, entendus très strictement par le juge administratif, limitent fortement cette possibilité. Le souci de ne pas entraver ni même ralentir l'action de l'autorité administrative génère chez le juge administratif une réticence à recourir à

[125] L'ancien sursis à exécution, facultatif, qui nécessitait deux conditions cumulatives (un moyen sérieux et un préjudice difficilement réparable), a toujours été entendu de façon très stricte par le juge administratif. Quant à l'ancien référé administratif, issu de la loi du 28 novembre 1955, il ne permettait pas au juge de préjudicier au principal et de faire obstacle à l'exécution d'une décision administrative, interdisant ainsi le prononcé de mesures conservatoires. Le domaine de prédilection du référé administratif demeurait principalement celui de l'enquête et de l'expertise. Voir P.-L. Frier, *L'urgence*, thèse LGDJ, 1987 ; *Un inconnu : le véritable référé administratif*, AJ 1980, p. 67.

des procédures d'urgences. Mais cette restriction, aggravée par les lenteurs de la justice administrative, aboutit fréquemment à une négation totale de la liberté. La réparation tardive due à la violation illégale de la liberté ne saurait suffire puisqu'elle ne conduit pas au rétablissement de l'individu dans l'exercice de son droit. L'annulation de la violation n'entraînera chez l'administré qu'une satisfaction morale.

L'urgence devant la juridiction administrative n'était donc jusqu'à présent qu'un mythe. Aucune des procédures de droit commun, hormis quelques cas exceptionnels et disparates, ne pouvait permettre d'assurer une protection rapide et efficace de la liberté[126].

Le juge administratif, juge de l'administration, a fait en sorte de devenir le juge des libertés. Sûrement l'a-t-il fait un peu pour récupérer des litiges qui lui échappaient de façon croissante au profit de l'autorité judiciaire, mais le fait est là : lorsque l'administration porte atteinte à une liberté, dans la très grande majorité des cas, le seul juge compétent sera le juge administratif. Il lui appartient cependant de justifier sa nouvelle compétence. Ce n'est pourtant pas la voie qu'il a empruntée.

Sans cesse tiraillé entre sa volonté de préserver le champ de sa compétence, son désir de traiter spécifiquement l'administration, son souhait de préserver au mieux les droits des administrés, le juge administratif a du mal à trouver le compromis idéal. C'est pourtant ce juste équilibre qu'il convient de réaliser. Ce compromis implique qu'il puisse statuer en urgence lorsqu'une liberté est en jeu.

C'est probablement le sens qu'il convient de donner à la loi du 30 juin 2000 qui réforme totalement le référé administratif. Cette réforme n'intervient-elle pas d'ailleurs peu de temps après la décision du Tribunal des conflits du 12 mai 1997[127] dans laquelle le Haut Tribunal confirme la compétence du juge administratif pour apprécier la légalité des actes administratifs qui portent atteinte à la liberté individuelle et où il restreint de façon plus que significative le champ de la voie de fait ? La décision a été peu critiquée, mais tous estimaient qu'elle devait aboutir à la mise en place d'un véritable pouvoir d'urgence devant le juge administratif.

Sous la pression de la doctrine et sous la pression qu'il s'est lui-même imposée en élargissant au maximum sa compétence en matière de libertés publiques, le juge administratif s'est progressivement trouvé dans l'obligation de faire évoluer ses procédures d'urgence. Ce qu'il n'a pas pu réaliser de son propre chef, malgré les nombreuses critiques émanant des plus éminents juristes, le législateur vient de le réaliser avec la loi du 30 juin 2000.

---

[126] Voir la loi du 4 février 1995 relative à l'orientation pour l'aménagement et le développement du territoire ; l'article 70 de la loi du 8 février 1995, reprenant et modifiant la loi du 2 mars 1982, qui oblige le juge à prononcer un sursis à exécution dans les 48 heures lorsque l'acte contesté « est de nature à compromettre l'exercice d'une liberté publique ou individuelle » ; l'article 72 de la loi du 8 février 1995 autorise l'étranger qui fait l'objet d'un arrêté préfectoral de reconduite à la frontière à demander l'annulation de l'acte dans les 24 heures suivant sa notification. Le tribunal administratif doit statuer dans un délai de 48 heures.

[127] T.C. 12 mai 1997, *Préfet de police de Paris c/ Tribunal de grande instance de Paris*, *précité*.

La loi du 30 juin 2000 aboutit à une refonte générale et complète du système actuel. Elle traduit incontestablement une préoccupation d'efficacité qui se révèle au travers des restrictions apportées à certains principes fondamentaux du droit public tels que celui du caractère exécutoire des décisions administratives, celui interdisant au juge de préjudicier au principal, ou encore celui interdisant au juge des référés de prononcer des mesures conservatoires ou autres injonctions. Cette loi devrait logiquement conduire à révolutionner le contentieux administratif. Mais il serait bien présomptueux de préjuger de l'application qui sera faite du texte par le juge. La révolution tant attendue n'aura lieu que dans l'hypothèse où le juge en montre le souhait. En attendant, plus que l'unique référé administratif, c'est l'ensemble des modes accélérés de règlement des litiges que le législateur s'efforce de réaménager et de moderniser. La réforme[128] s'articule ainsi autour de trois axes principaux : la rénovation du sursis à exécution traditionnelle et la mise en place d'un véritable référé d'urgence (A) ; la simplification et l'unification des procédures d'urgence préexistantes (B), le souci d'assurer une protection effective de la liberté fondamentale (C).

A : **Le juge administratif, juge de l'urgence** :

La réforme du 30 juin 2000 met fin à la distinction traditionnelle faite entre le sursis à exécution et le référé. Elle ne met pas un terme à la procédure du sursis à exécution, exception faite de la suspension provisoire, mais elle en transforme l'appellation et le mécanisme de fonctionnement. La procédure de suspension des effets d'une mesure administrative relève désormais du juge des référés sous le titre de référé-suspension (1). Parallèlement est instituée une procédure d'extrême urgence qui va prendre le nom de référé-liberté (2).

1 : *Le référé-suspension* :

L'article 5 de la loi, repris sous l'article L. 521-1 du Code de justice administrative, dispose : « Quand une décision administrative, même de rejet, fait l'objet d'une requête en annulation ou en réformation, le juge des référés, saisi d'une demande en ce sens, peut ordonner la suspension de l'exécution de cette décision, ou de certains de ses effets, lorsque l'urgence le justifie et qu'il est fait état d'un moyen propre à créer, en l'état de l'instruction, un doute sérieux quant à la légalité de la décision ». « Lorsque la suspension est prononcée, il est statué sur la requête...dans les meilleurs délais... ».

Désormais, le juge des référés, juge unique, a le pouvoir de suspendre l'acte attaqué sous une double condition : l'urgence et un moyen créant un doute sérieux

[128] Sur l'ensemble des procédures d'urgence et sur la loi du 30 juin 2000, voir R. Chapus, *Droit du contentieux administratif*, Montchrestien, 9e éd., 2001, p. 1201 et s.

sur la légalité de l'acte. Si le texte ne rompt pas totalement avec le passé, le législateur ayant refusé la généralisation ou l'extension du mécanisme de suspension automatique, ce qui implique que la suspension reste une procédure accessoire qui nécessite pour être accordée la réunion de conditions de fond, il assouplit considérablement, à première vue, les critères de détermination du sursis de l'acte contesté. La loi affirme également l'abandon de la collégialité pour confier à un juge unique le soin d'ordonner la suspension des mesures administratives contestées.

Le critère classique tiré du moyen sérieux est considérablement assoupli. La formulation de la loi laisse penser qu'un examen rapide et superficiel faisant naître un doute sur la légalité de la procédure permettra l'octroi de la suspension. Alors que le « moyen sérieux », souvent entendu comme « moyen fondé », nécessitait une instruction relativement poussée, le juge devrait désormais pouvoir se décider rapidement après un examen sommaire des faits[129]. Tout dépendra cependant de l'interprétation que fera le juge de la notion de « doute sérieux ». Il est à souhaiter que celui-ci ne reprenne pas les termes de sa jurisprudence traditionnelle. Le législateur le lui demande. Les premières décisions rendues présagent une vision plus souple du critère. Il semble en effet que la condition du doute sérieux ne constitue plus un obstacle au prononcé de la suspension lorsque l'urgence est caractérisée[130].

Quant à la condition d'urgence, elle remplace celle autrefois attachée à la démonstration d'un préjudice difficilement réparable, souvent entendu comme devant être irréversible. Le changement n'est pas radical puisque le risque d'un préjudice difficilement réparable exprimait déjà lui-même l'urgence, mais il peut augurer d'un net assouplissement de la condition : si le préjudice difficilement réparable implique inévitablement l'urgence, l'urgence n'implique pas obligatoirement un préjudice difficilement réparable. La notion d'urgence pourra ainsi être modelée selon les circonstances mais également selon la situation dans laquelle se trouve le requérant. L'atteinte à une liberté fondamentale était déjà, en règle générale, de nature à générer un préjudice difficilement réparable. La protection de cette liberté se révèle donc nécessairement urgente. Il deviendra, par ailleurs, sans doute plus facile de qualifier d'urgente la suspension d'un simple intérêt matériel privé.

Le Conseil d'Etat a d'ailleurs jugé que l'urgence est caractérisée lorsque la décision administrative contestée préjudicie de manière suffisamment grave et immédiate à un intérêt public, à la situation du requérant ou aux intérêts qu'il entend défendre, « alors même que cette décision n'aurait un objet ou des répercutions que purement financiers et que, en cas d'annulation, ses effets

[129] Voir R. Vandermeeren, *La réforme des procédures d'urgence devant le juge administratif*, AJ 2000, p. 706.

[130] Voir C.E. 28 février 2001, *M. Philippart et M. Lesage*, req. n° 230112 et 230520.

pourraient être effacés par une réparation pécuniaire »[131]. Si l'urgence s'apprécie « concrètement, compte tenu des justifications apportées par le requérant », le Conseil d'Etat considère néanmoins qu'elle doit s'apprécier « objectivement et compte tenu de l'ensemble des circonstances de chaque espèce », en tenant compte de tous les intérêts en présence[132]. Le Conseil d'Etat a également eu l'occasion de préciser que l'urgence devait être immédiate[133] et non imputable au requérant[134].

Si la loi se contente de faire évoluer l'ancienne procédure du sursis en ce qui concerne ses critères de détermination, elle innove foncièrement sur deux points spécifiques. Le texte semble en effet mettre fin à la pratique très contestable du juge consistant à refuser de façon quasi systématique le sursis des décisions de rejet. La rédaction du texte est ici sans équivoque puisque le législateur énonce que les décisions administratives, « même de rejet », peuvent faire l'objet d'une suspension. Il est ainsi mis fin à une jurisprudence traditionnelle. C'est heureux, sachant à quel point certaines décisions de rejet peuvent gravement porter atteinte aux droits des administrés. Le texte poursuit d'ailleurs le travail engagé par le législateur du 8 février 1995. Le juge motivait son refus d'accorder le sursis à exécution d'une décision de rejet au motif qu'il ne lui appartenait pas de prononcer des injonctions à l'encontre de l'administration. Suspendre une décision de rejet impliquait inévitablement d'enjoindre la puissance publique d'accorder l'avantage initialement refusé. La loi du 30 juin 2000 vient donc logiquement compléter la loi du 8 février 1995[135].

Enfin, pour faciliter le prononcé de la suspension de l'acte administratif, le législateur donne au juge des référés la possibilité de moduler sa décision en l'adaptant aux circonstances. La suspension de l'acte pourra ainsi être totale ou partielle, c'est-à-dire qu'il sera possible pour le juge de ne suspendre que les éléments de l'acte dont la légalité est douteuse, et elle pourra être limitée dans le temps puisque le juge peut y mettre fin quand il le souhaite. La suspension de la mesure contestée dure en principe jusqu'au jour où il est statué sur la demande au fond, mais le texte prend soin d'énoncer « au plus tard », ouvrant ainsi largement au juge la possibilité de la faire cesser plus tôt.

Cette souplesse accordée au juge dans l'utilisation du référé-suspension permettra sans doute de limiter ses scrupules à porter atteinte au caractère

---

[131] C.E. 19 janvier 2001, *Confédération nationale des radios libres*, req. n° 228815 ; AJDA 2001, p. 143, chr. M. Guyomar et P. Collin.

[132] C.E. 28 février 2001, *Préfet des Alpes-Maritimes, Sté Sud-Est assainissement*, req. n° 229562, 229563, 229721 ; chr. M. Guyomar et P. Collin, AJDA 2001, p. 461. Voir également C.E. 25 avril 2001, *Ministre de l'Economie, des Finances et de l'Industrie c/ SARL Janfin* ; RFDA 2001, p. 837.

[133] Le préjudice éventuel est possible mais il doit être imminent. Voir C.E., ord. Réf., 1er février 2001, *Mme Combret et autres* ; 28 février 2001, *M. Philippart , M. Lesage, précité.*

[134] C.E., ord. réf., 9 janvier 2001, *Deperthes*, req. n° 228928.

[135] C.E. 20 déc. 2000, *M. Ouatah*, req. n° 206745. Voir F. Mallol, LPA, 19 mars 2001, n° 55, p. 8.

exécutoire des actes administratifs. Cela l'autorisera à suspendre les effets les plus néfastes d'un acte administratif illégal sans pour autant entraver systématiquement, ni de manière excessive, l'action de la puissance publique. La loi donne ainsi au juge des référés les moyens d'assurer un équilibre entre l'efficacité de l'action administrative et la protection provisoire des particuliers.

Il est toutefois regrettable que le législateur ne mette pas fin au pouvoir d'appréciation du juge quant à l'octroi de la suspension de l'acte. Même dans l'hypothèse où les conditions de fond sont réunies, le juge « peut » ordonner la suspension de la mesure. Le bénéfice de la suspension de l'acte reste donc une faculté pour le juge[136]. Le domaine des libertés publiques aurait peut-être mérité une dérogation. La loi du 30 juin 2000 ne porte donc pas un coup fatal au respect du principe du privilège du préalable de l'administration, ni même au caractère dérogatoire et exceptionnel du sursis à l'exécution d'un acte administratif. C'est probablement la raison qui explique la mise en place d'un référé spécifique aux libertés fondamentales.

2 : *Le référé-liberté* :

C'est sans aucun doute la principale innovation de la loi du 30 juin 2000, la plus originale, la plus surprenante. Le texte vise essentiellement à lutter contre les irrégularités les plus grossières de l'administration qui portent atteinte aux libertés fondamentales. Il confère au juge des référés des pouvoirs qui lui étaient jusqu'alors inconnus. La mise en œuvre de ce référé-liberté correspond d'ailleurs à un besoin évident de légitimation du juge administratif vu l'importance croissante de son intervention dans le contentieux des libertés.

L'article 6 de la loi, repris sous l'article L. 521-2 du Code de justice administrative, dispose ainsi que, « Saisi d'une demande en ce sens justifiée par l'urgence, le juge des référés peut ordonner toutes mesures nécessaires à la sauvegarde d'une liberté fondamentale à laquelle une personne morale de droit public...aurait porté, dans l'exercice d'un de ses pouvoirs, une atteinte grave et manifestement illégale. Le juge des référés se prononce dans un délai de quarante-huit heures ». Dans cette hypothèse, le juge administratif des référés peut adresser à l'administration une injonction de faire avant même que le droit ait été dit et il doit impérativement statuer dans le délai extrêmement bref de quarante-huit heures. Il est donc mis fin à l'interdiction du juge des référés de préjudicier au principal puisqu'il pourra prendre « toutes mesures nécessaires » pour assurer la sauvegarde des libertés fondamentales menacées. Si le texte ne vient pas préciser la nature des mesures en question, il fait sans nul doute référence à ce pouvoir d'injonction,

---

[136] Le Conseil d'Etat semble cependant s'orienter vers un assouplissement de sa jurisprudence. Il déclare notamment, dans un arrêt du 9 février 2001 « *Association France nature environnement* », qu'« aucune considération d'intérêt général n'est, en l'espèce, de nature à justifier que le juge des référés s'abstienne de prononcer la suspension demandée dont les conditions sont remplies ». LPA, n° 46, 6 mars 2001, p. 181.

injonction qu'il pourra très certainement assortir d'une astreinte. Il faudra pour cela que soient réunies deux conditions : l'atteinte à une liberté fondamentale et une atteinte grave et manifeste portée à cette liberté.

L'article 6 de la loi fait donc entrer le juge administratif dans le monde de l'urgence. Il reste à espérer qu'il n'aura pas une conception trop restrictive du texte.

B : **Une tentative de rationalisation des procédures d'urgence devant le juge administratif** :

Il existait, avant la réforme, de très nombreux mécanismes d'urgence devant la juridiction administrative. Ils étaient pourtant rarement performants. La multiplicité des procédures ne facilitait pas la tache du justiciable, ni même celle du juge. Le nombre croissant de textes était source de confusions. Cette multitude de procédures rend complexe et trop souvent inefficace l'accès au juge de l'urgence. Ainsi, dans un souci de simplification, l'ensemble des procédures d'urgence va être intégré à l'intérieur d'un même et unique code et beaucoup est fait pour harmoniser l'organisation et le fonctionnement des différentes procédures.

1 : *Un juge unique des référés* :

Exception faite de la procédure spécifique du contentieux de la reconduite à la frontière, l'ensemble des procédures, générales ou particulières, qu'elles relèvent ou non de l'urgence, est soumis à la connaissance d'un seul et même juge des référés. Il devient un juge unique qui voit converger vers lui la totalité des attributions concernant les procédures d'urgence. Tous ces mécanismes sont intégrés dans le nouveau Code de justice administrative[137] sous un livre V intitulé « Le référé ». Ce livre V du Code de justice administrative comporte cinq titres. Le premier s'intitule « le juge des référés » et s'analyse essentiellement comme posant les grandes règles applicables à la procédure devant le juge des référés. Le titre II, qui s'intitule « le juge des référés statuant en urgence », comprend trois chapitres. Le premier s'intitule « Pouvoirs » et intègre la nouvelle procédure du référé-suspension, du référé-liberté mais également du référé-conservatoire[138], le second

[137] Voir J. Arrighi de Casanova, *Le Code de la justice administrative*, AJ 2000, p. 639 et s.

[138] Le nouveau texte laisse subsister l'ancien référé conservatoire de l'article R. 130 du Code des tribunaux administratifs. L'article R. 521-3 du Code de justice administrative énonce : « En cas d'urgence et sur simple requête qui sera recevable même en l'absence de décision administrative préalable, le juge des référés peut ordonner toutes autres mesures utiles sans faire obstacle à l'exécution d'aucune décision administrative ». Ce référé voit son rôle limité et son régime juridique assoupli. Si ce référé exclut le pouvoir de suspendre les effets d'un acte administratif, il autorise le prononcé d'injonction en dehors de l'hypothèse spécifique de l'atteinte gravement illégale à une liberté fondamentale.

qui s'intitule « Procédure » et enfin le troisième qui s'intitule « Voies de recours ». Les titres III et IV ne sont guère importants puisqu'ils traitent des référés exemptés de la condition d'urgence : le constat d'urgence et le référé-instruction. Ce dernier reste tel qu'il existait jusqu'à aujourd'hui dans l'article R. 128 du Code des tribunaux administratifs. Le référé-provision, qui concerne le titre IV, demeure pour l'essentiel inchangé. Enfin, le dernier titre concerne l'ensemble des procédures, dérogatoires au droit commun, qui sont spécifiques à certains contentieux. On y retrouve pêle-mêle le référé-précontractuel, le référé en matière fiscale, le référé en matière de communication audiovisuelle, le sursis-contrôle des collectivités locales qui devient le référé-contrôle et enfin les procédures spécifiques relatives au droit de l'urbanisme.

Si le fait d'avoir intégré la presque totalité de ces procédures à l'intérieur du Code de justice administrative marque un progrès de l'état du droit dans le sens d'une clarification, il reste dommage que ces techniques n'aient pas disparu au profit de l'exclusif référé-suspension. Seuls quelques régimes dérogatoires, considérés comme faisant double emploi avec cette procédure, ont été supprimés. Quant aux autres, le législateur a fait en sorte de les aligner sur une procédure de fonctionnement plus proche du référé-suspension, en remplaçant l'appellation sursis par celle de suspension, en faisant disparaître la formation collégiale au profit du nouveau juge des référés et en n'imposant plus que l'exigence tirée du moyen sérieux qui se transforme en « doute sérieux ».

2 : *Une tentative d'uniformisation des procédures* :

La réforme tend à unifier la grande majorité des procédures de référés par la mise en place d'un référé de droit commun. Ainsi, la procédure applicable à différents référés est soumise aux mêmes règles. Le juge des référés est un juge unique qui se voit doté de l'ensemble des mécanismes d'urgence. L'article 3 de la loi, repris sous l'article L. 511-2 du Code de justice administrative, énonce que « sont juges des référés les présidents des tribunaux administratifs et des cours administratives d'appel ainsi que les magistrats qu'ils désignent à cet effet et qui...ont une ancienneté minimale de deux ans et ont atteint au moins le grade de premier conseiller ». Concernant les litiges qui relèvent en premier et dernier ressort du Conseil d'Etat, « sont juges des référés le président de la section du contentieux ainsi que les conseillers d'Etat qu'il désigne à cet effet ».

Puisque la procédure du référé vise à sauvegarder de façon temporaire les droits du requérant, celle-ci doit être accessoire, provisoire, et le juge se doit de se prononcer le plus rapidement possible. C'est ce que vient rappeler l'article 2 du texte, repris à l'article L. 511-1, qui dispose que : « Le juge des référés statue par des mesures qui présentent un caractère provisoire. Il n'est pas saisi du principal et se prononce dans les meilleurs délais »[139]. Cette exigence de célérité ne va pas pourtant sans poser de problèmes connaissant le formalisme traditionnel de l'instruction et du jugement des requêtes devant la juridiction administrative. Il appartient donc au texte de trouver un juste équilibre entre le respect d'un minimum de formalisme procédural et les nécessités de déroger à certains principes longtemps considérés comme intouchables. Nul n'ignore qu'il est impératif de mettre en place une procédure adaptée, c'est-à-dire une procédure brève donc simplifiée. Pour cette raison, la loi recherche un compromis entre le respect par le juge des référés des grands principes généraux de la procédure contentieuse administrative et la nécessité d'adapter la procédure qui, bien que respectant le contradictoire, doit être dispensée de l'application de certaines règles. La première dispense, pour le requérant, concerne le droit de timbre pour les référés soumis à la condition d'urgence. Cette solution, à plus d'un titre, est indiscutable. Le souci d'assurer le droit au juge est contredit par la mise en place d'un barrage purement financier qui, même modeste, risque de rendre plus difficile l'accès à la justice. Soumettre le recours juridictionnel à l'acquittement d'un timbre fiscal fait perdre du temps au justiciable. Sachant que l'urgence est ici au cœur du débat, une telle solution serait, en elle-même, parfaitement illogique[140].

Inversement, le principe du contradictoire est une des règles fondamentales du procès administratif. Son respect est la principale garantie d'une justice équitable et impartiale, mais cette obligation entraîne néanmoins une perte inévitable de temps dans l'instruction du litige. Recherchant l'équilibre, le législateur préserve le caractère contradictoire de la procédure tout en y apportant des assouplissements. Si le juge des référés « statue au terme d'une procédure contradictoire », celle-ci peut être « écrite ou orale »[141]. La loi prend donc soin de préciser la nature de la procédure. Il n'y a rien de bien nouveau à rappeler son caractère écrit puisque c'est traditionnellement le cas. L'introduction de l'oralité surprend davantage.

Dans le cas du référé-suspension et du référé-liberté, le caractère oral de la procédure devient même obligatoire puisque les parties doivent être convoquées à l'audience publique. Ce choix se révèle judicieux s'agissant d'une procédure d'urgence. La procédure écrite, dans l'urgence, est inévitablement sommaire. Le débat oral permet de pallier ce manque par un exposé rapide des arguments des parties. Non seulement il autorise un gain de temps substantiel, mais encore il permet de préserver les droits des justiciables.

Ainsi, sachant que la réalisation et l'échange des mémoires, ce qui prend du temps, rendent difficile le traitement du litige en extrême urgence, il est apparu nécessaire de restreindre le caractère écrit de la procédure. Mais le texte reste vague. Il n'impose aucun impératif au juge des référés. Il faut donc comprendre que l'écrit et l'oral doivent pouvoir être combinés entre eux en fonction des

[139] Il peut pour cela organiser lui-même le moment le plus adéquat du jugement puisque « il informe sans délai les parties de la date et de l'heure de l'audience publique ». Cette disposition lui permet de faire un choix dans la programmation de l'instance selon le degré de l'urgence.
[140] Voir l'article 11 de la loi repris à l'article L. 522-2 du Code de justice administrative.
[141] Article 10 de la loi qui devient l'article L. 522-1 du même Code.

circonstances de l'espèce. Selon l'urgence du litige, l'instruction présentera très certainement un caractère plus ou moins oral.

Notons qu'il est possible au juge de rejeter la requête, sans audience publique, lorsque la demande apparaît irrecevable, non urgente, ou « manifestement mal fondée »[142]. Cette exception s'explique par le souci de ne pas engorger inutilement la justice, en éliminant rapidement les requêtes abusives. Il reste à espérer que le juge fera usage de cette prérogative avec discernement. Dans un souci d'accélération de l'instruction, les procédures de référé-suspension et de référé-liberté ont d'ailleurs été dispensées des conclusions du commissaire du gouvernement. L'audience y perdra en clarté ; la procédure y gagnera en rapidité.

Enfin, l'article 8 de la loi, repris à l'article L. 521-4 du Code de justice administrative, prévoit une possible modulation des mesures ordonnées en référé puisque le juge peut « à tout moment, au vu d'un élément nouveau, modifier les mesures…ou y mettre fin ». Une telle souplesse est opportune dans la mesure où elle permet au juge de revenir sur ses choix s'il lui apparaît que les mesures initialement prises ne se justifient plus. Il faut pour cela, et c'est heureux pour la sécurité juridique des justiciables, qu'un « élément nouveau » soit intervenu.

Quant aux voies de recours, la loi du 30 juin 2000 modifie largement l'état du droit. Elle supprime, dans quelques cas, le principe du double degré de juridiction. Il en va ainsi concernant le référé-suspension et le référé conservatoire. Seul le recours en cassation est possible[143]. L'exclusion de l'appel peut surprendre sachant que le double degré de juridiction est considéré comme l'un des éléments essentiels d'une bonne justice. Les auteurs du texte ont probablement estimé que c'est essentiellement la première instance, en matière de référé, qui est déterminante pour les parties. Celle-ci peut d'ailleurs revenir sur sa première décision en la modifiant ou en y mettant fin.

Par ailleurs, saisi comme juge de cassation, le Conseil d'Etat peut, dans l'hypothèse où il casse la décision, statuer directement au fond en faisant ainsi l'économie d'un renvoi.

En revanche, les décisions rendues par le juge du référé-liberté sont susceptibles d'appel devant le Conseil d'Etat dans les quinze jours suivant la notification de la décision. Cette exception, absolument souhaitée par le parlement, s'explique par la nature particulière de la procédure qui donne au juge des référés des pouvoirs particulièrement importants concernant un domaine très sensible : les libertés fondamentales. La suppression de l'appel pour ce type de litige aurait pu apparaître surprenant voire choquant. Il est toutefois dommage que subsiste autant de

---

[142] Article 12 de la loi repris à l'article L. 522-3 du même Code.

[143] Juge de cassation, le Conseil d'Etat veille à ce que l'ordonnance du juge des référés soit suffisamment motivée. Il n'exerce pas un contrôle de qualification juridique. L'appréciation des conditions d'urgence et de doute sérieux est laissée à l'appréciation souveraine du juge des référés à l'exception des contrôles de la dénaturation et de l'erreur de droit. C.E. 28 février 2001, *Préfet des Alpes-Maritimes, précité* ; C.E. 25 avril 2001, *Association des habitants du littoral du Morbihan*, req. n° 230025. Voir M. Guyomar et P. Collin, chr. AJDA 2001, p. 465.

divergences selon le type de référé. Les distinctions opérées par le législateur ne sont pas toujours très compréhensibles et elles ont tendance à compliquer les procédures.

Ainsi, si la réforme instituée par le législateur reste imparfaite[144], elle n'en opère pas moins un véritable bouleversement de la pratique de l'urgence devant le juge administratif. Hier incapable, ou presque, de statuer rapidement et efficacement, il lui est aujourd'hui possible de le faire. Plus rien ne semble empêcher le juge administratif d'être considéré comme un véritable protecteur des libertés. Au moins dispose-t-il des prérogatives susceptibles d'en assurer la sauvegarde.

C : **La liberté fondamentale : un critère justifiant une intervention plus efficace de la justice** :

Le juge ne statue, en principe, qu'a posteriori. Le recours n'intervient qu'après la survenance d'une décision ou d'une action qui porte atteinte à un droit. Une justice efficace nécessite, soit une intervention préventive, soit une intervention rapide du juge afin que la liberté puisse être, au moins en partie, préservée. Reste qu'il n'est pas simple de déterminer l'étendue du domaine de protection privilégié devant nécessiter une intervention urgente du juge. L'atteinte à une liberté fondamentale doit toutefois pouvoir servir de fondement à une intervention en urgence du juge.

Ainsi, le législateur, face aux multiples pressions[145], est intervenu pour mettre en place une véritable procédure d'urgence devant la juridiction administrative. Il a parallèlement consacré, par l'intermédiaire de l'article L. 521-2 du Code de justice administrative, l'atteinte à une liberté fondamentale comme critère justifiant une intervention accélérée du juge. Le critère de l'atteinte à une liberté fondamentale se révèle néanmoins d'un usage délicat[146].

- L'étendue des libertés fondamentales protégées :

---

[144] Voir notamment C. Morlot-Dehan, *La réforme des procédures d'urgence devant le juge administratif*, LPA, 4 sept. 2000, p. 4. Il aurait notamment été souhaitable de faire fusionner tous les régimes de suspension des actes administratifs de droit commun ou dérogatoires sous un référé-suspension unique et de réunir toutes les procédures de référé, exception faite peut-être du référé précontractuel et du référé-liberté eu égard à leurs spécificités, sous l'égide d'une seule procédure. Il est également dommage que le texte ne précise pas suffisamment certaines notions essentielles permettant de recourir au juge de l'urgence.

[145] La pression émanait aussi bien du juge judiciaire que du juge constitutionnel ou même des juridictions européennes. Voir le Rapport du groupe de travail du Conseil d'Etat sur les procédures d'urgence, RFDA 2000, p. 941 et B. Pacteau, *Vu de l'intérieur : loi du 30 juin 2000, une réforme exemplaire*, p. 959.

[146] Voir M. Fouletier, *La loi du 30 juin 2000 relative au référé devant les juridictions administratives*, RFDA 2000, p. 963, cité p. 971.

Le législateur du 30 juin 2000, prévoyant un mécanisme de protection d'urgence de la liberté, vise plus particulièrement à mettre fin à l'utilisation abusive de la voie de fait par le juge judiciaire, saisi fréquemment par le requérant, du fait de l'incapacité de la juridiction administrative à intervenir rapidement pour faire cesser ou même prévenir les comportements manifestement illégaux de la puissance publique. L'idée, visant à faire de la procédure du référé-liberté devant le juge administratif le pendant de la voie de fait devant le juge judiciaire, apparaît clairement à la lecture du rapport du groupe de travail sur les procédures d'urgence[147].

Toutefois, si la notion d'atteinte grave et manifestement illégale est relativement familière à la juridiction administrative, celle de liberté fondamentale, très incertaine, est bien plus délicate. Qu'est-ce qu'une liberté fondamentale ? Quelles sont celles dont la violation est susceptible de donner lieu à une intervention en urgence du juge administratif ?

La définition de la liberté est complexe. La définition de la liberté fondamentale l'est encore plus. Pour cette raison, la liste des libertés fondamentales ne peut être précise ou même exhaustive. Il appartient, en définitive, au juge, en tenant compte de l'importance et de la fréquence des textes qui les consacrent, de déterminer le contenu des libertés fondamentales. Le juge administratif s'y est déjà employé par le passé. Il lui est aujourd'hui possible de le faire, avec infiniment plus de rigueur et de clarté, par le biais de l'article L. 521-2 du Code de justice administrative.

En acceptant, lors d'un litige quelconque, de faire usage de ses nouveaux pouvoirs d'injonction, dans le cadre du référé-liberté, le juge administratif va parallèlement consacrer l'aspect fondamental de la liberté qu'il est amené à sauvegarder. Il délimitera ainsi progressivement, au travers de sa jurisprudence, le champ de la liberté fondamentale. Il a déjà commencé à le faire, sans pour autant partir dans l'inconnu. Il existe des éléments de réponse permettant de l'aider dans cette mission. La notion est présente dans les jurisprudences de la Cour européenne des droits de l'homme, du Conseil constitutionnel, du Tribunal des conflits, et du Conseil d'Etat lui-même lorsqu'ils qualifient une liberté ou un droit de fondamental dans le cadre de la voie de fait ou dans le cadre du contrôle des mesures de police.

Au titre de la voie de fait, peut être considérée comme fondamentale de façon quasi certaine la liberté individuelle, la liberté d'aller et venir, l'inviolabilité du domicile et le secret des correspondances, la liberté de la presse et la liberté d'association et de réunion, le libre exercice du culte, le respect dû aux sépultures et aux morts.

Au titre des mesures de police qui font l'objet d'un contrôle maximum au motif qu'elles portent atteintes aux libertés fondamentales, le juge administratif protège plus particulièrement la liberté de conscience et des cultes[148], la liberté de réunion,

[147] Rapport du groupe de travail, *op. cit.*, p. 947.

[148] C.E. 19 février 1909, *Abbé Olivier*, p. 181.

la liberté du commerce et de l'industrie[149], la liberté de la presse[150], la liberté d'expression[151], la liberté d'aller et venir[152].

Dans les deux cas, les oublis sont nombreux. On pense aux libertés de la troisième génération, qui concernent essentiellement le domaine économique et social, mais également le droit de l'environnement. L'interprétation faite jusqu'à présent par le Tribunal des conflits et par le Conseil d'Etat de la liberté fondamentale justifiant une protection spécifique de la part du juge est relativement stricte. L'enjeu est pourtant de taille ; le rôle à jouer par la juridiction administrative considérable. L'atteinte à la liberté fondamentale est enfin expressément reconnue comme un critère justifiant une intervention urgente du juge. Reste maintenant à espérer que le juge administratif n'aura pas une conception trop restrictive du champ des libertés susceptibles d'être protégées au titre de l'article L. 521-2.

La disposition vise-t-elle exclusivement à assurer la sauvegarde des grandes libertés traditionnelles ou peut-elle être étendue à des libertés plus actuelles ? Certaines libertés, dans la mesure où elles conditionnent la jouissance d'autres libertés, présentent sans aucun doute un aspect plus fondamental. Toute liberté publique, fondamentale par nature, ne mérite-t-elle cependant pas une protection effective ?

Depuis l'entrée en vigueur de la loi du 30 juin 2000, le juge administratif des référés a reconnu comme figurant au nombre des libertés fondamentales, pouvant bénéficier de la protection de l'article L. 521-2 du Code de justice administrative, la liberté d'aller et venir[153], le droit d'asile[154] et le principe du caractère pluraliste de l'expression des courants de pensée et d'opinion[155]. La solution est classique. Il n'y a rien de nouveau à classer parmi les libertés fondamentales la liberté d'aller et venir, le droit de solliciter le statut de réfugié et la liberté d'opinion. L'atteinte portée à ces libertés aurait pu donner lieu à voie de fait si l'administration avait agi en dehors de ses compétences.

Le tribunal administratif de Dijon a estimé que la liberté d'entreprendre, la liberté d'association et le droit de propriété sont des libertés fondamentales susceptibles de faire l'objet d'un référé-liberté. Par cet arrêt, le tribunal fait du droit de propriété une liberté fondamentale[156]. L'affirmation, au même titre que les libertés d'association et d'entreprendre, ne surprend pas mais elle a le mérite de clarifier l'état du droit.

---

[149] C.E. 22 juin 1951, *Daudignac*, p. 362.

[150] C.E. 23 novembre 1951, *Société nouvelle d'imprimerie, d'éditions et de publicité*, p. 533.

[151] C.E. 18 décembre 1959, *Société Films Lutetia*, p. 693.

[152] C.E. 4 mai 1984, *Préfet de police c/ Guez*, p. 164.

[153] C.E.ord. réf., 9 janvier 2001, *Deperthes*, req. n° 228928 ; 2 avril 2001, *Cts Marcel*, req. n° 231965.

[154] C.E., juge des référés, 12 janvier 2001, *Mme Hyacinthe*, affaire n° 229039.

[155] C.E. ord. réf., 24 février 2001, *Jean Tiberi*, D. 2001, n° 11, p. 870.

[156] Tribunal administratif de Dijon, 2 mars 2001, *Association pour adultes et jeunes handicapés, comité de l'Yonne c/ préfet de l'Yonne*, req. n° 010750 ; AJDA 2001, p. 783, note Y. Laidié.

Le droit de grève[157] et le libre exercice du suffrage[158] peuvent également bénéficier de la protection de l'article L. 521-2 du Code de justice administrative.

Le Conseil d'Etat, par un arrêt rendu le 18 janvier 2001, laisse cependant augurer d'une jurisprudence plus audacieuse. En l'espèce, suite aux nombreux refus du maire d'une commune des Bouches-du-Rhône de convoquer spécialement le conseil municipal, et d'inscrire à son ordre du jour le remplacement des représentants communaux au conseil d'un établissement public de coopération intercommunale, plusieurs conseillers municipaux de l'opposition saisirent le juge des référés du tribunal administratif. Il estima applicable l'article L. 521-2, et ordonna la convocation du conseil municipal en donnant à son ordonnance, en cas de carence du maire, valeur de convocation de plein droit.

Le juge des référés du premier ressort estimait, en effet, que le refus du maire portait une atteinte grave et illégale à la liberté fondamentale que constitue la libre administration des collectivités territoriales garantie par l'article 72 de la Constitution. Saisi en appel, le Conseil d'Etat, bien qu'annulant l'ordonnance du président du tribunal administratif au motif que le refus du maire ne concerne que les rapports internes au sein de la commune, confirme que « le principe de libre administration des collectivités territoriales...est au nombre des libertés fondamentales auxquelles le législateur a ainsi entendu accorder une protection juridictionnelle particulière »[159].

Bien que la libre administration des collectivités territoriales ne soit pas au nombre des libertés susceptibles de caractériser la voie de fait, le juge administratif élève le principe au rang de liberté fondamentale. Statuant de la sorte, le Conseil d'Etat laisse à croire que l'article L. 521-2 ne doit pas être d'application stricte[160]. Il a d'ailleurs estimé qu'aucun secteur ne devait a priori être exclu du champ d'application de l'article L. 521-2. Quel que soit le domaine d'activité concerné, une décision administrative peut toujours, par son objet ou par ses effets, porter une atteinte grave et manifestement illégale à une liberté fondamentale[161].

Toutefois, et comme le font remarquer fort justement M. Guyomar et P. Collin dans leur commentaire sous l'arrêt commune de Venelles, la liste des droits et libertés constitutionnellement garantis est très longue. Il y a peu de chance que l'application de l'article L. 521-2 puisse tous les concerner, notamment et surtout l'ensemble des droits économiques et sociaux inscrits dans le Préambule de la

---

[157] TA Nantes, 2 avril 2001, *Synd. SUD-CRC services santé-sociaux Loire-Atlantique*, req. n°011459.

[158] C.E. ord. réf., 18 mai 2001, *MM. Meyet et Bouget*, req. n° 233815.

[159] C.E. 18 janvier 2001, *Commune de Venelles, M. Morbelli*, req. n°229247 ; AJ 2001, p. 157 ; GAJA n° 118, p. 864, Dalloz, 13e éd., 2001.

[160] Le Conseil d'Etat semble même reconnaître implicitement que la liberté d'expression, le droit de vote, ainsi que le droit de représentation, constituent des libertés fondamentales pouvant bénéficier de la protection offerte par le texte.

[161] C'est ce qui ressort de l'arrêt *Casanovas*. Le Conseil d'Etat censure une ordonnance du Tribunal administratif de Nancy qui estimait qu'un refus de titularisation ne pouvait, « quels qu'en soient les motifs », porter une atteinte grave et manifestement illégale à une liberté fondamentale. C.E. 28 février 2001, req. n° 229163.

Constitution de 1946. C'est pourtant le principal enjeu de la réforme : que le juge administratif assure une protection effective du plus grand nombre de libertés afin, essentiellement, de rendre inutile l'invocation de la voie de fait dans le seul but d'accéder au juge judiciaire des référés.

Une extension incontrôlée du champ de la liberté fondamentale serait toutefois surprenante. Elle aboutirait à accroître fortement le contentieux administratif alors que la juridiction administrative ne dispose pas, pour l'heure, des moyens suffisants pour y faire face. Elle aboutirait également à une remise en cause de la spécificité du juge administratif. Une remise en cause déjà largement initiée pouvant susciter des interrogations quant à la justification d'une juridiction administrative. C'est la raison pour laquelle la jurisprudence relative au référé-liberté devant le juge administratif doit être analysée avec prudence. La réforme est récente et elle a reçu peu d'applications. Tirer des conclusions, dès à présent, sur l'application faite par les tribunaux administratifs de l'article L. 521-2 apparaît difficile voire hasardeux. Le progrès est certes immense, mais les limites existent[162]. Si une telle réforme était plus que souhaitable, elle suscite d'inévitables questions. Ces interrogations concernent à la fois le nouveau rôle que doit jouer le juge administratif vis-à-vis de l'administration et la cohabitation de la juridiction administrative avec l'autorité judiciaire.

§ 2 : UNE NOUVELLE EFFICACITE DU JUGE ADMINISTRATIF SOUMISE A CAUTION :

La spécificité de la juridiction administrative par rapport à l'autorité judiciaire se restreint de jour en jour. Ce rapprochement des deux juges est aujourd'hui de plus en plus net, et il est indéniable qu'il va induire de nouveaux rapports entre eux. La loi du 30 juin 2000 ne fait qu'accentuer et accélérer ce processus. Le texte confirme la transformation du droit processuel administratif : le développement des sources législatives, le renforcement du pouvoir de commandement, le

---

[162] Le Conseil d'Etat a d'ailleurs déjà eu l'occasion d'affirmer que le droit à mener une vie familiale normale (C.E., juge des référés, 12 janvier 2001, *Hyacinthe, précité*), le droit d'accès à une formation de troisième cycle de l'enseignement supérieur (C.E. 24 janvier 2001, *Université Paris VIII-Vincennes-Saint-Denis*), ainsi que l'égalité des usagers devant le service public et la continuité des services publics (C.E. 31 janvier 2001, *Commune de Saint-Laurent-du-Var*), n'étaient pas des libertés fondamentales pouvant justifier l'intervention du juge des référés sur le fondement de l'article L. 521-2 du Code de justice administrative. Le tribunal administratif d'Orléans a également considéré inapplicable l'article L. 521-2 en matière d'expropriation. L'arrêté de cessibilité, et par extension la déclaration d'utilité publique, ne peut faire l'objet d'un référé-liberté puisque l'acte, ne transférant pas la propriété, ne porte pas atteinte à la situation du requérant ou aux intérêts qu'il entend défendre. La suspension des travaux engagés est également déclarée irrecevable dès lors que la propriété a déjà été transférée et l'indemnité fixée. L'exproprié n'étant plus propriétaire, il n'a aucun intérêt à demander l'interruption des travaux. Une telle décision, même logique d'un point de vue juridique, est choquante. Elle interdit la protection du droit de propriété en rendant inutile la procédure du référé-liberté. La demande intervient en effet soit trop tôt, soit trop tard (T.A. Orléans, 19 février 2001, *Galteau*, req. n° 01-503 ; AJDA 2001, p. 780, note R. Hostiou).

développement de l'urgence, la lente érosion de l'autonomie du droit administratif vis-à-vis du droit privé. Loin d'être anodine, cette réforme est susceptible d'avoir des conséquences sur la répartition des compétences entre les deux juges.

Aussi favorable qu'elle puisse être en apparence, elle peut s'avérer, parfois, source de complexité. Selon l'application qui en sera faite par le juge, la loi du 30 juin 2000 peut générer des problèmes de chevauchement de compétences entre les deux ordres, limitant ainsi l'efficacité du recours au juge administratif malgré l'existence de ses nouvelles procédures (A). Elle pourrait également avoir des conséquences sur le rôle du juge administratif lui-même (B). Ressemblant de plus en plus à son homologue judiciaire, on peut légitimement s'interroger sur la légitimité de sa survivance. Car le juge administratif se doit de rester le juge de l'administration pour que subsiste un intérêt à son existence.

A : **L'urgence et la répartition des compétences juridictionnelles** :

Selon l'interprétation qui sera faite du texte, il faut s'attendre à ce que surgissent certaines difficultés. Elles peuvent être pratiques ou juridiques. Il convient donc de distinguer les conséquences pratiques de la réforme de ses conséquences juridiques.

- Le texte rend le juge administratif plus protecteur. Il convient de s'en féliciter. Pourtant, selon l'utilisation de la loi par le juge, et selon la perception qu'aura le justiciable de la juridiction administrative, l'incidence de la réforme sera plus ou moins importante sur les règles de répartition des compétences. Deux cas de figure sont ainsi envisageables.

Dans la première hypothèse, le juge administratif utilise largement et sans retenue les nouveaux pouvoirs qui lui sont conférés. Cette application non équivoque du texte par le juge administratif entraîne l'adhésion et la confiance des administrés quant aux capacités de l'institution à assurer une sauvegarde efficace de la liberté. Dès lors, le texte limitera très certainement les problèmes de répartition des compétences.

S'agissant d'un litige où l'administration est partie, quand bien même le litige concernerait une liberté fondamentale, l'administré, sachant le juge administratif tout aussi protecteur que le juge judiciaire, aura une tendance naturelle à saisir le premier. Il a, quoi qu'il arrive, tout intérêt à le faire, quand bien même le litige porterait atteinte à la liberté individuelle ou qu'il serait constitutif d'une voie de fait, puisque le juge administratif s'est depuis longtemps reconnu compétent pour apprécier la légalité de l'acte administratif qui porte atteinte à la liberté individuelle et qu'il a une très nette tendance à refuser de caractériser les éventuelles voies de fait de l'administration lorsqu'il est saisi au titre d'une simple atteinte à une liberté publique fondamentale. Ayant une vision restrictive de la théorie, il y a peu de chance de voir soudainement le juge administratif déclarer fréquemment des atteintes administratives, même graves, constitutives de voies de fait. Le seul risque pour le justiciable serait que l'autorité judiciaire refuse de voir des litiges ayant pendant très longtemps été soumis à sa connaissance tomber dans l'escarcelle du juge administratif. Le risque reste cependant exclusivement théorique[163].

Par ailleurs, et nous serions presque tentés de dire peu importe l'utilisation faite par le juge de la loi du 30 juin 2000, les nouveaux pouvoirs d'urgence conférés au juge administratif, en plus de favoriser le retour à un critère organique de répartition des compétences, ne font que conforter la légitimité de l'extension de son intervention dans le contentieux des libertés fondamentales. Concernant les atteintes administratives à la liberté individuelle, la jurisprudence reconnaît depuis longtemps la compétence du juge administratif pour apprécier la légalité de l'atteinte. Cette exception à la compétence de principe du juge judiciaire autorisera-t-elle le juge des référés à enjoindre l'administration de faire cesser l'atteinte à la liberté individuelle, ce que permet le nouveau texte, alors même que ce pouvoir d'injonction va au-delà de la simple appréciation de légalité ? La solution retenue par le Tribunal des conflits dans l'arrêt du 12 mai 1997 va dans ce sens. En effet, le Tribunal considère que le pouvoir d'injonction est de même nature que celui consistant en l'annulation ou la réformation des actes de la puissance publique, et qu'un tel pouvoir ne relève pas de la compétence du juge judiciaire en dehors des cas de voies de fait.

La mise en place du référé-liberté pourrait d'ailleurs « sonner le glas » de la théorie. Nécessitant une atteinte « grave et manifestement illégale » à une liberté fondamentale, les conditions d'utilisation de ce nouveau référé se rapprochent étrangement du régime de la voie de fait. Il n'y avait qu'un pas à faire pour que le législateur reconnaisse la compétence du juge administratif en la matière. Conditionnant l'utilisation du référé-liberté aux cas dans lesquels l'administration a commis, « dans l'exercice de ses pouvoirs », une grossière irrégularité, le législateur semble vouloir préserver la voie de fait. La tentative risque d'être vaine[164]. « On ne peut pas exclure en effet que le juge administratif empiète sur le terrain de son homologue civil... Sa compétence est...large, et qu'elle puisse recouper celle du juge civil n'est pas une hypothèse d'école »[165]. En réalité, cette hypothèse ne fait guère de doute. Qu'elle induise des problèmes de compétence

---

[163] L'institution judiciaire peut contester « politiquement » la compétence du juge administratif, mais cette contestation ne peut se matérialiser dans les faits puisque le conflit ne peut être élevé que par l'autorité publique au profit de la juridiction administrative. L'autorité judiciaire ne pourra donc jamais voir sa compétence protégée par le Tribunal des conflits si le juge administratif est saisi en premier sauf dans l'hypothèse, assez rare, où le juge administratif se déclare incompétent.

[164] Vu l'interprétation de plus en plus stricte des critères de la voie de fait, et sachant à quel point il est devenu difficile pour l'administration de sortir de ses pouvoirs, il y a peu de risque que le nouveau texte suscite des problèmes de compétence entre les deux juges, au moins dans l'hypothèse où le juge administratif est saisi en premier, puisqu'il est peu probable que le juge administratif se dessaisisse au titre de la voie de fait.

[165] C. Clément, *Le juge administratif des référés : un véritable juge de l'urgence après la loi du 30 juin 2000*, LPA, 10 août 2000, p. 8.

dans l'absolu, certainement ; qu'elle induise des problèmes de compétence pour le justiciable, on ne voit pas pourquoi, dès lors que le juge administratif est saisi avant le juge judiciaire puisque ce dernier ne peut contester la compétence de la juridiction administrative.

L'administré ne pourra alors pas être tiraillé entre les deux juges. Ce qui sera un véritable problème juridique de compétence ne sera pas un problème pour le justiciable. Bien évidemment, ceci ne vaut que dans l'hypothèse où le juge administratif se révèle, aux yeux des justiciables, suffisamment protecteur, pour que cessent les velléités des administrés à recourir abusivement au juge civil des référés.

Dans la seconde hypothèse, c'est-à-dire celle d'un rejet par le justiciable de la compétence du juge administratif concernant les libertés fondamentales, que ce rejet émane d'une vieille crainte de l'institution, ou d'une pratique frileuse par le juge administratif de ses nouveaux pouvoirs d'urgence, l'administré continuera à saisir le juge judiciaire, notamment au titre de la voie de fait. Les problèmes de répartition des compétences persisteront encore et seront mêmes très certainement aggravés au regard de la légitimité renforcée du juge administratif.

La juridiction administrative acceptait déjà difficilement d'être dessaisie, bien que ne pouvant faire cesser dans l'urgence les atteintes les plus grossières de l'administration, la loi du 30 juin 2000 ne fera très probablement que renforcer cette tendance. Il n'y a plus qu'à espérer que le juge administratif entende ses nouveaux pouvoirs de façon extensive, afin d'éviter les errements du passé. Mais rien n'est moins sûr.

- S'agissant des conséquences juridiques, la loi risque d'aboutir à des conflits de compétence entre les deux juges difficilement solubles. La réforme risque, en effet, de vider totalement de sens le principe de l'autorité judiciaire gardienne des libertés essentielles de l'individu. On pense ici à la liberté individuelle, aux libertés publiques fondamentales au titre de la voie de fait, mais également au droit de propriété. La solution n'est pas, en elle-même, mauvaise ou contestable si le juge administratif se révèle aussi protecteur que le juge judiciaire. Au contraire, cela permettrait sans nul doute de limiter les effets négatifs liés au dualisme juridictionnel. Le procédé reste toutefois éminemment critiquable juridiquement puisqu'il va à l'encontre des principes constitutionnels.

En effet, la Constitution fait de l'autorité judiciaire la gardienne de la liberté individuelle et du droit de propriété, justifiant ainsi sa compétence pour connaître des atteintes administratives à ces droits. Or la seconde condition requise pour pouvoir bénéficier du référé-liberté est l'atteinte grave et manifestement illégale portée à une liberté fondamentale.

La compétence du juge administratif se trouve donc affirmée dans un domaine où le juge judiciaire a toujours été tenté d'intervenir de manière exclusive. Cette tentation vient sérieusement d'être mise à mal ; le principe de l'autorité judiciaire gardienne de la liberté individuelle et du droit de propriété également. La persistance du principe faisant du juge judiciaire le gardien des libertés essentielles de l'individu pose donc un double problème.

Il ne l'est plus véritablement dans la pratique juridique. La loi du 30 juin 2000 conforte cette idée. Quel intérêt y a-t-il alors de continuer à affirmer un principe qui ne correspond plus à grand chose dans la réalité ? D'autant plus qu'il conduit à des complications dans les règles de partage des compétences entre les deux juges, des complications particulièrement défavorables aux justiciables.

Les dérogations à la séparation des autorités compliquent les règles de fonctionnement de la justice en rendant très aléatoires, si ce n'est très longs, le recours au juge et la solution à donner au litige. Les dérogations au principe de séparation des autorités se justifiaient au regard de la capacité du juge judiciaire à statuer rapidement, lui permettant de faire cesser l'atteinte avant qu'elle ne puisse annihiler définitivement la liberté. Les inconvénients pouvaient ainsi se justifier ou au moins être compensés par le caractère éminemment plus protecteur du juge judiciaire. Ce ne sera peut-être bientôt plus le cas. Les atteintes au principe de séparation doivent-elles pour autant cesser ? De la capacité du juge administratif à faire cesser très rapidement les atteintes portées par l'administration aux libertés fondamentales dépend en grande partie la réponse à la question.

B : **Le juge administratif, juge de l'administration** ?

Si l'institution d'une juridiction administrative vise à soumettre l'administration au respect de la légalité, elle révèle essentiellement une volonté politique soucieuse de soumettre la puissance publique à la connaissance d'un juge qui lui est propre. Un juge qui la connaît, qui sait les intérêts dont elle a la charge, les difficultés de sa mission[166].

L'existence d'une juridiction administrative, sa constance, s'expliquent par la volonté clairement exprimée de distinguer la puissance publique du simple particulier, et ainsi de dissocier droit public et droit privé. Ces choix conduisent à une juridiction administrative proche de l'administration qui, plutôt que de condamner l'autorité administrative, doit pour l'essentiel lui montrer la voie à suivre, lui dire ce qu'elle peut ou ne peut pas faire, être une sorte de guide devant déterminer les règles précises de son action.

Ce rôle si spécifique de la juridiction administrative ne doit toutefois pas faire oublier ce qui est l'essence même d'un juge : condamner et sanctionner le non-respect de la légalité. Il s'agit bien évidemment de prendre en considération les intérêts des justiciables. La justice est avant tout faite pour eux, et sa qualité intrinsèque dépend essentiellement de sa capacité à garantir le mieux possible les intérêts des particuliers, de son efficacité dans l'annulation de l'acte illégal et dans

[166] Voir F.-P. Bénoit, *Les fondements de la justice administrative*, Mélanges Waline, p. 294.

l'indemnisation du dommage subi. En définitive, il importe peu à l'individu de savoir quel juge va lui garantir sa protection, il recherche simplement celle qui lui paraît la plus efficace. Cependant, une protection excessive de ses propres intérêts au détriment de l'intérêt général lui procurerait probablement plus d'inconvénients que d'avantages. Il appartient donc au juge administratif de dire à la puissance publique ce qu'elle doit faire tout en définissant les droits des administrés, mais il le fait en ayant connaissance de la nature et de la difficulté de la mission administrative, en n'oubliant pas qu'elle agit dans le cadre de l'intérêt général.

Ce rôle du juge administratif, pendant longtemps entendu dans un sens particulièrement favorable à l'administration, va être remis en question. De nombreux éléments vont concourir à cette réévaluation quant à la place du juge administratif vis-à-vis de l'administration : le développement de l'Etat libéral, l'individualisation de notre société, le développement du concept de liberté, la constitutionnalisation de notre justice et l'accroissement de la garantie des droits qui en a découlé, mais aussi l'internationalisation de notre politique. Le juge administratif s'est donc transformé, la volonté politique également. Son maintien passe probablement par des adaptations qui sont induites et conditionnées par l'évolution libérale de notre société au niveau interne, mais également au niveau international.

Cette transformation n'est pourtant pas suffisamment rapide, tout du moins est-elle insuffisante pour s'adapter aux évolutions accélérées de la société. C'est d'ailleurs ce qui explique également le changement de cette volonté politique, changement qui correspond à un désir de soumettre plus franchement l'administration au respect de la légalité et qui se justifie par le souhait de rendre conforme à de nouvelles exigences notre système juridique. Ce que le juge administratif peut difficilement réaliser du fait de son inertie, le pouvoir politique peut le faire plus aisément. Pourtant, si cette volonté politique tend indéniablement à prendre plus franchement en compte les droits et intérêts des particuliers, il est bon de s'interroger sur l'attitude que prendra le juge administratif quant à cette transformation. Il n'est pas évident qu'il cautionne cette volonté politique car il sait mieux que quiconque que son existence est fragile. En effet, cette existence ne vaut que parce qu'il est proche de l'administration, c'est-à-dire parce qu'il peut comprendre au mieux ses problèmes, qu'il peut savoir plus facilement jusqu'où il peut aller sans entraver de façon trop excessive son action. Les principaux inconvénients du juge administratif sont également ses principales qualités et inversement. Le véritable intérêt d'un juge administratif, c'est sa connaissance des rouages essentiels de l'administration. Il se doit donc de la traiter de façon spécifique.

La loi du 30 juin 2000 rapproche le juge administratif du juge judiciaire puisqu'elle demande au premier de prendre en compte les intérêts du particulier avant ceux de l'administration. Le juge administratif se trouve alors pris entre deux feux. Il se voit dans l'obligation de se transformer et de se libéraliser pour faire face aux pressions émanant du juge judiciaire, du justiciable, du droit international, qui impose de plus en plus aux juridictions internes le respect des libertés les plus essentielles des individus, mais sa modernisation se trouve inévitablement freinée par la nature de sa fonction. Il est le juge de l'administration et il doit le rester pour justifier le maintien de son existence. Il se doit donc de continuer à prendre en compte les particularités de la puissance publique. En effet, le juge administratif deviendrait sans intérêt si l'administration devait être traitée comme un simple particulier. Le juge administratif est-il alors toujours le juge de l'administration ?

La mise en œuvre du référé 2000 ne permet pas de conclure à l'idée que le juge administratif n'est plus le juge de l'administration, c'est-à-dire celui qui la juge en ayant conscience des intérêts dont elle a la charge. Le texte permet de répondre aux attentes des magistrats et des justiciables en renforçant les pouvoirs des premiers et la protection des seconds. Mais si ce renforcement ne sacrifie pas aux intérêts de l'administration, ni même à la spécificité des procédures juridictionnelles administratives, il pourrait y conduire. Une interprétation extensive par le juge de la loi du 30 juin 2000 lui permettrait d'imposer à l'administration des sujétions nouvelles, des sujétions jusqu'alors impossibles. Agissant de la sorte, il se rapprocherait fortement du mode de fonctionnement du juge judiciaire. Or l'existence du juge administratif ne se justifie que parce que l'administration nécessite un traitement différencié. Si tel ne devait plus être le cas, il deviendrait plus difficile de trouver un fondement valable justifiant son maintien. On peut sans trop s'avancer considérer que le Conseil d'Etat veillera à tout dérapage, qu'il fera bonne garde. Il sait qu'il doit accroître la protection des administrés pour légitimer l'importance de sa fonction, il sait qu'il doit encore progresser pour que cessent les critiques faites à son encontre, mais il sait également qu'il ne peut aller trop loin dans cette direction sauf à se condamner peut-être lui-même.

On trouve ici une limite évidente à l'intervention du juge administratif pour protéger efficacement les libertés, sauf à considérer que ce juge décide d'imposer plus fortement l'administration au respect de la légalité lorsque celle-ci porte atteinte ou menace l'exercice d'une liberté fondamentale.

En effet, n'est-il pas possible de restreindre la prise en compte des exigences liées à la fonction spécifique de la puissance publique lorsqu'elle agit au détriment des droits les plus essentiels de l'individu ? Un tel comportement de la part du juge se justifierait pleinement.

Cependant, la marge de manœuvre est étroite, et la seule exception valable à la prise en compte prioritaire par le juge de l'intérêt général doit concerner la protection des droits fondamentaux. Reste à savoir si les pouvoirs dont il dispose l'inciteront à agir de la sorte. Reste qu'il s'agira de trouver le juste équilibre entre la volonté de faire un usage efficace du texte, pour assurer une protection particulièrement effective des libertés, sans pour autant négliger les raisons sur lesquelles se fonde son existence. C'est à ce prix que le juge administratif pourra véritablement se voir tresser des lauriers.

Capable de condamner énergiquement l'administration, acceptant, par dérogation, de restreindre ses prérogatives, pour protéger rapidement les libertés fondamentales sans pour autant mésestimer ses particularités, il lui appartient de ne pas vider de sens la loi ni d'aller au-delà de ce qu'elle autorise. Gageons que la première difficulté sera plus complexe à résoudre que la seconde. C'est pourtant à ce prix que la juridiction administrative pourra pérenniser son existence sans risquer de faire l'objet de critiques de toutes parts.

Conclusion du Titre I :

L'atteinte à une liberté fondamentale nécessite une intervention rapide du juge qui passe autant par la mise en place d'un mécanisme d'urgence que par l'absence de conflits de compétence entre les deux ordres de juridictions. Le législateur est intervenu pour instituer un véritable référé administratif afin que les deux ordres de juridictions bénéficient d'une technique de protection de la liberté efficace au titre de l'urgence.

La réforme laisse espérer une diminution des difficultés liées à l'existence d'une justice dualiste. Le texte ne peut cependant résoudre seul les conflits de compétence, et d'autres modifications, sous la pression de la jurisprudence communautaire, sont à prévoir. En effet, cette avancée juridique s'inscrit très largement dans les orientations imposées par le droit européen, dont l'influence sur le fonctionnement du système juridictionnel français est grandissante. La simplification de l'appareil juridictionnel s'avère inévitable compte tenu de l'internationalisation du droit. La soumission du droit français au droit de l'union européenne, qui impose comme condition à la protection effective de la liberté une satisfaction juridictionnelle dans un délai raisonnable, n'est pas sans incidences sur la juridiction administrative et par ricochet sur la dualité de juridictions.

La cohabitation du droit européen avec le droit interne nécessite ainsi une transformation du système juridictionnel français. Sa complexité entre fréquemment en contradiction avec les exigences européennes, et son maintien suppose notamment un profond bouleversement du mode de fonctionnement de la juridiction administrative. Il n'est pourtant pas certain que cela soit toujours suffisant et, même si tel est le cas, les adaptations, qui limitent progressivement la spécificité du système juridictionnel français, tendent à restreindre considérablement l'intérêt de la justice dualiste. L'application du droit européen commande le rapprochement des deux ordres de juridictions. La protection des droits et libertés fondamentaux également. Reste à s'interroger sur la pérennité du système juridictionnel dualiste actuel.

TITRE II : L'HYPOTHESE D'UN DEPASSEMENT DU SYSTEME ACTUEL DE DUALISME JURIDICTIONNEL

L'effectivité de la protection des libertés fondamentales passe, selon nous, par des rapports plus étroits entre les deux ordres de juridictions. La liberté ne saurait être protégée efficacement que dans le cadre d'un système juridictionnel simple et cohérent. Prétendre y être aujourd'hui parvenu serait illusoire. Nul ne peut dire que la dualité de juridictions française est un système inefficace de protection des libertés essentielles de l'individu. Nul ne peut estimer pour autant, si tant est que cela soit possible, le système parfait. Sa complexité est indéniable et cela nuit largement à la qualité de la protection des droits fondamentaux.

Cette complexité porte, au demeurant, singulièrement atteinte à la crédibilité et à la légitimité du système juridictionnel français. Elle suscite la crainte du justiciable envers son juge et exerce, à ce titre, une force répulsive sur le plaideur qui hésite souvent à intenter son action au regard des difficultés qui l'attendent.

La dualité est-elle inévitablement complexe ? Est-elle nécessairement source de lenteurs, d'incertitudes, de conflits ? La réponse est incertaine mais les quelques éléments de réflexion, développés précédemment, peuvent laisser penser qu'il n'est pas impossible de limiter ses effets les plus néfastes. On le sait, plus que la dualité en elle-même, ce sont ses modalités d'application qui se révèlent discutables.

La dualité est contestable parce qu'elle aboutit, en plus de la difficulté à déterminer des critères stables et cohérents de compétence, à des luttes intestines entre la juridiction judiciaire et la juridiction administrative. Ces querelles, visant à préserver, voire à étendre son domaine de compétence, reposaient hier sur des fondements relativement solides. Or aucun de ces deux arguments ne se révèle à l'heure actuelle incontestable. Le principe faisant de l'autorité judiciaire la gardienne des libertés fondamentales et du droit de propriété est en grande partie dénué de fondement, sans compter qu'il ne se justifie plus tout à fait. Le principe de séparation des autorités administrative et judiciaire n'a qu'une simple valeur législative réduisant ainsi considérablement sa portée.

La « guerre des juges », rarement une solution efficace, doit cesser faute de munitions. Le juge judiciaire n'a plus guère de raisons valables de vouloir étendre sa compétence au motif tiré de sa plus grande capacité à assurer une sauvegarde effective de la liberté. Les tribunaux administratifs apparaissent le plus souvent aussi apte que lui à le faire. Le juge administratif doit-il, pour sa part, persister à contester la compétence reconnue textuellement au juge judiciaire pour certains contentieux, compte tenu de la valeur du principe de séparation des autorités ? Peu le pensent.

Le juge semble ainsi, dans une large mesure, responsable de la cacophonie juridique. Il participe activement à la complexité du fonctionnement de la justice dualiste. Son attitude doit pourtant évoluer parallèlement aux transformations dont il fait l'objet et au regard de l'évolution de l'environnement juridique.

La collaboration, seule méthode véritablement efficace pour limiter les difficultés dans le cadre d'une justice dualiste, cède trop souvent devant la contestation. La diminution des conflits suppose alors la transformation du système actuel de dualisme juridictionnel. Cela passe notamment par un rapprochement entre les deux ordres de juridiction. Il peut trouver sa source dans l'intervention des pouvoirs publics mais il doit également émaner du juge lui-même. Il nécessite, pour être envisageable, une confiance et une estime réciproque des deux juges. Le juge judiciaire doit être, pour cesser d'étendre son domaine de compétence, persuadé de la capacité de la juridiction administrative à assurer une protection effective de la liberté. Le justiciable doit être tout autant convaincu de l'effectivité de la protection accordée par le juge administratif afin qu'il cesse de saisir à tort la juridiction judiciaire.

Le rapprochement, largement initié par le droit européen, qui suppose d'abord l'existence de deux juges tout aussi aptes à protéger avec efficacité les droits fondamentaux des individus, passe par une collaboration plus étroite entre le juge judiciaire et le juge administratif (Chapitre I). Ce rapprochement peut-il et doit-il aller jusqu'à la fusion des deux ordres de juridiction ? L'avantage, du point de vue de la logique et de la rigueur juridique serait indiscutable. Le rapprochement lui-même milite en ce sens. Pourquoi dissocier deux juges dont l'identité converge ? Cette solution n'est, au moins à court ou moyen terme, peut-être pas la bonne (Chapitre II).

CHAPITRE I : LE RAPPROCHEMENT DES DEUX ORDRES DE JURIDICTIONS :

La protection des libertés relève, en France, à la fois du juge judiciaire et du juge administratif. Cette dualité de compétence pour assurer la sauvegarde de la liberté suscite de multiples interrogations. La première faiblesse provient de la complexité des règles de compétence. La seconde provient de l'incapacité de la juridiction administrative à protéger avec une efficacité suffisante la liberté de l'administré.

La protection effective de la liberté nécessite donc la mise en place d'un double correctif, sachant que l'un n'est pas sans rapport avec l'autre :

- l'alignement des pouvoirs du juge administratif sur celui du juge judiciaire, lorsqu'une liberté fondamentale est en jeu, afin de pouvoir bénéficier d'une satisfaction équitable devant les deux ordres de juridictions. Le mouvement dans cette direction est déjà largement entamé, notamment sous l'impulsion du droit européen (Section I).
- Une collaboration accrue entre le juge administratif et le juge judiciaire afin de limiter au maximum les risques de conflits ainsi que les contrariétés de jurisprudence (Section II).

Cette collaboration, souhaitable, se justifie d'autant plus à une époque où juge administratif et juge judiciaire sont tous deux les gardiens des libertés fondamentales. Pourquoi alors ne pas envisager un rapprochement plus approfondi qui irait jusqu'à la compétence concurrente des deux ordres de juridictions ? Une telle solution permettrait de limiter au maximum les effets les plus pervers liés à l'existence d'une justice dualiste (Section III).

SECTION I : UN RAPPROCHEMENT IMPOSE : DE L'INFLUENCE DU DROIT EUROPEEN SUR LA JUSTICE FRANÇAISE :

Le développement du droit international, et principalement du droit européen, a entraîné une extension sans précédent des textes protecteurs des libertés des individus. La floraison des normes visant à la sauvegarde des droits ne profite au justiciable que sous une double condition : le texte institue un mécanisme autonome de protection ; la supériorité reconnue de la norme internationale dans l'ordre interne suffit à placer la liberté sous la protection des juridictions internes.

Le système juridique français reconnaît la prééminence du droit international sur le droit interne[1]. Appliqué par le Conseil d'Etat dès 1952[2], le principe ne trouve

[1] Le principe a été consacré par l'article 26 de la Constitution de 1946 et confirmé par l'article 55 de la Constitution du 4 octobre 1958.

[2] C.E. Ass. 30 mai 1952, *Dame Kirkwood*, p. 291.

sa pleine mesure que depuis 1975[3] devant la juridiction judiciaire, et depuis 1989[4] devant la juridiction administrative, qui reconnaissent alors la primauté du traité sur la loi postérieure.

Cependant, le droit européen va bien au-delà de la simple mise en place de traités protecteurs. Les textes ne se contentent pas d'énoncer des droits à respecter. Ils imposent des mécanismes de protection efficaces. Ils instituent des organes juridictionnels qui assurent, non seulement le respect des principes élaborés, mais qui étendent également toujours plus, par une interprétation large de ces principes, les obligations des juridictions nationales chargées en premier lieu d'assurer la sauvegarde des droits et libertés des individus prévus par les textes européens[5].

Ces obligations emportent inévitablement la transformation du système juridictionnel français. « Il faut savoir que les sources communautaires ou prises de la jurisprudence de la Cour européenne des droits de l'homme ont été et reste parmi les premiers facteurs d'évolution de la juridiction administrative »[6].

Le droit européen exerce ainsi une pression constante sur la justice française, quelle que soit la juridiction, afin qu'elle puisse faire prévaloir ce droit. Il impose aux juges internes, pour y parvenir, de nouvelles obligations (Paragraphe I) qui ne sont pas sans incidence sur le système juridictionnel français de protection des droits fondamentaux (Paragraphe II).

§ 1 : DE NOUVELLES GARANTIES JURIDICTIONNELLES ISSUES DU DROIT EUROPEEN :

Deux éléments principaux, qui se recoupent en grande partie, caractérisent le droit européen. Ce droit européen exige une protection effective des droits qui relève, initialement, impérativement du système juridictionnel interne aux Etats membres. Le respect de la subsidiarité oblige à mettre le juge national en situation de garantir de manière effective les droits fondamentaux. Le principe, même s'il repose sur un fondement différent, se retrouve aussi bien devant la Cour de justice des communautés européennes que devant la Cour européenne des droits de l'homme.

La Cour européenne des droits de l'homme, se fondant principalement sur l'article 6 et sur l'article 13 de la convention européenne de sauvegarde des droits de l'homme et des libertés fondamentales du 4 novembre 1950, impose une sauvegarde effective par le juge interne des droits fondamentaux qu'elle consacre.

La Cour de justice des communautés européennes a imposé, dès les années 60, dans une logique proche de celle de la Cour européenne sur le fondement des

---

[3] Cass. Ch. Mixte, 24 mai 1975, *Société des cafés Jacques Vabre*, *précité*.

[4] C.E. Ass. 20 octobre 1989, *Nicolo*, p. 190.

[5] Voir H. Labayle, *Droits fondamentaux et droit européen*, AJDA 1998 spécial, p. 75.

[6] A. de Laubadère, J.-C. Vénezia et Y. Gaudemet, *op. cit.*, p. 353.

articles 6 et 13 de la convention, le principe de la primauté absolue du droit communautaire sur le droit national. A partir de l'arrêt Costa c/ ENEL[7], pierre angulaire de sa jurisprudence, la Cour s'est efforcée de placer l'ensemble des décisions communautaires au-dessus du droit national. Pour ce faire, elle a notamment posé le principe d'un recours effectif devant le juge interne pour contrôler la conformité du droit national au droit communautaire.

Le respect de la primauté du droit européen a donc nécessité une modification des techniques de protection en droit interne qui passe essentiellement par l'obligation d'un contrôle juridictionnel effectif. Ce droit au contrôle juridictionnel effectif, qui aboutit à la fois à rapprocher les méthodes des deux juridictions et à accroître la protection des libertés fondamentales, trouve autant sa source dans le droit communautaire (A) que dans le droit de la convention européenne des droits de l'homme (B).

A : **Le contrôle juridictionnel effectif sur le fondement du droit communautaire** :

Le souci constant d'une application plus performante du droit communautaire a incité les instances communautaires, et au premier chef la Cour de Luxembourg, à accroître les pouvoirs des juridictions nationales. « Les derniers exemples donnés de la jurisprudence de la Cour montrent bien que dans le souci d'appliquer les principes de primauté du droit communautaire affirmés par les arrêts *Simmenthal* et *Comet* la Cour s'est de plus en plus intéressée aux questions de procédure pour déterminer des règles contentieuses plus protectrices »[8]. L'effectivité de la protection juridictionnelle des droits issus du droit communautaire a donc entraîné un renforcement des mécanismes procéduraux internes aux Etats membres. Le juge national doit disposer de mécanismes de protection efficaces (1) et il doit pouvoir assurer la réparation de l'ensemble des préjudices nés de la mauvaise application du droit communautaire (2).

1 : *Sur les mécanismes de protection* :

La Cour de justice des communautés européennes affirme la nécessité de l'efficacité du contrôle juridictionnel contre les décisions des autorités nationales de nature à porter atteinte à un droit conféré par la règle communautaire. Le recours effectif, pour contrôler la conformité du droit national au droit communautaire, est un principe général du droit communautaire. « Toute personne a droit à un recours effectif devant une juridiction compétente… Il appartient aux

---

[7] CJCE 15 juillet 1964, *Costa c/ ENEL*, aff. 6/64, p. 1141.

[8] G. Le Chatelier, *Les incidences du droit communautaire sur le droit du contentieux administratif*, AJDA 1996 spécial, p. 97.

Etats membres d'assurer un contrôle juridictionnel effectif sur le respect des dispositions applicables du droit communautaire et de la législation nationale destinée à mettre en œuvre les droits prévus par la directive »[9].

L'affirmation dépasse largement le cadre strict de l'espèce. « Le contrôle juridictionnel...est l'expression d'un principe général de droit qui se trouve à la base des traditions constitutionnelles communes aux Etats membres. Ce principe a également été consacré par les articles 6 et 13 de la Convention européenne de sauvegarde des droits de l'homme... Comme il a été reconnu par la déclaration commune de l'assemblée, du Conseil et de la commission, en date du 5 avril 1977, et par la jurisprudence de la Cour, il convient de tenir compte des principes dont s'inspire cette convention dans le cadre du droit communautaire ».

Le droit au recours juridictionnel effectif suppose, de la part du juge interne, le contrôle du respect des règles du droit communautaire et des règles de droit interne qui en assurent l'exécution. La seule saisine d'une juridiction ne peut suffire. Le droit communautaire requiert un contrôle juridictionnel « efficace ». La Cour de justice des communautés européennes va, en application de ce principe, tirer des conséquences sur la forme que doit prendre le contrôle du juge[10].

- Le droit au recours juridictionnel effectif suppose que les juridictions internes puissent demander à l'administration la communication des motifs d'une décision restreignant l'exercice d'une liberté fondamentale[11].

- La Cour de justice des communautés européennes estime que le juge interne doit pouvoir prendre, pour l'application du droit communautaire, les mesures provisoires qui s'imposent, même dans l'hypothèse où la loi nationale semble l'exclure. L'arrêt Factortame du 19 juin 1990 autorise le juge national à mettre en œuvre une procédure de sursis à exécution lorsqu'une règle de droit interne apparaît incompatible avec un texte communautaire, afin de garantir aux justiciables le respect des droits qui leurs sont conférés par le droit communautaire. La Cour affirme « que la pleine efficacité du droit communautaire se trouverait tout aussi diminuée si une règle du droit national pouvait empêcher le juge saisi d'un litige régi par le droit communautaire d'accorder les mesures provisoires en vue de garantir la pleine efficacité de la décision juridictionnelle à intervenir sur l'existence des droits invoqués sur la base du droit communautaire »[12].

---

[9] CJCE 15 mai 1986, *Marguerite Johnston*, aff. 222/84, p. 1651. Voir également CJCE 11 juillet 1991, *Verholen*, aff. n° C-87 à 89/90, p. 3757 ; CJCE 18 décembre 1991, *RTT*, aff. n° C-18/88, p. 5957 ; CJCE 27 octobre 1993, *Decoster*, aff. n° C-69/91, p. I.5335.

[10] L'exigence d'un recours juridictionnel effectif peut entraîner le passage du contrôle restreint au contrôle normal. C'était d'ailleurs le souhait exprimé par R. Abraham en ce qui concerne le contrôle des motifs d'ordre public invoqués par l'administration pour refuser le renouvellement d'une carte de séjour d'un ressortissant de la Communauté (Concl. sur C.E. 24 oct. 1990, *Ragusi*, AJ 1991, p. 322).

[11] CJCE 15 octobre 1987, *UNECTEP c/ Heylens et autres*, aff. 222/86.

[12] CJCE 19 juin 1990, aff. C-213/89, *Factortame*, p. 2433, AJDA 1990, p. 832, note P. le Mire ; RFDA 1990, p. 912, note J.-C. Bonichot.

La décision rendue par la juridiction est fondamentale car elle déborde la seule protection du droit communautaire. La Cour fait, d'une manière générale, des mesures d'urgence un point essentiel de l'effectivité du recours juridictionnel.

L'intérêt de l'arrêt, sur l'effectivité de la protection juridictionnelle en France, est peu évident dès lors que notre droit connaît une procédure de sursis à exécution efficace. C'est aujourd'hui le cas, mais les réformes introduites par le législateur en la matière trouvent en grande partie pour origine l'obligation de respecter le droit communautaire.

L'exigence du droit communautaire emporte ainsi l'obligation, pour les juridictions internes, de prévoir un mécanisme de suspension des mesures nationales qui auraient pour effet de diminuer l'efficacité de ce droit. Le juge est, aujourd'hui, tenu de conférer aux ressortissants des Etats membres une protection immédiate et adéquate. Cette jurisprudence, dans la lignée de la décision Simmenthal[13], qui énonce le principe selon lequel le juge national est tenu d'écarter toute règle du droit interne de nature à faire obstacle à la mise en œuvre effective des droits conférés par une norme communautaire, s'accorde difficilement avec celle du Conseil d'Etat qui s'autorise à refuser le sursis pour des raisons d'intérêt général. « Ainsi, le juge administratif n'a théoriquement plus la faculté de refuser le sursis à exécution d'une décision administrative sur le fondement d'un intérêt général, dès lors que l'application d'un texte communautaire dépend de cette décision... Il en résulte un conflit d'intérêts généraux »[14].

- La Cour de justice des communautés européennes, dans l'arrêt Zückerfabrik du 21 février 1991[15], autorise le juge interne à surseoir à l'exécution d'une mesure nationale, prise en application ou pour mettre en œuvre une norme communautaire, lorsqu'il a des doutes sur sa validité. La décision fixe les conditions qui doivent être remplies pour que le juge national puisse accorder la suspension de l'acte. En plus des doutes sérieux sur la légalité de l'acte communautaire, il doit constater le risque de réalisation d'un préjudice grave et irréparable, il doit prendre en compte l'intérêt de la communauté, et il doit renvoyer devant la Cour de justice l'appréciation de la validité du texte par le mécanisme de la question préjudicielle de l'article 177 du traité CEE.

L'arrêt est intéressant à plus d'un titre. Le droit communautaire, par l'intermédiaire de sa Cour de justice, se fondant sur le principe de primauté, peut aboutir à l'accroissement des pouvoirs accordés aux juges internes. Plus qu'une extension des prérogatives du juge national, la Cour de justice va jusqu'à définir les conditions de leur mise en œuvre.

---

[13] CJCE 9 mars 1978, *Simmenthal*, aff. 106/77, p. 629 ; AJDA 1978, note J. Boulouis, p. 323 ; RTDE 1978, note D. Carreau, p. 383 et note G. Reischl, p. 540.

[14] J.-P. Markus, *Sursis à exécution et intérêt général*, AJDA 1996, p. 251.

[15] CJCE 21 février 1991, *Zückerfabrik*, aff. C-134/88 et C-92/89, p. I-415 ; AJDA 1991, note P. le Mire, p. 237 ; DA 1991, note J.-B. Auby, n° 196 ; LPA, 5 juin 1991, note L. Cartou, p. 24 et 23 août 1991, note G. sébastien, p. 14.

La sauvegarde du droit des justiciables évolue au nom de la préservation du droit communautaire, mais la primauté de ce droit, qui entraîne un accroissement des techniques de protection du juge, ne peut cependant aboutir à exclure la protection d'une liberté fondamentale. La sauvegarde d'une liberté, sous la menace d'une norme européenne dérivée manifestement illégale, doit prévaloir sur la primauté du droit communautaire. Dans le vingtième « considérant », la Cour affirme que « la protection provisoire qui est assurée aux justiciables devant les juridictions nationales par le droit communautaire ne saurait varier selon qu'ils contestent la compatibilité de dispositions de droit national avec le droit communautaire ou la validité d'actes de droit communautaire de droit dérivé, dès lors que, dans les deux cas, la contestation est fondée sur le droit communautaire lui-même ». Ce droit, même s'il crée une discrimination entre la protection de l'acte selon qu'il est fondé sur une norme nationale ou sur une norme communautaire, joue largement en faveur du justiciable.

Cette jurisprudence, contraire au principe souvent affirmé de « l'autonomie institutionnelle et procédurale » des juridictions nationales, montre très clairement que « les incidences du droit communautaire tant sur l'exercice que sur l'organisation même de la fonction juridictionnelle sont de plus en plus directes, précises et contraignantes »[16]. Elle révèle « le regain d'intérêt manifeste du droit pour les procédures d'urgence et l'influence que le droit communautaire exerce d'ores et déjà sur sa pratique »[17].

- Le droit communautaire, au travers de quelques directives spécifiques et pour leur objet propre, impose parfois l'effectivité des recours portés devant le juge interne. Il en résulte souvent une transformation en profondeur de la pratique juridictionnelle nationale.

La procédure du référé administratif pré-contractuel issue des lois du 4 janvier 1992 et du 29 décembre 1993 trouve son origine dans les directives européennes du 21 décembre 1989 et du 25 février 1992 relatives aux obligations de publicité et de mise en concurrence pour la passation de certains marchés de travaux et de fournitures qui imposent expressément un recours efficace aux candidats au contrat afin de faire respecter ces règles communautaires de publicité et de mise en concurrence. Les directives ont eu pour conséquences d'accroître l'efficacité du juge. Le législateur est intervenu pour conférer au juge administratif français un pouvoir d'injonction pouvant être mis en œuvre en urgence.

---

[16] F. Grévisse et J.-C. Bonichot, *Les incidences du droit communautaire sur l'organisation et l'exercice de la fonction juridictionnelle dans les Etats membres*, Mélanges J. Boulouis, p. 297.

[17] H. Labayle, *L'effectivité de la protection juridictionnelle des particuliers: le droit administratif français et les exigences de la jurisprudence européenne*, RFDA 1992, p. 632. Notons d'ailleurs que, dans l'arrêt *Atlanta* du 9 novembre 1995 (aff. n° C-465/93), la Cour a autorisé le juge national à prendre une décision provisoire positive susceptible de contrarier l'application d'un texte communautaire. Le juge interne peut ordonner en référé les mesures provisoires qui sont nécessaires. Le pouvoir ainsi accordé au juge national, bien qu'encadré plus strictement dans la seconde hypothèse, joue aussi bien en faveur de la préservation du droit communautaire que pour rendre inapplicable un règlement communautaire dont la validité est contestée.

2 : *L'influence du droit communautaire sur le contentieux de la responsabilité* :

L'influence du droit communautaire s'étend également au domaine de la responsabilité. La protection juridictionnelle des justiciables va au-delà de la seule suspension de l'application d'une règle nationale empêchant la réalisation d'un droit communautaire. Le principe de primauté du droit communautaire oblige les juridictions nationales à assurer la réparation des dommages résultant des violations d'une norme communautaire.

La protection d'un droit communautaire doit être, selon les termes mêmes de la Cour, « effective, directe et immédiate »[18]. Cela ne s'avère pas toujours possible, lorsque le droit invoqué par le particulier n'a pas d'effet direct, et qu'il n'a pas fait l'objet d'une transposition en droit interne. Il faut donc que le défaut de transposition, qui prive le justiciable d'un doit communautaire, puisse donner lieu à une réparation intégrale[19].

La Cour de justice de Luxembourg, dans un arrêt Francovich rendu le 19 novembre 1991, déclare « que la pleine efficacité des normes communautaires serait mise en cause et la protection des droits qu'elles reconnaissent serait affaiblie si les particuliers n'avaient pas la possibilité d'obtenir réparation lorsque leurs droits sont lésés par une violation du droit communautaire imputable à un Etat membre »[20]. Le défaut de transposition, « dans tous les cas où les dispositions d'une directive apparaissent...inconditionnelles et suffisamment précises...si elles sont de nature à définir des droits que les particuliers sont en mesure de faire valoir à l'égard de l'Etat », ne fait pas obstacle à l'indemnisation des victimes du préjudice résultant de l'absence d'invocabilité de ladite directive.

Par cette jurisprudence, la Cour consacre le droit à bénéficier d'une indemnité au profit des victimes d'une violation du droit communautaire, soit en invoquant le non-respect d'une directive, soit en invoquant son défaut de transposition sur le fondement de la primauté du droit communautaire. Un fondement qui implique une protection juridictionnelle effective, reposant à la fois sur l'existence de mécanismes efficaces de protection et sur l'existence d'un droit à réparation.

L'exigence posée par la Cour, pour que l'action en indemnité puisse être intentée, est triple : « le résultat prescrit par la directive comporte l'attribution de droits au profit de particuliers », « le contenu de ces droits » doit pouvoir être identifié « sur la base des dispositions de la directive », et « l'existence d'un lien de causalité entre la violation de l'obligation qui incombe à l'Etat et le dommage subi par les personnes lésées ».

---

[18] CJCE 19 décembre 1968, *Salgoil*, aff. 13/68, p. 361.

[19] Voir D.Simon, *Droit communautaire et responsabilité de la puissance publique. Glissements progressifs ou révolution tranquille ?* , AJDA 1993, p. 235.

[20] CJCE 19 nov 1991, *Francovich et Bonfaci*, aff. C-6/90 et C-9/90, p. I.5357 ; RFDA 1992, L. Dubouis, p. 1 ; AJDA 1992, P. le Mire, p. 143. Voir également CJCE 5 mars 1996, *Brasserie du Pêcheur*, D. 1996, n°319, note J.-B. Auby ; RFDA 1996, note L. Dubouis, p. 583 ; CJCE 8 octobre 1996, *Dillenhofer*, AJDA 1997, p. 344.

Ainsi, l'obligation de réparation trouve son fondement dans la violation de l'obligation de transposition. L'absence d'effet direct de la directive est indifférente au droit à la réparation.

La juridiction administrative semble d'ailleurs, en faisant notamment abstraction de sa jurisprudence sur l'absence d'effet direct d'une directive, et se fondant exclusivement sur le respect du droit communautaire, tirer les conséquences de la décision de la Cour de justice des Communautés européennes. Elle a, tout d'abord, accepté la réparation du préjudice né de la transposition incorrecte[21] dans l'ordre interne. Elle a, ensuite, accepté la réparation pour le défaut de transposition[22]. La Cour de justice des communautés européennes réaffirme enfin, en vertu du principe de l'autonomie institutionnelle et procédurale, que « c'est à l'ordre juridique interne de chaque Etat membre qu'il appartient de désigner les juridictions compétentes et de régler les modalités procédurales des recours en justice destinés à assurer la pleine sauvegarde des droits que les justiciables tirent du droit communautaire »[23].

Le principe connaît cependant une double limite qui n'est pas sans incidence sur le fonctionnement du système juridictionnel d'un Etat membre. « Les conditions de fond et de forme » pour la réparation des dommages « ne sauraient être moins favorables que celles qui concernent des réclamations semblables de nature interne et ne sauraient être aménagées de manière à rendre pratiquement impossible ou excessivement difficile l'obtention de la réparation »[24]. Le principe est donc soumis à caution. L'autonomie institutionnelle et procédurale ne joue que si l'action en responsabilité prévue par l'Etat permet d'assurer une protection effective des droits des justiciables. Il n'est pas certain que le système dualiste y parvienne toujours du fait de l'incertitude qui entoure la saisine du juge, et compte tenu de l'absence d'unicité du litige pour certains contentieux, qui oblige parfois le justiciable à recourir aux deux juges pour obtenir la réparation intégrale du préjudice.

L'application du droit communautaire va ainsi, le plus souvent, dans le sens d'un renforcement des pouvoirs du juge, qui se trouve investi de nouvelles prérogatives. Le droit de la Convention européenne y contribue tout autant.

---

[21] C.E. Ass. 28 février 1992, *Société Arizona Tobacco Products*, p. 78.
[22] C.A.A. de Paris 1er juillet 1992, *Société Jacques Dangeville*, p. 558. L'arrêt ouvre, sous la pression du droit communautaire, une brèche dans le principe de l'irresponsabilité pour faute du fait de la loi. Si la Cour administrative d'appel évite le terme de « faute », elle déclare l'Etat responsable compte tenu du caractère « illicite » de la situation créée du fait « de l'absence de transposition en droit interne des objectifs de la directive ».
[23] Voir également CJCE 22 janvier 1976, *Russo*, aff. n° 60/75, p. 45 ; CJCE 16 février 1976, *Rewe*, aff. n° 33/76, p. 1989 ; CJCE 10 juillet 1980, *Ariete*, aff. n° 811/79, p. 2545 ; CJCE 7 juillet 1981, *Rewe*, aff. n° 158/80, p. 1805.
[24] Voir également CJCE 9 novembre 1983, *San Giorgio*, aff. n° 199/82, p. 3595 ; CJCE 9 juillet 1985, *Bozetti*, aff. n° 179/84, p. 2301 ; CJCE 25 février 1988, *Barra*, aff. n° 309/85, p. 355.

B : Le contrôle juridictionnel effectif sur le fondement du droit de la convention européenne :

Le droit européen des droits de l'homme puise à deux sources. La source conventionnelle d'abord, la source jurisprudentielle ensuite. Les droits de l'homme sont pleinement entrés, au plan européen, dans le domaine du droit positif : un régime juridique des droits est organisé tel que le droit invoqué soit protégé par une action en justice. La jurisprudence de la Commission et de la Cour européenne de sauvegarde des droits de l'homme et des libertés fondamentales a donné plein effet à la convention, attribuant aux droits proclamés un contenu concret.

Il s'agit d'assurer non seulement la sauvegarde mais aussi le développement des droits de l'homme. Pour se faire, la Cour européenne des droits de l'homme, se fondant sur la Convention, tente de dégager un droit commun européen des droits et libertés, qui est la traduction du « patrimoine commun » évoqué dans le préambule. La caractéristique principale de ce modèle européen des droits et libertés, qui ressort de l'analyse synthétique des décisions de la Cour, est celle d'une société pluraliste soumise à la prééminence du droit et garantissant à l'individu des droits concrets. L'article 3 du statut du conseil de l'Europe dispose que « tout membre du conseil de l'Europe reconnaît le principe de la prééminence du droit et le principe en vertu duquel toute personne placée sous sa juridiction doit jouir des droits de l'homme et des libertés fondamentales ». Ce principe se trouve renforcé par la Convention européenne qui, dans son préambule, assigne à la Convention comme finalité d'assurer la prééminence du droit dans une société démocratique.

La protection juridictionnelle effective nécessite un droit accessible. La sécurité juridique exige à la fois l'accessibilité, la précision et la prévisibilité de la règle de droit interne. Il est difficile de recourir au juge lorsque l'on ignore ses propres droits. La prééminence du droit ne se conçoit pas également sans la possibilité d'accéder à un juge[25].

L'article 6 de la Convention européenne énonce que « Toute personne a droit à ce que sa cause soit entendue équitablement, publiquement et dans un délai raisonnable, par un tribunal indépendant et impartial, établi par la loi, qui décidera, soit des contestations sur ses droits et obligations de caractère civil, soit du bien-fondé de toute accusation en matière pénale dirigée contre elle ». L'article 13 de la même Convention énonce que « Toute personne dont les droits et libertés reconnus dans la présente Convention ont été violés, a droit à l'octroi d'un recours effectif

[25] Le droit au juge implique le droit à un procès équitable. C'est ce qui ressort notamment de l'arrêt Golder dans lequel la Cour européenne exige un droit d'accès à un tribunal indépendant, impartial…garantissant à l'accusé la présomption d'innocence et l'égalité des armes : CEDH 21 février 1975, *Golder*, n°32.
Le droit au recours est reconnu à quiconque allègue d'une violation de ses droits et libertés protégés par la Convention : CEDH 27 avril 1988, *Boyle et Rice*, n°50.

devant une instance nationale, alors même que la violation aurait été commise par des personnes agissant dans l'exercice de leurs fonctions officielles ».

La protection des droits, notamment ceux qui se trouvent inscrits dans la Convention européenne des droits de l'homme, suppose l'existence d'un recours juridictionnel permettant d'assurer la sauvegarde de la liberté. Ce recours doit présenter un minimum de garanties pour être compatible avec les stipulations de la Convention. Celles-ci ne sont pas sans incidences sur l'organisation et le fonctionnement de la justice française, et principalement sur la juridiction administrative. Pourtant, ni l'article 6, ni l'article 13 de la Convention ne font expressément référence aux actes administratifs. L'article 6 évoque uniquement les contestations portant sur les droits et obligations de caractère civil et sur le bien-fondé de toute accusation en matière pénale. La question ne fait cependant plus aucun doute aujourd'hui. Selon la jurisprudence de la Cour, toute décision administrative, qui touche directement à l'exercice d'un droit de caractère privé, doit pouvoir faire l'objet d'un recours juridictionnel au sens de l'article 6 et 13 de la Convention. Il en va ainsi de manière certaine pour les décisions refusant ou retirant l'autorisation d'exercer une activité professionnelle privée, pour les décisions infligeant une sanction ou encore pour les décisions restreignant le droit de propriété. « Susceptible à l'occasion d'exercer un effet repoussoir, la Convention européenne des droits de l'homme pèse surtout de manière positive sur le juge administratif, dans la mesure où ce dernier sera progressivement amené à adapter sa jurisprudence. En effet, l'analyse comparée des solutions de la jurisprudence administrative et des prescriptions de la convention européenne laisse entrevoir des incompatibilités qui sont loin d'être négligeables »[26]. L'application de la Convention peut exercer une influence à la fois sur le droit de recours devant le juge administratif (1), sur la nature de son contrôle (2) et sur le fonctionnement du procès administratif (3)[27].

1 : *Un accès au juge élargi* :

Le droit au juge doit pouvoir s'appliquer avant même la violation effective d'un droit consacré par la Convention. Une telle affirmation n'est pas sans conséquences sur la jurisprudence de la juridiction administrative relative aux actes injusticiables. Le problème n'est pas nouveau ; il avait été mis en avant dès les années 1980. « Pour satisfaire aux exigences de la Convention, le Conseil d'Etat renonçant à sa politique d'autolimitation devra soumettre à un contrôle de légalité certains actes de gouvernement ainsi que certaines catégories de mesures d'ordre intérieur : il ne semble pas, en effet, que l'existence d'une action en indemnité soit à elle seule de nature à purger l'incompatibilité »[28].

---

[26] J.-F. Flauss, *Le juge administratif français et la CEDH*, AJDA 1983, p. 387, cité p. 397.

[27] Voir R. Abraham, *Les incidences de la CEDH sur le contentieux administratif français*, RFDA 1990, p. 1053.

[28] J.-F. Flauss, *op. cit.*, p. 398.

Le respect de la Convention n'implique certainement pas la suppression de la théorie de l'acte de gouvernement ou des mesures d'ordre intérieur mais il suppose une limitation du refus du juge administratif du contrôle de ces actes lorsqu'ils emportent la violation de ladite Convention. C'est rarement le cas concernant l'acte de gouvernement relatif aux rapports entre les pouvoirs publics ou à la conduite des relations internationales[29].

A l'inverse, les mesures d'ordre intérieur peuvent aboutir plus fréquemment à restreindre l'exercice de certains droits garantis par la Convention. On pense plus particulièrement aux mesures disciplinaires dans les armées et aux sanctions prises à l'égard des usagers des établissements scolaires et des détenus des établissements pénitentiaires. Sous la pression du droit de la Convention européenne notamment, le juge administratif a largement restreint la catégorie des mesures d'ordre intérieur au cours de ces dix dernières années[30].

2 : *L'approfondissement du contrôle juridictionnel* :

L'application de la Convention européenne peut influencer le juge quant à l'intensité de son contrôle. L'approfondissement du contrôle juridictionnel doit concerner les actes restreignant l'exercice d'un droit garanti par la Convention et les sanctions administratives qui entrent dans le champ d'application de l'article 6-1 de la Convention.

Si la Cour européenne ne condamne pas dans son principe le transfert du pouvoir répressif du juge pénal vers des autorités administratives, elle exige cependant que la sanction prise puisse faire l'objet d'un recours juridictionnel, à l'occasion duquel le juge saisi exercera un contrôle entier de la décision, qui comprend notamment un contrôle de l'adéquation entre la gravité de la sanction et la nature de l'infraction[31].

Concernant les actes portant atteintes aux droits garantis par la Convention européenne, principalement les mesures de police, la jurisprudence de la Cour européenne, par une interprétation large des articles la Convention, qui disposent le plus souvent que les restrictions aux droits qu'ils consacrent doivent constituer des

[29] La commission déclara irrecevable la requête présentée par 19 habitants de la Polynésie française contre la décision de reprise des essais nucléaires du Président de la République, au motif du défaut manifeste de fondement reposant sur l'absence d'un commencement de preuve suffisant quant aux préjudices subis. En l'absence de grief défendable, ils ne peuvent se plaindre d'une atteinte à leur droit à un recours effectif (4 décembre 1995, *Tauira et 18 autres*, req. n° 28204/95).

[30] Désormais, le règlement intérieur d'un collège qui interdit le port du foulard islamique et qui autorise les exclusions d'élèves n'est pas une mesure d'ordre intérieur (C.E. 2 novembre 1992, *Kherouaa*, p. 389). La solution va être étendue au domaine des punitions militaires et pénitentiaires. Le commissaire du gouvernement s'était fondé sur les articles 6 et 13 de la Convention et sur la jurisprudence de la Cour européenne des droits de l'homme déclarant les dispositions de ces articles applicables aux contentieux des sanctions prononcées à l'encontre des militaires ou détenus (C.E. Ass. 17 février 1995, *Hardouin et Marie*, p. 82 et 85 ; concl. P. Frydman, RFDA 1995, p. 359).

[31] CEDH 30 juin 1981, *Lecompte et autres c/ Belgique*, série A, vol. 43. Voir J.-F. Flauss, *Pénalités fiscales et CEDH. A propos de l'arrêt Bendenoun du 24 février 1994*, LPA, 11 mai 1994, p. 21.

mesures nécessaires dans le cadre d'une société démocratique, s'est efforcée d'imposer au juge national l'exercice d'un contrôle de proportionnalité.

Les mesures de police sont, depuis longtemps, soumises en France à un contrôle de proportionnalité. Le juge administratif refusait cependant d'étendre ce contrôle maximum aux mesures de haute police. Le droit européen a remis en cause la jurisprudence administrative.

Le Conseil d'Etat, se fondant sur la Convention et sur la jurisprudence de la Cour européenne, va exercer un contrôle de proportionnalité, notamment lorsque l'autorité administrative prend une mesure de reconduite à la frontière ou une mesure d'expulsion. Le juge administratif vérifie si la gravité de la menace à l'ordre public justifie l'atteinte portée à la vie privée et familiale de l'étranger. Une atteinte excessive ou disproportionnée au respect de l'article 8 de la Convention emporte l'annulation de la mesure[32].

Le même raisonnement a été développé dans le domaine des publications étrangères. Le pouvoir d'interdiction de la publication étrangère accordé au ministre n'est compatible avec la Convention que dans la mesure où l'atteinte à la liberté de la presse est soumise au juge qui exerce un contrôle de proportionnalité[33].

La liste des domaines dans lesquels le juge a intensifié son contrôle n'est pas exhaustive, mais elle suffit à montrer le rôle joué par la Convention et par la Cour européenne dans l'évolution de la juridiction administrative vers un renforcement de l'Etat de droit. Le juge administratif se doit de contrôler plus strictement l'administration. Il prend alors moins en compte les particularismes de sa mission et se rapproche ainsi, indirectement, du juge judiciaire.

Le contrôle des mesures de police administrative, restrictives des libertés fondamentales, se trouve d'ailleurs renforcée depuis peu. Les mesures de police administrative étaient considérées, jusqu'à présent, comme n'entrant pas dans le champ d'application de l'article 6 de la Convention. Il semble que la Cour européenne des droits de l'homme soit sur le point de faire largement évoluer cette jurisprudence. Dans l'arrêt Association Ekin c/ France, la nouvelle Cour déclare l'article 6 § 1 applicable au contentieux relatif à l'exercice de la police des publications étrangères. L'interdiction de la mise en vente de l'ouvrage de la requérante, en plus de porter atteinte à sa liberté d'expression, l'empêche de bénéficier d'importantes ressources financières. Le droit patrimonial auquel la mesure porte atteinte revêt donc un caractère civil[34].

---

[32] C.E. Ass. 19 avril 1991, *Belgacem et Mme Babas*, p. 152. Le contrôle de proportionnalité a été étendu sur le fondement de l'article 8 de la Convention aux contentieux relatifs au refus de visa d'entrée sur le territoire français, au refus du titre de séjour et au refus d'abrogation d'un arrêté d'expulsion : C.E. 10 avril 1992, *Aykan, Marzini et Minin*, RFDA 1993, p. 541.

[33] C.E. 9 juillet 1997, *Association Ekin*, p. 300.

[34] CEDH, 18 janvier 2000, req. n°39288/98. La Cour confirme l'idée voulant que toute contestation ayant « un objet patrimonial » et se fondant « sur une atteinte alléguée à des droits eux aussi patrimoniaux » relève de la notion de « droits et obligations de caractère civil ». Voir CEDH 26 mars 1992, *Editions Périscope c/ France*, série A, n° 234 B ; 16 décembre 1992, *Geouffre de la Pradelle c/ France*, série A, n° 253 B.

3 : *L'incidence de la Convention européenne des droits de l'homme sur la procédure administrative contentieuse* :

L'application de l'article 6 de la Convention peut avoir d'importantes conséquences sur la procédure administrative contentieuse. La question de la compatibilité du procès administratif avec le caractère équitable de la procédure, avec la règle du délai raisonnable, avec la publicité des débats, et enfin avec le principe d'impartialité, peut être posée.

a : Le délai raisonnable au regard de l'article 6 de la Convention européenne :

La lenteur de la procédure administrative contentieuse constitue la principale faiblesse de la juridiction administrative. Une faiblesse qui accentue le déséquilibre existant déjà entre l'administré et l'administration devant le juge administratif.

Le législateur français a bien pris conscience de l'insuffisante célérité de la justice administrative et il a entrepris, depuis une vingtaine d'années, de nombreuses réformes touchant aussi bien les institutions que les procédures, afin de limiter les défauts du juge administratif. Ces transformations trouvent principalement leurs sources dans l'article 6 de la Convention européenne, ainsi que dans la jurisprudence de la Cour européenne qui condamne de plus en plus fréquemment la France sur le fondement du délai raisonnable. Depuis l'arrêt H c/ France du 24 octobre 1989, les recours visant à mettre en cause la lenteur de la justice administrative se sont multipliés[35].

La Cour a condamné l'Etat français, au profit d'une personne hospitalisée qui a vu son recours en réparation devant le tribunal administratif de Strasbourg aboutir au terme d'un délai de quatre ans et trois mois, à 50.000 francs de dommages-intérêts pour préjudice moral. Les juridictions administratives nationales avaient mis au total plus de sept ans à trancher un recours indemnitaire soumis à leur connaissance. Refusant qu'une personne puisse demeurer trop longtemps dans l'incertitude, la Cour a entendu donner à la notion de « délai raisonnable » tout son sens utile. La notion est relative et doit s'apprécier au cas par cas au regard des circonstances de l'espèce. La Cour affirme que « le caractère raisonnable de la durée d'une procédure s'apprécie suivant les circonstances de la cause et eu égard aux critères consacrés par la jurisprudence de la Cour, en particulier la complexité de l'affaire, le comportement du requérant et celui des autorités compétentes ».

La lenteur de la procédure ne doit pas être imputable au requérant ou à son défenseur. Saisissant tardivement le juge, exerçant des recours dilatoires, ne respectant pas les délais fixés par le juge pour la production des observations ou l'échange des mémoires, le justiciable, participant largement à la durée de l'instance, ne pourrait alors bénéficier de la protection de l'article 6.

---

[35] CEDH 24 octobre 1989, *H. c/ France*, RFDA 1990, p. 203, commentaire O. Dugrip et F. Sudre ; LPA, 18 décembre 1989, note J.-F. Flauss ; CEDH 2 août 2000, *Lambourdière c/ France, Deschamps c/ France et Santonnet c/ France.*

La juridiction saisie du litige doit, en fonction des possibilités qui sont les siennes, réduire au maximum la durée de l'instance. Les mesures d'expertise ne doivent pas être multipliées exagérément. L'instruction doit être efficace et continue. C'est loin d'être toujours le cas[36]. Condamnant le manque d'activité du juge pendant une longue période, la Cour fait peser une lourde menace sur la juridiction administrative française qui doit veiller à accélérer, pour certains litiges, la durée de la procédure.

Le juge n'est pas seul en cause. L'Etat doit également tout mettre en œuvre afin de rendre raisonnable la durée de l'instance juridictionnelle. Ainsi, l'Etat ne saurait invoquer comme argument « les lacunes éventuelles de sa loi interne » ou encore « la complexité de son organisation judiciaire » pour se soustraire aux obligations de l'article 6[37].

L'affirmation est d'importance. Elle confirme le droit au contrôle juridictionnel effectif qui découle de l'obligation de faire prévaloir les droits fondamentaux garantis par la Convention européenne. Les Etats membres ne peuvent se retrancher derrière la spécificité de leur système juridictionnel. Peu importe sa nature, unitaire ou dualiste, il doit fournir au justiciable une protection effective de ses libertés. « En d'autres termes, pèse ici sur les Etats contractants l'obligation d'adopter des *mesures positives*, comme la création de postes de magistrats, de greffiers, de secrétaires...afin que les causes puissent être effectivement entendues *dans un délai raisonnable*. Telle fut bien l'attitude des autorités françaises »[38].

Telle est encore l'attitude du législateur français qui, sous l'influence croissante du droit européen, rapproche dangereusement la procédure administrative contentieuse de la procédure civile afin de permettre au juge administratif, juge de l'administration, de statuer dans les mêmes délais et dans les mêmes conditions que son homologue judiciaire. Il en résulte quelques interrogations supplémentaires sur la spécificité du juge administratif. La question prendrait plus d'ampleur encore dans l'hypothèse, pour l'heure difficilement envisageable directement, d'une condamnation sur le fondement de l'article 6 du fait de la complexité procédurale liée à l'existence d'une dualité de juridictions.

b : Le droit à un procès équitable :

La jurisprudence de la Cour européenne peut, pour plusieurs raisons, exercer une influence sur le déroulement de la procédure au titre du droit à un procès équitable.

- Le problème du prononcé des mesures d'instruction par le juge a notamment été abordé dans l'arrêt H. c/ France précité. Le requérant estimait que le refus qui lui

---

[36] Voir O. Dugrip et F. Sudre, *Du droit au procès équitable devant les juridictions administratives : l'arrêt de la Cour européenne des droits de l'homme du 24 octobre 1989*, RFDA 1990, p. 203.

[37] CEDH 15 juillet 1982, *Eckle*, n° 80 et 28 juin 1978, *König*, n° 98.

[38] O. Dugrip et F. Sudre, *op. cit.*, p. 215.

avait été opposé par le juge de procéder à une expertise médicale, selon lui nécessaire pour établir le lien de causalité entre le préjudice dont il demandait réparation et le traitement dont il avait fait l'objet, était contraire à l'article 6 de la Convention et au droit au procès équitable.

Selon la Cour, la notion de procès équitable correspond essentiellement au respect des droits de la défense et au respect du principe du contradictoire. Ces exigences sont très largement assurées devant les juridictions administratives. Certaines difficultés ne sont toutefois pas à exclure et le droit à une protection juridictionnelle effective, en vertu de l'article 6 de la Convention, peut faire naître des points de discordances entre le fonctionnement de la juridiction administrative et la jurisprudence de la Cour.

Dans l'espèce commentée, la Cour a écarté le grief, considérant que le tribunal administratif et, en appel, le Conseil d'Etat avaient pu estimer l'expertise inutile au vu des pièces du dossier. Il n'est cependant pas exclu que le refus d'ordonner une mesure d'instruction puisse faire l'objet d'une condamnation sur le fondement du droit au procès équitable, dans la mesure où la procédure administrative contentieuse laisse la direction de l'instruction entre les seules mains du juge administratif. Un juge qui peut rejeter discrétionnairement une mesure d'instruction s'il l'estime inutile. L'appréciation de la pertinence de la mesure pour établir la véracité des faits peut ne pas être identique entre la juridiction administrative et la juridiction européenne.

- Certaines décisions de la Cour européenne des droits de l'homme ont attiré l'attention sur le rôle joué par le commissaire du gouvernement dans le déroulement du procès administratif.

Dans deux arrêts, rendus en 1996, la Cour de Strasbourg a estimé que l'impossibilité pour le requérant de répondre aux conclusions du ministère public portait atteinte au droit du justiciable à bénéficier d'une procédure contradictoire, méconnaissant ainsi le droit au procès équitable prévu à l'article 6 § 1 de la Convention.

Dans l'arrêt Vermeulen du 20 février 1996, le requérant estimait avoir été dans l'impossibilité de répondre aux conclusions de l'avocat général près de la Cour de cassation belge et contestait la participation de celui-ci au délibéré[39]. Dans l'arrêt Lobo Machado, rendu le même jour, le requérant se plaignait de ne pas avoir obtenu la communication de l'avis écrit du ministère public près de la Cour suprême du Portugal et d'avoir ainsi été dans l'incapacité d'y répondre avant le prononcé du jugement. Le plaideur contestait également la présence du ministère public aux délibérations à huis clos de la Cour.

Selon la Cour, le droit au procès équitable qui suppose une procédure contradictoire « implique en principe la faculté pour les parties à un procès pénal ou civil de prendre connaissance de toute pièce ou de toute observation présentée

[39] CEDH 20 février 1996, *Vemeulen*, RUDH 1996, p. 163 ; RTDH 1996, note P. Lambert, p. 615.

au juge…en vue d'influencer sa décision et la discuter ». Ce droit à connaître l'ensemble des éléments soumis au juge est invocable même lorsque la communication au tribunal provient d'un « magistrat indépendant ». Le fait que l'avocat général belge agisse « en observant la plus stricte objectivité » ou que le ministère public portugais ait en charge la « défense de l'intérêt général » est indifférent. La Cour condamne d'une manière générale ce genre de pratique, mettant ainsi le commissaire du gouvernement français dans une situation délicate.

Dans l'arrêt Van Orshoven c/ Belgique rendu le 25 juin 1996, la Cour confirme sa jurisprudence, en considérant que la non-communication au requérant des conclusions du rapport du représentant du ministère public constitue une violation du caractère équitable de la procédure. Les conclusions de l'avocat général belge, ayant pour objectif de conseiller la Cour de cassation, elles exercent une influence sur la décision. Le requérant doit donc pouvoir prendre connaissance du rapport et être à même d'y répondre[40]. La Cour refuse néanmoins de voir dans l'avocat général un « adversaire objectif » du justiciable. Elle souligne au contraire la stricte objectivité du parquet général près la Cour suprême de Belgique. La procédure administrative française connaît toutefois, à l'inverse des droits belge et portugais, la pratique des « notes en délibérés », qui autorise une partie au procès à répondre aux conclusions du commissaire du gouvernement à l'issue de l'audience. La Cour peut-elle cependant considérer l'argument suffisant alors que le commissaire du gouvernement assiste aussi bien à la séance d'instruction qu'au délibéré, ce qui lui permet, quoi qu'on en dise, d'exercer éventuellement une influence sur la formation de jugement ?

Dans un arrêt du 31 mars 1998, la Cour européenne a, sur un double argument, déclaré contraire à l'article 6 § 1 de la Convention l'intervention de l'avocat général à la Cour de cassation française en matière pénale : la connaissance par l'avocat général de documents - le rapport et le projet d'arrêt du rapporteur avant l'audience - inconnus des avocats ; l'impossibilité pour les requérants de pouvoir répondre aux conclusions de l'avocat général[41].

Selon J.-C. Bonichot et R. Abraham, une telle condamnation apparaît peu envisageable s'agissant du commissaire du gouvernement devant les juridictions administratives, puisqu'il est membre de la formation de jugement et qu'il est totalement indépendant dans ses conclusions. Le seul fait qu'il assiste au délibéré, alors qu'il ne vote pas et qu'il n'intervient pas en principe, ne saurait suffire à rompre l'équité de la procédure[42]. C'est d'ailleurs la position que retient pour

---

[40] Voir également CEDH 18 février 1997, *Niederhöst Huber c/ Suisse*.

[41] CEDH 31 mars 1998, *Reinhard et Slimane Kaïd c/ France*. La solution a été confirmée : CEDH 8 février 2000, *Voisine c/ France*. La Cour admet d'ailleurs la pratique mais sous condition. Le principe du contradictoire pourrait être respecté dans la mesure où l'avocat général informerait les parties avant l'audience de ses conclusions, leur offrant ainsi la possibilité d'y répondre.

[42] J.-C. Bonichot et R. Abraham, *Le commissaire du gouvernement devant la juridiction administrative et la Convention européenne des droits de l'homme*, JCP 1998.I.176.

l'heure le Conseil d'Etat qui, notamment dans son arrêt Mme Esclatine rendu le 29 juillet 1998 visant essentiellement à justifier l'institution au regard des exigences de l'article 6 § 1, affirme l'indépendance du commissaire du gouvernement en précisant sa fonction préparatoire au jugement[43]. L'argumentation développée n'a cependant pas suffit à emporter la conviction de la Cour de Strasbourg.

Dans l'arrêt Kress c/ France rendu le 7 juin 2001, la Cour européenne condamne la pratique qui permet au commissaire du gouvernement d'assister au délibéré. Elle estime toutefois que le fait pour les parties de ne pas pouvoir disposer des conclusions du commissaire du gouvernement, ni même de pouvoir y répliquer, ne viole pas l'article 6 § 1[44].

La pratique de la note en délibéré a été jugée suffisante pour ne pas imposer la mise à disposition aux parties des conclusions, mais la Cour a estimé la présence du commissaire du gouvernement au délibéré comme un moyen possible d'influencer sur la décision de jugement portant ainsi atteinte au respect du droit au procès équitable[45].

La solution est fragile et surprenante. L'existence du commissaire du gouvernement est seulement tolérée, sous réserve de la possibilité de produire une note en délibéré. Cette pratique est pourtant coutumière et dénuée de force obligatoire. Elle intervient avant la lecture publique du jugement mais après l'audience. Une nouvelle délibération est donc possible mais en réalité peu probable. La Cour entend soumettre le commissaire du gouvernement au respect du contradictoire sans toutefois considérer l'institution comme une véritable partie au procès. Le respect du contradictoire est d'ailleurs entendu très souplement. Il n'est méconnu, ni du fait de l'absence préalable de communication aux parties des conclusions, ni en raison des conditions dans lesquelles il est possible d'y répondre. La Cour reconnaît, enfin, l'indépendance et l'impartialité du commissaire du gouvernement, raison expliquant que son existence ne soit pas globalement remise en cause, mais cette impartialité est jugé insuffisante face à la « théorie des apparences » qui justifie l'exclusion de sa participation au délibéré. Il est certes difficile pour le plaideur de déterminer l'influence du commissaire, au délibéré, sur la formation de jugement, mais il y a un paradoxe à reconnaître expressément son indépendance tout en le considérant, puisqu'il propose une solution dans un sens donné, comme l'adversaire objectif du plaideur. Le seul fait qu'il « ne saurait passer pour neutre du point de vue des parties » suffit à rendre sa présence au

---

[43] C.E. 29 juillet 1998, *Mme Esclatine*, AJDA 1999, p. 69, note F. Rolin ; D. 1999, p. 85, concl. D. Chauvaux ; V. Haïm, *Le commissaire du gouvernement et le respect du contradictoire*, D. 1999, chr. p. 201.

[44] CEDH 7 juin 2001, *Kress c/ France*, AJDA 2001, p. 675, note F. Rollin ; RFDA 2001, p. 991, note B. Genevois et p. 1000, note J.-L. Autin et F. Sudre ; LPA, 3 octobre 2001, n° 197, p. 13, note J.-F. Flauss.

[45] Le commissaire du gouvernement ne peut être considéré comme un juge car il ne vote pas. Il ne peut donc pas assister au délibéré car il donnerait l'impression de pouvoir influencer une nouvelle fois la cour.

délibéré incompatible avec l'article 6 § 1 de la Convention. N'y a-t-il pas cependant une contradiction à considérer l'égalité des armes préservée au moment du prononcé des conclusions alors qu'elle ne l'est pas si le commissaire du gouvernement participe au délibéré ?

La décision laisse d'ailleurs de nombreux problèmes en suspens. La Cour ne s'est pas prononcée sur la pratique du rapport du rapporteur qui n'est soumis qu'au seul commissaire du gouvernement. Un tel procédé risque fort d'être considéré comme contraire à l'article 6 § 1 de la Convention. La solution rendue par la Cour ne concerne, par ailleurs, que le problème du commissaire du gouvernement devant le Conseil d'Etat. La même réponse vaut-elle pour l'ensemble des tribunaux administratifs alors que le rôle joué par le commissaire du gouvernement est bien plus important devant le tribunal administratif et la cour administrative d'appel ? Le commissaire est, avec le rapporteur, le seul magistrat à connaître le dossier. Son influence est ainsi bien plus importante sur la formation de jugement. Le commissaire est, en définitive, placé « dans un régime de liberté très surveillée »[46].

- La question de la compatibilité, entre la procédure administrative contentieuse et le droit au procès équitable, se pose également concernant la communication des avis du Conseil d'Etat aux parties lorsque le litige porte sur un texte qui a fait l'objet d'un avis au Conseil d'Etat lors de son élaboration.

La Haute Juridiction administrative a d'ailleurs été directement mise en cause, sur le fondement de l'article 6 § 1 de la Convention, par des requérants qui estimaient contraire à l'équité le fait pour le juge de détenir certains documents de procédure - notamment ces avis - susceptibles d'influencer sa décision. Par deux fois, le Conseil d'Etat a rejeté la communication d'avis aux requérants, en considérant que la communication aux parties de l'avis émis par les formations consultatives de la juridiction n'était pas nécessaire[47].

La Cour de Strasbourg rappelle pourtant que l'accès au dossier administratif est une composante du droit à un procès équitable lorsqu'il est essentiel au bon déroulement de la procédure[48]. C'est très probablement la raison pour laquelle le commissaire du gouvernement D. Piveteau affirme : « Nous n'excluons donc pas que, dans certains concours de circonstances, le refus de communiquer l'avis du Conseil d'Etat demanderait des efforts de justification particulièrement appuyés devant la Cour européenne des droits de l'homme, dont nous ne voyons pas vraiment aujourd'hui comment il conviendrait de les conduire ».

- La Cour de Strasbourg tend de plus en plus à faire du droit à l'exécution des décisions de justice une des composantes essentielles du droit à un procès équitable. Elle estime notamment que l'absence prolongée d'exécution des

---

[46] Voir F. Rollin, *note précitée*, p. 679.

[47] C.E. 31 juillet 1996, *Association nationale des avocats honoraires*, AJDA 1996, p. 1037, concl. D. Piveteau ; C.E. 8 janvier 1997, *M. Tapie*, AJDA 1997, p. 288, concl. J.-H. Stahl.

[48] CEDH 19 juillet 1995, *Kerojärvi*, série A, n° 322 ; RTDH 1996, n° 26, note D. Yernault, p. 205.

jugements d'expulsion de locataires engageait la responsabilité de l'Etat pour violation du droit à un procès équitable[49].

Pour la commission européenne des droits de l'homme, se fondant sur la prééminence du droit, la protection juridictionnelle effective suppose l'exécution d'une décision de justice. Les droits d'accès à un tribunal et à un procès équitable seraient sans intérêts si les Etats pouvaient refuser d'exécuter une décision juridictionnelle ayant statué sur des droits civils[50].

La Cour européenne affirme dans l'arrêt Hornsby c/ Grèce, rendu le 19 mars 1997, que le droit à un tribunal « serait illusoire si l'ordre juridique interne d'un Etat contractant permettait qu'une décision judiciaire définitive et obligatoire reste inopérante au détriment d'une partie ».

c : La publicité des débats :

Comme l'affirme très clairement R. Abraham, « En ce qui concerne la publicité des débats, la divergence entre le Conseil d'Etat et la Cour européenne des droits de l'homme est trop connue pour qu'il soit nécessaire de s'y étendre longuement. Rappelons seulement que la portée concrète de ce désaccord est assez limitée, puisqu'il ne concerne en fait que les décisions des juridictions disciplinaires des ordres professionnels, qui sont rendues sans débats publics en vertu des textes…de droit interne, et peut être aussi les décisions de certaines juridictions sociales… »[51].

Le problème est cependant bien plus sérieux concernant le droit à un tribunal impartial. La dualité fonctionnelle de la juridiction administrative est susceptible de soulever des difficultés devant la Cour européenne. Plus qu'un aménagement fonctionnel de la juridiction administrative, la jurisprudence de la Cour, sur le fondement de l'article 6 de la Convention et du droit au recours juridictionnel effectif, pourrait emporter sa transformation structurelle.

§ 2 : L'INCIDENCE DU DROIT EUROPEEN SUR L'APPAREIL JURIDICTIONNEL FRANÇAIS :

Le droit communautaire et le droit extrait de la Convention européenne ne sont pas sans incidences sur la juridiction administrative française. Le droit au juge, afin d'assurer une sauvegarde efficace de la liberté, suppose un recours effectif. Une effectivité qui passe par des techniques de protection performantes et une justice accessible. Le droit français a dû s'adapter et le juge administratif par la même occasion. Est-ce pour autant suffisant ? Certains défauts, parfois majeurs, perdurent ; les critiques persistent malgré les modifications ; les appels au

[49] CEDH 28 septembre 1995, *Scollo c/ Italie*, série A, n° 315-C.
[50] Affaire *D et AAH c/ Grèce*, req. n° 18357/91.
[51] R. Abraham, *op. cit.*, p. 1059.

changement ne faiblissent pas, et il n'est pas certain que le système juridictionnel français puisse y faire face. La contestation de la dualité fonctionnelle de la juridiction administrative, de plus en plus dans le collimateur des instances européennes, peut aboutir à une nouvelle modification de l'institution, qui, en plus de toutes les autres, peut conduire à sa remise en cause (A). Une remise en cause de la juridiction administrative qui emporterait la remise en cause de la dualité de juridictions. Une justice dualiste qui n'est d'ailleurs pas à l'abri d'une contestation directe devant les institutions européennes. Source d'incertitudes, de complexité, de lenteur, la dualité de juridictions ne facilite guère, ni l'accès au juge, ni la satisfaction juridictionnelle dans un délai raisonnable (B).

A : **Une remise en cause de la juridiction administrative** :

La reconnaissance de la supériorité du droit européen emporte la transformation de l'ensemble de notre système juridique. Le droit français subit sans cesse, et de manière croissante, les assauts de la norme supranationale. Ce sont tout spécialement les particularités de l'ordre juridique français qui se trouvent remises en cause, car le droit européen conduit bien plus à l'uniformisation des règles juridiques qu'à la préservation de celles-ci. L'incidence du droit européen, sur le fondement du droit à une protection juridictionnelle effective, dépasse la seule remise en cause fonctionnelle et structurelle de la juridiction administrative (1). En imposant sa transformation, qui se double de la remise en cause progressive « des mécanismes et des concepts qui ont structuré notre droit public »[52], le droit européen fragilise l'existence du juge administratif (2).

1 : *Vers une remise en cause structurelle* :

La remise en cause fonctionnelle de la juridiction administrative est en marche depuis longtemps. Le processus s'est accéléré du fait de l'emprise croissante du droit européen dans l'ordre juridique français.

Le droit pour le justiciable au recours juridictionnel effectif a eu pour conséquence de multiplier, en l'espace de dix ans à peine, les réformes procédurales. Le juge administratif dispose aujourd'hui du pouvoir d'enjoindre la puissance publique. Il peut statuer en urgence. Subsiste néanmoins le délicat problème de l'impartialité. La proximité du juge administratif avec l'administration active a pu faire douter de sa légitimité auprès des instances européennes. L'indépendance des magistrats des tribunaux administratifs a été expressément reconnue par la loi du 6 janvier 1986. La loi du 31 décembre 1987 supprime le rattachement au ministère de l'intérieur en transférant la responsabilité de la

[52] Voir J.-C. Bonichot, *Le droit communautaire et le droit administratif français*, AJDA 1996 spécial, p. 15 et J. Chevallier, *L'évolution du droit administratif*, RDP 1998, p. 1794.

gestion des tribunaux administratifs et des cours administratives d'appel au Conseil d'Etat.

Les liens avec l'administration active persistent cependant au travers, notamment, de la dualité d'attributions consultatives et juridictionnelles du juge administratif. Le Conseil d'Etat exerce un rôle essentiel dans l'élaboration des normes réglementaires et il peut ainsi être amené à vérifier la légalité d'un acte administratif pour lequel il a précédemment donné son avis. Cette dualité fonctionnelle, principale particularité de la juridiction administrative, pourrait, à plus ou moins brève échéance, faire l'objet d'une condamnation par la Cour européenne des droits de l'homme pour défaut d'impartialité sur le fondement de l'article 6 § 1 de la Convention. Plus qu'une simple évolution fonctionnelle, au demeurant fort importante, c'est une véritable transformation structurelle qui serait imposée au juge administratif.

Certes, la jurisprudence du Conseil d'Etat interdit que l'auteur d'une décision litigieuse puisse siéger au sein de la juridiction qui examine l'affaire. Le Conseil d'Etat estime qu'« un membre d'une juridiction administrative ne peut pas participer au jugement d'un recours relatif à une décision administrative dont il est l'auteur ou qui a été prise par un organisme collégial dont il était membre et au cours de délibérations auxquelles il a pris part »[53].

Reste que le problème demeure lorsque le magistrat, sans être précisément l'auteur de la décision contestée, a participé activement à l'élaboration de la décision litigieuse. Le Conseil d'Etat a d'ailleurs admis qu'un président de tribunal administratif, ayant précédemment donné un avis sur une décision administrative, peut siéger lors de l'audience au cours de laquelle la juridiction dont il est membre délibère sur la légalité de ladite décision[54]. Il a également considéré qu'un même magistrat pouvait tour à tour présider le tribunal correctionnel condamnant l'intéressé et assurer la présidence du Conseil de discipline consulté sur l'opportunité de révoquer le fonctionnaire pénalement sanctionné[55].

La question de la combinaison des fonctions consultatives et contentieuses des juridictions administratives s'est posée dans l'arrêt Procola c/ Luxembourg rendu par la Cour de Strasbourg le 28 septembre 1995[56]. L'affaire ne concerne pas directement le Conseil d'Etat français mais son influence s'étend bien au-delà des frontières du Luxembourg[57].

Le Grand Duché avait adopté en 1987, après avis du Conseil d'Etat luxembourgeois, un règlement et une loi contenant les dispositions d'application du

---

[53] C.E. 2 mars 1973, *Dlle Arbousset*, p. 190 ; RDP 1973, concl. G. Braibant, p. 1066. Le Conseil d'Etat met ici un terme à une jurisprudence ancienne qui tolérait les situations dans lesquelles une même personne était à la fois administrateur et juge (C.E. 1er juillet 1932, *Capelle*, p. 653).

[54] C.E. 25 jan. 1980, *Gadiaga*, p. 44 ; AJDA 1980, chr. Robineau et Feffer, p. 283 ; D. 1980, note Peiser, p. 270.

[55] C.E. 27 avril 1988, *Sophie*, p. 160.

[56] CEDH 28 septembre 1995, *Procola*, D. 1996, p. 301, note F. Benoît-Rohmer ; AJDA 1996, p. 383, obs. J.-F. Flauss.

[57] Voir J.-L. Autin et F. Sudre, *La dualité fonctionnelle du Conseil d'Etat en question devant la Cour européenne des droits de l'homme*, RFDA 1996, p. 777.

régime des « quotas laitiers » en exécution des règlements communautaires. Ultérieurement, et en application du règlement interne, furent pris quatre arrêtés ministériels fixant les quotas laitiers attribués aux laiteries, dont Procola, achetant du lait aux producteurs. Procola, estimant les quotas insuffisants, introduisit devant le comité du contentieux du Conseil d'Etat des recours en annulation contre ces arrêtés. Voyant sa demande rejetée, la requérante saisit la commission européenne des droits de l'homme en invoquant le défaut d'impartialité de la juridiction administrative sur le fondement de l'article 6 § 1 de la Convention. Selon elle, le comité du contentieux ne constituait pas un tribunal indépendant et impartial au motif que quatre des cinq membres de la juridiction, qui avaient eu à délibérer au contentieux sur la légalité du règlement, l'avaient déjà examiné en prenant part à la rédaction de l'avis sur le projet de règlement ainsi qu'à l'élaboration du projet de loi rendant ledit règlement rétroactif. La commission se prononça au fond le 6 juillet 1994, en émettant un avis de non-violation de l'article 6, et déféra le litige à la Cour le 9 septembre 1994.

Par un arrêt rendu presque jour pour jour un an plus tard, « la Cour constate qu'il y a eu confusion, dans le chef des quatre conseillers d'Etat, de fonctions consultatives et de fonctions juridictionnelles. Dans le cadre d'une institution telle que le Conseil d'Etat luxembourgeois, le seul fait que certaines personnes exercent successivement, à propos des mêmes décisions, les deux types de fonctions est de nature à mettre en cause l'impartialité structurelle de ladite institution. En l'espèce, Procola a pu légitimement craindre que les membres du comité du contentieux ne se sentissent liés par l'avis donné précédemment. Ce simple doute, aussi peu justifié soit-il, suffit à altérer l'impartialité du tribunal en question ».

Une telle décision, fondamentale vu qu'elle vient très clairement restreindre la portée du principe de l'autonomie procédurale des Etats membres, risque d'avoir à terme d'importantes conséquences sur la juridiction administrative française. Reste principalement à déterminer dans quelle mesure. L'idée est d'ailleurs très largement admise à l'exception de quelques voies dissidentes émanant pour l'essentiel des membres du Conseil d'Etat lui-même. Le commissaire du gouvernement Jean-Claude Bonichot estime qu'il doit être possible de « faire comprendre à des juges européens, qui d'ailleurs le savent, que le Conseil d'Etat est l'expression même de la conception française de la séparation des pouvoirs, que la dualité de ses attributions lui donne un poids considérable vis-à-vis de l'Etat et que ce mode de fonctionnement, profondément ancré dans la tradition française donne des résultats que, dans beaucoup de pays, on cherche à atteindre »[58].

On reste cependant éminemment sceptique quant à l'argumentation retenue par le commissaire du gouvernement. Certes, le Conseil d'Etat est l'expression même d'une conception traditionnelle française, mais une tradition qui vise essentiellement à soumettre l'administration à un juge spécifique, capable de la comprendre et de prendre en compte les impératifs de sa mission. Le lien unissant la juridiction administrative et le principe de séparation des pouvoirs se comprend

[58] J.-C. Bonichot, concl. sur C.E. 5 avril 1996, *Syndicats des avocats de France*, RFDA 1996, p. 1199.

difficilement. L'existence d'un juge administratif apparaît comme contraire à la séparation des pouvoirs et non comme le fruit de ce principe.

Par ailleurs, on doute que les juges européens puissent adhérer, pour plusieurs raisons, à la vision retenue par le membre du Conseil d'Etat.

- La primauté du droit européen, qui repose sur l'idée de la prééminence du droit, doit prévaloir sur les considérations tirées des particularismes juridiques des Etats membres. Le droit à un procès équitable devant un tribunal indépendant et impartial est intimement lié au principe de la prééminence du droit considéré par la Cour de Strasbourg comme « l'un des principes fondamentaux d'une société démocratique, auquel se réfère expressément le Préambule de la Convention et dont s'inspire la Convention toute entière »[59].

- Le principe de l'autonomie procédurale des Etats membres cède fréquemment devant les nécessités européennes du droit au recours juridictionnel effectif. Ainsi, s'il appartient aux droits internes de définir les conditions procédurales permettant d'assurer la sauvegarde des libertés des justiciables, c'est sous réserve que soit mise en place une protection effective de leurs droits fondamentaux. Dans la mesure où l'appareil juridictionnel de protection des droits institué par l'Etat se révèle insuffisamment efficace, notamment sur le fondement du défaut d'impartialité de la juridiction, la Cour, dont l'objectif principal est de garantir le respect des droits de la Convention en s'assurant de l'effectivité du recours juridictionnel interne, peut imposer le changement.

La portée de la décision rendue par la Cour demeure cependant difficile à cerner. Si son impact sur la jurisprudence administrative est évident, son incidence directe sur la structure de la juridiction est plus aléatoire.

Le contenu de la notion d'impartialité reste flou devant le juge administratif. Le Conseil d'Etat n'a jamais reconnu l'impartialité comme un principe général du droit mais simplement comme faisant partie des « règles générales de procédure »[60]. Tout au plus le Conseil d'Etat a-t-il estimé contraire au principe d'impartialité la proximité entre un membre de la juridiction et une partie au litige[61], le fait pour un magistrat d'avoir émis un avis public sur un dossier avant de siéger dans la formation de jugement appelée à l'examiner au contentieux[62].

---

[59] CEDH 29 novembre 1988, *Brogan*, série A, n° 145 B. La Cour déclare d'ailleurs récemment, quelque peu agacée par les incantations répétées des commissaires du gouvernement français, que « La seule circonstance que la juridiction administrative et le commissaire du gouvernement existent depuis plus d'un siècle et, selon le commissaire du gouvernement, fonctionnent à la satisfaction de tous, ne saurait justifier un manquement aux règles actuelles du droit européen ». Les traditions ne sauraient donc prévaloir sur le droit européen. CEDH 7 juin 2001, *Kress c/ France, précité*.

[60] Voir C.E. 2 mars 1973, *Dlle Arbousset, précité* ; C.E. 11 juin 1975, *Dlle Goré*, RDP 1975, p. 1455.

[61] C.E. 13 mars 1925, *Desreumaux*, p. 262 et C.E. 11 février 1953, *Société industrielle de produits chimiques Bozel Maletra*, p. 62.

[62] C.E. 5 octobre 1990, *Association pour un développement harmonieux de Saint-Gilles*, RDP 1991, p. 865.

La position du Conseil d'Etat est plus incertaine lorsqu'il s'agit de se prononcer sur l'impartialité d'une formation de jugement dans laquelle siége un magistrat ayant déjà eu l'occasion de connaître de l'affaire. Le fait qu'un magistrat, ayant siégé au titre de l'avant-dire droit, ait exercé les fonctions de commissaire du gouvernement lorsque le tribunal a statué au fond, sauf s'il s'avère que dans ses conclusions initiales il a déjà pris parti ou exprimé son sentiment sur la recevabilité ou le bien-fondé des prétentions des parties[63], ne constitue pas un motif d'annulation[64].

L'arrêt Procola fournit clairement au Conseil d'Etat l'occasion de se prononcer enfin sur la valeur du principe d'impartialité en droit interne. L'impact sur la juridiction administrative elle-même est plus incertain. La décision rendue par la Cour impose toutefois, que l'interprétation faite de l'arrêt Procola soit extensive ou restrictive, des aménagements dans l'organisation des juridictions administratives françaises, compte tenu notamment de la mise en cause structurelle et non uniquement fonctionnelle du Conseil d'Etat luxembourgeois. Un défaut d'impartialité structurelle que l'on retrouve, dans des proportions moins importantes il est vrai, devant le Conseil d'Etat français. La Cour de Strasbourg semble en effet condamner d'une manière générale, au moins au regard des « circonstances de la cause »[65], et lorsque le défaut d'impartialité s'avère suffisamment grave pour que le justiciable ait pu douter de l'objectivité des membres du tribunal, le cumul des fonctions consultatives et juridictionnelles tout comme elle condamne l'exercice successif de fonctions juridictionnelles différentes par un même juge dans une même affaire[66].

La Cour européenne, pour condamner en l'espèce l'Etat luxembourgeois, ne se fonde pas sur le manque d'impartialité subjective du Conseil d'Etat puisqu'elle ne cherche pas à connaître la nature des avis rendus par l'institution, ni même les points de vue exprimés par les membres de la formation de jugement au stade consultatif. Elle se limite au manque d'impartialité objective qui se caractérise par la théorie des apparences. Le simple doute sur l'impartialité du tribunal suffit à donner satisfaction au requérant. Le fait que des membres du Comité du contentieux aient pu participer successivement, et sur la même affaire, aux fonctions consultatives et juridictionnelles suffit à entraîner la condamnation de la juridiction. Une mise en cause qui déborde la cadre strict de l'espèce, puisqu'en écartant le moyen tiré du défaut d'impartialité subjective, la Cour condamne plus précisément l'aspect structurel du Conseil d'Etat luxembourgeois.

Selon J.-L. Autin et F. Sudre, « en retenant le grief tenant à l'impartialité structurelle du Conseil d'Etat luxembourgeois, le juge européen signifie qu'ici vice

---

[63] C.E. 22 juin 1928, *Elections de Limoux*, p. 780.

[64] C.E. 21 décembre 1962, *Commune d'Ollioules*, tables 1072.

[65] CEDH 24 mai 1989, *Hauschildt*, série A, n° 154.

[66] La Cour condamne l'exercice des fonctions de juge de poursuite et celles de juge du fond (CEDH 1er octobre 1982, *Piersack*, série A, n° 53) tout comme elle rejette le cumul des fonctions de juge d'instruction et de juge du fond (CEDH 26 octobre 1984, *De Cubber*, série A, n° 86).

fonctionnel et vice organique sont intimement mêlés, pour ne pas dire confondus. C'est la structure même du Conseil d'Etat luxembourgeois qui rend inéluctable la confusion des fonctions dans le chef de ses membres : c'est là, et seulement là, que se situe l'inconventionnalité. Dès lors, la portée de l'arrêt Procola doit être...nuancée : cette décision ne nous paraît pas emporter la condamnation au regard de la Convention de la dualité, en soi, des fonctions consultatives et juridictionnelles dans une Haute juridiction »[67].

Le raisonnement, aussi pertinent soit-il, se révèle, tout du moins dans ses conclusions, très incertain. La dualité fonctionnelle n'est pas, pour les auteurs cités, un vice structurel entachant la juridiction mais un vice fonctionnel. L'affirmation se révèle discutable.

Le cumul des fonctions consultatives et contentieuses fait partie intégrante de la structure même de l'institution. Au même titre qu'il est un organe contentieux chargé de faire respecter la légalité administrative, le Conseil d'Etat, aussi bien français que luxembourgeois d'ailleurs, est un organisme d'aide à la décision, comme l'indique très clairement son nom. Le vice ne saurait être considéré comme fonctionnel que dans la mesure où la séparation au sein de l'institution entre les fonctions consultatives et contentieuses est parfaitement stricte. Ce n'est, au moins pour la Haute Juridiction administrative française, certainement pas le cas pour l'heure. La mise en place d'une réforme dans ce sens signifierait aussi la remise en cause partielle de la spécificité de l'institution qui se caractérise par cette proximité avec l'administration active. C'est dire que c'est la structure même de la juridiction qui serait touchée et pas seulement son fonctionnement.

Par ailleurs, il est clair que distinguer le cumul des fonctions consultative et juridictionnelle du vice organique qui renvoie au défaut d'impartialité structurelle serait peu pertinent. La Cour considère en effet qu'il y a défaut d'impartialité structurelle au motif du cumul de ces deux fonctions. La situation de l'espèce joue à l'évidence un rôle clé dans la décision, rendue à l'unanimité, de la Cour. Elle ne semble pas condamner systématiquement la dualité fonctionnelle mais elle remet largement en cause une telle pratique.

Le dédoublement fonctionnel caractérise également le Conseil d'Etat français. La condamnation de la juridiction administrative suprême n'est pas impossible dans la mesure où certains membres de la formation de jugement participent aussi à l'élaboration de l'avis sur lequel l'administration s'est fondée pour prendre la décision contestée. La tradition, bien établie, veut qu'un membre du Conseil d'Etat, qui a eu à connaître d'une affaire, pendante devant le tribunal, dans l'exercice de ses fonctions administratives, « se déporte »[68]. De même, seule une minorité de conseillers doit se trouver dans une situation de dédoublement fonctionnel lors d'un litige. Notons enfin que les avis font rarement l'objet d'une publication et

[67] J.-L. Autin et F. Sudre, *op. cit.*, p. 791.

[68] C.E. 2 mars 1973, *Dlle Arbousset*, *précité* et C.E. Ass. 6 décembre 1996, *Société Lambda*, JCP 1997.II.22752, note B. Hérisson.

qu'il est très difficile, voire presque impossible, de connaître les opinions individuelles émises par les membres des juridictions contentieuses.

La Cour semble cependant aller bien au-delà de ces considérations puisqu'elle dénonce une « impartialité structurelle ». Elle condamne le dédoublement fonctionnel d'une juridiction qui est de nature à laisser croire qu'il y a eu défaut d'impartialité. Un « simple doute, aussi peu justifié soit-il, suffit à altérer l'impartialité » d'un tribunal. En accordant un poids aussi considérable aux « apparences », l'arrêt Procola ouvre une brèche dans la carapace du Conseil d'Etat français, puisque la dualité fonctionnelle aboutit souvent à susciter la crainte du justiciable quant à l'impartialité de l'institution.

Cette méfiance à l'encontre de la juridiction administrative française se trouve d'ailleurs renforcée par la pratique de la mise en détachement selon laquelle des membres du Conseil d'Etat peuvent être temporairement affectés dans une autre administration. Le risque de confusion des fonctions est plus important sachant que les conseillers d'Etat sont fréquemment appelés à participer à l'élaboration de décisions qu'ils sont susceptibles d'avoir à connaître ultérieurement au contentieux[69].

Faut-il « chercher une parade circonstancielle ou dilatoire par une adaptation minimale de notre dispositif juridictionnel », ou faut-il « apporter une réponse claire à une interpellation qui ne l'est pas tout à fait en considérant qu'on ne saurait atteindre l'impartialité structurelle que par une réforme... structurelle » ? La première solution suppose une limitation des situations, au moins les plus graves, de confusion fonctionnelle. Elle risque toutefois de se révéler insuffisante. La seconde, qui passe inévitablement par une intervention des pouvoirs publics, suppose l'interdiction formelle, pour un membre de la juridiction administrative, de statuer au contentieux sur une affaire pour laquelle il aurait eu à intervenir précédemment à titre consultatif. La proposition ne pourrait cependant être efficace que mise en place pour l'ensemble des juridictions administratives, et elle laisserait entier le problème de la fonction et de l'existence de l'assemblée plénière du Conseil d'Etat qui comprend notamment le vice-président du Conseil d'Etat et les cinq présidents des sections administratives.

Une solution plus extrême pourrait aboutir à la suppression de la règle de la double appartenance selon laquelle tout membre du Conseil d'Etat participe en principe à la fois à des missions consultatives et contentieuses par une affectation conjointe à une section administrative et à la Section du contentieux.

Rien ne permet pour l'heure, à la lumière de la jurisprudence Procola, d'affirmer avec certitude la nécessité d'une telle réforme, mais la décision rendue par la cour de Strasbourg pourrait y conduire progressivement. En réalité, la double appartenance, si elle suppose inévitablement un cumul des fonctions administrative et juridictionnelle, n'entraîne pas nécessairement et systématiquement la connaissance d'une même affaire au niveau consultatif et au niveau contentieux. Le

---

[69] Voir notamment C.E. 6 décembre 1996, *Société Lambda*, *précité*.

seul risque de confusion ne semble pas devoir suffire pour emporter la condamnation de la juridiction administrative française. Par contre, une multiplication des recours devant la Cour européenne des droits de l'homme, sur le fondement du défaut d'impartialité, concernant des affaires dans lesquelles un ou plusieurs membres de la juridiction auraient eu auparavant à connaître, à titre consultatif, de la décision litigieuse, pourrait aboutir à une réforme plus énergique. Une réforme lourde de conséquences pour la juridiction administrative française.

2 : *Une juridiction administrative fragilisée* :

Le fonctionnement de la juridiction administrative a déjà largement été remis en cause du fait des multiples réformes procédurales, réformes qui traduisent une nouvelle vision de la justice et de l'Etat de droit vers une plus grande prise en compte des intérêts des administrés.

La protection des droits et libertés fondamentaux, préoccupation largement inscrite dans le droit européen qui impose notamment, afin d'y parvenir, une protection juridictionnelle effective, emporte la transformation des méthodes du juge administratif. Le souci de plus en plus présent de faire respecter la légalité administrative, par l'intermédiaire d'une justice efficace, a rendu indispensable l'adaptation du juge administratif afin d'asseoir sa légitimité. « Le processus, qui est appelé à se poursuivre, aboutit à remodeler la juridiction administrative, en lui retirant une part de sa spécificité »[70].

Cette spécificité, déjà largement entamée, risque plus encore d'être mise à mal par la jurisprudence Procola. La remise en cause n'est plus seulement d'ordre fonctionnel mais est aujourd'hui d'ordre structurel. Le dernier argument véritablement valable à l'existence d'une juridiction administrative autonome se trouve être sa connaissance de la puissance publique, qui résulte pour l'essentiel de la proximité qui lie ses membres à l'administration active.

La mise en cause de cette proximité pourrait porter un coup fatal au dernier fondement justifiant la persistance d'un juge administratif. C'est ce à quoi aboutirait notamment la suppression de la pratique de la double appartenance. Sous l'effet de la jurisprudence de la Cour de Strasbourg, « une pression risque de s'exercer pour une séparation plus stricte des fonctions consultatives et juridictionnelles, entraînant par-là même la remise en cause de la logique sous-jacente à la réforme de 1963 »[71].

Ainsi, aussi nécessaire soit-elle au regard des exigences européennes, la réforme se doit d'être souple. Rien n'est moins simple. La Cour européenne se contenterait peut être d'une conciliation de la pratique de la double appartenance avec l'interdiction de toute confusion fonctionnelle. Cette coexistence apparaît toutefois peu évidente à plus d'un titre. L'interdiction de participer au jugement des recours dirigés contre les décisions préparées par les sections consultatives, auxquelles les

[70] J. Chevallier, *op. cit.*, p. 1807.
[71] *Idem*, p. 1808.

membres du Conseil appartiennent, ne règle pas le problème de l'assemblée plénière. Cette interdiction doit s'étendre à l'ensemble des tribunaux administratifs et elle doit également concerner la pratique de mise en détachement. Il s'agit donc d'une réforme d'envergure qui suppose une nouvelle organisation de l'ensemble de la juridiction administrative ; une organisation complexe qui nécessite, afin d'éviter toute confusion, une logistique particulièrement rigoureuse. Par ailleurs, quelle que soit l'hypothèse envisagée, elle aboutirait à restreindre la proximité des membres de la juridiction avec l'administration active. C'est probablement ce qui explique que la France, n'ayant pas été condamnée directement, n'a pas, pour l'heure, entrepris une réforme en ce domaine.

Notons encore qu'une interprétation rigoriste de la jurisprudence Procola, qui entraînerait un bouleversement du système juridictionnel français, n'est pas totalement à exclure. Une telle analyse peut trouver un argument dans l'idée que, plus que la dualité fonctionnelle, c'est la proximité entre le juge et l'administration qui est en cause. Un rattachement qui s'explique plus difficilement à une époque où la confiance dans la justice semble prévaloir sur toute autre considération. L'existence de la juridiction administrative serait, plus encore, menacée dans l'hypothèse d'une contestation par le juge européen de tout lien entre l'administration et son juge. Le fait d'être à la fois, bien que cela ne soit pas simultanément, juge et administrateur pourrait susciter quelques interrogations à l'avenir.

Notons enfin, et ce quelle que soit l'ampleur d'une éventuelle modification de la juridiction administrative, que les réformes se multiplient. Mises bout à bout, elles finissent inévitablement par porter atteinte à la spécificité du juge administratif.

Le phénomène est d'ailleurs amplifié par la remise en cause parallèle de l'ensemble du droit public. Un droit contesté et dont la spécificité tend à s'effriter sous la pression du droit européen qui remet en cause l'originalité de la juridiction administrative de deux façons.

- En demandant aux juges nationaux de rechercher l'effectivité dans leur jugement, afin d'assurer le respect du droit européen, les institutions européennes ont contribué à l'essor des mécanismes juridictionnels de protection. Plaçant la sauvegarde des droits fondamentaux au centre de leurs préoccupations, les droits communautaire et de la Convention européenne incitent le juge administratif à réévaluer l'équilibre instable mis en place si difficilement pendant des années entre l'intérêt de l'administration et les droits des administrés.

- Le droit européen conduit à la remise en cause inévitable de certains principes traditionnels du droit français - notamment du système administratif - compte tenu de l'emprise croissante du droit communautaire sur le droit national. Le droit administratif ne pouvait demeurer à l'écart de ce phénomène. La mise en place d'une norme supranationale, qui prévaut sur la norme administrative traditionnelle, emporte inévitablement des modifications dans le fonctionnement du droit administratif. « Ces modifications ont participé à la mise en cause de quelques-uns des tabous de notre droit administratif et non des moindres : le caractère incontestable de la loi après sa promulgation ; la position du Conseil d'Etat, cour souveraine mais serviteur et non censeur des lois ; la conception de la séparation des fonctions juridictionnelle et administrative au nom de laquelle le juge s'interdit d'adresser des injonctions à l'administration »[72]. Ces modifications ont une incidence sur le justiciable, mais aussi et surtout sur le mode de fonctionnement du juge chargé d'assurer le respect de la légalité administrative. Autant d'éléments qui contribuent à fragiliser sa position puisqu'ils obligent le juge administratif à revoir l'ensemble de ses méthodes de travail, lui retirant ainsi la plus grande partie de sa spécificité.

Le droit européen fait ainsi bien plus que de transformer la juridiction administrative. Il lui ôte peu à peu sa raison d'être en la faisant évoluer dans un sens particulièrement favorable à la protection des libertés fondamentales. La démarche n'a rien de vraiment critiquable, bien au contraire, mais elle atténue la singularité de l'institution, remettant alors en cause le fondement même justifiant son existence. Le droit européen conduit d'ailleurs à un rapprochement du mode de fonctionnement de l'ensemble des juridictions internes des Etats membres, et cela vaut bien évidemment pour le juge administratif et le juge judiciaire français. Le phénomène n'est pas sans incidence sur notre dualisme juridictionnel.

B : **L'incidence du droit européen sur la dualité de juridictions** :

Le droit européen ne peut s'immiscer directement dans l'organisation juridictionnelle interne aux Etats membres. La même remarque vaut pour le droit communautaire, qui ne dit mot expressément d'une quelconque préférence pour un système juridictionnel unitaire ou pluraliste de protection des droits. Le système dualiste français apparaît ainsi à l'abri du droit communautaire et du droit de la Convention européenne. Ce n'est cependant pas tout à fait exact. L'influence du droit européen s'exerce indirectement (1), et même parfois de façon plus directe, à travers le respect de quelques principes bien établis (2).

1 : *Le rapprochement du juge administratif et du juge judiciaire* :

Le droit européen requiert un certain degré de protection, un minimum de qualité, un label commun à l'ensemble des systèmes juridictionnels. Afin d'y parvenir, il impose des méthodes, des techniques de protection obligatoires. L'action continue des institutions européennes, et principalement du juge communautaire et du juge de la Convention européenne de sauvegarde des droits de l'homme, sur le droit interne, aboutit à une uniformisation progressive des

[72] L. Dubouis, *Droit administratif et droit communautaire*, AJDA 1995 spécial, p. 66.

systèmes juridictionnels de protection des libertés. Cette uniformisation peut, à plus ou moins longue échéance, porter atteinte aux spécificités de certains juges et remettre en cause, par la même occasion, le fondement sur lequel repose leur existence. C'est vrai pour le juge administratif français.

L'influence du droit européen sur l'appareil juridictionnel français, comme sur l'ensemble des systèmes juridiques des Etats membres, est indiscutable. Il concerne aussi bien le juge administratif que le juge judiciaire. La transformation de la juridiction administrative, sous la pression du droit européen, a pris des proportions plus importantes compte tenu notamment des faiblesses de la procédure administrative contentieuse ; des insuffisances souvent consenties par le juge lui-même en vertu du particularisme de sa fonction.

La multiplication des critiques, la place de plus en plus essentielle de la juridiction administrative dans la protection des libertés fondamentales, le respect des exigences et des impératifs issus du droit européen, ont abouti à remettre en cause les méthodes du juge administratif[73]. Tenu de sauvegarder avec efficacité les droits fondamentaux des individus, au même titre que l'autorité judiciaire, le juge administratif se rapproche fortement du mode de fonctionnement de son homologue judiciaire.

Pourquoi alors préserver une juridiction administrative si la puissance publique doit être contrôlée de façon identique devant le juge administratif et devant le juge judiciaire ?

L'argument vaut plus encore compte tenu des difficultés que suscite le fonctionnement de la dualité de juridictions. Le juge administratif ne se justifie que dans la mesure où il présente une spécificité qui le rend indispensable. Le droit européen atténue progressivement ce particularisme. Ce n'est plus alors seulement l'existence du juge administratif qui est en cause, mais l'ensemble du système juridictionnel français. La remise en cause de la juridiction administrative signifie automatiquement la remise en cause du dualisme juridictionnel.

2 : *Les dysfonctionnements du dualisme juridictionnel sous la menace du droit européen* :

La remise en cause frontale du dualisme juridictionnel français par le droit européen est totalement exclue, mais une contestation de ses inconvénients les plus graves n'est pas impossible. Quelques principes, extraits du droit communautaire ou de la Convention européenne de sauvegarde des droits de l'homme, peuvent influer plus ou moins directement : le droit au juge et le droit au recours juridictionnel effectif, le principe de confiance légitime, la satisfaction juridictionnelle dans un délai raisonnable. Autant de règles consacrées pour assurer l'exécution du droit européen et qui peuvent être mises à mal du fait de l'existence d'une dualité de juridictions.

---

[73] Voir Y. Gaudemet, *Les nouvelles méthodes du juge administratif, Etat, loi, Administration*, Mélanges E.-P. Spiliotopoulos, Sakkoulas, Bruylant, 1998, p. 147.

La critique est, pour l'heure, timide, dans la mesure où le droit européen rechigne encore à trop s'immiscer au niveau interne dans l'organisation et les modalités procédurales des recours en justice. L'évolution est toutefois inévitable et elle ne peut qu'aller dans le sens d'une contestation plus importante compte tenu notamment de l'obligation pour les Etats membres de faire prévaloir ce droit.

L'article 5 du traité C.E.E. dispose que « Les Etats membres prennent toutes mesures générales ou particulières propres à assurer l'exécution des obligations découlant du présent traité ou résultant des actes des instructions de la communauté. Ils facilitent à celle-ci l'accomplissement de sa mission. Ils s'abstiennent de toutes mesures susceptibles de mettre en péril la réalisation des buts du présent traité ». L'exécution de la règle communautaire implique une action positive de l'Etat qui doit tout mettre en œuvre pour assurer sa pleine effectivité. L'ordre juridique national est tenu au respect des principes généraux du droit communautaire qui intègrent les droits fondamentaux de la Convention européenne.

Le juge communautaire reprend les mêmes idées dans sa jurisprudence lorsqu'il estime que, même libre d'organiser les règles de leur organisation judiciaire, les Etats doivent assurer une protection effective des droits des justiciables[74]. Il précise d'ailleurs que, s'il appartient à l'ordre juridique interne de désigner les juridictions compétentes et de régler les modalités procédurales des recours en justice destinés à assurer la sauvegarde des droits que les justiciables tirent de l'effet direct du droit communautaire, ces modalités, qui ne peuvent être moins favorables que celles concernant des recours similaires de droit interne, ne doivent en aucun cas rendre pratiquement impossible ou excessivement difficile l'obtention de la réparation[75]. Ce qui implique également le recours au juge. Comment, en effet, bénéficier sans trop de difficulté d'une réparation si l'accès au juge est lui-même rendu très difficile voire presque impossible ?

La Cour de Strasbourg reprend à peu près la même argumentation lorsqu'elle impose le droit au juge et le droit au recours juridictionnel effectif sur le fondement des articles 6 et 13 de la Convention européenne de sauvegarde des droits de l'homme.

Le droit au recours juridictionnel effectif suppose notamment de pouvoir bénéficier d'une décision de justice définitive dans un délai raisonnable. La dualité de juridictions génère pourtant des lenteurs qui pourraient, à terme, être sévèrement condamnées par le juge européen. Le problème est, plus encore, au cœur même du droit européen sachant que les difficultés les plus importantes, liées à l'existence d'une justice dualiste, concernent principalement le contentieux des libertés fondamentales et du droit de propriété. La Convention européenne des droits de l'homme consacre presque la totalité des libertés fondamentales, et le droit de propriété fait l'objet d'une disposition particulière. L'article 1er du Protocole n° 1

---

[74] CJCE 19 décembre 1968, *S.A. Salgoil*, aff. n° 13/68, p. 691 ; 9 juillet 1985, *Bozetti c/ Invernizzi*, aff. n° 179/84, p. 2301.

[75] CJCE 16 décembre 1976, *Comet*, aff. n° 45/76, p. 2043.

dispose en effet que « Toute personne physique ou morale a droit au respect de ses biens. Nul ne peut être privé de sa propriété que pour cause d'utilité publique et dans les conditions prévues par la loi et les principes généraux du droit international ».

- La condamnation du dualisme juridictionnel sur le fondement du délai raisonnable s'avère toutefois difficilement envisageable. La Cour a entendu donner à la notion de « délai raisonnable » tout son sens utile et, dans cette optique, elle définit d'abord la durée de la procédure à prendre en compte. Selon elle, le point de départ du délai à considérer dans une « affaire civile » est, en principe, la date de saisine de la juridiction interne compétente[76]. Une telle analyse, qui s'explique très probablement par le souci de ne pas trop interférer dans la procédure contentieuse interne aux Etats membres, semble prohiber d'office une éventuelle mise en cause du dualisme juridictionnel au regard de la perte de temps qui peut naître de l'absence de certitude sur le juge à saisir et de l'absence d'unicité de certains litiges.

La position retenue par la Cour reste cependant fragile. Le souci constant de protection des droits fondamentaux pourrait justifier, selon l'espèce, une appréciation différente sur le point de départ du délai raisonnable. La Cour prend d'ailleurs en compte, pour déterminer le caractère raisonnable de la durée d'une procédure, le comportement des autorités compétentes. La difficulté qui existe à saisir la bonne juridiction provient, dans une large mesure, des pouvoirs publics, qui n'ont pas su instituer des règles simples et compréhensibles de compétence. C'est un élément non négligeable pour déterminer le caractère raisonnable de la durée de la procédure. Une évolution très nette semble se dessiner en ce sens.

La France, dans une affaire Guillemin rendue le 21 février 1997, a été sanctionnée par la Cour européenne des droits de l'homme sur le fondement du délai raisonnable. La Cour condamne à l'unanimité l'Etat français au motif de l'insuffisance des garanties inhérentes au contentieux de l'expropriation en droit interne. Elle fait cependant plus que cela. « A partir du constat de la durée de la procédure, la Cour sanctionne les dysfonctionnements, consécutifs au dualisme juridictionnel affectant le droit français en ce domaine, et contribue ainsi à relancer le débat sur la valeur d'un système de protection contentieuse qui à l'usage, quoi qu'on puisse en dire, s'avère fréquemment redoutable pour les libertés publiques et le droit de propriété »[77].

Après que la Commission ait reconnu que l'essentiel des retards dans le déroulement des instances était imputable à l'Etat, « la Cour reconnaît que la procédure d'expropriation présente une relative complexité, notamment en ce qu'elle relève de la compétence des deux ordres de juridiction : la juridiction administrative quant à la régularité des opérations d'expropriation et la juridiction

---

76 CEDH 6 mai 1981, *Buccholz*, A/42.

77 R. Hostiou, note sous CEDH 21 février 1997, *Guillemin c/ France*, AJDA 1997, p. 399.

judiciaire quant aux transferts des biens concernés, à la fixation de l'indemnisation et, en général, aux atteintes à la propriété privée. En outre, les deux juridictions peuvent, comme en l'occurrence, être simultanément chargées, l'une de statuer sur la régularité de la phase initiale de la procédure et l'autre de régler les conséquences d'une décision d'expropriation dont la légalité est l'objet d'une contestation devant l'autre juridiction. Pareille situation comporte le risque d'une contrariété de décisions, qu'un prompt examen des demandes pourrait contribuer à diminuer »[78].

La violation de l'article 6 § 1 de la Convention s'analyse ici comme une critique, guère dissimulée, des excès de complication du dualisme juridictionnel. La Cour ne se limite pas à la seule contestation des difficultés inhérentes à la répartition des compétences entre le juge judiciaire et le juge administratif. Elle montre clairement du doigt les inconvénients qui résultent de la division du contentieux. Elle relève également les risques de contrariété au fond liés à l'intervention simultanée des deux ordres de juridictions.

Les conséquences d'une telle décision, bien que pour l'instant très incertaines, pourraient se révéler importantes. Certains éléments fondamentaux de notre système juridictionnel sont plus ou moins directement mis en cause.

L'absence d'unicité d'un litige, qui impose au justiciable de saisir à la fois le juge judiciaire et le juge administratif, peut s'avérer contraire à la jurisprudence de la Cour, dans la mesure où cela entraîne un allongement conséquent de la durée de la procédure. Il en va de même de la technique des questions préjudicielles. Le mécanisme du conflit positif apparaît également peu compatible avec la jurisprudence de la Cour européenne des droits de l'homme. La question a d'ailleurs déjà été posée de savoir si un tel procédé n'était pas, dans son principe même, contraire aux exigences d'un procès équitable dans un délai raisonnable selon l'article 6 § 1 de la Convention. Le Tribunal des conflits a rejeté l'argument[79] mais il n'est pas certain qu'il soit irrecevable devant la Cour de Strasbourg. « C'est dire que la condition du délai raisonnable pourrait, le cas échéant, aiguillonner une réforme de la dualité des compétences juridictionnelles dans les domaines les plus exposés à la complexification processuelle »[80]. C'est largement le cas du contentieux des droits fondamentaux. Le partage des compétences en la matière est éminemment complexe et contestable. La contestation pourrait gagner du terrain sur le fondement du droit européen.

Il convient cependant de ne pas surestimer cette jurisprudence. Elle concerne un contentieux d'une particulière complexité, mais il n'est pas le seul concerné. L'attitude de la Cour révèle tout de même une inspiration nouvelle, qui traduit la nécessité de faire évoluer un système juridictionnel qui cohabite difficilement avec

---

[78] CEDH 21 février 1997, *Guillemin c/ France*, AJDA 1997, p. 399.
[79] T.C. 15 janvier 1990, *Chamboulive et autres*, p. 386.
[80] J.-F. Flauss, *Actualité de la CEDH*, AJDA 1997, p. 985.

les impératifs issus du droit européen. Une analyse plus extensive de l'arrêt laisse à penser que la Cour refuse de prendre en considération une pratique qui aboutit à alourdir et compliquer la tâche du justiciable à la recherche de son droit. La solution de la Cour peut parfaitement être interprétée comme un rejet implicite du principe de séparation des autorités administrative et judiciaire à partir du moment où celui-ci empêche une satisfaction équitable dans un délai raisonnable. Le principe de séparation des autorités, sur lequel repose l'existence de la justice dualiste, se concilie d'ailleurs fort mal avec le droit européen.

Le droit européen accentue largement le risque de contrariétés entre le juge judiciaire et le juge administratif. Tous les juges peuvent désormais statuer par voie d'exception sur la conventionnalité de la loi. Des appréciations divergentes ne sont pas à exclure, puisque la loi déclarée contraire à une convention n'est pas annulée, mais simplement écartée pour le cas d'espèce. L'autorité de la chose jugée, difficilement applicable, ne peut suffire à résoudre la difficulté. Aucune voie de recours ne permet de soumettre la question à un juge suprême afin qu'il tranche définitivement le désaccord. La liberté dont dispose le juge, sur le fondement de la séparation des autorités, ouvre largement la possibilité d'une rupture d'égalité des citoyens devant la même loi, selon qu'elle soit appliquée ou écartée.

Le droit européen offre de nouvelles possibilités de conflits entre les deux ordres de juridictions, en les incitant à écarter l'application du principe de séparation des autorités sur le fondement de la primauté du droit communautaire. La pleine efficacité des normes communautaires a pu parfois laisser croire à certains tribunaux judiciaires qu'ils pouvaient écarter le principe de séparation des autorités. « Le juge judiciaire français, devant lequel est contestée par la voie de l'exception, la légalité au regard du traité d'un acte administratif interne, ne devrait-il pas statuer lui-même sans renvoyer la question de l'appréciation de cette légalité devant la juridiction administrative ? »[81]. Telle a été notamment l'attitude de la Cour d'appel de Paris dans un arrêt rendu le 7 février 1994[82] et confirmé par la Cour de cassation le 6 mai 1996[83]. Cette dernière estime qu'il n'est pas utile de renvoyer au juge administratif l'appréciation de la légalité d'un acte réglementaire, pour résoudre une affaire relevant essentiellement de sa compétence, lorsque le litige porte sur le respect d'une disposition de droit communautaire. Il ne s'agit pas d'apprécier la légalité de l'acte administratif en cause mais uniquement de l'écarter afin d'assurer la prééminence de la norme européenne.

Le raisonnement a de quoi surprendre car il semble difficile d'écarter un texte interne faisant obstacle à l'application du droit communautaire sans, par la même occasion, porter une appréciation sur sa légalité. Reste qu'une telle analyse, aussi circonstancielle soit-elle, limite singulièrement la portée du principe de séparation des autorités, et ouvre une brèche dans le mécanisme de la question préjudicielle.

---

[81] A. Barav, *La plénitude de compétence du juge national en sa qualité de juge communautaire*, in l'Europe et le droit, Mélanges Boulouis, p 1.

[82] C.A. Paris, 1re ch. A, 7 février 1994, JCP 1995.II.22403, note Frayssinet.

[83] Ch. com., 6 mai 1996, *France Télécom c/ Communication Média Service*, RFDA 1996, p. 1168.

La solution, bien que n'ayant probablement pas vocation à s'appliquer extensivement, et outre le fait qu'elle multiplie les risques de conflits, illustre de façon exemplaire la difficulté qu'il peut y avoir à faire concilier le système juridictionnel français avec les exigences du droit européen[84].

- La remise en cause du dualisme juridictionnel par le droit européen peut trouver un autre fondement. Le droit au recours juridictionnel effectif suppose un juge accessible. L'accessibilité implique très certainement la possibilité reconnue au justiciable de connaître avec un minimum de certitude le tribunal devant lequel il doit porter son litige. Or l'existence d'une justice dualiste complique foncièrement la tâche du plaideur à la recherche de son juge.

Selon l'arrêt Geouffre de la Pradelle, l'effectivité du droit d'accès, condition sine qua non de l'efficacité du recours juridictionnel, commande qu'un individu jouisse d'une possibilité claire et concrète de contester un acte qui porte atteinte à ses droits[85]. La Cour condamne la France pour violation de l'article 6 § 1 de la Convention au motif que le requérant « n'a pas bénéficié d'un droit d'accès concret et effectif au Conseil d'Etat » pour contester la légalité d'un décret classant un site comme pittoresque. Les règles permettant d'accéder à la juridiction administrative doivent être suffisamment claires et précises afin de ne pas placer le justiciable dans une situation par trop incertaine.

Le délai de deux mois, pour former le recours, court à compter de la date de publication du décret de classement au Journal officiel, même si, postérieurement à cette publication, la décision a été notifiée au propriétaire. Présenté dans les deux mois suivant la notification, et non la publication, le recours est déclaré irrecevable par le Conseil d'Etat.

La Cour estime que l'extrême complexité du droit positif, en matière de protection des sites et de catégorisation des actes administratifs, crée une situation d'insécurité juridique quant à la nature exacte du décret de classement, et n'offre pas une possibilité claire de contester un acte administratif qui porte atteinte au droit de propriété. La Convention fait donc peser sur l'Etat une « obligation positive » d'adopter les mesures propres à assurer l'effectivité des droits qu'elle énonce et notamment le droit d'accès effectif à la justice.

La difficulté qu'il y a à déterminer la juridiction compétente peut aboutir à priver le justiciable d'un accès au juge. Tout du moins ce droit d'accès n'est-il pas clair et concret. Il n'est donc pas interdit de penser que la France pourrait être condamnée sur le fondement de l'article 6 § 1 de la Convention, ou même sur le défaut de confiance légitime[86], au regard de l'insuffisante clarté des règles de

---

[84] Le principe de séparation des autorités se concilie d'autant plus mal avec le droit européen que le développement des règles communautaires, qui concernent principalement le juge judiciaire, favorise la multiplication des renvois devant le juge administratif. Le Conseil d'Etat a d'ailleurs statué à de nombreuses reprises sur des recours en appréciation de la conformité d'actes réglementaires au droit communautaire, formé après renvoi par des juges civils de questions préjudicielles de légalité.

[85] CEDH 16 décembre 1992, *De Geouffre de La Pradelle*, série A, n° 253-B.

[86] Voir CJCE 30 janvier 1985, *Commission c/ Royaume de Danemark*, aff. 143/83, p. 427.

compétence qui rendent particulièrement délicat l'accès au juge. Une telle interprétation du droit au juge rendrait impératif la simplification du partage des compétences entre le juge judiciaire et le juge administratif, sauf à remettre directement en cause la dualité de juridictions.

L'adaptation est donc nécessaire. Le contentieux de l'expropriation pour cause d'utilité publique le prouve. La condamnation de la France ne surprend pas. La complexité de la procédure était reconnue par bon nombre de juristes avant même l'arrêt Guillemin rendu par la Cour de Strasbourg, et sa probable incompatibilité avec le droit européen avait été envisagé[87]. Une réforme de la procédure d'expropriation est d'ailleurs intervenue, et même si la référence européenne n'apparaît pas dans les travaux parlementaires, il y a tout lieu de penser que la loi du 2 février 1995, complétant l'article L. 12-5 du Code de l'expropriation, trouve pour fondement principal le droit européen. Une réforme néanmoins insuffisante, mais qui révèle bien l'importance des changements qui s'imposent. Nous n'en sommes aujourd'hui qu'aux prémices mais ils anticipent distinctement les transformations qui se préparent.

Le rapprochement entre le juge judiciaire et le juge administratif, du fait du droit européen, est ainsi inévitable. Il passe notamment par une collaboration plus étroite afin de limiter les défauts liés à l'existence d'une justice dualiste.

SECTION II : UN RAPPROCHEMENT STRUCTUREL ET FONCTIONNEL QUI APPELLE UNE COLLABORATION PLUS ETROITE :

L'effectivité de la protection des libertés publiques nécessitait une transformation des méthodes du juge administratif. Les raisons plébiscitant ce changement étaient nombreuses. Le contentieux des atteintes administratives aux libertés fondamentales, malgré l'affirmation d'une compétence de principe de l'autorité judiciaire en la matière, relève pour l'essentiel de la juridiction administrative. Il était alors impératif, dans un Etat de droit qui entend soumettre l'administration au respect de la légalité, de rendre aussi efficace que possible le juge administratif.

Insuffisamment protecteur, il se voyait retirer de multiples contentieux au profit du juge judiciaire. Les efforts consentis afin de limiter la portée de ces transferts de compétence aboutissent à multiplier les conflits entre les deux ordres de juridictions. Le rapprochement de la procédure administrative contentieuse sur la procédure judiciaire permet d'espérer une diminution, voire un recul, des dérogations consenties au principe de séparation des autorités. Il suggère un reflux de la tendance de l'autorité judiciaire à étendre d'une manière extensive le champ de sa compétence lorsque le litige concerne l'administration et il augure une

[87] Voir G. Deville, *Une réforme commandée par le droit européen*, Gaz. Pal. 1996, p. 255.

nouvelle tendance du justiciable à saisir plus facilement le juge administratif d'une atteinte de la puissance publique aux libertés fondamentales.

Le rapprochement structurel et fonctionnel est déjà largement entamé. Il vise la satisfaction équitable devant les deux ordres de juridictions (Paragraphe I). Il peut permettre de réduire les conflits de compétence mais il ne peut aboutir à la diminution des contrariétés de décisions. Le rapprochement fonctionnel et structurel des deux juges doit être accompagné d'une plus étroite collaboration (Paragraphe II).

§ 1 : UNE SATISFACTION EQUITABLE DEVANT LES DEUX ORDRES DE JURIDICTIONS :

La nécessité de faire évoluer la juridiction administrative est reconnue de longue date[88]. Toutes les propositions vont, sans même le dire expressément, dans le sens d'un rapprochement des méthodes de fonctionnement du juge administratif sur celles du juge judiciaire. La satisfaction juridictionnelle équitable, condition sine qua non d'une protection effective de la liberté, nécessite une organisation, une structure et des techniques de protection performantes. Toutes les transformations réalisées depuis vingt ans, si souvent revendiquées, vont dans cette direction. L'historique de la juridiction administrative ne doit pas faire oublier sa mission première : rendre le droit en soumettant l'administration au respect de la légalité et répondre, comme tout service public dans un Etat démocratique, aux intérêts des justiciables. La juridiction administrative pouvait toutefois être critiquée sur son manque d'indépendance vis-à-vis de l'administration, sur ses insuffisances structurelles et organisationnelles, sur son manque d'efficacité[89].

Le système reste imparfait, il l'est également devant le juge judiciaire, mais il a profondément évolué. « Les deux ordres de juridiction se sont sensiblement rapprochés l'un de l'autre. Cela est vrai des structures... Cela est vrai des procédures, qui ont de toute manière pour point commun d'être juridictionnelles et donc contradictoires. Les différences demeurent importantes mais tendent à s'estomper... Le phénomène de rapprochement est moins net pour les statuts des juges, mais il se manifeste également »[90].

- La juridiction administrative a gagné en autonomie. Le Conseil constitutionnel a consacré l'indépendance du juge administratif, le législateur est intervenu pour reconnaître l'inamovibilité des membres des tribunaux administratifs et des cours administratives d'appel, le recrutement et le contrôle des « magistrats » administratifs ont fait l'objet de réformes. Les problèmes demeurent, notamment au

---

[88] Y. Gaudemet, *L'avenir de la juridiction administrative*, Gaz. Pal., 27 septembre 1979, p. 511.

[89] Voir notamment J.-M. Woehrling, *Réflexions sur une crise : la juridiction administrative à la croisée des chemins*, Mélanges R.-E. Charlier, p. 341.

[90] D. Truchet, *Fusionner les juridictions administrative et judiciaire ?*, Mélanges J.-M. Auby, p. 335.

travers de la dualité fonctionnelle des membres de la juridiction administrative et au regard du mécanisme de la mise en détachement, mais l'évolution est significative.

- La structure même de la juridiction administrative était contestable. Le rejet quasi systématique du double degré de juridiction, garantie pour le justiciable, nuisait à la bonne administration de la justice. La réforme de 1953 posa la première pierre à l'édifice en faisant des tribunaux administratifs les juges de droit commun du contentieux administratif, mais elle fut insuffisante puisque le Conseil d'Etat demeurait très souvent juge de premier et de dernier ressort. Les systèmes juridictionnels présentent le plus souvent un double degré de juridiction, auquel s'ajoute un juge de cassation chargé d'assurer le respect et l'uniformité de la règle de droit. Le professeur Drago affirmait qu'« il est anormal que le Conseil d'Etat demeure un juge d'appel unique. Tout en lui maintenant sa compétence d'attribution, il faudrait n'en faire qu'un juge de cassation des décisions rendues par une dizaine de cours d'appel administratives statuant sur les appels des trente et un tribunaux administratifs »[91]. Le vœu, formulé il y a presque vingt ans par l'éminent juriste, semble avoir été en partie exaucé.

Avec la création des cours administratives d'appel par la loi du 31 décembre 1987, modifiée et complétée par le décret du 17 mars 1992 et par la loi du 8 février 1995, la juridiction administrative, à l'instar de l'autorité judiciaire, est passée, dans sa structure, de deux à trois niveaux[92]. Tout autant qu'elle vise à désengorger les tribunaux administratifs, la réforme tend à légitimer la justice administrative. Une justice qui, pour assurer une sauvegarde efficace des droits des administrés, doit présenter un minimum de garanties. Le double degré de juridiction en est une, et non des moindres. La réforme rapproche désormais la structure de la juridiction administrative de la plupart des autres juridictions et elle aligne le rôle du Conseil d'Etat sur celui des autres Cours suprêmes françaises ou étrangères[93].

Ainsi, l'institution de jugement faisait hier place à de nombreuses divergences entre la juridiction administrative et la juridiction judiciaire. La création des tribunaux administratifs puis des cours administratives d'appel a fortement rapproché les deux juges. Le rapprochement déborde le seul cadre structurel. Il porte également sur les règles procédurales.

- Qu'il s'agisse du déroulement de l'instance ou des mécanismes de protection, l'étude de la procédure administrative et de la procédure civile révèle aujourd'hui

---

[91] R. Drago, *Sur la situation du contentieux administratif en France*, Mélanges Grisel, 1983, p. 641.

[92] Voir B. Pacteau, *La longue marche de la nouvelle réforme du contentieux administratif*, RFDA 1988, p. 168 ; M. Combarnous, *La réforme du contentieux administratif : du décret du 30 septembre 1953 à la loi du 31 décembre 1987*, AJDA 1995, n° spécial, p. 175.

[93] Sur le Conseil d'Etat juge de cassation, voir J. Massot, *La cassation*, AJDA 1995, n° spécial, p. 200 ; J. Massot, O. Fouquet, J.-H. Stahl, *Le Conseil d'Etat juge de cassation*, Berger-Levrault, 2e éd., décembre 1996 ; A. Bourrel, *Le Conseil d'Etat juge de cassation face au pouvoir d'appréciation des juges du fond*, thèse Pau, 1999.

plus de points communs que de divergences. La situation est nouvelle, mais elle ne surprend pas[94]. Le phénomène est aujourd'hui amplifié du fait de nouvelles contraintes. Ces contraintes, liées à la constitutionnalisation et à l'internationalisation du droit, visent principalement une protection plus effective des droits des individus. Le juge administratif se voit ainsi imposer de nouvelles règles et il n'est plus tout à fait maître des sources du droit du contentieux administratif. « Le juge administratif n'a plus le monopole de l'invention du contentieux administratif et, dans l'expression des règles nouvelles, la voie jurisprudentielle n'est plus privilégiée ; nouvelles inspirations, nouvelles formulations, ainsi apparaît devant nous, morceaux après morceaux, un nouveau droit du contentieux administratif... Par là est directement battu en brèche le parti traditionnel du droit français à affirmer un droit du contentieux administratif distinct et autonome par rapport à celui de la procédure civile »[95].

Le rapprochement des procédures provient pour l'essentiel des multiples réformes engagées ces dernières années visant à doter le juge administratif des mêmes garanties et des mêmes techniques de protection que le juge judiciaire, compte tenu notamment de l'importance de son rôle en matière de protection des libertés. Toute autre politique aurait probablement conduit le législateur à multiplier les transferts de compétence au profit de la juridiction judiciaire.

La différence entre la procédure inquisitoire du droit administratif et la procédure accusatoire du droit civil tend à s'estomper compte tenu des pouvoirs d'instruction des magistrats de la mise en état et de la juridiction de jugement.

De même, la procédure devient de plus en plus souvent écrite devant le juge civil alors que l'oralité des débats prend de plus en plus de place devant le juge administratif. Le recours au juge unique, que seul le juge judiciaire utilisait vraiment jusqu'à présent, n'est plus inconnu du juge administratif, dans le cadre de ses nouveaux pouvoirs d'urgence, alors qu'il doit faire face à la multiplication des requêtes. Le principe du contradictoire est respecté de la même façon devant le juge judiciaire et devant le juge administratif. Quant à la publicité des débats, elle est reconnue devant les deux juridictions dans des conditions à peu près similaires, conformément aux exigences de la Convention européenne des droits de l'homme.

Enfin, le mode de saisine de la juridiction civile et de la juridiction administrative ne diffère guère malgré les apparences. « On oppose, certes, traditionnellement le mode de saisine du juge administratif (recours direct contre une décision préalable de l'administration) au mécanisme judiciaire de l'assignation, puis de l'enrôlement au rôle de la juridiction civile mais...la différence est plus apparente que réelle car l'assignation est destinée à délimiter le contentieux, comme la réclamation adressée à l'administration a pour objectif de provoquer la décision préalable à partir de laquelle le juge administratif sera saisi.

---

[94] Voir B. Pacteau, *Dualité de juridictions et dualité de procédures*, RFDA 1990, p. 752.

[95] Y. Gaudemet, *Remarques sur l'évolution des sources du droit du contentieux administratif*, Mélanges P. Drai, Le juge entre deux millénaires, p. 329, cité p. 332 et p. 335.

La seule différence est en réalité formelle et consiste dans le fait que l'assignation fait partie intégrante du procès »[96].

La seule divergence concrète concerne l'instruction de l'affaire. Alors que le commissaire du gouvernement intervient systématiquement devant le juge administratif, pour donner son avis sur le droit, le procureur de la République n'intervient à tire obligatoire qu'en matière pénale ou lorsqu'un texte le prévoit expressément. Le rôle du parquet se rapproche cependant parfois très nettement de celui du commissaire du gouvernement devant la Cour de cassation.

Les réformes apportées à l'organisation des juridictions administratives ont également comporté un large volet procédural.

La principale justification à la persistance de l'affirmation de la compétence de principe de l'autorité judiciaire pour traiter du contentieux des atteintes administratives aux libertés fondamentales provient, on le sait, de son refus d'imposer des sujétions à l'administration, et de son incapacité à prendre des mesures provisoires d'urgence. La critique doit, semble-t-il, aujourd'hui être écartée puisque le législateur est intervenu à deux reprises afin de doter la juridiction administrative d'un pouvoir d'injonction et d'un véritable pouvoir d'urgence. L'alignement de la juridiction administrative sur son homologue judiciaire est incontestable. Au même titre que le juge judiciaire, en matière de voie de fait notamment, le juge administratif peut enjoindre l'administration. Au même titre que l'autorité judiciaire, les tribunaux administratifs peuvent suspendre en urgence un acte administratif manifestement illégal portant atteinte à une liberté fondamentale.

Plusieurs raisons peuvent expliquer cet alignement du juge administratif sur le juge judiciaire : le développement de l'Etat de droit ; l'importance accrue de l'appareil juridictionnel dans nos sociétés ; la pression du justiciable en faveur d'une justice toujours plus performante ; les pressions extérieures et surtout celle émanant du droit européen. Autant d'éléments qui concourent à rendre la justice plus efficace.

L'argument majeur reste pourtant, selon nous, le souci d'assurer une protection effective des droits fondamentaux des justiciables, tout en préservant parallèlement le système juridictionnel dualiste. L'extension des prérogatives du juge administratif, en se fondant sur le modèle judiciaire, doit lui donner un nouveau souffle, une nouvelle légitimité, afin d'asseoir son existence sur le long terme. L'alignement de la procédure administrative sur celle du juge judiciaire doit mettre en partie fin aux critiques tout en limitant, dans l'hypothèse d'une collaboration entre les deux juges, les inconvénients liés à l'existence d'une justice dualiste.

Les conséquences, bien qu'hypothétiques, d'un juge administratif aussi protecteur que le juge judiciaire sont multiples.

---

[96] P. Sargos, *Points communs et divergences des deux ordres de juridiction*, AJDA 1990, p. 585.

La plupart des dérogations accordées au principe de la séparation des autorités étaient justifiées par les insuffisances du juge administratif. Les transferts sont, certes, déjà nombreux mais plusieurs éléments expliquent ce refus d'aller plus loin. Outre le fait que le Conseil constitutionnel ait entendu préserver un domaine de compétence réservé au juge administratif, au demeurant assez restreint, il était difficile pour le législateur de multiplier les dérogations au principe de séparation des autorités à une époque où l'explosion du contentieux affecte également l'autorité judiciaire. Plus sûrement encore, le législateur a préféré préserver la juridiction administrative - solution qui permet de lier la détermination du juge compétent à l'application d'un régime juridique - en le rénovant structurellement et en le dotant de techniques efficaces de protection.

Par ailleurs, les dérogations ne sont efficaces que lorsqu'elles emportent un bloc de compétence judiciaire. Dans l'hypothèse inverse, si le juge administratif est aussi protecteur que le juge judiciaire, la dérogation génère plus d'inconvénients que d'avantages pour le justiciable. Or les dérogations à la séparation des autorités aboutissent rarement à une plénitude de compétence du juge judiciaire mais plutôt à un partage, nuisible à la sauvegarde de la liberté et à la qualité de la justice, entre les deux juridictions.

Un juge administratif aussi protecteur que le juge judiciaire pourrait conduire le législateur à limiter, voire cesser, les transferts de compétence au profit de l'ordre judiciaire. La diminution des dérogations à la séparation des autorités emporterait la diminution du nombre des questions préjudicielles. La saisine immédiate par le justiciable de la juridiction administrative pour le contentieux des atteintes administratives aux libertés fondamentales limiterait fortement le déclenchement du mécanisme du conflit positif. L'autorité judiciaire pourrait ne plus avoir une interprétation extensive de la voie de fait, position souvent génératrice de conflits entre les deux juges, et elle pourrait mettre en place, avec l'aide du législateur, un mécanisme de renvoi automatique devant la juridiction administrative afin que le plaideur perde le moins de temps possible.

L'alignement des techniques de protection du juge administratif sur celles du juge judiciaire, pourrait enfin suggérer une suppression de la compétence judiciaire pour le contentieux des atteintes administratives aux libertés fondamentales. La solution mettrait probablement fin à la division, aujourd'hui quasi-systématique, du contentieux des droits fondamentaux et du droit de propriété. Une telle réforme, même souhaitable, n'est pas simple à envisager. Elle nécessite notamment une révision de l'article 66 de la Constitution ; elle suppose une vraie confiance du justiciable dans la juridiction administrative ; elle implique un juge administratif tout aussi apte que le juge judiciaire à accorder la réparation intégrale du préjudice né de l'action illégale de l'autorité administrative.

Le recours juridictionnel ne saurait être effectif que dans la mesure où le juge répare intégralement l'atteinte portée à la liberté publique, qu'il ait pu ou non la sauvegarder. Pendant longtemps, pourtant, il a été reproché au juge administratif son manque de générosité dans le chiffrage de l'indemnité. J. Robert écrivait, il y a presque cinquante ans : « L'examen des décisions jurisprudentielles rendues en matière d'indemnisation des victimes d'atteintes à la liberté nous révèle une telle disproportion entre les réparations accordées par les tribunaux administratifs et celles que distribuent les tribunaux judiciaires, qu'il n'est point étonnant que le justiciable se préoccupe très vivement de la juridiction devant laquelle il doit porter son action… L'expérience prouve que le Conseil d'Etat, bien que sa juridiction soit la moins coûteuse pour la victime, n'assure que dans une très faible mesure la réparation des intérêts lésés »[97].

Le partage des compétences entre le juge judiciaire et le juge administratif, pour le contentieux des atteintes administratives aux libertés fondamentales et au droit de propriété, se présente le plus souvent sous cette forme : aux tribunaux administratifs le contentieux de la légalité de l'atteinte ; aux tribunaux judiciaires le contentieux de la réparation. Ce partage, qui provient pour l'essentiel de la jurisprudence du Conseil d'Etat et du Tribunal des conflits, qui se sont efforcés de limiter le bloc de compétence judiciaire, indique l'importance accordée par les pouvoirs publics à la réparation intégrale du préjudice né d'une atteinte administrative illégale portée aux droits essentiels de l'administré. Le seul contentieux de la réparation, par la seule volonté du législateur, relève parfois de l'autorité judiciaire. Les atteintes administratives à la propriété privée, et notamment le contentieux de l'expropriation pour cause d'utilité publique, qui autorise la privation du bien uniquement contre une juste et préalable indemnité accordée par le juge judiciaire, illustrent bien les propos.

Le juge administratif avait, en effet, une tendance très nette à vouloir préserver les deniers de l'Etat au détriment des intérêts des victimes de l'administration. Pour exemple, le Conseil d'Etat a pendant longtemps refusé d'indemniser le préjudice moral, et plus particulièrement la « partie affective du patrimoine moral », c'est-à-dire la douleur morale, le chagrin. La solution était d'autant plus contestable que le juge judiciaire acceptait, depuis la fin du XIXe siècle, de réparer la douleur morale. La réparation d'une violation d'un droit fondamental revêt d'ailleurs le plus souvent un caractère moral. « La doctrine redoubla ses critiques contre une jurisprudence aussi peu défendable : il était difficile d'expliquer aux justiciables que le Conseil d'Etat se considérait comme incapable d'évaluer en argent un préjudice que les juges judiciaires réparent depuis plus d'un siècle ; pourquoi, d'autre part, l'idée que *les larmes ne se monnayent pas* aurait-elle cours devant l'un des ordres juridictionnels et non devant l'autre ? »[98]

Le Conseil d'Etat va cependant revenir sur sa jurisprudence dans l'arrêt Letisserand. Il restait néanmoins à savoir si l'indemnisation de la douleur morale allait être calculée avec largesse ou avec rigueur. La seconde solution semblait

---

[97] J. Robert, *thèse précitée*, p. 299 et 302.

[98] Commentaire extrait du GAJA sous l'arrêt C.E. Ass. 24 novembre 1961, *Ministre des travaux publics c/ Consorts Letisserand*, n° 90, p. 581.

initialement prévaloir, mais la juridiction administrative a largement fait évoluer sa jurisprudence. « Ces évaluations peuvent être rapprochées de celles des juridictions judiciaires dans des circonstances analogues, auxquelles elles ne paraissent plus systématiquement inférieures »[99].

De même, la position retenue par le juge administratif, quant à la date d'évaluation du préjudice, était bien moins favorable que celle retenue par le juge judiciaire. La jurisprudence administrative, à l'inverse de la jurisprudence judiciaire[100], a presque toujours admis que le droit à réparation prenait naissance au jour du dommage et non au jour du jugement[101]. Le risque d'une réparation insuffisante est grand lorsque, dans l'hypothèse d'une hausse des prix, le jugement intervient longtemps après que l'action en justice ait été formée.

Des correctifs sont cependant intervenus. Lorsque le dommage porte sur un bien, le juge administratif a estimé que, si un motif a empêché la victime de reconstituer immédiatement son bien, l'évaluation est reportée à la date où cette reconstitution a pu devenir possible. Lorsque le dommage porte sur une personne, le juge considère qu'il doit tenir compte de l'ensemble des éléments connus à la date du règlement. Il lui appartient de prendre en compte, pour évaluer le montant de l'indemnité, non pas les ressources dont la victime disposait à la date du dommage, mais celles dont elle aurait dû disposer à la date du jugement[102].

Les nouvelles solutions adoptées par le Conseil d'Etat se rapprochent largement de celles du juge judiciaire. Le mouvement va indiscutablement dans le sens d'un alignement du juge administratif sur le juge judiciaire. « L'indemnité allouée doit couvrir l'intégralité du préjudice ; le Conseil d'Etat affirme fréquemment ce principe dans ses arrêts. Mais on a souvent reproché au Conseil d'Etat de se montrer, dans la pratique, très parcimonieux dans l'évaluation de l'indemnité. Il semble cependant s'attacher davantage aujourd'hui à tenir compte de ce grief »[103]. La tendance actuelle ne semble pas contredire ce rapprochement entre les deux ordres de juridictions. Les pouvoirs publics y contribuent également en permettant au justiciable victime d'un dommage de recourir plus facilement au juge afin de bénéficier de la réparation à laquelle il a droit[104].

Le juge administratif s'est, dans une large mesure, aligné sur la jurisprudence du juge judiciaire en ce qui concerne le contentieux de la réparation. Le principe est aujourd'hui très largement admis. Il s'agit d'un élément favorable à la protection des libertés par la juridiction administrative. Le rapprochement constaté pourrait permettre de mettre fin au partage actuel des compétences.

---

[99] GAJA, *op. cit.*, p. 585.

[100] Cass. civ. 15 juillet 1943, D. 1943.81 ; JCP 1943.II.2500, note Hubrecht.

[101] C.E. 12 avril 1940, *Association syndicale de Meilhan*, p. 142.

[102] C.E. Ass. 21 mars 1947, *Cie générale des eaux et Dame Veuve Aubry*, p. 122 ; GAJA n° 66.

[103] A. de Laubadère, J.-C. Venezia et Y. Gaudemet, *op. cit.*, p. 1029.

[104] Pour exemple, l'article 1er du décret du 2 septembre 1988 a introduit devant les juridictions administratives un mécanisme qui ressemble à l'identique à l'article 700 du Nouveau Code de procédure civile, alors que le Conseil d'Etat s'était toujours refusé à faire application dudit article.

M. Gjidara écrivait en 1972 que « la diversité des réparations est particulièrement mal supportée et plus douloureusement ressentie, lorsqu'elle est une conséquence de notre dualisme juridictionnel, en vertu duquel l'administration est soustraite au droit commun, ce qui entrave sérieusement les chances d'un dédommagement intégral. La différence, souvent importante, entre les indemnités accordées pour deux préjudices identiques, dont les juges sont distincts parce que leurs auteurs sont soit un simple particulier soit un fonctionnaire, irrite les victimes lésées »[105]. C'est une raison essentielle qui justifiait le transfert de compétence, au profit de l'ordre judiciaire, du contentieux de la réparation pour les atteintes administratives portées aux libertés les plus fondamentales de l'administré. Le rapprochement des méthodes d'évaluation de la juridiction administrative sur celles de la juridiction judiciaire rend moins utile et moins pertinent les dérogations à la sphère de compétence traditionnelle du juge administratif. L'auteur rappelait d'ailleurs déjà, avec précaution, que la seule véritable divergence entre la responsabilité publique et la responsabilité privée concernait principalement le montant de l'indemnité alloué par le juge. C'est aujourd'hui moins vrai.

Le rapprochement pourrait ainsi prévenir la survenance de nouveaux conflits, pourrait laisser espérer une diminution des problèmes nés des situations antérieures, et il pourrait venir limiter l'importance des contestations actuelles. Il ne peut cependant jouer sur les éventuelles contrariétés de décisions entre les deux juges. Le rapprochement doit donc être accompagné d'une plus ample collaboration entre le juge judiciaire et le juge administratif.

§ 2 : La prevention des jurisprudences divergentes :

« Qu'est-ce qu'une justice qui fonctionne bien ? C'est une justice cohérente et c'est une justice efficace... La cohérence est la première qualité d'une justice qui fonctionne bien. Concrètement cela signifie que deux litiges identiques doivent recevoir la même solution et que, bien entendu, cette solution doit faire une exacte application des textes législatifs et réglementaires en vigueur »[106].

Le juge se doit, sans que son action tourne à l'immobilisme, d'assurer un minimum de stabilité et de sécurité juridique afin que les justiciables soient placés dans une situation équitable face à la justice et face à la loi. Le principe se révèle pourtant difficile à l'usage. Il suppose une règle juridique claire et cohérente, ce qui n'est pas si fréquent, et il nécessite l'existence d'une juridiction suprême chargée de dire le droit ou tout du moins de le clarifier. La solution n'est pas simple. Le problème prend plus d'ampleur lorsqu'il n'existe pas un mais deux ordres de juridictions. Les risques de conflits, de désaccords, de contradictions, quant à

---

[105] M. Gjidara, *La fonction administrative contentieuse*, Paris, LGDJ, 1972, p. 383.

[106] A. Marion, *Du mauvais fonctionnement de la juridiction administrative et de quelques moyens d'y remédier*, Pouvoirs, n° 46, 1988, p. 21.

l'interprétation de la règle de droit, sont bien plus importants sachant que les deux juges ne se trouvent pas sous la coupe de la même juridiction suprême. C'est le cas en France où l'unité de la jurisprudence entre le juge judiciaire et le juge administratif suppose une étroite collaboration.

Rien n'interdit, en effet, au juge judiciaire d'apprécier différemment du juge administratif la légalité d'un acte administratif, sauf s'il a fait l'objet d'une annulation devant le juge de l'excès de pouvoir. Rien n'interdit à la juridiction administrative et à la juridiction judiciaire d'avoir une interprétation différente d'un même texte, d'un même principe ou d'un même fait.

L'autorité de la chose jugée, dont bénéficie une décision de justice définitive, devrait pouvoir permettre de prévenir les divergences, mais elle demeure le plus souvent relative. De même, il y a chose jugée lorsque la même demande, entre les mêmes parties, agissant en les mêmes qualités, portant sur le même objet, soutenue par la même cause, est à nouveau portée devant une juridiction. Une telle identité est peu fréquente.

Il est pourtant peu acceptable de voir deux plaideurs intenter leur action sur le même fondement juridique, et qu'un seul des deux obtienne satisfaction au motif que son litige relève d'un ordre de juridiction et non de l'autre. Le système juridictionnel peut être dualiste mais la justice doit, pour sa part, demeurer unitaire. Elle doit soumettre les justiciables aux mêmes règles et elle doit les protéger de façon identique. Quand les deux ordres de juridictions sont amenés à statuer sur les mêmes affaires, ils doivent tenir compte de la décision rendue par l'autre juge. Ce n'est pas toujours le cas. Le juge n'est pas tenu de respecter automatiquement le jugement rendu par un tribunal de l'autre ordre de juridictions. Le juge n'est pas tenu de reprendre à son compte l'interprétation d'une règle juridique faite par l'autre ordre de juridictions. Il ne lui est cependant pas interdit de tenir compte volontairement de la décision qui précède la sienne afin d'assurer l'unité du droit. Les inconvénients liés à l'existence d'un système juridictionnel dualiste, et notamment les risques de contrariétés de décisions, se trouvent alors fortement limités par une collaboration étroite des deux juges au sein d'une même justice.

Le rejet de la valeur constitutionnelle du principe de séparation des autorités concourt d'ailleurs au rapprochement du juge administratif et du juge judiciaire. La règle de séparation des autorités, qui n'est qu'une simple règle de répartition des compétences, « apparaît dans sa conception actuelle comme une application de la spécialisation technique, fonctionnelle. Par conséquent, elle n'oppose plus les juridictions, elle les sépare seulement. Dès lors, les deux ordres de juridictions doivent être tenus comme participant d'un même ordre juridique ». Pour cette raison, « ils se doivent des égards et un mutuel appui. Or, la première façon pour un juge de manifester ce souci est de tenir compte des décisions déjà intervenues alors qu'elles émanent d'un tribunal de l'autre ordre de juridictions »[107].

La remise en cause d'une décision de justice, la divergence d'appréciation d'une règle juridique ou d'un principe du droit sont, en effet, des éléments qui nuisent à

[107] C. Durand, *thèse précitée*, p. 13.

la sécurité juridique, à l'autorité du juge et à la qualité de la justice. La dualité de juridictions n'est peut être pas condamnable en elle-même mais la dualité des solutions qu'elle peut faire naître, à propos d'un même problème juridique, est choquante et difficilement tolérable, parce qu'elle est de nature à discréditer le fonctionnement de l'institution juridictionnelle.

Les contradictions touchent de nombreux domaines et au premier chef, le contentieux des droits fondamentaux : liberté individuelle, emprise immobilière, voie de fait, extradition, rétention administrative, expulsion et reconduite à la frontière des étrangers... La liste n'est pas exhaustive mais tous, « les justiciables, la doctrine et les juges, connaissent bien les graves inconvénients de ces oppositions : déni de justice en certains cas, tout de même rares, puisque la compétence du Tribunal des conflits a été construite de manière à les éviter, actes administratifs paralysés, habilitation concurrente des deux ordres pour protéger la liberté individuelle et les libertés ». De tout cela naît « complexité, lenteur, coût des procès, et donc méfiance du justiciable »[108].

La confiance du citoyen dans la justice passe essentiellement par une plus grande cohésion du système juridictionnel de protection des droits. Cela suppose une plus grande sécurité juridique et une harmonisation du droit. Or la sécurité juridique nécessite notamment l'harmonisation du droit. Cette harmonisation, qui ne peut être imposée, sauf à remettre en cause l'existence de la justice dualiste, implique une relation plus approfondie entre le juge judiciaire et le juge administratif afin de supprimer les divergences.

Certes, la situation a évolué ; les désaccords sont moindres. La collaboration s'est développée, notamment par l'intermédiaire du Tribunal des conflits[109], mais elle doit encore être étendue. Le rapprochement des jurisprudences du juge administratif et du juge judiciaire est d'ores et déjà indiscutable. Le contentieux de la responsabilité en fournit un bon exemple. En abandonnant la faute lourde au profit de la faute simple, dans le domaine des activités médicales, le Conseil d'Etat a rapproché la responsabilité des hôpitaux publics de la responsabilité médicale de droit privé[110]. L'alignement se justifie notamment par le souci du juge administratif d'assurer à l'usager de l'hôpital public les mêmes chances de réparation qu'au client d'une clinique privée.

Un autre exemple de rapprochement a été donné récemment par les deux ordres, qui sont arrivés, par des méthodes différentes, à unifier leur jurisprudence concernant la responsabilité des centres de transfusion sanguine, afin d'offrir aux victimes de transfusions de sang contaminé la même protection. La Cour de

[108] M. Long, *Du Palais de justice au Palais Royal. Suite à un dialogue inachevé*, Mélanges Drai, p. 75.

[109] L'article 6 du décret du 25 juillet 1960 favorise la collaboration entre les deux ordres de juridictions. Le Tribunal des conflits n'est plus alors uniquement le « censeur » des juridictions puisqu'il devient également le « collaborateur » des juridictions en leur indiquant la manière dont les règles de répartition des compétences doivent s'appliquer à propos d'un litige déterminé.

[110] C.E. Ass. 10 avril 1992, *Epoux V*, p. 171, GAJA n° 109.

cassation reconnaît la responsabilité sans faute des centres, tenus d'une « obligation de résultat »[111], et le Conseil d'Etat reconnaît la responsabilité sans faute des centres, en se fondant sur la théorie du risque[112].

Pierre Bon, dans une étude comparée de deux arrêts rendus à quelques mois d'intervalle par le Conseil d'Etat et la Cour de cassation, évoque le rapprochement des jurisprudences administrative et judiciaire concernant la responsabilité du fait des personnes dont on a la garde. La responsabilité publique du fait des personnes sous la garde de l'administration est, en principe, comme la responsabilité privée du fait des personnes sous la surveillance d'autrui, une responsabilité pour faute. La jurisprudence administrative, à l'inverse de la jurisprudence du juge judiciaire, accepte cependant parfois d'appliquer un régime de responsabilité sans faute. Le juge judiciaire fait quant à lui, à l'inverse du juge administratif, parfois usage d'un régime de présomption de faute.

Par l'arrêt M. Ingremeau rendu le 19 octobre 1990, le Conseil d'Etat applique clairement pour la première fois un régime de présomption de faute aux dommages causé par un pupille de l'Etat ; la Cour de cassation, dans un arrêt Association des centres éducatifs du Limousin et autres c/ Consorts Blieck rendu le 29 mars 1991, semble quant à elle appliquer pour la première fois un régime de responsabilité sans faute aux dommages causés par un handicapé mental confié à un centre d'aide par le travail. Les deux décisions réalisent ainsi un rapprochement notable des régimes de responsabilité publique et privée. L'auteur conclut sa note en affirmant : « Le principe constitutionnel d'égalité n'impose-t-il pas en effet aussi que les litiges de même nature soient réglés par application des mêmes principes quel que soit le juge compétent pour en connaître ? »[113]

D'autres exemples pourraient illustrer la tendance de plus en plus marquée des deux ordres de juridictions à la collaboration. L'arrêt Fraisse, relatif à la place de la Constitution par rapport aux normes internationales, parce qu'il a été rendu récemment par la Cour de cassation, révèle bien la nette volonté du juge d'assurer l'unité et la cohérence du droit[114]. En cas de contrariété entre la Constitution et des textes internationaux, la question s'est posée de savoir quelle norme le juge français devait-il faire prévaloir. En faisant primer la Constitution, la Cour de cassation s'aligne sur la position retenue deux ans auparavant par le Conseil d'Etat dans l'arrêt Sarran et Levacher[115].

---

[111] Civ. 1re 12 avril 1995, *Martial et Centre de transfusion de l'Essonne*, JCP 1995, n° 22467, note P. Jourdain.

[112] C.E. Ass. 26 mai 1995, *cons. N'Guyen, Jouan, cons. Pavan*, p. 221 et 222 ; AJDA 1995, p. 508, chr. J.-H. Stahl et D. Chauvaux ; JCP 1995, n° 22467, note J. Moreau.

[113] P. Bon, *La responsabilité du fait des personnes dont on a la garde : sur un rapprochement des jurisprudences administrative et judiciaire*, note sous C.E. 19 octobre 1990, *M. Ingremeau* et Cass. Plénière 29 mars 1991, *Association des centres éducatifs du Limousin et autres c/ Blieck*, RFDA 1991, p. 991.

[114] Cass. Assemblée plénière, 2 juin 2000, *Mlle Pauline Fraisse*, arrêt n° 450 P.

[115] C.E. Ass. 30 octobre 1998, *Sarran et Levacher*, AJDA 1998, p. 962, chr. F. Raynaud et P. Fombeur ; RFDA 1998, p. 1081, concl. C. Maugüé.

La jurisprudence de la Cour, à l'instar du Conseil d'Etat, symbolise l'appartenance de la pensée juridique française au système dualiste, qui implique que le droit international ne tire sa légitimité et son effectivité que de la seule volonté des Etats souverains, rendant ainsi l'application de ce droit dépendante d'une renonciation expresse des nations à leur souveraineté. Cette conception s'oppose à celle de la doctrine moniste en vertu de laquelle le droit européen devrait s'imposer de lui-même à toutes les normes internes, quelles qu'elles soient, en raison de sa supériorité naturelle sur les règles étatiques.

La solution, cohérente du point de vue de l'unité de la justice, n'était pas évidente. L'alignement du juge judiciaire sur le juge administratif n'allait pas forcément de soi au regard de la jurisprudence antérieure de la Cour de cassation qui avait paru accorder quelque crédit à la supériorité de principe du droit international. Pour écarter, au profit de la norme supranationale, une loi française postérieure à une convention internationale, la Cour de cassation, dans l'arrêt Jacques Vabre[116], s'était appuyée, non seulement sur le texte de la Constitution et son article 55, mais aussi sur la supériorité naturelle du droit européen, rejoignant en cela l'école moniste et surtout la conception de la Cour de justice des communautés européennes.

Certes, cette décision concernait les rapports entre une loi et une convention internationale et non entre la Constitution française et une norme supranationale, mais le fondement juridique utilisé en 1975, réaffirmé par une décision rendue le 21 décembre 1990[117], eût pourtant pu s'appliquer ici. Le raisonnement suivi en 1975 par la Cour de cassation aurait dû l'amener à écarter la Constitution française au profit du droit international, puisque celui-ci est considéré comme supérieur par principe, quelle que soit la norme en cause.

En rejoignant explicitement le Conseil d'Etat dans cet arrêt, la Cour de cassation modifie son raisonnement juridique et se rallie clairement à celui de la Haute Juridiction administrative, en acceptant d'abandonner l'idée de la primauté absolue de principe du droit international. Reste que l'arrêt Jacques Vabre concernait le droit communautaire alors que l'arrêt Fraisse concerne le droit international en général, et comme un fait exprès, la Cour de cassation écarte d'emblée, avant tout autre attendu, le moyen tiré de l'incompatibilité entre la Constitution et le Traité de Rome, en estimant que « le droit de Mlle Fraisse à être inscrite sur les listes électorales pour les élections en cause n'entre pas dans le champ d'application du droit communautaire ». Ainsi, si l'on peut constater clairement que la Cour de cassation ne reprend pas le même fondement juridique que celui retenu dans l'arrêt de 1975, on ne peut affirmer de manière péremptoire qu'elle entend désormais ne plus y recourir.

Cette jurisprudence, bien que contestable au regard du droit communautaire, et qui risque de placer la France dans une situation délicate au regard de ses engagements internationaux, harmonise judicieusement l'état du droit français.

---

[116] Cass. Ch. mixte, 24 mai 1975, *Société des cafés Jacques Vabre, précité.*

[117] Cass. Ass. plénière, 21 décembre 1990, *Directeur général des impôts c/ Société Roval.*

Les éléments favorisant ce mouvement d'harmonisation sont multiples. Les deux juges sont de plus en plus soumis à des influences communes : le droit constitutionnel et le droit international notamment.

Le Conseil constitutionnel puise aussi bien dans les règles du droit administratif que dans celles du droit civil. Constitutionnalisée, la règle de droit, qu'elle soit originellement civile ou administrative, s'impose aux deux juridictions. Le Conseil constitutionnel a unifié les jurisprudences administratives et judiciaires en matière de constitutionnalité des lois et règlements, de protection des droits fondamentaux reconnus et garantis par le bloc de constitutionnalité, mais aussi dans le contrôle de la validité des engagements internationaux.

Quant aux sources supranationales, elles s'imposent, en principe, de la même façon devant le juge judiciaire et devant le juge administratif. On a pu constater à quel point le droit communautaire pouvait conduire les deux juridictions à adopter des règles, des positions, mais aussi des méthodes identiques.

Le rapprochement est ainsi inévitable. Il suffit pour s'en convaincre de regarder l'attitude du juge administratif qui n'hésite pas à faire usage de principes trouvant leurs origines dans le droit privé[118]. De même, il n'est pas rare que le juge judiciaire fasse application des règles du droit administratif[119].

Un tel phénomène révèle autant le rapprochement qu'il le nécessite. Le risque de voir naître des divergences est, compte tenu de la plus grande difficulté à distinguer clairement droit public et droit privé, bien plus important en l'absence d'une véritable collaboration entre les deux juridictions. Il convient pour le juge administratif de faire le même usage que son homologue judiciaire de la règle de droit privé tout comme il est souhaitable que le juge judiciaire ait la même interprétation que le juge administratif de la règle de droit public. Le problème ressort plus encore à une époque où le juge administratif doit plus fréquemment, du fait de l'interpénétration croissante du droit public et du droit privé, apprécier la légalité d'un acte administratif qui se trouve, au moins en partie, soumis à une règle ou une situation de droit privé.

Le rapprochement n'a cependant pas supprimé toutes les contrariétés de jurisprudence. « Elles sont souvent mineures et sans gravité. Mais tel n'est pas toujours le cas. Que le Conseil d'Etat et la Cour de cassation aient eu pendant quinze ans des positions contraires sur les rapports hiérarchiques entre la loi nationale et les traités et règlements européens ne jette-t-il pas une ombre fâcheuse sur la cohérence de notre droit ?... Ces propos n'entraînent pas nécessairement la conclusion qu'il soit souhaitable ou même qu'il soit possible d'instituer en France l'unité de juridiction. Ils invitent à penser que le juge administratif et le juge

---

[118] Voir par exemple des principes du droit du travail qui ont été transposés en droit administratif par la voie des principes généraux du droit : C.E. 8 juin 1973, *Dame Peynet*, p. 406 : le Conseil d'Etat consacre l'existence d'un principe général du droit qu'il déduit de l'article 29 du livre 1er du Code du travail selon lequel aucun employeur ne peut licencier une salariée en état de grossesse.

[119] Voir R. Drago, *Le juge judiciaire, juge administratif*, RFDA 1990, p. 757.

judiciaire, deux siècles après l'adoption de la loi de 1790, ont encore beaucoup à se dire »[120]. En effet, aucune considération juridique ne saurait justifier qu'un justiciable puisse bénéficier de la protection d'un texte international au seul motif que son litige relève d'un juge qui accepte de faire prévaloir la norme internationale sur la loi interne postérieure, alors que cela est impossible devant un autre juge. La divergence, parce qu'elle fait naître une discrimination quant à la qualité de la protection des droits des individus, selon la nature du litige et selon la compétence juridictionnelle, est aussi absurde que choquante. Comment faire comprendre à un justiciable qu'il ne pourra pas invoquer, par exemple, la Convention européenne des droits de l'homme afin d'obtenir gain de cause, au seul motif que son litige est administratif ?

Le problème est aujourd'hui réglé. Le Conseil d'Etat, dans la très importante affaire Nicolo, s'est aligné sur la jurisprudence de la Cour de cassation en acceptant de faire prévaloir la norme internationale sur la loi interne postérieure[121]. La nécessité de faire converger les jurisprudences des deux ordres de juridictions a d'ailleurs été perçue par presque tous. La prise de conscience est, certes, évidente, mais elle n'aboutit pas toujours concrètement.

La différence a pendant longtemps été profonde entre les « publicistes » et les « privatistes », et celle-ci peut être longue à gommer. L'analyse d'une situation, d'un problème, d'un texte, les méthodes de raisonnement, ne sont pas identiques de part et d'autre. Le problème de la reconnaissance par le juge de l'effet direct d'une convention internationale permet d'illustrer la persistance, parfois tenace, des divergences entre les deux juridictions.

L'autorité supérieure des traités sur les normes internes inférieures à la Constitution n'est invocable par les justiciables que s'ils sont dotés, à leur égard, d'un « effet direct », créateur de droits et obligations à leur profit et pas uniquement entre les Etats signataires. Ainsi, l'absence d'effet direct d'une stipulation internationale résulte, soit du fait qu'elle concerne exclusivement les relations entre les Etats, soit de son manque de précision. L'appréciation n'est pas évidente, mais il est peu acceptable que deux juges puissent, l'un, accepter l'effet direct de la norme, et l'autre, la refuser.

Le problème se pose notamment à l'égard de la convention de New York du 26 janvier 1990 relative aux droits de l'enfant. Le juge judiciaire dénie tout effet direct à l'ensemble du traité alors que le juge administratif distingue selon les stipulations de la convention. Le texte, qui apporte des garanties supplémentaires permettant d'accroître la protection des droits de l'enfant, ne pourra pas être invoqué devant les tribunaux civils[122] et pénaux[123] alors qu'il pourra l'être, tout du moins pour

---

[120] L. Fougère, *1790-1990, Deux siècles de dualisme juridictionnel*, AJDA 1990, p. 579.

[121] C.E. Ass. 20 octobre 1989, *Nicolo* et Cass. Ch. mixte, 24 mai 1975, *Société des cafés Jacques Vabre, précités*.

[122] Voir notamment Civ. 1re 10 mars 1993, D. 1993, p. 361 ; Civ. 1re 15 juillet 1993, D. 1994, p. 93, note J. Massip et Soc. 13 juillet 1994, D. 1995, p. 91, note J. Massip.

[123] Crim. 18 juin 1997, LPA, avril 1998, n° 39, note J. Massip.

certains articles, devant les tribunaux administratifs[124]. Une telle divergence, qui s'explique très difficilement, ouvre une brèche importante dans le principe constitutionnel d'égalité.

L'effort doit donc être poursuivi, et principalement dans le domaine des libertés fondamentales où la collaboration, bien qu'existante, s'avère nettement insuffisante. Il est vrai que l'on touche ici à une matière d'une particulière importance, à un contentieux de prestige, pour lequel chaque juge, plutôt que de chercher le rapprochement, préfère souvent, quitte à se heurter, affirmer sa propre indépendance. Le juge, jaloux de ses prérogatives, ne conçoit plus le vrai que dans l'expression de ses propres décisions. C'est pourtant dans ce domaine que la collaboration doit être la plus aboutie possible, que le désaccord doit devenir entente, que la division doit faire place à l'union, que le monologue doit se transformer en dialogue. Le rapprochement doit mettre fin aux divergences et doit aboutir à clarifier le partage des compétences, voire à restreindre au maximum la dualité des litiges.

La collaboration doit limiter les contrariétés de jugements. Juge administratif et juge judiciaire doivent s'efforcer d'apprécier à l'identique la légalité d'un acte administratif. Cela suppose notamment un respect plus important de la chose jugée. Les deux ordres de juridictions doivent coopérer afin de faire converger leur interprétation des règles et des principes juridiques. Une même vision ou une même analyse des critères de compétence, ceux de la théorie de la voie de fait notamment, permettrait de limiter les conflits de compétence.

La collaboration doit également jouer dans le cadre même de la fonction juridictionnelle. Le partage des compétences, qu'il émane du législateur ou de la jurisprudence, doit être accepté. Tout doit être fait pour que ce partage, surtout lorsqu'il concerne un même litige, n'aboutisse pas à rendre la tâche du plaideur impossible ou la satisfaction juridictionnelle illusoire.

Le contentieux de l'expropriation, souvent évoqué tellement il cristallise autour de lui l'ensemble des difficultés relatives au dualisme juridictionnel, pourrait servir d'exemple. Pour mettre un terme aux redoutables incohérences et « discordances » de la procédure d'expropriation pour cause d'utilité publique, « il conviendrait de restaurer le rôle du juge judiciaire gardien de la propriété privée dont il s'est trouvé dépouillé au profit du juge administratif et de consacrer la collaboration des deux ordres de juridiction »[125].

Il y a bien eu collaboration, initiée par le juge judiciaire, et visant à supprimer les effets les plus néfastes du contentieux de l'expropriation du fait de l'intervention des deux ordres de juridictions mais, bien qu'ayant donné lieu à une réforme législative, elle est insuffisante.

---

[124] Voir notamment C.E. 22 septembre 1997, *Mlle Cinar, précité.*

[125] J. Lemasurier, *La cacophonie juridique du contentieux de l'expropriation, op. cit.*, p. 428.

L'article L. 12-5 du Code de l'expropriation, extrait de la loi du 2 février 1995, autorise désormais l'exproprié, en cas d'annulation de la phase administrative de l'expropriation, à faire constater par le juge de l'expropriation que l'ordonnance transférant la propriété est dépourvue de base légale. « Cette réforme présente, certes, le mérite de prévenir le déni de justice, mais elle limite la collaboration des deux ordres de juridiction au niveau mineur des recours contentieux dans le temps »[126].

La tâche du plaideur demeure, en effet, particulièrement complexe puisqu'il doit le plus souvent, et parfois à plusieurs reprises, saisir à la fois le juge administratif et le juge judiciaire. On le sait, l'absence d'unicité des litiges est probablement l'inconvénient le plus grave lié à l'existence d'une dualité de juridictions. La coopération entre les deux juges devrait ainsi permettre d'aboutir à une division du travail qui mette fin à la dualité des compétences pour un même litige. Bien qu'apparemment utopique, une telle solution mérite d'être évoquée. Pourquoi ne pas envisager une plénitude de compétence de l'autorité judiciaire pour le contentieux de la liberté individuelle, sur le fondement des articles 66 de la Constitution et 136 du Code de procédure pénale, et pour le contentieux de la propriété privée ? Il n'existe aucun obstacle juridique sérieux à ce que le juge judiciaire puisse apprécier la légalité d'une atteinte administrative à la liberté individuelle, ou pour qu'il puisse apprécier l'utilité publique d'une opération d'expropriation pour laquelle il doit prendre l'ordonnance qui transfère la propriété. La collaboration pourrait conduire, en contrepartie, à la suppression de la compétence du juge judiciaire sur le fondement de la voie de fait.

Le chantier vient à peine de commencer et les fondations sont fragiles, mais le mouvement de convergence est bien réel. Le travail à entreprendre est considérable, peut-être même est-il un idéal inaccessible, mais il est nécessaire. Le rapprochement est plus utile que jamais, au moment où le champ des interventions des deux juges tend à se recouvrir dans de nombreux domaines - principalement dans celui des libertés fondamentales - à une époque où tribunaux judiciaires et administratifs sont amenés à rendre des décisions en matière de garantie des droits et libertés, d'appréciation de la légalité, de protection des droits fondamentaux. Seul un tel effort de coopération permettra véritablement de diminuer les inconvénients liés à l'existence d'une justice dualiste, sauf si la collaboration, au lieu d'aboutir à un partage rationnel, conduit à une compétence concurrente des deux juges pour certains contentieux. On doute cependant qu'une telle solution puisse faire l'unanimité…

---

[126] *Idem*, p. 439 et 445.

SECTION III : L'HYPOTHESE D'UNE COMPETENCE CONCURRENTE DU JUGE JUDICIAIRE ET DU JUGE ADMINISTRATIF :

La collaboration, entendue dans un sens large, pourrait aboutir à une compétence concurrente des deux ordres de juridictions. Il ne s'agit pas ici d'envisager à nouveau un partage ou une division du travail entre tribunaux judiciaires et tribunaux administratifs. Il convient au contraire d'évoquer une compétence totalement équivalente conférée aux deux juges. Même difficilement envisageable, une telle solution aurait pour elle l'avantage de supprimer presque entièrement les difficultés liées à la dualité de juridictions.

L'hypothèse considérée ne saurait bien évidemment concerner l'intégralité du contentieux administratif - l'idée ne présenterait, formulée de la sorte, aucun intérêt puisqu'elle signifierait l'abandon du système juridictionnel français[127] - mais uniquement quelques domaines particulièrement sensibles qui supportent difficilement la complexité du dualisme et les lenteurs inhérentes aux conflits de compétence. C'est le cas du contentieux des libertés fondamentales.

Il est toutefois difficile de songer à une double compétence juridictionnelle quant à l'ensemble des libertés fondamentales. La même remarque que celle faite précédemment trouverait à s'appliquer. Cela pourrait également aboutir à une restriction trop importante de la compétence du juge administratif si la crainte du justiciable envers la juridiction administrative devait persister. Le juge administratif ne serait véritablement susceptible d'accepter une telle solution, qui pourrait le priver de la partie la plus intéressante de son contentieux, que dans l'hypothèse d'une dualité de compétence limitée à quelques domaines restreints et relevant par tradition de l'autorité judiciaire.

Reste que les raisons justifiant une double compétence du juge judiciaire et du juge administratif sont nombreuses et les avantages importants (Paragraphe I), mais cette compétence concurrente des deux ordres de juridiction doit trouver un fondement solide et un domaine d'application clair et précis pour être bien acceptée par tous (Paragraphe II).

§ 1 : Les raisons justifiant une compétence concurrente :

Deux types d'argument peuvent être invoqués à l'appui d'une compétence concurrente du juge judiciaire et du juge administratif. Le premier est d'ordre juridique (A), et le second d'ordre pratique (B).

[127] A quoi bon préserver deux juges distincts s'ils doivent exercer exactement les mêmes prérogatives ?

A : **Les raisons juridiques pouvant justifier une compétence concurrente** :

- La juridiction administrative est aujourd'hui, dans une large mesure, aussi protectrice des droits des justiciables que ne l'est la juridiction judiciaire. Une telle assertion, même encore incertaine, compte tenu notamment de l'aspect récent des nouvelles prérogatives accordées aux tribunaux administratifs, pourrait à elle seule justifier la suppression de la compétence de l'autorité judiciaire en matière de voie de fait et dans le domaine des atteintes administratives à la liberté individuelle et à la propriété privée.

Oter l'ensemble de ces contentieux aux tribunaux judiciaires s'avère cependant difficile, pour ne pas dire illusoire. La révision de l'article 136 du Code de procédure pénale, qui fonde en partie l'intervention de l'autorité judiciaire dans le domaine de la liberté individuelle et du droit de propriété, est tout à fait envisageable. La situation est plus complexe concernant l'article 66 de la Constitution qui fait de l'autorité judiciaire la gardienne de la liberté individuelle. Le principe a d'ailleurs été consacré à plusieurs reprises par le Conseil constitutionnel qui a également reconnu le rôle essentiel du juge judiciaire dans le domaine de la propriété privée.

- L'affirmation, maintes fois exprimée, du principe faisant de l'autorité judiciaire la gardienne des libertés fondamentales n'a jamais suffit à éradiquer la compétence de la juridiction administrative en la matière à une époque où celle-ci ne pouvait prétendre assurer une sauvegarde efficace de la liberté. La suppression de cette compétence est aujourd'hui encore plus ardue à envisager, compte tenu notamment de l'évolution du juge administratif vers une prise en compte nettement plus importante des intérêts des administrés. Le recours du Conseil d'Etat et du Tribunal des conflits au principe de séparation des autorités, pour préserver le domaine de compétence du juge administratif, se justifie bien mieux dès lors que la dérogation à ce principe s'explique fort mal. La vision extensive et incertaine de la liberté individuelle retenue par le Conseil constitutionnel nuît d'ailleurs à la compétence, au moins à la plénitude de compétence, du juge judiciaire dans cette matière.

La compétence concurrente du juge administratif et du juge judiciaire permettrait de faire concilier le principe faisant du juge judiciaire le gardien des libertés essentielles de l'individu et du droit de propriété avec le principe de séparation des autorités qui suppose, logiquement, la compétence de la juridiction administrative pour connaître des atteintes administratives aux droits fondamentaux.

- Aucune raison tirée de la spécificité du contentieux ne vient condamner une telle solution. La dualité de juridictions entraîne ipso facto un dualisme juridique. Les deux juges font appels à des règles et des principes spécifiques à leur matière[128].

[128] Voir R. Chapus, *Dualité de juridictions et unité de l'ordre juridique*, RFDA 1990, p. 740.

Néanmoins, s'ils sont distincts, le droit privé et le droit public ne sont pas séparés de manière absolue. Ils se rejoignent parfois pour faire place à des solutions communes. Il n'est pas impossible que les tribunaux de chacun des deux ordres juridictionnels statuent sur le fondement des mêmes règles. Le juge administratif utilise parfois des dispositions du droit privé ; le juge judiciaire fait souvent référence à des solutions issues de la jurisprudence administrative. Il n'est, dès lors, pas exclu que l'autorité judiciaire puisse juger l'administration selon des méthodes et des principes identiques à ceux utilisés par la juridiction administrative.

Juge judiciaire et juge administratif peuvent ainsi régler un litige en faisant usage des mêmes règles. Ils peuvent connaître d'un même contentieux sans pour autant qu'il en résulte des contradictions majeures. Les tribunaux judiciaires ont d'ailleurs prouvé qu'ils pouvaient, aussi bien que les tribunaux administratifs, juger l'administration.

L'inadaptation structurelle de l'autorité judiciaire à traiter des affaires qui concernent la puissance publique est un mauvais argument. « De longue date, de nombreux contentieux administratifs relèvent, nonobstant toute spécialisation, de la compétence des juridictions judiciaires, lesquelles n'ont pas hésité à recourir, en tant que de besoin, aux règles du droit public »[129]. Le domaine des libertés fondamentales fournit également de multiples exemples : voie de fait, liberté individuelle, propriété privée, exception d'illégalité devant le juge pénal ; autant de contentieux qui trahissent la capacité du juge judiciaire à être juge de l'action administrative tout en faisant usage du droit public. Tout comme le juge administratif pourrait « privatiser » son droit, lorsque la spécificité du droit administratif ne se justifie pas pour satisfaire les exigences de l'intérêt général, le juge judiciaire pourrait « publiciser » le sien lorsqu'il juge la puissance publique.

Les deux ordres doivent tendre à rapprocher leur procédure, leur jurisprudence, leur droit afin d'éviter les conflits et les désaccords. L'unité de l'ordre juridique, envisageable dans une certaine mesure, peut favoriser une compétence concurrente des deux juges dans quelques domaines spécifiques.

B : **Les raisons pratiques pouvant justifier une compétence concurrente** :

La compétence concurrente du juge judiciaire et du juge administratif aurait trois principaux avantages :

- Elle mettrait fin aux incertitudes du plaideur quant au choix du juge. Les deux ordres de juridictions étant autorisés à traiter du même contentieux, le risque de saisir le « mauvais » juge est exclu. Les avantages sont multiples. Une confiance

[129] X. Prétot, *Réflexion sur la justice administrative*, D. 1986, chr. XLIV, p. 272.

accrue dans l'appareil juridictionnel qui aboutit à diminuer la crainte du justiciable au moment de faire valoir son droit. Une justice plus accessible, moins opaque, conduit à un plus grand respect de la légalité, de l'Etat de droit. L'administration se trouve soumise à une pression plus forte qui l'oblige à faire plus attention à la régularité de son action afin d'éviter une sanction bien moins hypothétique. La certitude de porter son litige, quoi qu'il arrive, devant un juge compétent, signifie également un gain de temps et un gain d'argent. Voilà des considérations non dépourvues d'intérêt pour le justiciable au moment de décider s'il y a lieu ou non d'accéder au prétoire.

- Elle permettrait de prévenir les conflits de compétence entre les deux ordres de juridictions. La compétence reconnue au juge judiciaire et au juge administratif pour traiter de l'intégralité d'un litige pourrait mettre fin au conflit positif d'attribution par simple collaboration ou concertation. Le problème du conflit positif ne trouverait d'ailleurs à s'appliquer que dans le cadre d'un recours du justiciable devant l'autorité judiciaire puisque la technique ne fonctionne, en définitive, que pour préserver le domaine de compétence de la juridiction administrative. Le système devrait ainsi être accompagné, dans l'hypothèse d'une administration et d'un juge administratif récalcitrant, d'une interdiction formelle, reconnue expressément en des termes clairs et précis, de l'élévation du conflit.

- La compétence concurrente des deux ordres de juridictions aurait pour intérêt principal de mettre fin à la division de l'instance juridictionnelle. Juge judiciaire et juge administratif disposant, pour un contentieux déterminé, d'une plénitude de compétence, il n'y a plus lieu de saisir une juridiction pour telle partie du litige et l'autre juridiction pour une autre partie d'un même litige. Pour exemple, en matière d'atteintes administratives à la liberté individuelle, le plaideur pourrait aussi bien saisir l'autorité judiciaire - compétente pour réparer le dommage mais aussi pour apprécier en premier lieu la légalité de l'acte de la puissance publique à l'origine du préjudice - que le juge administratif – compétent traditionnellement pour apprécier la légalité de l'acte administratif contesté et pour l'annuler mais aussi pour réparer le préjudice subi par la victime.

La solution présente l'avantage de mettre un terme à la technique, hautement contestable, de la question préjudicielle. La compétence concurrente des juridictions administrative et judiciaire doit en effet s'accompagner d'une suppression du mécanisme préjudiciel. La plénitude de compétence des deux ordres juridictionnels, dans un domaine considéré, emporte la consécration du principe faisant du juge de l'action le juge de l'exception. Comme en matière pénale, la sauvegarde de la liberté fondamentale, qui nécessite le plus souvent une décision rapide, milite en faveur d'un examen immédiat par le juge du principal de toutes les questions accessoires nécessaires à la résolution du litige, même si elles ne relèvent pas, en principe, de sa compétence, afin de ne pas retarder le jugement.

Ainsi, la compétence concurrente des deux juges favorise et facilite la suppression de la question préjudicielle.

Le seul inconvénient notable à la mise en place d'une double compétence concerne le risque de voir croître les désaccords jurisprudentiels sur le fond du droit. La multiplication des contrariétés de décisions n'est pas impossible vu que juge administratif et juge judiciaire seraient amenés à statuer plus fréquemment sur des litiges identiques, à apprécier plus souvent la légalité du même acte administratif, à interpréter les mêmes règles et les mêmes principes. Le problème n'est pas nouveau. Il existe déjà une compétence concurrente du juge administratif et du juge pénal pour apprécier la légalité des actes de la puissance publique. Le risque de désaccord est connu. Les contrariétés de jurisprudences sont cependant, en ce domaine, relativement rares. Tribunaux administratifs et tribunaux répressifs ont compris, compte tenu de l'importance des intérêts en jeu, la nécessité de collaborer afin d'assurer l'unité et la cohérence de la justice.

La mise en place d'une compétence concurrente entre les deux ordres juridictionnels ne peut d'ailleurs avoir de sens que dans l'hypothèse d'une véritable coopération entre les deux juges, ce qui suppose notamment le respect de la chose jugée des décisions rendues par les tribunaux des deux ordres, et un regard permanent sur leurs jurisprudences réciproques. Le système ne peut fonctionner que si le juge administratif reconnaît la plénitude de compétence du juge judiciaire et si l'autorité judiciaire reconnaît celle du juge administratif.

Il est vrai qu'une compétence concurrente n'est pas nécessaire pour que la justice fonctionne convenablement. Le juge administratif aurait pu accepter la plénitude de compétence du juge judiciaire pour le contentieux de la liberté individuelle et de la propriété privée notamment. Mais, pour plusieurs raisons, il lui était difficile de l'admettre : la plénitude de compétence de l'autorité judiciaire aboutit à une restriction considérable de son domaine d'intervention ; elle est considérée comme reposant sur un argument erroné puisque le juge administratif s'estime tout aussi apte que l'autorité judiciaire à assurer une protection efficace des libertés fondamentales.

Au contraire, la compétence concurrente favorise la collaboration parce qu'elle n'exclut pas l'intervention d'une juridiction et parce qu'elle rejette toute idée de supériorité d'un juge sur l'autre. Le système peut, certes, aboutir à diminuer le domaine de compétence de la juridiction administrative, dans l'hypothèse où le justiciable décide de recourir systématiquement au juge judiciaire, mais dans une moindre proportion. Il suppose toutefois, pour être envisageable, un champ d'application restreint ; car l'acceptation par le juge administratif d'une compétence concurrente de l'autorité judiciaire, pour traiter des litiges administratifs, implique presque inévitablement une limitation de son activité contentieuse. Et d'ailleurs, n'y aurait-il pas un aspect fondamentalement illogique voire choquant, un non-sens aussi bien juridique qu'économique, à ce que deux juges soient chargés de la même activité ?

§ 2 : LA COMPETENCE CONCURRENTE DES DEUX JUGES EST-ELLE ENVISAGEABLE ?

L'hypothèse d'une compétence concurrente du juge administratif et du juge judiciaire n'est pas totalement inconnue du droit français. Il existe des précédents. On a évoqué, ci-avant, le contentieux de l'appréciation de la légalité de l'acte administratif devant les tribunaux répressifs et devant les tribunaux administratifs. Il y a d'autres exemples. « La connaissance que les deux ordres de juridictions peuvent avoir d'un même litige se manifeste dans le contentieux de la responsabilité et dans le contentieux de la légalité. Les juridictions administrative et judiciaire peuvent en effet se disputer le pouvoir d'apprécier la responsabilité de la Puissance publique lorsqu'elle tarde à payer une indemnité, ou porte atteinte à la propriété industrielle ou à la propriété littéraire et artistique »[130]. La théorie de la voie de fait fournit une autre illustration de compétence concurrente, mais elle ne concerne pas l'intégralité du contentieux. Seule la constatation de la voie de fait relève des deux juges.

Le système n'est donc pas totalement irréaliste. Il doit toutefois être entendu limitativement. La compétence concurrente, pour les raisons invoquées précédemment, ne peut concerner que les litiges qui font naître les conflits les plus graves entre les deux ordres juridictionnels (A). La compétence concurrente, pour être envisageable, nécessite très probablement l'intervention du législateur (B).

A : **Les domaines de compétence concurrente :**

L'hypothèse d'une compétence concurrente des deux juges pour l'ensemble du contentieux des libertés fondamentales, trop vaste, ne présente guère d'intérêt. En plus des arguments présentés jusqu'ici, une compétence concurrente, entendue de façon aussi extensive, serait difficile à justifier. Les conflits de compétence sont nombreux en cette matière mais, à l'exception de la voie de fait, ils ne concernent pas toutes les atteintes administratives aux droits fondamentaux. La compétence concurrente pourrait ainsi concerner principalement trois contentieux.

- Le contentieux de la liberté individuelle :

La solution avait déjà été envisagée par Dominique Turpin. Après avoir étudié le rôle respectif du juge judiciaire et du juge administratif dans le domaine de la liberté individuelle, après avoir relevé l'importance des complications, des lenteurs, des incertitudes issues des conflits de compétence en la matière, l'auteur déclare : « Pour les éviter à l'avenir, peut-être conviendrait-il d'admettre, puisque la

[130] P. Bretton, *thèse précitée*, p. 103 et s.

protection offerte par les deux ordres de juridictions est désormais à peu près équivalente, une concurrence totale de compétence entre les deux, pour constater les atteintes à la liberté individuelle comme pour les réparer... La sauvegarde effective de la liberté individuelle par le juge, quel qu'il soit, paraît être aujourd'hui à ce prix »[131].

- Le contentieux des atteintes administratives à la propriété privée :

On pense principalement aux contentieux des réquisitions civiles et militaires, aux contentieux des servitudes administratives, et plus encore au contentieux de l'emprise irrégulière. Une compétence concurrente de la juridiction administrative et de la juridiction judiciaire pour le contentieux de l'expropriation pour cause d'utilité publique peut s'avérer plus complexe. La fixation de l'indemnité et le transfert de propriété relève depuis longtemps d'un juge de l'expropriation, autonome et spécifique, distinct des tribunaux civils traditionnels. La compétence de la juridiction administrative, juge de l'administration, en la matière, dans un domaine où l'atteinte à la propriété privée est considérable, pourrait être mal perçue auprès du justiciable.

- Le contentieux de la voie de fait :

Une compétence concurrente en la matière pose plus de difficultés, car la voie de fait repose sur des critères instables et incertains. La compétence concurrente du juge judiciaire et du juge administratif implique donc une vision identique des critères constitutifs de la voie de fait. L'autorité administrative peut d'ailleurs estimer la saisine des tribunaux judiciaires sur le fondement de la voie de fait infondée. Le risque de l'élévation du conflit n'est pas à exclure.

Le système ne peut alors fonctionner convenablement que si la puissance publique et le juge administratif ont une même vision de la théorie de la voie de fait que l'autorité judiciaire, si le législateur interdit l'élévation du conflit, si le plaideur saisit en premier lieu la juridiction administrative. Il apparaît en réalité plus judicieux de supprimer une théorie, d'origine exclusivement jurisprudentielle, qui ne se justifie plus tout à fait.

B : **Les fondements d'une compétence concurrente** :

Deux méthodes peuvent être envisagées pour mettre en place une compétence concurrente du juge administratif et du juge judiciaire : la voie législative ou la voie jurisprudentielle. La première semble cependant plus simple, plus adaptée, et plus sûre.

---

[131] D. Turpin, *L'autorité judiciaire gardienne de la liberté individuelle*, *op. cit.*, p. 663.

- L'intervention du législateur, pour instituer une compétence concurrente des deux ordres de juridiction, apparaît comme la solution la plus efficace. Le risque de voir une telle loi déclarée inconstitutionnelle semble mineur puisque la méthode consiste justement à sauvegarder le principe faisant du juge judiciaire le gardien de la liberté individuelle et du droit de propriété, tout en préservant le domaine de compétence de la juridiction administrative. La loi dérogerait, certes, au principe de séparation des autorités mais ce principe n'a qu'une simple valeur législative. Il suffit simplement que la loi, afin de ne pas contrevenir à la réserve constitutionnelle de compétence du juge administratif, n'aille pas jusqu'à conférer à l'autorité judiciaire un pouvoir général d'annulation et de réformation des actes de la puissance publique ; rien ne l'empêche d'autoriser clairement le juge judiciaire à apprécier la légalité de l'acte administratif soumis à sa connaissance. L'appréciation de la légalité des actes de puissance publique ne semble pas être incluse dans la réserve constitutionnelle de compétence du juge administratif. La loi doit juste veiller à préserver une plage d'intervention de l'autorité judiciaire - pas même nécessairement lors de la phase contentieuse - dans toutes les hypothèses où l'action de l'administration emporte privation de la liberté individuelle de l'administré au sens propre du terme.

- La voie jurisprudentielle, qui suppose une collaboration extrême entre les deux juges, apparaît plus complexe, plus longue et plus incertaine. On imagine difficilement la juridiction administrative accepter spontanément un système qui aboutit inévitablement à accroître de manière importante la compétence de l'autorité judiciaire dans la matière administrative. La coopération est, quelle que soit l'hypothèse retenue, inévitable pour assurer le respect de la volonté législative. La compétence concurrente des deux ordres de juridictions nécessite en effet que le juge, peu importe qu'il soit administratif ou judiciaire, ne conteste pas la double compétence.

La compétence concurrente de la juridiction judiciaire et de la juridiction administrative signifie un juge au choix du justiciable. Le système ne doit cependant pas aboutir à une surenchère des deux juges afin d'attirer vers lui le plaideur. La dérive est possible, mais peu probable, car l'engorgement des tribunaux concerne aussi bien le juge judiciaire que le juge administratif.

Le partage présente certainement, pour l'heure, plus d'intérêt pour les deux juridictions. La solution peut néanmoins faire craindre pour le juge administratif. En effet, la confiance et la connaissance du justiciable vont plus naturellement vers le juge judiciaire. N'y a-t-il pas alors un risque de voir le contentieux des droits fondamentaux tomber en grande partie dans les mains de l'autorité judiciaire ? Le danger existe ; il ne doit pas être surestimé. La juridiction administrative n'est en réalité aujourd'hui plus aussi inconnue et elle dispose de toutes les techniques modernes de protection des libertés. Un effort de publicité doit être fait car le juge administratif présente des atouts pour le plaideur. Si l'autorité judiciaire bénéficie d'un préjugé favorable quant à son indépendance et quant à son efficacité, le juge administratif a pour lui l'avantage d'une procédure souvent moins coûteuse et plus simple.

Le rapprochement entre les deux juges s'avère aujourd'hui nécessaire et inévitable. Les discordances sont mal comprises et peu justifiées. Les deux juridictions se doivent d'assurer une protection effective des libertés fondamentales. Afin d'y parvenir, et pour éviter les nombreux inconvénients du dualisme juridictionnel concernant le contentieux des droits fondamentaux, il n'est pas impossible d'envisager une collaboration allant jusqu'à une compétence concurrente du juge administratif et du juge judiciaire.

La solution peut incontestablement s'avérer une source de satisfaction pour le plaideur ; mais, même circonscrite à un domaine restreint, on doute qu'elle soit pleinement satisfaisante d'un strict point de vue juridique.

L'unité de juridiction ou la fusion des deux ordres juridictionnels apparaît en définitive comme la solution la plus logique et la plus simple. Une telle proposition est-elle pour autant souhaitable ? Serait-ce véritablement un avantage pour le justiciable ? Les libertés fondamentales seraient-elles mieux garanties par un juge unique que par deux juges spécialisés ? Aucun argument ne permet de répondre avec certitude à ces questions mais quelques éléments de réflexion peuvent éventuellement fournir des indications sur la pertinence de l'unification des deux juges en France.

CHAPITRE II : LA DISCUSSION DE L'AVANTAGE D'UNE UNITE DE JURIDICTION POUR LA PROTECTION DES DROITS ET LIBERTES FONDAMENTAUX :

La protection des libertés fondamentales suppose, pour être pleinement effective, un système juridique simple et accessible, clair et prévisible, logique et cohérent. La dualité de juridictions, aujourd'hui comme hier, peut-être plus encore, rend le droit complexe et l'accès au juge incertain. Cette insécurité peut se justifier. Il suffit pour cela que l'existence d'une juridiction administrative apparaisse comme un élément favorable à la protection des libertés fondamentales.

Il n'est pas douteux que la soumission de l'administration au respect de la légalité provient pour l'essentiel de l'action du juge administratif. Le rôle joué par la juridiction administrative dans la protection des droits fondamentaux ne peut être mésestimé, ni même passé sous silence. La qualité de la jurisprudence rendue par le Conseil d'Etat est reconnue de tous[132]. Qui peut pourtant affirmer, sans l'ombre d'une hésitation, que l'autorité judiciaire eût été incapable de faire aussi bien ? La tradition ne doit d'ailleurs pas se transformer en immobilisme.

La jurisprudence du Conseil d'Etat est actuellement bien moins novatrice. L'essentiel du droit administratif est construit et les bouleversements les plus récents ont une origine législative. Est-il alors utile de laisser subsister un juge administratif dont la spécificité s'amenuise, alors que sa coexistence avec le juge judiciaire génère de nombreux problèmes ?

Les difficultés ne doivent pas être exagérées mais elles existent, ne sont pas minimes, et ont même tendance à croître. Il est frappant et choquant de constater leur permanence. Les difficultés peuvent probablement être surmontées, au moins en partie, par des aménagements. Ils sont cependant délicats à mettre en œuvre compte tenu de la tradition et de l'évolution de la fonction contentieuse du juge judiciaire et du juge administratif. L'unité de juridiction, par la suppression des tribunaux administratifs, serait-elle plus aisément envisageable ? On en doute ! L'institution d'une justice unifiée serait-elle favorable à la protection des libertés publiques fondamentales ? Voilà qui n'est pas impossible.

La question relative à l'intérêt d'une dualité de juridictions est récurrente ; la critique de la juridiction administrative est cyclique. Les propositions restent le plus souvent timorées et, rarement, elles ont été jusqu'à envisager la suppression de l'institution. Pourquoi, dans ces conditions, revenir sur un débat que beaucoup estiment définitivement clos faute d'un succès théorique et encore moins pratique ? Nous ne prétendons pas résoudre ici, seul, des questions extrêmement complexes ; nous n'avons certainement pas la prétention d'apporter la solution ; nous souhaiterions seulement évoquer, avec prudence, dans un souci de simplification du droit et compte tenu des inconvénients étudiés précédemment, compte tenu

[132] Voir M. Gjidara, *thèse précitée*, p. 43 et s.

également de la profonde transformation des composantes de notre droit public, l'utilité d'une justice dualiste aussi marquée qu'elle l'est en France.

Car l'unité de juridiction présente des avantages qui sont inconnus du système dualiste : unité et cohérence de la justice, limitation des contrariétés de décisions, accès au juge moins incertain, diminution des conflits de compétence, unicité des litiges… Les inconvénients existent certainement. Les défenseurs du dualisme juridictionnel font sans cesse valoir la nécessité d'un juge spécialisé pour connaître des litiges administratifs. L'argument est valable mais il ne nécessite pas obligatoirement l'existence d'une juridiction administrative autonome et distincte de l'autorité judiciaire. Ils considèrent également que la création de chambres administratives au sein même de la juridiction judiciaire emporterait les mêmes problèmes de répartition des compétences. Il existerait inévitablement des difficultés mais dans des proportions certainement moindres. En définitive, le seul véritable argument en faveur du maintien de la juridiction administrative, c'est le souhait presque unanime de préserver une juridiction qui fait partie intégrante du système juridictionnel français.

Plus que l'unité de juridiction, solution pour l'heure irréaliste, qui nécessite un consensus impossible (Section I), peut-être serait-il possible d'envisager la fusion des juridictions administrative et judiciaire ? La solution aurait pour elle l'avantage de limiter les inconvénients liés à l'existence d'une justice dualiste, tout en préservant la juridiction administrative (Section II).

SECTION I : L'UNITE DE JURIDICTION EN FRANCE :

Mettre un terme à la dualité de juridictions implique la suppression du juge administratif français. La disparition de la juridiction administrative n'est, à l'heure actuelle, pas souhaitée. Mais si cette volonté de préserver coûte que coûte un juge spécifique à l'administration constitue l'obstacle fondamental à la mise en place de l'unité de juridiction (Paragraphe II), cela ne signifie pas que son institution soit impossible. Bien au contraire, de nombreux arguments peuvent aujourd'hui être invoqués à l'appui d'une justice unifiée (Paragraphe I).

§ 1 : DES ELEMENTS QUI MILITENT EN FAVEUR DE L'UNITE :

La persistance d'une juridiction administrative repose essentiellement, aujourd'hui, sur une double affirmation : l'existence d'un régime juridique de droit public autonome justifie l'intervention d'un juge chargé d'en faire application ; la spécificité et la complexité du droit administratif nécessitent la présence d'un juge distinct spécialisé. L'une et l'autre se révèlent en partie non fondées. Le droit administratif, contesté et attaqué de toute part, n'est plus aussi autonome et spécifique qu'il pouvait l'être initialement. Le juge administratif, en plus d'être concurrencé dans la production du droit administratif, n'est pas seul à pouvoir faire usage de ce droit public. Le droit pénal empiète de plus en plus sur le droit public et sur le rôle joué par le juge administratif (A), aggravant la remise en cause du droit administratif (B) et la restriction du champ des prérogatives de la juridiction administrative (C).

A : **Vers une nouvelle responsabilité pénale du fonctionnaire et ses conséquences sur le dualisme juridictionnel** :

La responsabilité pénale se développe aujourd'hui considérablement, peut être même inconsidérément, ce qui tend à accroître de façon très importante la compétence des tribunaux répressifs au détriment du juge administratif. Outre de nouvelles incriminations, c'est surtout la façon de les utiliser, de les interpréter qui favorise l'extension de la compétence des tribunaux répressifs[133].

Préférant de plus en plus rechercher la responsabilité pénale que la simple réparation civile, les justiciables saisissent aujourd'hui beaucoup plus facilement le juge pénal dans l'espoir de voir l'agent de l'administration condamné pénalement[134]. Les justiciables sont d'autant plus enclins à recourir au juge pénal qu'ils ont le sentiment que seul celui-ci dispose de moyens efficaces d'investigation pour faire face à l'opacité de l'administration.

La protection des libertés, pour être effective, nécessite, dans la mesure du possible, un recours juridictionnel simple, efficace et peu coûteux. Le juge pénal bénéficie, en ce domaine, d'avantages inconnus du juge administratif. Ce que veut en réalité le justiciable, c'est l'assurance d'obtenir la restitution de son droit ainsi que la condamnation de celui qui y a porté atteinte, et cela en y consacrant le moins de temps, le moins d'énergie et le moins d'argent possible. Complexe, souvent hermétique, le droit nécessite le recours à des spécialistes. La saisine de la justice pénale tend à réduire au minimum tous ces inconvénients. Au-delà de la gratuité de la procédure, la charge de la preuve, qui incombe en règle générale au plaideur devant le juge administratif, relève du seul juge d'instruction au pénal. Solution d'autant plus appréciable que les matières concernent de plus en plus fréquemment des domaines techniques ou scientifiques. La qualité du recours juridictionnel, l'équité de la procédure, droits éminemment fondamentaux, peuvent apparaître comme plus réels devant l'autorité pénale. L'action publique, et pourquoi pas civile, devant le juge répressif, semble moins aléatoire pour l'administré que de déclencher la responsabilité civile devant le juge administratif. Même contestable, l'idée est confortée par la réalité qui révèle que, pour une grande partie des individus, le seul véritable juge est le juge pénal.

---

[133] Voir J.-B. Auby, *Le mouvement de « pénalisation » de l'action publique*, DA janvier 1997, p. 3.
[134] Voir J. Hermann, *Le juge pénal, juge ordinaire de l'administration ?* , D. 1998, chr. p.195 à 202.

Mais pour pouvoir saisir ce juge pénal, faut-il déjà que la responsabilité pénale de l'agent public puisse être engagée. C'est essentiellement dans ce domaine que l'évolution est sensible. L'article 121-3 du Nouveau code pénal dispose « qu'il n'y a point de crime ou de délit sans intention de le commettre. Toutefois, lorsque la loi le prévoit, il y a délit en cas d'imprudence, de négligence ou de mise en danger délibérée de la personne d'autrui. » Si le caractère intentionnel subsiste, on voit qu'il existe des cas légaux dans lesquels il n'est pas requis. Le Nouveau code pénal instaure de nouvelles incriminations, et l'interprétation actuelle qui est faite de certaines incriminations déjà existantes dans l'ancien Code pénal se transforme. Les notions classiques d'imprudence et de négligence, que l'on retrouvaient dans les articles 319 et 320 de l'ancien Code pénal, donnent lieu à des mises en examen de plus en plus fréquentes sur le fondement des articles 221-6, 222-19 et 222-20 du Nouveau code pénal, alors même qu'aucune irrégularité grossière ne peut être opposée aux agents de l'administration eu égard aux règles administratives, à leurs moyens, et aux circonstances dans lesquelles ils ont agit.

La multiplication des obligations de sécurité, pour le maire notamment, favorise la possibilité de mettre en œuvre la responsabilité pénale de l'agent sur la base d'un manquement à cette obligation. On trouve surtout des exemples de ce phénomène en matière de prévention de risques naturels que le maire aurait dû éviter eu égard à ses pouvoirs de police générale de tranquillité, de salubrité, et surtout de sécurité. Certains domaines spécifiques pourront, pour cette même raison, susciter le développement de la responsabilité pénale du maire. Le droit de l'urbanisme illustre bien le problème. Quid de la responsabilité de l'autorité administrative autorisant la construction d'immeubles sur des zones à risques ?

Parallèlement, le droit pénal a créé de nouvelles possibilités d'incriminations, favorisant encore l'extension de la responsabilité pénale du fonctionnaire. L'article 223-1 dispose que « le fait d'exposer directement autrui à un risque immédiat de mort ou de blessures de nature à entraîner une mutilation ou une infirmité permanente par la violation manifestement délibérée d'une obligation particulière de sécurité ou de prudence imposée par la loi ou le règlement est puni d'un an d'emprisonnement et de 100 000 Francs d'amende ». La mise en danger d'autrui constitue un nouveau délit, distinct de l'imprudence ou de la négligence, qui permet de condamner les agissements traduisant un mépris manifeste de la personne humaine[135].

On trouve également, hors le Code pénal, de plus en plus de lois, qui dans des domaines spécifiques, multiplient les infractions pouvant donner lieu à des poursuites pénales. La protection de l'environnement traduit clairement cette évolution[136].

---

[135] Voir M. Puech, *De la mise en danger d'autrui*, D. 1994, p. 153.

[136] Exemple de la loi sur l'eau n° 92-3 du 3 janvier 1992, J.O. 4 janvier, p. 187 ; D. 1992, Lég. p. 104.

Mieux encore, la loi Barnier sur l'environnement[137] consacre législativement le principe de précaution[138]. Ce principe impose le renforcement des obligations classiques en matière de prévention. L'idée de précaution suppose que l'autorité administrative, prenant une décision, détermine au jour de son action, non seulement ses conséquences sur l'instant, mais aussi celles pouvant se réaliser dans un futur proche ou lointain.

Le problème est de taille. Les connaissances du moment ne sont pas nécessairement celles de demain. Un administrateur pourra ainsi être assigné devant le juge pénal pour un délit dont il ne pouvait avoir connaissance au jour de la prise de l'acte. L'illégalité consiste dans le fait de ne pas avoir pu prévoir les implications lointaines de la décision. La protection intégrale des droits et libertés nécessite que l'individu puisse voir condamner pénalement un agent de l'administration s'il commet une infraction pénalement sanctionnée, mais quid des droits et libertés des fonctionnaires lorsque leur responsabilité risque d'être engagée devant le juge pénal sans qu'aucune infraction légalement prévue ne soit constatée ? Le principe de légalité des délits et des peines, dont le respect conditionne la protection des droits et libertés essentielles de l'individu, en prévenant toute sanction arbitraire, suppose une condamnation pour des faits précisément établis. Le principe de précaution entraîne une condamnation qui repose sur une incrimination par nature incertaine. Nombreuses sont les incriminations énumérées susceptibles d'entraîner des peines privatives de liberté. La liberté individuelle, liberté fondamentale, ne peut être réellement protégée que dans la mesure où la privation de celle-ci découle d'une incrimination précise. Le principe favorise le développement de la responsabilité des agents publics pour des faits, relatifs à leurs fonctions, non intentionnels de négligence ou d'imprudence. Il risque néanmoins de porter atteinte à un des principes fondamentaux de notre droit. Sans compter qu'un tel principe pourrait conduire à la paralysie de l'action administrative : le fonctionnaire, par crainte d'une éventuelle condamnation, peut refuser de prendre une décision aux conséquences incertaines alors même qu'elle s'impose. Bien que d'application encore très incertaine, ces nouvelles incriminations multiplient les possibilités pour les particuliers de faire condamner l'agent de l'administration devant le juge pénal, le privant ainsi de son juge naturel. La responsabilité administrative tend donc à s'effacer devant la responsabilité pénale.

Aussi favorable que cela puisse paraître à la protection des libertés des individus, un tel mécanisme implique une remise en cause profonde de la séparation des autorités et du dualisme juridictionnel. Le juge pénal connaît de plus en plus souvent de l'organisation et du fonctionnement de l'administration. Pour déterminer la culpabilité du fonctionnaire, il doit apprécier le fonctionnement du

---

[137] Loi n° 95-101 du 2 février 1995, renforcement de la protection de l'environnement, J.O. 3 février, p. 1840 ; D. 1995, Lég. p. 123, Rect. P. 213.

[138] Gilles J. Martin, *Précaution et évolution du droit*, D. 1995, chr. p. 299.

service. La répartition des compétences entre les deux ordres juridictionnels s'en trouve ainsi bouleversée.

Le juge pénal, compte tenu de la nature de sa mission, est de plus en plus souvent amené à juger l'administration en lieu et place du juge administratif. Ce dernier voit, en ce domaine, ses compétences largement réduites. La base idéologique de la justice administrative est ainsi fortement mise à mal pour des raisons tenant à la spécificité de la matière pénale. Une telle évolution, qui milite en faveur de l'unité de juridiction, conduit à s'interroger sur la persistance du principe de séparation, principe qui s'efface de plus en plus souvent devant des impératifs liés à la protection des citoyens.

B : **La contestation du droit administratif** :

Le droit administratif a fait l'objet d'une évolution très importante. Son autonomie, la spécificité de ses règles et son champ d'intervention, sont considérablement limités. Le mouvement d'atomisation du droit administratif repose sur un double phénomène.

- Le droit administratif, « droit de privilège »[139], droit inégalitaire, est de plus en plus remis en cause dans le cadre d'une société libérale recherchant plus qu'auparavant l'équilibre entre les intérêts privés et l'intérêt public. Le respect de la légalité, élément essentiel de notre société, nécessite une réévaluation des rapports entre l'administration et les administrés. Les inégalités sont moins facilement tolérées puisqu'elles apparaissent comme le fruit d'un arbitraire administratif qui ne se justifie plus tout à fait. Le droit administratif, qui visait initialement à soustraire l'administration au droit commun, en lui faisant bénéficier d'avantages inconnus des simples particuliers, est devenu, au fil du temps, un dispositif de protection des droits des administrés. L'existence de règles spécifiques et d'un juge distinct permettrait, en réalité, de soumettre plus efficacement l'autorité administrative au droit. L'argument ne convainc pas totalement, compte tenu notamment du fait que le droit administratif demeure fondamentalement inégalitaire[140]. C'est ce déséquilibre qui fait l'objet d'une importante contestation aujourd'hui.

La légitimité du droit administratif, et donc celle de la juridiction administrative, est mise en doute. Le rééquilibrage de la relation administrative devient alors impératif pour préserver le juge administratif. Il passe par un rapprochement entre droit privé et droit public, ce qui fait perdre à la matière administrative une grande part de sa spécificité. Cet alignement, qui suppose un

---

[139] Voir J. Chevallier, *Le droit administratif, droit de privilège ?* , Pouvoirs, n° 46, 1988, p. 57.
[140] Voir J. Boulouis, *Supprimer le droit administratif ?* , Pouvoirs, n° 46, 1988, p. 5.

rapprochement progressif du juge administratif des formes classiques de la justice, est aujourd'hui initié. Il légitime, certes, la juridiction administrative, mais il érode peu à peu son assise idéologique. « Tout ce processus transforme la logique du droit administratif : alors que celui-ci était traditionnellement fondé sur un équilibre subtil entre la protection des droits individuels et la défense de l'intérêt général, il évolue de plus en plus...vers un droit des libertés publiques ; ce faisant, il tend à se banaliser, en perdant une part de sa raison d'être »[141].

L'Etat de droit implique que la puissance publique soit jugée et sanctionnée. Doit-elle cependant être soumise à des règles identiques à celles du droit privé ? Il n'est peut être pas judicieux de traiter systématiquement l'administration de la même manière qu'un simple particulier, et selon les mêmes règles, mais la protection des droits fondamentaux des administrés incite la juridiction en charge du contentieux administratif à pouvoir le faire lorsque cela s'impose. Reste à savoir si cette prise en compte des particularismes de l'activité de la puissance publique rend impératif l'existence d'un juge spécialisé, autonome et distinct des tribunaux de droit commun. La justification technique - le particularisme du droit administratif - n'est pas pleinement satisfaisante. Elle emporte encore moins l'adhésion à une époque où droit public et droit privé convergent, à une époque où la spécificité du droit administratif tend à s'estomper.

- La division entre droit public et droit privé ne peut plus prétendre à une démarcation aussi nette qu'auparavant. La frontière entre les deux est de plus en plus ténue, mouvante, incertaine. La montée en puissance du droit constitutionnel et du droit européen façonne la restructuration du partage entre droit public et droit privé dans le sens d'un rapprochement.

Par ailleurs, le rôle joué par l'Etat dans la société a profondément évolué, et ses méthodes d'intervention ne sont plus aussi éloignées de celles des intervenants privés. La crise de l'intervention publique et de l'Etat providence, l'extension de la sphère d'action de la puissance publique, le renouveau des idées libérales, la sensibilité accrue des administrés aux méthodes unilatérales et obscures de l'administration, sont autant d'éléments qui favorisent la contestation du droit administratif, considéré comme un droit arbitraire favorable à la puissance publique, au profit du droit privé. Le seul intérêt général ne suffit plus toujours, aujourd'hui, à justifier l'intervention de l'Etat. L'intérêt financier n'est plus tout à fait exclu du mode de raisonnement public. La modernisation de l'administration, qui implique une extension de la logique commerciale, emporte souvent un recul du droit public. La gestion publique apparaît, à bien des égards, dépassée. La prise en charge des missions de service public relève de plus en plus des personnes privées et selon une gestion de droit privé.

Le souci de l'Etat de se faire aimer, afin de devenir un partenaire attrayant, l'incite à se soustraire à sa propre identité bien trop marquée par le droit public. La volonté de banaliser l'action publique suggère de faire relever du droit privé les

[141] J. Chevallier, *L'évolution du droit administratif*, RDP 1998, p. 1807.

activités de production, de distribution et de services des personnes publiques lorsqu'elles présentent un caractère d'activités de gestion privée comparables à celles des agents économiques privés. L'intervention de l'Etat constitue une menace pour la liberté du commerce et de l'industrie. Le droit privé, qui seul donne lieu à des relations librement consenties entre des individus ou des entreprises, doit être le modèle du droit à suivre[142].

Le rapprochement entre droit privé et droit public est patent et il trouve un élément favorable dans la perte d'autonomie du juge administratif au niveau de l'élaboration du droit administratif. Cette mise en concurrence, dans la production du droit administratif, qui s'explique par le souci de rééquilibrage des rapports entre l'administration et l'administré, provient à la fois du juge constitutionnel et du législateur. La juridiction administrative se trouve ainsi privée, en plus de sa spécificité, d'une part importante de ses prérogatives.

C : **La limitation des prérogatives du juge administratif** :

Le juge administratif a perdu la maîtrise dont il disposait sur la production du droit public. Le Conseil constitutionnel et le législateur jouent aujourd'hui un rôle considérable dans la construction et le développement du droit administratif, concurrençant ainsi largement le Conseil d'Etat. Cette compétence concurrente, pour ne pas dire prédominante, fragilise la position de la juridiction administrative qui se trouve privé d'un fondement essentiel justifiant son existence.

- En constitutionnalisant des pans entiers du droit administratif, le Conseil constitutionnel a considérablement réduit l'importance de la jurisprudence administrative. Le Conseil d'Etat n'est plus tout à fait maître des principes de droit qu'il a lui-même patiemment élaborés au fil du temps. La théorie des principes généraux du droit doit fléchir afin de tenir compte de la jurisprudence du Conseil constitutionnel relative aux « principes fondamentaux reconnus par les lois de la République » et autres « principes à valeur constitutionnelle ».

Le juge constitutionnel est donc venu restreindre l'autonomie de la juridiction administrative ; il a fait bien plus. La constitutionnalisation de la juridiction administrative, loin de conforter son champ de compétence traditionnel, s'est accompagnée d'une définition restrictive de son domaine d'intervention, contribuant ainsi à la fragiliser.

En voulant remédier aux difficultés liées à l'existence d'une justice dualiste, le Conseil constitutionnel a favorisé la transformation du droit public et du juge administratif. La décision rendue le 23 janvier 1987 ouvre grand la porte à la

---

[142] Voir J. Caillosse, *Droit public - droit privé : sens et portée d'un partage académique*, *op. cit.*, p. 961 et s.

multiplication des transferts de compétence au profit des tribunaux judiciaires en matière administrative. La solution retenue par le juge constitutionnel consacre une conception restrictive du droit administratif limitée aux seules règles exorbitantes du droit commun[143].

La décision du Conseil constitutionnel pourrait ainsi aboutir aux transferts, au profit de l'autorité judiciaire, de l'ensemble du contentieux de la responsabilité et du contentieux contractuel. Autant dire qu'une telle solution, même souhaitable, conduirait très rapidement à la suppression de la juridiction administrative compte tenu notamment de l'importance quantitative du transfert de compétence du contentieux administratif opéré au profit de l'autorité judiciaire. Le raisonnement, poussé plus en avant, tout autant que la logique juridique, justifierait aujourd'hui l'unification des deux ordres de juridictions, à une époque où l'essentiel du droit administratif a été construit et ou les principales transformations émanent du législateur.

Ainsi, afin de limiter les dérogations législatives consenties au principe de séparation des autorités, le droit administratif, et par voie de conséquence le juge administratif, vont faire l'objet d'une transformation sans précédant. « Ebranlé par certaines mutations de l'ordre juridique, le droit administratif connaît alors un phénomène d'érosion, symbolique et pratique ; le mouvement d'évasion qui atteint le Conseil d'Etat en est l'illustration tangible. Néanmoins, des stratégies d'adaptation vont être déployées pour endiguer cette érosion, en contribuant par là-même à alimenter une dynamique de changement »[144]. Cette dynamique de changement se révèle incroyablement paradoxale. Elle vise principalement à légitimer la juridiction administrative, notamment en la dotant d'outils efficaces de protection des droits fondamentaux, mais elle contribue, parallèlement, à la fragiliser, en atténuant sa singularité.

- L'essentiel de la production du droit administratif, originellement jurisprudentiel, relève aujourd'hui du droit écrit. Le rôle historique du juge administratif dans l'élaboration et la mise en œuvre du droit public, facteur d'autonomisation, légitimait en grande partie son existence. Cet élément de légitimation du juge de la puissance publique a disparu compte tenu du développement de la concurrence. La plupart des transformations du droit administratif proviennent d'un texte écrit : l'astreinte, l'injonction, le référé administratif sont autant de réformes qui émanent de l'autorité législative. L'intégralité de la matière administrative écrite vient d'ailleurs d'être intégrée dans un Code de justice administrative. Au même titre que la procédure civile dispose d'un Code de procédure civile, que la procédure pénale connaît un Code de procédure pénale, le droit administratif bénéficie d'un Code de justice administrative.

---

[143] « En fondant la compétence du juge administratif sur la prérogative de puissance publique, indépendamment de toute référence au service public, on prive le droit administratif, en tant que droit fondamentalement inégalitaire, de toute justification ». J.-P. Bizeau, *Le juge administratif n'est-il plus que le juge de la puissance publique ?*, *op. cit.*, p. 191.

[144] J. Chevallier, *op. cit.*, p. 1804.

Le droit administratif a longtemps été mythifié par la doctrine, qui voyait dans ce droit jurisprudentiel, efficace, souple et adaptable, le meilleur système possible. La remise en cause, à partir du moment où de nouveaux acteurs interviennent dans la production du droit administratif, est inévitable. Interférer dans la construction juridique entreprise par la juridiction administrative, implique indirectement un mouvement de contestation du système classique de production jurisprudentiel du droit administratif. Le droit jurisprudentiel, aussi séduisant soit-il intellectuellement, se révèle trop souvent une source de complication et d'insécurité[145]. « Le droit écrit est assurément...de nature à apporter ici de la clarté autant que de la sécurité, conformément d'ailleurs à la fonction technique de la procédure qui plus que toute autre branche du droit a besoin de certitude, d'accessibilité et de lisibilité »[146].

Plus encore, la contestation trouve pour principal fondement l'insuffisance libérale du droit administratif élaboré par la juridiction administrative. La légitimité de l'autonomie du droit public est mise en cause, parce que la jurisprudence du Conseil d'Etat n'est pas suffisamment protectrice des droits fondamentaux. La jurisprudence administrative évolue, sous la pression du droit constitutionnel, du droit européen, du juge judiciaire, mais pas assez vite dans le contexte actuel. La comparaison des mérites respectifs du juge administratif et du juge judiciaire tourne trop fréquemment en faveur du second. Pour faire cesser les critiques, afin d'éviter l'extension de la compétence judiciaire en ce qui concerne le contentieux administratif, il devient nécessaire de réformer, quitte à priver plus encore la juridiction administrative de son assise historique.

Le législateur, tout autant que le pouvoir réglementaire, avaient presque totalement ignoré le champ du contentieux administratif. Le mouvement est largement en train de s'inverser. Il repose pour l'essentiel sur deux explications : la réforme entreprise par le juge lui-même se révèle insuffisante ; le juge administratif répugne à engager de son propre chef une transformation en profondeur. Le juge administratif a, certes, façonné le droit public mais il l'a fait progressivement, en tenant compte, à la fois, des intérêts des administrés et de l'intérêt général. La jurisprudence, initialement favorable à l'administration, a peu à peu évolué dans le sens d'un retour à l'équilibre. Mais si la construction jurisprudentielle du Conseil d'Etat s'est tournée vers une protection accrue des droits des justiciables, l'équilibre, fragile, demeurait. Plus qu'une évolution, c'est une révolution qui est aujourd'hui demandée au juge administratif. Elle peut aboutir à rompre l'équilibre.

Sous la pression du droit européen, sous la menace de l'autorité judiciaire, le juge administratif s'est efforcé de se montrer un défenseur aussi efficace des

---

[145] Voir G. Vedel, *Le droit administratif peut-il être indéfiniment jurisprudentiel ?* , EDCE 1979-1980, n° 31.

[146] B. Pacteau, *Procédure administrative contentieuse, retour à la loi, et après ?* , RFDA 1996, p. 5.

libertés fondamentales. De nouvelles avancées jurisprudentielles ont été enregistrées, depuis la fin des années quatre-vingt, concernant notamment l'intégration du droit international, le respect des droits de l'homme et le statut des étrangers, le droit de la responsabilité, l'extension du contrôle maximum et la limitation du pouvoir discrétionnaire de l'administration, la restriction des actes de la puissance publique insusceptibles de contrôle... Il lui est cependant difficile d'aller beaucoup plus loin dans la mise en œuvre de sa propre transformation. Le juge administratif sait cette évolution inévitable ; c'est la raison pour laquelle le Conseil d'Etat participe souvent lui-même à la construction de la réforme ou qu'il en est le principal instigateur[147] ; mais il ne souhaite pas la réaliser de lui-même parce qu'il en connaît les implications.

C'est donc bien le souci du Conseil d'Etat de ne pas perdre sa spécificité, celle qui justifie son existence, qui explique son comportement. Les réformes atténuent bien la singularité de la juridiction administrative mais, émanant pour l'essentiel du législateur, elles rendent moins contestables le rapprochement entre les deux juges. Les réformes visent autant à légitimer le juge administratif qu'à le préserver. L'alignement progressif du contentieux administratif sur le droit de la procédure civile fournit néanmoins un argument supplémentaire en faveur de l'unité juridictionnelle. La contestation du droit administratif et le rapprochement des deux juges qui en découle sont des éléments favorables à la mise en place d'une justice unifiée. Il apparaît clairement, comme le souligne Jacques Chevallier, que « le droit administratif est pris dans un étau redoutable : sa légitimité dépend désormais d'un alignement sur les jurisprudences les plus en pointe dans la protection des droits individuels ; mais ce processus de banalisation réduit dans le même temps la spécificité qui était la justification ultime de son institution »[148].

Un obstacle supplémentaire à l'unification juridictionnelle est d'ailleurs tombé vu que le droit administratif devient de plus en plus écrit. La multiplication des textes restreint progressivement l'originalité de la jurisprudence administrative. De plus en plus enserré par la norme écrite, le Conseil d'Etat se rapproche du rôle, pour l'essentiel interprétatif et non créatif, de la Cour de cassation vis-à-vis de la règle de droit. Plus le droit public est écrit et plus le juge judiciaire devient apte à en faire usage. Il n'y a guère de raisons pour que l'interprétation de la règle de droit administratif soit éminemment plus complexe que celle de droit privé. Reste alors, pour justifier pleinement l'existence d'une juridiction administrative autonome, l'argument tiré de l'inaptitude du juge judiciaire à connaître des litiges administratifs.

---

[147] Y. Gaudemet, *Remarques sur l'évolution des sources du droit du contentieux administratif*, Mélanges P. Draï, 2000, p. 329.
[148] J. Chevallier, *op. cit.*, p. 1809.

§ 2 : DES OBSTACLES SERIEUX A L'UNITE DE JURIDICTION :

L'inaptitude du juge judiciaire est un obstacle souvent invoqué à l'encontre de l'unification du système juridictionnel. L'argument n'est cependant pas à l'abri des critiques. Reposant sur des fondements très incertains, il apparaît plus comme un prétexte au maintien de la juridiction administrative que comme un élément déterminant insusceptible d'être remis en cause (A). Le véritable obstacle, loin d'être d'ordre technique, est en réalité d'ordre psychologique. Profondément ancré dans la tradition française, le juge administratif, s'il suscite la controverse, trouve toujours plus de partisans que de détracteurs (B).

A : **L'inadaptation supposée du juge judiciaire :**

La doctrine n'a jamais eu de cesse d'affirmer la nécessité d'une juridiction administrative, compte tenu de la complexité du droit public, en clamant l'inaptitude de l'autorité judiciaire à connaître du contentieux de la puissance publique.

L'idée d'un juge administratif plus protecteur des libertés que le juge judiciaire en ce qui concerne le contrôle de la puissance publique est, aujourd'hui, fréquemment énoncée. Elle repose notamment sur le fondement de la technicité de la matière administrative. Connaissant mieux l'administration que le juge judiciaire, ayant une connaissance plus pointue des problèmes qui lui sont soumis, la juridiction administrative serait mieux à même d'en censurer les abus, sans avoir de crainte particulière sur sa possibilité de bloquer excessivement ou non le fonctionnement des institutions administratives.

Aussi juste que soit l'analyse, il ne faudrait pas oublier que la juridiction administrative n'a développé une jurisprudence protectrice des libertés qu'à partir du début du XXe siècle. Que la juridiction administrative ait eu, de par sa proximité avec l'administration, plus la possibilité de la censurer avec efficacité ne signifie pas qu'elle en a fait usage. L'argument ne vaut qu'à partir du moment où le juge administratif tend véritablement à exercer une protection efficace de la liberté. Il ne résiste d'ailleurs pas plus à une analyse moins « administrativiste » de la situation.

L'explication la plus communément admise à l'existence d'une juridiction administrative repose sur une volonté politique de soumettre l'administration à un juge qui lui est propre et qui connaît les difficultés de son fonctionnement. Cette connaissance intime de l'autorité administrative conduit le juge chargé de la contrôler à ne pas être trop sévère à son encontre pour lui permettre de réaliser au mieux sa mission. Il nous semble que la création d'une juridiction administrative intégrée à l'administration, donc plus proche d'elle, s'explique essentiellement par la volonté de soumettre, un minimum, la puissance publique au respect de la légalité tout en lui assurant une marge de manœuvre très importante. Si la politique jurisprudentielle du Conseil d'Etat se résume dans la recherche d'un certain équilibre entre la protection des prérogatives de l'administration et celle des droits et libertés des administrés, ce n'est pas, initialement, cette proximité avec la puissance publique qui a conduit le juge à élaborer une jurisprudence protectrice mais une évolution générale, libérale, favorable au développement et à la protection des libertés publiques. L'argument le plus cité à l'appui du rejet d'un contrôle de l'autorité administrative par les tribunaux judiciaires repose sur l'idée qu'ils n'auraient pas su rechercher un tel équilibre car trop extérieurs à l'administration. Ce contrôle aurait été soit trop réservé, soit trop sévère. Le juge judiciaire ne saurait être efficace car incapable de statuer judicieusement sur des règles et des méthodes qui lui sont inconnues. En d'autres termes, l'existence de la juridiction administrative se justifierait par la spécificité et la technicité du droit applicable à l'administration[149].

L'argument issu de l'inaptitude du juge judiciaire à connaître des litiges administratifs repose pourtant sur des explications bien souvent contestables.

- L'autorité judiciaire, pourtant reconnue la gardienne des droits fondamentaux, qui s'est vu conférer de nombreux litiges administratifs en la matière, n'aurait, paraît-il, pas pu accomplir l'œuvre de la jurisprudence administrative au service des libertés. Elle n'aurait pas su contraindre l'administration, et elle aurait été incapable de prendre en compte les particularismes de sa mission. F.-P. Bénoit affirme ainsi que « la tournure d'esprit du juge judiciaire ne convient pas pour le règlement des litiges administratifs. Le juge judiciaire doit en effet s'imposer de considérer comme strictement égales entre elles les parties en présence devant lui ; le bon juge judiciaire est celui qui respecte cette absolue égalité des particuliers entre eux, et qui entend donc les traiter pareillement. Au contraire, le juge administratif a le devoir de tenir compte des différences qui existent entre l'administration et les particuliers… Cette manière de voir, qui seule permet de rendre une bonne justice administrative, est trop contraire aux habitudes de pensée qui doivent être celles du juge judiciaire pour qu'il puisse s'y plier. Il se rebelle au plus profond de lui-même contre cette conception, et démontre par là-même qu'il n'est pas apte à trancher les problèmes administratifs »[150]. L'auteur considère par ailleurs que le juge judiciaire, statuant sur un litige de droit public, ne pourrait que faire application du droit privé, solution contestable puisqu'elle implique de résoudre un problème administratif sur la base du droit civil. Et quand bien même l'autorité judiciaire ferait usage d'une règle de droit public, ce serait une règle préalablement issue de la jurisprudence administrative.

Comme le fait remarquer fort justement Laurent Cohen-Tanugi : « fondé historiquement, l'argument de la prétendue incapacité du juge judiciaire à juger

---

[149] Voir F-. P. Bénoit, *Juridiction judiciaire et juridiction administrative*, JCP 1964, I, 1838, n° 37.
[150] F.-P. Bénoit, *op. cit.*, n° 40 et s.

l'administration n'en est pas moins spécieux de ce point de vue. C'est en effet à partir d'une situation doublement anormale – la mise au pas du pouvoir judiciaire et la soustraction de l'Etat à la règle de droit à la Révolution – que la construction libérale du droit administratif par le Conseil d'Etat a pu s'élaborer. On ne peut dès lors ni reprocher au juge judiciaire sa carence ou sa timidité dans un domaine dont il s'est trouvé longtemps dépossédé au profit...de la juridiction administrative, ni se satisfaire à l'excès d'une jurisprudence administrative qui n'a fait que compenser peu à peu un vide juridique et juridictionnel initial, sans tout à fait le combler »[151].

La prétendue incapacité de l'autorité judiciaire à trancher des litiges administratifs se trouve largement démentie par les faits. Le juge judiciaire peut juger la puissance publique et il le fait fréquemment. L'importance des transferts de compétence au profit de l'ordre judiciaire, lourds de signification lorsque l'on s'interroge sur l'avenir de la juridiction administrative, permet de présenter « le juge judiciaire comme un concurrent virtuel du juge administratif dans la connaissance des activités administratives »[152]. Le contentieux des libertés fondamentales en fournit la preuve ; le contentieux de la Sécurité Sociale, les services publics industriels et commerciaux, la police judiciaire, les régimes particuliers de responsabilité également. La décision du Conseil constitutionnel du 23 janvier 1987, relative au contentieux de la concurrence, conforte cette situation. Aucun argument tiré de la spécificité du droit administratif n'est invoqué par le Conseil pour sauvegarder la sphère de compétence de la juridiction administrative. Au contraire, le juge constitutionnel, en acceptant les transferts de compétence au profit de l'ordre judiciaire afin de satisfaire les exigences d'une bonne administration de la justice, rejette expressément le raisonnement.

Le juge judiciaire peut donc contrôler l'administration ; il est amené à le faire de plus en plus fréquemment. Reste à savoir si cette soumission de la puissance publique aux tribunaux judiciaires est efficace. F.-P. Bénoit affirmait que « la compétence judiciaire en matière administrative mènerait d'ailleurs très vite...à la disparition de tout contrôle juridictionnel de l'Administration. Le juge judiciaire aura toujours, en effet, en face du contentieux administratif, des réactions commandées soit par son inadaptation, soit par son hostilité à l'égard de l'Administration ». Dans la première hypothèse, le contrôle du juge judiciaire se montrerait trop prudent alors que dans la seconde, trop brutal, il aboutirait à une réaction normative permettant d'assurer la protection de la fonction administrative. La protection de la liberté publique par le juge judiciaire serait alors inefficace.

Les faits démentent cette vision excessivement protectrice de la juridiction administrative. Le juge judiciaire, gardien de principe des droits fondamentaux, ne semble pas faire preuve d'une hostilité particulière envers l'autorité administrative, et son contrôle a rarement été d'une brutalité excessive ou d'une timidité

---

[151] L. Cohen-Tanugi, *L'avenir de la justice administrative*, Pouvoirs n° 46, 1988, p. 13.
[152] Y. Gaudemet, *L'avenir de la juridiction administrative*, Gaz. Pal. 27 septembre 1979, p. 511.

manifeste. Considérer l'autorité judiciaire inapte à assurer une sauvegarde effective des atteintes administratives aux libertés apparaît plus aventureux encore. L'expérience du contentieux administratif est, certes, le meilleur allié d'un contrôle efficace de la puissance publique, mais l'autorité judiciaire n'est-elle pas en train de l'acquérir ? Sa spécialisation va de pair avec l'augmentation constante du nombre des litiges administratifs soumis à sa connaissance. Le droit administratif est d'ailleurs pour l'essentiel construit et le juge judiciaire est tout à fait à même de le reprendre à son compte et de le faire évoluer. Le juge judiciaire a su faire preuve d'adaptabilité. Il fait usage du droit public lorsque cela s'avère nécessaire[153] ; il peut juger l'administration sur la base du droit privé lorsque l'action de l'administration ne justifie plus qu'elle soit soumise à des règles spécifiques. Le rapprochement du droit public et du droit privé favorise d'ailleurs ce contrôle « administratif judiciaire ».

Le contrôle n'est pas tout. L'administration, une fois condamnée par le juge, doit respecter la décision rendue par celui-ci. Détenant, avec la force publique, l'instrument d'exécution des jugements, elle serait libre de se soumettre ou non aux sentences du juge. L'idée a souvent été émise que l'autorité administrative n'accepterait la contrainte juridictionnelle que dans la mesure où elle émane de son juge, seul apte à déterminer ce qui est acceptable pour la puissance publique et ce qui ne l'est pas. L'argument est en réalité peu convaincant : l'administration n'a pas toujours respecté les décisions rendues par le juge administratif[154] ; il n'est pas admissible, dans un Etat démocratique, qu'un organisme, aussi important soit-il, puisse échapper à la sanction juridique. Tout comme il était choquant et contraire à la conception de l'Etat de droit que le juge administratif se soit refusé pendant aussi longtemps à enjoindre l'administration, il serait anormal que l'administration puisse ne pas respecter la décision du juge au seul motif qu'il est judiciaire.

- On suggère également l'inaptitude de l'autorité judiciaire à connaître d'un contentieux administratif aussi technique, aussi spécifique et aussi complexe, alors même qu'elle a su développer, parallèlement, une connaissance approfondie du monde social, du monde rural, du monde des affaires. Le monde administratif est-il si imperméable qu'il nécessite un juge aussi étroitement lié à la puissance publique ? Le doute est permis, car s'il n'avait pas été privé du contentieux administratif, le juge judiciaire aurait, sans doute, pu développer des règles spécifiques permettant à la fois de faire concilier l'intérêt général avec les intérêts des particuliers.

Confronté de manière permanente aux affaires de l'Etat, le juge judiciaire aurait, au même titre que le juge administratif, appris à connaître l'administration. Le juge judiciaire s'est vu doter initialement d'une compétence particulièrement

[153] Le juge judiciaire considère même parfois l'usage du droit administratif comme une obligation. Voir Cass. civ., 23 novembre 1956, *Trésor public c/ Giry*, Bull.II.407, GAJA n° 85.
[154] Voir notamment C.E. 23 juillet 1909 et 22 juillet 1910, *Fabrègues*, p. 727 ; S. 1911.3.121, note M. Hauriou.

restreinte pour connaître des actes de la puissance publique. De ce fait, sa technique est restée celle d'un juge de litiges entre particuliers. Ce n'est plus vrai aujourd'hui puisque le juge judiciaire est chargé d'une part considérable du contentieux de l'administration, peut-être même plus importante que celle confiée à la juridiction administrative.

Cette explication liée à la technicité de la matière administrative « peut » valoir aujourd'hui, mais plus difficilement pour hier. Elle se révèle plus pertinente à une époque où la juridiction administrative a su faire preuve de libéralité, à une époque où la proximité du juge administratif vis-à-vis de l'administration n'est pas un frein insurmontable à la protection des libertés fondamentales de l'individu. Certes le juge judiciaire ne connaît pas aussi bien les rouages de l'administration que le juge administratif, mais seul le passé a permis au juge administratif de connaître l'administration, ce à quoi ne pouvait prétendre la juridiction judiciaire. Le développement par le juge administratif d'une jurisprudence protectrice des droits des individus favorise la vision d'un juge judiciaire inadapté au contentieux administratif. Peut-être pardonnerait-on plus facilement, dans l'hypothèse inverse, les atermoiements de l'autorité judiciaire. Quand la liberté est sous la menace de l'administration, justifiant une intervention rapide et efficace, on ne se préoccupe guère de savoir si le censeur connaît ou non parfaitement bien le fonctionnement administratif. N'est-ce pas d'ailleurs ce qui explique que l'on ait dérogé à la séparation des autorités en confiant au juge judiciaire des litiges relevant en principe de la juridiction administrative ? Ce n'est pas un hasard si les premières évocations de cette idée correspondent à une période d'ouverture du juge administratif vers une jurisprudence plus protectrice des administrés.

Nous rajouterons encore que, si l'existence de la juridiction administrative trouvait son véritable fondement dans la nécessité de connaître le droit administratif, cela ne serait qu'une inutile complication. Il aurait alors suffi de créer au sein des juridictions judiciaires des chambres spécialisées en matière administrative. Comme le fait remarquer A. Mestre : « La protection de l'administration par son juge constitue la raison d'être de celui-ci »[155].

La nécessité d'un juge spécialisé - c'est-à-dire un juge qui connaisse les impératifs de la fonction administrative - ne se discute pas. Il est clair qu'une instance spécialisée, qui bénéficie d'une vision plus approfondie et plus précise des problèmes spécifiques à la matière, est plus apte à trouver des réponses adaptées. C'est, en définitive, la forme aussi distincte des tribunaux ordinaires en France - créatrice de nombreux conflits de compétence - tout autant que sa trop grande proximité avec l'administration active, qui dérange dans notre juridiction administrative. L'expérience administrative des « magistrats administratifs » permet, certes, une connaissance plus approfondie du fonctionnement et des besoins de la puissance publique. Il n'apparaît toutefois pas nécessaire d'être à la fois administrateur et juge pour connaître et comprendre l'institution. Il ne s'agit

[155] A. Mestre, *Le Conseil d'Etat protecteur des prérogatives de l'administration*, thèse, 1974, p. 245.

pas de mettre en doute l'indépendance des membres de l'institution, qui est réelle, mais les liens tissés, très solides, entre le juge administratif et l'administration active, sont de nature à susciter la crainte et le doute dans l'esprit du justiciable. La mise en détachement et la dualité fonctionnelle de la juridiction sont, plus encore aujourd'hui, des pratiques susceptibles de remettre en cause l'institution.

Faut-il alors supprimer la dualité de juridictions ? Les éléments propices à l'unification sont nombreux. A l'exception de la consécration constitutionnelle de la juridiction administrative, qui implique donc une révision de la Constitution, aucun élément juridique ne semble faire barrage à l'unité de juridiction. Cela est-il pour autant suffisant ?

L'hésitation n'est pas permise ; la réponse est négative. Aucune solution, si elle bouleverse fondamentalement le fonctionnement d'une institution, ne peut aboutir sans une volonté commune, sans la certitude de bien faire, surtout lorsque l'on s'attaque à un monument de notre droit, sans ce consensus général qui permet de rendre simple ce qui apparaît d'une particulière complexité.

B : La tradition française de la juridiction administrative : un obstacle difficilement franchissable :

La manière dont on vante les mérites du juge administratif en tant que protecteur des libertés donne souvent l'impression que l'on cherche à convaincre, et à se convaincre, de la qualité du système tel qu'il existe. Les difficultés liées à l'existence d'une justice dualiste seraient mineures en comparaison de ses bienfaits. La dualité de juridictions, qui répondrait à une nécessité, serait gage d'efficacité. F.-P. Bénoit affirme ainsi : « Le vrai problème...est de savoir si ces inéluctables, bien que aisément réductibles, difficultés de compétence constituent ou non un prix trop élevé si on le compare à l'avantage que les justiciables retirent de l'existence de la juridiction administrative. Il faut choisir entre l'unité de juridiction avec absence de droit administratif valable, ou la dualité de juridictions, assortie de quelques difficultés de compétence mais source d'un droit administratif efficace : le choix est à faire entre l'inefficacité dans la simplicité et l'efficacité assortie d'une certaine complexité ».

L'affirmation laisse perplexe. Il serait facile de faire cesser les difficultés de compétence. On s'étonne alors que, presque quarante ans plus tard, cela n'ait pas été fait ! Il n'est pas plus évident que la simplicité ait pour corollaire obligatoire l'inefficacité, et il est imprudent de croire que l'efficacité va forcément de pair avec la complexité. La logique nous enseigne le plus souvent que simplicité rime avec efficacité. Rien ne permet également d'affirmer que l'existence d'une juridiction administrative ait permis d'assurer une protection plus effective des droits fondamentaux des administrés. Il est au contraire plus juste de considérer l'existence d'une juridiction administrative comme un élément pendant longtemps défavorable au respect de la liberté du justiciable. Le transfert d'une grande partie du contentieux des libertés fondamentales à l'autorité judiciaire en fournit d'ailleurs la preuve.

L'auteur estime encore que les difficultés sont le plus souvent exagérées voire « exploitées avec des arrière-pensées ». « La question n'est pas de savoir combien il y a de litiges sur la compétence...pour cent recours dirigés contre l'Administration. Ce nombre est en réalité infime. Ah ! certes, ces litiges auront droit à la notoriété ; l'affaire sera publiée et annotée - c'est fort bien. Mais qu'est-ce que cela prouve ? Que les problèmes de frontières sont parfois délicats ? Nous le savons. Que des critères simples de compétence sont souhaitables ? C'est l'évidence. Qu'il faut supprimer la juridiction administrative ? Absolument pas »[156].

L'affirmation, aussi catégorique, surprend. Les difficultés ne sont pas aussi minimes. Par ailleurs, le seul élément statistique ne saurait suffire à révéler l'incidence sur le justiciable des difficultés de compétence, et les « arrière-pensées » n'ont pas nécessairement vocation à discréditer la justice administrative, mais plus à essayer de faire progresser le dispositif juridictionnel de protection des droits. Or l'avantage d'un juge administratif autonome et distinct de l'autorité judiciaire n'est pas aujourd'hui, tel que le système fonctionne, réel et décisif.

Pourtant, d'aucuns n'envisagent véritablement la remise en cause de la juridiction administrative. Bien qu'accordant un large crédit aux inconvénients de la dualité juridictionnelle et à ses effets négatifs sur la protection des droits fondamentaux, Jean Rivero estime que « la dualité de juridictions est trop profondément enracinée dans la tradition juridique française pour qu'il soit réaliste, même en matière de protection des libertés, d'en envisager l'abandon »[157]. Dans leur traité de contentieux administratif, Messieurs Auby et Drago écrivent que les propositions de suppression de la juridiction administrative sont désormais « purement académique » et même qu'elles « ont un certain aspect irréaliste »[158].

Selon Bernard Pacteau : « Assurément, avantages et faiblesses du régime du contentieux administratif sont-ils à mesurer. La guerre de la procédure n'a cependant pas vraiment eu lieu. Pas davantage sans doute que la question de l'existence même de la juridiction administrative, la question n'a-t-elle pour l'avenir de véritable pertinence non plus que d'enjeu concret »[159].

Pour Didier Truchet, « La juridiction administrative, comme le droit administratif, sont inscrits dans notre tradition, ont façonné notre système juridique de manière trop profonde pour qu'il soit raisonnable de les remettre en cause »[160].

La liste n'est pas exhaustive ; il n'est cependant pas utile de dresser un catalogue fastidieux pour faire comprendre l'idée principale qui ressort de l'ensemble de ces propos. Pour l'essentiel, la suppression de la juridiction

---

[156] F.-P. Bénoit, *op. cit.*, n° 47.
[157] J. Rivero, *Dualité de juridictions et protection des libertés*, RFDA 1990, p. 738.
[158] J.-M. Auby et R. Drago, *Traité de contentieux administratif*, Tome 1, n° 117, LGDJ, 3e éd., 1984.
[159] B. Pacteau, *Dualité de juridictions et dualité de procédures*, *op. cit.*, p. 755.
[160] D. Truchet, *Fusionner les juridictions administrative et judiciaire ?*, Mélanges Auby, 1992, p. 335.

administrative est considérée comme « peu probable », et chacun souligne combien cette solution serait « anachronique et inopportune »[161]. Yves Gaudemet estime notamment que « les expériences étrangères paraissent bien confirmer l'utilité d'un ordre administratif distinct de l'ordre judiciaire. Enfin et surtout on ne saurait se priver sans beaucoup d'hésitations et de réflexions d'un instrument juridictionnel qui, par sa jurisprudence a assuré l'essentiel de la construction, du développement et de l'adaptation du droit administratif français ». Se fondant principalement sur le système juridictionnel Anglais, l'auteur ajoute : « De nombreux systèmes étrangers...ont fait l'expérience de l'utilité, voire la nécessité de se doter d'une instance spécifique qui, avec l'indépendance nécessaire, tranche les oppositions de principe entre administrés et administration ». Notons que la distinction entre les tribunaux dits « administratifs » et les tribunaux de droit commun, en Angleterre, n'est pas aussi nette et tranchée qu'elle l'est en France. Les problèmes de compétence connus par la dualité juridictionnelle française trouvent peu d'équivalent, et ils ne sauraient être comparés au système anglais. Yves Gaudemet poursuit son argumentation en affirmant que « c'est la juridiction administrative qui, avec la doctrine de droit public, a dégagé et exprimé les principes essentiels de notre droit administratif… Il est vraisemblable que le juge judiciaire, étranger à ce procédé de contrôle juridictionnel et plus habitué au maniement du droit écrit, ne reprendrait pas volontiers à son compte, pour l'assumer, cette fonction jurisprudentielle »[162].

Le juge administratif a façonné les principes essentiels du droit public parce que les tribunaux judiciaires ont été dans l'impossibilité de le faire. Le juge judiciaire aurait très probablement, au début au moins, pris moins en compte les intérêts de l'administration ; mais qui peut prétendre que les droits et libertés des justiciables auraient alors été moins bien protégés ? Quant à la seconde partie du raisonnement, largement justifiée il y a vingt ans, au jour où l'auteur a rédigé son article, elle peut, aujourd'hui, beaucoup plus prêter à discussion. A une époque où le droit administratif tend de plus en plus à être codifié, où le juge judiciaire a montré qu'il pouvait reprendre les constructions jurisprudentielles élaborées par le juge administratif, où droit privé et droit public se recoupent de plus en plus, où les méthodes des deux juges se rapprochent, la nécessité d'une juridiction administrative autonome est plus discutable.

Plus que l'inaptitude de l'autorité judiciaire à connaître du contentieux administratif, argument en grande partie erroné, qui sous-estime la faculté d'adaptation du juge judiciaire et protège à l'excès le juge administratif, plus que la qualité de la justice et l'effectivité de la protection des droits fondamentaux, c'est la tradition française et son attachement à la juridiction administrative qui justifie le maintien du système. C'est d'ailleurs sur « la conception française de la séparation

---

[161] J.-M. Woehrling, *Réflexions sur une crise : la juridiction administrative à la croisée des chemins*, Mélanges Robert-Edouard Charlier, p. 341.
[162] Y. Gaudemet, *op. cit.*, p. 516.

des pouvoirs », érigée en « principe fondamental reconnu par les lois de la République », que se fonde le Conseil constitutionnel pour consacrer constitutionnellement l'existence de la juridiction administrative. Mais cette conception française de la séparation des pouvoirs, longtemps considérée comme la garantie d'une bonne justice administrative, peut aujourd'hui faire l'objet d'une double contestation. La dualité, telle qu'elle fonctionne, limite trop souvent la qualité de la protection juridictionnelle. La dualité fonctionnelle du juge administratif peut être mise en cause au regard du droit européen principalement.

La critique prend plus de valeur encore lorsque l'on sait que le principe de séparation des autorités administrative et judiciaire repose sur une mauvaise lecture de la séparation des pouvoirs. L'interdiction faite au juge judiciaire d'exercer un contrôle de l'action administrative est contraire au principe même de la séparation des pouvoirs : l'administration ne doit pas être intouchable, et le juge doit connaître de tous les contentieux. La confusion initiale, existante entre l'autorité administrative et son juge, est tout aussi contraire à la séparation des pouvoirs. Le bon exercice de la fonction juridictionnelle « exige en effet qu'elle soit tout entière confiée à des organes ne dépendant pas des pouvoirs législatif, réglementaire, exécutif, administratif, ne dépendant d'aucun pouvoir public pas plus que d'une puissance privée, surtout pas des parties intéressées aux litiges. Il n'exige que cela, mais il l'exige pleinement. Il ne fournit donc aucun appui, mais au contraire oppose le démenti le plus formel, à un système comme celui établi dans certains pays sous le nom trompeur de séparation des autorités administrative et judiciaire et présenté comme découlant de la séparation des pouvoirs, et qui consiste, quand il s'agit de juger l'Administration, à empêcher des juges – ceux judiciaires – de remplir leur fonction, qui est de juger, pour la réserver à d'autres instances plus proches de l'administration »[163].

Nous partageons pourtant l'opinion émise par les auteurs qui estiment irréaliste ou utopique la suppression du dualisme juridictionnel, mais sans être tout à fait convaincu que ce soit la meilleure ou même la plus efficace des solutions, tout du moins dans l'hypothèse d'une volonté commune de faire cesser cette justice dualiste. Or ce consensus est pour l'heure impossible. La solution aurait alors plus d'inconvénients que d'avantages, d'un point de vue pratique, compte tenu de la difficulté à mettre en œuvre une telle réforme si peu souhaitée, vu l'importance des réticences.

La juridiction administrative, à l'exception de la double attribution de ses membres, n'est plus aujourd'hui directement à mettre en cause. C'est plus le fonctionnement actuel de la justice dualiste qui pose problème. La complexité de la matière administrative justifie un juge spécialisé mais cela ne nécessite pas un juge administratif aussi distinct du juge judiciaire et aussi proche de l'administration

---

[163] R.-E. Charlier, *La Constitution et le juge de l'administration*, Mélanges Stassinopoulos, 1974, p. 31.

active. Il existe cependant, et il convient d'admettre qu'il s'agit d'un juge de qualité sachant protéger les libertés des administrés. La question de son maintien ou de sa suppression n'aurait aucune raison d'être envisagée en l'absence d'incertitudes sur le juge à saisir, de conflits de compétence, de contrariétés de décisions...

Ces inconvénients perdurent cependant car il n'existe pas de répartition claire et rigoureuse des compétences. C'est aujourd'hui, au moins pour le contentieux des libertés fondamentales, possible. A une époque où la juridiction administrative peut prétendre garantir presque aussi efficacement que le juge judiciaire les droits fondamentaux des justiciables, il n'est pas inimaginable de mettre un terme aux dérogations consenties au principe de séparation des autorités, en imposant le respect du critère organique de compétence. Compte tenu de la difficulté à y parvenir, la suppression de la juridiction administrative est une question persistante, surtout quand la distinction entre les deux juges est moins nette.

Reste alors une dernière interrogation : la suppression de l'ordre administratif, certes, mais pour faire quoi ? Pour beaucoup, la suppression de la juridiction administrative ne mettrait pas fin aux difficultés actuelles. Mettre un terme à la dualité de juridictions suppose la mise en place d'une chambre administrative au sein même de la juridiction judiciaire. La suppression du contentieux administratif apparaît, en effet, en plus d'être tout aussi contraire à notre tradition et à notre conception du rôle et de la place de l'Etat dans la société, une mauvaise solution. Soumettre systématiquement la puissance publique aux règles du droit privé aboutirait à remettre en cause le fonctionnement de l'ensemble de l'administration française et le concept même d'intérêt général. La prise en compte du particularisme de l'autorité administrative nécessite donc l'existence, comme c'est le cas en matière pénale, civile, commerciale, sociale, d'un juge spécialisé. Une telle solution serait aussi complexe que le système dualiste tel qu'il existe aujourd'hui.

Selon François Julien-Laferrière, l'unité de juridiction, malgré les difficultés liées à l'existence d'une justice dualiste, demeure très improbable parce qu'elle nécessite une réforme constitutionnelle très illusoire, parce qu'elle « n'apporterait probablement pas d'amélioration sensible au fonctionnement de la justice en France », et parce que « son aménagement serait extrêmement délicat : les litiges administratifs devraient toujours être réglés et, s'il n'y a plus de juge administratif, ce ne pourrait être que par un juge judiciaire. Soit, mais lequel ? Des juridictions spécialisées relevant...de la Cour de cassation ? Cela supposerait un partage des compétences au sein de la juridiction unique qui ne serait pas plus facile à opérer que le partage des compétences entre juge judiciaire et juge administratif. Et la Cour de cassation aurait, en fin de compte, un rôle comparable à celui du Conseil d'Etat statuant au contentieux... Il semble bien que la suppression de la juridiction administrative créerait plus de problèmes qu'elle n'en résoudrait »[164]. Jean-Marie

[164] F. Julien-Laferrière, *La dualité de juridiction, un principe fonctionnel ?*, *op. cit.*, p. 424 et 425.

Woehrling estime également que « supprimer la juridiction administrative aboutirait à transférer les difficultés de répartition de compétence au sein de la juridiction judiciaire, avec les mêmes inconvénients ou presque pour les justiciables, puisque ce transfert n'irait pas sans création de structures spéciales au sein de cette juridiction ». Ainsi, l'auteur affirme qu'« une solution de cet ordre est...illusoire » et que « la discussion sur la suppression de la juridiction administrative peut apparaître comme dépassée »[165].

Les arguments développés ci-dessus sont d'une évidente logique. Ils apparaissent toutefois, selon nous, excessifs. La suppression de la dualité de juridictions ne peut probablement pas faire disparaître totalement les difficultés liées à la répartition des compétences, car les incohérences et les contrariétés proviennent de la seule coexistence de tribunaux, mais il semble exagéré de penser qu'elles pourraient se poser, dans le cadre d'une justice unifiée, dans des termes identiques. La raison en est simple : il n'existerait plus deux juridictions suprêmes chargées, chacune dans leur domaine de compétence respectif, de dire le droit, mais une seule. Les difficultés de compétence ne seraient plus traitées par un juge des conflits, mais par la Cour suprême de l'ordre juridictionnel unifié. L'unité de la justice et du droit y serait obligatoirement gagnante. Les difficultés de compétence pourraient ainsi être résolues bien plus promptement et elles diminueraient plus rapidement. Une Cour suprême, unique, prend des décisions qui s'imposent, pour l'avenir, à l'ensemble des tribunaux qui composent la juridiction. La Cour de cassation pourrait ainsi jouer le rôle de régulateur de jurisprudence, que ne peut jouer le Tribunal des conflits dans les rapports entre tribunaux administratifs et judiciaires, et mettre ainsi un terme aux contrariétés de décisions.

L'unité de juridiction permettrait également de mettre un terme à la technique des questions préjudicielles et à celle du conflit positif. Il serait bien plus facile de consacrer le principe faisant du juge de l'action le juge de l'exception dans le cadre d'une justice unifiée. L'unité de juridiction permettrait d'ailleurs de faire cesser la division des litiges entre le juge judiciaire et le juge administratif.

Notons encore que la crainte du plaideur au moment de saisir le juge serait moindre. Le risque d'erreur sur la juridiction serait exclu. Il n'est bien évidemment pas impossible de saisir le mauvais tribunal mais rien n'interdit d'instituer un mécanisme de renvoi automatique à la charge du juge lui-même afin de guider le plaideur dans les arcanes de la justice.

La fin du mécanisme préjudiciel, la limitation du conflit positif, la mise en place d'un renvoi automatique, sont des propositions qui peuvent également valoir dans le cadre d'une justice dualiste. Elles sont néanmoins plus difficilement envisageables, car l'antagonisme existant entre deux juges distincts est généralement bien plus important qu'entre deux tribunaux au sein d'une même juridiction.

---

[165] J.-M. Woehrling, *op. cit.*, p. 351.

Subsiste encore une question importante : des magistrats d'une Chambre spécialisée, au sein d'un ordre de juridiction unique, peuvent-ils résoudre convenablement les problèmes posés par le contentieux administratif ? Peuvent-ils être de bons juges administratifs ? Pour F.-P. Bénoit, « la réponse est négative. Car de deux choses l'une : ou bien ces juges seront recrutés après une formation spéciale, seront constitués en chambres spéciales, avec impossibilité de passer d'une chambre judiciaire à une chambre administrative, et en ce cas ce sera alors une juridiction administrative ; ou bien le recrutement sera identique, avec passage d'une chambre à l'autre, et la solution tombe alors sous le coup de toutes les critiques précédentes »[166].

Le contentieux administratif doit certes relever d'un juge spécialisé, c'est-à-dire d'un juge qui connaisse la nature exceptionnelle de la mission de l'autorité administrative, mais la spécialisation nécessite-t-elle une formation spécifique ? Pourquoi les magistrats administratifs ne pourraient-ils pas être des juges comme les autres ? La spécialisation doit venir de l'apprentissage, de la pratique, de l'expérience au sein de l'institution, et pas simplement d'une formation initialement administrative et non juridique. Il nous étonne encore que les magistrats de la juridiction administrative soient, pour l'essentiel, avant tout des administrateurs et non des juristes de formation. Certes, le droit est enseigné à l'Ecole nationale de l'administration, mais dans des proportions limitées. Les magistrats des tribunaux répressifs, civils, commerciaux, ruraux, des prud'hommes...n'ont-ils pas la même formation ? Par ailleurs, même obligatoire, le passage d'une chambre à l'autre n'interdit pas la spécialisation de la Chambre administrative elle-même. Le brassage en son sein permet forcément de mettre en contact des juges plus expérimentés sur la matière avec des magistrats plus novices. L'apprentissage se fait par les contacts et par les échanges, et il en résulte le plus souvent, par la confrontation des idées des uns et des autres, un certain enrichissement. La culture d'un juge est d'ailleurs bien plus souvent celle de l'institution que celle des membres qui la composent.

Ainsi, le seul véritable argument indiscutable en faveur du maintien de la juridiction administrative, c'est la tradition française du juge administratif. La suppression de l'ordre juridictionnel administratif a plus souvent été murmurée que profondément souhaitée, car cette solution néglige, trop ouvertement, la réalité du système juridique français. Pour P. Delvolvé, « l'essentiel est que le pouvoir administratif n'échappe pas au contrôle du juge et que le juge échappe au pouvoir administratif » mais « la juridiction administrative s'insère trop profondément dans le système administratif et juridictionnel français pour que sa mise en cause n'ébranle tout l'édifice »[167].

---

[166] F.-P. Bénoit, *op. cit.*, n° 49.
[167] P. Delvolvé, *Paradoxes du (ou paradoxes sur le) principe de séparations des autorités administrative et judiciaire*, Mélanges Chapus, p. 145.

Pourquoi alors vouloir mettre un terme à un système juridictionnel de contrôle de la puissance publique qui a fait ses preuves et qui fonctionne bien ? Le juge administratif sait être un protecteur efficace des droits des justiciables mais la coexistence des deux ordres de juridictions pour connaître du contentieux des libertés fondamentales pose de vrais problèmes. Le système doit donc être réformé.

L'unité de juridiction semble aujourd'hui difficilement concevable en France. Peut-être n'est-il pas impossible d'envisager un système permettant à la fois de sauvegarder le juge administratif tout en limitant, peut-être, les inconvénients liés à l'existence d'une justice dualiste.

SECTION II : LA FUSION DES JURIDICTIONS ADMINISTRATIVE ET JUDICIAIRE :

Le partage byzantin des compétences entre les deux ordres de juridictions, les incertitudes qui en résultent pour les plaideurs, les divergences d'appréciation des textes par le juge judiciaire et par le juge administratif qui ont chacun à les appliquer, le morcellement des litiges, l'insuffisante formation des magistrats administratifs en droit privé, sont autant de raisons qui incitent au changement. La dualité de juridictions est facteur de complications, et cette complexité est de plus en plus mise en cause, parce qu'elle nuit à la qualité de la protection des droits fondamentaux. La Convention européenne des droits de l'homme impose de voir sa cause entendue dans un délai raisonnable mais le dualisme juridictionnel empêche encore trop fréquemment cette intervention rapide du juge. Les remèdes sont donc aujourd'hui nécessaires dans le cadre d'un système juridique tourné autant vers l'extérieur que vers l'intérieur. L'effectivité de la protection des libertés fondamentales commande une réforme du système juridique de garantie des droits.

Faisant une sorte de bilan coût/avantage quant à l'intérêt de maintenir la justice dualiste telle qu'elle existe actuellement en France, bilan qui ne laisse guère de doute sur la faiblesse de son utilité, Didier Truchet propose la fusion des deux ordres de juridictions[168]. La principale faiblesse de la proposition n'est certainement pas de nature juridique, à une époque où le particularisme du droit administratif par rapport au droit privé est bien moindre, mais elle est essentiellement d'ordre social et psychologique. La fusion aboutirait, en effet, à restreindre fortement l'autonomie de la juridiction administrative. Cette solution apparaît cependant plus souple, puisqu'elle permet la sauvegarde du juge de la puissance publique. Elle pourrait limiter les inconvénients du système dualiste, et donc permettre une sauvegarde plus efficace de la liberté des justiciables, tout en préservant, au moins en partie, la juridiction administrative.

---

[168] D. Truchet, *Fusionner les juridictions administrative et judiciaire ?* , *op. cit.*

La fusion totale des deux juges (Paragraphe I), mal perçue et rejetée par le monde juridique, pourrait laisser place à une fusion partielle limitée au seul contentieux des droits fondamentaux (Paragraphe II). La protection de la liberté justifie que l'on mette un terme, dans la mesure du possible, aux incohérences de la justice dualiste.

§ 1 : UNE FUSION TOTALE :

« Il est sans doute utile de s'interroger sur le dualisme juridictionnel français : ne devient-il pas nécessaire de réunir la juridiction administrative et la juridiction judiciaire dans une même structure ? ». L'interrogation de Didier Truchet, plus encore aujourd'hui, mérite que l'on s'y attarde. Le principe de séparation des autorités administrative et judiciaire, qui n'avait initialement, probablement pas, le sens qu'on a bien voulu lui donner par la suite, n'a pas valeur constitutionnelle. La lenteur de la justice française fait de plus en plus souvent l'objet de contestations devant la Cour européenne des droits de l'homme. La critique du système juridictionnel français de protection des droits par les instances européennes est de plus en plus directe. La France n'a-t-elle d'ailleurs pas été condamnée à plusieurs reprises par la Cour de Strasbourg pour non-respect de l'article 6 de la Convention ? « L'ancienneté force le respect, mais n'est pas nécessairement gage d'avenir ; au nom de quoi notre organisation juridictionnelle fondamentale devrait-elle rester, par principe, immuable alors que les conditions qui ont présidé à l'apparition puis à l'affirmation du juge administratif, ont disparu ? »[169].

La fusion du juge judiciaire et du juge administratif serait très probablement délicate à instituer. « Au passif s'inscriraient certainement les difficultés pratiques de sa mise en place, la perplexité des juges et des usagers et, pour tout dire, le vaste désordre transitoire qu'elle créerait inévitablement. L'existence du droit administratif et du droit privé en serait-elle affectée ? Je l'ignore ; mais l'érosion du principe de liaison de compétence et du fond aura probablement des conséquences sur ce dernier. Des rectifications de frontière peuvent se produire ; elles ne seraient pas nécessairement fâcheuses. Mais le cordon ombilical entre le juge et son droit ne serait pas coupé, puisqu'il existerait, pour chaque branche du droit, des chambres spécialisées. Les droits pénal, civil, commercial et social coexistent bien dans la même juridiction, sans dommage pour eux !... Le droit administratif ne serait donc pas fondamentalement menacé par la fusion »[170]. La fusion des juridictions ne signifie pas nécessairement la fusion des droits.

La fusion permettrait cependant d'harmoniser le droit, de supprimer l'émiettement des litiges entre les deux juges, de faire cesser la technique des

[169] D. Truchet, *op. cit.*, p. 335 et 336.
[170] *Idem*, p. 329.

questions préjudicielles, de faire disparaître la procédure du conflit positif et même le Tribunal des conflits.

La fusion aurait surtout l'avantage de mettre un terme à des principes anachroniques qui compliquent considérablement le fonctionnement du système actuel : la théorie de la voie de fait, le principe faisant du juge judiciaire le gardien de la liberté individuelle et de la propriété privée immobilière. L'application de ces principes, qui ne se justifient plus vraiment, qui présentent plus d'inconvénients que d'avantages pour le plaideur, qui ne correspondent plus à grand chose dans la pratique, obscurcit excessivement la détermination de la répartition des compétences. La fusion aboutirait ainsi parallèlement à renforcer la légitimité, l'autorité et l'efficacité de la justice. Elle rendrait la justice plus simple et plus lisible pour le justiciable qui doit le plus souvent faire face, aujourd'hui, à la multiplication des juridictions.

La fusion est donc « souhaitable » mais est-elle « possible » ? Juge judiciaire et juge administratif se sont rapprochés. Cela est vrai au niveau des structures, au niveau des procédures, au niveau des jurisprudences et au niveau du droit applicable. Ce rapprochement est un élément particulièrement favorable à la fusion mais il n'est pas suffisant. Certes, les deux juridictions restent encore séparés par des différences importantes mais ce ne sont pas des raisons suffisantes justifiant le rejet d'une fusion éventuelle. D'autant plus que les circonstances sont, sans aucun doute, favorables à cette fusion. En réalité, le principal obstacle, comme dans l'hypothèse de l'unité de juridiction, demeure d'ordre culturel.

A l'inverse d'une suppression de la juridiction administrative, la fusion ne nécessite pas nécessairement une révision de la Constitution. L'obstacle de la jurisprudence du Conseil constitutionnel peut éventuellement être surmonté. Didier Truchet estime qu'« une autre interprétation est possible qui permettrait la fusion par voie législative : le conseil exige qu'il y ait une juridiction administrative, mais non qu'elle ait une existence autonome. Or la fusion ne serait pas – il faut y insister derechef – la disparition de la juridiction administrative : celle-ci demeurerait, comme partie d'un vaste ensemble : il n'y aurait pas d'inconstitutionnalité ». Il existe cependant une réserve constitutionnelle de compétence, en faveur du juge administratif, pour le contentieux de l'annulation et de la réformation des actes de la puissance publique. Notons toutefois que cette réserve de compétence n'est pas absolue puisque le législateur peut y déroger dans l'intérêt d'une bonne administration de la justice. « Il est tout à fait possible de soutenir que le Conseil ne devrait pas faire obstacle à une fusion totale des compétences qui répondrait à l'intérêt d'une bonne administration de la justice. Le *noyau dur* de la compétence administrative n'existe que dans la mesure où existe un juge administratif distinct. Le Conseil a entendu protéger la compétence de ce dernier en l'état actuel des structures juridictionnelles, non son existence séparée… Le Conseil constitutionnel ne condamnerait pas la fusion des juridictions, dès lors qu'il aurait la garantie absolue que la protection des droits des administrés n'en souffrirait pas »[171].

Quant à l'obstacle de la spécialisation du juge et du droit applicable, on sait qu'il pourrait être franchi sans trop de difficultés.

Pourquoi dès lors ne pas envisager un système juridictionnel qui ferait fusionner le juge judiciaire avec le juge administratif ? Il pourrait exister un tribunal unique de première instance, un tribunal d'appel et une Cour suprême, chacun composé de chambres civiles, commerciales, sociales, pénales et administratives issues des juridictions actuelles. « Pour tenir compte du *maillage* beaucoup plus serré des juridictions civiles, rien n'imposerait de doter toutes les juridictions nouvelles de toutes les chambres : seuls les tribunaux de première instance et les tribunaux d'appel siégeant dans les villes où existent des tribunaux administratifs et des cours administratives d'appel auraient, dans un premier temps, une ou plusieurs chambres administratives. Rien de plus : pas de fusion des droits public et privé et – pour les amateurs de symbole – pas nécessairement de déménagement d'un juge au siège de l'autre. Mais rien de moins. La fin du dualisme juridictionnel se suffirait à elle-même »[172].

Il convient néanmoins de convaincre les partisans du maintien du dualisme juridictionnel tel qu'il existe aujourd'hui. Rien n'est moins simple ; ils sont nombreux, influents et ils disposent d'un avantage considérable : le système actuel existe depuis longtemps et il fonctionne.

Les juges, essentiellement de l'ordre administratif, verraient très certainement d'un mauvais œil la fusion, qu'ils pourraient percevoir comme une limitation de leur autonomie et de leur spécificité, de leurs prérogatives, de leurs privilèges. La limitation du particularisme de la juridiction administrative ne saurait pourtant pas beaucoup plus importante que celle qui l'attend encore dans le cadre du système actuel. Et puis, la justice doit servir le justiciable et non ceux qui la rendent. Tout doit donc être fait pour perfectionner le système juridictionnel de protection des droits. Néanmoins, si la fusion totale n'est pas possible, compte tenu principalement de l'importance des réticences, une fusion partielle pourrait être évoquée.

§ 2 : UNE FUSION PARTIELLE : CREATION D'UN JUGE UNIQUE DES LIBERTES FONDAMENTALES :

La protection de la liberté fondamentale, au moins dans un Etat démocratique, doit pouvoir justifier la mise en place d'un système juridictionnel spécifique, capable de préserver cette liberté en toutes circonstances et le plus rapidement

[171] D. Truchet, *op. cit.*, p. 343 et 344.
[172] *Idem*, p. 337.

possible. N'existe-t-il d'ailleurs pas un juge spécifique de protection des droits fondamentaux au niveau européen ?

Pourquoi alors n'y aurait-il pas, au niveau interne, une juridiction particulière chargée de sauvegarder les libertés essentielles des citoyens contre les atteintes de la puissance publique, si le système juridictionnel de droit commun ne permet pas toujours d'y parvenir convenablement ? L'institution d'un juge unique des droits fondamentaux permettrait de résoudre la plupart des difficultés liées à l'existence d'une justice dualiste, et notamment au partage anarchique des compétences entre le juge administratif et le juge judiciaire, lorsqu'une liberté fondamentale est en jeu. Les imperfections de la justice sont toujours choquantes, bien que souvent inévitables, mais elles deviennent inacceptables lorsqu'elles aboutissent à rendre impossible la sauvegarde d'une liberté fondamentale d'un individu. Pourquoi ne pas envisager un mécanisme intermédiaire, permettant de limiter au maximum les inconvénients de la dualité de juridictions, sans remettre en cause les principes sur lesquels elle repose ?

Il n'est pas impossible de créer une chambre mixte permanente, composée pour moitié de magistrats judiciaires et de magistrats administratifs. Il ne s'agit pas d'instituer un organe de régulation des compétences en matière d'atteintes administratives aux libertés fondamentales, mais de mettre en place une institution chargée de statuer sur le fond du litige. Le juge des libertés, à la fois administratif et judiciaire, pourrait donner, en urgence si besoin est, la solution au fond sur l'ensemble du litige. Une telle solution mettrait fin au morcellement du contentieux des droits fondamentaux. La décision prise par le juge s'imposerait aux parties, et elle pourrait faire l'objet d'un appel et d'un pourvoi en cassation.

Reste cependant à déterminer devant quelle juridiction ? Comme dans l'hypothèse évoquée précédemment, seuls les tribunaux de première instance et les cours d'appel, siégeant dans les villes où existent des tribunaux administratifs et des cours administratives d'appel, auraient une chambre mixte. Subsiste toutefois le problème de la cassation qui apparaît beaucoup plus complexe. Il faudrait instituer une sorte d'assemblée plénière composée à la fois de membres du Conseil d'Etat et de la Cour de cassation. La solution est possible mais elle reste difficile à envisager.

Les avantages d'une telle solution sont évidents. Ils sont identiques à ceux énoncés dans l'hypothèse de la fusion totale : absence de doute au moment de saisir le juge ; disparition, en principe, du conflit d'attribution ; fin des questions préjudicielles ; unicité des litiges ; harmonisation du contentieux des droits fondamentaux et protection identique pour tous les justiciables. Le système permet également de sauvegarder la compétence du juge de la puissance publique, pour statuer sur les litiges administratifs, sur le fondement du principe de séparation des autorités, et celle de l'autorité judiciaire en tant que gardienne des droits essentiels de l'individu.

Le passif pourrait cependant se révéler lourd. La solution nécessite de déterminer quelles sont les libertés fondamentales. Gageons que cela pourrait être fait assez rapidement, éventuellement avec l'aide du législateur. Elle nécessite également la création, dans l'hypothèse où la requête n'est pas considérée comme concernant une liberté fondamentale, d'un mécanisme de renvoi automatique devant la juridiction compétente. Elle implique surtout la création d'une nouvelle juridiction.

La réforme apparaît ainsi relativement lourde et complexe. Elle suppose une logistique difficile à mettre en place. Alors que l'on recherche la simplicité et une plus grande unité de la justice par la limitation du nombre des juridictions, la solution pourrait favoriser la complexité et aboutir à la mise en place d'un juge supplémentaire. La création d'une chambre mixte risquerait surtout de conduire parfois à un désaccord sur le fond. Il ne peut certes pas y avoir de conflit de compétence mais il peut y avoir une divergence inextricable, dans l'hypothèse logique d'une chambre mixte paritaire, quant à la solution. Sauf à prévoir un nouveau mécanisme de conflit ou un départiteur, l'institution d'un juge unique des libertés fondamentales suppose entente et coopération des membres qui composent l'organe.

La proposition permet, certes, de ménager les susceptibilités des deux juges, mais elle n'est pas nécessairement logique, ni même simple d'un strict point de vue juridique et pratique.

La fusion totale, solution plus extrême, est, en définitive, peut-être plus simple et plus cohérente. Est-elle pour autant souhaitable ? Avec précaution, il nous semble possible de répondre par l'affirmative. La protection des droits fondamentaux serait très probablement mieux garantie dans un système juridictionnel unifié. La fusion est-elle réalisable ? C'est un tout autre problème. On peut craindre que les réticences rendent toute réforme en ce sens illusoire. Entreprise aujourd'hui, les inconvénients l'emporteraient sans doute sur les avantages. Mais demain est un autre jour, et l'avenir du dualisme, tel qu'il existe actuellement, est peut-être menacé. La pression extérieure, principalement celle qui émane des institutions européennes, peut conduire, dans un futur proche, à apprécier sous un angle différent la question de l'utilité et de la pertinence de la dualité de juridictions.

Conclusion du Titre II :

Laurent Cohen-Tanugi, dans son article sur « l'avenir de la justice administrative », déclare en 1988 : « l'avenir de la justice administrative rencontre l'alternative suivante : soit s'intégrer, sous une forme ou une autre, à un ensemble judiciaire restructuré, plus cohérent et au prestige rehaussé, en lui apportant son expérience et son autorité dans son domaine propre, mais en se modernisant pour épouser les formes normales du procès ; soit perpétuer des archaïsmes et contribuer à maintenir en l'état la fragmentation de nos institutions judiciaires, mais au risque de se trouver progressivement marginalisée, en butte aux critiques croissantes des justiciables, voire aux distorsions médiatiques »[173].

L'intégration du juge administratif à la juridiction judiciaire, au sens propre du terme, ne s'est pas encore faite, presque quinze ans plus tard. Le rapprochement, structurel et fonctionnel, s'est cependant en grande partie opéré.

La garantie effective des libertés fondamentales rendait ce mouvement impératif, compte tenu notamment de l'importance quantitative de la compétence du juge administratif pour connaître du contentieux des atteintes administratives aux droits fondamentaux. La juridiction administrative, gardienne des libertés essentielles de l'individu au même titre que son homologue judiciaire, devait être dotée des techniques traditionnelles de protection des droits. Cela semble être aujourd'hui le cas.

Ce rapprochement, qui augmente la qualité de la protection juridictionnelle, doit parallèlement faciliter la suppression des difficultés liées à l'existence d'une justice dualiste.

Pour ce faire, la transformation de la juridiction administrative doit être accompagnée d'une réforme de l'ensemble du système juridictionnel qui passe, soit par l'évolution des règles de compétence et par une nouvelle répartition du contentieux des libertés fondamentales entre les deux juges, soit par l'unification des deux ordres de juridictions. La première solution apparaît aujourd'hui comme la plus réaliste.

---

[173] L. Cohen-Tanugi, *op. cit.*, p. 19.

CONCLUSION GENERALE :

La coexistence de deux ordres de juridictions génère de graves difficultés. Le premier problème concerne la répartition des compétences entre les deux juges. Celle-ci s'avère éminemment délicate tant les techniques du droit public et celles de droit privé sont étroitement enchevêtrées. La nette démarcation existante initialement s'est progressivement effacée au profit d'une nouvelle frontière beaucoup plus mouvante, mouvance accentuée par l'absence d'une clause générale de compétence. La dualité emporte trop souvent, plus encore lorsqu'une liberté fondamentale est en jeu, la dislocation du contentieux et les contrariétés de décisions. Le contentieux des droits fondamentaux, fruit de l'histoire et de l'évolution du système juridictionnel français, est partagé entre le juge judiciaire et le juge administratif. Ce partage, la plupart du temps contestable, est plus incertain encore, compte tenu du rejet par la juridiction administrative de la compétence de principe du juge judiciaire pour connaître des atteintes administratives aux libertés fondamentales. La conciliation entre le principe de séparation des autorités et le principe faisant de l'autorité judiciaire la gardienne des droits essentiels de l'individu est de plus en plus délicate alors que le juge administratif peut prétendre aujourd'hui assurer une sauvegarde de la liberté aussi efficace que son homologue judiciaire. Les critiques n'emportent pas nécessairement l'obligation de supprimer la dualité mais elles imposent des changements.

La protection de la liberté est-elle mieux assurée par deux juges que par un seul ? L'existence d'un juge administratif pour connaître du contentieux de la puissance publique n'est pas une mauvaise solution. La technicité de la matière justifie l'existence d'une formation spécialisée. Le véritable préjudice naît, en réalité, de l'intervention des deux juges. Lorsque l'administration porte atteinte à une liberté fondamentale, la compétence juridictionnelle, pour protéger la victime de l'atteinte, peut être, soit administrative, soit judiciaire, mais elle est le plus souvent administrative et judiciaire.

La dualité de juridictions assurerait une meilleure protection du citoyen contre l'administration mais cet avantage a une contrepartie : l'imbrication fréquente des deux compétences administrative et judiciaire entraîne parfois l'incertitude pour les plaideurs, et de longs délais avant qu'ils obtiennent satisfaction. Le système serait pleinement efficace sous une double condition : un juge judiciaire exclusivement compétent pour connaître des atteintes privées aux droits fondamentaux et un juge administratif exclusivement compétent pour connaître des atteintes administratives à ces droits ; un juge administratif, juge de la puissance publique, indépendant vis-à-vis de l'administration et capable d'assurer une protection effective de la liberté. Il semble que la seconde condition soit maintenant remplie mais ce n'est certainement pas le cas de la première. Le système juridictionnel est-il alors protecteur des libertés ? Répondre par la négative serait injuste et excessif. Aucun dispositif n'est parfais mais il est parfois bon de s'interroger sur son efficacité afin de le faire progresser.

L'efficacité s'analyse comme étant la possibilité reconnue à tous les citoyens de pouvoir faire sanctionner par un juge la méconnaissance de leurs droits. L'existence véritable des libertés est à ce prix. Il est vain de proclamer des droits aux individus s'ils ne peuvent effectivement en bénéficier. Le mécanisme actuel de protection des libertés est « injustement » efficace car, complexe comme il est, il ne s'adresse pas à tous. Il interdit parfois la sauvegarde de la liberté, mais, surtout, il rend très aléatoire l'accès au juge pour les justiciables les plus faibles, c'est-à-dire en réalité ceux qui ont le plus besoin de la protection du juge.

Une meilleure efficacité de la protection juridictionnelle des droits doit donc sans cesse être recherchée. La doctrine vante fréquemment les mérites de notre justice dualiste. Elle recherche souvent dans les publications étrangères les louanges faites sur notre juge administratif afin de montrer à quel point notre dispositif juridictionnel de protection des droits est envié et même copié. On s'étonne cependant qu'il y ait eu si peu de recherche entreprise sur les principaux systèmes étrangers de contrôle juridictionnel de l'administration, tout comme on s'étonne de trouver aussi peu de pays présentant un mécanisme semblable au notre. Aussi efficace et jalousé soit-il, il n'est presque jamais reproduit à l'identique. Le seul Etat qui, à l'intérieur de l'Union européenne, connaisse un système juridictionnel proche du système français est la Grèce depuis les Constitutions de 1952 et 1975[1]. Certes, cela ne prouve rien, mais cela suscite tout de même quelques interrogations sur le bien-fondé de notre système. Une telle attitude ne procède-t-elle pas d'un certain conservatisme ? Ne révèle-t-elle pas la crainte d'être confronté à la critique ? N'y a-t-il pas quelques intérêts à regarder de l'autre côté de nos frontières pour améliorer notre système juridictionnel au travers d'une étude comparée ?

L'analyse des principaux systèmes étrangers de contrôle de l'activité de la puissance publique, dans les pays démocratiques, révèle plusieurs traits caractéristiques.

- Le principe même d'un contrôle de l'administration semble aujourd'hui accepté par tous les pays. Le temps où l'autorité administrative pouvait prétendre échapper au juge est révolu. Certains pays exercent un contrôle plus ou moins poussé mais ce contrôle existe partout.
- La dichotomie entre le système dualiste et l'unité de juridiction persiste, mais le rapprochement est patent.

Les pays dans lesquels règne l'unité de juridiction font de plus en plus souvent place à des procédures distinctes pour connaître des litiges administratifs. Ils vont

---

[1] Voir R. Drago, *Actualité du principe de séparation en France et dans les Etats de la C.E.E.*, AJ 1990, p. 581.

même parfois jusqu'à créer des juridictions spéciales intégrées à la juridiction de droit commun. Les systèmes dualistes soumettent le plus souvent au juge judiciaire de droit commun les litiges administratifs de plein contentieux. Le contentieux objectif, c'est-à-dire l'équivalent du recours pour excès de pouvoir français, appartient au juge administratif, tandis que le plein contentieux, c'est-à-dire principalement le contentieux de la responsabilité et des contrats, ressort de la compétence du juge ordinaire. Cette compétence d'attribution vaut sans « clause générale de compétence ». Il existe ainsi une reconnaissance formelle de cette distinction dans la plupart des pays, comme en Allemagne, en Belgique, en Italie et aux Pays-Bas, alors que cette compétence du juge judiciaire en France pour connaître du plein contentieux, si elle est possible[2], n'est pas systématique et automatique.

- Les pays qui pratiquent l'unité de juridiction connaissent moins de conflits de compétence ainsi qu'une plus grande unité du droit. Reste cependant à savoir si le contrôle de l'administration est efficace, et s'il permet de prendre en compte l'intérêt général.

Les pays qui pratiquent la dualité de juridictions connaissent, à l'instar de la France, des difficultés relatives à la répartition des compétences. Les inconvénients sont, toutefois, fréquemment moindres. Les raisons sont multiples. Comme dit précédemment, seul le contentieux de l'annulation relève le plus souvent de la juridiction administrative, et, une véritable autonomie est reconnue, en règle générale, à cette dernière. Enfin, certains pays, comme l'Allemagne, afin d'assurer une protection plus effective de la liberté, reconnaissent le caractère suspensif du recours devant les tribunaux administratifs.

L'exemple le plus proche et le plus connu de système juridictionnel unique, au moins dans un Etat unitaire, ce qui exclut l'étude du système juridictionnel des Etats-Unis[3] ou du Canada[4], est celui du Royaume-Uni.

Le contentieux administratif au Royaume-Uni :

L'unité de juridiction, symbole du respect du principe de l'égalité de tout sujet de la Reine devant la loi, a été consacrée par le Bill of Rights de 1689, qui interdit au roi d'exonérer ses ministres et ses fonctionnaires de l'application de la loi ordinaire, c'est-à-dire de la législation parlementaire et de la « common law » développée par les juges. Ainsi, le contrôle de l'activité administrative relève des tribunaux de droit commun. Le principe veut que les droits anglais, écossais et nord-irlandais ne reconnaissent aucune séparation juridictionnelle entre les juges du droit public et ceux du droit privé. Les tribunaux judiciaires, c'est-à-dire les « courts », connaissent à la fois des affaires des particuliers et des affaires de l'Etat.

---

[2] C'est ce qui ressort notamment de la décision du Conseil constitutionnel du 23 janvier 1987.
[3] Voir Michael H. Davis, *Etats-Unis. Les contentieux administratifs*, RFDA 1988, p. 235.
[4] Patrice Garant, *Canada. Le contentieux administratif*, RFDA 1988, p. 229.

Le droit anglais ne reconnaît pas un caractère spécifiquement public au régime du plein contentieux. Les marchés publics et les contrats de travail liant les fonctionnaires au service public sont traités par le juge comme des contrats ordinaires. Cette unité des règles oblige l'administration, pour faire valoir ses droits, à faire usage des mêmes procédures que le particulier devant les tribunaux ordinaires. La responsabilité de l'administration a toujours été considérée comme une responsabilité du fait d'autrui, c'est-à-dire du fait des agents. La responsabilité des collectivités locales est admise à condition que les agents aient agi sur ordre. Le contentieux de la responsabilité relève donc presque exclusivement des juridictions judiciaires puisqu'il n'existe pas de procédure distincte de celle applicable aux personnes privées. Quant au contrôle de légalité des actes unilatéraux, il a relevé pendant longtemps exclusivement des tribunaux ordinaires.

Le mécanisme juridictionnel de contrôle de l'administration au Royaume-Uni a cependant connu une importante évolution présentant une double caractéristique :

- Il a été institué, par le législateur, de nombreuses juridictions spéciales, les « tribunals », en matière administrative - mais pas exclusivement - qui disposent d'une compétence d'attribution. Ces juridictions spéciales, dotées chacune d'un personnel et d'une procédure distincts, contrôlent la plupart des activités de l'administration. Les tribunaux administratifs connaissent essentiellement des recours de plein contentieux. Il ne s'agit cependant pas de véritables tribunaux administratifs. Leur compétence est très limitée. « Les tribunaux administratifs n'ont aucune compétence générale : il serait inexact de dire que le droit administratif, si embryonnaire soit-il, fonde la compétence de ces tribunaux. Ceux-ci sont apparus en dehors de toute conception théorique mais, selon l'habitude britannique, de façon pragmatique lorsque le législateur voulait permettre aux administrés, ou aux citoyens, de mettre en cause une décision administrative ou non, sans pour autant s'adresser aux cours de justice ordinaires. Ainsi, les tribunaux administratifs n'ont que la compétence d'attribution qui leur est conférée par la loi »[5]. Les tâches sont réparties entre les différents tribunaux en fonction de la matière et non en fonction du caractère public ou privé des parties au litige. « Si l'on a créé des juridictions spéciales, ce n'était que pour des raisons pratiques tirées du coût, du caractère informel de la procédure, et pour désencombrer les tribunaux de droit commun. Aucun principe constitutionnel ou dogmatique n'exige une séparation des juridictions administratives et judiciaires »[6].

Ces tribunaux peuvent être regroupés en cinq catégories selon leur vocation : les tribunaux économiques, les tribunaux fiscaux, les tribunaux sociaux, les tribunaux statuant sur certaines questions relatives aux libertés, et les tribunaux immobiliers. Ces tribunaux administratifs ne peuvent d'ailleurs pas être considérés comme de véritables juridictions car ces formations, qui établissent chacune leurs règles

[5] P. Gérard, *Les tribunaux administratifs britanniques*, AJDA 1991, p. 3.

[6] J. Bell, *Unité ou dualité de juridiction en matière administrative au Royaume-Uni*, RFDA 1990, p. 892.

propres, relèvent souvent en appel du ministre concerné par le litige, selon un système ressemblant à celui de la justice retenue, et voient leur action coordonnée par le « Council on Tribunals » institué en 1958. Pour tous les autres tribunaux, l'appel relève de la « High Court ». Les jugements des tribunaux d'appel, qui n'ont pas statué en dernier ressort, et ceux de la « High Court », peuvent être soumis sur une question de droit, à leur tour, devant la « Civil Division », c'est-à-dire à la cour d'appel britannique. Ces décisions peuvent finalement faire l'objet d'un pourvoi devant la Chambre des lords. Les tribunaux administratifs demeurent donc soumis à la juridiction judiciaire.

- A l'intérieur de la juridiction de droit commun, qui dispose d'une compétence de principe sur des matières de droit privé, de droit commercial et de droit pénal - c'est-à-dire la « High Court » de Londres, la « Court of Session » d'Edimbourg, et la « High Court » de Belfast - il existe également des juges spécialisés - les juges de la « Crown Office List » - pour traiter du contentieux administratif selon une procédure distincte - l'« application for judicial review » - qui permet d'introduire une action contre l'administration. Il s'agit de neuf magistrats, statuant comme de véritables juges de l'excès de pouvoir, et élaborant une jurisprudence originale fortement inspirée par celle des juges continentaux. Les décisions des tribunaux administratifs, comme celles des ministres, peuvent être soumises à la « High Court » par cette procédure de révision judiciaire. A la différence de la voie de l'appel, qui vise à faire examiner les mérites d'une décision, la révision judiciaire tend à la vérification de la légalité de la décision. L'objectif n'est pas d'imposer une décision au juge inférieur, mais il est d'annuler ou de confirmer le jugement du tribunal. L'acte administratif est donc toujours susceptible d'être soumis au juge judiciaire par la voie de l'appel ou par la voie de la révision judiciaire.

Il existe donc bien aujourd'hui des juges spécialisés pour statuer sur la légalité des actes de l'autorité administrative, mais ils relèvent de la juridiction judiciaire. La procédure visant à faire annuler les actes administratifs ou à faire respecter le droit administratif, bien que distincte, est intégrée à l'intérieur des juridictions de droit commun. Le développement du droit public révèle certes l'intérêt, pour ne pas dire la nécessité, d'un droit administratif distinct et autonome du droit privé. Le système britannique présente cependant, par son approche, un double avantage sur le système français.

Il permet, malgré la multiplicité des procédures et des juridictions, qui limitent la cohérence du système de contrôle juridictionnel, et qui peut affecter l'égalité devant la justice, l'unité du droit, notamment en rendant très difficile les contrariétés de décisions. La présence d'une procédure distincte et l'existence de tribunaux administratifs ne peuvent pas nuire à l'homogénéité de ce droit. « L'unité du système est préservée par le caractère *généraliste* de l'unique cour d'appel de chaque système juridique et par la Chambre des Lords, qui est l'unique cour de dernier ressort des trois systèmes »[7]. Notons également que le particulier peut toujours soulever l'exception d'illégalité de l'acte administratif devant le juge ordinaire en matière civile ou pénale. Le mécanisme de la question préjudicielle est, pour cette raison, inconnu du droit britannique. Le juge de l'action est toujours le juge de l'exception, ce qui exclut le morcellement des litiges.

Il n'y a que très peu de conflits sérieux de compétence. « En général, le caractère supplémentaire du droit public fait qu'il y a peu de conflits entre les juges du droit public et les juges ordinaires du droit privé – le droit public offre un recours là où le droit privé n'offre rien »[8].

Le principal défaut du système britannique, au moins selon la perception française de la justice, apparaît être la trop fréquente soumission de l'administration au droit commun. L'argument soulève une double réflexion.

L'administration française est déjà, et de plus en plus, soumise aux règles du droit privé. La tendance est d'ailleurs à la restriction du champ d'intervention du juge administratif au profit du juge judiciaire, à qui l'on confie plus souvent le domaine du plein contentieux. La dernière véritable chasse gardée de la juridiction administrative se trouve être le contentieux de l'excès de pouvoir qui concerne essentiellement le domaine des mesures de police, c'est-à-dire le contentieux des libertés publiques. C'est notamment la raison qui explique son attitude de rejet face à la compétence de l'autorité judiciaire en la matière.

Rien n'interdit, par ailleurs, de continuer à soumettre l'administration au droit public dans le cadre d'une chambre administrative intégrée à la juridiction judiciaire. La tradition française du droit public et de la défense de l'intérêt général le permet. L'existence d'une telle chambre à l'intérieur d'une juridiction de droit commun, en lieu et place d'un juge administratif autonome et distinct, ne signifie pas inévitablement la fin du droit public. Le concept de service public, d'intérêt général, est inhérent à un pays, et non pas seulement à des juges. La prise en compte de l'intérêt général peut exister dans le cadre d'un tel dispositif et peut-être même mieux. Pour preuve, on peut noter la tendance actuelle du juge administratif à prendre parfois exagérément en compte les intérêts du particulier au détriment de l'intérêt général. Ceci s'avère particulièrement vrai concernant le contentieux de la responsabilité. Afin de légitimer son existence, la juridiction administrative juge, dans certains domaines, de plus en plus sévèrement l'administration. L'unification pourrait mettre un terme à cette surenchère peu favorable à la sauvegarde de l'intérêt général et à la cohérence de la justice.

La solution aurait même, par rapport au système britannique, l'avantage de la cohérence, puisqu'il existerait, pour l'ensemble des litiges administratifs, une seule institution de contrôle et une procédure unique.

Le système britannique ne saurait bien évidemment constituer un modèle pour notre justice. La tradition des deux pays est bien trop distincte pour qu'il puisse en

[7] J. Bell, *op. cit.*, p. 893.
[8] *Idem.*

être ainsi. Cela ne doit cependant pas empêcher d'éventuels emprunts, notamment dans le sens d'une simplification de notre mécanisme juridictionnel. Les Britanniques ont certes bien compris l'intérêt d'un droit public, mais il ne saurait être, pour eux, question de créer une véritable juridiction administrative.

L'unité de juridiction n'est pourtant pas, à l'exception des nations anglo-saxonnes, le système juridictionnel le plus répandu dans le monde et à l'intérieur de l'Union européenne. La plupart des pays reconnaissent l'utilité d'une juridiction spécialisée pour connaître du contentieux administratif. Reste qu'il est rare de trouver un système dualiste dans lequel le juge administratif est aussi proche de l'administration, dans lequel le droit public est aussi envahissant, dans lequel la puissance publique est aussi fréquemment soumise à des règles spécifiques et distinctes du droit commun, dans lequel l'administration a bénéficié pendant si longtemps d'avantages procéduraux aussi importants, et enfin, dans lequel le partage se révèle aussi complexe. Le plus souvent, les Etats qui utilisent un système dualiste ont une vision bien plus restreinte du droit public et de la compétence de la juridiction administrative. Les particularités de l'activité de la puissance publique justifient un traitement spécifique, mais il ne doit pas aller jusqu'à remettre en cause la protection des droits fondamentaux des justiciables. Le partage des compétences entre les deux juges, fondé en règle générale sur la nature du litige, est, fréquemment, plus simple. Le recours de plein contentieux appartient au juge judiciaire et le recours objectif de légalité relève du juge administratif. L'archétype de ce système est le régime existant en Allemagne.

Le contentieux administratif en Allemagne[9] :

Alors que le recours administratif, en France, ambitionne principalement la dénonciation des irrégularités de la puissance publique, de faire mieux fonctionner l'administration afin de mieux servir l'intérêt général, il vise essentiellement, en Allemagne, à assurer la protection des droits subjectifs des administrés[10]. C'est la raison pour laquelle l'administration allemande a été très largement soumise au droit civil, et le justiciable aux tribunaux ordinaires. C'est aussi la raison pour laquelle le juge administratif dispose en Allemagne d'une sphère de compétence moindre qu'en France, mais avec des prérogatives de contrainte vis-à-vis de la puissance publique jusqu'à récemment bien plus importante.

- L'article 95 de la loi fondamentale prévoit cinq ordres de juridiction autonomes et relevant chacun d'une Cour suprême : la juridiction ordinaire, la juridiction administrative, la juridiction financière, la juridiction du travail et la juridiction sociale. Cette construction, en apparence complexe, fait en réalité place à deux ordres de juridiction : les juridictions qui appliquent le droit privé, c'est-à-dire la

[9] Voir Michel Fromont, *La répartition des compétences entre les tribunaux civils et administratifs en droit allemand*, LGDJ, 1960 ; Fromont/Rieg, *Introduction au droit allemand*, tome I, Cujas 1977.
[10] Voir J. Schwarze, *Le juge, un regard étranger*, AJDA 1995, spécial, p. 233.

juridiction ordinaire qui comprend les tribunaux civils et les tribunaux répressifs et la juridiction du travail ; les juridictions qui appliquent le droit public, c'est-à-dire la juridiction administrative, dont l'indépendance par rapport à l'administration active est très clairement affirmée, la juridiction financière et la juridiction sociale.

La répartition des compétences entre la juridiction ordinaire et la juridiction administrative repose sur la nature du droit applicable. Le § 40, alinéa 1, de la loi sur la juridiction administrative du 21 janvier 1960, qui fonde une compétence de principe des tribunaux administratifs généraux pour tous les litiges de droit public, dispose que « la voie du contentieux administratif est ouverte pour tous les litiges de droit public qui ne sont pas de nature constitutionnelle, dans la mesure où la connaissance de ces litiges n'est pas expressément attribuée par une loi fédérale à un autre tribunal ». Agissant comme une personne privée, l'administration est soumise au droit privé et au juge ordinaire ; agissant en qualité de puissance publique, elle est soumise au droit public et elle est jugée par les tribunaux administratifs.

En dehors des transferts législatifs de compétence, qui concernent principalement le contentieux de la responsabilité de la puissance publique, l'administration est soumise au droit privé pour les actes quotidiens de gestion administrative pour lesquels elle n'agit pas différemment de ce que ferait une personne privée, pour l'activité de l'Etat actionnaire, pour certaines opérations de dirigisme économique, notamment l'aide publique aux entreprises, pour son activité de prestations de services si aucune disposition n'impose le recours au droit public et si l'administration décide d'agir sous une forme de droit privé.

Comme en France, l'absence d'unité juridictionnelle fait naître l'incertitude sur la compétence de l'ordre de juridiction saisi, et peut aboutir à des contrariétés de jurisprudences[11]. Les problèmes de compétence existent donc également en Allemagne, mais ils sont en réalité moins nombreux et moins graves. Plusieurs raisons permettent de l'expliquer.

Seuls les recours en annulation contre les actes administratifs individuels sont portés devant les juridictions administratives. La légalité des actes administratifs réglementaires est, soit contrôlée directement par les juridictions constitutionnelles de la Fédération et des Länder, soit appréciée par la voie de l'exception devant les tribunaux ordinaires. Par ailleurs, les actions visant à engager la responsabilité de l'Etat ou d'une autre autorité publique relèvent des tribunaux ordinaires sur le

---

[11] Pour lutter contre le manque de cohérence de la jurisprudence face à la multiplicité des juridictions, la loi du 19 juin 1968 a institué une *Chambre commune* aux différentes cours suprêmes.
Sur renvoi d'une cour suprême, qui est sur le point de rendre une décision qui diverge de celle d'une autre cour suprême, la Chambre commune se prononce souverainement sur le point de droit qui pose problème. L'institution, malgré l'importance de ses décisions, reste trop peu saisie et son existence ne peut faire échec à des divergences de jurisprudence entre la Cour constitutionnelle fédérale et une Cour suprême de la Fédération.

fondement des articles 14-3, 19-4 et 34 de la loi fondamentale. L'article 34 de la loi fondamentale dispose que « Le recours devant les tribunaux ordinaires ne doit pas être exclu pour l'action en dommages-intérêts ni pour l'action récursoire ». Le contentieux de l'indemnisation dans le cadre de la responsabilité de l'Etat, en cas de violation des obligations de fonction et action récursoire de l'Etat contre l'agent, fait donc appel à l'action des tribunaux ordinaires. L'article 14 alinéa 3 prévoit, en matière d'expropriation, qu'« en cas de litige portant sur le montant de l'indemnisation, les tribunaux ordinaires sont compétents ». La Cour fédérale de justice a étendu cette compétence aux cas où la puissance publique porte illégalement atteinte à un élément du patrimoine. L'article 19 alinéa 4 de la loi fondamentale prévoit également une compétence subsidiaire des tribunaux ordinaires en cas d'atteinte aux droits fondamentaux d'une personne par la puissance publique. « Quiconque est lésé dans ses droits par la puissance publique dispose d'un recours juridictionnel. Lorsque aucune autre juridiction n'est compétente, le recours est porté devant la juridiction ordinaire ».

Le droit allemand offre par ailleurs une solution efficace pour lutter contre les incertitudes relatives au choix du juge. « Les incertitudes portant sur la compétence de la juridiction saisie sont réglées de manière très efficace par une utilisation intensive du principe d'autorité de la chose jugée. Chaque tribunal se prononce sur la compétence de la juridiction saisie. S'il tranche en faveur de la recevabilité, les autres ordres de juridiction sont liés par cette décision et les risques de conflits positifs sont alors évités. Si la juridiction ordinaire se déclare incompétente, les tribunaux des autres ordres de juridiction ne peuvent se déclarer incompétents, ce qui permet de prévenir les conflits négatifs. Le système est complété par un mécanisme de renvoi d'un ordre de juridiction à l'autre. Si une juridiction saisie se déclare incompétente, le demandeur peut lui demander de renvoyer directement l'affaire à l'ordre de juridiction compétent »[12].

Le système juridictionnel allemand ne supprime donc pas totalement les inconvénients liés à l'existence d'une justice dualiste, mais il en limite les effets les plus néfastes. La crainte du justiciable au moment de saisir le juge ne peut être entièrement évité. L'erreur sur le choix du juge fait inévitablement perdre temps et argent au plaideur. Beaucoup est fait néanmoins pour réduire au maximum ces incertitudes : le domaine où il y a un risque d'erreur entre les deux juridictions est plus limité ; le droit allemand rejette le mécanisme du conflit positif et du conflit négatif ; la mise en place d'un dispositif de renvoi, qui aide le plaideur à trouver son chemin dans les arcanes de la justice, facilite la vie du justiciable. L'inconvénient le plus notoire et le plus critiqué du système juridictionnel allemand, que l'on retrouve également dans des proportions très importantes en France, concerne l'absence d'unicité du litige. Le contentieux des aides publiques aux entreprises ; le contentieux de l'expropriation, dans lequel le juge administratif

---

[12] C. Autexier, *La dualité du droit applicable à l'administration et la pluralité de juridictions en matière administrative en Allemagne*, RFDA 1990, p. 863.

reste compétent pour se prononcer sur la légalité d'une décision individuelle portant atteinte à la propriété ; le contentieux de la responsabilité de l'Etat où il est fréquent que la compétence judiciaire pour indemniser se conjugue avec l'intervention du juge administratif pour déterminer la régularité de la décision à l'origine du dommage. La saisine des deux familles de juridiction est donc souvent nécessaire. Cependant, la conception qui est à l'origine du contentieux devant les tribunaux administratifs allemands, est celle de la défense de droits publics subjectifs. Dès lors, les principaux traits de ce contentieux apparaissent fort éloignés du système français. Il présente pour le plaideur allemand des avantages inconnus du justiciable français.

- Le contrôle de la puissance publique par le juge administratif allemand est, en règle générale, plus poussé que celui exercé par la juridiction administrative française. Le contrôle du juge allemand sur l'acte administratif, lorsque l'administration dispose d'une compétence liée, est en principe absolu. Lorsque le pouvoir de l'administration est discrétionnaire, le juge administratif allemand contrôle le respect de la loi, le détournement de pouvoir, il vérifie que la décision administrative n'est pas entachée d'un vice - l'administration se considère à tort comme liée alors qu'elle a un pouvoir discrétionnaire - qu'il n'y a pas violation de principes généraux du droit et de principes constitutionnels. Les tribunaux tiennent compte alors du principe de la proportionnalité des moyens et du principe d'égalité qui interdit à la puissance publique de s'écarter de la pratique antérieure sans une bonne raison.

Par ailleurs, refusant de porter atteinte au bon déroulement de l'activité administrative, le droit administratif français rejette toute idée de recours suspensif. Au contraire, en vertu de l'article 80 alinéa 1 de la loi sur la justice administrative, l'introduction d'une action en annulation et la procédure de contredit qui la précède, au cours de laquelle le requérant conteste devant l'auteur de l'acte la légalité et l'opportunité de celui-ci, ont un effet suspensif. Dans le cas d'une action tendant à l'obtention d'une prestation ou d'une action déclaratoire, le juge allemand peut prendre des mesures provisoires même avant l'introduction de l'action en justice. Lorsque, par la voie de l'exception, l'action judiciaire ne suspend pas l'exécution de la mesure, le juge peut ordonner le sursis à exécution. A l'inverse du privilège du préalable en droit français, qui confère à l'administration le pouvoir de prendre des décisions exécutoires par elles-mêmes, toute pratique administrative qui viserait à rendre, de manière générale, immédiatement exécutoire les actes administratifs serait déclarée incompatible avec la Constitution.

Tout comme le système juridictionnel britannique, le système allemand est loin d'être parfait. Le nombre élevé de juridictions, les différences d'organisation et de procédure, ne favorisent pas l'unité et la cohérence du droit. Mais alors que le droit administratif français recherche avant tout l'efficacité de l'action administrative, qu'il sert essentiellement à contrôler la légalité objective, le droit administratif allemand doit, en premier, lieu garantir la protection des droits subjectifs des citoyens. Il en résulte inévitablement des avantages pour le justiciable à la recherche de son droit. Le recours suspensif, qui révèle clairement le souci de ne pas faire perdre de temps au plaideur, mais également celui de ne pas en faire gagner à l'administration, au même titre d'ailleurs que le mécanisme de renvoi, permet à coup sur de sauvegarder la liberté menacée par l'action de la puissance publique. La procédure mise en place rend impossible les conflits de compétence. Elle témoigne du souci d'efficacité de la justice. La procédure recherche, avant la préservation du domaine de compétence de telle ou telle juridiction, la protection effective des droits fondamentaux du justiciable. L'interdiction du conflit positif révèle d'ailleurs bien la divergence entre les deux systèmes quant à la place de l'administration. La puissance publique est soumise, pour le contentieux de l'excès de pouvoir au moins, à un juge administratif par souci d'efficacité, alors que l'existence d'un juge administratif, en France, a longtemps constitué un privilège de juridiction accordé à l'administration. Le rejet de la compétence judiciaire par la voie de l'élévation du conflit le met très nettement en évidence. Le mécanisme vise autant à protéger l'administration que la compétence du juge administratif.

Les éléments de réflexion ne manquent donc pas. Quelques méthodes, extraites du dispositif juridictionnel allemand, pourraient ainsi faciliter l'accès du plaideur au juge, et simplifier le système dualiste français. La protection des libertés fondamentales n'en serait que plus importante.

D'autres pays d'ailleurs, à l'instar du mécanisme allemand, fonctionnent avec un système juridictionnel dualiste dans lequel la distinction entre le droit privé et le droit public est moins marquée qu'en France, et dans lequel le juge administratif joue un rôle contentieux moindre.

La Belgique dispose également d'une justice administrative, mais la compétence du Conseil d'Etat belge, pour connaître des litiges administratifs, est bien plus restreinte que celle du Conseil d'Etat français. Le contentieux de l'excès de pouvoir est dévolu au Conseil d'Etat, mais seuls les actes administratifs émanant des personnes morales de droit public peuvent faire l'objet d'une mesure d'annulation. Il n'existe pas de tribunaux administratifs de première instance et, s'il y a matière à cassation au motif que le Conseil d'Etat n'aurait pas respecté ses propres attributions, c'est la Cour de cassation qui aura à connaître du litige. L'article 106 de la Constitution dispose en effet que « la Cour de cassation se prononce sur les conflits d'attribution, d'après le mode établi par la loi ».

Les attributions du Conseil d'Etat sont d'ailleurs supplétives par rapport à celles des tribunaux ordinaires. Le Conseil d'Etat doit décliner sa compétence lorsque des juridictions sont constituées au sein du pouvoir judiciaire pour connaître de certains contentieux de l'excès de pouvoir. Enfin, en vertu de l'article 92 de la Constitution, qui énonce que « les contestations qui ont pour objet des droits civils sont exclusivement du ressort des tribunaux », le plein contentieux relève de la juridiction de droit commun. Les contentieux de la responsabilité de la puissance publique et de ses agents, ainsi que le contentieux des contrats administratifs, appartiennent donc aux tribunaux judiciaires. Notons également que les tribunaux judiciaires peuvent refuser l'application des actes administratifs réglementaires « provinciaux et locaux » qui seraient contraires à toute règle de droit supérieur. Le juge de droit commun peut donc apprécier la légalité des actes administratifs lorsqu'il est saisi d'un contentieux de pleine juridiction[13].

Avec des variantes, cette répartition des compétences, fondée sur la distinction entre contentieux objectif et contentieux subjectif, se retrouve au Luxembourg, aux Pays-Bas[14] et en Italie[15].

D'autres mécanismes juridictionnels auraient pu encore être invoqués, notamment le système espagnol, qui confie les affaires administratives à la compétence de formations juridictionnelles spéciales, mais qui relèvent d'un ordre juridictionnel unique entièrement distinct du Conseil d'Etat, qui n'est d'ailleurs pas une véritable juridiction[16].

Le dessein poursuivi n'est cependant pas de faire un catalogue fastidieux du fonctionnement de la justice dans tous les pays démocratiques, et encore moins de prétendre que les systèmes juridictionnels étrangers évoqués sont plus efficaces que le nôtre, ce qui serait maladroit et faux, mais de montrer que certains éléments, dont l'apport est indiscutable, repris ici ou là, pourraient être intégrés en droit français afin d'améliorer le fonctionnement de notre propre justice pour que la protection des droits fondamentaux soit mieux garantie.

Il est une condition sine qua non à la réalisation de cet objectif : la limitation des difficultés liées au dualisme juridictionnel. Une protection plus effective des libertés fondamentales passe inévitablement par la simplification de notre droit et des méthodes permettant d'en assurer le respect.

Non seulement le juge doit être protecteur mais encore faut-il qu'il soit accessible. Le droit de l'individu au juge est reconnu. C'est un élément indispensable à la défense des droits fondamentaux des justiciables, mais ce n'est pas suffisant. Le recours au juge ne doit pas être rendu impossible par la complexité du dispositif, et il doit effectivement permettre la défense des droits et intérêts des individus. Le bon fonctionnement de la justice, c'est avant tout la satisfaction du justiciable. Tout dysfonctionnement qui empêche la satisfaction juridictionnelle, la crainte de saisir le juge, le déni de justice au sens propre du terme, le jugement qui intervient bien trop tardivement, s'analyse comme un manquement de l'Etat dans sa mission de protection des citoyens.

---

[13] Voir F. Delpérée, *Belgique : le contentieux administratif*, RFDA 1988, p. 67.

[14] Voir W. Konijnenbelt, *Pays-Bas. Les paysages-bas des contentieux administratifs hollandais*, RFDA 1988, p. 252.

[15] V. Pazienza, *Italie. La justice administrative*, RFDA 1988, p. 246.

[16] Voir L. Martin-Retortillo Baquer, *Espagne. Le contentieux administratif*, RFDA 1988, p. 233. L'auteur écrit : « La juridiction administrative est une juridiction de plus en Espagne et les chambres de contentieux administratif sont des organismes juridictionnels à l'intérieur du système judiciaire ».

Il incombe, en effet, à l'Etat un véritable devoir de protection des droits des individus par la mise en place d'un mécanisme juridique efficace. « Le déni de justice en droit public français s'entend de l'impossibilité pour le plaideur d'obtenir application intégrale, par un juge, de la règle de droit, et que cette impossibilité résulte d'une défaillance accidentelle dans l'organisation ou le fonctionnement du système juridictionnel, défaillance s'analysant non en une méconnaissance par le juge de sa mission mais en un manquement de l'Etat à son devoir de protection juridictionnelle de l'individu »[17]. N'y a-t-il pas, selon la définition retenue par L. Favoreu, déni de justice lorsque la liberté n'a pas pu, du fait de la double intervention du juge administratif et du juge judiciaire, être sauvegardée ? Il nous semble possible de répondre par l'affirmative. L'Etat doit donc tout mettre en œuvre pour que la protection juridictionnelle soit effective, pour que la justice apparaisse comme un instrument efficace de défense des libertés.

Quel que soit le système juridictionnel choisi, il doit être perfectionné pour que cessent toutes les formes de déni de justice. L'auteur s'était d'ailleurs interrogé sur les éventuelles conséquences du déni de justice, et il avait estimé que ce manquement de l'Etat à son devoir de protection juridictionnelle de l'individu devait pouvoir donner lieu à une action en responsabilité. Plus que la réparation du préjudice, la solution aurait eu l'avantage d'obliger l'Etat à faire évoluer et progresser plus rapidement le mécanisme de protection des droits. Cette action, compte tenu de l'intégration du droit européen au niveau interne, existe désormais. Il est remarquable de constater à quel point elle a déjà suscité de nombreuses réformes.

Les réformes déjà engagées auprès de la juridiction administrative, afin de limiter les critiques faites à son encontre ainsi qu'à l'égard de sa jurisprudence et de celle du Tribunal des conflits concernant le contentieux des droits fondamentaux, ont eu un double objectif : accroître la protection de la liberté par le juge administratif ; le légitimer afin de le préserver lui et son domaine de compétence.

Le premier objectif est, a priori, atteint. C'est moins évident pour le second. La légitimation de la juridiction administrative, qui s'accompagne le plus souvent d'une limitation de sa spécificité, fragilise l'institution.

La transformation du juge administratif pourrait cependant permettre, aujourd'hui, d'envisager la diminution des difficultés de fonctionnement de la dualité de juridictions en matière d'atteintes administratives aux droits fondamentaux. Pour ce faire, les réformes entreprises sur la juridiction administrative doivent être accompagnées de réformes relatives au dualisme, pour ainsi mettre un terme à cette complexité excessive afin que le plaideur connaisse plus aisément les principes qui déterminent la nature du juge compétent pour trancher son litige. Il doit pouvoir bénéficier d'une décision de justice définitive

---

[17] L. Favoreu, *Du déni de justice en droit public français*, LGDJ, 1962, p. 559.

sans avoir été auparavant dans l'obligation d'exercer de multiples recours. La répartition des compétences entre les deux juges doit être simplifiée, stabilisée, et donc rénovée.

Sans être exhaustif, plusieurs idées ont été envisagées dans le cadre de cette étude. Il ne convient cependant pas d'affirmer de manière péremptoire que telle solution est plus satisfaisante qu'une autre, ni de vouloir révolutionner un dispositif fort ancien et qui a fait ses preuves. Nous ne prétendons pas non plus inventer le système parfait, ni même faire mieux que nos prédécesseurs, mais simplement ouvrir le plus possible le champ de la réflexion, alors que les composantes de notre société, de notre droit, et de notre justice ont elles-mêmes évoluées, afin d'améliorer le mécanisme juridictionnel de protection des droits contre les atteintes de la puissance publique. Les possibilités sont multiples, mais il reste à s'interroger sur leur efficacité à l'intérieur de la justice française.

La solution la plus évidente, en apparence du moins, consisterait à trouver une clause générale de compétence. La plupart des pays étrangers, qui connaissent une justice dualiste, distinguent le contentieux objectif du contentieux subjectif pour déterminer la juridiction compétente. Le plein contentieux relève ainsi le plus souvent du juge judiciaire, et le recours pour excès de pouvoir du juge administratif. Cette solution, qui va d'ailleurs dans le sens de la décision rendue par le Conseil constitutionnel le 23 janvier 1987, se justifie plus encore dans le contexte actuel. La distinction entre le droit public et le droit privé est moins nette. Le rapprochement entre les deux branches du droit, patent, favorise le transfert du plein contentieux au juge judiciaire. Inversement, le juge administratif, étant devenu un véritable protecteur des libertés contre les atteintes de la puissance publique, justifie pleinement le maintien de sa compétence pour le contentieux de l'excès de pouvoir qui est, pour l'essentiel, le contentieux des libertés. La solution pourrait toutefois aboutir, plus que dans l'hypothèse d'une fusion des deux juridictions, au recul du droit public par rapport au droit privé, et à la restriction du rôle traditionnel de la juridiction administrative en France.

L'unité de juridiction, plus facilement abordable compte tenu du processus de rapprochement initié par les deux ordres, avec la présence d'une chambre administrative spécialisée pour connaître du contentieux de la puissance publique, apparaît être une solution logique et cohérente. L'unité de juridiction n'est cependant pas, pour l'heure, envisageable en France. Il nous semble alors, compte tenu de la transformation de la juridiction administrative, de sa jurisprudence de plus en plus libérale, de ses nouvelles prérogatives, que la meilleure solution soit celle visant à faire cesser les nombreuses dérogations consenties à la séparation des autorités administrative et judiciaire pour le contentieux des droits fondamentaux. La proposition n'est pas foncièrement plus simple à mettre en œuvre, elle ne règlerait pas les problèmes du dualisme juridictionnel de façon globale, mais elle permettrait au moins de faire cesser une grande partie de ses inconvénients dans la matière qui est la notre, sans profondément remettre en cause le juge administratif.

Reste que les changements, quel que soit le dispositif envisagé, sont impératifs, qu'ils s'imposent pour améliorer le fonctionnement du système et garantir une protection plus effective des libertés fondamentales. Les conflits, les contradictions, les incohérences, du fait de la présence de deux juges distincts et séparés, subsistent. Ils nuisent à la qualité de la justice. Il nous faut donc formuler un souhait, entendu comme une invitation à l'évolution : que tout soit mis en œuvre pour raréfier ces difficultés, afin que l'autorité administrative, qui constitue en définitive la plus sérieuse menace pour les libertés des individus, agisse le plus souvent possible dans le cadre de la légalité. Car l'administration n'a pas d'intérêt propre en dehors de l'intérêt général. Et s'il est vrai que celui-ci réclame certains avantages, ils ne doivent pas aboutir à la limitation du respect de la légalité, élément indispensable à la préservation de cet intérêt général. La justice, après tout, est un service public qui, comme n'importe quel service public, participe à la réalisation de l'intérêt général. A ce titre, il doit essentiellement servir son usager, le justiciable.

BIBLIOGRAPHIE

Plan de la bibliographie :

I. OUVRAGES GENERAUX

AUBY J.-M. et BON P.

- *Droit administratif des biens*, Précis Dalloz, 2e éd., 1993

AUBY J.-M. et DRAGO R.

- *Traité de contentieux administratif*, LGDJ, 3e éd., Tome 1, 1984

CHAPUS R.

- *Droit administratif général*, Montchrestien, 14e éd., Tome 1, 2000
- *Droit du contentieux administratif*, Montchrestien, 9e éd., 2001

DE LAUBADERE A., VENEZIA J.-C. et GAUDEMET Y.

- *Traité de droit administratif, Droit administratif général, LGDJ,* 15e éd., Tome 1, 1999

FAVOREU L. et PHILIP L.

- *Les grandes décisions du Conseil constitutionnel*, Dalloz, 10e éd., 1999

FAVOREU L.

- *Droit des libertés fondamentales,* Dalloz, 1re éd., 2000

JULIEN-LAFERRIERE F.

- *Droit des étrangers*, PUF, 1ère éd., 2000

LONG M., WEIL P., BRAIBANT G., DELVOLVE P., GENEVOIS B.

- *Les grands arrêts de la jurisprudence administrative*, Dalloz, 13e éd., 2001

PETIT S.

- *La voie de fait administrative* - Que sais je ? PUF 1ère éd., n° 2935, 1995

RIVERO J.

- *Les libertés publiques*, Paris, PUF, Coll. Thémis, Tome 1, Les Droits de l'Homme, 6e éd., 1991

ROBERT J. et DUFFAR J.

- *Droits de l'homme et libertés fondamentales*, Montchrestien, 7e éd., 1999

ROLLAND P.
- *La protection des libertés publiques en France*, Dalloz, 1995

WACHSMANN P.
- *Libertés publiques*, Dalloz, 2e éd., 1995 et 3e éd., 2000

II. THESES

BRETTON P.
- *L'autorité judiciaire gardienne des libertés essentielles et de la propriété privée*, LGDJ, 1964

CHEVALLIER J.
- *L'élaboration historique du principe de séparation de la juridiction administrative et de l'administration active*, LGDJ, 1970

COHEN D.
- *La Cour de cassation et la séparation des autorités administrative et judiciaire*, Economica, 1987

DEBARY M.
- *La voie de fait en droit administratif*, Paris, LGDJ, 1960

DESGRANGES E.
- *Essai sur la notion de voie de fait en droit administratif français*, Poitiers, 1937

DRAN M.
- *Le contrôle juridictionnel et la garantie des libertés publiques*, 1968

DURAND C.
- *Les rapports entre les juridictions administratives et judiciaires*, Rennes, 1954

FAVOREU L.
- *Le déni de justice en droit public*, LGDJ, 1962

FLAUSS J.-F.
- *Les questions préjudicielles et le principe de séparation des autorités administrative et judiciaire*, Strasbourg, 1976

GJIDARA M.
- *La fonction administrative contentieuse*, Paris, LGDJ, 1972

GOYARD C.
- *La compétence des tribunaux judiciaires en matière administrative*, 1962

MESTRE A.
- *Le Conseil d'Etat protecteur des prérogatives de l'administration*, 1974

ROBERT J.

- *Les violations de la liberté individuelle commises par les agents publics et le problème des responsabilités*, LGDJ, 1955

TSIKLITIRAS S.

- *La protection effective des libertés publiques*, LGDJ, 1991

III. ARTICLES

ABRAHAM R.

- *L'avenir de la voie de fait et le référé administratif*, D., Mélanges Braibant, 1996, p.1
- *Les incidences de la convention européenne des droits de l'homme sur le contentieux administratif français*, RFDA, 1990, p. 1053

AMSELEK P.

- *Les vicissitudes de la compétence juridictionnelle en matière d'atteintes administratives à la liberté individuelle*, RDP, 1965, p. 801

AUBY J.-B.

- *Le mouvement de "pénalisation" de l'action publique*, DA, 1997, p. 3

AUBY J.-M.

- *Emprise irrégulière et voie de fait*, JCP, 1955, p. 259

AUTEXIER C.

- *La dualité du droit applicable à l'administration et la pluralité de juridictions en matière administrative en Allemagne*, RFDA, 1990, p. 863

AUTIN J.-L. et SUDRE F.

- *La dualité fonctionnelle du Conseil d'Etat en question devant la Cour européenne des droits de l'homme*, RFDA, 1996, p. 777

BAZEX M.

- *L'implosion du dualisme de juridiction*, Pouvoirs n° 46, 1988, p. 35

BELL J.

- *Unité ou dualité de juridiction en matière administrative au Royaume-Uni*, RFDA, 1990, p. 892

BENOIT F.-P.

- *Juridiction judiciaire et juridiction administrative*, JCP, 1964.I.1838

BIZEAU J.-P.

- *Le juge administratif n'est-il plus que le juge de la puissance publique ?* AJ, 1992, p. 179

BOECKEL A.

- *La voie de fait : mort et résurrection d'une notion discutable*, D., 1970, chr. p. 29

BONICHOT J.-C.

- *Le droit communautaire et le droit administratif français*, AJDA, 1996, p. 15

BONICHOT J.-C. et ABRAHAM R.

- *Le commissaire du gouvernement devant la juridiction administrative et la convention européenne des droits de l'homme*, JCP, 1998.I.176

BOULOUIS J.

- *La jurisprudence du Tribunal des conflits de 1962 à 1972*, Mélanges Stassinopoulos, 1973, p. 307
- *Supprimer le droit administratif ?* Pouvoirs n° 46, 1989, p. 5

CAILLOSSE J.

- *Droit public - droit privé : sens et portée d'un partage académique*, AJDA, 1996, p. 955

CASSIA P. et SAULNIER E.

- *Le Conseil d'Etat et la convention européenne des droits de l'homme*, AJDA, 1997, p. 411

CHABANOL D.

- *Dualité des ordres de juridiction : Faut-il brûler le Tribunal des conflits?* AJ, 1988, p. 736

CHAPUS R.

- *Dualité de juridictions et unité de l'ordre juridique*, RFDA, 1990, p. 740

CHEVALLIER J.

- *Le droit administratif, droit de privilège?* Pouvoirs n° 46, 1988, p. 57
- *L'évolution du droit administratif*, RDP, 1998, p. 1794
- *Du principe de séparation au principe de dualité*, RFDA, 1990, p. 712

COHEN-TANUGI L.

- *L'avenir de la justice administrative*, Pouvoirs n° 46, 1988, p. 13

DE LANVERSIN J.

- *Le nouveau régime de l'expropriation pour cause d'utilité publique*, JCP, 1959.I.1466
- *Voie de fait et réalités*, JCP 1970.I.2337

DELVOLVE G.

- *Dualité de juridictions et autorité de la chose jugée*, RFDA, 1990, p. 792

DELVOLVE P.

- *Paradoxes du (ou paradoxe sur le) principe de séparation des autorités administratives et judiciaires*, Mélanges Chapus, 1992, p. 135

DRAGO R.

- *Actualité du principe de séparation en France et dans les états de la C.E.E.*, AJ, 1990, p. 581

DUBOUIS L.

- *Droit administratif et droit communautaire*, AJDA, spécial, 1995, p. 66

DUGRIP O. et SUDRE F.
- *Du droit au procès équitable devant les juridictions administratives : l'arrêt de la Cour européenne des droits de l'homme du 24 octobre 1989*, RFDA, 1990, p. 203

FAVOREU L.
- *La Cour de cassation, le Conseil constitutionnel et l'article 66 de la constitution*, D. 1986, chr. n° 28 p. 176
- *L'application des décisions du Conseil constitutionnel par le Conseil d'Etat et le Tribunal des conflits*, RFDA, 1987, p. 264
- *Le Conseil constitutionnel et la protection de la liberté individuelle et de la vie privée*, Mélanges Kayser, 1979, p. 411
- *Le principe de séparation des autorités administrative et judiciaire n'a pas valeur constitutionnelle*, RFDA, 1987, p. 302

FINES F.
- *L'autorité judiciaire gardienne de la liberté individuelle dans la jurisprudence constitutionnelle*, RFDA, 1994, p. 594

FLAUSS J.-F.
- *La pratique administrative du conflit positif d'attributions de 1962 à 1977*, RDP, 1979, p. 1591
- *Droit communautaire, convention européenne des droits de l'homme et droit administratif*, AJDA, spécial, 1996, p. 156

FOUGERE L.
- *Deux siècles de dualisme juridictionnel*, AJDA, 1990, p. 579

FROMONT M.
- *Le principe de sécurité juridique*, AJDA, 1996, p. 178

GAUDEMET Y.
- *Les questions préjudicielles devant les deux ordres de juridictions*, RFDA, 1990, p. 764
- *L'avenir de la juridiction administrative*, Gaz. Pal. du 27 septembre 1979, p. 511

GAZIER F.
- *Réflexions sur les symétries et dissymétries du Tribunal des conflits*, RFDA, 1990, p. 745

GENEVOIS B.
- *La compétence constitutionnelle du juge administratif et la police des étrangers*, RFDA, 1989, p. 691
- *Réforme du droit de la concurrence et respect des règles et principes de valeur constitutionnelle*, RFDA, 1987, p. 287
- *Un statut constitutionnel pour les étrangers*, RFDA, 1993, p. 871
- *Le Conseil constitutionnel, la séparation des pouvoirs et la séparation des autorités administrative et judiciaire*, RFDA, 1989, p. 671

GERARD P.
- *Les tribunaux administratifs britanniques*, AJDA, 1991, p. 3

GRANJON D.

- *Les questions préjudicielles*, AJ, 1968, p. 75

GROSHENS J.-C.

- *Réflexions sur la dualité de juridiction*, AJ, 1963, p. 537

HERMANN J.

- *Le juge pénal, juge ordinaire de l'administration?* D., 1998, chr. p. 195

HUET P.

- *La juridiction administrative gardienne de la liberté individuelle*, AJDA, 1973, p.507
- *L'évolution cyclique de la compétence administrative en matière de protection de la liberté individuelle*, Rev. adm., 1972, p. 19

JULIEN-LAFERRIERE F.

- *La dualité de juridiction, un principe fonctionnel?* Mélanges Drago, 1996, p. 395
- *Extradition et dualité de juridiction*, D., 1985, p. 137

JUNG P.

- *Les vicissitudes de la répartition des compétences entre juges administratif et répressif*, JCP, 1978.I.2904

LABAYLE H.

- *Nouveaux développements du droit de l'extradition*, RFDA, 1987, p. 578
- *Droits fondamentaux et droit européen*, AJDA, spécial, 1998, p. 75
- *L'effectivité de la protection juridictionnelle des particuliers : le droit administratif français et les exigences de la jurisprudence européenne*, RFDA, 1992, p. 629

LACHAUME J.-F.

- *Droits fondamentaux et droit administratif*, AJDA, 1998 spécial, p. 92

LE CHATELIER G.

- *Les incidences du droit communautaire sur le droit du contentieux administratif*, AJDA, 1996, p. 97

LE MIRE P.

- *Inexistence et voie de fait*, RDP, 1978, p. 1219

LECLERCQ C.

- *Le déclin de la voie de fait*, RDP, 1963, p. 657

LEMASURIER J.

- *La cacophonie juridique du contentieux de l'expropriation*, Mélanges Drago, 1996, p. 427

LIET-VEAUX G.

- *La guerre des juges aura-t-elle lieu?* RA, 1975, p. 27

LINDON R.

- *Pour diminuer et simplifier les conflits de compétence*, JCP, 1956.I.1300

- *Bilan des trois ans d'application de la récente réforme de la procédure des conflits d'attribution*, JCP, éd. générale, 1963.I.1782

MARION A.

- *Du mauvais fonctionnement de la juridiction administrative et de quelques moyens d'y remédier*, Pouvoirs, n°46, 1988, p. 21

MOREAU J.

- *Police administrative et police judiciaire : recherche d'un critère de distinction*, AJ, 1963, p. 68

MORLOT-DEHAN C.

- *La réforme des procédures d'urgence devant le juge administratif*, LPA, 4 septembre, 2000, p. 4

OSMAN F.

- *Le juge judiciaire gardien de la liberté individuelle : mythe ou réalité*, Gaz. Pal., 27 février 1990, p. 133

PACTEAU B.

- *La sécurité juridique, un principe qui nous manque ?* AJDA, spécial, 1995, p.151
- *Dualité de juridictions et dualité de procédures*, RFDA, 1990, p. 752

PICCARD E.

- *Dualisme juridictionnel et liberté individuelle, le contrôle juridictionnel de l'administration*, Economica, CERAP, 1991, p 167
- *L'émergence des droits fondamentaux en France,* AJDA 1998, dossier spécial, p. 6

PLOUVIN J.Y.

- *Au secours, le juge des référés arrive!* Gaz. Pal., 1989, p. 102

PRETOT X.

- *Réflexions sur la justice administrative*, D., 1986, chr. XLIV

RIVERO J.

- *Le juge administratif : gardien de la légalité administrative ou gardien administratif de la légalité ?* Mélanges Waline, 1974, p. 701
- *Le huron au Palais Royal*, D., 1962, p. 331
- *Dualité de juridictions et protection des libertés*, RFDA, 1990, p. 734
- *Sanction juridictionnelle et règle de droit*, Mélanges Julliot de la Morandière, 1964, p. 457

ROBERT J.

- *Le juge administratif et la liberté individuelle*, Mélanges Waline, 1974, p. 719
- *La bonne administration de la justice*, AJDA, 1995, p. 117

SARGOS P.

- *Points communs et divergences de deux ordres de juridiction*, AJDA 1990, p. 585

SCHULTZ P.

- *La fonction d'arbitrage des compétences juridictionnelles par le renvoi des cours souveraines au Tribunal des conflits*, RDP, 1994, p. 767

SEILLER B.

- *Le droit communautaire et le principe de séparation des autorités*, RFDA, 1996, p. 1161

SIMON D.

- *Droit communautaire et responsabilité de la puissance publique. Glissements progressifs ou révolution tranquille*, AJDA, 1993, p. 235

THIERRY D.

- *La jurisprudence EUCAT dix ans après : sa portée sur la théorie de la voie de fait*, RFDA, 1997, p. 524

TRUCHET D.

- *Fusionner les juridictions administrative et judiciaire*, Mélanges Auby, 1992, p. 335

TSIKLITIRAS S.

- *Le statut constitutionnel du sursis à exécution devant le juge administratif*, RDP, 1992, p.679

TURPIN D.

- *Le partage des compétences entre juridictions judiciaires et juridictions administratives en ce qui concernent les étrangers*, LPA, 7 juin 1991 et 10 juin 1991, n° 68 et 69, p. 6 et 10
- *L'autorité judiciaire gardienne de la liberté individuelle*, AJ, 1983, p. 653

VANDERMEEREN R.

- *La réforme des procédures d'urgence devant le juge administratif*, AJ, 2000, p. 706

VEDEL G.

- *De l'arrêt Septfonds à l'arrêt Barinstein*, JCP, 1948.I.682
- *La juridiction compétente pour prévenir, faire cesser ou réparer la voie de fait*, JCP, 1950.I.851

VELLEY S.

- *La constitutionnalisation d'un mythe: justice administrative et séparation des pouvoirs*, RDP, 1987, p. 767

VERPEAUX M.

- *La liberté*, AJDA, spécial, 1998, p. 144

WACHSMANN P.

- *La liberté individuelle dans la jurisprudence du Conseil constitutionnel*, Revue de science criminelle, 1988, p. 1

WOEHRLING J.-M.

- *Réflexions sur une crise : la juridiction administrative à la croisée des chemins*, Mélanges Charlier, 1981, p. 341

INDEX

----- A-----

----- C -----

----- D -----

----- E -----

----- F -----

----- G -----

----- I -----

----- J -----

----- L -----

----- T -----

----- U -----

----- V-Z -----

TABLE DES MATIERES

Achevé d'imprimer par Corlet Numérique - 14110 Condé-sur-Noireau
N° d'Imprimeur : 14322 - Dépôt légal : octobre 2003 - *Imprimé en France*